9급/7급 공무원 시험대비 **최신개정판**

동영상강의 www.p

브랜드만족
1위
박문각

2024

박문각 공무원

박혜선
국어

개념도 새기는
기출 문법

박혜선 편저

박문각

버전1 풍부한기출문제로 적응력 UP↑

문법 적용력이 없어 고민인 亦功이들에게 최고 강추하는
전직렬도 커버 가능하면서 (직렬별 풀어야 하는 섹션을 제가 나눠 드립니다～^^)
국가직 지방직도 콤팩트하게 준비 가능한 최고의 문법 적용 훈련서!

안녕하세요. 亦功이들의 힐링 비타민, 힐링 활력소이자 여러분들의 단기합격을 책임지는 박혜선 쌤입니다.

최근 공무원 국어의 경향이 급격하게 바뀌면서 무조건 '콤팩트'만 찾는 부작용이 나타나고 있습니다.
하지만, 정말 콤팩트하기만 하면 고득점을 보장할 수 있을까요?
'콤팩트 기출'에 집중하여 문제의 수를 심하게 줄이다 보면
나타날 수 있는 부작용이 분명히 있습니다. 이 부작용은 아마 경험하신 분들이라면 더더욱 체감하실 겁니다.

첫째, 누락되는 필수 문법 예시들이 많아질 수밖에 없습니다.

둘째, 절대적인 기출의 양이 줄게 되면 문법처럼 적용해야 하는 영역의 경우에는
        이론을 알아도 적용을 못하는 사태가 벌어질 수 있습니다.

그래서 혜선 쌤은 '콤팩트'와 '필수 문법 예시'들이 빠지지 않도록 여러분들께 최고의 선택지 2가지를 드리려고
합니다.

  1) 적용력을 늘릴 수 있는 풍부한 기출문제가 수록된 개념도 새기는 기출
  2) 정말 콤팩트하고 양이 적지만 빠짐없이 들어가 있는 적중률 100%의 콤단문

본 수업과 교재는 1) 적용력을 늘릴 수 있는 풍부한 기출문제가 수록된 개념도 새기는 기출입니다.
亦功이들이 풍부한 기출 문제를 통해 어떠한 문법 문제가 나와도 자신 있게 풀 수 있도록
모든 문법 예시에 자세하고 친절한 해설을 수록하였으며 중요도 평정까지 모두 마쳤습니다.
문제 풀이뿐만 아니라 출종포 개념까지 새겨서 회독까지 마치는 '개념도 새기는 기출'을 통해 단기합격으로 나아
갑시다.

합격자들의 증언, 혜선 쌤의 진가는 기출 강의에서 드러난다

🔍 역공 국어 문법 기출 강의를 필수 수강해야 하는 첫 번째 이유
출좋포 개념까지 한 번 더 새긴다!! 그러니 강의는 필수!

단기합격의 모든 방향은 기출! 최고 적중률로 수많은 단기 합격자들을 배출한 혜선 쌤이 2024년에 반드시 나올 출좋.포 이론을 족집게처럼 뽑아 설명하고 적중 예상 기출을 미친 듯이 강조하여 이론이 부족한 학생들 모두 점수 신기록을 이룰 수 있도록 할 예정입니다. 강력한 회독 효과를 위해 강의는 꼭 필수! 머릿속에 중요 출좋포와 문법 예시를 한번에 각인시켜 드리니 꼭 강의를 들으셔서 중요한 기출을 머리에 새기시길 바랍니다~^^

🔍 역공 국어 문법 기출 강의를 필수 수강해야 하는 두 번째 이유
합격자들의 증언, 혜선 쌤의 진가는 기출 강의에서 드러난다

합격자들은 혜선 쌤의 진가는 기출 강의에서 나온다고 입을 모읍니다. 치열한 기출 분석 끝에 꼭 나오는 대표 출좋.포와 중요하지 않은 이론들을 철저하게 구별하여 강의합니다. 2024 예상 문법 예시들을 담은 기출문제를 집중적으로 수업하여 머리에 잊히지 않도록 각인시킵니다. 최빈출, 중간 빈출, 난이도 조절용의 중요도 평정을 통한 똑똑한 선택과 집중으로 정말 압축적인 최고 효율의 수험서를 만들기 위해 치열하게 고민하여 만들었습니다. 국가직 지방직 준비 수험생들은 최빈출까지, 타 직렬들(군무원, 법원직, 국회직, 기상직, 경찰 등)은 난이도 조절용까지 준비할 수 있어 선택권을 주는 최고의 수험서입니다.

🔍 역공 국어 문법 기출 강의를 필수 수강해야 하는 세 번째 이유
모든 문법 예시에 있는 친절하고 자세한 해설!

亦功이들이 특히!! 어렵다 싶은 부분들에는 더 자세한 해설을 넣어서 어려운 부분을 꼼꼼하게 해결할 수 있게 하였습니다. 亦功이들이 답에 구애받지 않고 한꺼번에 문제를 풀 수 있도록 왼쪽에는 자세한 해설, 오른쪽에는 필수 기출을 넣어 편하게 문제를 풀 수 있도록 구성하였습니다.

🔍 역공 국어 문법 기출 강의를 필수 수강해야 하는 네 번째 이유
수험생의 문제 풀이 과정을 귀신같이 미리 감지하고 선수 치는 강의

모든 초점은 여러분들이 문제를 풀어나가는 과정에 맞춰져 있기 때문에 각 유형마다 어떻게 접근하면 되는지 수석의 마인드로 접근하여 알려드립니다. 다른 강의와는 차원이 다른 접근법에 놀라실 겁니다. 여러분들이 무엇을 어려워하고 무엇을 질문할지 미리 선수 치고 강의를 하기에 문법 풀이에 관련한 답답함이 없어집니다.

전에 없던 **개념도 새기는 기출(문법)**을 통해 올해에도 많은 합격생이 배출되길 기원합니다.
여러분들의 단기합격을 간절하게 응원합니다.

2023년 9월 편저자

박혜선 惠旋

필독!!! 개념도 새기는 기출(문법 편)로 점수 신기록 세우는 방법

0

문제의 정답이나 필기는 공책이나 포스트잇에 써야 한다.
(볼펜으로 막 그은 기출은 또 보기가 어려워진다.)

1

강의를 듣는다. (특히 출종포 개념을 한번 더 복습한다.)

2

강의에서 짚어준 문제를 복습한다.

3

나머지 문제를 꼭 당일에 푼 후 오답까지 마친다.

4

나머지 문제는 20문제씩 푼 다음에 한꺼번에 채점한다.

★★★★★
오답 방식

1

1. 채점 후, 틀린 문제와 헷갈리는 부분을 체크한 후 형광펜 표시한다.
(오답 회독 시 형광펜 부분만 빠르게 회독 가능하다.)

2

3일 후와 7일 후에 틀린 문제만 오답한다.
(3일, 7일 후의 플래너에 적어 놓자. 휘발 방지를 위해 꼭 필요하다.)

"

★★★★★ 경쟁자들에게 들키고 싶지 않은 혜선쌤. 해피바이러스에 범접할 수 없는 압도적인 강의력! 김○○(박문각 온라인 사이트)

"국어"라는 과목은 정말 저에게는 한국말이라 쉬울 것 같으면서도 어렵고 손에 잡힐 듯 말듯한 아픈 손가락 같은 존재입니다. 첫 만남에 에너자이저와 해피 바이러스를 뿜뿜 내주시는 모습에 매료가 되었고 그 즉시 강의들을 샘플로 수강을 하게 되었는데 엄청난 노하우와 함께 죽지 않는 파워로 수업 분위기를 처음부터 끝까지 압도하시는 것을 보고서 학원 스파르타 1년 등록을 하게 되었습니다. 타 강의와는 다른 분량과 빈출 위주의 정리는 쌤만의 노하우가 녹여져 있었고 저와 같은 직렬 준비하고 계시는 경쟁자 분들까지 알게 되면 어쩌지 라는 걱정이 들 정도였습니다.

★★★★★ 넘사벽 교재와 인간 비타민 활력소 혜선 쌤! 김○○(박문각 온라인 사이트)

일단 교재부터가 차별화되어 있습니다. 출제가 많이 되는 순위로 눈에 잘 들어오게 되어 있어서 강의 듣고 복습할 때도 출좋포만 딱 보고 학습할 수 있게 되어 있습니다. 그리고 수업은 중요한 부분은 임팩트 있게 설명해주시고 암기 잘 할 수 있게 재밌게 내용을 만들어 주십니다. 또한 일명 "야매 혜선 들어갑니다."라는 멘트와 함께 수험생의 공부의 부담도 덜어주시고 장기기억에 내용이 남을 수 있게 설명해주십니다. 매 수업시간마다 진심이 담겨 있습니다. 늘 역공이들~ 챙겨주시고, 좋은 에너지로 인간 비타민 활력소까지 다 겸비하신 멋진 선생님이십니다.

★★★★★ 제가 타강의 문법 수업도 들었었는데, 지금 혜선 쌤 문법 강의를 들어보니까 다릅니다. 최○○(박문각 온라인 사이트)

일단, 중요 포인트를 잡아주시는 부분은 공통점이 있어요. 하지만 좀 더 중요한 포인트를 '콤팩트'하게 분별하실 수 있는 분은 혜선 쌤이신 것 같아요. 교재도 단어 하나하나 빈출 순으로 배열한 것 보고 감탄했답니다.(엄청 세심하신 것 같아요) 좀 더 '콤팩트'하게 추려주시니까 더 효율적으로 공부할 수 있는 것 같습니다. 제가 친구에게 종종 강의 듣고 후기를 이야기해주는데요. 그 친구가 '너 강의 듣는 거 재밌어 보여'이런 말을 건넬 정도랍니다. 쓸데없이 불안한 공시생의 마음을 잡생각 없이 만들 효율적이고 알찬 강의입니다.(플러스로 하프모의고사도 진도별로 하고 있어서 누적 복습과 메타인지 학습에 더욱 효과적입니다!)

★★★★★ 시험장에서 문제를 풀다가 교수님 목소리 듣고 지방직 만점 받았습니다. 주○○(박문각 온라인 사이트)

교수님의 기본 이론 강의는, 다양한 예시를 통하여 학생들이 쉽게 이해할 수 있도록 설명해 주시고, 학생들의 눈높이에서 모든 학생이 이해하기 쉬운 방향으로 설명해 주십니다.
그뿐만 아니라, 문법에는 암기가 필수적으로 요구되는 부분들이 있는데, 이러한 부분들도 교수님만의 암기 팁을 전수해 주시며 저같이 암기에 약한 학생들도 쉽게 암기할 수 있게 해 주십니다. 방대한 양의 문법을 망각하지 않도록 일일 모의고사나 하프 모의고사에서 반복하여 강조해 주시는 것도 도움이 많이 되었던 것 같습니다.

★★★★★ 최고 강추! 국어 복습 시간이 현저히 적으니 전공과목에 힘을 정말 많이 쏟을 수 있었어요. 주○○(박문각 온라인 사이트)

저는 국가직 5과목 중 국어를 제일 고득점으로 받았습니다. 그 점수에 비해 저 스스로 노력한 부분은 정말 비루했다 말씀드립니다. 부끄럽지만 다른 4과목도 전부 초면이고 세법, 회계 때문에 국어 기출책 회독을 2회독도 아닌 1번만 풀고 만 것들이 수두룩했습니다. 그렇기에 장담합니다. 선생님 수업과 선생님이 내시는 '일일모고', '하프'라도 잘 따라간다면 고득점은 기본입니다. 여기서 선생님께서 암기하라는 것만 제대로 얹히신다면 완벽합니다.

★★★★★ 亦功국어의 박혜선 선생님 이제는 루키가 아닌 국어의 거장! 문○○(네이버카페)

우선 결론부터 말하자면, 슈퍼루키라고 불렸던 박혜선 선생님은 이제 루키가 아니라 공시국어의 거장이라고 칭할 수 있을 정도로 훌륭하십니다. 박혜선 선생님의 수업은 여타 다른 선생님의 수업과는 다르게 재밌고 텐션이 있으므로 고도의 집중력을 갖고서 수업에 임하실 수 있습니다. 그렇게 되면 당연히 학습효과가 배가 되겠죠? 문법에 관하여서는 혜선 쌤이 범위를 줄여준다는 느낌을 항상 받아왔습니다. 출제자가 좋아하는 포인트를 명확하게 집어주고 그렇지 않은 부분들은 과감하게 제외하는 것이 그 이유입니다.

★★★★★ 특유의 통통 튀는 밝은 에너지로 지친 수험 생활에 활력을! 서○○(네이버카페)

첫 강의를 딱 듣는 순간 교수님의 밝으신 모습이 마음에 무척 들었습니다. 교수님의 수업을 들으면서 점차 '아, 난 박혜선 교수님 강의만 들어야겠다. 나에게는 이 교수님이시다!'라는 확신이 들었습니다. 정말 교수님의 국어 수업은 힐링이에요~ 문법, 문학, 한자 등... 가리지 않고 암기가 어려운 부분은 정말 알기 쉽게 만들어주시고 특유의 통통 튀는 밝은 에너지로 즐겁게 공부할 수 있도록 해주십니다. 공부를 하다보면 알게 모르게 우울해지기도 쉽고 내가 선택한 길이지만 하기 싫을 때도 분명히 생기는데 그럴 때마다 듣는 혜선 교수님의 수업은 마치 비타민 같습니다. 항상 웃으면서 즐겁게 수업을 해주셔서 기운이 없다가도 금방 기운을 차릴 수 있어요! 저뿐만 아니라 모든 역공이분들께서 장담해주실 것 같습니다.

"

※총 한주에 4일로 9주 과정이지만, 한 주에 6일로 계산하면 총 6주 과정으로도 끝납니다.^^ 본인의 학습과정에 따라 조절해 주세요.

주차	단원		학습 내용	회독(색칠)				세부 취약 파트 체크
1주차	PART 01 형태론	1강	개념도 새기는 기출 OT (필수 시청, 복습 · 오답 방식 알려드림)	☆	☆	☆	☆	V _____ V _____
		2강	CH.1 형태소 CH.2 단어의 형성	☆	☆	☆	☆	V _____ V _____
		3강	CH.3 품사의 구별과 체언 CH.4 용언	☆	☆	☆	☆	V _____ V _____
		4강	CH.5 관계언 CH.6 수식언	☆	☆	☆	☆	V _____ V _____
2주차		5강	CH.7 명사형 어미 VS 명사 파생 접사 CH.8 마지막 품사 복합	☆	☆	☆	☆	V _____ V _____
	PART 02 통사론	6강	CH.1 문장 성분 CH.2 문장의 짜임새	☆	☆	☆	☆	V _____ V _____
		7강	CH.3 문장 종결법 / CH.4 높임 표현 CH.5 시제 / CH.6 부정 표현	☆	☆	☆	☆	V _____ V _____
		8강	CH.7 사동 표현과 피동 표현	☆	☆	☆	☆	V _____ V _____
3주차	PART 03 문장 고쳐쓰기	9강	CH.1 병렬 관계 및 문장성분의 호응 CH.2 의미의 중복 / CH.3 올바른 단어의 쓰임	☆	☆	☆	☆	V _____ V _____
		10강	CH.4 중의적 표현 CH.5 번역 투의 표현 / CH.6 올바른 문법의 쓰임	☆	☆	☆	☆	V _____ V _____
	PART 04 음운론과 문법 복합	11강	CH.1 음운과 음절 CH.2 음운의 체계	☆	☆	☆	☆	V _____ V _____
		12강	CH.3 음운의 변동 CH.4 문법 복합	☆	☆	☆	☆	V _____ V _____
4주차	PART 05 언어의 특성과 기능	13강	CH.1 언어와 국어 / CH.2 국어와 어휘 CH.3 국어의 순화	☆	☆	☆	☆	V _____ V _____
	PART 06 표준 발음법	14강	CH.1 표준 발음법	☆	☆	☆	☆	V _____ V _____
		15강	CH.1 표준 발음법	☆	☆	☆	☆	V _____ V _____

주차	단원	학습 내용		회독(색칠)				세부 취약 파트 체크
5주차	PART 07 표준어 규정	16강	CH.1 표준어 규정	☆	☆	☆	☆	∨ _____ ∨ _____
		17강	CH.2 복수 표준어	☆	☆	☆	☆	∨ _____ ∨ _____
	PART 08 한글 맞춤법	18강	CH.1 띄어쓰기 제외한 한글 맞춤법	☆	☆	☆	☆	∨ _____ ∨ _____
		19강	CH.2 문장 부호	☆	☆	☆	☆	∨ _____ ∨ _____
6주차		20강	CH.3 띄어쓰기	☆	☆	☆	☆	∨ _____ ∨ _____
		21강	CH.3 띄어쓰기	☆	☆	☆	☆	∨ _____ ∨ _____
	PART 09 의미론	22강	CH.1 단어의 의미 관계 CH.2 동음이의어와 다의어	☆	☆	☆	☆	∨ _____ ∨ _____
		23강	CH.3 단어의 문맥적 의미 CH.4 의미의 변화	☆	☆	☆	☆	∨ _____ ∨ _____
7주차	PART 10 담화론	24강	CH.1 발화 의도와 기능	☆	☆	☆	☆	∨ _____ ∨ _____
		25강	CH.2 올바른 언어 예절	☆	☆	☆	☆	∨ _____ ∨ _____
	PART 11 외래어 표기법	26강	CH.1 외래어 표기법 기본 원칙	☆	☆	☆	☆	∨ _____ ∨ _____
		27강	CH.2 외래어 표기 용례	☆	☆	☆	☆	∨ _____ ∨ _____
8주차	PART 12 로마자 표기법	28강	CH.1 로마자 표기법 기본 원칙	☆	☆	☆	☆	∨ _____ ∨ _____
		29강	CH.2 로마자 표기 용례	☆	☆	☆	☆	∨ _____ ∨ _____
	PART 13 고전 문법	30강	CH.1 국어의 역사적 흐름	☆	☆	☆	☆	∨ _____ ∨ _____
		31강	CH.2 훈민정음	☆	☆	☆	☆	∨ _____ ∨ _____
		32강	CH.3 다른 고전문헌의 이해 CH.4 고전 문법 요소 복합	☆	☆	☆	☆	∨ _____ ∨ _____

GUIDE | 구성과 특징

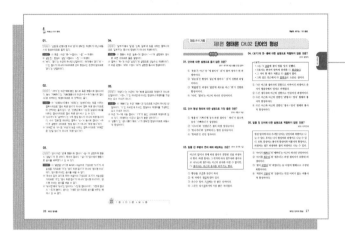

가독성 좋은 해설과 기출 문제

1

왼쪽에는 자세한 해설, 오른쪽에는 필수 기출을 넣어 편하게 문제를 풀고 가독성 있게 복습할 수 있게 했습니다.

2 대표 출·좋·포를 통해 시험에 나오는 이론들만 선택과 집중으로 똑똑하게 공부!

합격자들의 공통점! 꼭 알아야 하는 출·좋·포는 꼭 안다! 혜선쌤의 압도적인 강의력으로 시험에 나오지 않는 이론은 이제 과감하게 버리고 출.좋.포를 완벽하게 격파합니다.

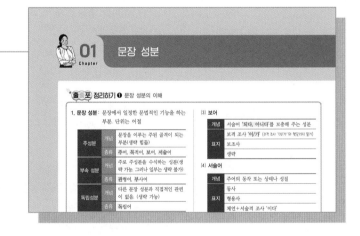

최빈출, 중간 빈출, 난이도 조절용으로 중요도 평정까지!

3

2024 국가직, 지방직은 최빈출까지 공부하면 되기 때문에 사실상 풀어야 하는 문제수가 현저하게 줄어듭니다. 또한 기타 직렬의 학생들은 난이도 조절용까지 준비하면 되므로 여러분들께 선택권을 드릴 수 있는 최고의 수험서입니다.

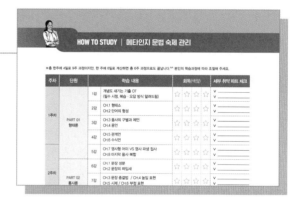

4 시중에 나온 해설 중 가장 자세한 해설

모든 문법 예시에 자세한 해설이 들어 있으므로
내가 모르는 문법 예시만 쏙쏙 빼서 회독할 수 있게
하였습니다.

5 메타인지 관리표로 자기 주도 학습!

2024 국가직, 지방직, 타 직렬 시험에 나올 확률이
가장 높은 유형을 집어 주고 자신의 취약파트를
기록할 수 있으며, 회독 수도 체크할 수 있습니다.

6 필독! 개념도 새기는 기출로 점수 신기록 세우는 방법!

수석합격자를 배출한 혜선 쌤이 제시하는
기출 오답 복습 방법!
이것을 실천하면 점수 신기록이 가능합니다.

7 7개년 국가직, 지방직 기출의 경향을 표로 한눈에 정리

역공(亦功)이들 스스로 메인직렬에서 좋아하는
파트를 객관적으로 판단할 수 있습니다.

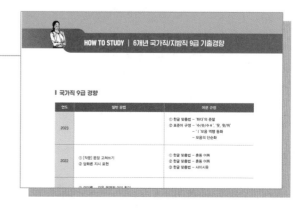

HOW TO STUDY | 6개년 국가직/지방직 9급 기출경향

▌국가직 9급 경향

연도	일반 문법	어문 규정
2023		① 한글 맞춤법 – '하다'의 준말 ② 표준어 규정 – '수/숫/수ㅎ', '웃, 윗/위' 　　　　　　　– 'ㅣ'모음 역행 동화 　　　　　　　– 모음의 단순화
2022	① [작문] 문장 고쳐쓰기 ② 담화론 지시 표현	① 한글 맞춤법 – 혼동 어휘 ② 한글 맞춤법 – 혼동 어휘 ③ 한글 맞춤법 – 사이시옷
2021	① 의미론 – 같은 문맥적 의미 찾기 ② [작문] 올바른 문장 고쳐쓰기 ③ 언어의 특성	① 표준어 규정
2020	① 통사론 – 문장의 짜임새 – 안긴문장 ② 통사론 – 문장 성분의 호응 ③ [작문] 올바른 문장 고쳐쓰기 ④ 음운론 – 음운의 체계	① 한글 맞춤법 – 올바른 맞춤법 ② 한글 맞춤법 – 사전 배열 순서
2019	① 형태론 – 품사 ② 음운론 – 음운 변동 ③ 통사론 – 높임법 ④ 의미론 – 의미의 변화	
2018	① 음운론 – 음운 변동 ② 의미론 – 반의 관계 ③ 고전문법의 형태론 – 어미, 조사, 접사 ④ [작문] 올바른 문장 고쳐쓰기	① 로마자 표기법 ② 띄어쓰기

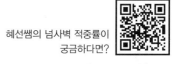

혜선쌤의 넘사벽 적중률이
궁금하다면?

▌지방직 9급 경향

연도	일반 문법	어문 규정
2023	① 통사론 – 문장 성분	① 한글 맞춤법 – 혼동 어휘
2022	① 표준 언어 예절 ② 단어의 통시적 변화 ③ 사람의 몸을 지시하는 말(사실상 한자 문제)	① 한글 맞춤법 – 접사 '이'의 쓰임
2021	① [작문] 올바른 문장 고쳐쓰기	① 한글 맞춤법 – 올바른 맞춤법 ② 한글 맞춤법 – '로써/로서'의 쓰임
2020	① 의미론 – 중복된 의미 ② 형태론 – 활용	① 한글 맞춤법 – 올바른 맞춤법 ② 띄어쓰기
2019	① 의미론 – 반의 관계 ② 음운론 – 음운변동 ③ [작문] 올바른 문장 고쳐쓰기 ④ 의미론 – 문맥적 의미	① 띄어쓰기
2018	① 의미론_같은 문맥적 의미 찾기 ② 통사론 – 사동법 ③ 고쳐쓰기 ④ 고전문법 – 훈민정음의 체계	① 띄어쓰기 ② 한글 맞춤법

▌국가직 7급 경향

연도	일반 문법	어문 규정
2020	① 형태론 – 용언의 활용 ② 의미론 – 다의 관계 ③ 통사론 – 문장 성분의 호응 ④ 통사론 – 문장의 짜임새	① 한글 맞춤법
2019	① 통사론 – 높임법 ② 형태론 – 단어의 형성 ③ 음운론 – 음운 변동 – 경음화 ④ 올바른 문장 찾기 ⑤ 형태론 – 용언의 활용	① 띄어쓰기 ② 한글 맞춤법 – 올바른 맞춤법
2018	① [작문] 올바른 문장 고쳐쓰기 ② 의미론 – 같은 문맥적 의미 찾기 ③ 통사론 – 피동 ④ 고전 문법 – 어미, 조사	① 표준 발음법 – 이중 모음의 발음 ② 띄어쓰기
2017 추가 채용	① 형태론 – 품사 ② 통사론 – 높임법 ③ [작문] 올바른 문장 고쳐쓰기	① 한글 맞춤법 – 올바른 맞춤법 ② 한글 맞춤법 – 올바른 맞춤법 ③ 외래어 표기법
2017	① 의미론 – 동음이의 관계 ② 형태론 – 단어의 형성 – 비통사적 합성어 ③ 통사론 – 높임법 ④ [작문] 올바른 문장 고쳐쓰기 ⑤ 형태론 – 품사	① 한글 맞춤법 – 올바른 맞춤법 ② 띄어쓰기

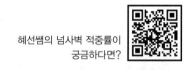

▌ 지방직 7급 경향

연도	일반 문법	어문 규정
2022	① 형태론 – 형태소–어미 ② 의미론 – 다의어 관계	① 표준어 규정
2021	① 의미론 – 같은 문맥적 의미 찾기	① 한글 맞춤법 – 혼동 어휘 ② 표준 발음법
2020	① 형태론 – 용언의 활용 ② 음운론 – 음운 변동 ③ 형태론 – 단어의 형성	① 외래어 표기법
2019	① 담화론 – 지시 표현 ② 통사론 – 높임법 ③ 의미론 – 중복된 의미	① 한글 맞춤법 – 띄어쓰기 ② 한글 맞춤법 – 혼동 어휘
2018	① 음운론 – 음운 변동 ② 의미론 – 반의 관계 ③ [작문] 올바른 문장 고쳐쓰기 ④ 통사론 – 문장 성분의 호응 ⑤ 통사론 – 사동법	① 띄어쓰기 ② 한글 맞춤법 – 혼동 어휘 ③ 한글 맞춤법 – 사이시옷 표기

CONTENTS | 이 책의 차례

박혜선 국어
개념도 새기는
기출 문법

01

형태론

01 Chapter

형태소

 정리하기 ❶ 형태소(形態素)의 이해

1. 형태소의 개념

⑴ **의미(실질 + 문법)를 지닌 말의 가장 작은 단위**

> 철수가 영희를 보았다.
> → 철수/가/영희/를/보/았/다 (총 7개)

2. 형태소의 종류

⑴ **분류 기준 1**: 실질 의미의 유무

실질 형태소	① 실질적인 뜻을 가진 형태소 ② 용언의 어간(어근) / 명사, 대명사, 수사 / 관형사, 부사 / 감탄사
	예 철수, 영희, 보−
형식 형태소	① 문법적인 뜻을 가진 형태소 ② '접사, 어미, 조사'
	예 가, 를, −았−, −다

⑵ **분류 기준 2**: 자립성 유무

자립 형태소	① 혼자 쓰일 수 있는 형태소 ② 명사, 대명사, 수사 / 관형사, 부사 / 감탄사
	예 철수, 영희
의존 형태소	① 혼자 쓰일 수 없는 형태소 ② 어미, 조사, 접사 / 용언의 어간(어근)
	예 가, 를, 보−, −았−, −다

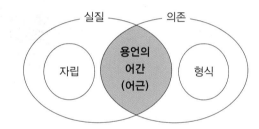

대표 亦功 기출

제1편 형태론 CH.01 형태소

01.

정답풀이 '동사의 어간'은 스스로 실질적인 의미를 갖기는 하지만, 반드시 어미와 함께 결합되어 쓰여야 하므로 명사와 더불어 '자립 형태소'라고 볼 수 없다.

02.

정답풀이

구분	영희	는	책	을	집	에
자립 / 의존	자립	의존	자립	의존	자립	의존
실질 / 형식	실질	형식	실질	형식	실질	형식

구분	놓	고	학교	에	가	았	다
자립 / 의존	의존	의존	자립	의존	의존	의존	의존
실질 / 형식	실질	형식	실질	형식	실질	형식	형식

의존 형태소이면서 실질 형태소인 것은 용언의 어근이므로 '놓-, 가-'이다.

03.

정답풀이 주어진 문장을 형태소로 나누면 총 15개로 나누어진다. [눈/이/ 녹/으면/ 남/은/ 발/자국/ 자리/마다/ 꽃/이/ 피/리/니] 의존형태소는 이, 녹-, -으면, 남-, -은, 마다, 이, 피-, -리-, -니 10개이다.

오답풀이 ① 자립형태소는 눈, 발, 자국, 자리, 꽃 5개이다.
③ 실질형태소는 눈, 발, 자국, 자리, 꽃, 녹-, 남-, 피- 8개이다.
④ 어절은 문장 성분의 최소 단위로서 띄어쓰기의 단위이므로 7개이다. 음절은 하나의 종합된 음의 느낌을 주는 말소리의 단위로 19개이다.

정답
찾기   1. ② 2. ① 3. ②

최빈출

01. 국어의 형태소에 대한 설명으로 가장 옳지 않은 것은?

2018 서울시 9급

① 조사는 앞말에 붙어서 나타난다는 점에서 '의존 형태소'이다.
② 동사의 어간은 스스로 실질적인 단어이므로 명사와 더불어 '자립 형태소'이다.
③ 명사는 실제적인 의미를 가지고 있다는 면에서 동사의 어간과 더불어 '실질 형태소'이다.
④ 어미는 조사와 마찬가지로 문법적 기능을 하므로, '문법 형태소'이다.

02. 의존 형태소이면서 실질 형태소인 것만으로 묶인 것은?

2012 국가직 9급

> 영희는 책을 집에 놓고 학교에 갔다.

① 놓-, 가
② -고, -ㅆ-
③ 영희, 책, 집
④ 는, 을, 에

03. 다음 문장에 대한 설명으로 가장 적절하지 않은 것은?

2022 법원직 9급

> 눈이 녹으면 남은 발자국 자리마다 꽃이 피리니.

① 자립형태소는 5개이다.
② 의존형태소는 9개이다.
③ 실질형태소는 8개이다.
④ 7개의 어절, 19개의 음절로 이루어진 문장이다.

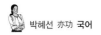

04.

정답풀이) 실질 형태소이면서 의존 형태소인 것은 용언의 어근(단일어의 경우에는 어간)이다. 용언의 어근은 실질적이고 어휘적인 의미가 있지만, 어미와 반드시 함께 결합되어 쓰여야 한다는 점에서 의존 형태소이다. 문장 '저 나뭇잎은 참 빨갛다.'에서 용언의 어근은 '빨갛-'이다.

05.

정답풀이) '선생님께서'의 '-님'은 형식 형태소(=문법 형태소)로 '높임'의 뜻을 더하는 '접미사'이므로 ③은 옳지 않다.

오답풀이) ≪표준국어대사전≫에서는 2음절 한자어의 형태소를 분석하고 있지 않다. 하지만, '7차 고등학교 문법 교과서'에서는 '학-교'와 같이 형태소를 분석하고, 이 낱말을 합성어로 제시하고 있다. 이 문제에서는 ≪표준국어대사전≫의 관점으로 한자어 '선생(先生), 숙제(宿題)'를 아예 하나의 형태소로 취급하고 있으므로 이에 따라 형태소를 분석하면 다음과 같다.

☞ 형태소 분석

구분	선생	님	께서
자립 / 의존	자립	의존	의존
실질 / 형식	실질	형식	형식

구분	우리	들	에게
자립 / 의존	자립	의존	의존
실질 / 형식	실질	형식	형식

구분	숙제	를
자립 / 의존	자립	의존
실질 / 형식	실질	형식

구분	주-	-시-	-ㄴ	다
자립 / 의존	의존	의존	의존	의존
실질 / 형식	실질	형식	형식	형식

06.

정답풀이) 하늘(명사 어근)+이(조사) / 맑(형용사 어간)+고(연결 어미) / 푸르(형용사 어간)+다.(종결 표현)

07.

정답풀이)

	떡	볶	이	를	팔	ㄹ
자립 / 의존	자립	의존	의존	의존	의존	의존
실질 / 형식	실질	실질	형식	형식	실질	형식

	사람	은	어서	가	아
자립 / 의존	자립	의존	자립	의존	의존
실질 / 형식	실질	형식	실질	실질	형식

→ 총 11개의 형태소로 구성되어 있다.
파생어 '떡볶이'는 형태소 분석하면 '떡+볶+이'가 된다.
'팔'의 경우 '팔(어간)+ㄹ(어미)'로 분석되며, '가'의 경우 '가(어간)+아(어미)'로 분석된다.

08.

정답풀이) 형태소의 개수는 '이 / 고기 / 는 / 매우 / 기름 / 지-(접사) / -다.'로 총 7개이다.
접사 '지다'에서 '다'는 어미로서 형태소로 나눌 수 있다.
단어의 개수는 '이, 고기, 는, 매우, 기름지다'로 총 5개이다.
(참고로 단어의 개수는 '어절의 수+조사의 수'이므로 '어절 4개+조사 1개'이므로 5개이다. 따라서 형태소와 단어의 개수를 모두 더하면 12개이다.)

09.

정답풀이) 형태소의 수가 가장 많은 것을 찾아야 하는 문제이다. 짜임새=짜-(동사 어근)+-이-(피동 접사)+-ㅁ(명사 파생 접사)+-새(접미사)
→ 총 4개의 형태소이므로 가장 형태소의 수가 많다.

오답풀이) ① 파김치=파(명사 어근)+김치(명사 어근)(2개)
③ 주름살=주름(명사 어근)+살(명사 어근) (2개)
④ 지름길=지르-(동사 어)+-ㅁ(명사형 어미)+길(명사)
→ 3개로 나눌 수 있다. '지름'이라는 말이 명사로 사전에 등재되지 않았기 때문에 '-ㅁ'은 접미사가 아니라 어미인 것이다.

10.

정답풀이) 어간은 어근과 접사를 결합한 것이다. 따라서 '㉠: 어간과 어근이 일치하는 경우'는 접사가 없는 단일어에 해당한다. '㉡: 어간과 어근이 일치하지 않는 경우'는 접사가 존재하는 파생어에 해당한다. '기르다'는 단일어이므로 ㉠에 해당한다. '먹히다'는 파생어로, ㉡에 해당한다.

오답풀이) ② ㉠ 비+우(사동접미사) : 파생어이므로 ㉡에 해당한다.
㉡ 먹+었(어미) : 접사가 없는 단일어이므로 ㉠에 해당한다.
③ ㉠ 정+답(형용사화 접미사) : 파생어이므로 ㉡에 해당한다.
㉡ 귀엽 : 접사가 없는 단일어이므로 ㉠에 해당한다.
④ ㉠ 애+되(형용사화 접미사) : 파생어이므로 ㉡에 해당한다. 합성어로 보게 되어도 ㉠이 아니다.
㉡ 드(접두사)+높 : 파생어이므로 ㉡에 해당한다.

정답찾기
4. ④ 5. ③ 6. ④ 7. ④ 8. ③ 9. ② 10. ①

04. 다음 문장에서 실질 형태소이면서 의존 형태소인 것은?

2017 경찰 1차

> 저 나뭇잎은 참 빨갛다.

① 저   ② 은
③ 참   ④ 빨갛-

05. 〈보기〉의 문장을 바탕으로 국어의 형태소를 이해한 것으로 가장 옳지 않은 것은?

2017 서울시 7급

> ─(보기)─
> 선생님께서 우리들에게 숙제를 주신다.

① '선생님께서'의 '께서', '우리들에게'의 '들', '주신다'의 '주'는 모두 의존 형태소에 해당하는 것들이다.
② '선생님께서'의 '께서', '숙제를'의 '를', '주신다'의 '다'는 모두 형식 형태소에 해당하는 것들이다.
③ '선생님께서'의 '님', '숙제를'의 '숙제', '주신다'의 '주'는 모두 실질 형태소에 해당하는 것들이다.
④ '선생님께서'의 '선생', '우리들에게'의 '우리', '숙제를'의 '숙제'는 모두 자립 형태소에 해당하는 것들이다.

─── 중간빈출 ───

06. 다음 문장을 형태소 단위로 나눌 때, 적절한 것은?

2018 소방

> 하늘이 맑고 푸르다.

① 하늘이 / 맑고 / 푸르다
② 하늘 / 이 / 맑고 / 푸르다
③ 하늘 / 이 / 맑고 / 푸르 / 다
④ 하늘 / 이 / 맑 / 고 / 푸르 / 다

07. 〈보기〉의 문장을 형태소로 분석할 때 전체 형태소는 몇 개인가?

2015 경찰 2차

> ─(보기)─
> 떡볶이를 팔 사람은 어서 가.

① 8개   ② 9개
③ 10개   ④ 11개

08. 〈보기〉에 사용된 단어의 개수와 형태소의 개수를 모두 더하면?

2017 기상직 9급

> ─(보기)─
> 이 고기는 매우 기름지다.

① 10   ② 11
③ 12   ④ 13

09. 주어진 단어를 의미를 가진 요소들로 더 이상 나눌 수 없을 때까지 나누었을 때 그 요소의 수가 가장 많은 것은?

2019 서울시 7급

① 파김치   ② 짜임새
③ 주름살   ④ 지름길

10. 〈보기〉의 ㉠과 ㉡에 해당하는 단어로 적절한 것은?

2019 기상직 9급

> ─(보기)─
> ㉠: 어간과 어근이 일치하는 경우
> ㉡: 어간과 어근이 일치하지 않는 경우

① ㉠: 기르다 ㉡: 먹히다
② ㉠: 비우다 ㉡: 먹었다
③ ㉠: 정답다 ㉡: 귀엽다
④ ㉠: 앳되다 ㉡: 드높다

11.

정답풀이) '깎는다'의 '는'은 '현재 시제 선어말 어미'이므로 현재 시간 표현으로 유형을 분류할 수 있다.

오답풀이) ① '밝으시다'의 '(으)시'는 객체 높임이 아니라 '주체 높임 선어말 어미'이다.
③ '읽히겠다'의 '-히-'는 '~을 하게 하다(시키다)'를 의미하는 것이므로 사동 접미사이다. 따라서 파생적 피동이 아니라 파생적 사동 표현이다.
④ '보자'의 '-자'는 청유형 종결 어미이다. 따라서 명령형이 아니라 청유형 종결 표현이다. 명령형 종결 어미는 '-어라/아라' 등이 있다.

12.

정답풀이) '드리셨을'은 용언 어간 '드리-'에 높임 선어말 어미 '-시-', 과거 시제 선어말 어미 '-었-'이 결합한 형태이다. 또한 관형사형 전성 어미 '을'이 결합하였다. 따라서 [어간 + 선어말 어미 + 선어말 어미 + 전성 어미]로 분석해야 한다. 0

오답풀이) ① '모시겠지만'은 용언 어간 '모시-'에 추측 선어말 어미 '-겠-', 연결 어미 '-지만'이 결합한 형태이다.
② '오갔기'는 용언 어간 '오가-'에 과거 시제 선어말 어미 '-았-', 전성 어미 '기'가 결합한 형태이다.
④ '보내셨을걸'은 용언 어간 '보내-'에 높임 선어말 어미 '-시-', 과거 시제 선어말 어미 '-었-', 종결 어미 '-을걸'이 결합한 형태이다.

13.

정답풀이) 남+기+어+지+ㄴ/ 적+도/ 물리+치+었+겠+네 → 12개

오답풀이) ② 너(대명사)+를(조사)/ 위(어근)+하(접사)+여서(어미)/ 땀(명사)+을(조사)/ 흐르(동사 어근)+이(사동 접미사)+었(과거형 어미)+어(연결 어미) → 11개
③ 훔치+어(연결 어미)/ 가+았+을/ 수+도/ 있+겠+군+요 → 11개
④ 달(형용사 어간)+ㄴ(관형사형 어미)+팥(명사 어근)+죽(명사 어근)+이라도(보조사)/ 가지(동사 어간)+어(연결 어미)+오(동사 어간)+야지(종결 어미) → 9개

14.

정답풀이) '우리 / 들 / 눈 / 에 / 보- / -이- / -었- / -다.'로 총 8개이다.

오답풀이) 나머지는 모두 7개이다.
① '먹- / -이- / 를 / 나누- / -어 / 주- / -어라.'로 총 7개이다.
② '달 / -님 / 에게 / 묻- / -어 / 보- / -아.'로 총 7개이다.
③ '서울 / 에 / 가- / -시- / -었- / -겠- / -지.'로 총 7개이다.

15.

정답풀이) '뜨- / -어 / 내라 / -어 / 가- / -았- / -다'로 총 7개이다.
오답풀이) ② '따르- / -아 / 버리- / -었- / -다'로 총 5개이다.
③ '빌- / -어 / 먹- / -었- / -다'로 총 5개이다.
④ '여쭤- / -어 / 보- / -았- / -다'로 총 5개이다.

16.

정답풀이) 자동적 교체는 필수적으로 일어나야 하는 교체를 의미하는 것으로 음절의 끝소리 규칙, 비음화, 유음화, 구개음화, 축약, 탈락 등이 이에 해당한다. 그런데, '알+는'은 [아 : 는]으로 소리 난다. 이는 'ㄹ' 탈락 현상으로 예외없이 필수적으로 일어나는 교체이므로 이는 자동적 교체로 옳다.

오답풀이) ② '안기다' 역시 'ㄴ'과 'ㄱ'이 연속되지만 'ㄱ'이 경음으로 발음되는 것이 필수적인 현상은 아니다. [안기다]로 발음 자체는 가능하기 때문이다. 따라서 '안고'가 [안 : 꼬]로 소리 나는 것은 자동적 교체가 아니라 '비자동적 교체'이다.
③ (다)는 'ㅂ'이 모음 어미 앞에서 '오/우'로 바뀌는 것은 'ㅂ' 불규칙 활용이다. 'ㅂ'과 '은'이 연속될 때 [운]으로 발음되는 것이 필수적인 현상은 아니다. [아름다븐]으로 발음이 가능하기 때문이다. 따라서 자동적 교체가 아니라 '비자동적 교체'이다. (참고로, 불규칙 활용은 변화가 불규칙적이므로 '비자동적 교체'이다.)
④ (라)는 'ㄱ'과 'ㄴ'이 연속될 때 'ㄱ'이 비음 'ㅇ'으로 발음되는 것은 비음화 현상으로, 예외없이 필수적으로 일어나므로 이는 비자동적 교체가 아니라 자동적 교체이다.

17.

정답풀이) 떠나(동사 어근)+개(동사 어근)+았(과거형 선어말 어미)+던(굴절 접사) / 배(명사 어근)+가(조사) / 돌(동사 어근)+아(연결 어미)+오(동사 어근)+았(과거형 선어말 어미)+다.(평서형 종결 어미) → 11개

> 다만,
> 1) '던'을 '더+ㄴ'으로 나누는 견해도 있다. 그렇게 되면 12개가 된다.
> 2) '떠나-'를 '뜨+어+나(통시적인 관점)'로 볼 수도 있으나 현대 국어에서는 '떠나-'를 하나의 형태소로 본다.
>
> → 어떠한 관점으로 보아도 가장 형태소의 개수가 많은 것에는 변함이 없다.

오답풀이) ② 머리(명사 어근)+를(조사) / 숙(동사 어근)+이(사동 접미사)+어(연결 어미) / 청(명사 어근)+하(동사화 접미사)+오(공손성 어미)+니.(연결 어미) → 9개
→ '숙다'는 '기울어지다.'의 의미이고, '숙이다'는 '기울게 하다'라는 의미이다. 따라서 '-이-'는 사동 접미사이다.
③ 잇(동사 어근)+따르(동사 어근)+아(연결 어미)/ 부르(동사 어근)+어(연결 어미)+들-(동사 어근)+이(사동 접미사)+었(과거형 선어말 어미)+다.(평서형 종결 어미) → 9개
④ 아끼(동사 어근)+어(연결 어미)/ 쓰(동사 어근)+는(현재 관형사형 선어말 어미)/ 사람(명사 어근)+이(조사)/ 되(동사 어근)+자.(청유형 종결 어미) → 8개

정답 찾기   11. ②   12. ③   13. ①   14. ④   15. ①   16. ①   17. ①

11. 다음 중 밑줄 친 문법 요소들에 대한 유형 분류가 옳은 것은?

2014 경찰 2차

① 할머니는 귀가 <u>밝으시</u>다. – 객체 높임 표현
② 철수가 지금 사과를 <u>깎는</u>다. – 현재 시간 표현
③ 나는 철수에게 그 책을 <u>읽히</u>겠다. – 파생적 피동 표현
④ 함께 생각해 <u>보자</u>. – 명령형 종결 표현

12. ㉠ ~ ㉣을 활용하여 사례의 밑줄 친 부분을 분석한 것으로 옳지 않은 것은?

2022 지방직 7급

> 어간과 결합하는 어미는 다음과 같이 분류될 수 있다. 먼저 실현되는 위치에 따라 ㉠ <u>선어말 어미</u>와 어말 어미로 나뉜다. 다음으로 어말 어미는 그 기능에 따라 ㉡ <u>연결 어미</u>, ㉢ <u>종결 어미</u>, ㉣ <u>전성 어미</u>로 나뉜다.

사례 　　　　　　　　　　　분석
① 형이 어머니를 잘 <u>모시겠지만</u> 조금은 걱정돼. 어간+㉠+㉡
② 많은 사람들이 <u>오갔기</u> 때문에 소득을 해야 해. 어간+㉠+㉣
③ 어머니께서 할머니께 전화를 <u>드리셨을</u> 텐데. 어간+㉠+㉠+㉡
④ 아버지께서 지난주에 편지를 <u>보내셨을걸</u>. 어간+㉠+㉠+㉢

13. 형태소의 개수가 가장 많은 것은?

2014 지방직 9급

① 남겨진 적도 물리쳤겠네.
② 너를 위해서 땀을 흘렸어.
③ 훔쳐 갔을 수도 있겠군요.
④ 단팥죽이라도 가져와야지.

14. 다음 문장에서 형태소의 개수가 다른 것은? 2013 서울시 7급

① 먹이를 나눠 줘라.
② 달님에게 물어 봐.
③ 서울에 가셨겠지.
④ 우리들 눈에 보였다.

15. 형태소의 개수가 가장 많은 것은?

2019 서울시 9급

① 떠내려갔다
② 따라버렸다
③ 빌어먹었다
④ 여쭈어봤다

난이도 조절용

16. 〈보기〉를 참고할 때, 다음 중 형태소의 교체에 관한 설명으로 가장 옳은 것은?

2019 서울시 7급

> ─ (보기) ─
> 형태소의 교체는 자동적 교체와 비자동적 교체로 나눌 수 있다. 자동적 교체는 필수적으로 일어나야 하는 교체를 말하며, 비자동적 교체는 반드시 일어나야 할 필연적 이유가 없는 교체를 말한다.
> (가) 알- : 알+는 → [아:는]
> (나) 안- : 안+고 → [안:꼬]
> (다) 아름답- : 아름답+은 → [아름다운]
> (라) 먹- : 먹+는 → [멍는]

① (가)는 국어에 'ㄹ'과 'ㄴ'이 연속될 때 'ㄹㄴ'이 함께 발음될 수 없다는 제약으로 인해 예외 없이 용언 어간의 종성 'ㄹ'이 탈락하는 자동적 교체의 예이다.
② (나)는 국어에 'ㄴ'과 'ㄱ'이 연속될 때 'ㄱ'이 경음으로 발음된다는 제약으로 인해 예외 없이 어미 '-고'는 [꼬]로 발음되는 자동적 교체의 예이다.
③ (다)는 국어에 'ㅂ'과 '은'이 연속될 때 '븐'이 아니라 [운]으로 발음된다는 제약으로 인해 어미 '-은'이 [운]으로 발음되는 자동적 교체의 예이다.
④ (라)는 국어에 'ㄱ'과 'ㄴ'이 연속될 때 'ㄱ'이 비음 'ㅇ'으로 발음되는 것은 반드시 일어나야 하는 규칙은 아니므로 비자동적 교체의 예이다.

17. 다음 중 형태소의 개수가 가장 많은 것은? 2016 서울시 7급

① 떠나갔던 배가 돌아왔다.
② 머리를 숙여 청하오니.
③ 잇따라 불러들였다.
④ 아껴 쓰는 사람이 되자.

02 Chapter 단어의 형성

★ **출좋포** 정리하기 ❷ 단어의 종류, 합성어의 종류

1. 단일어, 합성어, 파생어

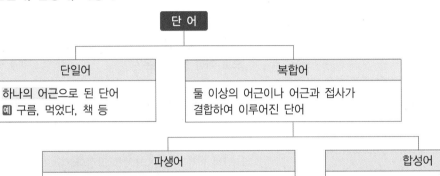

단 어

단일어	복합어
하나의 어근으로 된 단어 예 구름, 먹었다, 책 등	둘 이상의 어근이나 어근과 접사가 결합하여 이루어진 단어

파생어	합성어
어근과 접사로 구성된 단어 • 접두사에 의한 파생 　예 풋사과, 맨발, 개살구, 공염불 • 접미사에 의한 파생 　예 선배님, 학생들, 사랑하다, 기름지다	어근과 어근으로 구성된 단어 • 통사적 합성어 　예 새해, 돌아가다, 빛나다 • 비통사적 합성어 　예 짙푸르다, 덮밥, 부슬비

2. 파생어의 형성

한정적 접사 ― 품사 변하지 않음

지배적 접사 ― 혹은 품사나 문장 구조가 변함

3. 합성어의 종류

합성어란 어근과 어근, 혹은 단어와 어근이 결합하여 형성된 단어이다.

4. 합성어의 분류 기준 ① : 우리말의 일반적인 단어 배열법

통사적 합성어	개념	우리말의 일반적인 단어 배열법과 일치하는 합성어 통사적 구성과 일치하는 합성어	
	예시	명사+명사	앞뒤, 돌다리, 할미꽃, 춘추, 논밭, 이슬비
		관형사+체언	새해, 온갖, 한바탕, 첫사랑, 새마을, 온종일, 뭇매
		부사+용언	가로막다, 잘나다, 그만두다, 못나다, 다시없다, 몹쓸(못+'쓰다'의 관형사형)
		부사+부사	곧잘, 더욱더, 이리저리, 엎치락뒤치락, 죄다
		조사 생략	빛(이)나다, 힘(이)들다, 값(이)싸다, 맛(이)있다, 재미(가)없다, 본(을)받다, 선(을)보다, 애(를)쓰다, 꿈(과)같다, 앞(에)서다, 손(에)쉽다
		연결 어미	돌아가다, 알아보다, 뛰어가다, 들어가다, 약아빠지다, 찾아보다, 깎아지르다, 게을러빠지다, 스며들다
		관형사형 어미	군밤, 작은언니, 지은이, 어린이, 작은집, 이른바, 쓸데없다(쓰+ㄹ+데+없+다), 보잘것없다(보+자+고+하+ㄹ+것+없+다)
비통사적 합성어	개념	우리말의 일반적인 단어 배열법과 일치하지 않는 합성어	
	예시	관형사형 어미 생략	접칼, 덮밥, 곶감, 늦잠, 감발, 누비옷, 묶밭, 꺾쇠
		연결 어미 생략	높푸르다, 뛰놀다, 군세다, 오르내리다, 날뛰다, 돌보다, 여닫다, 굶주리다, 보살피다
		부사+명사	살짝곰보, 딱딱새, 보슬비, 산들바람, 척척박사, 헐떡고개, 볼록거울
		어순이 다른 한자어	독서(讀書), 급수(汲水), 등산(登山), 귀향(歸鄕) (일몰(日沒), 필승(必勝), 고서(古書)는 통사적 합성어)

01.

정답풀이 '덮밥'은 관형사형 어미 '은'이 생략된, 파생어가 아닌 비통사적 합성어이므로 옳지 않다.

오답풀이 ① 웃음: 어근 '웃-'+접미사 '-음' → 파생어
② 곁눈질: 합성어 '곁눈'+접미사 '-질' → 파생어
④ '바다', '맑다'는 어근이 하나인 단일어이다. 여기에서 '맑다'의 '-다'는 접사가 아니라 어미이므로 단어 형성과는 관련이 없으므로 '맑다'는 단일어이다.

02.

정답풀이 '-하다'는 어근 뒤에 붙는 동사화 혹은 형용사화 접미사이다. 동사 '기뻐하다'는 '기쁘(형용사의 어근)+어+하다(동사화 접미사)'로 이루어진 파생어이므로 이 선택지는 옳다.

오답풀이 ② '시(媤)누이'에서 '시(媤)'는 '남편의'라는 뜻을 더하는 접두사이므로 '접미 파생 명사'가 아니라 '접두 파생 명사'이므로 이 선택지는 옳지 않다. 단, '선생님'에서 '-님'은 높임의 의미를 더하는 접미사이므로 접미 파생 명사라고 볼 수 있다.
③ '빛나가다'와 '공부하다'는 모두 합성 동사가 아니라 파생 동사이다. 각각 '잘못'을 의미하는 접두사 '빗-'과 동사화 접미사 '-하다'가 결합한 것이므로 '합성 동사'가 아니라 '파생 동사'이다.
④ '한여름'의 '한-'은 '한창'의 뜻을 더하는 접두사이므로 '한여름'은 '단일 명사'가 아니라 '파생 명사'이다.

03.

정답풀이 명사 어근 '정'에 형용사화 접미사 '-답-'이 결합하여 형용사 '정답다'가 된 것이다. 따라서 접미사 '-답-'이 명사에서 형용사로 품사를 바꾸었다고 볼 수 있다.

오답풀이 ① '황금을 보다'로 목적어-서술어의 구성으로 '보기'가 서술성을 가지므로 '기'는 '명사 파생 접사'가 아니라 '명사형 어미'이다. 명사형 어미는 품사를 바꿀 수 없다.
③ '옥수수 알이 크다'로 주어-서술어의 구성으로 '크기'가 서술성을 가지므로 '기'는 '명사 파생 접사'가 아니라 '명사형 어미'이다. 명사형 어미는 품사를 바꿀 수 없다.
④ '낚시질'에서 '낚시'는 명사이고 '-질'은 접미사이다. 그런데 접미사 '-질'이 붙어도 품사는 그대로 명사이므로 품사를 바꾸는 예라고 볼 수 없다.

04.

정답풀이 '알부자'에서 '알'은 '진짜, 알짜'의 뜻을 더하는 접두사이므로 '알부자'는 통사적 합성어가 아니라 파생어이다.

오답풀이 ① 형용사 어근 '슬프-'와 접미사 '-ㅁ'이 결합되어 명사로 바뀐 것이므로 옳은 설명이다.
② 접두사 '휘-'와 어근 '감았다'의 결합으로 만들어진 파생어이다.
③ ⓒ은 관형사 '새'와 +명사 '해'가 결합된 통사적 합성어이다.

05.

정답풀이 '피었다-'는 어근이 '피-'밖에 없으므로 복합어가 아니라 단일어이다. '-었-, 다'는 어미인데 어미는 합성어나 파생어를 구성하는 요소 자체가 아니다.

오답풀이 ① '예쁘다'는 어근 '예쁘-'만 있으므로 어근이 하나인 단일어이다. '다'는 어미인데 어미는 합성어나 파생어를 구성하는 요소 자체가 아니다.
② 어근 '자-'에 사동 접미사 'ㅣ우'가 붙는 것이므로 파생어로 볼 수 있다. (파생어는 어근과 접사가 붙은 단어이다.)
④ '검붉다.'는 '검(고)붉다'에서 '고'가 생략된 합성어이므로 비통사적 합성어이다.

정답 찾기   1. ③ 2. ① 3. ② 4. ④ 5. ③

대표 亦功 기출 — 제1편 형태론 CH.02 단어의 형성

최빈출

01. 단어에 대한 설명으로 옳지 않은 것은?

2017 국가직 9급 생활 안전 분야

① '웃음'은 어근 '웃-'에 접미사 '-음'이 붙어 명사가 된 파생어이다.
② '곁눈질'은 합성어 '곁눈'에 접미사 '-질'이 결합된 파생어이다.
③ '회덮밥'은 파생어 '덮밥'에 새로운 어근 '회'가 결합된 합성어이다.
④ '바다', '맑다'는 어근이 하나인 단일어이다.

02. 단어 형성 원리에 대한 설명으로 가장 옳은 것은?

2018 서울시 9급

① 형용사 '기쁘다'에 동사 파생 접미사 '-하다'가 붙으면 동사 '기뻐하다'가 생성된다.
② '시누이'와 '선생님'은 접미 파생 명사들이다.
③ '빗나가다'와 '공부하다'는 합성 동사들이다.
④ '한여름'은 단일 명사이다.

03. 밑줄 친 부분이 ㉠의 예에 해당하는 것은? 2019 국가직 7급

어근의 앞이나 뒤에 파생 접사가 결합된 것을 파생어라 한다. 파생 접사는 그 위치에 따라 접두사와 접미사로 나누는데 접두사는 어근의 품사를 바꿀 수 없지만, ㉠ 접미사는 어근의 품사를 바꾸기도 한다.

① 황금을 보기를 돌같이 하라.
② 세 자매가 정답게 앉아 있다.
③ 옥수수 알이 크기에는 안 좋은 날씨이다.
④ 그곳은 낚시질하기에 가장 좋은 자리였다.

04. 〈보기〉의 ㉠~㉣에 대한 설명으로 적절하지 않은 것은?

2018 법원직

(보기)
• 그는 ㉠ 슬픔에 젖어 말을 잇지 못했다.
• 간호사는 환자의 팔뚝에 붕대를 ㉡ 휘감았다.
• 그 사이 한 해가 저물고 ㉢ 새해가 왔다.
• 그의 집은 인근에서 ㉣ 알부자로 소문난 집이다.

① ㉠은 어근과 접미사의 결합으로 이루어진 파생어로 품사가 형용사에서 명사로 바뀌었다.
② ㉡은 접두사와 어근의 결합으로 만들어진 파생어이다.
③ ㉢은 어근과 어근의 결합인 '관형사+명사' 형태의 통사적 합성어이다.
④ ㉣은 어근과 어근의 결합인 '명사+명사' 형태의 통사적 합성어이다.

05. 밑줄 친 단어에 대한 설명으로 적절하지 않은 것은?

2021 지역인재

형성 방식에 따라 우리말 단어는 단일어와 복합어로 나눌 수 있다. 후자는 다시 합성어와 파생어로 나눌 수 있다. 또한, 합성어는 통사적 합성어와 비통사적 합성어로, 파생어는 접두 파생어와 접미 파생어로 나눌 수 있다.

① '아이가 예쁘다.'의 '예쁘다'는 어근이 하나인 단일어이다.
② '아기를 재우다.'의 '재우다'는 파생 접미사가 포함된 파생어이다.
③ '꽃이 피었다.'의 '피었다'는 둘 이상의 형태소로 구성된 복합어이다.
④ '색깔이 검붉다.'의 '검붉다'는 연결 어미가 없는 비통사적 합성어이다.

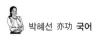

06.

정답풀이) '짚신'은 명사 어근 '짚'과 '신'이 결합한 합성어이다.

오답풀이) ① '개살구'는 못난 사람이나 사물 또는 언짢은 일을 비유적으로 이르는 말이며, 접두사와 어근이 결합한 파생어이다. 접사 '개-'는 '헛된', '쓸데없는'의 뜻을 더한다.

② '돌미나리'는 논이나 개천 따위의 습지에서 자라는 야생 미나리를 뜻하는 말이며, 접두사와 어근이 결합한 파생어이다. 접사 '돌-'은 '품질이 떨어지는,' 또는 '야생으로 자라는'의 뜻을 더한다.

③ '군소리'는 하지 아니하여도 좋을 쓸데없는 말을 뜻하며, 접두사와 어근이 결합한 파생어이다. 접사 '군-'은 '쓸데없는'의 뜻을 더한다.

07.

정답풀이) '시울'은 '눈이나 입의 언저리'를 의미하는 명사이다. 따라서 '눈시울'은 눈(어근)+시울(어근)의 합성어이다.

오답풀이) ① ㉠ 한겨울 : '한창인'의 뜻을 더하는 접두사 '한'이 어근 '겨울'과 결합한 것이므로 파생어이다.

② ㉡ 맨손 : '다른 것이 없는'의 뜻을 더하는 접두사 '맨'이 어근 '손'과 결합한 것이므로 파생어이다.

③ ㉢ 시퍼렇게 : '매우 짙고 선명하게'의 뜻을 더하는 접두사 '시'가 어근 '퍼렇다'와 결합한 것이므로 파생어이다.

08.

정답풀이) 파생어는 실질 형태소 어근에 접사가 결합한 것이다. '살펴보다'는 동사 '살피다'와 동사 '보다'가 결합한 합성어이다.

오답풀이) ① 명사 어근 '교육자'에 접미사 '-답다'가 결합한 파생어다.

③ '탐스럽다'의 '-스럽다'는 일부 어근 뒤에 붙어서 '그러한 성질이 있음'을 나타내는 접미사이다. '탐(貪)'은 '가지거나 차지하고 싶은 마음'을 뜻하는 명사 어근이다.

④ '순수하다'의 '-하다'는 일부 명사 뒤에 붙어 용언을 만드는 접미사이다. '순수(純粹)'는 '사사로운 욕심이나 못된 생각이 없음'을 뜻하는 명사 어근이다.

09.

정답풀이) '어머니'는 단일어이므로 결합된 형태의 단어가 아니다.

오답풀이) ① 먹이 : 동사 어근 '먹-'+명사 파생 접사 '-이' → 파생어

③ 지우개 : 동사 어근 '지우-'+명사 파생 접사 '-개' → 파생어

④ 높다랗다 : 형용사 어근 '높-'+형용사화 접미사 '-다랗-' → 파생어

10.

정답풀이) '굶주리다, 늦더위, 높푸르다, 덮밥'은 비통사적 합성어이다. 각각 연결 어미 '-고' 생략, 관형사형 어미 '-은' 생략, 연결 어미 '-고' 생략, 관형사형 어미 '-은' 생략이 보인다. 이와 동일한 구성 방식을 보이는 단어는 '곶감'이다. '곶감'에는 관형사형 어미 '-은' 생략이 보인다.

오답풀이) ① 논밭 : '논과 밭'의 '명사+명사' 구성을 보이는 것은 통사적 합성어이다.

② 첫사랑 : '관형사+명사' 구성을 보이는 것은 통사적 합성어이다.

③ 늙은이 : 관형사형 어미 '-은'이 생략되지 않은 통사적 합성어이다.

④ 가로지르다 : '부사+용언' 구성을 보이는 것은 통사적 합성어이다.

11.

정답풀이) '돌다리'는 어근+어근의 합성어이다. 나머지는 파생어이다.

오답풀이) ① 군말 : '군-'은 '쓸데없는·가외의'의 뜻을 더하는 접두사이므로 파생어이다.

③ 덧가지 : '덧-'은 '더함'의 뜻을 나타내는 접두사이므로 파생어이다.

④ 짓누르다 : '짓-'은 '함부로'의 뜻을 나타내는 접두사이므로 파생어이다.

12.

정답풀이) '개살구, 헛웃음, 낚시질, 지우개'는 각각 접사 '개-, 헛-, -질, -개'가 붙은 파생어이다. 이와 같은 단어 형성 원리를 가진 단어는 '건어물'이다. '건(乾)'은 '마른' 또는 '말린'의 뜻을 더하는 접두사이다. '건어물'은 파생어이다.

예) 건포도, 건과자

오답풀이) 모두 '명사+명사' 형태로 된 합성어이다.

② 명사 '금지'+명사 '곡' (예) 어떤 곡을 좋아해?)

③ 명사 '한자'+명사 '음' (예) 어떤 음이 너에게 높니?)

④ 명사 '핵'+명사 '폭발' (예) 핵이 무섭다.)

13.

정답풀이) 접두사 '새'와 형용사 어근 '빨갛-'이 결합된 파생어이다. 동사 어근 '놀-'과 접미사 '-이'가 결합된 파생어이다.

오답풀이) ① '고무신'은 합성어이다. '치솟다'는 접두사 '치-'와 동사 어근 '솟-'이 결합된 파생어이다.

③ '얽매다'는 '이리저리 관련이 되게 하다.'를 뜻하는 동사 어근 '얽-'과 동사 어근 '매-'가 결합된 합성어이다. '풋사랑'은 접두사 '풋-'이 결합된 파생어이다.

④ '굶주리다'는 동사 어근 '굶-'과 어근 '주리-'가 결합된 합성어이다. '까막까치'는 어근 '까막(까마귀)'과 어근 '까치'가 결합된 합성어이다.

 6. ④ 7. ④ 8. ② 9. ② 10. ⑤ 11. ② 12. ① 13. ②

06. 복합어의 조어법이 나머지 셋과 다른 것은? ^{2023 서울시 9급}

① 개살구   ② 돌미나리
③ 군소리   ④ 짚신

07. 〈보기〉의 밑줄 친 ㉠~㉣에서 단어 형성 방법이 다른 하나는?

2017 소방 상반기 복원

─(보기)─
할머니께서 젊으셨을 때에는 ㉠ 한겨울에도 ㉡ 맨손으로 차가운 물에 빨래를 하셨다고 한다. ㉢ 시퍼렇게 멍든 손과 가슴을 자식들의 재롱을 보며 달래셨을 것을 생각하면 지금도 ㉣ 눈시울이 뜨거워진다.

① ㉠ 한겨울   ② ㉡ 맨손
③ ㉢ 시퍼렇게   ④ ㉣ 눈시울

08. 다음 중 파생법으로 만들어진 단어가 아닌 것은?

2022 군무원 9급

① 교육자답다   ② 살펴보다
③ 탐스럽다   ④ 순수하다

09. 결합된 형태의 단어가 아닌 것은?   ^{2016 소방 복원}

① 먹이   ② 어머니
③ 지우개   ④ 높다랗다

10. 다음 예들과 동일한 구성 방식을 보이는 단어로 옳은 것은?

2015 국회직 9급

─────────────────────
굶주리다, 늦더위, 높푸르다, 덮밥
─────────────────────

① 논밭   ② 첫사랑   ③ 늙은이
④ 가로지르다   ⑤ 곶감

11. 다음을 고려할 때, 단어 형성 방식이 나머지 셋과 다른 것은?

2014 경찰 1차

─────────────────────
단어는 하나 이상의 형태소가 결합한 단위인데, '산, 강'처럼 하나의 어근으로 이루어진 단어를 단일어라고 한다. 한편 '풋사과'처럼 파생 접사와 어근이 결합하여 이루어진 단어를 파생어라고 하며, '밤낮'처럼 둘 이상의 어근이 결합하여 만들어진 단어를 합성어라고 한다.
─────────────────────

① 군말   ② 돌다리
③ 덧가지   ④ 짓누르다

12. 다음 〈보기〉에 제시된 단어들과 단어 형성 원리가 같은 것은?

2017 서울시 9급

─(보기)─
개살구, 헛웃음, 낚시질, 지우개
─────────────────────

① 건어물(乾魚物)   ② 금지곡(禁止曲)
③ 한자음(漢字音)   ④ 핵폭발(核爆發)

13. 파생어끼리 묶인 것으로 가장 적절한 것은? ^{2018 경찰 3차}

① 치솟다, 고무신
② 새빨갛다, 놀이
③ 얽매다, 풋사랑
④ 굶주리다, 까막까치

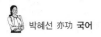

14.

정답풀이 • 새해 : 관형사+명사의 통사적 합성어이다.
• 늙은이 : 관형사형 어미가 생략되지 않은 통사적 합성어이다.
• 어깨동무 : 명사+명사의 통사적 합성어이다.
• 정들다 : '정(이) 들다'에서 조사가 생략된 것은 우리말의 일반적 배열법에 위반되지 않는다. 따라서 통사적 합성어이다.
• 앞서다 : '앞(에) 서다'에서 조사가 생략된 것은 우리말의 일반적 배열법에 위반되지 않는다. 따라서 통사적 합성어이다.
• 손쉽다 : '손(에) 쉽다'에서 조사가 생략된 것은 우리말의 일반적 배열법에 위반되지 않는다. 따라서 통사적 합성어이다.

오답풀이 ① • 비행기(파생어) : 명사 '비행'+접미사 '-기'
• 밑바닥 : 명사 '밑' + 명사 '바닥'
• 짓밟다(파생어) : 접두사 '짓-'+동사 어근 '밟-'
• 겁나다(합성어) : '겁(이) 나다'의 결합에서 조사가 생략된 것은 자연스러운 현상이므로 통사적 합성어이다.
• 낯설다(합성어) : '낯(이) 설다'의 결합에서 조사가 생략된 것은 자연스러운 현상이므로 통사적 합성어이다.
② • 막내둥이(파생어) : 명사 '막내'+접미사 '-둥이'
• 돌부처(합성어) : 명사 '돌(stone)' + 명사 '부처'
• 얄밉다(합성어) : 명사 '얄-'+형용사 어근 '밉-'
• 깔보다(합성어) : 동사 어근 '깔-'+동사 어근 '보-'
④ • 개살구(파생어) : 접두사 '개-'+명사 어근 '살구'
• 산들바람(합성어) : 부사 '산들'+명사 '바람'의 비통사적 합성어이다.
• 그만두다(합성어) : 부사 '그만'+동사 어근 '두다'의 통사적 합성어이다.
⑤ • 척척박사 : 부사 '척척'+명사 '박사'의 비통사적 합성어이다.
• 본받다 : '본(을) 받다'의 결합에서 조사가 생략된 것은 자연스러운 현상이므로 통사적 합성어이다.
• 앞서다 : '앞(에) 서다'의 결합에서 조사가 생략된 것은 자연스러운 현상이므로 통사적 합성어이다.
• 배부르다 : '배(가) 부르다'의 결합에서 조사가 생략된 것은 자연스러운 현상이므로 통사적 합성어이다.

15.

정답풀이 1. ㉠ '통사적 합성어'
ⓐ '새해'는 '관형사+명사'의 통사적 합성어이다.
ⓑ '힘들다'는 '힘(이)들다'의 결합에서 조사가 생략된 것은 자연스러운 현상이므로 통사적 합성어이다.
ⓔ '돌아가다' 역시 '돌다'와 '가다'가 '-아'라는 연결 어미로 이어지므로 통사적 합성어이다.
2. ㉡ '비통사적 합성어'
ⓒ '접는칼' : 관형사형 어미 '-는'이 생략된 비통사적 합성어이다.
ⓓ 부슬비 : '부사+명사' 구조의 비통사적 합성어이다.
ⓕ '오르고내리다'에서 '-고'라는 연결 어미가 생략된 비통사적 합성어이다.

16.

정답풀이 '비지'는 두부를 만들고 남은 찌꺼기를 뜻하는 고유어이고, '땀'은 '사람이나 동물의 피부에서 분비(分泌)되는 찝찔한 액체'를 의미하는 고유어로 '비지땀'은 합성어이다.
☞ '비지땀' : 비지를 만들면 나오는 콩물처럼 많이 흘리는 땀

오답풀이 ② 사랑채(舍廊채) : 사랑으로 쓰는 집채
'사랑(舍廊 : 舍 집 사 廊 사랑채 랑(낭))'은 '바깥주인' 거처하며 손님을 대접하는 곳'을 의미하는 한자어이므로 답이 될 수 없다. 또한 '-채'는 '구분된 건물 단위'의 뜻을 더하는 접미사이므로 합성어가 아니라 파생어이다.
③ 쌍동밤(雙童밤) : 한 껍데기 속에 두 쪽이 들어 있는 밤
'쌍동(雙 쌍 쌍, 童 아이 동)은 '한 어머니에게서 한꺼번에 태어난 두 아이'를 의미하는 한자어이므로 답이 될 수 없다. '쌍동'과 '밤' 모두 어근이므로 합성어인 것은 맞다.
④ 장작불(長斫불) : 장작으로 피운 불
'장작(長길 장, 斫 벨 작)'은 '통나무를 길쭉하게 잘라서 쪼갠 땔나무'를 의미하는 한자어이므로 답이 될 수 없다.
'장작'과 '불' 모두 어근이므로 합성어인 것은 맞다.

17.

정답풀이 • 나무꾼(파생어) : '어떤 일을 습관적으로 하는 사람'의 뜻을 더하는 접미사 '꾼'
• 뒤엎다(파생어) : '반대로 뒤집어'의 뜻을 더하는 접두사 '뒤'
• 병마개(통사적 합성어) : '병'과 파생어 '마개'가 결합된 합성어
• 엿보다 : '몰래'의 뜻을 더하는 접두사 '엿'
• 작은아버지(통사적 합성어) : 작은+아버지
• 짙푸르다(비통사적 합성어) : 짙(고)푸르다
• 헛되다(파생어) : '보람 없이, 잘못'의 뜻을 더하는 접두사 '헛-'

18.

정답풀이 '돌(아)보다'에서 연결 어미 '아'가 생략된 채로 붙은 비통사적 합성어이다.

오답풀이 ① 연결 어미 '고'가 잘 붙은 통사적 합성어이다.
② '붉(은) 돔'에서 관형사형 어미 '은'이 생략된 비통사적 합성어이다.
④ '높(고) 푸르다'에서 연결 어미 '고'가 생략된 채로 붙은 비통사적 합성어이다.

19.

정답풀이 ①은 모두 합성어이다.

오답풀이 ②, ③, ④는 다 '파생어'로만 묶인 것들이다.
단, '지붕, 고프다'는 공시적인 관점에서 보면 단일어로 보는 경우가 있다.

 정답 찾기 14. ③ 15. ② 16. ① 17. ② 18. ③ 19. ①

14. 다음 중 합성어로만 묶인 것은? 2018 국회직 8급

① 비행기, 새해, 밑바닥, 짓밟다, 겁나다, 낯설다
② 새해, 막내둥이, 돌부처, 얄밉다, 깔보다, 본받다
③ 새해, 늙은이, 어깨동무, 정들다, 앞서다, 손쉽다
④ 비행기, 개살구, 산들바람, 겁나다, 낯설다, 그만두다
⑤ 늙은이, 막내둥이, 척척박사, 본받다, 앞서다, 배부르다

15. 〈보기1〉을 참고하여 〈보기2〉를 ㉠과 ㉡으로 잘 분류한 것은? 2017 법원직

─ (보기1) ─
어근과 어근의 형식적 결합 방식에 따라 합성어를 나누어 볼 수 있다. 형식적 결합 방식이란 어근과 어근의 배열 방식이 국어의 정상적인 단어 배열 방식 즉 통사적 구성과 같고 다름을 고려한 것이다. 여기에는 합성어의 각 구성 성분들이 가지는 배열 방식이 국어의 정상적인 단어 배열법과 같은 ㉠ '통사적 합성어'와 정상적인 배열 방식에 어긋나는 ㉡ '비통사적 합성어'가 있다.

─ (보기2) ─
a. 새해	b. 힘들다	c. 접칼
d. 부슬비	e. 돌아가다	f. 오르내리다

	㉠	㉡
①	a, e	b, c, d, f
②	a, b, e	c, d, f
③	a, c, d	b, e, f
④	b, e, f	a, c, d

16. 다음 밑줄 친 합성어를 구성하는 성분이 모두 고유어인 것은? 2021 군무원 9급

① <u>비지땀</u>을 흘리며 공부하는구나.
② 이분을 <u>사랑채</u>로 안내해 드려라.
③ 이렇게 큰 <u>쌍동밤</u>을 본 적 있어?
④ 아궁이에는 <u>장작불</u>이 활활 타올랐다.

17. 다음 중 합성어의 수는? 2017 국회직 9급

나무꾼, 뒤엎다, 병마개, 엿보다, 작은아버지, 짙푸르다, 헛되다

① 2개   ② 3개
③ 4개   ④ 5개
⑤ 6개

18. 다음 〈보기〉를 참고하였을 때 올바르지 않은 것은? 2021 경찰 1차

─ (보기) ─
파생 접사 없이 어근과 어근이 직접 합쳐져서 만들어진 단어를 합성어라고 한다. 어근과 어근의 연결이 문장에서와 같은 방식으로 이루어진 것을 통사적 합성어, 단어 형성에서만 나타나는 방식으로 이루어진 것을 비통사적 합성어라고 한다.

① 타고나다 – 통사적 합성어
② 붉돔 – 비통사적 합성어
③ 돌보다 – 통사적 합성어
④ 높푸르다 – 비통사적 합성어

19. 다음 중 합성어로만 묶인 것은? 2017 서울시 7급

① 손목, 눈물, 할미꽃, 어깨동무, 굳세다, 날뛰다
② 잠보, 점쟁이, 일꾼, 덮개, 넓이, 조용히
③ 지붕, 군것질, 선생님, 먹히다, 거멓다, 고프다
④ 맨손, 군소리, 풋사랑, 시누이, 빛나가다, 새파랗다

20.

정답풀이 • 부슬비 : 부사 '부슬'이 명사 '비'를 수식하는 비통사적 합성어이다. 부사가 명사를 수식하는 것은 우리말의 정상적인 단어배열법이 아니기 때문이다.

• 늦더위 : 어간 '늦-'과 명사 '더위'가 결합된 비통사적 합성어이다. 두 어근 사이에 관형사형 전성어미 '-은'이 있어야 했지만 '-은'이 쓰이지 않았으므로 우리말의 정상적인 단어배열법이라고 볼 수 없기 때문이다.

• 굶주리다 : 동사 '굶-'와 '주리다'가 결합된 비통사적 합성어이다. 연결어미 '-고'가 있어야 했지만 '-고'가 쓰이지 않았으므로 우리말의 정상적인 단어배열법이라고 볼 수 없기 때문이다.

오답풀이 ① • 힘들다 : '힘(이) 들다'에서 조사 '이'가 생략된 통사적 합성어이다. 조사는 '나(는) 밥(을)먹어.'처럼 우리말의 정상적인 단어배열에서도 충분히 생략될 수 있으므로 '힘들다'를 통사적 합성어로 본다.

• 작은집 : 2015년에 접두사 '작은-'이 ≪표준국어대사전≫에서 삭제되었으므로 '작은집'은 통사적 합성어이다. 관형사형 전성어미 '-은'이 정상적으로 들어갔다.

• 돌아오다 : 동사 '돌다'와 '오다'가 연결 어미 '-아'로 정상적으로 결합된 통사적 합성어이다.

② • 검붉다 : 연결 어미 '-고' 없이 형용사 '검다'와 '붉다'가 비정상적으로 결합된 비통사적 합성어이다.

• 굳세다 : 연결 어미 '-고' 없이 '굳다'와 '세다'가 비정상적으로 결합된 비통사적 합성어이다.

• 밤낮 : '밤낮'은 명사 '밤'과 명사 '낮'이 직접 결합된 통사적 합성어이다. 명사가 그대로 결합한 형태는 정상적인 단어 배열법이다.

☞ 명사 '밤낮' : 대등합성어로서, '밤과 낮'을 의미함.
부사 '밤낮' : 융합합성어로서, '늘, 언제나'를 의미함.

④ • 빛나다 : '빛(이) 나다'에서 조사 '이'가 생략된 통사적 합성어이다.

• 보살피다 : 연결 어미 '-고' 없이 동사 '보나'와 '살피나'가 비정상적으로 결합된 비통사적 합성어이다.

• 오르내리다 : 연결 어미 '-고' 없이 동사 '오르다'와 '내리다'가 비정상적으로 결합된 비통사적 합성어이다.

21.

정답풀이 '낯(이)설다'만 합성어이다.

오답풀이 나머지는 모두 파생어이다.
① 지붕 : 집+웅(접미사)
② 자주 : 잦+우(접미사)
③ 새롭다 : 새(관형사)+롭(접미사)

22.

정답풀이 모두 합성어이다. 특히 '똑같다'는 '부사 + 용언' 구성의 합성어이다.

오답풀이 나머지는 파생어인 경우이다.
② 군불, 짓밟다, 헛고생, 돌배 → 파생어
③ 치솟다, 먹히다 → 파생어
④ 터럭 → 단일어
⑤ 풋고추, 톱질, 잡히다, 올벼 → 파생어

23.

정답풀이 • 어린이(어리-+ㄴ+이) : 관형사형 어미 'ㄴ'이 결합한 형태이므로 통사적 합성어이다.

• 가져오다(가지-+-어+오다) : 연결 어미 '-어'가 결합된 통사적 합성어이다.

오답풀이
① • 흔들바위(흔들+바위) : 부사와 명사 구성의 비통사적 합성어이다.

• 곶감(곶-+감) : 관형사형 어미 '-은'이 생략된 비통사적 합성어이다.

② • 새언니(새+언니) : 관형사와 명사 구성의 통사적 합성어이다.

• 척척박사(척척+박사) : 부사와 명사 구성의 비통사적 합성어이다.

③ • 길짐승(길+짐승) : '기+ㄹ(관형사형 어미) 짐승'으로 관형사형 어미 'ㄹ'이 생략되지 않은 통사적 합성어이다.

☞ 날짐승(날(ㄹ탈락)+ㄹ+짐승) : 관형사형 어미 'ㄹ'이 생략되지 않은 통사적 합성어이다.

• 높푸르다(높-+푸르다) : 연결 어미 '-고'가 생략된 비통사적 합성어이다.

정답찾기 20. ③ 21. ④ 22. ① 23. ④

20. 비통사적 합성어로만 묶은 것은? 2017 국가직 7급

① 힘들다, 작은집, 돌아오다
② 검붉다, 굳세다, 밤낮
③ 부슬비, 늦더위, 굶주리다
④ 빛나다, 보살피다, 오르내리다

22. 다음 중 합성어로만 이루어진 것은? 2016 국회직 8급

① 밤낮, 새해, 나뭇잎, 돌보다, 똑같다
② 군불, 짓밟다, 헛고생, 돌배, 빛나다
③ 산비탈, 해맑다, 밤하늘, 치솟다, 먹히다
④ 앞뒤, 작은아버지, 터럭, 갈림길, 하루하루
⑤ 풋고추, 톱질, 잡히다, 높푸르다, 올벼

21. 단어의 형성 방법이 다른 것은? 2016 기상직 7급

① 지붕   ② 자주
③ 새롭다   ④ 낯설다

23. 통사적 합성어로만 묶인 것은? 2015 국가직 7급

① 흔들바위, 곶감
② 새언니, 척척박사
③ 길짐승, 높푸르다
④ 어린이, 가져오다

24.

정답풀이 '㉠ 큰집'은 형용사 어근 '큰-'에 관형사형 어미 '-ㄴ'이 붙은 후, 명사 어근 '집'이 결합한 통사적 합성어이다. '㉡ 굳세다'는 형용사 어근 '굳-'에 형용사 어근 '세-'가 연결 어미 없이 결합한 비통사적 합성어이다.

오답풀이 ① '㉠ 굶주리다'는 동사 어근 '굶-'에 동사 어근 '주리-'가 연결 어미 없이 결합한 비통사적 합성어이다. '㉡ 곧잘'은 부사 어근 '곧'과 부사 어근 '잘'이 결합한 통사적 합성어이다.
② '㉠ 뛰놀다'는 동사 어근 '뛰-'에 동사 어근 '놀-'이 연결 어미 없이 결합한 비통사적 합성어이다. '㉡ 덮밥'은 동사 어근 '덮-'에 명사 어근 '밥'이 관형사형 어미 없이 결합한 비통사적 합성어이다.
④ '㉠ 힘들다'는 명사 어근 '힘'에 동사 어근 '들-'이 결합한 통사적 합성어이다. '㉡ 여름밤'은 명사 어근 '여름'에 명사 어근 '밤'이 결합한 통사적 합성어이다.

25.

정답풀이 • 톱질 : 톱(명사)+-질(접미사)
• 슬픔 : 슬프-(형용사 어근)+-ㅁ(명사 파생 접사)
• 잡히다 : 잡-(동사 어근)+-히-(피동 접미사)+-다(어미)

오답풀이
② '접칼, 작은아버지'는 합성어, '치솟다'는 파생어이다.
③ '김치찌개'는 합성어, '헛고생, 어른스럽다'는 파생어이다.
④ '새해, 돌보다'는 합성어, '구경꾼'은 파생어이다.

26.

정답풀이 • 공부하다(파생어) : 공부+접미사 '-하다'
• 기대치(파생어) : 기대+접미사 '-치'
• 되풀다(파생어) : '도로'의 뜻을 더하는 접두사 '되-'+풀다
• 들이닥치다(파생어) : '마구', '갑자기'의 뜻을 더하는 접두사 '들이-'+닥치다

오답풀이 ① • 온갖(합성어) : 관형사 '온'+명사 '가지'의 준말
• 강추위(파생어) : '매우 센'의 뜻을 더하는 접두사 '강-'+추위
• 날강도(파생어) : '지독한'의 뜻을 더하는 접두사 '날-'+강도
• 짓누르다(파생어) : '마구', '함부로', '몹시'의 뜻을 더하는 접두사 '짓-'+누르다
③ • 게을러빠지다(합성어) : 게으르-+-어+빠지다
• 끝내(파생어) : 끝+'그때까지'의 뜻을 더하고 부사를 만드는 접미사 '-내'
• 참꽃(파생어) : '먹을 수 있는'의 뜻을 더하는 접두사 '참-'+꽃
• 한겨울(파생어) : '한창인'의 뜻을 더하는 접두사 '한-'+겨울

④ • 어느덧(합성어) : 관형사 '어느'+명사 '덧'
• 들개(파생어) : '야생으로 자라는'의 뜻을 더하는 접두사 '들'+개
• 움직이다(파생어) : 움직+접미사 '-이다'
• 한낮(파생어) : '한창인'의 뜻을 더하는 접두사 '한-'+낮
⑤ • 여남은(합성어) : 수사 '열'+동사 '남다'+어미 '-은'
• 들쑤시다(파생어) : '무리하게 힘을 들여', '마구', '몹시'의 뜻을 더하는 접두사 '들-'+쑤시다
• 마음껏(파생어) : 마음+'그것이 닿는 데까지'의 뜻을 더하고 부사를 만드는 접미사 '-껏'
• 불호령(파생어) : '몹시 심한'의 뜻을 더하는 접두사 '불-'+호령

27.

정답풀이 • 고추(어근)+장(醬)(어근) → 합성어
• 놀이(어근)+터(어근) → 합성어
• 손(어근)+짓(어근) → 합성어
☞ '짓'이 '행위'를 나타내는 말 뒤에 결합하면 명사로 쓰인 것이다.
• 장군(어근)+감(어근) → 합성어
☞ 감(명사) - 옷감/재료/자격을 갖춘 사람, 도구, 사물
예 옷감, 신랑감, 안줏감

오답풀이 꼭 강의를 참고해 주세요.
② '쉰둥이, 장난기'는 파생어이다.
③ '깍두기'는 파생어 혹은 단일어, '선생님, 핫바지'는 파생어이다.
④ '시나브로'는 단일어, '암탉'은 파생어이다.

28.

정답풀이 '기와(어근)+집(어근)'의 합성어이다.
☞ 어근+어근은 합성어, 어근+접사는 파생어이다.

오답풀이 ② 지우-(동사 어근)+개(접미사) → 파생어
③ 선생(명사 어근)+님(접미사) → 파생어
④ 개(접두사)+살구(명사 어근) → 파생어

24. ⊙, ⓒ에 해당하는 단어를 바르게 연결한 것은?

2022 지역인재 9급

> 우리 국어의 합성어는 형성 방법에 따라 ⊙통사적 합성어와 ⓒ비통사적 합성어로 나눌 수 있다. 통사적 합성어란 국어의 일반적인 문장 구성 방법과 일치하는 방식으로 형성되는 합성어를 의미하며, 비통사적 합성어는 일반적인 문장 구성 방법과 어긋나는 방법으로 형성되는 합성어를 의미한다.

	⊙	ⓒ
①	굶주리다	곧잘
②	뛰놀다	덮밥
③	큰집	굳세다
④	힘들다	여름밤

25. 모두 파생어인 것은?

2014 지방직 7급

① 톱질, 슬픔, 잡히다
② 접칼, 작은아버지, 치솟다
③ 헛고생, 김치찌개, 어른스럽다
④ 새해, 구경꾼, 돌보다

26. 파생어로만 묶인 것은?

2017 국회직 8급

① 강추위, 날강도, 온갖, 짓누르다
② 공부하다, 기대치, 되풀다, 들이닥치다
③ 게을러빠지다, 끝내, 참꽃, 한겨울
④ 들개, 어느덧, 움직이다, 한낮
⑤ 들쑤시다, 마음껏, 불호령, 여남은

27. (   ) 안에 들어갈 말로 적절한 것은?

2015 국가직 9급

> '개살구', '잠', '새파랗다' 등은 어휘 형태소인 '살구', '자–', '파랗'에 '개 –','–ㅁ' '새 –'와 같은 접사가 덧붙어서 파생된 단어들이다. 이처럼 직접 구성 요소 중 접사가 확인되는 단어들을 '파생어'라고 한다. 반면, (   )등은 각각 실질적 의미를 지닌 두 요소가 결합하여 한 단어가 된 경우인데, 이를 '파생어'와 구분하여 '합성어'라고 한다.

① 고추장, 놀이터, 손짓, 장군감
② 면도칼, 서릿발, 쉰둥이, 장난기
③ 깍두기, 선생님, 작은형, 핫바지
④ 김치찌개, 돌다리, 시나브로, 암탉

28. 단어의 형성 방법이 다른 것은?

2019 소방

① 기와집   ② 지우개
③ 선생님   ④ 개살구

29.

정답풀이 '좁다'는 형용사인데, 피동 접미사 '히'와 결합되는 경우에는 동사 '좁히다'로 품사가 바뀐다.

오답풀이 ② 접미사 '-치-'는 '강조'의 뜻을 더하는 접미사이므로 품사를 바꾸지 않는다. 이렇게 뜻만 더하는 접사를 한정적 접사라고 한다. '밀다'와 '밀치다' 모두 동사이다.
③ 접두사 '치-'는 '위로 향하게' 또는 '위로 올려'의 뜻을 더하는 접두사이므로 품사를 바꾸지 않는다. 이렇게 뜻만 더하는 접사를 한정적 접사라고 한다. '솟다'와 '치솟다' 모두 동사이다.
④ 접두사 '엿-'은 '몰래'의 뜻을 더하는 접두사이므로 품사를 바꾸지 않는다. 이렇게 뜻만 더하는 접사를 한정적 접사라고 한다.
☞ '보다'와 '엿보다' 모두 동사이다.

30.

정답풀이 '덮밥'과 '짙푸르다'는 각각 관형사형 어미와 연결 어미가 생략된 비통사적 합성어이다.

오답풀이 ① '열+ㄹ(관형사형 어미)+쇠'이므로 관형사형 어미가 생략되지 않은 통사적 합성어이다. '새빨갛다'는 접사 '새'가 결합된 파생어이다.
③ '감발'은 관형사형 어미 '은'이 생략된 비통사적 합성어이다. '돌아가다'는 통사적 합성어이다.
④ '젊은이'는 통사적 합성어이다. '가로막다'는 부사 어근 '가로'와 동사 어근 '막다'가 결합된 통사적 합성어이다.

31.

정답풀이 '우짖다'는 '울(고) 짖다'에서 연결 어미 '-고'가 생략된 비통사적 합성어이다. '검푸르다'는 '검고 푸르다'에서 연결 어미 '-고'가 생략된 비통사적 합성어이다. '어린이'는 '관형사형+체언'으로 통사적 합성어이므로, 비통사적 합성어로 묶인 것으로 적절하지 않다. '안팎'은 '명사+명사'로 통사적 합성어이므로 비통사적 합성어로 묶인 것으로 적절하지 않다.

오답풀이 강의를 꼭 참고하시길 바랍니다.

32.

정답풀이 '슬기롭다'는 명사 어근 '슬기'에 형용사화 접미사 '-롭-'이 붙어 형용사 '슬기롭다'가 된 것이므로 ㉠의 예로 적절하다. '접칼'은 '접은 칼'에서 관형사형 어미 '은'이 생략된 것이므로 ㉡의 예로 적절하다.

오답풀이 강의를 꼭 참고하시길 바랍니다.

33.

정답풀이 '인간'은 단일어이다. 하지만 '-인(人)'이 일부 명사 뒤에 붙어 '사람'의 뜻을 더하는 경우에는 접미사로 본다. 따라서 '한국인(韓國人)'에서 '인'은 어근이 아니라 접미사이다.

오답풀이 ① 연장(延長 : 延 늘일 연, 長 길 장)은 '늘이다 – 길게', '하산(下山 : 下 아래 하, 山 메 산)'은 '내려오다 – 산에서'의 구성이다. 따라서 '서술어+부사어' 구조이다.
③ 2글자 한자의 경우에는 단어의 직접 구성 성분을 분석하지 않는 경우가 많다. 하지만 현행 교육과정에서는 '우정(友情 : 友 벗 우, 情 뜻 정)', '대문(大門 : 大 큰 대, 門 문 문)'은 각각 비자립적 어근과 자립적인 단어인 '정(情)', '문(門)'이 결합한 합성어이다.
④ 고유어는 '깡충깡충, 도란도란' 등의 'ABAB' 형태의 반복 합성어를 이룬다. 하지만 한자어는 '시시각각(時時刻刻)', '명명백백(明明白白)'처럼 'AABB' 형태의 반복 합성어를 이룬다.

34.

정답풀이 우리말의 문장이나 단어의 배열 구조와 일치하지 않은 합성어를 '비통사적 합성어'라 한다.
• 덮밥 : 관형형 어미 '-은'이 생략된 비통사적 합성어
• 부슬비 : '부사+명사' 구조의 비통사적 합성어
• 높푸르다 : 연결 어미 '-고'가 생략된 비통사적 합성어

오답풀이 ① 구란, 두 개 이상의 단어를 의미한다. 하지만 '우리나라', '우리글', '우리말'은 사전에 하나의 단어(합성어)로 등재되었으므로 구가 아니다.
② '접사+어근'이 결합한 단어는 '파생어'이고, '어근+어근'이 결합한 단어는 '합성어'이므로 옳지 않다.
③ '앞뒤'만 '앞'과 '뒤'가 대등한 힘을 가진 대등합성어로 '앞과 뒤'로 읽힌다. 나머지 단어는 대등합성어가 아니다.
'손수건'은 앞 어근인 '손'이 뒤 어근인 '수건'을 꾸미므로 '종속 합성어'이다. '춘추(春秋)'는 '봄가을'의 뜻이 아닌 '연세'를 의미하므로 두 어근이 결합하여 제3의 의미를 갖는 '융합 합성어'이다.

정답찾기   29. ① 30. ② 31. ③ 32. ① 33. ② 34. ④

29. 밑줄 친 단어 가운데 품사를 바꾸어 주는 접사가 포함된 것은? 2016 지방직 7급

① 그 남자가 미간을 <u>좁혔다</u>.
② 청년이 여자의 어깨를 <u>밀쳤다</u>.
③ 아버지의 울화가 <u>치솟았다</u>.
④ 나는 바깥을 <u>엿보았다</u>.

30. 비통사적 합성어로만 묶인 것은? 2016 지방직 9급

① 열쇠, 새빨갛다　② 덮밥, 짙푸르다
③ 감발, 돌아가다　④ 젊은이, 가로막다

31. 비통사적 합성어로 묶인 것이 아닌 것은? 2015 기상직 7급

① 늦잠, 덮밥, 접칼, 여닫다
② 등산, 독서, 설익다, 뛰놀다
③ 우짖다, 검푸르다, 어린이, 안팎
④ 헐떡고개, 곶감, 척척박사, 출랑새

32. ㉠과 ㉡에 해당하는 예로 적절한 것은? 2017 교육행정직 9급

　　파생어는 '어근+접사'로, 합성어는 '어근+어근'으로 이루어진 복합어이다. 파생어 중에는 ㉠ 접사와 결합하기 전의 어근의 품사와 파생어의 품사가 달라진 것도 있고, 달라지지 않은 것도 있다. 합성어 중에는 문장에서 나타나는 배열 방식으로 만들어진 통사적 합성어도 있고, ㉡ 문장에서 나타나지 않는 배열 방식으로 만들어진 비통사적 합성어도 있다.

	㉠	㉡
①	슬기롭다	접칼
②	선무당	늦잠
③	공부하다	힘들다
④	먹이	잘나가다

중간빈출

33. 한자어에 대한 설명으로 옳지 않은 것은? 2019 서울시 9급

① '연장(延長)', '하산(下山)'은 '서술어+부사어'의 구조이다.
② '인간(人間)', '한국인(韓國人)'의 '인'은 모두 어근이다.
③ '우정(友情)', '대문(大門)'의 구성 성분은 비자립적 어근과 단어이다.
④ '시시각각(時時刻刻)', '명명백백(明明白白)'은 고유어의 반복합성어 구성 방식과 다르다.

34. 국어의 단어 형성법에 대한 설명으로 가장 적절한 것은? 2018 경찰 1차

① '우리나라, 우리글, 우리말'은 '우리 동네, 우리 학교, 우리 집'처럼 구(句)로 보아야 한다.
② 접사와 어근, 어근과 어근이 결합하여 만들어진 단어를 합성어(合成語)라 한다.
③ '앞뒤, 손수건, 춘추(春秋)'와 같이 어근이 대등하게 이루어진 것을 대등 합성어라 한다.
④ '덮밥, 부슬비, 높푸르다'와 같은 합성어를 비통사적 합성어라 한다.

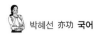

35.

정답풀이 〈보기〉는 파생어와 어근이 결합되어 합성어가 된 것을 보여준다. '꽃-+-이'로 파생되어 마지막에 어근 '책'이 결합되어 합성어 '책꽂이'가 된 것이므로 〈보기〉와 단어의 짜임이 같다고 볼 수 있다.

오답풀이 ② 헛소리 : 접두사 '헛-'+어근 '소리' → 파생어
③ 가리개 : 동사 어근 '가리-'+명사 파생 접사 '-개' → 파생어
　☞ 명사 파생 접사 '-개'로 인해 동사가 명사로 품사가 바뀌었다.
④ 흔들림 : [동사 어근 '흔들-'+피동 접미사 '-리']+명사형 어미(명사 파생 접사) '-ㅁ' → 파생어
　☞ '흔들림'이 사전에 등재되어 있지 않으므로 '-ㅁ'은 명사형 어미라고 볼 수 있으나, 단어 구성 문제이므로 명사 파생 접사로 볼 수도 있다.

36.

정답풀이 '낯섦'은 사전에 등재되지 않은 단어이다. 즉 '-ㅁ'은 접미사가 아니라 어미이기 때문에 '낯섦'은 '낯(이)설다'로 통사적 합성어이다.

오답풀이
① 보기 : 동사 어근 '보-'+명사 파생 접사 '-기' → 파생어
　(접미사가 동사를 명사로 바꾸고 있다.)
③ 낮추다 : 형용사 어근 '낮-'+사동 접미사 '-추-' → 파생어
　(접미사가 형용사를 타동사로 바꾸고 있다.)
④ 꽃답다 : 명사 어근 '꽃'+형용사화 접미사 '-답-' → 파생어
　(접미사가 명사를 형용사로 바꾸고 있다.)

37.

정답풀이 '살짝곰보'는 부사 '살짝'과 명사 '곰보'가 결합된 비통사적 합성어이다. 이와 같은 구성 방식은 '딱딱새'이다. 이는 '부사+명사'의 '비통사적 합성어'이다.

오답풀이 ① 덮밥 : 관형사형 어미 '-은'이 생략된 비통사적 합성어이다.
② 얼룩소 : 명사 '얼룩'+명사 '소'가 결합된 통사적 합성어이다.
④ 섞어찌개 : 어간 '섞-'+연결 어미 '-어'+명사 '찌개'라는 명사가 결합된 통사적 합성어이다.

38.

정답풀이 〈기준 ㉠〉과 〈기준 ㉡〉을 모두 만족하는 단어는 합성어이다. 가장 적절하지 않은 것은 접미사 '-꾼'이 결합되어 파생어가 된 '사냥꾼'이다.

오답풀이 ① '밤낮'은 명사+명사의 합성어이다.
② '옛날'은 관형사+명사의 합성어이다.
③ '함박눈'은 명사+명사의 합성어이다.

39.

정답풀이 '흙내'는 '흙+내(냄새)'의 합성어이다.
흙내[흑내(음절의 끝소리 규칙) → 흥내(비음화)] : 엄밀히 말하면 '자음군 단순화'에 해당하지만 이 문제는 출제자가 자음군 단순화를 음절의 끝소리규칙에 포함되는 개념으로 이해해서 낸 것임을 알 수 있다.

오답풀이 ②와 ③의 '-내'는 '처음부터 끝까지'의 뜻을 더하는 부사 파생 접미사이므로 '저녁내, 끝내'는 파생어이므로 답이 될 수 없다.
② 저녁내[저녁내] : 비음화
③ 끝내[끋내 → 끈내] : 음절의 끝소리 규칙과 비음화
④의 '막내'는 단일어이므로 답이 될 수 없다. 발음은 '[망내]'로 비음화가 일어났다.

40.

정답풀이 '책가방'은 '책을 넣는 가방'이란 뜻으로 앞 어근이 뒤 어근을 수식하므로 종속 합성어이다.

오답풀이 ① 손발 : 대등 합성어(손과 발), 융합 합성어(자기의 손이나 발처럼 마음대로 부리는 사람을 비유적으로 이르는 말)
② 논밭 : '논과 밭'으로 대등 합성어이다.
④ 연세 : '나이'의 뜻으로, '해 년'과 '해 세'가 합쳐져 제3의 의미가 된 융합 합성어이다.

정답찾기　35. ①　36. ②　37. ③　38. ④　39. ①　40. ③

35. 다음 중 단어의 짜임이 〈보기〉와 같은 것은?

2016 서울시 9급

┌─〈 보기 〉─────────────────────
│ 놀리-+-ㅁ
│   ↓(파생)
│ 손+놀림
│   ↓(합성)
│ 손놀림
└─────────────────────────────

① 책꽂이   ② 헛소리
③ 가리개   ④ 흔들림

36. 다음 중 〈보기〉의 설명에 해당되지 않는 단어는?

2015 서울시 9급

┌─〈 보기 〉─────────────────────
│ 접미사는 품사를 바꾸거나 자동사를 타동사로 바꾸는
│ 기능을 한다.
└─────────────────────────────

① 보기   ② 낮섦
③ 낮추다   ④ 꽃답다

37. '살짝곰보'와 합성어의 구성 방식이 같은 것은?

2018 서울시 7급

① 덮밥   ② 얼룩소
③ 딱딱새   ④ 섞어찌개

38. 다음 〈기준 ㉠〉과 〈기준 ㉡〉을 모두 만족하는 단어로 가장 적절하지 않은 것은?

2017 경찰 1차 여경

┌───────────────────────────────
│ 〈기준 ㉠〉 두 개 이상의 형태소로 이루어진 단어
│ 〈기준 ㉡〉 단어를 구성하는 형태소가 모두 실질형태
│   소로 이루어진 단어
└───────────────────────────────

① 밤낮   ② 옛날
③ 함박눈   ④ 사냥꾼

39. 다음 괄호 속에 들어갈 수 있는 예로 가장 적절한 것은?

2016 경찰 2차

┌───────────────────────────────
│ 우리말의 단어 형성 유형을 우선 단일어와 복합어로 구
│ 분하여 살펴볼 수 있고, 다시 복합어는 파생어와 합성어
│ 로 구분할 수 있다. 이 중 합성어의 예로는 (   )를
│ 들 수 있는데 이 단어는 발음할 때 음절의 끝소리 규칙
│ 과 비음화가 적용된다.
└───────────────────────────────

① 흙내(명사)   ② 저녁내(부사)
③ 끝내(부사)   ④ 막내(명사)

40. 다음 밑줄 친 부분에 해당하는 것은?   2013 국가직 9급

┌───────────────────────────────
│ 합성어는 형성 방식에 있어서 앞의 어근과 뒤의 어근이
│ 의미상 결합 방식이 어떠하냐에 따라 나눌 수 있다. 예를
│ 들어 '앞뒤'는 두 어근의 결합 방식이 대등하므로 대등 합
│ 성어, '돌다리'는 앞 어근이 뒤 어근에 의미상 종속되어
│ 있으므로 종속 합성어, '춘추'는 두 어근과는 완전히 다
│ 른 제삼의 의미가 도출되므로 융합 합성어라 할 수 있다.
└───────────────────────────────

① 손발   ② 논밭
③ 책가방   ④ 연세

PART 01

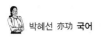

41.

정답풀이) '씨감자'에서 '씨'는 어근이다. 따라서 '씨감자'는 통사적 합성어이다.

오답풀이) ① 막-: '거친', '품질이 낮은'의 뜻을 더하는 접두사
③ 참-: '진짜' 또는 '진실하고 올바른'의 뜻을 더하는 접두사
④ 군-: '가외로 더한', '덧붙은'의 뜻을 더하는 접두사
⑤ 짓-: '마구', '함부로', '몹시'의 뜻을 더하는 접두사

42.

정답풀이) 나머지는 '쓸데없는'을 의미하지만 '군식구'만 '덧붙은'을 의미한다. 이런 문제는 의미를 대입하여 의미가 상대적으로 적절한지를 파악하면 된다. '덧붙은 식구/쓸데없는 식구' 중에서 말이 되는 것은 '덧붙은 식구'이다.

오답풀이) ② 쓸데없는 말 ③ 쓸데없는 살 ④ 쓸데없는 기침
☞ 쓸데없는: 군살/군침/군불/군것/군글자/군기침/군말
덧붙은: 군사람/군식구

43.

정답풀이) 막벌이: 아무 일이든지 닥치는 대로 해서 돈을 버는 일

오답풀이) ②, ③, ④에서 '막-'은 '거친', '품질이 낮은'의 의미로 사용된다.
② 막국수: 겉껍질만 벗겨 낸 거친 메밀가루로 굵게 뽑아 만든 거무스름한 빛깔의 국수
③ 막담배: 품질이 좋지 아니한 담배
④ 막고무신: 마구 생긴 고무신

44.

정답풀이) '강밥'은 '국이나 찬도 없이 맨밥으로 먹는 밥'이므로 문장의 의미에 어울리지 않는다. '강-'은 '다른 것이 섞이지 않고 그것만으로 이루어진'을 의미하는 접두사이다. 따라서 '반찬을 많이 먹었더니'와 호응이 되지 않는다.

오답풀이) ① '강소주'는 '안주 없이 먹는 소주'이다.
☞ 다른 것이 섞이지 않고 그것만으로 이루어진: 강굴/강술/강참
② '강된장'은 '쇠고기, 표고버섯 등의 건더기에 된장을 많이 넣고 육수를 자작하게 부어 되직하게 끓인 것'을 뜻한다.
④ '강굴'은 '물이나 그 밖의 다른 어떤 것도 섞지 아니한 굴의 살'을 의미한다.

45.

정답풀이) '강기침'의 '강-'만 한자 접두사가 아니라 고유어 접두사이다. 여기서 '강-'은 '마른' 또는 '물기가 없는'의 뜻을 더하는 접두사이다. 따라서 '강기침'은 '마른 기침'을 의미한다.

오답풀이) 나머지 선택지의 '강(强)-'은 '매우 센' 또는 '호된'의 뜻을 더하는 한자 접두사이다.
① 강염기(强 강할 강, 鹽 소금 염, 基 토대 기): 수용액 가운데 대부분이 전리(電離)되며, 수산화물 이온(ion)을 많이 내는 염기
② 강타자(强 강할 강, 打 때릴 타, 者 사람 자): 타율이 높은 타자
④ 강행군(强 강할 강, 行 다닐 행, 軍 군사 군): 무리함을 무릅쓰고 먼 거리를 급히 가는 행군

41. 다음 중 밑줄 친 부분이 접두사가 아닌 것은?

2014 국회직 9급

① 막그릇에 찬밥이지만 진수성찬이 따로 없네.
② 올해 심을 씨감자가 비를 맞고 다 썩어버렸어요.
③ 최근 일본산 참다랑어의 가격이 매우 하락하였다.
④ 처남이 우리 집으로 이사 오면서 군식구가 늘었어.
⑤ 피지도 못한 꽃들을 짓밟아버린 사람은 대체 누구인가.

42. 다음 국어사전의 정보를 참고할 때, 접두사 '군-'의 의미가 다른 것은?

2014 국가직 9급

> 군- 접사 ((일부 명사 앞에 붙어))
> ① '쓸데없는'의 뜻을 더하는 접두사
> ② '가외로 더한', '덧붙은'의 뜻을 더하는 접두사

① 그녀는 신혼살림에 군식구가 끼는 것을 원치 않았다.
② 이번에 지면 깨끗이 군말하지 않기로 합시다.
③ 건강을 유지하려면 운동을 해서 군살을 빼야 한다.
④ 그는 꺼림칙한지 군기침을 두어 번 해 댔다.

43. 다음은 국어사전에 수록된 '막-'의 풀이이다. 밑줄 친 부분의 예시어로 적절한 것은?

2013 지방직 7급

> 막- 접사 ((일부 명사 앞에 붙어))
> ① '거친', '품질이 낮은'의 뜻을 더하는 접두사
> ② <u>'닥치는 대로 하는'의 뜻을 더하는 접두사</u>
> ③ ((일부 동사 앞에 붙어)) '주저없이', '함부로'의 뜻을 더하는 접두사

① 막벌이　　　　　② 막국수
③ 막담배　　　　　④ 막고무신

44. 밑줄 친 말이 문장의 의미에 어울리지 않는 것은?

2013 국가직 7급

① 그는 강소주를 마시고 의식을 잃고 말았다.
② 호박잎과 함께 쌈밥을 먹을 때는 강된장이 제격이다.
③ 강밥을 먹으면서 반찬을 많이 먹었더니 배가 너무 부르다.
④ 양념한 굴보다 강굴이 더 담백하고 맛있다.

45. 밑줄 친 접두사가 한자에서 온 말이 아닌 것은?

2017 국가직 9급

① 강염기　　　　　② 강타자
③ 강기침　　　　　④ 강행군

03 Chapter 품사의 구별과 체언

★출좋포 정리하기 ❸ 품사와 체언

1. 품사 개관

| 기능 | 의미 | 형태 |

체언 ── 대명사

※ 용언과 서술격 조사만 가변어. 나머지는 불변어

체언 ── 명사

체언 ── 수사

관계언 ── 조사

수식언 ── 관형사

수식언 ── 부사

용언 ── 동사

용언 ── 형용사

독립언 ── 감탄사

2. 체언(體言) : 명사, 대명사, 수사

체언 ── 대명사 ── 미지칭 / 부정칭 / 재귀칭(저, 저희, 자기, 당신)

체언 ── 대명사 ── '우리' / '당신(2인칭, 3인칭)' / '저희(1인칭, 3인칭)'

체언 ── 대명사 ── '이, 그, 저'의 용법

체언 ── 명사 ── 자립 / 의존

체언 ── 명사 ── 명사의 개수

체언 ── 수사 ── 수사 vs 수 관형사

체언 ── 수사 ── '첫째'의 품사

대표 亦功 기출

CH.03 품사의 구별과 체언

01.

정답풀이 부사는 용언(동사, 형용사)을 주로 수식한다. 하지만 체언을 수식하는 경우도 있다. '바로, 유독, 오직' 등의 부사의 경우에는 바로 뒤의 체언을 수식한다.

> 바로, 오직, 겨우, 고작, 다만, 단지, 유독, 무려, 제일, 가장
> 예 바로 너가 최고다. / 오직 혜선이만 사랑한다.
> / 겨우(고작) 하루가 되었다. / 다만(단지) 꿈이었다.
> / 유독(제일, 가장) 미인은 혜선이었다.

오답풀이 ① 부사는 용언, 체언, 수식언도 수식할 수 있지만, 관형사는 체언만 수식할 수 있다.
② '시골(의) 학교, 서울(의) 사람'처럼 관형격 조사 '-의'가 생략된 상태에서 뒤의 명사를 꾸미는 경우도 있기 때문에 명사가 뒤의 명사를 수식한다고 볼 수 있다.
④ '빨리도 먹는다'의 '도'처럼 부사 뒤에 보조사가 올 수 있으므로 옳은 선택지이다. 단, 격조사는 부사 뒤에 붙을 수 없다.

02.

정답풀이 '수사와 관형사의 구별'은 조사의 결합 여부로 판단하는 것이 좋다. 수사는 체언이라서 조사와 결합이 가능하다. 하지만 관형사는 조사와 결합할 수 없다. '한둘'은 "한둘(이) 눈에 띌 뿐"처럼 조사가 결합할 수 있는 수사이다.

오답풀이 ① '한'은 '권'을 수식하는 관형사이다.
③ '두'는 '사람'을 수식하는 관형사이다.
④ '두세'는 '개'를 수식하는 관형사이다.

03.

정답풀이 ㉠은 앞에 나온 3인칭 주어인 '형님'을 다시 가리키는 재귀칭 대명사이다. 재귀 대명사는 1인칭이 아니라 3인칭이다. ㉡ 또한 ㉠과 마찬가지로 3인칭 주어를 다시 가리키므로 2인칭이 아니라 3인칭이다.

오답풀이 ① ㉠과 ㉡은 앞에 나온 3인칭 주어를 다시 가리키므로 모두 '형님'을 가리킨다고 볼 수 있다.
③ '㉡ 당신'도 '㉠ 자기'처럼 재귀 대명사로 쓰이지만, '당신'은 '자기'보다 높임의 의미를 갖는다.
④ 여기서의 '그'는 '형님'을 가리킬 수도 있지만, '그'가 재귀 대명사가 아니기 때문에 제3자를 가리킬 수도 있다.

정답찾기
1. ③ 2. ② 3. ②

최빈출

01. 국어 품사에 대한 설명으로 가장 옳지 않은 것은?

2018 서울시 7급

① 관형사는 체언만 수식할 수 있다.
② 명사가 다른 명사를 수식하는 경우도 있다.
③ 부사가 체언을 수식하는 경우는 없다.
④ 부사 뒤에 조사가 오는 경우도 있다.

02. 밑줄 친 부분의 품사가 다른 하나는?   2016 서울시 9급

① 그 가방에 소설책 한 권이 들어 있었다.
② 넓은 들판에는 농부가 한둘 눈에 띌 뿐 한적했다.
③ 두 사람은 다투다가 화해했다.
④ 석류가 두세 개 굴러 나왔다.

03. ㉠~㉢에 대한 설명으로 적절하지 않은 것은?

2017 지방직 9급

> • 형님은 ㉠ 자기 자신을 애국자라고 생각했다.
> • 형님은 ㉡ 당신 스스로 애국자라고 생각했다.
> • 형님은 ㉢ 그의 선물을 나에게 주었다.

① ㉠과 ㉡은 모두 형님을 가리킨다.
② ㉠은 1인칭이고 ㉡은 2인칭이다.
③ ㉡은 ㉠보다 높임 표현이다.
④ ㉢은 ㉠과 달리 형님 이외의 다른 대상을 가리킬 수 있다.

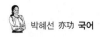

04.

정답풀이 ㉣에서 '당신'은 '자기(앞에서 이미 말하였거나 나온 바 있는 사람을 도로 가리키는 3인칭 대명사)'를 아주 높여 이르는 말이다.

05.

정답풀이 Ⓐ은 3인칭 재귀대명사이다. 재귀대명사란 앞에 나온 3인칭 주어를 다시 한번 가리킬 때 쓰이는 대명사이다. '저, 저희, 자기, 당신'이 있다. 여기서 '당신'은 '자기'를 높이는 재귀대명사이다. 따라서 'Ⓐ 당신'은 앞 문장의 주어로 언급된 3인칭 '할머니'를 가리키는 말이므로 ㉣과 Ⓐ은 같은 사람을 가리키는 말이다.

오답풀이 ① ㉠은 듣는 이 또는 듣는 이들을 가리키는 2인칭 대명사이다. ㉢은 말하는 이가 듣는 이를 높여주기 위해 자기를 낮추어 가리키는 1인칭 대명사이다. ㉠이 1인칭 대명사가 아니므로 옳지 않다.
② '㉡ 우리'는 말하는 이가 어떤 대상(할머니)이 자기와 친밀한 관계임을 나타낼 때 쓰는 1인칭 대명사이다. '㉢ 저'는 말하는 이를 가리키는 1인칭 대명사 '나'이다. ㉣은 '할머니'이므로 '㉡ 우리'는 '㉣ 할머니'을 아우르지 않는다. '㉡ 우리'는 '㉢ 저'만 아우를 뿐이다.
④ '㉤ 본인'은 앞에서 언급된 '할머니'를 의미한다. 하지만 '㉥당신'은 '듣는 이'인 2인칭 대명사이다. 따라서 같은 사람이라고 볼 수 없다.

06.

정답풀이 나머지는 '청자'를 제외한 의미의 '우리'가 쓰였다. 하지만 ②의 '우리'는 위의 화자와 청자 모두를 포함하는 의미로 쓰였다.

오답풀이 ① 청자 '너'를 제외한 '우리'이다.
③ A가 말한 '우리'와 B가 말한 '우리'는 청자를 제외한 의미의 '우리'이다. 서로가 포함된 무리와 다른 무리를 대조하고 있기 때문이다.
④ B에게 양해하면서 '우리 입장'을 생각해달라고 하는 것은 청자인 B가 제외된 '우리'가 쓰였음을 알 수 있다.

07.

정답풀이 나머지는 화자와 청자 모두를 포함하는 의미로 쓰였다. 하지만 ①의 '우리'는 '청자'인 영이를 제외한 쓰임이다.

08.

정답풀이 '그러나', '그런데'는 문장을 이어주는 '부사'이다. '접속사'라는 품사는 국어에서 아예 존재하지 않는 품사이다.

오답풀이 나머지는 모두 옳다.

정답 찾기 4. ④ 5. ③ 6. ② 7. ① 8. ②

04. 다음 밑줄 친 단어에 대한 설명으로 가장 적절하지 않은 것은?   2018 경찰 1차

> ㉠ 당신은 누구시오?
> ㉡ 당신, 요즘 직장에서 피곤하시죠?
> ㉢ 뭐? 당신? 누구한테 당신이야!
> ㉣ 할아버지께서는 생전에 당신의 장서를 소중히 다루셨다.

① ㉠에서 '당신'은 청자를 가리키는 2인칭 대명사이다.
② ㉡에서 '당신'은 부부 사이에서 상대편을 높여 이르는 2인칭 대명사이다.
③ ㉢에서 '당신'은 맞서 싸울 때 상대편을 낮잡아 이르는 2인칭 대명사이다.
④ ㉣에서 '당신'은 상대방을 높여 부르는 2인칭 대명사이다.

05. ㉠~㉠에 대한 설명으로 옳은 것은?   2017 지방직 9급

> ㉠ 그쪽에서 물건 하나를 맡아 주었으면 해요. 그건 ㉡ 우리 할머니의 유품이에요. ㉢ 저는 할머니의 유지에 따라 당신에게 그것을 전해야 할 책임을 느껴요. ㉣ 할머니께서는 ㉤ 본인의 생각을 저에게 누차 말씀하신 바 있기 때문이죠. 부디 ㉥ 당신이 할머니가 품었던 호의를 거절하지 않기를 바랍니다. 아시다시피 할머니는 결코 말씀이 많으신 분은 아니었지요. ㉦ 당신께서 생전에 표현하지 못했던 심정이 거기에 절실히 아로새겨져 있을 거예요.

① ㉠과 ㉢은 1인칭 대명사이다.
② ㉡은 ㉢과 ㉣을 아우르는 말이다.
③ ㉣과 ㉦은 같은 사람을 가리키는 말이다.
④ ㉤과 ㉥은 같은 사람을 가리키는 말이다.

06. 다음 대화문에서 대명사 '우리'의 용법이 나머지와 다른 하나는?   2014 지방직 7급

① A : 어제는 너한테 미안했어. 우리가 너무 심하게 한 것 같아.
   B : 아니야, 내가 잘못했어. 너희 잘못이 아니야.
② A : 어제는 정말 좋았어. 우리가 언제 또 그런 기회를 가질 수 있겠니?
   B : 그래, 나도 좋았어. 우리 다음에도 또 그런 자리 마련해 보자.
③ A : 우리는 점심에 스파게티를 자주 먹어.
   B : 그래? 우리는 촌스러워서 그런지 스파게티 같은 건 잘 못 먹어.
④ A : 정말 미안하지만 우리 입장도 좀 생각해 줘.
   B : 알겠어. 다음에 기회가 되면 도와주길 바랄게.

07. 밑줄 친 단어의 쓰임이 다른 것은?   2013 서울시 7급

① 영이야, 이번에는 우리끼리 다녀올게.
② 우리 회사는 우리 손으로 지켜야 합니다.
③ 부장님, 우리 야유회는 안 가나요?
④ 철수야, 우리끼리 영화 보러 갈까?
⑤ 우리 모두 힘을 합칩시다.

중간빈출

08. 다음 중 국어의 품사에 대한 설명으로 가장 적절하지 않은 것은?   2017 경찰 2차

① 관형사와 부사는 뒤에 오는 다른 말을 꾸며 주기 때문에 수식언이라 한다.
② 접속사는 문장과 문장을 이어 주는 것으로 '그러나, 그런데' 등과 같은 것이 있다.
③ 감탄사는 화자의 부름, 느낌, 놀람이나 대답을 나타내며 형태가 변하지 않는 특성이 있다.
④ 조사는 체언 뒤에 결합해서 다른 말과의 문법적 관계를 나타내거나 특별한 뜻을 더해 주는 말로서, 격 조사, 접속 조사, 보조사가 있다.

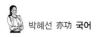

09.

정답풀이 ㉠, ㉡, ㉢, ㉣의 밑줄 친 부분은 모두 '의존 명사'이다. 실질적 의미가 희박한 의존 명사는 '것, 따름, 만큼'이고 수량 등의 단위를 나타내는 의존 명사는 '분'이므로 옳은 설명이다.

오답풀이 ① '것'은 의존 명사이므로 이 선택지는 틀리다. 명사를 대신하여 대상을 가리키는 말은 대명사(代名詞)이다.
② '따름'은 의존 명사이므로 이 선택지는 틀리다. 사용 범위에 따라 고유 명사와 보통 명사로 나뉘는 것은 의존 명사가 아니라 자립 명사이다.
③ '만큼'은 사물의 수량을 가리키는 양수사와 순서를 가리키는 서수사로 나뉘는 것은 의존 명사가 아닌 수사(數詞)에 대한 설명이다.

11.

정답풀이 '당신'은 3인칭 주어 '어머니'를 다시 가리키는 3인칭 재귀 대명사이다.

오답풀이 ② '갔을'의 수식을 받는 '리'는 의존 명사이다.
③ '학교'는 자립 명사이다.
④ '두름'은 단위성 명사이다.

10.

정답풀이 '채'는 소리는 같지만 의미는 완전히 다른 동음이의어이다. 의존 명사는 반드시 꾸미는 말 뒤에 와야 하고, 자립 명사는 앞에서 꾸며 주지 않아도 단독으로 사용될 수 있다. '뒷짐을 진 채'의 '채'는 용언의 관형사형 '진'의 꾸밈을 받고 있으므로 의존 명사이다.

오답풀이 ① '양쪽 채가 수평이 되도록'의 '채'는 '북, 장구, 꽹과리, 징 따위의 타악기를 치거나 현악기를 타서 소리를 내게 하는 도구'의 뜻을 지닌 자립 명사이다.
② '무를 채 쳐서'의 '채'는 '야채나 과일 따위를 가늘고 길쭉하게 잘게 써는 일. 또는 그 야채나 과일'을 뜻하는 자립 명사이다.
④ '먹물도 채 마르지 않은'의 '채'는 '어떤 상태나 동작이 다 되거나 이루어졌다고 할 만한 정도에 아직 이르지 못한 상태를 이르는 말'로 부사이다.

정답찾기   09. ④   10. ③   11. ①

09. 다음 〈보기〉 중 밑줄 친 단어들에 대한 설명으로 가장 적절한 것은? 2017 경찰 2차

─(보기)─
ⓐ 사람을 기르는 <u>것</u>이 중요해.
ⓑ 그것은 그가 할 <u>따름</u>이죠.
ⓒ 우리가 할 <u>만큼</u>은 했어.
ⓓ 선생님 한 <u>분</u>이 새로 오신대요.

① 명사를 대신하여 대상을 가리키는 말이다.
② 사용 범위에 따라 고유 명사와 보통 명사로 나뉜다.
③ 사물의 수량을 가리키는 양수사와 순서를 가리키는 서수사로 나뉜다.
④ 실질적 의미가 희박한 형식성 의존 명사와 수량 등의 단위를 나타내는 단위성 의존 명사로 나뉜다.

10. 밑줄 친 단어 중 의존 명사에 해당하는 것은? 2019 기상직 9급

① 양쪽 <u>채</u>가 수평이 되도록 들어라.
② 무를 <u>채</u> 쳐서 김치를 담그는 데 썼다.
③ 나는 뒷짐을 진 <u>채</u> 마당을 잠시 어정거렸다.
④ 황제의 손에는 먹물도 <u>채</u> 마르지 않은 종이 한 장이 들려 있었다.

11. 문장의 밑줄 친 부분 중 품사가 다른 것은? 2017 기상직 9급

① 어머니는 <u>당신</u>께서 기른 채소를 종종 드셨어.
② 벌써 거기까지 갔을 <u>리</u>가 없지 않니?
③ 우리가 다니는 <u>학교</u>는 참 시설이 좋아.
④ 대영아, 조기 한 <u>두름</u>만 사오너라.

용언

04 Chapter

★ (출좋포) 정리하기 ❹ 동사와 형용사의 구별

1. 어미로 파악하는 동사와 형용사 구별

기준	동사	형용사
현재 시제 선어말 어미 '-는-(받침 뒤)/-ㄴ-'(모음 뒤)	(○) 빵을 먹는다. 집에 간다.	(×) * 손이 참 곱는다. * 하늘이 참 푸른다.
현재 관형사형 어말 어미 '-는'	(○) 빵을 먹는 여자	(×) * 푸르는 하늘
명령형, 청유형 어미	(○) 빵을 먹어라. 빵을 먹자.	(×) * 너는 착해라. 너는 착하자.
목적, 의도의 어미 '-러, -려'	(○) 학교에 공부하러 간다. 학교에 공부하려고 간다.	(×) * 착하러 간다. 지금 착하려 한다.
'-고 있다'	(○) 신발을 신고 있다.	(×) * 너는 착하고 있다.

2. 의미로 파악하는 동사와 형용사 구별

⑴ **무조건 나오는 동사**

늙다, 낡다, 맞다, 틀리다, 조심하다, 중시하다, 모자라다,
잘생기다(못생기다), 잘나다(못나다), -어지다, -어하다, 가물다

⑵ **무조건 나오는 형용사**

젊다, 알맞다, 걸맞다, 부족하다, 없다, 많다, 칠칠하다

⑶ **동사와 형용사의 통용**

크다	동사	자라다, 성장하다 예 그 나무는 벌써 컸다, 한창 크는 분야라서 지원이 많다.
	형용사	'자라다, 성장하다' 이외의 의미 예 키가 크다, 우리 마을에서 큰 인물이 났구나.
밝다	동사	밤이 지나고 환해지며 새날이 오다. 예 벌써 새벽이 밝아 온다.
	형용사	'새날이 오다' 이외의 의미 예 초저녁부터 달이 휘영청 밝았다. 벽지가 밝아서 집 안이 아주 환해 보인다. 인사성과 예의가 밝다, 밝은 목소리, 전망이 밝다

있다	동사	① 사람이나 동물이 어느 곳에서 떠나거나 벗어나지 아니하고 머물다. 예 그는 내일 집에 있는다고 했다. ② 사람이 어떤 직장에 계속 다니다. 예 딴 데 한눈팔지 말고 그 직장에 그냥 있어라 ③ 사람이나 동물이 어떤 상태를 계속 유지하다. 예 떠들지 말고 얌전하게 있자. ④ 얼마의 시간이 경과하다. 예 앞으로 사흘만 있으면 추석이다.
	형용사	'동사의 있다' 외의 의미 주로 '존재하다', '가지다(소유하다)', '재산이 풍족하다', '머무르는 상태이다' '어떠한 역할로 존재하다'의 의미를 갖는다. 예 나는 신이 있다고 믿는다, 기회가 있다, 모임이 있다, 그는 있는 집 자손이다, 그는 서울에 있다, 그는 철도청에 있다, 합격자 명단에는 내 이름도 있었다.
고르다 (동음이의어)	동사	① 쓸 것이나 좋은 것을 가려내다. 예 며느릿감을 골랐다, 품질 좋은 과일로 고르고 골랐다. ② 울퉁불퉁한 것을 평평하게 하거나 들쭉날쭉한 것을 가지런하게 하다. 예 땅을 고르다. ③ 붓이나 악기의 줄, 숨 따위를 다듬거나 손질하다. 예 그는 가쁘게 몰아쉬던 숨을 고르고 있다.
	형용사	① 여럿이 다 높낮이, 크기, 양 따위의 차이가 없이 한결같다. 예 이익을 고르게 분배하다, 치아가 고르다. ② 상태가 정상적으로 순조롭다. 예 음정이 고르다.

3. 보조 용언의 품사

☞ 보조 용언이 자신의 앞에 있는 본용언의 품사를 따라가는 경우이다.

(1) '-지 아니하다(= 지 않다), -지 못하다'

① 집에 가지 않다. ② 공부를 하지 못하였다.
　　　　　(　　)　　　　　　　　(　　)

③ 따뜻하지 않았다. ④ 돈이 많지 못하다.
　　　　　(　　)　　　　　(　　)

예외) 울다 못해 쓰러지다.

≫ 주로 '―다가 못하여, 의 구성으로 쓰여. 극에 달해 더 이상 유지할 수 없음을 나타내는 말일 경우에는 보조 형용사로 본다.

(2) 시인이나 강조를 뜻하는 '-기는/-기도/-기나 하다'

① 역공녀가 많이 먹기는 한다. ② 역공녀가 예쁘기도 하다.
　　　　　　　(　　)　　　　　　　(　　)

01.

정답풀이) '밝다'는 동사로도 형용사로도 쓰인다. '밝다'가 '밤이 지나고 환해지며 새날이 오다'의 의미로 쓰이는 경우에는 동사이다. 현재 관형사형 어미 '-는'이 결합한 것으로도 동사임을 알 수 있다.

오답풀이) '새날이 오다'라는 의미가 없는 ①, ②, ④는 모두 형용사로 쓰였다.

02.

정답풀이) ⓒ 여기에서 '크다'는 '성장하다'의 의미를 갖기 때문에 동사로 쓰였다. 만약 '크다'가 형용사로 쓰이게 되는 경우에는 '부피나 길이·넓이·높이·수·양 따위가 보통 정도를 넘다.'를 뜻한다.

ⓒ '나다'가 '홍수, 장마 따위의 자연재해가 일어나다'를 뜻하는 동사이다. 현재 시제 선어말 어미 '-ㄴ-/-는-'을 붙여 활용해도 말이 되므로 동사이다.

오답풀이) ㉠ '다른'은 형용사 '다르다'의 활용형일 수도 있고 '특정한 사물·장소·경우가 아닌 딴'의 뜻으로 쓰이는 관형사일 수도 있다. 그런데 ㉠에서는 '쌍둥이도 서로 성격이 다르다'처럼 서술성이 있으므로 형용사로 본다.

ⓔ '허튼'은 '쓸데없이 헤프거나 막된'을 뜻하는 관형사이다. 관형사는 불변어인데 '허튼'이 활용되지 않는 것을 보면 관형사임을 알 수 있다.

ⓜ '아닐까'는 형용사 '아니다'의 활용형이다.

03.

정답풀이) 나머지는 '동사'이지만 '많다'는 형용사이다. '많다'는 언제나 형용사이다.

오답풀이) ① '늙다'는 언제나 동사이다

② '키우신다.'에서 현재 시제 선어말 어미 '-ㄴ'이 있으므로 기본형 '키우다'는 동사이다.

③ 여기에서 '밝다'는 '날이 밝아오다'의 의미이므로 동사이다.

04.

정답풀이) 동사와 형용사 구분할 때 가장 잘 구분하기 좋은 것은 현재 시제 선어말 어미 '-는-/-ㄴ-'을 결합해 보는 것이다. 또는 현재 시제 관형사형 (어말)어미 '-는'을 결합해 보는 것이다.

㉠ 흐드러-지다「형용사」: 「1」매우 탐스럽거나 한창 성하다. 늑 흐무러지다「1」
'흐드러지다'에 현재 시제 선어말어미 '-는-/-ㄴ-'을 결합해 보면 '흐드러진다'인데 어색하므로 형용사임을 알 수 있다.

ⓔ 충만-하다 (充滿--)「형용사」: 【…에】【…으로】한껏 차서 가득하다.
'충만하다'에 현재 시제 선어말어미 '-는-/-ㄴ-'을 결합해 보면 '충만한다'인데 어색하므로 형용사임을 알 수 있다.

ⓜ 없다01「형용사」[4]: 【…이】「1」((이유, 근거, 구실, 가능성 따위와 같은 단어와 함께 쓰여)) 이유나 가능성 따위로 성립될 수 없는 상태이다.
'없다'에 현재 시제 선어말어미 '-는-/-ㄴ-'을 결합해 보면 '없는다'인데 어색하므로 형용사임을 알 수 있다.

오답풀이) '찍다'와 '설레다'는 '찍는다', '찍는', '설렌다', '설레는'으로 활용 가능한 동사이다.

ⓒ 찍다02「동사」[2]: 「4」【…을】 어떤 대상을 촬영기로 비추어 그 모양을 옮기다.

ⓒ 설레다「동사」[1]: 【…이】 마음이 가라앉지 아니하고 들떠서 두근거리다.

05.

정답풀이) '늙다'는 항상 동사이다. 동사인 단어는 '삼다'이다. 현재 시제 선어말 어미 '-는-'을 붙였을 때 '박사는 이제 그를 조수로 삼는다'가 자연스럽기 때문이다.

오답풀이) '빠르다, 다르다, 예쁘다'는 '빠른다, 다른다, 예쁜다'처럼 활용이 불가능하다. 즉, 현재 시제 선어말 어미 '-ㄴ/는-'과 결합할 수 없으므로 이들은 모두 형용사이다.

06.

정답풀이) '없다'는 품사가 형용사밖에 없다. 현재 시제 관형사형 어미 '-는'이 붙어 동사처럼 활용하는 측면이 있지만, 그럼에도 형용사이다.

오답풀이) ② '만 명이나 되어'의 '되다'는 '동사'이다. 이러한 의미의 '되다'는 항상 동사로 쓰인다. 현재 시제 선어말 어미 '-ㄴ/는-'을 붙였을 때(만 명이나 된다) 옳으므로 동사이다.

③ 기본형 '모이다'에 현재 시제 선어말 어미 '-ㄴ/는-'을 붙였을 때 (사람들이 모인다) 옳으므로 동사이다.

④ 여기에서 '성장하다'의 의미가 있으므로 '크다'는 동사이다.

정답 찾기 | 1. ③ 2. ② 3. ④ 4. ② 5. ② 6. ①

대표 亦功 기출

제1편 형태론 CH.04 용언

최빈출

01. 밑줄 친 부분의 품사가 다른 하나는? 2019 서울시 9급

① 옷 색깔이 아주 <u>밝구나</u>.
② 이 분야는 전망이 아주 <u>밝단다</u>.
③ 내일 날이 <u>밝은</u> 대로 떠나겠다.
④ 그는 예의가 <u>밝은</u> 사람이다.

02. 밑줄 친 단어의 품사를 같은 것끼리 묶은 것은? 2019 국가직 9급

- 쌍둥이도 서로 성격이 ㉠ <u>다른</u> 법이다.
- 날씨가 건조하면 나무가 잘 ㉡ <u>크지</u> 못한다.
- 남부 지방에 홍수가 ㉢ <u>나서</u> 많은 수재민이 생겼다.
- 그 사람이 농담은 하지만 ㉣ <u>허튼</u> 말은 하지 않는다.
- 상대에게 자유를 주는 것이 진정한 사랑이 ㉤ <u>아닐까</u>?

① ㉠, ㉡   ② ㉡, ㉢
③ ㉢, ㉣   ④ ㉣, ㉤

03. 밑줄 친 단어의 품사가 나머지 셋과 다른 것은? 2017 국가직 7급 생활 안전 분야

① 노장은 결코 <u>늙지</u> 않는다는 말이 있다.
② 노인들은 꽃나무를 잘들 <u>키우신다</u>.
③ 곧 날이 <u>밝으면</u> 출발할 수 있다.
④ 노력했지만 아직 부족함이 <u>많다</u>.

04. 밑줄 친 말의 품사가 같은 것으로만 묶은 것은? 2017 지방직 9급

개나리꽃이 ㉠ <u>흐드러지게</u> 핀 교정에서 친구들과 ㉡ <u>찍은</u> 사진은, 그때 느꼈던 ㉢ <u>설레는</u> 행복감은 물론, 대기 중에 ㉣ <u>충만한</u> 봄의 기운, 친구들과의 악의 ㉤ <u>없</u>는 농지거리, 벌들의 잉잉거림까지 현장에 있는 것과 다름없이 느끼게 해 준다.

① ㉠, ㉢, ㉣   ② ㉠, ㉣, ㉤
③ ㉡, ㉢, ㉤   ④ ㉢, ㉣, ㉤

05. 밑줄 친 단어와 품사가 같은 것은? 2016 사회복지직 9급

쓰러져 가는 집에서 <u>늙은</u> 아버지가 홀로 기다리고 계셨다.

① 저 기차는 정말 번개처럼 <u>빠르네</u>.
② 박사는 이제 그를 조수로 <u>삼았네</u>.
③ 산나물은 바다의 미역과 <u>다르겠지</u>.
④ 겉모습보다 마음이 정말 <u>예뻐야지</u>.

06. 다음 중 밑줄 친 단어의 품사가 다른 하나는? 2017 소방 하반기 복원

① 구름 한 점 <u>없는</u> 하늘
② 온 사람이 만 명이나 <u>되어</u> 보인다.
③ 광장에 사람들이 <u>모였다</u>.
④ 가품에 나무가 잘 <u>크지</u> 않는다.

07.

정답풀이 '없다'는 항상 형용사이다.

오답풀이 ② 동사는 시간의 흐름을 전제하는데, 여기에서 '컸구나'는 시간의 흐름에 따라 '성장했다'는 의미를 지니므로 동사이다.
③ '사흘만 있으면'에서 '있으면'은 '지나면'이라는 말로 치환된다. 즉, 사흘이라는 시간이 흐르는 것을 의미하므로 여기에서의 '있다'는 동사이다.
④ '아침이 밝으면'의 '밝다'는 '날이 밝아오다'의 의미이므로 동사이다.
⑤ '병들면'은 멀쩡했다가 병이 생겼다는 의미로 시간의 흐름이 전제되므로 동사이다.
☞ '늙다' 또한 언제나 동사이다.

08.

정답풀이 ㉠처럼 '있다'가 '(얼마의 시간이) 경과하다'는 뜻이 되면 동사이고, ㉡처럼 '어느 곳에 머무르거나 사는 상태이다'는 의미가 되면 형용사이다.

오답풀이 ① ㉠처럼 '있다'가 '존재하는 상태이다'는 의미로 쓰이면 형용사이고, ㉡처럼 '떠나지 아니하고 머물다'의 의미가 되면 동사이다.
② ㉠처럼 '있다'가 '(어떤 일이) 이루어지거나 벌어질 계획이다'의 의미로 쓰이면 형용사이고 ㉡처럼 '(재물이) 넉넉하거나 많다'의 의미가 되면 형용사이다.
③ ㉠, ㉡은 각각 명령형 어미 '-어라'와 청유형 어미 '-자'가 붙었으므로 동사이다.

09.

정답풀이 나머지는 동사이지만, '부족하다'는 형용사이다.

오답풀이 ① '모자라다'는 언제나 동사이다. '일은 많은데 손이 모자란다.'처럼 현재 시제 선어말 어미 '-ㄴ/는-'이 결합될 수 있기 때문이다.
③ '동이 트다, 날이 밝아 오다'를 의미하므로 동사이다. 또한 현재 시제 선어말 어미 '-ㄴ/는-'이 결합되어 있으므로 동사이다.
④ '늘다'에는 변화의 의미가 있으므로 동사이다. 현재 시제 선어말 어미 '-ㄴ/는-'이 결합되어 (📖 열마리로 는다)로 활용이 가능하므로 동사이다.

10.

정답풀이 현재 관형사형 어미 '-는'이 붙을 수 있으면 동사이다. 따라서 나머지는 형용사이지만 '굳는'은 동사이다.

오답풀이 ② '성격이 다른'의 '다르다'는 형용사이다. '다르다'는 언제나 형용사이다.
③ '새롭다'는 언제나 형용사이다.
④ '아프다'는 언제나 형용사이다.

11.

정답풀이 ㄱ. '성장하다'의 의미가 있으니 동사이다. 또한 '큰다'에서 현재 시제 선어말 어미 '-ㄴ/는-'이 결합되어 있으므로 동사이다.
ㄴ. '-지 아니하다(못하다)'의 구성의 경우에 보조 용언 '아니하다(못하다)'는 본용언 '-지'의 품사를 따라 간다. '중시하다'는 현재 시제 선어말 어미 '-ㄴ/는-'이 결합될 수 있는 동사이므로 '않은'도 동사이다.
ㄷ. '늙다'는 언제나 동사이다.

정답 찾기 07. ① 08. ④ 09. ② 10. ① 11. ④

07. 다음 중 밑줄 친 단어의 품사가 다른 것은? 2017 국회직 9급

① 아무런 증세가 <u>없어서</u> 조기 발견이 어렵다.
② 키가 몰라보게 <u>컸구나</u>.
③ 앞으로 사흘만 <u>있으면</u> 추석이다.
④ 내일 아침이 <u>밝으면</u> 떠나겠다.
⑤ 사람은 늙거나 <u>병들면</u> 죽는다.

08. 다음 글을 읽고 ㉠과 ㉡의 예를 바르게 짝지은 것은?

2017 기상직 7급

> '있다, 없다'는 동사 성격과 형용사 성격을 모두 공유하고 있는데, 이를 중요시하여 따로 존재사를 설정하는 경우가 있다. 예컨대, 동사에는 관형사형 어미 '-는'이 붙을 수 있고, 형용사에는 '-는'이 붙지 못하는 특성이 있는데, '있다, 없다'는 '있는, 없는'에서 보는 것처럼 둘 다 가능하다는 것이다. 그렇다고 이 둘이 의미상으로 동작의 움직임이나 과정을 나타내는 동사인가 하면, 그렇지도 않으니, 동사·형용사 품사 배정에 어려움이 있다는 것이다. 따라서 동사·형용사 두 가지 특성을 보이는 새로운 품사로 존재사라는 것을 설정하자는 것이다. 그러나 이 두 단어 때문에 새로운 품사를 설정하는 것은 바람직하지 않다고 본다. 예컨대, '있다'는 '있는다, 있어라'라는 표현이 가능한 점이 있으나 '없다'는 '*없는다, *없어라'가 불가능 하니, 각각 동사와 형용사로 인정하는 게 나으리라 판단된다. 학교 문법에서는 의미상의 분류를 그 기준으로 하고 있어 '있다, 없다' 둘 다 형용사로 나누고 있는 실정이다. 하긴, '있다'를 자세히 보면 ㉠ <u>동사로서의 '있다'</u>와 ㉡ <u>형용사로서의 '있다'</u>로 나뉜다고도 할 수 있을 것이다.

① ㉠ 나는 신이 <u>있다</u>고 믿는다.
　 ㉡ 그는 내일 집에 <u>있는다</u>고 했다.
② ㉠ 오늘 회식이 <u>있으니</u> 모두 참석하세요.
　 ㉡ 그는 <u>있는</u> 집 자손이다.
③ ㉠ 떠들지 말고 얌전하게 <u>있어라</u>.
　 ㉡ 우리 모두 함께 <u>있자</u>.
④ ㉠ 앞으로 사흘만 <u>있으면</u> 추석이다.
　 ㉡ 그는 서울에 <u>있다</u>.

09. 다음 중 밑줄 친 부분의 품사가 다른 하나는?

2016 서울시 7급

① 잠이 <u>모자라서</u> 늘 피곤하다.
② 사업을 하기에 자금이 턱없이 <u>부족하다</u>.
③ 어느새 새벽이 지나고 날이 <u>밝는다</u>.
④ 한 마리였던 돼지가 지금은 열 마리로 <u>늘었다</u>.

10. 밑줄 친 단어의 품사가 나머지 셋과 다른 것은?

2015 지방직 9급

① 비 온 뒤에 땅이 <u>굳는</u> 법이다.
② 성격이 <u>다른</u> 사람끼리는 함께 살기 어렵다.
③ 새해에는 으레 <u>새로운</u> 마음이 생기기 마련이다.
④ 몸이 <u>아픈</u> 사람은 교실에 남아 있었다.

11. 밑줄 친 단어 중 동사만을 모두 고른 것은? 2015 국가직 7급

> ㄱ. 옥수수는 가만 두어도 잘 <u>큰다</u>.
> ㄴ. 이 규칙을 중시하지 <u>않은</u> 사람은 아무도 없었다.
> ㄷ. 그 연예인도 사람인지라 <u>늙는</u> 것은 어쩔 수 없구나.

① ㄱ, ㄴ
② ㄱ, ㄷ
③ ㄴ, ㄷ
④ ㄱ, ㄴ, ㄷ

12.

정답풀이 (가) '숨소리가 고르다'의 '고르다'는 '상태가 정상적으로 순조롭다.'의 의미로 형용사이다. '악기의 줄을 고르며'의 '고르다'는 '붓이나 악기의 줄 따위가 제 기능을 발휘하도록 다듬거나 손질하다.'의 의미로 동사이다.

(나) '아침이 밝는'의 '밝다'는 '밤이 지나고 환해지며 새날이 오다.'라는 의미로 동사이다. '달이 휘영청 밝았다.'의 '밝다'는 '불빛 따위가 환하다.'의 의미로 형용사이다.

(마) '약속시간에 항상 늦어서'의 '늦다'는 '정해진 때보다 지나다'의 의미로 동사이다. '시계가 오 분 늦게 간다.'의 '늦다'는 '기준이 되는 때보다 뒤져 있다.'의 의미로 형용사이다.

오답풀이 (다) '나무가 크지'의 '크다'는 '동식물의 몸의 길이가 자라다.'의 의미로 동사이다. '너는 커서 어떤 어른이'의 '크다'는 '사람이 자라서 어른이 되다.'의 의미로 동사이다.

(라) '전화를 걸었는데'의 '걸다'는 '기계 장치가 작동되도록 하다'의 의미로 동사이다. '큰 기대를 걸었다.'의 '걸다'는 '앞으로의 일에 대한 희망 따위를 품거나 기대하다.'의 의미로 동사이다.

13.

정답풀이 목적어의 유무에 따라서, 목적어가 없는 동사를 자동사, 있는 동사를 타동사라고 한다. '마음이 움직이다, 마음을 움직이다' 모두 가능하므로 ㉠에 해당한다고 볼 수 있다.

오답풀이 ① '침을 뱉다'처럼 목적어가 있는 타동사만 될 뿐이다.
② '눈이 쌓이다'처럼 목적어가 없는 자동사만 될 뿐이다.
④ '책을 읽다'처럼 목적어가 있는 타동사만 될 뿐이다. '책이 읽다'는 불가능하다. 물론 '사람이 읽다'는 되지만 이 경우에도 중간에 목적어 '책을'이 꼭 들어가야 한다.

14.

정답풀이 '(비위에 거슬리는 말이나 행동을) 도에 지나치게 하다(동사)'를 의미하기 때문에 '너무하건 말건'의 '너무하다'는 동사이다. '너무하건 말건'의 주어는 '내가'가 생략된 것이다. 이처럼, 주어가 '행동을 할 수 있는 주체'라면 동사이다. 주어가 '주체에 의해 실현된 사건'이라면 형용사로 쓰인다.

오답풀이 주어가 '행동을 할 수 없는 주체'라면 형용사로 쓰인다. 나머지는 모두 '(일정한 정도나 한계를 넘어) 지나치다'를 의미하는 형용사이다.
① 주어가 '폭염은'이므로 '너무하다'는 형용사이다.
② 주어가 '이 상황은(문장에서는 생략됨)'이므로 '너무하다'는 형용사이다.

④ 주어가 '만 원은'이므로 '너무하다'는 형용사이다.
⑤ '너무하신 처삽니다'에서 '처사가 너무하시다'라는 문장이 안겨 있다. 따라서 주어가 '처사가'이므로 '너무하다'는 형용사이다.

15.

정답풀이 '돌아왔나 보다'는 보조 형용사인 반면, 나머지 선지는 보조 동사이다. '돌아왔나 보다'의 보조 형용사 '보다'는 동사나 형용사 뒤에 쓰여 앞말이 뜻하는 행동이나 상태를 추측하거나 어렴풋이 인식하고 있음을 나타낸다.

오답풀이 ① '들어 보다'의 '보다'는 보조 동사이며, 동사 뒤에서 어떤 행동을 시험 삼아 함을 나타내는 말이다.
② '일을 하다가 보면'의 '보다'는 보조 동사이며, 동사 뒤에서 앞말이 뜻하는 행동을 하고 난 후에 뒷말이 뜻하는 사실을 새로 깨닫게 되거나, 뒷말이 뜻하는 상태로 됨을 나타내는 말이다.
③ '당해 보지'의 '보다'는 보조 동사이며, 동사 뒤에서 어떤 일을 경험함을 나타내는 말이다.

16.

정답풀이 '않다, 못하다'는 앞의 용언이 동사인지 형용사인지에 따라 품사가 정해진다. '묻다'는 '묻는다'로 활용이 가능하므로 동사임을 알 수 있다. 나머지는 모두 품사가 형용사이다.

오답풀이 ① '만하다'는 대표적인 보조 형용사이다. '만하다'와 비슷한 구조를 가진 보조 형용사에는 '듯하다, 듯싶다, 성하다, 성싶다, 만하다, 법하다, 뻔하다'가 있다. 보조 동사로는 '척하다, 체하다, 양하다'가 있다.
② '싶다'는 대표적인 보조 형용사이다.
③ '~기는 하다'의 구조에서 '하다'는 앞 용언이 동사인지 형용사인지에 따라 품사가 정해진다. '많다'가 형용사이므로 '하지만'의 품사 또한 형용사이다.

 12. ② 13. ③ 14. ③ 15. ④ 16. ④

12. 〈보기〉의 밑줄 친 부분의 품사가 다른 예문들끼리 묶인 것을 모두 고른 것은? 2017 국가직 7급 하반기

┌─ 〈 보기 〉─────────────────────
│ (가) 잠을 자는 아이의 숨소리가 <u>고르다.</u>
│   악기의 줄을 <u>고르며</u> 음을 조율하는 중이다.
│ (나) 내일 아침이 <u>밝는</u> 대로 떠나겠다.
│   초저녁부터 달이 휘영청 <u>밝았다.</u>
│ (다) 비가 안 오면 나무가 <u>크지</u> 못한다.
│   너는 <u>커서</u> 어떤 어른이 되고 싶니?
│ (라) 친구에게 전화를 <u>걸었는데</u> 통화 중이었다.
│   그 부모는 아들에게 큰 기대를 <u>걸었다.</u>
│ (마) 그는 약속시간에 항상 <u>늦어서</u> 원망을 듣는다.
│   시계가 오 분 <u>늦게</u> 간다.
└──────────────────────────────

① (가), (라)
② (가), (나), (마)
③ (가), (다), (라)
④ (나), (다), (라)

중간빈출

13. 다음의 ㉠에 해당하는 것은? 2018 교육행정직 9급

┌──────────────────────────────
│ 국어에는 ㉠ <u>자동사와 타동사의 기능을 모두 가지고</u>
│ <u>있는 동사</u>가 있다. '눈물이 그치다 / 눈물을 그치다'의
│ '그치다'가 이러한 예이다.
└──────────────────────────────

① 뱉다
② 쌓이다
③ 움직이다
④ 읽다

14. 다음 밑줄 친 어휘 중 품사가 다른 하나는? 2018 국회직 9급

① 우리는 정말 폭염이 <u>너무하다</u> 싶었다.
② 이번 여름 이렇게 날이 덥다니 <u>너무하군</u>.
③ <u>너무하건</u> 말건 안 되는 것은 안 되는 것이네.
④ 빙수 한 그릇에 만 원은 <u>너무하지</u> 않으냐고 사정사정했다.
⑤ 동네에서 다 아는 처지에 정말 <u>너무하신</u> 처삽니다.

15. 밑줄 친 단어의 품사가 다른 것은? 2022 서울시 9급

① 이야기를 들어 <u>보다</u>.
② 일을 하다가 <u>보면</u> 요령이 생겨서 작업 속도가 빨라진다.
③ 이런 일을 당해 <u>보지</u> 않은 사람은 내 심정을 모른다.
④ 식구들이 모두 집에 돌아왔나 <u>보다</u>.

16. 밑줄 친 단어의 품사가 나머지 셋과 다른 것은? 2016 교육행정직 9급

① 그는 믿을 <u>만한</u> 사람이다.
② 누가 볼까 <u>싶어</u> 가슴이 두근거렸다.
③ 그는 말이 많기는 <u>하지만</u> 부지런하다.
④ 그는 이유도 묻지 <u>않고</u> 부탁을 들어주었다.

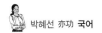

 정리하기 ❺ 용언의 활용 양상

1. 규칙 활용

종류	내용	예
일반적 규칙 활용	용언이 활용할 때 어간이나 어미의 모습이 바뀌지 않음.	• 좋다: 좋고, 좋아, 좋으니
'一' 탈락	어간의 끝이 '一' 모음일 때 모음으로 시작하는 어미와 결합하면서 '一'가 탈락함.	• 쓰다: 써(쓰+어), 썼다(쓰+었+다) • 잠그다: 잠가(잠그+아), 잠갔다(잠그+았+다) • 담그다: 담가(담그+아), 담갔다(담그+았+다) • 들르다: 들러(들르+어), 들렀다(들르+었+다) • 치르다: 치러(치르+어), 치렀다(치르+었+다)
'ㄹ' 탈락	어간의 'ㄹ' 받침이 'ㅂ, ㅅ, ㄴ, ㄹ, 오' 등 특정 자음으로 시작하는 어미와 결합하면서 탈락함.	• 울다: 웁니다(울+ㅂ니다), 우시니(울+시+니), 우는(울+는), 울수록(울+ㄹ수록), 우오(울+오)
동음 탈락	어간의 끝과 어미의 처음이 동음인 경우 하나가 탈락함.	• 파다: 파(파+아), 파서(파+아서), 파도(파+아도) • 싸다: 싸(싸+아), 싸서(싸+아서), 싸도(싸+아도) • 모자라다: 모자라(모자라+아), 모자라서(모자라+아서) • 바라다: 바라(바라+아), 바라도(바라+아도)

2. 불규칙 활용

종류		내용	불규칙 용언	규칙 용언
어간 바뀜	'ㅅ' 불규칙	모음 어미 앞에서 탈락	• 붓 + 어 → 부어 • 짓 + 어 → 지어 • 낫다(勝, 癒), 잇다, 긋다	벗어, 씻어, 빗어, 웃어
	'ㅂ' 불규칙	모음 어미 앞에서 '오/우'로 변함.	• 굽(炙) + 어 → 구워 • 눕 + 어 → 누워 • 줍 + 어 → 주워 • 돕다, 덥다, 깁다, 춥다	잡아, 뽑아, 좁아, 씹어
	'ㄷ' 불규칙	모음 어미 앞에서 'ㄹ'로 변함.	• 싣 + 어 → 실어 • 붇 + 어 → 불어 • 걷(步) + 어 → 걸어 • 묻다(問), 듣다, 깨닫다, 눋다	묻어(埋), 얻어, 걷어
	'ㄹ' 불규칙	모음 어미 앞에서 'ㄹㄹ'로 변함.	• 빠르 + 어 → 빨라 • 이르 + 어 → 일러(謂, 早) • 부르다, 오르다, 바르다, 곧(올)바르다, 가파르다, 불사르다	따라, 치러
	'우' 불규칙	모음 어미 앞에서 'ㅜ' 탈락함.	• 푸 + 어 → 퍼 ('푸다'만 '우' 불규칙)	주어, 누어

종류		내용	불규칙 용언	규칙 용언
어미 바뀜	'여' 불규칙	모음 어미 '-아'가 '-여'로 변함.	• 공부하 + 아 → 공부하여 • '하다'와 '-하다'가 붙는 모든 용언	파 + 아 → 파
	'러' 불규칙	어미 '-어' 가 '-러'로 변함.	• 푸르 + 어 → 푸르러 • 노르 + 어 → 노르러 • 누르 + 어 → 누르러 • 이르(至) + 어 → 이르러	치르 + 어 → 치러
어간 어미 바뀜	'ㅎ' 불규칙	'ㅎ'으로 끝나는 형용사 어간에 '-아/-어'가 오면 어간의 일부인 'ㅎ'이 없어지고 어미는 'ㅣ'로 변함.	• 하얗 + 아서 → 하얘서 • 파랗 + 아 → 파래 • 누렇 + 어지다 → 누레지다	좋 + 아서 → 좋아서 낳+은→낳은

01.

정답풀이 '이르다(至)'가 '이르러'로 활용되는 것은 '러 불규칙활용'으로, 어미 '-어'가 '-러' 형태로 변화한 것이다. 따라서 어간의 형태가 불규칙하게 활용하는 것이 아니라 어미의 형태가 불규칙하게 활용하는 것에 해당한다.

오답풀이 ① '잇다'는 ㅅ 불규칙 활용이며, 모음 어미가 결합될 때 어간의 받침 ㅅ이 탈락한다.
② '묻다'는 ㄷ 불규칙 활용이며, 모음 어미가 결합될 때 어간 끝음절의 받침 ㄷ이 ㄹ로 바뀐다.
④ '낫다'는 ㅅ 불규칙 활용이며, 모음 어미가 결합될 때 어간의 받침 ㅅ이 탈락한다.

01. 〈보기〉의 설명 중 밑줄 친 부분에 해당하는 사례가 아닌 것은?
2023 서울시 9급

─(보기)─

용언이 문장 속에 쓰일 때에는 어간에 어미가 붙어서 활용함으로써 다양한 문법적인 기능을 나타낸다. 대부분의 용언은 활용할 때에 어간이나 어미의 기본 형태가 그대로 유지되거나 혹은 다른 형태로 바뀌어도 그 현상을 일정한 규칙으로 설명할 수 있지만, 일부의 용언 가운데에는 활용할 때 '<u>어간의 형태가 불규칙하게 활용하는 것</u>', '어미의 형태가 불규칙하게 활용하는 것', '어간과 어미가 불규칙하게 활용하는 것'이 있다.

① 잇다 → 이으니
② 묻다(問) → 물어서
③ 이르다(至) → 이르러
④ 낫다 → 나으니

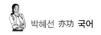

02.

정답풀이 '㉠ 우물물을 품'에서 기본형은 '푸다'이다. '푸다'는 모음 어미가 오는 경우 'ㅜ'가 탈락되는 '우' 불규칙 용언이다. (푸다, 푸지, 푸고, 퍼(←푸+어))
따라서 '㉠ 어간만 불규칙하게 바뀌는 부류'이므로 옳다.
'㉡ 목적지에 이름'에서 기본형은 '이르다'이다. '이르다'는 모음 어미 '어'가 오면 '러'로 교체되는 '러' 불규칙 용언이다. 따라서 '㉡ 어미만 불규칙하게 바뀌는 부류'이므로 옳다.

오답풀이

	㉠: 어간만 불규칙하게 바뀜	㉡: 어미만 불규칙하게 바뀜
①	'르' 불규칙 ○ [빠르다, 빠르지, 빨라(빠르(→ 빨ㄹ)+아)] '빠르다'는 모음어미가 오면 'ㅡ'가 탈락되고 'ㄹ'이 덧생겨 'ㄹㄹ'형으로 바뀌는 '르' 불규칙 용언이므로 ㉠의 예이다.	'ㅎ' 불규칙 X [노랗다, 노랗지, 노래(← 노랗+아)] '노랗다'는 모음 어미가 오면 어간과 어미 모두 바뀌는 'ㅎ' 불규칙 용언이므로 ㉡의 예로 옳지 않다.
②	'ㅡ' 규칙 X [치르다, 치르지, 치러((치르(→ 치ㄹ)+어)] '치르다'는 모음 어미 '어'가 오면 'ㅡ'가 탈락되는 'ㅡ' 규칙 용언이므로 ㉠의 예로 옳지 않다.	'여' 불규칙 ○ [하다, 하지, 하여(하+어(→ 여)] '하다'는 모음 어미 '어'가 올 때, 모음 어미 '여'로 교체되는 '여' 불규칙 용언이므로 ㉡의 예이다.
③	'ㄷ' 불규칙 ○ [붇다, 붇지, 불어(붇(→ 불)+어)] '붇다'는 '물에 젖어서 부피가 커지다.'를 의미하는 'ㄷ' 불규칙 용언이다. '붇다'는 모음어미가 오면 'ㄷ'이 'ㄹ'로 교체되는 'ㄷ'불규칙 용언이므로 ㉠의 예이다.	동음 탈락 규칙 X [바라다, 바라지, 바라(바라+아 → 'ㅏ' 탈락)] '바라다'는 모음어미 '아'가 오면 동음 'ㅏ'가 탈락되는 동음 탈락 규칙 용언이므로 ㉡의 예로 옳지 않다.

03.

정답풀이 '오래되어 불은 국수는 맛이 없다.'에서 '불은'의 기본형은 '불다'가 아니라 '붇다'이다. '불다'는 '바람이 일어나다.' 혹은 '입술을 오므리고 입김을 내어 보내다.'의 의미이므로 해당 문장에 쓰인 '불은'의 기본형이 될 수 없다. '붇다'는 'ㄷ' 불규칙 활용 용언으로 뒤에 모음 어미가 오는 경우에 'ㄷ'이 'ㄹ'로 교체되는 용언이다. 따라서 '불은'은 '붇다'에 모음 어미가 붙어 불규칙 활용된 형태이다.

오답풀이 ① '갈다'와 'ㄴ'으로 시작하는 말과 결합할 때 어간의 'ㄹ'이 탈락한다(갈-+-ㄴ → 가니). '갈다'는 'ㄹ' 규칙활용 용언이다. (갈다, 갈고, 갈지, 가니, 갈아, 갈았다)
③ '이르다(타이르다. / 미리 알려주다.)'와 모음 어미가 결합되면 'ㅡ'가 탈락하고 'ㄹ'이 덧생겨 'ㄹㄹ' 형태가 된다('이르-+-었다 → 일렀다). '르' 불규칙 용언이다. (이르다, 이르고, 이르지, 이르니, 일러, 일렀다)
④ '들르다(지나는 길에 잠깐 들어가 머무르다.)'에 모음 '아/어'가 결합되면 어간의 'ㅡ'가 탈락한다. '으' 규칙 용언이다.

04.

정답풀이 물이 '붇다'가 기본형이다. '붇다'는 '분량이나 수효가 많아지다.'의 의미를 갖는 'ㄷ' 불규칙 용언이다. 'ㄷ' 불규칙 용언이기 때문에 어미 '어서'가 오니 '불어서'로 형태가 바뀐 것이다. 기본형은 '붇다'가 맞다.

오답풀이 ① '붓다'는 '얼굴이 붓다'는 의미를 가진 'ㅅ' 불규칙 용언이다. 그래서 어미 '어서'가 오니 'ㅅ'이 탈락하여 '부어서'로 형태가 바뀐 것이다.
③ '붓다2'는 '곗돈·납입금 등을 기한마다 치르다'는 의미를 가진 'ㅅ' 불규칙 용언이다. 그래서 어미 '-(으)ㄴ'이 오니 'ㅅ'이 탈락하여 '부은'으로 형태가 바뀐 것이다.
④ '붇다'는 '물에 젖어 부피가 커지다'로 ②의 '붇다'와 사전에 함께 수록된 같은 단어이다. ('붇다'는 다의어이다.) 'ㄷ' 불규칙 용언이기 때문에 어미 '었'이 오니 '불었다'로 활용된 것이다.

05.

정답풀이 '치루다'는 이 세상에 없는 단어이다. 대신 '치르다'가 있다. '치르다'에 모음어미가 붙으면 'ㅡ'가 탈락한다. (치르고, 치르니, 치러)

오답풀이 ① 붇다 : 'ㄷ' 불규칙 용언
☞ 'ㄷ'이 모음 어미 앞에서 'ㄹ'로 변함. (붇고, 붇지, 불어, 불으니, 불었다) '분량이나 수효가 많아지다.'라는 의미이다.
② 짓다 : 'ㅅ' 탈락 불규칙 용언
☞ 'ㅅ'이 모음 어미 앞에서 탈락 (짓고, 짓지, 지어, 지으니)
④ 싣다 : 'ㄷ' 불규칙 용언
☞ 모음 어미 앞에서 'ㄷ'이 'ㄹ'로 변함.
(싣고, 싣지, 실어, 실으니)

정답찾기 2. ④ 3. ② 4. ② 5. ③

02. ㉠, ㉡의 사례로 옳은 것만을 짝 지은 것은?4

2021 국가직 9급

> 용언의 불규칙활용은 크게 ㉠<u>어간만 불규칙하게 바뀌는 부류</u>, ㉡<u>어미만 불규칙하게 바뀌는 부류</u>, 어간과 어미 둘 다 불규칙하게 바뀌는 부류로 나눌 수 있다.

	㉠	㉡
①	걸음이 빠름	꽃이 노람
②	잔치를 치름	공부를 함
③	라면이 불음	합격을 바람
④	우물물을 품	목적지에 이름

04. 밑줄 친 단어의 기본형이 옳지 않은 것은? 2019 국가직 7급

① 아침이면 얼굴이 <u>부어서</u> 늘 고생이다. (→ 붓다)
② 개울물이 <u>불어서</u> 징검다리가 안 보인다. (→ 불다)
③ 은행에 <u>부은</u> 적금만도 벌써 천만 원이다. (→ 붓다)
④ 물속에 오래 있었더니 손과 발이 퉁퉁 <u>불었다</u>.
　　(→ 붇다)

03. 밑줄 친 말의 기본형이 옳지 않은 것은? 2017 국가직 9급

① 무를 강판에 <u>가니</u> 즙이 나온다. (기본형 : 갈다)
② 오래되어 <u>불은</u> 국수는 맛이 없다. (기본형 : 불다)
③ 아이들에게 위험한 데서 놀지 말라고 <u>일렀다</u>.
　　(기본형 : 이르다)
④ 퇴근하는 길에 포장마차에 <u>들렀다가</u> 친구를 만났다.
　　(기본형 : 들르다)

05. 밑줄 친 부분의 기본형이 적절하지 않은 것은?

2017 소방 하반기 복원

① 붇다 : 식욕이 왕성하여 몸이 많이 <u>불었다</u>.
② 짓다 : 그는 고향에 기와집을 <u>지었다</u>.
③ 치루다 : 두 차례의 호란(胡亂)을 <u>치러</u> 물정이 몹시 어지럽던 시절
④ 싣다 : 차에 짐을 <u>실어</u> 나르다.

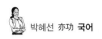

06.

정답풀이 놀다[遊] : 'ㄹ' 탈락 규칙 용언

☞ 어간의 'ㄹ' 받침이 'ㅂ, ㅅ, ㄴ, ㄹ, 오 ' 등 특정 자음으로 시작하는 어미와 결합하면서 탈락한다.

오답풀이 ① 묻다[問] : 'ㄷ' 불규칙 용언

☞ 'ㄷ'이 모음 어미 앞에서 'ㄹ'로 변함.

(묻고, 묻지, 물어, 물으니)

② 덥다[暑 : 더울(서)] : 'ㅂ' 불규칙 용언

☞ 'ㅂ'이 모음 어미 앞에서 '오/우'로 변함.

(더워, 더우니)

③ 낫다[癒 : 병 나을(유)] : 'ㅅ' 불규칙 용언

☞'ㅅ'이 모음 어미 앞에서 탈락. (나아, 나으니)

07.

정답풀이 '좋다'는 활용 시에 어간이나 어미가 변하지 않는 '규칙 용언'이다. (좋아, 좋으니)

오답풀이 ① '씻다' : 규칙 용언 (씻고, 씻지, 씻어, 씻으니)

② '구르다' : '르' 불규칙 용언

☞ '르'가 모음 어미 앞에서 'ㄹㄹ'로 변함.

(구르고, 구르지, 굴러)

③ '듣다' : 'ㄷ' 불규칙 용언

☞ 모음 어미 앞에서 'ㄷ'이 'ㄹ'로 변함.

(듣고, 듣지, 들어, 들으니)

⑤ '날다' : 'ㄹ' 탈락 규칙 용언

☞ 어간의 'ㄹ' 받침이 'ㅂ, ㅅ, ㄴ, ㄹ, 오 앞에서 예외 없이 탈락한다는 것은 'ㄹ' 탈락이 규칙 활용이라는 뜻이다.

08.

정답풀이

㉠ 'ㅅ, ㄷ, ㅂ, 르, 우' 불규칙

→ '굽다'는 'ㅂ'이 모음 어미 앞에서 '우'로 바뀌는 'ㅂ' 불규칙 용언이다. (굽고, 굽지, 구운, 구우니)

㉡ 'ㅎ' 불규칙

→ '파랗다'는 'ㅎ'이 모음 어미 앞에서 탈락하고 어미 또한 바뀌는 'ㅎ' 불규칙 용언이다. (파랗고, 파랗지, 파라니, 파래, 파래서)

오답풀이 모음 어미를 넣으면 불규칙 용언인지 아닌지 판별 가능하다.

	㉠	㉡
①	(고기를) 굽다 O ☞ 'ㅂ' 불규칙 용언	(진실을) 깨닫다 X ☞ 'ㄷ' 불규칙 용언이므로 ㉠에 해당함. '깨닫+아'가 '깨달아'가 된다.
③	(들판이) 푸르다 X ☞ '러' 불규칙 용언 '푸르+어'에서 어미 '어'가 '러'로 교체되므로 ㉠, ㉡ 모두에 해당되지 않는다. '어미'만 불규칙하게 바뀌는 용언일 뿐이다.	(진실을) 깨닫다 X ☞ 'ㄷ' 불규칙 용언이므로 ㉠에 해당함.
④	(들판이) 푸르다 X ☞ '러' 불규칙 용언	(하늘이) 파랗다 O ☞ 'ㅎ' 불규칙 용언

09.

정답풀이 '휘두르+어' '자르+아'를 보면, '으'가 탈락되면서 ㄹ이 덧생겨서 둘다 '휘둘러'와 '잘라'가 된다. 이는 '르' 불규칙 활용임을 알 수 있다.

오답풀이 ① 형용사 '누르다[黃, '누렇다'의 의미]'는 어미가 교체되는 '러' 불규칙 용언(누르다 − 누르고 − 누르지 − 누르러)이고, '오르다(오르다 − 오르고 − 오르지 − 올라)'는 어간이 교체되는 '르' 불규칙 용언이다.

☞ 동사 '누르다'(press)는 '르' 불규칙 용언이다.

((머리를) 누르다 − 누르니 − 누르지 − 눌러)

② '도착하다'의 의미를 갖는 동사 '이르다(이르다 − 이르고 − 이르지 − 이르러)'는 이미기 교체되는 '러' 불규칙 용언이고, '구르다(구르다 − 구르고 − 구르지 − 굴러)'는 어간이 교체되는 '르' 불규칙 용언이다.

☞ 형용사 '이르다(early)'와 동사 '이르다(tell)'는 '르' 불규칙 용언이다. (이르다 − 이르고 − 이르지 − 일러)

④ '부르다(부르다 − 부르고 − 부르지 − 불러)'는 어간이 교체되는 '르' 불규칙 용언이고, '푸르다(푸르다 − 푸르고 − 푸르지 − 푸르러)'는 어미가 교체되는 '러' 불규칙 용언이다.

정답 찾기 6. ④ 7. ④ 8. ② 9. ③

06. 불규칙 활용을 하는 용언이 아닌 것은?

① 묻다[問] ② 덥다[暑] ③ 낫다[癒] ④ 놀다[遊]

07. 다음 글에 따라 판단할 때, 옳지 않은 것은? 2019 국회직 8급

> 동사나 형용사의 어간이 어미와 결합하여 활용을 할 때, 어간과 어미가 일정한 모습을 보이는 경우도 있지만 환경에 따라 모습을 달리하는 경우도 있다. 전자를 규칙 활용, 후자를 불규칙 활용이라 부른다.
>
> 어간이나 어미가 항상 일정한 모습으로 유지된다면 당연히 규칙 활용이지만, 어간이나 어미의 모습이 달라진다 해도 그 현상을 일정한 규칙으로 설명할 수 있으면 규칙 활용이다. '쓰고~써, 따르고~따라'는 'ㅡ'로 끝나는 용언 어간이 모음으로 시작하는 어미 앞에서 '으'가 탈락하는 것이다. 비록 용언 어간이 활용을 할 때 바뀌기는 하지만 '으'로 끝나는 용언들은 모두 동일한 환경에서 예외 없이 자동적으로 바뀌므로 규칙 활용으로 볼 수 있는 예들이다.
>
> 불규칙 활용은 어간의 변화가 불규칙한 것, 어미의 변화가 불규칙한 것, 어간과 어미가 모두 불규칙하게 변하는 것의 세 가지 유형으로 나누어 볼 수 있다. 먼저 어간의 변화가 불규칙한 것을 살펴보기로 하자. '짓-'의 활용을 보면, '짓다, 짓지'처럼 자음으로 시작하는 어미 앞에서는 '짓-'이 유지되지만, '지어, 지으니'처럼 모음으로 시작하는 어미 앞에서는 'ㅅ'이 탈락하여 '지-'로 나타난다. 이것은 모든 어미 앞에서 'ㅅ'이 유지되는 규칙 활용을 하는 '웃-'과는 다른 모습이다.
>
> 다음으로 어미의 변화가 불규칙한 것을 살펴보기로 하자. '하다'의 활용을 보면 자음으로 시작하는 어미와 결합하면 어미가 변하지 않으나, 모음으로 시작하는 어미와 결합하면 불규칙적으로 변한다. 즉 '하-'는 어간의 끝소리가 '아'이므로 규칙 활용을 한다면 '가'처럼 '가, 가라, 갔다' 등으로 나타나야 하는데 실제로는 '하여, 하여라, 하였다'처럼 나타나는 것이다.
>
> 마지막으로 어간과 어미가 모두 불규칙하게 변하는 예를 들기로 하자. '파랗-'은 자음으로 시작하는 어미 앞에서는 국어의 일반적인 규칙인 'ㅎ' 축약이 일어나지만 모음으로 시작하는 어미 앞에서는 '파란, 파라면'처럼 'ㅎ'이 탈락하는 어간의 불규칙 현상과 '파래서, 파랬다'처럼 어미 '-아서', '-았-'이 '-에서', '-앴-'으로 변하는 어미의 불규칙 현상을 동시에 보여 준다.

① '씻다'는 어간 '씻-'이 모든 어미 앞에서 유지되는 규칙 활용을 보인다.

② '구르다'는 모음 어미 '-어' 앞에서 'ㅡ'가 탈락하고 'ㄹ'이 새롭게 들어가는 불규칙 활용을 보인다.

③ '듣다'는 모음 어미 앞에서 'ㄷ'이 'ㄹ'로 바뀌는 불규칙 활용을 보인다.

④ '좋다'는 특정한 조건에서 'ㅎ'이 축약되거나 탈락하는 불규칙 활용을 보인다.

⑤ '날다'는 특정한 조건에서 'ㄹ'이 탈락하지만 'ㄹ'로 끝나는 용언들이 모두 같은 환경에서 예외 없이 바뀌므로 규칙 활용으로 보인다.

08. 〈보기〉의 ㉠과 ㉡에 해당하는 예로만 묶은 것은?

2015 교육행정직 9급

─(보기)─
불규칙 용언은 그 활용형에 따라 ㉠ 어간만이 불규칙적으로 바뀌는 것, 어미만이 불규칙적으로 바뀌는 것, ㉡ 어간과 어미 모두가 불규칙적으로 바뀌는 것으로 나뉜다.

	㉠	㉡
①	(고기를)굽다	(진실을)깨닫다
②	(고기를)굽다	(하늘이)파랗다
③	(들판이)푸르다	(진실을)깨닫다
④	(들판이)푸르다	(하늘이)파랗다

09. 밑줄 친 단어의 불규칙 활용 유형이 같은 것은?

2017 국가직 9급 추가

① • 나뭇잎이 <u>누르니</u> 가을이 왔다.
  • 나무가 높아 <u>오르기</u> 힘들다.

② • 목적지에 <u>이르기</u>는 아직 멀었다.
  • 앞으로 <u>구르기</u>를 잘한다.

③ • 주먹을 <u>휘두르지</u> 마라.
  • 머리를 짧게 <u>자른다.</u>

④ • 그를 불운한 천재라 <u>부른다.</u>
  • 색깔이 아주 <u>푸르다.</u>

10.

정답풀이) • 푸르다 : 어간 '푸르–'에 모음 어미 '–어'가 결합되면 모음 어미가 '러'로 바뀌어 '푸르러'가 되는 '러' 불규칙 용언이다.
• 하다 : 어간 '하–'에 모음 어미 '–어/아'가 결합되면 모음 어미가 '여'로 바뀌어 '하여'가 되는 '여' 불규칙 용언이다.
• 노르다 : 어간 '노르–'에 모음 어미 '–어'가 결합되면 모음 어미가 '러'로 바뀌어 '노르러'가 되는 '러' 불규칙 용언이다.

오답풀이) ① '눕다'가 (나)의 예에 해당하므로 (가)의 예로 적절하지 않다. 나머지 '짓다'와 '푸다'는 어간의 일부가 탈락되는 (가)의 예이다.
• 짓다 : 어간 '짓–'에 모음 어미 '–어'가 결합되면 어간 '짓–'의 'ㅅ'이 탈락하여 '지어'가 되는 'ㅅ' 불규칙 용언이다.
• 푸다 : 어간 '푸–'에 모음 어미 '–어'가 결합되면 어간 '푸–'의 'ㅜ'가 탈락하여 '퍼'가 되는 'ㅜ' 불규칙 용언이다.
• 눕다 : 어간 '눕–'에 모음 어미 '–어'가 결합되면 어간 '눕–'의 'ㅂ'이 'ㅜ'로 바뀌어 '누워'가 되는 'ㅂ' 불규칙 용언이다. '눕다'는 어간의 일부가 다른 것으로 바뀌는 (나)의 예이다.
② '씻다'는 규칙 용언이므로 (나)의 예가 아니다.
• 깨닫다 : 어간 '깨닫–'에 모음 어미 '–어'가 결합되면 어간 '깨닫–'의 'ㄷ'이 'ㄹ'로 바뀌어 '깨달아'가 되는 'ㄷ' 불규칙 용언이다.
• 춥다 : 어간 '춥–'에 모음 어미 '–어'가 결합되면 어간 '춥–'의 'ㅂ'이 'ㅜ'로 바뀌어 '추워'가 되는 'ㅂ' 불규칙 용언이다.
• 씻다 : 모음 어미 '–어'가 결합되면 어간이나 어미가 바뀌지 않고 '씻어'가 되는 용언이다. 이는 규칙 활용이다.
④ '좋다'는 규칙 용언이므로 (라)의 예가 아니다.
• 좋다 : 모음 어미 '–아'가 결합되면 어간이나 어미가 바뀌지 않고 '좋아'가 되는 규칙 용언이다.
• 파랗다 : 어간 '파랗–'에 모음 어미 '–아'가 결합되면 어간의 일부인 'ㅎ'이 없어지고 어미도 바뀌어 '파래'가 되는 'ㅎ' 불규칙 용언이다.
• 부옇다 : 어간 '부옇–'에 모음 어미 '–어'가 결합되면 어간의 일부인 'ㅎ'이 없어지고 어미도 바뀌어 '부예'가 되는 'ㅎ' 불규칙 용언이다.

11.

정답풀이) 'ㅂ'은 뒤의 모음이 양성이면 '오', 음성이면 '우'로 교체되는 것이다.
〈보기〉 '돕다' : 'ㅂ' 불규칙 용언
☞ 모음 어미 앞에서 어간의 'ㅂ'이 '오'로 바뀜.
  (돕고, 돕지, 도와, 도우면, 도우니)
② 굽다 : 'ㅂ' 불규칙 용언 (불에 익히거나 타게 하다.)
☞ 모음 어미 앞에서 어간의 'ㅂ'이 '우'로 바뀜.
  (굽고, 굽지, 구워, 구우면, 구우니)

오답풀이) 잡다, 집다, 접다, 굽다[屈] : 규칙 용언
☞ 모음 어미가 와도, 어간과 어미가 바뀌지 않음.
• 잡다 : 잡아, 잡으니
• 집다 : 집어, 집으니
• 접다 : 접어, 접으니
• 굽다 : 굽어, 굽으니, 굽으면
☞ '한쪽으로 휘어져 있다.'를 의미하는 경우에는 규칙적으로 활용된다.

10. ③ 11. ②

---

10. 국어의 불규칙 활용에 대한 〈보기〉의 설명과 그 예를 가장 바르게 짝지은 것은?
2018 서울시 7급

┌─(보기)─────────────────────────
│ (가) 불규칙 용언 가운데는 어간의 일부가 탈락되는
│   경우가 있다.
│ (나) 불규칙 용언 가운데는 어간의 일부가 다른 것으
│   로 바뀌는 경우가 있다.
│ (다) 불규칙 용언 가운데는 어미가 다른 것으로 바뀌
│   는 경우가 있다.
│ (라) 불규칙 용언 가운데는 어간과 어미가 함께 바뀌
│   는 경우가 있다.
└──────────────────────────────

① (가) – 짓다, 푸다, 눕다
② (나) – 깨닫다, 춥다, 씻다
③ (다) – 푸르다, 하다, 노르다
④ (라) – 좋다, 파랗다, 부옇다

11. 〈보기〉의 밑줄 친 동사와 어미 활용의 양상이 같은 것은?
2013 서울시 9급

┌─(보기)─────────────────────────
│ 우리는 어머니를 도와서 집 안을 청소했다.
└──────────────────────────────

① 나는 그녀의 손목을 잡고 놓지를 않았다.
② 집에 가니 어머니는 저녁 반찬으로 생선을 굽고 계셨다.
③ 그녀가 배신자를 누구라고 집지는 않았지만 누구를 얘기하는지 모두 알고 있었다.
④ 삼촌은 종이를 접어 비행기를 만들어 주셨다.
⑤ 나이가 드니 허리가 굽고 근력이 떨어진다.

★출좋포 정리하기 ❻ 용언의 활용 결과 맞춤법

> "활용의 결과 또한 맞춤법 문제로 나오게 된다."

01.

정답풀이 '곤혹스럽다'는 'ㅂ' 불규칙 활용 용언이다. 따라서 어간의 끝음 'ㅂ'이 '우'로 변하므로 '곤혹스러운'으로 활용해야 한다. '곤혹스런'은 옳지 않은 활용이다.

오답풀이 ② '여쭙다'와 '여쭈다'는 복수 표준어이다. 하지만 활용 양상은 다르다. '여쭙다'는 'ㅂ' 불규칙 활용 용언으로 '여쭙-'에 '-어'가 결합되면 어간의 끝음 'ㅂ'이 '우'로 변하므로 여쭈워'가 된다. 하지만 '여쭈다'는 규칙 활용 용언이므로 '여쭈-'에 '-어'가 결합되면 '여쭈어'가 된다.

③ '물에 젖어서 부피가 커지다.'는 뜻의 동사는 '붇다'이다. '붇다'는 모음 어미와 결합할 때에는 'ㄷ' 불규칙 활용하여 '불어'가 되지만, 명사형 전성 어미 '-기'가 오면 어간이나 어미의 변형 없이 '붇기'로 활용한다.

④ '서럽다'와 '섧다'는 복수 표준어로서 둘 다 'ㅂ' 불규칙 용언이다. 먼저 '서럽다'는 'ㅂ' 불규칙 활용 용언이므로 모음 어미 '-어서'가 오면 '서러워서'가 되고 복수 표준어인 '섧다'도 마찬가지로 'ㅂ' 불규칙 활용을 하는 용언이므로, 모음 어미가 오면 '설워서'로 활용한다.

02.

정답풀이 '허구허다'가 아니라 '허구하다'가 기본형이므로 '허구한'으로 쓴다. (허구하다: 날, 세월 따위가 매우 오래다.)

오답풀이 ② 벌여야겠다: 규칙 용언
→ '벌이+어야+겠+다'에서 '이'와 '어'가 모음 축약한 것이다. ('벌이다'는 '일을 시작하거나 펼치다.'를 의미한다.)

③ 서슴지: 규칙 용언
→ '서슴+지': '서슴하다'가 아니라 '서슴다'가 기본형이다. 따라서 '서슴-'에 그대로 어미 '-지'가 붙는 것이다. ('서슴다'는 '망설이다'를 뜻한다.)

④ 서투른: 르 불규칙 용언 (≒서투르다, 머무르다, 서두르다)
→ '서투르+ㄴ': '서투르다'에 모음 어미가 아니라 자음 어미 '-ㄴ'이 붙었기 때문에 'ㄹㄹ'형이 아니라 그대로 '서투른'이 된 것이다.

☞ 준말로 '서툴다'가 있는데 준말은 자음 어미와만 결합할 수 있어 '서툰'도 가능하다. 이와 같은 '머물다, 서둘다'도 자음 어미와만 결합 가능하다.

정답찾기 1. ① 2. ①

최빈출

01. 밑줄 친 용언의 활용형 중 가장 옳지 않은 것은?

2018 서울시 7급

① 아주 <u>곤혹스런</u> 상황에 빠졌다.
② 할아버지께 <u>여쭤워</u> 보시면 됩니다.
③ 라면이 <u>붇기</u> 전에 빨리 먹어라.
④ 내 처지가 너무 <u>설워서</u> 눈물만 나온다.

02. 밑줄 친 용언의 활용이 잘못된 것은?

2015 지방직 9급

① 그는 <u>허구헌</u> 날 술만 마신다.
② 네가 시험에 합격했으니 동네 어른들과 잔치라도 <u>벌여야겠구나.</u>
③ 무슨 말을 해도 괜찮으니 내게 <u>서슴지</u> 말고 말해 보아라.
④ 담당자의 <u>서투른</u> 일 처리 때문에 창구에서 큰 혼란이 있었다.

박혜선 亦功 국어

03.

정답풀이 '곧바르다'는 "기울거나 굽지 아니하고 곧고 바르다."라는 뜻의 형용사'이다. '곧바르다'는 'ㄹ' 불규칙 용언으로 '곧발라야/곧바르니' 등으로 활용해야 한다.

오답풀이 ① 존(○) : '졸다'는 '찌개, 국, 한약 따위의 물이 증발하여 분량이 적어지다.'라는 뜻을 가진 'ㄹ' 탈락 용언이다. 어간 끝받침 'ㄹ'이 'ㄴ, ㅂ, ㅅ'으로 시작하는 어미나 어미 '-오, -ㄹ' 등 앞에서 나타나지 않으면 나타나지 않는 대로 적으므로 '졸아/조니/존/조오'처럼 활용한다. 따라서 '바짝 존 찌개를 다시 끓였다.'라는 문장에서 '존'의 표기는 바르다.

② 노라네(○) : '노랗다'는 'ㅎ' 불규칙 용언이다. 따라서 'ㅎ' 불규칙 용언이 어미 '-네'와 결합할 때는 어간 끝의 'ㅎ'이 탈락하기도 하고 탈락하지 않기도 한다. 이것은 '노랗다, 동그랗다, 커다랗다' 등 모든 'ㅎ' 불규칙 용언의 활용형에 적용된다. 따라서 '가을이라 그런지 은행잎들이 정말 노라네/노랗네.' 모두 맞춤법에 맞는 문장이다.

④ 저러나(○) : '저렇다'는 '성질, 모양, 상태 따위가 저와 같다.'라는 뜻의 형용사로 'ㅎ' 불규칙 활용을 하는 용언이다. '저래/저러니/저렇소/저러나' 등으로 활용하므로 '생김은 저러나 마음은 매우 유순하다.'라는 문장에서 '저러나'의 표기는 바르다.

04.

정답풀이 '있다'는 동사와 형용사로 둘 다 쓰이는데, 의미상 동작의 움직임이나 과정을 나타내면 동사이고, 상태를 나타내면 형용사이다. ②는 '어떤 물체를 소유하거나 자격이나 능력 따위를 가진 상태이다.'라는 뜻을 가진 형용사이다.

오답풀이 ① '사람이나 동물이 어느 곳에서 떠나거나 벗어나지 아니하고 머물다.'라는 뜻을 가진 동사이다.

③ '사람이나 동물이 어떤 상태를 계속 유지하다.'라는 뜻을 가진 동사이다.

④ '사람이나 동물이 어느 곳에서 떠나거나 벗어나지 아니하고 머물다.'라는 뜻을 가진 동사이다.

05.

정답풀이 '잠그다'는 'ㅡ' 탈락 동사로, '잠그+아=잠가, 잠그+아라=잠가라'의 형태로 활용한다. 따라서 '잠가'로 써야 한다.

오답풀이 ① '담그다'는 'ㅡ' 탈락 동사로, '담가-담가라'로 활용하므로 올바른 표기이다.

② '상큼하다'에는 까칠하고 눈이 쏙 들어가 보인다는 뜻도 있다.
예 아파서 그런지 눈이 상큼해 보였다.

③ '상기다'는 '성기다'와 관련이 있는 단어로, 일반적으로 물건의 사이가 조금 떠 있다는 의미로 알려져 있다.

06.

정답풀이 '양이나 정도에 미치지 못하다.'의 의미로 쓰이는 용언의 기본형이 '모자라다'인데, 어간 '모자라-' 뒤에 어미 '-아서'가 결합하면 '모자라아서'가 되고, 동음 탈락이 일어나 '모자라서'가 된다.

오답풀이 ① '가파르다'의 어간 '가파르-'에 어미 '-아서'가 결합하면 '르' 불규칙 활용을 하여 어간의 '르'가 'ㄹㄹ'의 형태로 변하여 결합되므로 '가팔라서'가 된다.

③ '불사르다'의 어간 '불사르-'에 어미 '-아서'가 결합하면 '르'가 'ㄹㄹ'의 형태로 변하여 결합되는 '르' 불규칙 활용을 하여 '불살라서'가 된다.

④ '올바르다'의 어간 '올바르-'에 어미 '-아서'가 결합하면 '르'가 'ㄹㄹ'의 형태로 변하여 결합되는 '르' 불규칙 활용을 하여 '올발라서'가 된다.

07.

정답풀이 '-지 않다(=아니하다), -지 못하다'에서 '않다(=아니하다), 못하다'는 앞의 본용언의 품사를 따라간다. '않는'의 '-는'은 현재 관형사형 어미로서 동사에만 붙는다. 따라서 '않는'의 적절한 쓰임은 앞의 본용언의 품사가 동사이면 되는 것이다. 이때, '늙다'만 동사이므로 '않는'과 유일하게 어울릴 수 있다.

오답풀이 '쉽다, 좋다, 예쁘다'는 모두 형용사이므로 '않는'과 어울릴 수 없다. 현재 관형사형 어미 '않는'의 '-는'은 본용언이 동사일 때만 쓰일 수 있기 때문이다.

08.

정답풀이 1) 이 문장의 기본형 '거두다'는 '벌여 놓거나 차려 놓은 것을 정리하다.'를 의미한다. 따라서 어간 '거두-'에 연결어미 '-어'가 결합하면 '거두어'(=모음 축약형='거둬')가 되니, 이는 옳은 활용형이므로 '걷어'로 고친 것은 잘못이다.

2) '걷어'로 고치면 틀리다. 기본형 '걷다'는 앞의 의미가 없기 때문이다. 물론 '거두다'의 준말로 '걷다'가 있지만 이는 '곡식이나 열매 따위를 수확하다'를 의미할 뿐이다.

오답풀이 ② 섧은(×) → 설운(○)
☞ '섧다'는 'ㅂ' 불규칙 용언이므로 '섧+은'에서 'ㅂ'이 '우'로 교체되어야 한다.

③ 고은(×) → 고운(○)
☞ '곱다'는 'ㅂ' 불규칙 용언이므로 '곱+은'에서 'ㅂ'이 '우'로 교체되어야 한다.

④ 파랍니다(×) → 파랗습니다(○)
☞ '-ㅂ니다'는 받침 없는 용언 어간에만 결합할 수 있다. 하지만 '파랗-'은 받침 'ㅎ'이 있으므로 '-ㅂ니다'가 아닌 '-습니다'와 결합되어야 한다. 환경은 아래와 같다.

> 1) ㅂ니다
> : 'ㄹ' 혹은 받침 없는 용언의 어간, '이다'의 어간, 어미 '-으시-' 뒤
> 2) 습니다
> : 받침('ㄹ' 제외) 있는 용언의 어간, 어미 '-었-', '-겠-' 뒤

⑤ 들렸다가(×) → 들렀다가(○)
☞ '들르다'가 기본형이므로 '들르+었+다가'가 결합된 것이다. '들르다'는 'ㅡ' 탈락 규칙 용언이므로 '들렀다가'가 옳다.

정답
찾기
3. ③ 4. ② 5. ④ 6. ② 7. ③ 8. ①

03. 밑줄 친 부분의 표기가 맞춤법에 맞지 않는 것은?

2019 서울시 7급

① 바짝 존 찌개를 다시 끓였다.
② 가을이라 그런지 은행잎들이 정말 노라네.
③ 앉은 자세가 곧바라야 허리에 무리가 가지 않는다.
④ 생김은 저러나 마음은 매우 유순하다.

04. 밑줄 친 부분이 〈보기〉의 ㉠에 해당하지 않는 것은?

2019 서울시 7급

┌─(보기)─────────────────────────┐
│ 국어의 '있다'는 경우에 따라 ㉠ 동사적인 모습을 보여 │
│ 주기도 하고 형용사적인 모습을 보여 주기도 한다. │
└─────────────────────────────┘

① 나는 오늘 집에 있는다.
② 할아버지는 재산이 많이 있으시다.
③ 눈이 그칠 때까지 가만히 있어라.
④ 비도 오니 그냥 집에 있자.

05. 밑줄 친 표현 중 잘못 사용된 것은?   2012 지방직 9급

① 고향 젓갈로 담가서 그런지, 이번 김치맛은 그야말로 고향의 맛이야!
② 한참 동안 감기를 앓았다더니, 네 눈이 정말 상큼해졌구나.
③ 이사를 하게 되자, 매일 만나지 않고는 못 배기던 우리 사이가 조금씩 상기게 되었다.
④ 날씨가 추워져서 수도꼭지를 잠궈 두었다.

06. 밑줄 친 단어의 형태가 옳지 않은 것은?   2019 서울시 9급

① 멀리서 보기와 달리 산이 가팔라서 여러 번 쉬었다.
② 예산이 100만 원 이상 모잘라서 구입을 포기해야 했다.
③ 영혼을 불살라서 이룬 깨달음이니 더욱 소중하다.
④ 말이며 행동이 모두 올발라서 흠잡을 데 없는 사람이다.

07. 밑줄 친 표현이 가장 적절한 것은?   2018 경찰 3차

① 형은 쉽지 않는 일만 골라 하는 편이다.
② 좋지도 않는 취미인데 주말만 되면 난리다.
③ 이 세상에서 늙지 않는 사람은 아무도 없다.
④ 예쁘지도 않는 화단을 뭐 그리 애써 가꾸니?

중간빈출

08. 다음 중 밑줄 친 용언의 활용형을 잘못 고친 것은?

2012 국회직 9급

① 아이들이 밥을 다 먹자 그녀가 상을 거둬 갔다. → 걷어
② 이 세상에 섧은 사람 셀 수 없이 많다. → 설운
③ 전화선을 타고 고은 음성이 들려왔다 → 고운
④ 하늘이 맑게 개어서 구름한 점 없이 파랍니다. → 파랗습니다
⑤ 퇴근하는 길에 포장마차에 들렀다가 친구를 만났다.
   → 들렀다가

09.

정답풀이) 노랗다 : 'ㅎ' 불규칙 용언

☞ 최근에는 '노랗니, 노랗네'도 표준 활용으로 인정한다.
색감을 나타내는 '하얗다, 빨갛다, 파랗다, 노랗다' 등의 형용사는 모음 어미 앞에서 어간과 어미가 모두 바뀌는 'ㅎ' 불규칙 용언에 해당한다.

☞ 연결형 어미가 붙는 경우에는 '노라니'만 가능하다. 종결형은 '노랗니, 노라니' 모두 가능하다.

오답풀이) ② 실고(×) → 싣고(○) : '싣다'는 모음 어미가 와야 'ㄷ'이 'ㄹ'로 교체되는 'ㄷ' 불규칙 용언이다. '고'는 모음 어미가 아닌 자음 어미이므로 그대로 '싣고'로 활용되어야 한다.

③ 커다랐습니다(×) → 커다랬습니다(○) : '커다랗다'는 'ㅎ' 불규칙 용언이므로 '커다랗+았[있]+습니다'의 경우 'ㅎ'이 탈락하고 어미가 바뀌어 '커다랬습니다'가 된다.

④ 푸었다(×) → 펐다(○) : '푸다'는 유일한 'ㅜ' 불규칙 용언이다. 모음 어미 앞에서 'ㅜ'가 탈락하는 것은 '푸다'가 유일하므로 꼭 기억해야 한다.

10.

정답풀이) 'ㄹ' 받침으로 끝나는 어간+어미 '-(으)'의 환경에서는 매개 모음 '-(으)'가 탈락된다. 따라서 '절+-(으)ㄴ'에서 매개 모음과 'ㄹ' 탈락이 일어나야 한다.

오답풀이) ① '-으렵니다'는 'ㄹ'을 제외한 받침 있는 동사 어간 뒤에 붙는다. '렵니다'는 어간 끝 음이 모음이거나 'ㄹ'일 때 결합되는 어미이다. '살-'은 어간 받침이 'ㄹ'이므로 '으렵니다'가 아니라 '렵니다'가 결합되어야 한다.

② '으므로'는 'ㄹ'을 제외한 받침 있는 용언의 어간이나 어미 '-었-', '-겠-' 뒤에 붙는다. '므로'는 '이다'의 어간, 받침 없는 용언의 어간, 'ㄹ' 받침인 용언의 어간 또는 어미 '-으시-' 뒤에 붙는다. '벌-'은 어간 받침이 'ㄹ'이므로 '으므로'가 아니라 '므로'가 결합되어야 한다.

④ '읍시다'는 'ㄹ'을 제외한 받침 있는 동사 어간 뒤에 붙는다. 'ㅂ시다'는 받침 없는 동사 어간, 'ㄹ' 받침인 동사 어간 뒤에 붙는다. '밀-'은 어간 받침이 'ㄹ'이므로 '읍시다'가 아니라 'ㅂ시다'가 결합되어야 한다.

11.

정답풀이) '걷다'는 '비가 그치고 맑게 개다.'라는 뜻의 규칙용언이다. 따라서 '걷어'가 올바른 활용형이다.

오답풀이) ② '걷다(walk)'는 'ㄷ' 불규칙 용언이기 때문에 어미 '어'가 오니 '걸어'로 형태가 바뀐 것이다.

③ '걷다'는 '늘어진 것이나 펴진 것을 말아 올리거나 치우다. 또는 깔려 있는 것을 접거나 개키다.'라는 뜻의 규칙용언이다. 따라서 '걷어'가 올바른 활용형이다.

④ '거두다'의 준말로 규칙 용언이다. 따라서 '걷어'가 올바른 활용형이다.

> **거두다1**
> 「1」 벌여 놓거나 차려 놓은 것을 정리하다.
>   예 이부자리를 거두다.
> 「2」 하던 일을 멈추거나 끝내다. 「준말」 걷다
>   예 일을 거두다
> 「3」 말, 웃음 따위를 그치거나 그만두다.
>   예 웃음을 거두고 정색을 하다.
> 「4」 관심, 시선 따위를 보내기를 그치다.
>   예 시선을 거두다.
> 「5」 어떤 대상에 대한 감정, 염려 따위를 접거나 놓아두다.
>   예 걱정을 거두다.
> 「6」 ((매, 무기, 군사 따위의 명사와 함께 쓰여)) 남을 때리거나 공격하던 일을 멈추거나 끝내다.
>   예 군사를 거두다.
>
> **거두다2**
> 「1」 익은 곡식이나 열매 따위를 따서, 담거나 한데 모으다. 「준말」 걷다
>   예 곡식을 거두다.
> 「2」 흩어져 있는 물건 따위를 한데 모으다. 「준말」 걷다
>   예 답안지를 거두었다.
> 「3」 좋은 결과나 성과 따위를 얻다.
>   예 승리를 거두다.
> 「4」 시체, 유해 따위를 수습하다.
>   예 시신을 거두다.

12.

정답풀이) 형용사 '기다랗다'는 매우 길거나 생각보다 길다는 뜻이며, 준말 '기닿다'가 있다. 따라서 '기단'으로 활용 가능하다.

오답풀이) ① '누렇다'는 'ㅎ 불규칙 용언'이므로 '-어지다'가 결합할 경우 '누레졌다'로 쓰는 것이 적절하다.

② '지나가는 길에 잠깐 들어가 머무르다'라는 의미를 가진 동사 '들르다'는 '들러', '들르니' 등으로 활용된다. 따라서 '들르지'로 쓰는 것이 적절하다.

④ '곱다'는 '아름답다'라는 뜻으로 쓰일 때만 'ㅂ 불규칙'을 적용하는 것이 원칙이다. 문맥상 '곱다'는 형용사 '손가락이나 발가락이 얼어서 감각이 없고 놀리기가 어렵다'라는 뜻으로 쓰였기 때문에 '곱아서'로 표기해야 한다.

⑤ '팔다리나 막대기 따위를 내뻗치어 대상물을 힘껏 건드리다'라는 뜻의 동사 '지르다'는 '지르는'으로 활용해야 한다.

정답
찾기   9. ① 10. ③ 11. ① 12. ③

09. 밑줄 친 단어의 쓰임이 맞는 것은? 2010 국가직 7급

① 은행잎이 <u>노라니</u> 가을이구나.

② 그는 짐 보따리를 리어카에 <u>실고</u> 떠났다.

③ 그 자동차는 아주 <u>커다랬습니다</u>.

④ 어머니는 밥통에서 밥을 <u>푸었다</u>.

11. 밑줄 친 단어의 활용형으로 옳지 않은 것은?

① 장마가 <u>걷어</u> 햇빛이 들었다.

② 교육자의 길을 <u>걸어</u> 나가고 있었다.

③ 커튼을 <u>걷어</u> 방을 밝혔다.

④ 외상값을 <u>걷어</u> 겨우 월세를 냈다.

PART 01

난이도 조절용

10. 밑줄 친 용언의 활용형을 잘못 고친 것은? 2012 지방직 9급

① 아름다운 서울에서 <u>살으렵니다</u>. → 살렵니다

② 우리 부부는 둘 다 돈을 <u>벌으므로</u> 여유가 있습니다.
　　 → 벌므로

③ 그는 땀에 전 작업복을 갈아 입었다. → 절은

④ 차를 <u>밀읍시다</u> → 밉시다

12. 밑줄 친 용언의 활용이 옳은 것은? 2022 국회직 8급

① 벼가 익으니 들판이 <u>누래</u>.

② 그는 시장에 <u>드르지</u> 않고 집에 왔다.

③ 아이들은 <u>기단</u> 작대기 끝에 헝겊을 매달았다.

④ 추위에 손이 <u>고와서</u> 글씨를 제대로 쓸 수가 없다.

⑤ 그가 내 옆구리를 냅다 <u>질르는</u> 바람에 눈을 떴다.

01.

정답풀이 "어머니가 바구니를 들고 가셨다."
= '어머니가 바구니를 들었다. 그리고 어머니가 가셨다.'로 해석이
된다. 즉 '들다'와 '가다' 모두 실질적인 의미가 있으므로 '가셨다'
는 본용언이다.

오답풀이 ② '나가 버렸다'에서 '버렸다'는 '동작을 완전히 끝냄'의
뜻을 더하는 보조 용언이다.
③ '자고 나서'에서 '나다'는 ' 어떤 행동이나 상태가 끝났음'의 뜻을
더하는 보조 용언이다.
④ '먹어 보자'는 '보다'는 '시험 삼아서 함'의 뜻을 더하는 보조 용언이다.

02.

정답풀이 '보조 용언'이 결합되지 않은 것을 고르라는 것은 '본용언
+본용언'으로 쓰인 것을 고르라는 말이다. '보조 용언'은 '본용언과
연결되어 그것의 뜻을 보충하는 역할'을 하는 용언으로 실질적인 의
미가 적다. 그런데 ④는 '그는 40대처럼 젊다. +(그는 40대처럼) 보
이다.' 가 합쳐진 말이므로 본용언 '젊다'와 본용언 '보이다'가 합쳐
진 것이다. 따라서 보조 용언이 결합되지 않은 것이라고 볼 수 있다.
☞ 보조 용언은 문장에서 생략해도 문맥의 뜻에 큰 영향을 끼치지
않는다.

오답풀이 ① '오다'는 '진행'의 뜻을 가진 보조 용언이다.
② '버리다'는 '종결, 완료'의 뜻을 가진 보조 용언이다.
③ '주다'는 '다른 사람을 위하여 어떤 행동을 함(봉사)'의 뜻을 가진
보조 용언이다.

03.

정답풀이 본용언은 실질적인 의미가 있는 반면, 보조 용언은 실질적
인 의미 없이 본용언의 뜻을 더해주기만 한다.
"영수는 쓰레기를 주워서 (영수는 쓰레기를) 버렸다."
= '영수는 쓰레기를 주웠다. 그래서 영수는 쓰레기를 버렸다.'로 해
석이 된다. 즉 '줍다'와 '버렸다' 모두 실질적인 의미가 있으므로
'본용언+보조 용언' 구성이 아니라, '본용언+본용언' 구성에 해
당한다.

오답풀이 ② 용언의 관형사형 뒤의 '척하다', '체하다'처럼 '(의존명
사)+하다, 싶다'가 오는 경우가 있다. '(의존명사)+하다, 싶다'
는 항상 보조 용언에 해당한다.
☞ '척하다, 체하다, 양하다'의 품사는 (보조)동사이다.
③ '-아/-어 보다'에서 '보다'는 '(어떤 일을) 시험 삼아 함'의 뜻을 더
해주는 보조 용언이다.
☞ 밑줄 친 '본다'는 현재 시제 선어말 어미 '-ㄴ-'이 쓰였으므로
품사는 (보조)동사이다.
④ '-아/-어 가다'에서 '가다'는 '(앞말이 뜻하는 행동이나 상태가)
계속 진행됨'의 뜻을 더해주는 보조 용언이다. (참고로, 밑줄 친
'본다'는 현재 시제 선어말 어미 '-ㄴ-'이 쓰였으므로 품사는 (보
조)동사이다.)

정답
찾기   1. ① 2. ④ 3. ①

출좋포 정리하기 ❼ 본용언과 보조 용언

1. 개념

철수가 **추운가 보다**. 날이 **밝아 왔다**. 비가 **올 듯하다**. 편지를 **부쳐 주었다**.
　　　　본　　보조　　　　본　　보조　　　　본　　보조　　　　　　본　　보조

본용언	머릿속으로 실질적인 뜻을 생각할 수 있는 자립성이 있는 용언
보조 용언	본용언과 연결되어 문법적 의미를 보충하는 역할 (∴ 생략되어도 괜찮음.)

2. '본용언 + 본용언 / 본용언 + 보조 용언'의 구별

(1) 2개의 문장으로 분리되는가?

- 그는 나를 놀려 대곤 했다. : 분리될 수 없으므로 '대곤, 했다'는 보조 용언이다.

(2) 뒤의 용언이 정말 중심적인 의미를 가지는가?

- 날이 밝아 왔다. : '오다'는 중심적 의미인 '다리로 걸어오다'의 의미가 아니므로 '왔다'는 보조 용언이다.

최빈출

01. 밑줄 친 용언의 종류가 다른 것은?　　2014 국가직 9급

① 어머니가 바구니를 들고 <u>가셨다</u>.
② 그녀는 화가 나 밖으로 나가 <u>버렸다</u>.
③ 자고 <u>나서</u> 어디로 갈 거야?
④ 나도 그거 한번 먹어 <u>보자</u>.

---

02. 밑줄 친 부분 중 보조 용언이 결합되지 않은 것은?

2015 국가직 9급

① 창문 너머로 날이 <u>밝아 온다</u>.
② 동생이 내 과자를 <u>먹어 버렸다</u>.
③ 우체국에 들러 선배의 편지를 <u>부쳐 주었다</u>.
④ 그는 환갑이 지났지만 40대처럼 <u>젊어 보인다</u>.

중간빈출

03. '본용언+보조 용언' 구성이 아닌 것은?　　2018 서울시 9급

① 영수는 쓰레기를 <u>주워서 버렸다</u>.
② 모르는 사람이 나를 <u>아는 척한다</u>.
③ 요리 맛이 어떤지 일단 <u>먹어는 본다</u>.
④ 우리는 공부를 할수록 더 많은 것을 <u>알아 간다</u>.

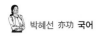

04.

정답풀이) "어머니가 바구니를 들고 가셨다."
＝'어머니가 바구니를 들었다. 그리고 어머니가 가셨다.'로 해석이
된다. 즉 '들다'와 '가다' 모두 실질적인 의미가 있으므로 '가셨다'
는 본용언이다.

오답풀이) 나머지 밑줄 친 단어는 보조 용언이다. 보조 용언은 실질
적인 의미 없이 본용언의 뜻을 더해주기만 한다.
② '-지 않다(＝아니하다), -지 못하다, -지 말다'는 부정 보조 용언
이다. (참고로 '끝내다'가 동사이므로 '못했다'의 품사는 동사이다.)
③ '-아/어 보다'의 '보다'는 '(어떤 행동을) 시험 삼아 함.'의 뜻을
더해주는 보조 동사이다.
④ 동사 뒤에서 '-어 대다' 구성으로 쓰인 '대다'는 '앞말이 뜻하는
행동을 반복하거나 그 행동의 정도가 심함.'의 뜻을 더해주는 보
조 동사이다.

05.

정답풀이) '읽어 보거라'의 '보다'는 '시험 삼아서 함.'의 뜻을 더하는
보조 동사이고, '더운가 보다'의 '보다'는 '추측이나 막연한 제 의향
을 나타냄'의 뜻을 더하는 보조 형용사이다.

오답풀이) ② '깨 먹었다'의 '먹다'는 '말이 뜻하는 행동을 강조함'의
뜻을 더하는 보조 동사이고, '끓여 먹자'의 '먹다'는 본용언이다.
③ '가져다 드리렴'의 '드리다'는 '주다'를 높인 어휘로서, 본용언이
고, '거들어 드린다'의 '드리다'는 '거들다'에 객체 높임의 뜻을 더
해주는 보조 용언이다.
　☞ '드리다'가 '-어 드리다'의 구성으로 쓰일 때는 모두 '보조 동
사'이다.
　☞ 2017년 2분기 개정에 따라 보조 용언 '-드리다'는 합성어로
등재된 경우 사전에 등재되어 있지 않아도 '드리다'를 앞말에
붙여 적어야 한다. 따라서 '가져다주다/갖다주다'에 대응하는
'가져다드리다/갖다드리다'도 붙여 적어야 한다.
④ '이것 말고'의 '말다'는 '아님'을 나타내는 본용언이고, '떨어지고
말았다'의 '말다'는 '그 동작이 이루어졌거나 이루겠다는 뜻'을
더하는 보조 용언이다.
　☞ '말다'가 동사 뒤에서 '-지 말다'의 구성으로 쓰일 때는 모두
'보조 동사'이다.

04. 밑줄 친 단어의 문법적 기능이 나머지 셋과 다른 하나는?
2018 서울시 7급

① 어머니가 바구니를 들고 <u>가셨다</u>.
② 나는 그 일을 끝내지 <u>못했다</u>.
③ 새 옷을 입어 <u>보았다</u>.
④ 그는 나를 놀려 <u>대곤</u> 했다.

05. 짝지어진 두 문장의 밑줄 친 부분이 모두 보조 용언인 것은?
2017 사회복지직

① 이 책도 한번 읽어 <u>보거라</u>.
　밖의 날씨가 매우 더운가 <u>보다</u>.
② 야구공으로 유리를 깨 <u>먹었다</u>.
　여름철에는 음식물을 꼭 끓여 <u>먹자</u>.
③ 이것 좀 너희 아버지께 가져다 <u>드리렴</u>.
　나는 주말마다 어머니 일을 거들어 <u>드린다</u>.
④ 이것 <u>말고</u> 저것을 주시오.
　게으름을 피우던 그가 시험에 떨어지고 <u>말았다</u>.

정답찾기 4. ① 5. ①

05 Chapter

관계언

★**출좋포** 정리하기 ❽ 격조사 vs 접속 조사 vs 보조사

격 조사	개념	앞말에 자격을 부여해 주는 조사	
	종류	주격	이/가, 께서, 에서★, 서
		목적격	을/를
		보격	이/가★
		서술격	이다
		관형격	의
		부사격	에, 에서, 에게, 으로, 와
		호격	아/야
접속 조사	개념	체언과 체언을 동등하게 연결하는 조사 예 와/과, 랑, 하고	
보조사	개념	앞말에 특별한 의미를 더해 주는 조사 예 요★, 은/는, 도, 만, 부터, 까지	

01.

정답풀이) 서술어 '되다, 아니다'의 앞에 있는 '이/가'는 보격 조사이므로 ㉠의 '이'는 보격 조사이다.

오답풀이) ② '에서'는 주격 조사이다. 단체 무정 명사(정부)에는 주격 조사 '에서'가 쓰인다. 이 자리에 주격 조사를 넣어 '정부가'로 고쳐서 읽었을 때 의미가 자연스럽다면 '에서'는 주격 조사인 것이다.
③ 주격 조사 '이/가'이다.
④ 높임의 주격 조사 '께서'이다.

02.

정답풀이) '멈추다'와 '달려오다'의 두 동작은 동시성을 가질 수 없으므로 행위가 순서대로 일어남을 나타내는 '-고'로 바꿔 쓴 것은 옳다. 하지만 '-면서'는 '역공녀는 웃으면서 인사를 했다.'처럼 두 동작의 동시성을 나타내므로 이 선택지는 옳지 않다.

오답풀이) ① 보조사 '은'은 다른 것과 '대조'됨을 나타낸다. 따라서 (가)의 제시문처럼 두 과목 모두 성적이 좋은 경우에는 맞지 않기 때문에 '은'을 '이'로 수정하는 것이 맞다.
② 큰따옴표 ""가 쓰인 것을 보아, 직접 인용문이다. 따라서 직접 인용 부사격 조사인 '라고'로 수정하는 것이 맞다. 간접 인용문의 경우에는 ""가 쓰이지 않으며 간접 인용격 조사인 '고'가 붙는다. 간접 인용격 조사로 표현하면, '친구가 자기는 학교에 안 가겠다고 말했다.'로 바꿀 수 있다.
④ 연설을 '수단'으로 한 것이므로 수단과 방법을 나타내는 조사 '로써'로 수정한 것은 맞다.

> **-로서**
> ((받침 없는 체언이나 'ㄹ' 받침으로 끝나는 체언 뒤에 붙어))
> 「1」 지위나 신분 또는 자격을 나타내는 격 조사
> 「2」 부터

> **-로써**
> ((받침 없는 체언이나 'ㄹ' 받침으로 끝나는 체언 뒤에 붙어))
> 「1」 어떤 물건의 재료나 원료를 나타내는 격 조사. 어떤 일의 수단이나 도구를 나타내는 격 조사
> 「2」 까지

03.

정답풀이) '-은/-는'은 격을 지정하는 힘이 없으므로 격 조사가 아니라 항상 보조사이다. 앞의 말에 의미를 더해주는 역할을 하는 보조사일 뿐이다.

오답풀이) ① 주격 조사 '이/가'를 넣어보면 '에서'가 부사격 조사인지 주격 조사인지 알 수 있다. '집에서'의 '-에서'는 장소나 공간을 의미하는 부사격 조사이다. 반면에 '우리 학교에서'의 '-에서'는 주격 조사 '이/가'를 대입하여도 말이 되므로 주격 조사이다.
③ '되다/아니다' 앞에 '이/가'가 나오면 '이/가'는 보격 조사이다. 하지만 그것이 아니라면 '이/가'는 주격 조사이다. '아이가 놀고 있다'의 '아이가'는 주어이므로 '가'는 주격 조사이다. 또한 '아니다' 앞의 '종이가'는 보어이므로 '가'는 보격 조사이다.
④ 체언과 체언을 연결하는 것은 접속 조사이지만, '눈과 같이'를 보았을 때, '같다'는 필수 부사어를 요구하는 서술어이므로 '눈과'의 '과'는 부사격 조사이다.

04.

정답풀이) '고등학교 때 수학을 무척 좋아했다. 또한 영어를 무척 좋아했다.'로 문장을 두 개로 나눌 수 있으므로 여기에서의 '과'는 접속 조사이다.

오답풀이) ① '~가 ~와 같다'에서 '~와'는 문장에서 생략이 불가능한 필수적 부사어이다. '같다'는 대상이 2개 필요한 대칭 서술어이기 때문이다. 따라서 '~와'는 부사격 조사이다.
② '~가 ~와(하고) 친하게 지내다.'는 문장에서 '~와(하고)'는 생략이 불가능한 필수적 부사어이다. '친하게 지내다'는 대상이 2개 필요한 대칭 서술어이기 때문이다. 따라서 '하고'는 부사격 조사이다.
④ '~와 ~는 서로 의지한다.'는 문장에서 대상이 2개 필요하므로, ~와는 생략이 불가능한 필수적 부사어이다. 따라서 '와'는 부사격 조사이다.

> 정답
> 찾기   1. ① 2. ③ 3. ② 4. ③

대표 亦功 기출

제1편 형태론 CH.05 관계언

최빈출

01. ⟨보기⟩의 밑줄 친 표현들 중에서 주어를 구성하는 주격 조사가 아닌 것은?

2014 경찰 2차

┌─ (보기) ─────────────────
⊙ 철수는 학생의 아니다.
⊙ 정부에서 학생들에게 장학금을 주었다.
⊙ 영수가 물을 마신다.
⊙ 할아버지께서 집에 오셨다.
└───────────────────────

① ⊙의 '이' 　　　② ⊙의 '에서'
③ ⊙의 '가' 　　　④ ⊙의 '께서'

02. (가)~(라)에 대한 고쳐쓰기 방안으로 옳지 않은 것은?

2018 국가직 9급

┌──────────────────────────
(가) 수학 성적은 참 좋군. 국어 성적도 좋고.
(나) 친구가 "난 학교에 안 가겠다."고 말했다.
(다) 동생은 가던 길을 멈추면서 나에게 달려왔다.
(라) 대통령은 진지한 연설로서 국민을 설득했다.
└──────────────────────────

① (가): '수학 성적은 참 좋군.'은 국어 성적이 좋을 가능성을 배제하는 의미가 포함되어 있다. 따라서 보조사 '은'을 주격 조사 '이'로 바꿔 쓴다.
② (나): 직접 인용문 다음이므로 인용 조사는 '고'가 아닌 '라고'를 쓴다.
③ (다): 어미 '-면서'는 두 동작의 동시성을 나타내지 못하므로 '-고'로 바꿔 쓴다.
④ (라): '로서'는 자격을 나타내는 기능을 하므로 수단을 나타내는 기능을 하는 조사 '로써'로 바꿔 쓴다.

03. 국어의 조사에 대한 설명으로 가장 옳지 않은 것은?

2018 서울시 7급

① '에서'는 '집에서 가져 왔다'의 경우에는 부사격 조사이지만 '우리 학교에서 우승을 차지했다'의 경우에는 주격 조사이다.
② '는'은 '그는 학교에 갔다'의 경우에는 주격 조사이지만 '일을 빨리는 한다'의 경우에는 보조사이다.
③ '가'는 '아이가 운동장에서 놀고 있다'의 경우에는 주격 조사이지만 '그것은 종이가 아니다'의 경우에는 보격 조사이다.
④ '과'는 '눈과 같이 하얗다'의 경우에는 부사격 조사이지만 '책과 연필이 있다'의 경우에는 접속 조사이다.

04. 밑줄 친 조사의 성격이 다른 하나는?

2019 서울시 7급

① 인생은 과연 뜬구름과 같은 것일까?
② 누구나 영수하고 친하게 지낸다.
③ 고등학교 때 수학과 영어를 무척 좋아했다.
④ 나와 그 친구는 서로 의지하는 사이이다.

05.

정답풀이 보조사 '는'은 '① 그렇게 천천히 가다가는 지각하겠다.'에서 '대조'의 의미가 아니라 '강조'의 의미로 쓰였다.

06.

정답풀이 '로서'는 지위나 신분 또는 자격을 나타내는 격 조사이다. '로써'는 「2」 어떤 일의 수단이나 도구를 나타내는 격 조사이면서, 「3」 시간을 셈할 때 셈에 넣는 한계를 나타내거나 어떤 일의 기준이 되는 시간임을 나타내는 격 조사이다. ③의 '오늘로써'의 '로써'는 「3」 시간을 셈할 때 셈에 넣는 한계를 나타내거나 어떤 일의 기준이 되는 시간임을 나타내는 격 조사'이므로 문맥에 적절한 표현이다.

> **-로써**
> 「1」 어떤 물건의 재료나 원료를 나타내는 격 조사
> '로'보다 뜻이 분명하다.
> 예 쌀로써 떡을 만든다.
> 「2」 어떤 일의 수단이나 도구를 나타내는 격 조사
> '로'보다 뜻이 분명하다.
> 예 말로써 천 냥 빚을 갚는다고 한다.
> 꿀로써 단맛을 낸다.
> 대화로써 갈등을 풀 수 있을까?
> 「3」 시간을 셈할 때 셈에 넣는 한계를 나타내거나 어떤 일의 기준이 되는 시간임을 나타내는 격 조사
> '로'보다 뜻이 분명하다.
> 예 고향을 떠난 지 올해로써 20년이 된다.
> 시험을 치는 것이 이로써 일곱 번째가 됩니다.
> 드디어 오늘로써 그 일을 끝내고야 말았다.

> **-로서**
> 「1」 지위나 신분 또는 자격을 나타내는 격 조사
> 예 그것은 교사로서 할 일이 아니다.
> 그는 친구로서는 좋으나, 남편감으로서는 부족한 점이 많다.
> 언니는 아버지의 딸로서 부족함이 없다고 생각했었다.
> 「2」 (예스러운 표현으로) 어떤 동작이 일어나거나 시작되는 곳을 나타내는 격 조사
> 예 이 문제는 너로서 시작되었다.

오답풀이 ① 언니는 아버지의 딸의 자격으로서 부족함이 없다는 것이므로 '딸로서'가 옳다.
② '대화를 수단으로 하여 서로의 갈등을 풀 수 있을까'라는 의미이므로 '대화로써'가 옳다.
④ '이로써'로 고쳐야 한다. 여기에서 '로써'는 「3」 시간을 셈할 때 셈에 넣는 한계를 나타내거나 어떤 일의 기준이 되는 시간임을 나타내는 격 조사'이기 때문이다. 셈을 했을 때 이것으로써 세 번째가 된다는 뜻이기 때문이다.

07.

정답풀이 ㉠의 '에'는 「8」 앞말이 수단, 방법 따위가 되는 부사어임을 나타내는 격 조사'이다. '햇볕'이 방법이 되어 옷을 말리고 있는 것처럼, '등잔불'이 방법이 되어 책을 읽는 것이다.

오답풀이 ① 「6」 앞말이 어떤 움직임이나 작용이 미치는 대상의 부사어임을 나타내는 격 조사
② 「4」 앞말이 원인의 부사어임을 나타내는 격 조사
④ 「7」 앞말이 목표나 목적의 대상이 되는 부사어임을 나타내는 격 조사

08.

정답풀이 '라도'는 어미인 반면 나머지 선지의 품사는 조사이다. '금덩이라도'는 '금덩이' 뒤에 서술격 조사 '이다'의 어간 '이-'가 생략된 형태이므로 '라도'는 어미로 쓰였음을 알 수 있다. '-라도'는 '설사 그렇다고 가정하여도 다른 경우와 마찬가지로 상관없음'을 뜻하는 연결 어미이다. 어미 '-라도'는 어간 '이다', '아니다' 혹은 어미 '-으시', '-더-', '-으리-' 뒤에 붙여 쓰는 것이 일반적이다. 보조사 '라도'와 형태가 같으므로 주의해야 한다.

오답풀이 ① '그래'는 청자에게 문장의 내용을 강조함을 나타내는 보조사이다.
② '만'은 다른 것으로부터 제한하여 어느 것을 한정함을 나타내는 보조사이다.
④ '마는'은 앞의 사실을 인정하면서도 그에 대한 의문이나 그와 어긋나는 상황을 나타내는 보조사이다.
⑤ '요'는 청자에게 존대의 뜻을 나타내는 보조사이며, 격식을 갖추어야 하는 상대에게는 잘 쓰지 않는다.

05. 밑줄 친 보조사의 의미를 설명한 것으로 옳지 않은 것은?

2016 국가직 9급

① 그렇게 천천히 가다가<u>는</u> 지각하겠다.
　→ −는: 어떤 대상이 다른 것과 대조됨을 나타냄.
② 웃지<u>만</u> 말고 다른 말을 좀 해 보아라.
　→ −만: 다른 것으로부터 제한하여 어느 것을 한정함
　　을 나타냄.
③ 단추는 단추<u>대로</u> 모아 두어야 한다.
　→ −대로: 따로따로 구별됨을 나타냄.
④ 비가 오는데 바람<u>조차</u> 부는구나.
　→ −조차: 이미 어떤 것이 포함되고 그 위에 더함을
　　나타냄.

07. 밑줄 친 부분의 의미가 ㉠의 '에'와 가장 가까운 것은?

2021 지역인재

> 우리는 더운 여름날이면 시냇가에서 미역을 감고 젖은
> 옷을 ㉠ <u>햇볕에</u> 말리고는 했다.

① 매일 화분<u>에</u> 물을 주는 일은 동생의 몫이었다.
② 나는 요란한 소리<u>에</u> 잠을 깨서 한동안 뒤척였다.
③ 예전에는 등잔불<u>에</u> 책을 읽는 일이 흔했다고 한다.
④ 어머니께서 끓여 주신 차는 특히 감기<u>에</u> 잘 든다.

08. 밑줄 친 말 중 문법적 기능이 다른 것은? 2022 국회직 8급

① 그것참, 신기하군<u>그래</u>.
② 그를 만나야<u>만</u> 모든 원인을 밝힐 수 있다.
③ 그것이 금덩이<u>라도</u> 나는 안 가진다.
④ 얼마 되겠느냐<u>마는</u> 살림에 보태어 쓰도록 해.
⑤ 용서해 주시기<u>만</u> 하면<u>요</u> 정말 감사하겠습니다.

06. 밑줄 친 조사의 쓰임이 옳은 것은? 2021 지방직 9급

① 언니는 아버지의 딸<u>로써</u> 부족함이 없다.
② 대화<u>로서</u> 서로의 갈등을 풀 수 있을까?
③ 드디어 오늘<u>로써</u> 그 일을 끝내고야 말았다.
④ 시험을 치는 것이 이<u>로서</u> 세 번째가 됩니다.

06 Chapter 수식언

★ **출좋포** 정리하기 **❾**

1. 관형사

> 많이 나오는 관형사 모음(꼭 외우기)
> : 갖은(온갖), 외딴, 허튼, 고얀, 여남은, 오랜, 모든, 새,
> 옛, 헌, 순, 긴긴, 한다하는

(1) 무조건 나오는 "수 관형사 vs 수사"

> 셋째 학생이 사과 하나를 먹었다.
> 수 관형사   수사

(2) 무조건 나오는 "관형사 vs 대명사"

> 이 옷은 이쁘다. 이는 시장에서 샀다.
> 관형사   대명사

(3) 무조건 나오는 "관형사 vs 용언의 관형사형"

> 다른 사람과 비교하지 말아라. 너와 나는 다른 사람이다.
> 관형사   형용사

(4) 무조건 나오는 "-적(的)"

> 비교적인 관점에서 보자. 비교적 관점에서 보자.
>   명사   관형사
> 우리 사무실은 도심에 위치하고 있어 비교적 교통이 편
> 리하다.   부사

2. 부사(※ '바로'는 100% 부사이다.)

종류		내용	예
문장 부사 (문장 전체 수식)	양태 부사	화자의 다양한 심리적 태도를 나타냄.	설마, 과연, 제발, 정말, 모름지기, 응당, 만약, 의외로, 확실히
	접속 부사	단어와 단어, 문장과 문장을 이어 줌.	그리고, 그러나, 그런데, 그래서, 하지만, 및*
성분 부사 (한 성분 수식)	성상 부사	'어떻게'의 의미를 지님.	매우, 아주, 잘, 자주, 정말
	지시 부사	앞에 나온 말을 지시함.	이리, 그리, 저리
	부정 부사	용언의 의미를 부정함.	안, 못
	의성 부사	사람이나 사물의 소리를 흉내 냄.	칙칙폭폭, 꽝꽝
	의태 부사	사람이나 사물의 모양이나 움직임을 흉내 냄.	펄럭펄럭, 까불까불

대표 亦功 기출

제1편 형태론 CH.06 수식언

01.

정답풀이 '예쁜'은 체언 '꽃'을 수식하는 관형절이며, '꽃이 예쁘다'라는 안긴문장이 결합한 겹문장이다.

오답풀이 ① '갖은'은 관형사이므로 홑문장이다.
③ '오랜'은 관형사이므로 홑문장이다.
④ '웅성대고 있었다'는 본용언 – 보조 용언의 관계일 뿐, 홑문장이다.

02.

정답풀이 '다른'은 형용사이고 나머지는 모두 관형사이다.
①만 활용이 가능하여 '다른, 다르니, 다르고, 다르다'로 형태가 변한다.

03.

정답풀이 '과연, 정말, 응당, 제발'은 바로 뒤의 문장을 수식하는 '문장 부사'이나 ③의 '바로'는 성분 부사이다. '바로'가 바로 뒤에 있는 서술어 '떠난다니' 하나만 수식하고 있기 때문이다.

최빈출

01. 〈보기〉의 ㉠을 포함하고 있는 안은문장은?   2022 서울시 9급

┌─ 보기 ─────────────────────────
관형사가 문장에 쓰이면 관형어로 기능한다. 그래서 관형사는 항상 관형어로 쓰인다. 즉 관형사는 문장에서 관형어로서 체언을 수식한다. 그런데 관형사만 관형어로 쓰이는 것이 아니라, ㉠ 관형사절이 관형어로 쓰이기도 한다. 즉 관형사절이 체언을 수식한다.
└──────────────────────────────

① 그는 갖은 양념으로 맛을 내었다.
② 꽃밭에는 예쁜 꽃이 활짝 피었다.
③ 오랜 가뭄 끝에 비가 내렸다.
④ 사무실 밖에서 여남은 명이 웅성대고 있었다.

02. 밑줄 친 단어 중 품사가 다른 것은?   2013 국가직 7급

① 쌍둥이도 성격이 다른 경우가 많다.
② 그 사람은 허튼 말을 하고 다닐 사람이 아니다.
③ 그는 갖은 양념을 넣어 정성껏 음식을 만들었다.
④ 사람의 그림자조차 보이지 않는 외딴 집이 나타났다.

03. 밑줄 친 부사 중 기능상 분류가 나머지와 다른 하나는?   2019 국회직 8급

① 그 실력으로 과연 취직 시험에 합격할 수 있을까?
② 그 약이 정말 그렇게 효과가 있는지는 알 수 없다.
③ 오자마자 바로 떠난다니?
④ 응당 해야 할 일을 했을 뿐입니다.
⑤ 제발 비가 왔으면 좋겠다.

정답찾기   1. ② 2. ① 3. ③

04.

정답풀이 '의외로'는 '철수가 빨리 왔다.'의 문장 전체를 수식하는 문장 부사이다.

오답풀이 ① '활짝'은 '피었다'만 수식하는 성분 부사이다.
② '바로'는 명사 '뒤'만 수식하는 성분 부사이다. (참고로 체언을 꾸미므로 문장 성분은 관형어이다.)
③ '안'은 '먹는다.'만 수식하는 성분 부사이다.
④ '이리'는 '와'만 수식하는 성분 부사이다.

05.

정답풀이 나머지는 부사이다. 하지만 '새'는 불변어로서 뒤의 체언 '신발'을 꾸미므로 관형사이다. 관형사 뒤에는 조사가 결합할 수 없으므로 '새' 뒤에 조사를 결합하지 못한다.

오답풀이 ② '과연'은 문장 전체를 꾸미는 부사이다.
③ '자주'는 뒤의 용언 '다닌다'를 꾸미므로 부사이다.
④ '정말'은 뒤의 부사 '열심히'를 꾸미므로 부사이다. 이렇게 부사는 '부사'를 수식하기도 한다.

06.

정답풀이 나머지는 형용사이다. 하지만 〈보기〉의 '다른(other)'은 '딴(他)'과 의미가 같은 관형사이다. 관형사이기 때문에 활용이 불가능한 불변어이다. 나머지는 가변어인 형용사이지만 '온갖'만 불변어이므로 '온갖'만 〈보기〉의 '다른'과 같은 관형사이다.

오답풀이 ② '생김새가 어떻다'에서 형용사 어간 '어떻–'에 관형사형 전성어미 '–ㄴ'이 붙어 ㅎ이 탈락된 것이므로 이는 불변어인 관형사가 아니라 가변어인 형용사이다.
③ '사정이 그렇다'에서 형용사 어간 '그렇–'에 관형사형 전성어미 '–ㄴ'이 붙어 ㅎ이 탈락된 것이므로 이는 불변어인 관형사가 아니라 가변어인 형용사이다.
④ '세금제도가 새롭다'에서 형용사 어간 '새롭–'에 관형사형 전성어미 '–ㄴ'이 붙어 'ㅂ'이 'ㅗ/ㅜ'로 교체된 것이므로 이는 불변어인 관형사가 아니라 가변어인 형용사이다.

07.

정답풀이 '아름답게'는 '아름답다'의 어간에 부사형 전성 어미 '–게'가 결합된 것이다. 어미는 접사와는 달리 품사를 바꾸는 기능은 없으므로 '아름답게'는 '아름답다'와 마찬가지로 '형용사'이다.

오답풀이 나머지는 모두 부사이다.
① '두루'는 '빠짐없이 골고루'라는 뜻의 부사이다.
② '가장'은 '여럿 가운데 어느 것보다 정도가 높거나 세게'라는 뜻의 부사이다.
③ 명사 어근에 '풍성'에 부사 파생 접미사 '–히'가 붙어 '풍성히'는 부사가 되었으므로 품사는 '부사'이다.

④ '아낌없다'는 형용사로서, 형용사 어간 '아낌없–'에 부사 파생 접미사 '–이'가 붙어 '아낌없이'는 부사가 되었으므로 품사는 '부사'이다.

08.

정답풀이 나머지는 부사이다. 하지만 '얼굴도 볼 겸'에서는 관형형인 '볼'이 뒤의 '겸'을 수식하고 있으므로 '겸'은 명사이다.

오답풀이 ① '비교적'은 뒤의 명사 '교통'이 아니라, '편하다'를 꾸미므로 관형사가 아니라 부사이다.
② 여기에서 '아니'는 '부사'이다. 하지만, '아니'가 묻는 말에 부정하여 대답하거나, 놀라거나 감탄스러울 때, 또는 의아스러울 때 쓰이면 '감탄사'이다.
③ '보다 나은'에서 '보다'가 용언 '나은'을 수식하므로 부사이다.

09.

정답풀이 나머지는 모두 부사이다. 하지만 '갖은'은 불변어이면서 뒤의 명사 '고생'을 수식하므로 관형사이다.

오답풀이 ② '바로'는 뒤의 체언 '이것'을 수식하는 부사이다. 부사는 이렇게 체언을 수식하는 경우가 있다.

> **바로, 오직, 겨우, 고작, 다만. 단지, 유독, 무려, 제일, 가장**
> 예 **바로** 너가 최고다. / 오직 **혜선이**만 사랑한다.
>   / 겨우(고작) **하루**가 되었다. / 다만(단지) **꿈**이었다.
>   / 유독(제일, 가장) **미인**은 혜선이었다.

③ '그리고'는 두 문장을 이어주는 문장 접속 부사이다.
④ '방글방글'이 뒤의 용언 '웃는다'를 수식하므로 부사이다.

10.

정답풀이 '정말'은 동사 '운다'를 꾸미는 것이 아니라 부사 '많이'를 꾸미므로 이 선택지는 옳지 않다. '정말 운다'가 아니라 '정말 많이'로 꾸미는 것이 수식하는 의미 단위가 옳기 때문이다.

오답풀이 ② '과연'은 뒤에 오는 문장 전체 '그녀는 훌륭한 예술가로구나.'를 꾸민다.
③ '아주'는 관형사 '새'를 꾸며준다.
④ '맨'은 명사 '흙투성이'를 꾸며준다. '맨'이 '가장'의 의미를 가지면 관형사이고, '다른 것은 섞이지 아니하고 온통'의 뜻이 되면 '부사'이다. 여기에서는 '부사'로 쓰인 것이다. 부사도 명사를 수식할 수 있다.

04. 다음 설명을 참고할 때, 문장 부사가 실현된 것은?

2018 국회직 8급

> 부사는 한 성분을 수식하느냐 문장 전체를 수식하느냐
> 에 따라 성분 부사와 문장 부사로 나뉜다.

① 개나리가 활짝 피었다.
② 집 바로 뒤에 공원이 있다.
③ 강아지가 사료를 안 먹는다.
④ 일 끝나면 이리 와.
⑤ 의외로 철수가 빨리 왔다.

05. 밑줄 친 부분의 품사가 다른 하나는?

2018 소방

① 새 신발을 신으니 발이 아프다.
② 과연 우리는 앞으로 어떻게 될까?
③ 그는 해외로 출장을 자주 다닌다.
④ 철수는 이번 시험을 위해 정말 열심히 공부했다.

06. 다음 중 〈보기〉의 밑줄 친 단어와 품사가 같은 것은?

2015 기상직 7급

─(보기)─
다른 친구는 없니?

① 장터에는 온갖 물건들이 있었다.
② 도대체 생김새가 어떤 사람이니?
③ 사정이 그런 걸 어떻게 하겠어요.
④ 새로운 세금 제도는 국민의 환영을 받았다.

07. 다음 예문의 밑줄 친 단어 가운데 품사가 다른 하나는?

2014 서울시 9급

> 봄 여름 가을 겨울, 두루 사시(四時)를 두고 자연이 우
> 리에게 내리는 혜택에는 제한이 없다. 그러나 그중에
> 도 그 혜택을 가장 풍성히 아낌없이 내리는 시절은 봄
> 과 여름이요, 그중에도 그 혜택이 가장 아름답게 나타
> 나는 것은 봄, 봄 가운데도 만산(萬山)에 녹엽(綠葉)이
> 우거진 이때일 것이다.
>
> ─ 이양하, 〈신록예찬〉 중에서 ─

① 두루   ② 가장   ③ 풍성히
④ 아낌없이   ⑤ 아름답게

08. 밑줄 친 부분 중에서 품사가 다른 하나는?

2018 서울시 9급 1회

① 그곳은 비교적 교통이 편하다.
② 손이 저리다. 아니, 아프다.
③ 보다 나은 내일을 위해 노력해라.
④ 얼굴도 볼 겸 내일 만나자.

09. 밑줄 친 단어의 품사가 다른 하나는?

2018 서울시 9급 2회

① 그곳에서 갖은 고생을 다 겪었다.
② 우리가 찾던 것이 바로 이것이구나.
③ 인천으로 갔다. 그리고 배를 탔다.
④ 아기가 방글방글 웃는다.

10. 다음 중 국어의 부사에 대한 설명으로 가장 적절하지 않은 것은?

2018 경찰 2차

① "그녀는 정말 많이 운다."에서 '정말'은 동사를 꾸며준다.
② "과연 그는 훌륭한 예술가로구나."에서 '과연'은 문장을 꾸며준다.
③ "영이는 아주 새 사람이 되었다."에서 '아주'는 관형사를 꾸며준다.
④ "아이는 맨 흙투성이로 집에 들어왔다."에서 '맨'은 명사를 꾸며준다.

 박혜선 亦功 국어

11.

정답풀이) 나머지는 부사이다. 하지만 '글쎄'는 감탄사에 해당한다.

오답풀이) ② '설마'는 문장 전체를 꾸미는 부사이다.
③ '그리고'는 두 문장을 이어주는 문장 접속 부사이다.
④ '이제야'는 뒤의 용언 '느껴진다'를 수식하므로 부사이다.

12.

정답풀이) 나머지는 부사이다. 하지만 '가볍게'는 '가볍다'가 활용한 것으로 형용사이다. 부사는 불변어인 것에 반해 형용사는 가변어인 것이다. 나머지는 부사화 접미사가 붙어서 만들어진 부사이다. 용언 어간 '가볍-'에 부사형 전성어미 '-게'가 붙어 활용한 것이다.

오답풀이) ① 가득히 : 어근 '가득'에 부사화 접미사 '히'가 결합되어 아예 '부사'가 된 것이다.
③ 없이 : 어근 '없-'에 부사화 접미사 '이'가 결합되어 아예 '부사'가 된 것이다.
④ 되게 : '아주 몹시 늑되우, 된통'을 의미하는 부사이다. '되다'가 활용된 것이 아님에 유의하여야 한다.

13.

정답풀이) 나머지는 관형사이다. 관형사는 불변어인데, '많은'은 '많-'에 현재 시제 관형사형 어미 '-은'이 결합된 것이다. 이처럼 '많은'은 가변어이므로 관형사가 아니라 형용사인 것이다.

오답풀이) ① 모든 : 뒤의 체언 '권세'를 수식하는 관형사이다.
② 다른 : 뒤의 체언 '생각'을 수식하는 관형사이다.
③ 여러 : 뒤의 체언 '나라'를 수식하는 관형사이다.

14.

정답풀이) 나머지는 관형사이다. 관형사는 불변어인데, '긴'은 '길-'에 현재 시제 관형사형 어미 '-ㄴ'이 결합된 것이다. 이처럼 '긴'은 가변어이므로 관형사가 아니라 형용사인 것이다.

오답풀이) ① 갖은 : 뒤의 체언 '양념'을 수식하는 관형사이다.
② 다른 : 뒤의 체언 '사람들은'을 수식하는 관형사이다.
③ 헌 : 뒤의 체언 '신문지'를 수식하는 관형사이다.
④ 외딴 : 뒤의 체언 '마을'을 수식하는 관형사이다.

15.

정답풀이) '따르릉'은 후행하는 체언인 '소리'를 꾸미고 있다. '따르릉'은 부사이지만, 동사나 형용사의 수식어로서만 기능하는 것은 아니다. 이렇게 부사 중에는 명사를 수식하는 특이한 말들이 있는데 '바로, 유독, 오직 등'도 기억해야 한다.

오답풀이) ① '왁다글닥다글'이 뒤의 동사 '부딪치며'를 수식한다.
② '철썩'이 뒤의 동사 '때렸다'를 수식한다. 이처럼 수식언(관형사, 부사)이 오는 경우에는 반드시 뒤의 말을 수식하는 것은 아니므로 의미상 무엇을 수식하는지 꼭 확인해야 한다.
④ '엉엉'이 뒤의 동사 '울었다'를 수식한다.
⑤ '졸졸'이 뒤의 동사 '흐른다'를 수식한다.

16.

정답풀이) 관형사는 '격 조사나 어미를 취할 수 없지만 용언(동사, 형용사)은 격 조사나 어미를 취할 수 있는 단어에 해당한다. 동사 '뛰다'의 어간 '뛰-'에 관형사형 어미 '-는'이 붙은 것은 이에 해당한다. 어간 '뛰-'에 다른 어미 '었던'이 결합될 수도 있기 때문이다. '교실에서 뜀으로써'처럼 부사격 조사 '로써'도 붙을 수 있다.

오답풀이) 나머지는 모두 활용을 할 수 없는 관형사에 해당한다. 관형사는 조사나 어미와 결합할 수 없다. '모든, 무슨, 다른, 어느'는 모두 뒤의 명사를 수식한다.
☞ '다른'은 '그는 자기 일 밖의 다르다'로 문장으로 바꿀 수 없다. 따라서 '다른'은 서술성이 없는 관형사이다.

17.

정답풀이) '하고많은'은 관형사가 아니라 '많고 많다'의 뜻을 지닌 형용사 '하고많다'에 관형사형 어미 '-은'이 붙은 활용형이다. 어미는 품사에 영향을 주지 않으므로, 그대로 형용사이다.

오답풀이) ① '고얀'은 '성미나 언행이 도리에 벗어나는'의 뜻을 지닌 관형사로, 뒤에 오는 명사 '녀석'을 꾸며 준다.
③ '긴긴'은 '길고 긴'의 뜻을 지닌 관형사로, 뒤에 오는 명사 '세월'을 꾸며 준다.
④ '한다하는'은 '수준이나 실력 따위가 상당하다고 자처하거나 그렇게 인정받는'의 뜻을 지닌 관형사로, 뒤에 오는 명사 '집안'을 꾸며 준다.
⑤ '다른'은 '딴'의 뜻을 지닌 관형사로, 뒤에 오는 명사 '일'을 꾸며 준다.

 정답 찾기
11. ① 12. ② 13. ④ 14. ⑤ 15. ③ 16. ④ 17. ②

11. 밑줄 친 단어 중 품사가 다른 하나는?   2018 기상직 9급

① <u>글쎄</u>, 그 일은 나도 잘 모르겠어.

② <u>설마</u> 너까지 나를 의심하는 것은 아니겠지?

③ 그는 자리에서 일어났다. <u>그리고</u> 창문을 열었다.

④ 오월로 접어든 산골짝의 날씨는 <u>이제야</u> 겨우 봄기운이 느껴진다.

12. 밑줄 친 단어의 품사가 나머지 셋과 다른 것은?   2015 지방직 7급

① 금고 <u>가득히</u> 눈부신 금괴가 쌓여 있었다.

② 바람이 <u>가볍게</u> 부는 날씨에 기분 좋았다.

③ 소인은 <u>없이</u> 사는 것을 부끄럽게 여긴다.

④ 반죽이 <u>되게</u> 묽어 국수 만들기가 힘들다.

13. 학교 문법을 기준으로 할 때 품사가 다른 것은?   2014 방재안전직 9급

① <u>모든</u> 권세를 버리고 산으로 들어갔다.

② <u>다른</u> 생각은 하지 말고 공부나 해라.

③ <u>여러</u> 나라가 올림픽에 참가했다.

④ <u>많은</u> 사람이 우리 의견에 동조했다.

14. 다음의 밑줄 친 단어 중 품사가 다른 하나는?   2014 국회직 9급

① 그는 <u>갖은</u> 양념을 넣어 음식을 만들었다.

② <u>다른</u> 사람들은 어디 있지?

③ 그는 <u>헌</u> 신문지를 바닥에 깔았다.

④ 그는 <u>외딴</u> 마을에서 혼자 살았다.

⑤ 그는 <u>긴</u> 세월을 타향에서 보냈다.

15. 다음은 의성어의 특성에 대한 설명이다. 다음 중 밑줄 친 부분에 해당하는 예는?   2010 국회직 8급

> 의성어의 품사는 부사이고 기능상으로는 문장 부사가 아니라 성분 부사이다. 성분 부사는 문장의 특정 성분을 수식하는 부사로서, 의성어는 주로 동사나 형용사를 수식한 다. 그 가운데에서도 형용사에 비해 동사를 수식하는 경우가 많다. <u>그러나 동사나 형용사의 수식어로서만 기능하는 것은 아니다.</u>

① 구슬들이 <u>와다글닥다글</u> 부딪치며 굴러갔다.

② 그 여자는 <u>철썩</u> 남자의 뺨을 때렸다.

③ 철수는 <u>따르릉</u> 소리에 잠을 깨었다.

④ 순이가 목을 놓아 <u>엉엉</u> 울었다.

⑤ 시냇물이 <u>졸졸</u> 흐른다.

16. 〈보기〉의 밑줄 친 부분에 해당하는 어휘로 옳은 것은?   2021 국회직 8급

> ─(보기)─
> 관형사는 뒤에 오는 체언을 수식하는 단어이다. 그러나 뒤에 오는 단어를 한정하고 꾸미는 직능을 보이더라도 그 단어가 격조사나 어미를 취할 수 있는 단어라면 관형사가 될 수 없다.

① 그는 <u>모든</u> 욕심을 버리기로 다짐했다.

② <u>무슨</u> 일이 생겼는지 연락이 되지 않는다.

③ 그는 자기 일 밖의 <u>다른</u> 일에는 관심이 없다.

④ 오늘따라 교실에서 <u>뛰는</u> 학생들이 많다.

⑤ 진수는 자동차를 어느 곳에 세워두었는지 기억나지 않았다.

17. 다음 밑줄 친 단어의 품사가 관형사가 아닌 것은?   2016 국회직 8급

① 부모에게 불효하는 <u>고얀</u> 녀석 같으니라고.

② 남편을 기다리며 이렇게 <u>하고많은</u> 나날을 보내고 있다.

③ <u>긴긴</u> 세월을 인내하며 노력해 왔다.

④ 그 사람은 서울에서도 <u>한다하는</u> 집안에서 자랐다.

⑤ 그는 자기 일 밖의 <u>다른</u> 일에는 관심이 없다.

07 Chapter
명사형 어미 VS 명사 파생 접사

01.

정답풀이 '얼음' 사이에 과거시제 선어말 어미를 넣었을 때 뜻이 통하는 것은 명사형이고, 뜻이 통하지 않는 것은 명사이다. '얼었음'이 자주 얼었다는 표현은 어색하므로 '얼음'은 명사이다. 여기에서 '-음'은 명사형 어미가 아니라 명사 파생 접사인 것이다.

오답풀이 ① ㉠의 '삶'의 '-ㅁ'은 명사형 어미가 아니라 명사 파생 접사이다. 앞에 관형어 '불우한'의 꾸밈을 받는 것을 보면 '삶'은 명사이기 때문이다.
③ ㉢의 '잠¹'의 '-ㅁ'은 명사형 어미가 아니라 명사 파생 접사이다. 관형어 '깊은'의 수식을 받으므로 '잠'은 명사형이 아니라 명사이다. '잠²'의 '-ㅁ'은 접미사가 아니라 명사형 어미이다. '영희는 깊은 잠을 자다'처럼 서술성이 있기 때문에 동사의 명사형이라고 볼 수 있다. '잠²'에 부사 '매우'를 넣었을 때 말이 되는 것을 보면 '잠²'는 용언임을 알 수 있다.
④ 부사어 '크게'의 수식을 받으므로 '웃음'의 '-음'은 접미사가 아니라 명사형 어미이다. '진행자가 크게 웃다'처럼 서술성이 있으므로 여기에서의 '웃음'은 명사가 아니라 동사의 명사형인 것이다.

02.

정답풀이 '먹기'는 부사어 '많이'의 수식을 받으면서 '배가 고파 더 많이 먹다'와 같이 서술성이 있기 때문에 품사가 동사임을 알 수 있다. '㉡ 그림'은 부사어 '잘'의 수식을 받으면서 '초상화를 잘 ㉡ 그렸다'와 같이 서술성이 있기 때문에 품사가 동사임을 알 수 있다. '㉣ 웃음'은 부사어 '빙그레'의 수식을 받으면서 '그는 빙그레 웃었다'와 같이 서술성이 있기 때문에 품사가 동사임을 알 수 있다.

오답풀이 ㉠ 관형어 '않는'의 꾸밈을 받으므로 '꿈[꾸＋ㅁ(명사 파생 접사)]'은 명사이다.
㉢ 관형어 '그의'의 꾸밈을 받으므로 '바람[바라＋ㅁ(명사 파생 접사)]'은 명사이다.

03.

정답풀이 "나는 하루도 [(달리기를 거른) 기억이 없다.]"라는 문장 속에는 안긴문장이 두 개 존재한다. '달리기를 거른'은 '기억'을 수식하는 관형절이자 관형어로 기능하고 있으며, '기억이 없다'는 안은문장 전체의 주어인 '나는'의 수식어로 기능하고 있다. 따라서 안긴문장의 유형은 관형절, 서술절이다.

오답풀이 ①~④는 명사절을 안은 문장이며, 명사형 전성 어미 '-기'를 사용하였다.
① "(아이들은 장난을 좋아하기) 마련이에요."라는 문장에서, '아이들을 장난을 좋아하기'라는 명사절이 의존 명사 '마련'을 수식하는 관형어로 기능하고 있다.
② "이러다가는 (버스를 놓치기) 십상이다."라는 문장에서 '버스를 놓치기'라는 명사절이 명사 '십상'을 수식하는 관형어로 기능하고 있다.
③ "공부가 어렵기는 해도 결국 (저 하기) 나름이에요."라는 문장에서 '저 하기'는 의존 명사 '나름'을 수식하는 관형어로 기능하고 있다.
④ "(비가 많이 오기) 때문에 공사를 할 수 없다."라는 문장에서 '비가 많이 오기'는 의존 명사 '때문'을 수식하는 관형어로 기능하고 있다.

정답 찾기 1. ② 2. ④ 3. ⑤

정리하기 ⑩ 명사형 어미 vs 명사 파생 접사, '-(으)ㅁ/기' 구별하기

	용언 어간+명사형 어미	어근+명사 파생 접사
품사	동사, 형용사	명사
꾸밈	부사어 예 그는 '초상화를 잘 **그림**'이라고 썼다.	관형어 예 그는 밤새 믿기지 않는 **꿈**을 꾸었다.
서술성	있음 [황금을 보다(목적어-서술어)] 예 황금을 **보기**를 돌같이 하라.	없음 [나의 죽다(×)] 예 나의 **죽음**을 적에게 알리지 마라.
선어말 어미 '었/았'	결합 가능 (태산이 높았음 ○) 예 태산이 **높음**을 사람들은 알지 못한다.	결합 불가능 (수줍었음이 많다 ×) 예 그는 **수줍음**이 많은 사람이다.

대표 亦功 기출

제1편 형태론 CH.07 명사형 어미 VS 명사 파생 접사

최빈출

01. 다음 중 〈보기 1〉을 바탕으로 〈보기 2〉에 대해 탐구한 것 중에서 올바른 것은?   2018 법원직

─ (보기1) ─

'-ㅁ/-음'에 대하여

• **명사형 어미**: 동사의 어간 뒤에 붙어서 동사를 명사형이 되게 하는 역할을 한다. 동사의 명사형은 서술성이 있어 주어를 서술하며 품사가 변하지 않는다. 앞에 부사적 표현이 쓰일 수 있다.

• **접미사**: 동사의 어간 뒤에 붙어서 동사를 명사로 파생시킨다. 파생된 명사는 서술성이 없으므로 앞에 부사적 표현이 쓰일 수 없고, 관형어가 올 수 있다.

─ (보기2) ─

㉠ 그의 선조들은 불우한 **삶**을 살았다.
㉡ 겨울이어서 노면에 **얼음**이 자주 얼었다.
㉢ 영희는 깊은 **잠¹**을 **잠²**으로써 피로를 풀었다.
㉣ 진행자가 크게 **웃음**으로써 분위기를 바꾸었다.

① ㉠의 '삶'의 '-ㅁ'은 명사형 어미이다.
② ㉡의 '얼음'은 '얼다'라는 동사에서 파생된 명사이다.
③ ㉢의 '잠¹'의 '-ㅁ'은 명사형 어미이고, '잠²'의 '-ㅁ'은 접미사이다.
④ ㉣의 '웃음'은 '크게'의 수식을 받으므로 '웃음'의 '-음'은 접미사이다.

02. ㉠~㉣ 중 다음 밑줄 친 '먹기'와 품사가 같은 것을 모두 고른 것은?   2015 기상직 9급

나는 배가 고파 더 많이 <u>먹기</u> 시작했다.

• 그는 밤새 믿기지 않는 ㉠ <u>꿈</u>을 꾸었다.
• 그는 '초상화를 잘 ㉡ <u>그림</u>'이라고 썼다.
• 그의 ㉢ <u>바람</u>은 내가 건강해지는 것이었다.
• 그는 빙그레 ㉣ <u>웃음</u>으로써 마음을 전했다.

① ㉠, ㉡   ② ㉠, ㉣
③ ㉡, ㉢   ④ ㉡, ㉣

03. 안긴문장의 유형이 다른 것은?   2023 국회직 8급

① 아이들은 장난을 좋아하기 마련이에요.
② 이러다가는 버스를 놓치기 십상이다.
③ 공부가 어렵기는 해도 결국 저 하기 나름이에요.
④ 비가 많이 오기 때문에 공사를 할 수 없다.
⑤ 나는 하루도 달리기를 거른 기억이 없다.

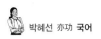

04.

정답풀이 '태산이 높음'은 '태산이 높다'에서 보듯이, 서술성이 있으므로 '높음'의 '-음'은 명사형 어미이다. 명사 구실을 한다는 것은 '명사'가 아니라 명사인 척 연기하기 위해 명사형 어미 '-음'을 붙이겠다는 것이다. 여기에서 '높음'은 명사 파생 접사가 아니라 명사형 어미가 결합된 것이므로, 명사가 아니라 형용사이다.

오답풀이 ① '수줍음'은 명사이며, '-음'은 명사 파생 접사이다. '수줍음'에 선어말 어미 '-었-'을 넣어서 '수줍었음'을 저 문장에 치환시키면 매우 어색해지는 것을 볼 때, '수줍음'은 하나의 명사이다.

② '죽음'은 명사이며, '-음'은 명사 파생 접사이다. '죽음'에 선어말 어미 '-었-'을 넣어서 '죽었음'을 저 문장에 치환시키면 매우 어색해지는 것을 볼 때, '죽음'은 하나의 명사이다.

④ '젊음'은 명사이며, '-음'은 명사 파생 접사이다. '젊음'에 선어말 어미 '-었-'을 넣어서 '젊었음'을 저 문장에 치환시키면 매우 어색해지는 것을 볼 때, '젊음'은 하나의 명사이다.

05.

정답풀이 'ⓒ 한'은 관형어 '가능한'의 꾸밈을 받는 명사이다. '한'은 조건이나 상황, 경우의 뜻을 나타낸다. 'ⓒ 뿐'은 '웃을'의 꾸밈을 받는 명사이다.

오답풀이 'ⓐ 만남'은 '그 친구를 만나다'처럼 서술성이 있으므로 명사가 아니라 동사이다. '목적어-서술어'의 구성은 서술성이 있다고 볼 수 있다.

'ⓓ 보기'는 '나를 보다'처럼 서술성이 있으므로 명사가 아니라 동사이다. 목적어-서술어'의 구성은 서술성이 있다고 볼 수 있다.

06.

정답풀이 관형어 '정확한'의 수식을 받으므로 '띄어쓰기'는 명사이다.

오답풀이 나머지는 모두 동사이다.

---

04. 밑줄 친 부분에 해당하는 것은? 2017 지방직 9급 추가

> '-ㅁ/-음'은 'ㄹ'을 제외한 받침 있는 용언의 어간이나 어미 '-었-', '-겠-' 뒤에 붙어, 그 말이 명사 구실을 하게 하는 어미로 쓰이는 경우와, 어간 말음이 자음인 용언 어간 뒤에 붙어 명사를 만드는 접미사로 쓰이는 경우가 있다.

① 그는 수줍음이 많은 사람이다.
② 그는 죽음을 각오하고 일에 매달렸다.
③ 태산이 높음을 사람들은 알지 못한다.
④ 나라를 위해 젊음을 바친 사람이 애국자다.

---

05. 밑줄 친 단어 중 명사를 모두 고른 것은? 2014 지방직 9급

> ⓐ 십 년 만에 그 친구를 만남으로써 갈등이 다소 해결되었다.
> ⓑ 가능한 한 깨끗하게 청소하여라.
> ⓒ 그녀는 웃을 뿐 말이 없었다.
> ⓓ 나를 보기 위해 왔니?

① 만남, 한, 뿐   ② 한, 뿐
③ 한, 뿐, 보기   ④ 만남, 보기

---

06. 다음 밑줄 친 단어 중 품사가 다른 하나는 무엇인가? 2014 서울시 7급

① 순철이는 학교에서 주최한 '일년 동안 책 많이 읽기' 시합에서 일등을 했다.
② 순영이는 바닷가에서 살아서 물 속에서 숨 안 쉬고 오래 참기를 잘 한다.
③ 지난 주말에는 온 가족이 봄맞이 함께 '걷기' 대회에 참석했다.
④ 우리말에서 정확한 띄어쓰기는 참 어렵다.
⑤ 사람이라면 치타보다 빨리 달리기가 쉽지 않다.

마지막 품사 복합

01.

정답풀이 '비교적'은 뒤의 형용사 '편리하다'를 꾸미므로 부사이다.

오답풀이 ② ㄴ의 '만세'는 뒤에 조사 '를'이 붙었으므로 명사이다.
③ ㄷ의 '어제'는 뒤의 '끝냈어야 했다'를 수식하므로 부사이다.
④ ㄹ의 '여덟'은 뒤에 조사 '이다'가 붙었으므로 수사이다.
⑤ ㅁ의 '크는'은 '자라다'를 의미하므로 '동사'이다.

02.

정답풀이 ㉠ 두 명 : '두'가 뒤의 명사 '명'을 수식하는 것으로 보아 '두'는 수 관형사이다.

㉡ 오래된 : 용언 어간 '오래되-'에 관형사형 전성 어미가 붙은 것으로 형용사이다. 관형사였다면 형태가 변하지 않는 불변어일 텐데 '오래된'처럼 형태가 변하기 때문이다.

㉢ 그것 : '오래된 책'을 대신 가리키는 대명사이다.

최빈출

01. 〈보기〉의 ㄱ~ㅁ에 대한 설명 중 옳지 않은 것은?

2022 국회직 8급

(보기)
ㄱ. 우리 사무실은 도심에 있어 비교적 교통이 편리하다.
ㄴ. 천세나 만세를 누리소서!
ㄷ. 그 일은 어제 끝냈어야 했다.
ㄹ. 넷에 넷을 더하면 여덟이다.
ㅁ. 한창 크는 분야라서 지원자가 많다.

① ㄱ의 '비교적'은 관형사이다.
② ㄴ의 '만세'는 명사이다.
③ ㄷ의 '어제'는 부사이다.
④ ㄹ의 '여덟'은 수사이다.
⑤ ㅁ의 '크는'은 동사이다.

02. 밑줄 친 단어의 품사를 바르게 나열한 것은?

2018 소방 상반기 복원

선생님께서 우리 ㉠두 명에게 새 책을 주신다고 했다. ㉡오래된 책이지만 우리는 ㉢그것을 받고 모두 기뻐했다.

	㉠	㉡	㉢
①	관형사	형용사	명사
②	관형사	형용사	대명사
③	수사	형용사	대명사
④	수사	관형사	대명사

정답찾기 1. ① 2. ②

박혜선 亦功 국어

03.

정답풀이〉 둘 이상의 사물이 나열될 때 쓰는 '들'은 의존명사이므로 '명사'로 보는 것은 적절하다. 다만 명사에 결합되어 쓰이는 '들'은 복수 접미사이다.

오답풀이〉 ② '그'는 체언 '아저씨'를 수식하고 있으므로 관형사이다.
③ '보다'는 부사 '열심히'을 수식하고 있으므로 부사이다.
　부사는 주로 용언을 수식하지만 이렇게 부사, 관형사, 명사, 문장 전체도 수식할 수 있다.
④ '요'는 감탄사가 아니라 청자에게 존댓말할 때 쓰는 보조사이다.

04.

정답풀이〉 ㉠: 나는 너와 다른 사람이야. → '나는 너와 다르다'처럼 '다르다'가 부사어 '너와'의 수식을 받으므로 '다른'은 서술성을 가지고 있음을 알 수 있다. 따라서 '다른'은 관형사가 아니라 형용사이다.
㉡: 너는 하루가 다르게 예뻐지는구나. → '하루가 다르다'이므로 서술성을 가지고 있음을 알 수 있다. 따라서 주어 '하루가'와 호응하는 '다르게'는 관형사가 아니라 형용사이다.

오답풀이〉 나머지는 모두 품사가 다르다.
① ㉠: '진짜'가 용언 '아팠어'를 수식하므로 부사이다.
　㉡: '진짜' 뒤에 조사 '처럼'이 붙었으므로 명사이다.
② ㉠: '이성적'이 체언 '동물'을 수식하므로 관형사이다.
　㉡: '이성적' 뒤에 조사 '으로'가 붙었으므로 명사이다.
③ ㉠: '친구가 있어'는 '친구를 가지고 있다'는 소유하는 상태이므로 형용사이다.
　㉡: '집에 있으려고 해'에서 '있으려고'는 '머물다'의 뜻이므로 동사이다.

05.

정답풀이〉 뒤에 단위성 의존 명사 '권'이 있기 때문에 '다섯'은 수사가 아니라 수 관형사이다. '다섯' 뒤에 조사가 붙지 못하는 것을 통해서도 수사가 아님을 알 수 있다.

오답풀이〉 ② '싶다'는 대표적인 보조 형용사이므로 기억해 두자.
③ '요'는 높임의 보조사로서 거의 모든 성분에 붙을 수 있다.
　예 제가요, 국어를요, 좋아하는데요.
④ '및'은 접속 부사이므로 '부사'이다.

06.

정답풀이〉 나머지는 '의존 명사 − 조사'의 짝이다. '할 만큼 했다.'의 '만큼'은 용언의 관형형 '할'의 수식을 받는다. 또 상당한 수량이나 정도를 나타내기 때문에 의존 명사이다. '나는 밥통째 먹으리만큼 배가 고팠다.'의 '만큼'은 '−으리만큼'의 형태로 쓰여 '−을 정도로'의 뜻을 나타내는 연결 어미이다.

07.

정답풀이〉 '듯하다'는 ((동사나 형용사, 또는 '이다'의 관형사형 뒤에 쓰여)) 앞말이 뜻하는 사건이나 상태 따위를 짐작하거나 추측함을 나타내는 말로, 보조 형용사이다. 즉, 품사는 형용사이다.

오답풀이〉 ②, ③, ④ 모두 관형어의 수식을 받는 의존 명사이다. 즉, 품사는 명사이다.

08.

정답풀이〉 '㉣ 저리'는 뒤의 용언 '가시면'을 꾸미는 지시 부사이다. '이리, 그리'도 마찬가지로 지시 부사이다.

오답풀이〉 ① 뒤에 조사가 붙었으므로 지시 대명사라고 볼 수 있다.
② 뒤의 명사 '집'을 수식하는 지시 관형사라고 볼 수 있다.
③ '이것, 저것, 그것'은 사물 대명사이다.

09.

정답풀이〉
㉠ • 용언의 관형사형 '먹을' 뒤에 놓인 '만큼'은 의존 명사이다.
　• 용언의 관형사형 '날' 뒤에 놓인 '만큼'은 의존 명사이다.
㉣ • 부사 '충분히'가 수식하는 '잠'은 동사이다.
　• '누워 자기'의 '자기'는 동사 '누워(서)' 뒤에 이어져 있는데, '누워(서)'의 어미 '−어(서)'는 수단이나 방법을 나타내는 연결 어미이므로 '누워(서)'의 뒤에는 품사가 동일한 용언이 이어져야 한다. 따라서 '자기'는 동사이다.

오답풀이〉 ㉡ • 서술격 조사 '이다'와 결합한 '다섯'은 수사이다.
　• 단위 명사 '개'의 앞에서 수량을 나타내는 '다섯'은 관형사이다.
㉢ • '성장하다, 어른이 되다.'의 의미의 '커서'는 변화를 나타내는 동사이다.
　• '외형적 길이, 넓이, 높이, 부피 등이 보통의 정도를 넘다.'의 의미로 쓰이는 '커서'는 상태나 정도를 나타내는 형용사이다.

 정답 찾기　3. ① 4. ④ 5. ① 6. ① 7. ① 8. ④ 9. ②

03. 〈보기〉의 밑줄 친 단어에 대한 품사 분류가 옳은 것은?

2015 경찰 1차

┌─〈 보기 〉─────────────────────────┐
│ 참고서, 학용품, 컴퓨터 들을 그 아저씨께서 사 주셔서, 앞 │
│ 으로는 보다 열심히 공부하겠다고 말씀드렸어요. │
└───────────────────────────────┘

① 들 – 명사   ② 그 – 대명사

③ 보다 – 조사   ④ 요 – 감탄사

04. ㉠, ㉡의 밑줄 친 단어의 품사가 서로 같은 것은?

2017 교육행정직 9급

① ㉠: 마음이 진짜 아팠어.

  ㉡: 모조품을 진짜처럼 만들었다.

② ㉠: 인간은 이성적 동물이다.

  ㉡: 우리 이성적으로 생각하자.

③ ㉠: 나는 좋은 친구가 있어.

  ㉡: 나는 조용히 집에 있으려고 해.

④ ㉠: 나는 너와 다른 사람이야.

  ㉡: 너는 하루가 다르게 예뻐지는구나.

05. 밑줄 친 말의 품사를 잘못 밝힌 것은?   2014 국가직 9급

① 그는 하루에 책 다섯 권을 읽었다. – 수사

② 나도 좋은 시를 많이 읽고 싶다. – 형용사

③ 노래를 배웠어요. – 조사

④ 정치, 경제 및 문화 – 부사

06. '의존 명사 – 조사'의 짝이 아닌 것은?   2018 서울시 7급 2차

① 할 만큼 했다.

  나는 밥통째 먹으리만큼 배가 고팠다.

② 들어오는 대로 전화 좀 해 달라고 전해 주세요.

  네 멋대로 일을 처리하면 안 된다.

③ 10년 만에 우리는 만났다.

  너만 와라.

④ 시키는 대로 할 뿐이다.

  그래야 우리는 다섯뿐이다

07. 다음 중 밑줄 친 단어의 품사가 나머지 셋과 다른 하나는?

2015 서울시 7급

① 오늘은 비가 올 듯하다.

② 당신 좋을 대로 하십시오.

③ 아기는 아버지를 빼다 박은 듯 닮았다.

④ 자기가 아는 만큼 보인다.

08. ㉠~㉣에 대한 설명으로 옳지 않은 것은?

2019 지방직 7급 추가

┌───────────────────────────────┐
│ • 현주가 취직이 되었대. ㉠이는 참으로 잘된 일이야. │
│ • 지금 사는 ㉡그 집이 싫으면 다른 집을 알아보자. │
│ • 쟤는 우리가 싫어했던 ㉢저것이 마음에 든대. │
│ • 어르신, ㉣저리 가시면 안됩니다. │
└───────────────────────────────┘

① ㉠: 지시 대명사로 가까운 것을 가리킬 때 쓴다.

② ㉡: 뒤의 명사를 수식하는 지시 관형사이다.

③ ㉢: 뒤에 조사가 붙은 사물 대명사이다.

④ ㉣: 화자와 멀리 있는 대상을 가리키는 지시 대명사
이다.

09. ㉠~㉣ 중에서 밑줄 친 단어의 품사가 같은 것끼리 짝지어 묶인 것은?   2018 기상직 9급

┌───────────────────────────────┐
│ ㉠ 음식을 먹을 만큼 담아라. │
│   눈물이 날 만큼 고향이 그리웠다. │
│ ㉡ 둘에 셋을 더하면 다섯이다. │
│   쟁반에 사과 다섯 개가 있다. │
│ ㉢ 너는 커서 어떤 사람이 되고 싶니? │
│   발이 커서 신발이 맞지 않는다. │
│ ㉣ 그는 충분히 잠으로써 피로를 풀었다. │
│   허리가 아파 바르게 누워 자기가 어렵다. │
└───────────────────────────────┘

① ㉠, ㉡   ② ㉠, ㉣

③ ㉡, ㉢   ④ ㉢, ㉣

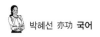

10.

정답풀이) ㉠의 '첫째'는 수사(순서, 양)가 아니라 '맏이(사람)'라는 의미의 명사이고, ㉡의 '첫째'는 뒤에 오는 명사 '주'를 수식하고 있으므로 관형사가 맞다.

오답풀이) ① '㉠ 방 안이 밝아서'의 '밝다'는 '환하다'는 의미의 형용사이고, '㉡ 날이 밝기가'의 '밝다'는 '새날이 오다'는 의미의 '동사'이다.
② ㉠의 '아무'는 부정칭 대명사로 조사와 결합하였고, ㉡의 '아무'는 관형사로 뒤에 오는 명사 '말'을 수식하고 있다.
④ ㉠의 '딴'은 명사로 조사 '에는'과 결합하였고, ㉡의 '딴'은 관형사로 뒤에 오는 명사 '생각'을 수식하고 있다.

11.

정답풀이) 첫째 문장에서 용언의 활용형인 '보기'는 〈동사 어간 '보-'+명사형 어미 '-기'〉의 구성이다. 접사가 아니라 '어미'가 붙었으므로 품사가 달라지지 않아 '보기'는 그대로 '동사'이다. '나를 보다'처럼 서술성도 있기 때문이다. 둘째 문장에서 '떠먹어 보았다'의 '보았다'도 보조 동사이므로 둘다 품사가 동사로 같다.

오답풀이) ① 각각 관형사, 형용사이므로 품사가 다르다. 첫째 문장에서 '다른'은 '他'의 의미인 관형사이다. 둘째 문장에서 '다른'은 '산소와 성질이 다르다'처럼 서술성이 있으므로 형용사 '다르다'가 활용한 형태이다.
③ 각각 형용사, 동사이므로 품사가 다르다. 첫째 문장에서 '크고'는 '크기가 크다'의 의미이므로 성질과 상태를 나타내는 형용사이다. 둘째 문장에서 '크면서'는 '자라다, 성장하다'의 의미이므로 움직임과 시간의 변화가 있는 동사이다.
④ 각각 명사, 관형사이므로 품사가 다르다. 첫째 문장에서 '한국적'은 명사이다. 뒤에 서술격 조사 '이다'가 붙기 때문이다. 둘째 문장에서 '한국적'은 뒤의 명사 '정취'를 수식하는 기능을 하므로 관형사이다.

12.

정답풀이) 명사 '비교'에 접미사 적(的)이 붙은 파생어 '비교적'은 문장에서의 쓰임에 따라 부사, 관형사, 명사의 3가지의 품사를 갖는다. ③의 첫 번째 '비교적'은 후행하는 '교통'을 수식하는 것이 아니라 서술어 '편리하다'를 수식하므로 부사이다. 두 번째 '비교적'은 뒤의 '낮다'를 수식하므로 부사로 동일하다.
☞ 접미사 적(的)이 붙은 낱말이 조사를 취하면 명사, 뒤의 체언을 꾸미면 관형사, 부사나 용언을 꾸미면 부사이다.

오답풀이) ① 첫 번째 문장의 '잘못'은 서술격 조사 '이다' ('입니다'는 '이다'의 활용형)와 결합했으므로 명사이다. 두 번째 '잘못'은 서술어 '적용하다'를 수식하므로 부사이다.

☞ '잘못'은 조사를 취하면 명사, 부사나 용언을 꾸미면 부사이다.
② 첫 번째 문장의 '대로'는 관형어 '도착하는'의 수식을 받는 의존 명사이고, 두 번째 '대로'는 명사 '것' 뒤에 왔기 때문에 조사이다.
☞ '대로, 만큼, 뿐' 앞에서 관형어가 수식하고 있으면 앞말과 띄어 써야 하는 의존 명사이지만 앞에 체언이 있는 경우에는 체언에 붙여 써야 하는 조사이다.
④ 첫 번째 문장의 '이'는 체언 '사과'를 수식하므로 관형사이고, 두 번째 '이'는 조사 '보다'와 결합했기 때문에 대명사이다.
☞ '이, 그, 저'가 체언을 수식하면 관형사, 조사를 취하면 대명사이다.

13.

정답풀이) ㉠의 '높이' 뒤에 조사 '가'가 붙었으므로 '높이'는 명사이다. ㉡의 '높이' 뒤에 조사 '의'가 생략되었으므로 '높이'는 명사이다. 형용사 어근 '높-'에 명사 파생 접사 '-이'가 붙어서 명사가 되었다.

오답풀이) ① ㉠의 '백'은 뒤에 서술격 조사 '이다'가 활용한 '이면'이 붙었으므로 수사이고, ㉡의 '백'은 뒤의 명사 '마디'를 꾸미므로 수 관형사이다.
② ㉠의 '오늘'은 주격 조사 '이'가 결합되었으므로 명사이고, ㉡의 '오늘'은 뒤의 동사 '해야'를 꾸미므로 부사이다.
③ '날이 밝다(=동이 트다)'를 의미하는 경우만 동사이고 나머지는 모두 형용사이다. ㉠의 밝다는 '불빛 따위가 환하다.'를 뜻하므로 형용사이고, ㉡은 '날이 밝다(=동이 트다)'를 의미하므로 동사이다.

14.

정답풀이) '열을 배우면 백을 안다'의 '백'의 품사는 뒤의 조사가 붙은 것을 보면 수사이다. '백 말을 한다'에서 '백'이 직접 체언을 꾸미므로 '백'은 수 관형사이다.

오답풀이) ① • 참을 만큼 : '만큼'이 용언의 관형사형 다음에 오면 의존 명사이다.
• 그 사람만큼 : '만큼'이 체언 다음에 붙으면 조사이다.
② • 아니 본다 : '아니'는 용언 앞에 쓰여 부정이나 반대의 뜻을 나타내는 말로 쓰인 부사이다.
• 아니, 이럴 수가 있단 말인가? : '아니'는 놀라거나 감탄스러울 때, 또는 의아스러울 때 하는 감탄사이다.
④ • 이지적이다 : 접미사 '-적(的)'이 붙는 말의 경우, 뒤에 조사가 오면 명사이다.
• 이지적 인간이다 : 접미사 '-적(的)'이 붙는 말이 체언 앞에 단독으로 오면 관형사이다.

10. 밑줄 친 단어의 품사가 적절하지 않은 것은?

2016 교육행정직 7급

① ㉠ 방 안이 <u>밝아서</u> 독서하기가 좋다. (형용사)

㉡ 그는 날이 <u>밝기</u>가 무섭게 집을 나섰다. (동사)

② ㉠ 밤이 깊어지자 길거리에 <u>아무</u>도 없었다. (대명사)

㉡ 그는 <u>아무</u> 말도 없이 그냥 고개만 끄덕이고 있었다. (관형사)

③ ㉠ 동생네는 <u>첫째</u>가 벌써 고등학교 3학년이다. (수사)

㉡ 우리 동네 도서관은 매월 <u>첫째</u> 주 월요일에 쉰다. (관형사)

④ ㉠ 제 <u>딴</u>에는 열심히 했는데 실력이 조금 부족했나 봐요. (명사)

㉡ 버스 안에서 <u>딴</u> 생각을 하느라고 정류장을 지나쳤다. (관형사)

11. 밑줄 친 단어가 같은 품사로 묶인 것은? 2017 국가직 7급

① 이것 말고 <u>다른</u> 물건을 보여 주세요.

질소는 산소와 성질이 <u>다른</u> 원소이다.

② 나 <u>보기</u>가 역겨워 가실 때에는 말없이 보내 드리겠습니다.

철수는 떡국을 떠먹어 <u>보았다.</u>

③ 그 사과는 <u>크고</u> 빨개서 먹음직스럽다.

아이가 <u>크면서</u> 점점 총명해졌다.

④ 김홍도의 그림은 <u>한국적</u>이다.

이 그림은 <u>한국적</u> 정취가 물씬 풍긴다.

12. 밑줄 친 단어의 품사가 같은 것은? 2017 국가직 9급 2차

① 모두 제 <u>잘못</u>입니다.

심판은 규칙을 <u>잘못</u> 적용하여 비난을 받았다.

② 집에 도착하는 <u>대로</u> 편지를 쓰다.

큰 것은 큰 것<u>대로</u> 따로 모아 두다.

③ <u>비교적</u> 교통이 편리한 곳에 사무실이 있다.

우리나라의 출산율은 <u>비교적</u> 낮은 편이다.

④ <u>의</u> 사과가 맛있게 생겼다.

<u>의</u>보다 더 좋을 수는 없다.

13. 다음 중 ㉠과 ㉡의 밑줄 친 단어의 품사가 같은 것은?

2021 경찰 1차

① ㉠ 그는 하는 시합마다 백이면 백 모두 승리했다.

㉡ 열 사람이 백 마디의 말을 한다.

② ㉠ <u>오늘</u>이 첫 출근 날입니다.

㉡ <u>오늘</u> 해야 할 일을 다음 날로 미루어서는 안 된다.

③ ㉠ 오늘은 달이 매우 <u>밝다.</u>

㉡ 우리는 날이 <u>밝는</u> 대로 떠나기로 했다.

④ ㉠ <u>높이</u>가 100미터인 바위산에 올라갔다.

㉡ 나무가 벌써 어른의 키 <u>높이</u> 정도로 자랐다.

14. 밑줄 친 단어의 품사로 가장 옳지 않은 것은?

2018 서울시 9급

① 나도 참을 <u>만큼</u> 참았다. (의존 명사)

나도 그 사람<u>만큼</u> 한다. (조사)

② 오늘은 바람이 <u>아니</u> 분다. (부사)

<u>아니</u>, 이럴 수가 있나? (감탄사)

③ 열을 배우면 <u>백</u>을 안다. (명사)

열 사람이 <u>백</u> 말을한다. (관형사)

④ 그는 <u>의지적</u>이다. (명사)

그는 <u>의지적</u> 인간이다. (관형사)

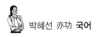

15.

정답풀이 '날이 밝다(=동이 트다)'를 의미하는 '밝다'만 동사이고 나머지는 형용사인데, '밝은 빛, 벽지가 밝아'의 '밝다'는 나머지 의미이므로 모두 형용사이다.

오답풀이 ① 체언 '철수' 뒤에 '만큼'이 결합된 것을 보면 '만큼'은 조사임을 알 수 있다. 용언의 관형사형 '먹을'은 관형어이므로 그 뒤는 무조건 체언이 와야 한다. 따라서 '만큼'은 의존 명사이다.
② 체언 뒤에 관형격 조사 '의'가 결합된 것을 보면 '내일'은 명사임을 알 수 있다. '내일'은 뒤의 용언 '시작합시다'를 꾸미므로 부사이다.
④ '성장하다, 자라다'를 의미하는 '크다'는 동사이므로 '키가 컸구나'의 '크다'는 동사이다. 그 외의 의미는 형용사이므로 '키가 큰 나무'의 '크다'는 형용사이다.

16.

정답풀이 '다들'은 부사어 '다'에 주체가 복수임을 나타내는 보조사 '들'이 붙은 것이므로 ⓒ의 예시에 해당한다. (참고로 ≪표준국어대사전≫에는 ㉠의 '들1'이 '들3'으로 나온다.)

오답풀이 ① 앞에 나열된 것들 뒤에 오는 '들'은 '의존 명사(㉠)이다. 앞에 나온 것들이 뒤의 의존명사 '들'을 수식하는 것이다.
② '앉아서들'은 연결 어미 '-아서' 뒤에 주체가 복수임을 나타내는 보조사(ⓒ)가 붙은 것이다.
④ '어서들'은 부사어 '어서'에 '들'은 주체가 복수임을 나타내는 보조사(ⓒ)가 붙은 것이다. '그들에게'는 인칭 대명사 '그'에 객체에 복수의 뜻을 더하는 접미사(ⓒ)가 붙은 것이다.

17.

정답풀이 '및'은 '그리고, 그래서, 하지만, 따라서'처럼 문장과 문장을 접속해 주는 문장 부사이므로 적절하다.

오답풀이 ① ㉠의 '그리고'는 감탄사가 아니라 문장과 문장을 접속해주는 문장 접속부사이다.
② ⓒ의 문장은 '포돌이가 웃는다. 그리고 포순이가 웃는다'로 나누어도 자연스러우므로 '와'는 접속 조사임을 알 수 있다.
③ ⓒ의 '와'가 두 문장이 결합되었음을 뜻하는 접속 조사라면 '포돌이가 서로 닮았다. 포순이가 서로 닮았다.'처럼 두 문장이 자연스러워야 하는데 혼자 닮을 수는 없는 것이므로 자연스러운 의미로 볼 수 없다. 따라서 여기에서 '와'가 두 문장을 결합했다고 볼 수는 없다.

18.

정답풀이 '요'는 어절이나 문장의 끝에 결합하면서 상대(청자)를 높이는 의미가 있다. 또한 체언에 뜻을 더해주는 보조사이다.

오답풀이 ① '오'는 어절이나 문장의 끝에 결합하면서 상대(청자)를 높이는 의미가 있다. 하지만 체언에 뜻을 더해주는 보조사가 아니라 종결 어미이다.
② '은'은 어절의 끝에 결합하고 보조사이지만, 상대 높임과 관련이 없다. 상대 높임은 문장의 종결 어미와 관련이 있기 때문이다.
④ '요'는 연결 어미이므로 보조사가 아니다.

19.

정답풀이 • 명사 : 겨울, 바다, 미지, 새, 새들, 생각, 해풍, 진실, 허무, 불, 물, 이랑, 위, 불
• 대명사 : 그대
• 조사 : 에, 의, 은, 을, 도, 마저
• 관형사 : 그
• 형용사 : 싶던(보조 형용사), 없었네, 매운
• 동사 : 가, 보았지(보조 동사), 보고, 죽고, 했건만도[했건만(동사)＋도 (조사)], 눈물져, 얼어, 버리고(보조 동사), 붙어, 있었네(보조 동사)

 15. ③ 16. ③ 17. ④ 18. ③ 19. ②

15. 〈보기〉의 Ⓐ의 사례로 가장 적절하지 않은 것은?

2021 법원직 9급

─〈 보기 〉─

하나의 단어는 보통 하나의 품사 부류에 속한다. 하지만 하나의 단어가 문장에서의 쓰임에 따라 여러 가지 품사의 역할을 할 때가 있다. 이런 단어는 사전에서도 두 가지 이상의 품사로 처리된다. 예를 들어 "마라톤을 좋아하는 사람 다섯이 대회에 참가했다."에서의 '다섯'은 수사이지만 "마라톤을 좋아하는 다섯 사람이 대회에 참가했다."에서의 '다섯'은 관형사이다. 이처럼 하나의 단어가 두 가지 이상의 품사로 처리되는 것을 Ⓐ 품사의 통용이라고 한다.

① 나도 철수만큼 잘할 수 있다.
　각자 먹을 만큼 먹어라.
② 뉴스에서 내일의 날씨를 예보하고 있다.
　오늘은 이만하고 내일 다시 시작합시다.
③ 어느새 태양이 솟아 밝은 빛을 비춘다.
　벽지가 밝아 집 안이 환해 보인다.
④ 키가 큰 나무는 우리에게 그늘을 주었다.
　철수야, 키가 몰라보게 컸구나.

🔵중간빈출

16. 다음 〈보기〉를 참고하였을 때 ㉠~㉢의 예로 적절하지 않은 것은?

2021 경찰 1차

─〈 보기 〉─

㉠ 들1 「의존명사」 ((명사 뒤에 쓰여)) 두 개 이상의 사물을 나열할 때, 그 열거한 사물 모두를 가리키거나, 그 밖에 같은 종류의 사물이 더 있음을 나타내는 말

㉡ 들4 「조사」 ((체언, 부사어, 연결 어미 '-아, -게, -지, -고', 합성 동사의 선행 요소, 문장의 끝 따위의 뒤에 붙어)) 그 문장의 주어가 복수임을 나타내는 보조사

㉢ -들8 「접사」 ((셀 수 있는 명사나 대명사 뒤에 붙어)) '복수(複數)'의 뜻을 더하는 접미사

① 책상 위에 놓인 공책, 신문, 지갑 ㉠들을 가방에 넣었다.
② 거기 ㉡앉아서들 이야기하세요.
③ ㉢다들 떠나갔구나.
④ 나는 "㉡어서들 오세요."라고 ㉢그들에게 말했다.

17. 다음 예의 밑줄 친 부분에 대한 설명으로 가장 적절한 것은?

2019 경찰 1차

─〈 보기 〉─

㉠ 포돌이가 웃는다. 그리고 포순이가 웃는다.
㉡ 포돌이와 포순이가 웃는다.
㉢ 포돌이와 포순이가 서로 닮았다.
㉣ 포돌이 및 포순이가 웃는다.

① ㉠의 '그리고'는 문장의 다른 성분을 수식하지 않고 독립적으로 기능하므로 감탄사이다.
② ㉡의 '와'는 그 앞말이 필수적인 부사어임을 나타내는 부사격 조사이다.
③ ㉢의 '와'는 두 문장이 결합되었음을 뜻하는 접속 조사이다.
④ ㉣의 '및'은 두 문장이 결합될 때 쓰이는 접속 부사(문장 부사)이다.

18. 밑줄 친 부분이 〈보기〉의 ㉠~㉢의 성격을 모두 갖는 것은?

2011 법원직 9급

─〈 보기 〉─

㉠ 앞말에 특별한 뜻을 더하여 주는 조사는 보조사이다.
㉡ 상대 높임을 나타낸다.
㉢ 어절이나 문장의 끝에 결합한다.

① 조용히 해 주십시오.
② 인생은 짧고 예술은 길다.
③ 죽은 소와 돼지가 불쌍하지요.
④ 이것은 닭이요, 저것은 돼지입니다.

🔵난이도 조절용

19. 다음 시에 쓰인 단어들은 몇 가지 품사로 분류되는가? (단, 학교 문법의 9품사를 기준으로 하되, 중복된 품사는 하나로 친다.)

2012 지방직 7급

겨울 바다에 가 보았지.
미지의 새,
보고 싶던 새들은 죽고 없었네.
그대 생각을 했건만도 매운 해풍에
그 진실마저 눈물겨 얼어 버리고
허무의
불
물 이랑 위에 볼 붙어 있었네.

① 5　　　② 6　　　③ 7　　　④ 8

박혜선 국어
개념도 새기는
기출 문법

02

통사론

01 Chapter 문장 성분

1. 문장 성분: 문장에서 일정한 문법적인 기능을 하는 부분. 단위는 어절

주성분	개념	문장을 이루는 주된 골격이 되는 부분(생략 힘듦)
	종류	주어, 목적어, 보어, 서술어
부속 성분	개념	주로 주성분을 수식하는 성분(생략 가능. 그러나 일부는 생략 불가)
	종류	관형어, 부사어
독립성분	개념	다른 문장 성분과 직접적인 관련이 없음. (생략 가능)
	종류	독립어

2. 문장 성분의 종류와 특성

(1) 주어

개념	동작 또는 상태나 성질의 주체가 되는 문장 성분
표지	체언 + 주격 조사(이/가, 께서, 에서★)
	체언 + 보조사(서)
	생략 가능

(2) 목적어

개념	동작의 대상 (타동사의 대상)
표지	목적격 조사 '을/를'
	보조사
	생략

(3) 보어

개념	서술어 '되다, 아니다'를 보충해 주는 성분
표지	보격 조사 '이/가' (주격 조사 '이/가'와 헷갈리지 말기)
	보조사
	생략

(4) 서술어

개념	주어의 동작 또는 상태나 성질
표지	동사
	형용사
	체언+서술격 조사 '이다'

(5) 관형어

개념	체언을 수식하는 문장 성분을 말한다. 관형어는 반드시 뒤에 체언이 와야 한다.
표지	관형사 단독 예 새/헌/옛/온갖/모든/이/그/저 건물
	체언+관형격 조사(의) 예 역공녀의 그림
	체언 예 역공녀 그림
	용언의 관형사형 어미 예 그녀는 동그란 안경을 썼다.

(6) 부사어

개념	• 주로 용언을 꾸며 주는 성분으로, 부사어나 관형어, 때로는 문장 전체를 수식하기도 한다. • 부사어는 보통 수의적인 성분이지만, 서술어의 성격에 따라 필수적인 성분이 되는 경우도 있다.
표지	부사 단독 예 그는 노래를 **굉장히** 잘한다.
	체언＋부사격 조사 예 승기가 **군대에서** 돌아왔다.
	부사＋보조사 예 **빨리만** 먹지 마라.
	용언의 부사형 어미 예 그는 **높게** 뛰었다.

① 부사어의 종류 1

성분 부사어	개념	특정한 문장 성분만 꾸미는 부사어 매우, 아주. 잘, 자주 등
	예	예 남자친구를 **안** 사귀었다. 기차가 **빠르게** 달렸다.
문장 부사어	개념	문장 전체를 꾸미는 부사어
	예	예 **과연** 그것이 사실이었구나. **그러나** 역공녀는 늙었다.

② 부사어의 종류 2

필수적 부사어	개념	문장에서 생략이 불가능한 부사어
	예	예 그녀는 **그와** 닮았다. 그녀는 **예쁘게** 생겼다.
수의적 부사어	개념	문장에서 생략 가능한 부사어
	예	예 그는 밥을 **잘** 먹었다.

(7) 독립어

개념	다른 성분과 직접적인 관계가 없는 말로, 생략해도 문장이 성립한다.
표지	감탄사 단독 예 **와**, 이게 사실이냐.
	체언＋호격 조사 예 **혜선아**, 쉬는 시간이다!
	문장의 제시어 예 **인생**, 그것은 무엇일까?

01.

정답풀이 ⓒ의 '얼음이'는 보어에 해당한다. '되다', '아니다' 앞의 체언에 보격 조사 '이', '가'가 결합하여 실현될 수 있다.

오답풀이
① 주어는 술어가 나타내는 동작이나 상태의 주체가 되는 말이다. 주어진 문장의 서술어 '깨웠다'의 주체는 '지원'이므로 적절하다.
② 동사 '만들다'는 주어 외에도 목적어를 필수로 요구하는 두 자리 서술어이다.
④ 독립어는 문장의 다른 성분과 밀접한 관계없이 독립적으로 쓰이는 말이며 감탄사, 호격 조사가 붙은 명사, 제시어, 대답하는 말, 문장 접속 부사 등이 독립어의 범주에 속한다. '어머나'는 감탄사이므로 독립어이다.

02.

정답풀이 '미연에'는 부사격 조사가 결합한 부사어이므로 주성분이 아니라 부속 성분이다. 부속 성분에는 부사어와 관형어가 있다. (참고로 필수 부사어는 주성분이 아니라 부속 성분이다.)

오답풀이 주성분은 '주어, 목적어, 보어, 서술어'이다. 격조사로 문장 성분을 파악할 수 있지만, 격조사가 아니라 보조사가 결합된 경우에는 자연스러운 격조사를 넣어서 파악해야 한다.
① 그는(주어) 나에게(부사어) 맹물만(목적어) 주었다.(서술어) : '맹물만'을 '맹물을'로 고치면 자연스럽다. 따라서 '맹물만'은 목적어이므로 주성분이다.
② 그(관형어) 사람(관형어) 말은(주어) 사실도(보어) 아니었다.(서술어) : '사실도'를 '사실이'로 고치면 자연스럽다. 뒤에 '되다, 아니다'가 오는 경우에는 앞이 보어가 된다. 따라서 '사실도'는 보어이므로 주성분이다.
④ 정부에서(주어) 그(관형어) 일을(목적어) 적극적으로(부사어) 추진하고 있다.(서술어) : 주격 조사 '에서'가 쓰였으므로 '정부에서'는 주어이므로 주성분이다.

03.

정답풀이 밑줄 친 부분은 모두 격 조사를 생략시킨 보조사가 있다. 보조사는 격 조사처럼 문장 성분의 자격을 부여하는 중요한 능력이 없다. 따라서 이들 보조사를 격 조사로 바꾸어 보면 문장 성분을 쉽게 구별할 수 있다. 뒤에 있는 서술어를 보고 격 조사를 충분히 알아낼 수 있다. ②는 '마음(이) 날아갈 것 같다'와 같이 쓰이므로, 주격 조사가 들어가는 것이 자연스럽다. 즉, 문장 성분은 주어이다.

오답풀이 나머지 모두 문장에서 목적어로 쓰였다.
① 밥도(밥을) 안 먹다.
③ 물만(물을) 주었다.
④ 고향의 사투리까지(사투리를) 싫어하다.

04.

정답풀이 '에서'는 보통 부사격 조사로 쓰이지만!!! 제한적으로 주격 조사로 쓰이는 경우가 있다. (제일 쉬운 방법은 주격 조사 '이/가'를 넣어보면 된다.) 앞에 단체 무정 명사가 나오면서 어떤 행위를 한 '주체의 책임'에 대한 의미를 갖는다면 '에서'는 더 이상 부사격 조사가 아니다. 주격 조사로서 기능하게 되므로 '정부에서'는 주어가 된다.

오답풀이 나머지 ①, ②, ③은 부사격 조사가 쓰인 것으로 부사어이다.

05.

정답풀이 '에서'가 나왔을 때 주격 조사 '이/가'를 넣어서 자연스러우면 '에서'는 주격 조사이고 부자연스러우면 '에서'는 부사격 조사이다. '정부가 실시한 조사 결과'로 바꿨을 때 자연스러우므로 여기에서 '에서'는 주격조사이다. 따라서 '정부에서'는 주어이다.

오답풀이 ① '동창회가 있었던 일이다.'로 바꿨을 때 부자연스러우므로 여기에서 '에서'는 부사격 조사이다. 따라서 '동창회에서'는 부사어이다.
② '에'는 부사격 조사이므로 '손에'는 부사어이다.
④ '에'는 부사격 조사이므로 '마음에'는 부사어이다.

06.

정답풀이 '에서'는 주격 조사와 부사격 조사가 있다. 이를 구분하는 방법은 '에서' 대신에 주격조사 '이/가'를 넣어보는 것이다. 자연스러우면 '에서'는 주격 조사이므로 부자연스러우면 '에서'는 부사격 조사이다. 그런데 '우리 회사가 수소 자동차가 개발되었다.'는 부자연스러우므로 '우리 회사에서'의 '에서'는 부사격조사이므로 '우리 회사에서'는 문장 성분이 부사어이다.

오답풀이 ① '정부가 실시한 조사 결과가 발표되었다.'는 자연스러우므로 '정부에서'의 '에서'는 주격조사이다. 따라서 '정부에서'는 주어이다.
③ '께서'는 높임의 주격조사이므로 '할아버지께서'는 주어이다.
④ '우리 학교가 전국을 제패하였다.'는 자연스러우므로 '에서'는 주격조사이다. 따라서 '학교에서'는 주어이다.
⑤ '가'는 주격조사이므로 '우리 학교가'는 주어이다. (참고로 이 문장은 서술절을 안은문장이다.)

1. ③ 2. ③ 3. ② 4. ④ 5. ③ 6. ②

제2편 통사론 CH.01 문장 성분

최빈출

01. ㉠~㉣을 설명한 내용으로 적절하지 않은 것은?3

2022 지방직 9급

> ○ ㉠ <u>지원은</u> 자는 동생을 깨웠다.
> ○ 유선은 도자기를 ㉡ <u>만들었다.</u>
> ○ 물이 ㉢ <u>얼음이</u> 되었다.
> ○ ㉣ 어머나, 현지가 언제 이렇게 컸지?

① ㉠: 동작의 주체를 나타내는 주어이다.
② ㉡: 주어와 목적어를 요구하는 서술어이다.
③ ㉢: 서술어를 꾸며주는 부사어이다.
④ ㉣: 문장의 다른 성분과 직접적으로 관련을 맺지 않는 독립어이다.

02. 밑줄 친 부분이 주성분이 아닌 것은? 2015 교육행정직 9급

① 그는 나에게 <u>맹물만</u> 주었다.
② 그 사람 말은 <u>사실도</u> 아니었다.
③ 우리가 사고를 <u>미연에</u> 방지하지 못했다.
④ <u>정부에서</u> 그 일을 적극적으로 추진하고 있다.

03. 밑줄 친 부분의 문장 성분이 다른 하나는? 2019 서울시 9급

① 그는 <u>밥도</u> 안 먹고 일만 한다.
② 몸은 아파도 <u>마음만은</u> 날아갈 것 같다.
③ 그는 그녀에게 <u>물만</u> 주었다.
④ 고향의 <u>사투리까지</u> 싫어할 이유는 없었다.

04. 밑줄 친 부분의 문장 성분이 나머지 셋과 다른 하나는?

2020 서울시 9급

① 이 물건은 <u>시장에서</u> 사 왔다.
② 고마운 <u>마음에서</u> 드리는 말씀입니다.
③ <u>이에서</u> 어찌 더 나쁠 수가 있겠어요?
④ <u>정부에서</u> 실시한 조사 결과가 발표되었다.

05. 밑줄 친 부분의 문장 성분이 다른 것은? 2015 국가직 7급

① 어느 학교의 <u>동창회에서</u> 있었던 일이다.
② 손에 익은 연장이라서 일이 빨리 끝나겠다.
③ <u>정부에서</u> 실시한 조사 결과가 드디어 발표되었다.
④ 그 고마운 <u>마음에</u> 보답하고자 편지를 드리려고 합니다.

06. 밑줄 친 부분의 문장 성분이 다른 것은? 2021 국회직 8급

① <u>정부에서</u> 실시한 조사 결과가 발표되었다.
② <u>우리 회사에서</u> 수소 자동차가 개발되었다.
③ <u>할아버지께서</u> 지금 막 돌아오셨다.
④ 이번 춘계 대회는 우리 <u>학교에서</u> 전국을 제패하였다.
⑤ <u>우리 학교가</u> 운동장이 좁다.

07.

정답풀이 '건강하지를'에서 목적격 조사 '를'이 쓰였지만 '건강하지를'은 목적어가 아니다. '아이들이'라는 주체의 상태를 서술해주는 기능을 하므로 '건강하지를 않아'라는 서술어의 일부일 뿐이다. 이 문장에서의 '를'은 목적격 조사가 아니라 강조의 뜻을 더하는 보조사이다.

오답풀이 나머지 '를'은 목적격 조사에 해당하므로 모두 목적어이다.
① '결정하다'는 목적어를 요구하는 서술어이다. '그의 제안을 수용할지'는 '결정하다'의 목적어에 해당한다. 보통 명사절은 '-음/기'가 결합되는 것이 일반적이지만 이렇게 어미 '-ㄹ지'가 쓰여 명사절의 형태가 되는 경우가 있다.
② '기다리다'는 목적어를 요구하는 서술어이다. '바람이 불기'는 '기다리다'의 목적어에 해당한다. '바람이 불기'는 명사형 어미 '기'가 결합된 명사절이다.
④ '가리다'는 목적어를 요구하는 서술어이다. '일이 어렵고 쉽고'는 '가리다'의 목적어에 해당한다. 보통 명사절은 '-음/기'가 결합되는 것이 일반적이지만 이렇게 '-고'가 쓰여 명사절의 형태가 되는 경우가 있다.

08.

정답풀이 '멀리'는 체언인 '그대'를 꾸미는 것이 아니기 때문에 관형어가 될 수 없다. '멀리'는 동사 '보여'를 꾸미는 부사어이다.

오답풀이 ① ㉠ 관형어 : '저'는 체언 '하늘'을 꾸미므로 관형어이다.
② ㉡ 부사어 : '너무나'는 용언(형용사) '소중해'를 꾸미므로 부사어이다.
③ ㉢ 목적어 : '성을'에서 목적격 조사 '을'이 쓰였으므로 목적어이다.

09.

정답풀이 '아주'는 뒤의 관형사 '새'를 꾸미므로 부사어이다. 부사어는 용언을 꾸미는 것 외에도, 관형사, 부사, 체언을 수식하기도 한다.

오답풀이 나머지는 체언을 꾸미므로 문장 성분이 관형어이다.
① 관형격 조사 '의'가 붙었으므로 '어머니의'는 관형어이다.
③ 뒤의 체언을 꾸미는 '바로'는 품사는 부사이지만 문장 성분은 관형어이다. '바로'가 체언인 '옆집'을 꾸미므로 문장 성분은 관형어이다. 이와 같은 부사이자 관형어인 단어는 '오직, 겨우, 고작, 다만, 단지, 유독, 무려, 제일, 가장' 등이 있다.
　예 바로 너 / 오직 너 / 겨우(고작) 하루 / 다만(단지) 꿈 / 유독(제일, 가장) 미인
④ 용언의 관형사형 '예쁜'은 체언을 꾸미는 역할을 하므로 관형어이다.

10.

정답풀이 '배하고 사과하고 감을 가져오너라.'의 '하고'는 체언(배)과 체언(사과)을 연결하는 접속 조사이다. '너는 성적이 누구하고 같으냐?'의 '하고'는 체언과 체언을 연결하지 않고 있다. 뒤의 형용사 '같다'는 '와/과'가 붙은 필수적 부사어를 요구하는 서술어이다. '하고'는 '와/과'를 대신하여 쓰일 수 있으므로 '하고' 또한 부사격 조사이다. 따라서 이 선택지는 옳지 않다.

오답풀이 ① '동창회에서'의 '에서' 대신에 주격 조사 '이/가'를 넣어도 자연스러우므로 '에서'는 주격조사이다. '어느 학교 동창회에서'의 '에서' 대신에 주격 조사 '이/가'를 넣으면 문장이 어색해지므로 여기에서의 '에서'는 부사격 조사이다.
② '되다, 아니다' 앞에 오는 '이/가'는 보격 조사이므로 '얼음이'는 보어이다. 아지만 부사격 조사 '으로'가 붙은 '얼음으로'는 부사어이다. (참고로 '얼음으로'는 생략이 불가능한 필수 부사어이다.)
③ '민주는 엄마와 진학 문제를 의논했다.'에서 '와'는 대칭 서술어인 '의논하다'를 보면 부사격 조사이다. '엄마와 진주는'에서 '와'는 체언과 체언을 동등하게 이어 주므로 접속조사이다.

11.

정답풀이 ㉠의 '참'은 형용사 '아름답다'를 수식하는 성분 부사어이다. ㉡의 '과연'은 '영선이는 똑똑하구나'라는 문장 전체를 수식하는 '문장 부사어'이다. ㉢의 '엄마(체언)＋와(부사격 조사)'의 구성을 가진 부사어이다. 부사격조사가 결합되어 있기 때문이다. 뒤의 형용사 '닮았다'를 수식하므로 '성분 부사어'이다. ㉣의 '그러나'는 '문장 접속 부사'이므로 '문장 부사어'이다.　따라서 ㉠부터 ㉣까지 밑줄 친 부분은 모두 부사어이다.

오답풀이 ① ㉠은 성분 부사어가 맞지만 ㉡은 '영선이는 똑똑하구나'라는 문장 전체를 수식하는 '문장 부사어'이다.
② ㉡은 문장 부사어가 맞지만 ㉢'엄마와'는 형용사 '닮았다'를 수식하므로 '성분 부사어'이다.
③ 앞뒤를 연결해 주는 접속 부사어는 ㉣뿐이다.

 정답 찾기 　7. ③　8. ④　9. ②　10. ④　11. ④

07. 밑줄 친 부분 중에서 목적어가 아닌 것은? 2018 서울시 9급

① 우리는 <u>그의 제안을</u> 수용할지를 결정하지 못했다.
② 사공들은 <u>바람이 불기를</u> 기다렸다.
③ 아이들이 <u>건강하지를</u> 않아 걱정이다.
④ 나는 일이 <u>어렵고 쉽고를</u> 가리지 않는다.

08. 다음 밑줄 친 부분의 문장 성분으로 적절하지 않은 것은? 2017 소방

> 자유롭게 ㉠ <u>저</u> 하늘을 날아가도 놀라지 말아요 우리 앞에 펼쳐질 세상이 ㉡ <u>너무나</u> 소중해 함께라면 마법의 ㉢ <u>성을</u> 지나 늪을 건너 어둠의 동굴 속 ㉣ <u>멀리</u> 그대가 보여
>
> ─「마법의 성」 노래 가사 ─

① ㉠ 관형어 　　② ㉡ 부사어
③ ㉢ 목적어 　　④ ㉣ 관형어

09. 밑줄 친 부분의 문장 성분이 다른 하나는? 2019 서울시 7급

① 지금도 나는 <u>어머니의</u> 말씀이 기억난다.
② 그 학생이 <u>아주</u> 새 사람이 되었더라.
③ <u>바로</u> 옆집에 삼촌이 사신다.
④ 5월에 <u>예쁜</u> 꽃을 보러 가자.

10. 다음 중 설명이 올바르지 않은 것은? 2021 경찰 1차

① '동창회에서 장학금을 모교에 전달했다.'의 '동창회에 서'는 주어이지만, '어느 학교 동창회에서 있었던 일이 다.'의 동창회에서'는 부사어이다.
② '물이 얼음이 되었다.'와 '물이 얼음으로 되었다.'의 의 미는 크게 다르지 않지만, '얼음이'는 보어이고 '얼음으 로'는 부사어이다.
③ '민주는 엄마와 진학 문제를 의논했다.'의 '와'는 부사격 조사이지만 '엄마와 민주는 민하를 기다렸다.'의 '와'는 접속조사이다.
④ '배하고 사과하고 감을 가져오너라.'의 '하고'와 '너는 성적 이 누구하고 같으냐?'의 '하고'는 모두 부사격 조사이다.

11. 다음 밑줄 친 성분에 대한 설명 중 가장 적절한 것은? 2018 경찰 1차

> ㉠ 영선이가 <u>참</u> 아름답다.
> ㉡ <u>과연</u> 영선이는 똑똑하구나.
> ㉢ 영선이는 <u>엄마와</u> 닮았다.
> ㉣ <u>그러나</u> 영선이는 역경을 이겨냈다.

① ㉠과 ㉡의 밑줄 친 부분은 문장 내의 다른 성분을 수식 하는 성분 부사어이다.
② ㉡과 ㉢의 밑줄 친 부분은 문장 전체를 수식하는 문장 부사어이다.
③ ㉢과 ㉣의 밑줄 친 부분은 앞뒤를 연결해 주는 접속 부 사어이다.
④ ㉠부터 ㉣까지 밑줄 친 부분은 모두 부사어이다.

PART 02

박혜선 亦功 국어

12.

정답풀이) '부사절'이란 주어와 서술어가 있으면서 부사형 어미 '-게, -아서, -도록'이 붙어 큰 문장에 안긴문장이다. 〈보기〉에서 부사절로 자체가 주어로 나타나는 것은 찾을 수 없다. 주어는 명사(㉠ 현우, 장미가), 명사구(㉡ 그 소년이)로 나타나기도 한다. (참고로 '장미가 예쁘게'는 부사절은 맞지만 주어가 아니라 부사어이다.)

오답풀이) ② '㉡ 장미가'와 '㉢ 그 소년이'에서 주격조사 '이/가'가 붙었으므로 적절한 설명이다.
③ ㉠은 행위(먹는다)의 주체 / ㉡은 행위(피었다)와 상태나 성질(예쁘게)의 주체 / ㉢은 행위(붙었다)의 주체 / ㉣은 행위(공지하였다.)의 주체 / ㉤은 상태나 성질(취미이다)의 주체
④ ㉣을 통해 확인할 수 있다. '에서'가 나타나는 경우에는 주격조사 '이/가'를 넣어보면 된다. 자연스러우면 주격조사이지만 부자연스러우면 부사격 조사이다.

13.

정답풀이) ㉠ 관형어는 '예쁜 차(명사 수식), 예쁜 그녀(대명사 수식), 어느 하나(수사 수식)' 등 체언류를 꾸미는 문장 성분이다. '예쁜'은 용언의 관형사형이므로 관형어이다.
㉡ 명사는 '시골 학교'처럼 그대로 관형어가 될 수 있다.
㉢ '가는 버스, 예쁜 차'를 보면 동사의 관형사형, 형용사의 관형사형이 뒤의 체언을 꾸미고 있으므로 동사, 형용사도 관형어가 될 수 있음을 알 수 있다.
㉣ 조사 '의'는 관형어를 만드는 관형격 조사이다.

14.

정답풀이) ㉢ '물이'는 주격 조사 '이'가 결합된 주어이다. '얼음으로'는 부사격 조사 '으로'가 결합된 부사어이다. '되었다.'는 주어의 행위를 서술해주는 서술어이다.
㉣ 부사어는 '아주 새 책'처럼 관형어 '새'를 수식하기도 하고 '아주 잘 먹었다'처럼 다른 부사어 '잘'을 수식하기도 한다.
㉤ 체언(혜선)에 호격 조사(아)가 결합된 '혜선아'는 독립어에 해당된다.

오답풀이) ㉠ 주어의 성격에 따라 달라지는 것이 아니라 '서술어'의 성격에 따라 필요로 하는 문장 성분의 숫자가 다르다.
㉡ '부사어'는 주성분이 아니라 부속 성분에 속한다. '주어, 서술어, 목적어, 보어'가 주성분에 속한다.
㉥ 문장에서 주어, 목적어 모두 생략될 수 있다. 공유되는 상황이 있다면 생략 가능하다.
예 어제 너 밥 잘 먹었어?
응, 잘 먹었어 (주어 '나', 목적어 '밥' 생략됨.)

15.

정답풀이) '주다'는 세 자리 서술어로서, 부사어를 꼭 필요로 하므로 '우리들에게'도 필수적인 문장 성분이 될 수 있다.

오답풀이) ① '예쁘다'는 형용사로서, 주어만 필요한 한 자리 서술어이다.
② '보다'는 주어와 목적어를 요구하는 두 자리 서술어이므로 ㉡에서 필수적인 문장 성분은 3개이다.
④ '개통되다'의 주어는 '경전철이' 하나뿐이다. '우리도'의 서술어는 '모른다'이다.

16.

정답풀이) 부사어의 문장 내에서의 역할을 물어보는 문제의 출제 의도는 필수적인 부사어와 수의적인 부사어를 구분하는 것이다. 부사어가 생략되는지 안 되는지를 파악해야 하는데, '비겁하게'를 생략하게 되면 문장이 성립되지 않는다. 따라서 용언의 부사형인 '비겁하게'는 필수적 부사어이고 나머지는 모두 수의적 부사어이다.

오답풀이) ① '까맣게'는 용언의 부사형으로 뒤의 동사 '탔다.'를 수식하는 부사어이다. 생략되어도 문장의 의미가 어색하지 않다.
③ '격렬하게'는 용언의 부사형으로 뒤의 동사 '싸웠다'를 수식하는 부사어이다. 생략되어도 문장의 의미가 어색하지 않다.
④ '시원하게'는 용언의 부사형으로 뒤의 동사 '마셔야'를 수식하는 부사어이다. 생략되어도 문장의 의미가 어색하지 않다.

17.

정답풀이) ㉠의 주성분은 주어, 서술어 2개, ㉡과 ㉢의 주성분은 주어, 목적어 3개이다.
㉠: 아이가(주어) 작은(관형어) 침대에서(부사어) 예쁘게(부사어) 잔다(서술어)
㉡: 그는(주어) 친구의(관형어) 딸을(목적어) 며느리로(필수적 부사어) 삼았다(서술어)
㉢: 앗(독립어), 영희가(주어) 뜨거운(관형어) 물을(목적어) 엎질렀구나!(서술어)

오답풀이) ① ㉠의 '작은'과 ㉡의 '친구의', ㉢의 '뜨거운'은 관형어이다.
③ ㉠의 부속성분은 '작은(관형어)', '침대에서(부사어)', '예쁘게(부사어)' 3개이다. ㉡의 부속성분은 '친구의(관형어)', '며느리로(부사어)' 2개이다. ㉢의 부속성분은 '뜨거운(관형어)' 1개이다.
④ ㉡의 서술어 '삼다'는 필수적 부사어 '…으로'를 필요로 한다.

정답찾기 12. ① 13. ① 14. ③ 15. ③ 16. ② 17. ②

12. 〈보기〉의 밑줄 친 부분을 고려할 때, 주어의 특성에 대한 설명으로 가장 적절하지 않은 것은?　2017 경찰 1차 여경

─〈보기〉─
ㄱ <u>현우</u> 밥 먹는다.
ㄴ <u>장미가</u> 예쁘게 피었다.
ㄷ <u>그 소년이</u> 피리를 불었다.
ㄹ <u>학교에서</u> 학사 일정을 공지하였다.
ㅁ <u>피아노 연주하기가</u> 나의 취미이다.

① 주어는 명사, 명사구, 부사절로 나타나기도 한다.
② 주어는 일반적으로 주격조사 '이/가'가 붙어 표시된다.
③ 주어는 행위의 주체, 상태나 성질의 주체가 나타나기도 한다.
④ 주어는 단체 명사일 때 주격조사 '에서'가 붙어 나타나기도 한다.

13. 다음 〈보기〉 가운데 우리말의 관형어에 대한 설명으로 옳은 것을 모두 고르면?　2015 서울시 7급

─〈보기〉─
ㄱ 관형어는 명사, 대명사, 수사와 같은 체언류를 꾸미는 문장 성분이다.
ㄴ 명사는 그대로 관형어가 될 수 있다.
ㄷ 동사나 형용사도 관형어가 될 수 있다.
ㄹ 조사 '의'는 관형어를 만드는 중요한 격조사이다.

① ㄱ, ㄴ, ㄷ, ㄹ
② ㄱ, ㄷ, ㄹ
③ ㄴ, ㄷ
④ ㄴ, ㄹ

14. 다음 중 국어의 문장 성분에 관한 설명이 옳은 것끼리 묶인 것은?　2016 서울시 7급

─〈보기〉─
ㄱ 주어는 성격에 따라 필요로 하는 문장 성분의 숫자가 다르다.
ㄴ 주어, 서술어, 목적어, 부사어는 주성분에 속한다.
ㄷ '물이 얼음으로 되었다.'의 문장 성분은 주어, 부사어, 서술어이다.
ㄹ 부사어는 관형어나 다른 부사어를 수식하기도 한다.
ㅁ 체언에 호격 조사가 결합된 형태는 독립어에 해당된다.
ㅂ 문장에서 주어는 생략될 수 있지만 목적어는 생략될 수 없다.

① ㄱ, ㄴ, ㄷ　② ㄴ, ㄷ, ㄹ　③ ㄷ, ㄹ, ㅁ　④ ㄹ, ㅁ, ㅂ

15. 〈보기〉를 바탕으로 '필요한 문장 성분'에 대해 판단한 내용으로 적절한 것은?　2019 기상직 9급

─〈보기〉─
ㄱ 벤치에 앉은 그녀는 너무 예뻤다.
ㄴ 경찬이는 TV에서 만화를 보았다.
ㄷ 할아버지께서 우리들에게 세뱃돈을 주셨다.
ㄹ 우리도 경전철이 언제 개통될지 모른다.

① ㄱ에는 문장 성분이 여러 개 있지만 필수적인 것은 주어와 부사어와 서술어 이다.
② ㄴ에서 필수적인 문장 성분은 4개이다.
③ ㄷ을 보면 문장의 부속 성분인 부사어 '우리들에게'도 필수적인 문장 성분이 될 수 있다.
④ ㄹ에는 서술어 '개통되다'의 주어가 2개이므로 중복되는 주어를 생략해야 한다.

16. 밑줄 친 부사어의 문장 내에서의 역할이 나머지 셋과 가장 다른 것은?　2018 서울시 7급

① 고기가 <u>까맣게</u> 탔다.
② <u>비겁하게</u> 굴지 마라.
③ 두 사람은 <u>격렬하게</u> 싸웠다.
④ 이 술은 <u>시원하게</u> 마셔야 맛있다.

17. 〈보기〉를 바탕으로 아래 ㄱ~ㄷ을 분석한 내용으로 가장 적절하지 않은 것은?　2022 법원직 9급

─〈보기〉─
문장 성분은 문장의 주된 골격을 이루는 주성분, 주로 주성분의 내용을 수식하는 부속 성분, 다른 문장 성분과 관계를 맺지 않는 독립 성분으로 나누어진다. 주성분에는 주어, 서술어, 목적어, 보어가 있고, 부속 성분에는 부사어, 관형어가 있으며, 독립 성분에는 독립어가 있다.

ㄱ 아이가 작은 침대에서 예쁘게 잔다.
ㄴ 그는 친구의 딸을 며느리로 삼았다.
ㄷ 앗, 영희가 뜨거운 물을 엎질렀구나!

① ㄱ~ㄷ은 모두 관형어가 존재한다.
② ㄱ~ㄷ의 주성분의 개수가 일치한다.
③ ㄱ의 부속성분의 개수는 ㄴ, ㄷ보다 많다.
④ ㄴ은 ㄱ과 달리 필수적 부사어가 존재한다.

PART 02

⭐출좋포 정리하기 ❷ 서술어의 자릿수 : 서술어가 필요로 하는 필수 성분의 수

구분	필요한 성분	서술어의 종류	예시
한 자리 서술어	주어	자동사 형용사	예 꽃이 **피었다**. 꽃이 **아름답다**.
두 자리 서술어	주어, 목적어	타동사	예 그녀는 노래를 **불렀다**.
	주어, 보어	되다, 아니다	예 상익이는 공무원이 **되었다**.
	주어, 필수 부사어	대칭 서술어	예 영희는 철수와 **닮았다**. 이 책은 수험생들에게 **적합하다**. 영희는 철수와 **싸웠다**.
세 자리 서술어	주어, 목적어, 필수 부사어	주다, 삼다, 넣다, 드리다, 바치다, 가르치다, 얹다, 간주하다, 여기다 등	예 역공녀가 필통에 연필을 **넣었다**. 아버지께서 나에게 편지를 **주셨다**. 그녀는 나를 사위로 **삼았다**. 그녀는 그를 범인으로 **여겼다**.

01.

정답풀이〉 '주다'는 '주어(민수는) – 필수 부사어(후배들에게) – 목적어(책을)'를 필수적으로 요구하는 세 자리 서술어이다.

오답풀이〉 ① '아니다'는 '주어(그는), 보어(선생님이)'를 필수적으로 요구하는 두 자리 서술어이다.
③ '먹었다.'는 '주어(철수는), 목적어(라면을)'를 필수적으로 요구하는 두 자리 서술어이다.
④ '읽는다."는 '주어(학생들이), 목적어(책을)'를 필수적으로 요구하는 두 자리 서술어이다.

02.

정답풀이〉 '달라.'는 '주어(생각은), 필수 부사어(나와는)'를 필수적으로 요구하므로 세자리가 아니라 두 자리 서술어이다.

오답풀이〉 ① '같단다'는 '주어(우정은), 필수 부사어(보석과도)'를 필수적으로 요구하는 두 자리 서술어이다.
② '됐어'는 '주어(나), 보어(녹초가)'를 필수적으로 요구하는 두 자리 서술어이다.
④ '넣었어."는 '주어(원영이가), 필수 부사어(우체통에), 목적어(편지를)'를 필수적으로 요구하는 세 자리 서술어이다.

03.

정답풀이〉 ㉣에서 서술어 '부르다'는 주어 '세은이가'와 목적어 '노래를'만 요구하는 두 자리 서술어이므로 이 선택지는 옳지 않다. 부사어 '예쁘게'는 부속 성분일 뿐이므로 서술어의 자릿수에 포함되지 않는다.

오답풀이〉 나머지는 옳다.
① ㉠ '빨리'는 부속 성분이고 주어 '바퀴가'만 요구하는 한 자리 서술어이다.
② ㉡ 주어 '모은이가'와 목적어 '복숭아를'를 요구하는 두 자리 서술어이다.
③ ㉢ 주어 '목걸이가'와 필수적 부사어 '주아에게'를 요구하는 두 자리 서술어이다.

04.

정답풀이〉 ㉠의 '물들다'는 「1」【…으로】【-게】 빛깔이 스미거나 옮아서 묻다'로서 '주어와 부사어'를 필수적으로 요구하는 두 자리 서술어이다. 예 구름이 붉게 물들었다.
「2」【…에/에게】 어떤 환경이나 사상 따위를 닮아 가다.
예 사회가 자본주의에 물들다.

오답풀이〉 ㉡ '읽다'는 주어와 목적어를 필수적으로 요구하는 두 자리 서술어이다. 예 그녀가 책을 읽다.
㉢ '아니다', '되다'는 주어와 보어를 필수적으로 요구하는 두 자리 서술어이다. 예 그녀가 공무원이 되었다.
㉣ '여기다'는 '주어+목적어+부사어'를 필수적으로 요구하는 세 자리 서술어이다. 예 그녀가 그를 사위로 여겼다.

정답 찾기 1. ② 2. ③ 3. ④ 4. ①

01. 다음 문장 중 밑줄 친 서술어의 자릿수가 다른 것은?

2016 경찰 1차

① 어제 만났던 그는 이제 선생님이 <u>아니다</u>.
② 군대에 가는 민수는 후배들에게 책을 <u>주었다</u>.
③ 배가 많이 고팠던 철수는 라면을 맛있게 <u>먹었다</u>.
④ 삶에 관심이 많은 학생들이 도서관에서 책을 <u>읽는다</u>.

02. 다음 중 서술어의 자릿수를 잘못 제시한 것은?

2016 서울시 7급

① 우정은 마치 보석과도 같단다. → 두 자리 서술어
② 나 엊저녁에 시험 공부로 녹초가 됐어. → 두 자리 서술어
③ 철수의 생각은 나와는 아주 달라. → 세 자리 서술어
④ 원영이가 길가 우체통에 편지를 넣었어. → 세 자리 서술어

03. 다음 〈보기〉의 ㉠~㉣의 서술어에 대한 설명으로 적절하지 않은 것은?

2021 경찰 2차

─(보기)─
㉠ 바퀴가 빨리 돈다.
㉡ 모은이가 복숭아를 집었다.
㉢ 목걸이가 주아에게 어울린다.
㉣ 세은이가 노래를 예쁘게 부른다.

① ㉠: '…가 돌다'라는 문장 형식으로 쓰이므로 한 자리 서술어이다.
② ㉡: '…가…을 집다'라는 문장 형식으로 쓰이므로 두 자리 서술어이다.
③ ㉢: '…가…에게 어울리다'라는 문장 형식으로 쓰이므로 두 자리 서술어이다.
④ ㉣: '…가…를…게 부르다'라는 문장 형식으로 쓰이므로 세 자리 서술어이다.

04. 다음 밑줄 친 서술어에 대한 설명으로 가장 적절한 것은?

2018 경찰 2차

• 잎이 노랗게 ㉠ <u>물들었다</u>.
• 그는 이 소설책을 열심히 ㉡ <u>읽었다</u>.
• 저 사람은 전혀 다른 사람이 ㉢ <u>되었다</u>.
• 그녀는 자신의 행운을 당연하게 ㉣ <u>여긴다</u>.

① ㉠은 부사어를 필수적으로 요구하는 두 자리 서술어이다.
② ㉡은 부사어를 필수적으로 요구하는 세 자리 서술어이다.
③ ㉢은 보어를 필수적으로 요구하지 않는 한 자리 서술어이다.
④ ㉣은 목적어 외에 부사어를 필수적으로 요구하지 않는 두 자리 서술어이다.

02 Chapter 문장의 짜임새

한눈에 보기

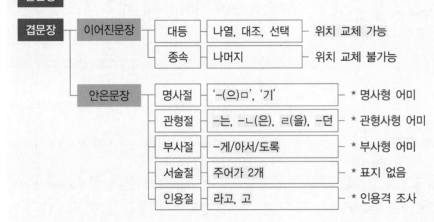

홑문장				
겹문장	이어진문장	대등	나열, 대조, 선택	위치 교체 가능
		종속	나머지	위치 교체 불가능
	안은문장	명사절	'-(으)ㅁ', '기'	* 명사형 어미
		관형절	-는, -ㄴ(은), ㄹ(을), -던	* 관형사형 어미
		부사절	-게/아서/도록	* 부사형 어미
		서술절	주어가 2개	* 표지 없음
		인용절	라고, 고	* 인용격 조사

★출종포 정리하기 ❸ 연결 어미 '-고'의 쓰임

- 저 여자가 엄마고 저 남자가 아빠다. → 대등하게 이어진 문장
- 어제는 비가 왔고 내일은 눈이 왔다. → 대등하게 이어진 문장
- 민수는 집에 가고 철수는 학교에 갔다. → 대등하게 이어진 문장
- 민수는 밥을 먹고 학교에 갔다. → 종속적으로 이어진 문장
- 저분들이 너를 이리로 데려 오고 너를 떠나보냈지. → 종속적으로 이어진 문장

대표 亦功 기출

제2편 통사론 CH.02 문장의 짜임새

01.

정답풀이 '㉡ 철수가 산책했던'은 관형사형 어미 '-던'이 결합했으므로 부사절이 아니라 관형절이다. 뒤의 '공원은'이라는 주어를 수식하고 있는 것은 옳다.

오답풀이 ① '㉠ 동생이 산'은 관형사형 어미 '-ㄴ'이 결합했으므로 뒤의 '사탕을'이라는 목적어를 수식하는 관형절이다.
③ '㉢ 숙소로 돌아가기'는 명사형 어미 '-기'가 결합했으므로 명사절인데, 이 명사절 뒤에 목적격 조사 '를'이 결합되었으므로 안은 문장의 목적어로 쓰였다고 볼 수 있다.
④ '㉣ 학교에 가기'는 명사형 어미 '-기'가 결합했으므로 명사절인데, 이 명사절 뒤에 부사격 조사 '에'가 결합되었으므로 안은문장의 부사어로 쓰였다고 볼 수 있다.

02.

정답풀이 '읽고 싶다.'의 '-고'는 본용언과 보조 용언을 연결하는 보조적 연결 어미이므로 '읽고 싶다'는 하나의 서술어이다. 주어 '나는'과 서술어 '읽고 싶다'가 각각 하나씩 있으므로 이 문장은 홑문장이다.

오답풀이 나머지는 모두 겹문장이다.
① 그는 [(차가) 큰] 차를 샀다.
→ 관형절을 안은 문장 (절 표지: 관형사형 어미 '-ㄴ')
③ 토끼는 [앞발이 짧다.]
→ 서술절을 안은 문장 (절 표지: 없음)
④ 나는 [기차가 떠났음]을 알았다.
→ 명사절을 안은 문장 (절 표지: 명사형 어미 '-음')

최빈출

01. 〈보기〉의 문장에 대한 설명으로 가장 적절하지 않은 것은?
2022 법원직 9급

┌─ (보기) ─────────────────────
• 나는 ㉠ <u>동생이 산</u> 사탕을 먹었다.
• ㉡ <u>철수가 산책했던</u> 공원은 부산에 있다.
• 민경이는 ㉢ <u>숙소로 돌아가기</u>를 원한다.
• 지금은 ㉣ <u>학교에 가기</u>에 늦은 시간이다.
└────────────────────────────

① ㉠은 안은 문장의 목적어를 수식하는 관형절이다.
② ㉡은 안은 문장의 주어를 수식하는 부사절이다.
③ ㉢은 조사 '를'과 결합하여 안은 문장의 목적어로 쓰이고 있다.
④ ㉣은 조사 '에'와 결합하여 안은 문장의 부사어로 쓰이고 있다.

02. 다음의 설명을 고려할 때, 제시된 예 중에서 문장의 유형이 나머지 셋과 다른 것은?
2015 경찰 1차

┌────────────────────────────
문장은 주어와 서술어가 한 번 나타나는 홑문장과 두 번 이상 나타나는 겹문장으로 구분된다. 겹문장에는 홑문장들이 이어지는 이어진 문장과 홑문장이 다른 문장 속의 한 문장 성분이 되는 안은 문장의 두 유형이 있다.
└────────────────────────────

① 그는 큰 차를 샀다.
② 나는 그 책을 읽고 싶다.
③ 토끼는 앞발이 짧다.
④ 나는 기차가 떠났음을 알았다.

정답
찾기 1. ② 2. ②

03.

정답풀이 '소금은 휘발유에는 잘 녹지 않지만 물에 잘 녹는다.'로 문장의 앞뒤 순서를 바꾸어도 의미가 바뀌지 않으므로 대등하게 이어진 문장이다. '-지만'은 대조의 의미를 갖는 대등적 연결 어미이다.

> **대등한 연결 어미**
> 1) 나열 '-고, -며'
> 2) 대조 '-지만, -(으)나'
> 3) 선택 '-든지, -거나'
> → 이들을 제외한 어미들은 모두 종속적으로 이어지는 어미들이다. 또 의미상으로 대등하지 않다면 위의 어미들이 쓰여도 종속적으로 이어지는 어미들로 봐야 한다.

오답풀이
① → 동주는 생각이 달라지고서 그 글을 읽었다.
② → 학생들은 토론을 계속하도록 밤이 샜다.
③ → 여기저기 물웅덩이가 생기면서 날씨가 풀렸다.
위의 문장들은 문장의 앞뒤 순서를 바꾸면 의미가 바뀌므로 종속적으로 이어진 문장들에 해당한다.

04.

정답풀이 '밤말은 쥐가 듣고 낮말은 새가 듣는다.'로 문장의 앞뒤 순서를 바꾸어도 의미가 바뀌지 않으므로 대등하게 이어진 문장이다.

오답풀이
① → 배 떨어지자 까마귀 난다.
② → 배가 산으로 가면 사공이 많다.
③ → 오는 말이 고와야 가는 말이 곱다
위의 문장들은 문장의 앞뒤 순서를 바꾸면 의미가 바뀌므로 종속적으로 이어진 문장들에 해당한다.

05.

정답풀이 • 요즘은 건강하ㄷ고? : 'ㄷ고?'는 어떤 물음 표현이 뒤 절로 올 것을 생략하고 문장을 끝맺음으로써 물음, 부정(否定), 빈정거림, 항의 따위의 뜻을 나타내는 종결 어미이다. '요즘은 건강하ㄷ고?'는 홑문장이므로 겹문장과 관련없다.
• 운동은 좀 하ㄹ고 있니? : 본용언에 붙는 보조적 연결 어미이다. 본용언(하고) 보조용언(있니?)의 구성인데, 본용언+보조 용언을 하나의 서술어로 보므로 '운동은 좀 하ㄹ고 있니?'도 홑문장일 뿐이다.

오답풀이 '-고'가 쓰이는 경우 두 홑문장이 어떤 의미로 이어지는가에 따라 대등하게 이어진 문장과 종속적으로 이어진 문장이 만들어질 수 있다.

> **'고'가 쓰인 대등하게 이어진 문장**
> (앞 뒤 문장의 순서를 바꾸어도 의미변화 없음)
> • 저 아이가 형이겠ㄱ고 네가 동생이겠구나.
> → '저 아이가 형이겠구나. (그리고) 네가 동생이겠구나
> ☞ 'ㄱ고'는 두 가지 이상의 사실을 대등하게 벌여 놓는 연결 어미이다.

> **'고'가 쓰인 종속적으로 이어진 문장**
> (앞 뒤 문장의 순서 바꾸면 의미가 어색해짐)
> • 내가 예전에는 너를 업ㄴ고 병원까지 달려갔었지.
> → '내가 예전에는 너를 업었다. (그리고) 병원까지 달려갔었
> ☞ 'ㄴ고'는 앞 절의 동작이 이루어진 그대로 지속되는 가운데 뒤 절의 동작이 일어남을 나타내는 연결 어미이다.

06.

정답풀이 앞뒤 문장의 순서를 교체하면 '나는 학교에 가고 밥을 먹었다.'와 같이 그 의미가 아예 달라진다. 따라서 '-고'가 붙긴 했으나 '대등하게 이어진 문장'이 아니라 '종속적으로 이어진 문장'으로 봐야 한다.

오답풀이 ② '오늘은 비가 오고 어제는 눈이 왔다.'와 같이 앞뒤 문장의 순서를 바꿔도 원래의 의미가 대등하게 유지되므로 ㉠으로 볼 수 있다.
③ '단풍이 들면 가을이 된다.'와 같이 앞뒤 문장의 순서를 바꾸면 원래의 의미가 유지되지 않는다. 따라서 ㉡의 예로 적절하다.
④ '사람들이 많아서 공원에 갔다.'와 같이 앞뒤 문장의 순서를 바꾸면 원래의 의미와 달라진다. 따라서 ㉡에 해당한다.

07.

정답풀이 나머지는 문장의 앞뒤를 바꿔도 의미 변화가 없는 대등적 연결 어미들이 쓰였다. 하지만 '라디오를 틀고 뉴스를 들었다.'는 종속적으로 이어진 문장이다. '-고'는 앞뒤 절의 두 사실 간에 계기적인 관계가 있음을 나타내는 연결 어미로서 종속적 연결 어미이다. 이 경우에는 앞뒤의 선후 관계가 존재하므로 문장의 앞뒤를 바꾸면 의미 변화가 있다.

정답 찾기 3. ④ 4. ④ 5. ③ 6. ① 7. ⑤

03. 대등하게 이어진 문장은? 2016 교육행정직 7급

① 동주는 그 글을 읽고서 생각이 달라졌다

② 밤이 새도록 학생들은 토론을 계속하였다.

③ 날씨가 풀리면서 여기저기 물웅덩이가 생겨났다.

④ 소금은 물에 잘 녹지만 휘발유에는 잘 녹지 않는다.

04. 대등하게 이어진 문장인 것은? 2018 소방

① 까마귀 날자 배 떨어진다.

② 사공이 많으면 배가 산으로 간다.

③ 가는 말이 고와야 오는 말이 곱다.

④ 낮말은 새가 듣고 밤말은 쥐가 듣는다.

05. 다음 밑줄 친 '-고' 중에서 겹문장(복문)을 만드는 기능을 하지 않는 어미를 모두 고른 것은? 2019 경찰 1차

저 아이가 형이겠⊙고 네가 동생이겠구나. 내가 예전에는 너를 업ⓒ고 병원까지 달려갔었지. 그래, 요즘은 건강하ⓒ고? 운동은 좀 하ⓒ고 있니?

① ⊙, ⓒ   ② ⓒ, ⓒ

③ ⓒ, ⓒ   ④ ⊙, ⓒ

06. 다음 밑줄 친 부분에 해당하는 예로 가장 적절하지 않은 것은? 2017 경찰 1차

문장은 홑문장과 겹문장으로 나뉘며, 겹문장은 다시 이어진문장과 안은문장으로 나뉜다. 이어진문장은 두 개의 홑문장이 대등한 자격으로 이어지는 ⊙ 대등하게 이어진 문장과 앞의 홑문장이 뒤의 홑문장에 종속적으로 연결되는 ⓒ 종속적으로 이어진 문장으로 나눌 수 있다. (이하 생략)

① ⊙: 나는 밥을 먹고 학교에 갔다.

② ⊙: 어제는 눈이 왔고 오늘은 비가 온다.

③ ⓒ: 가을이 되면 단풍이 든다.

④ ⓒ: 공원에 갔는데 사람들이 많았다.

07. 다음 중 밑줄 친 어구에 포함된 어미의 문법적 혹은 의미적 기능이 다른 것은? 2013 국회직 9급

① 산이 높고 물이 맑다.

② 철수는 큰데 영희는 작다.

③ 산은 높지만 물은 흐리다.

④ 철수가 학교에 가고 영희가 집에 왔다.

⑤ 라디오를 틀고 뉴스를 들었다.

08.

정답풀이) '-는데'는 다음의 말을 끌어 내기 위해 그와 상반되는 사실을 미리 말할 때 쓰는 연결 어미이다. 연결 어미 '-는데'에 보조사 '도'가 결합한 것이므로 이어진 문장이다. 나머지는 안은문장이다.

오답풀이) ① [(봄에) 꽃이 피는] 봄이 되었다.
→ 안긴문장: 관형절(관계) (절 표지: 관형사형 어미 '-는')
② [재물을 보기]를 돌같이 하라.
→ 안긴문장: 명사절 (절 표지: 명사형 어미 '-기')
③ [누나가 시험에 합격했음]을 알렸다.
→ 안긴문장: 명사절 (절 표지: 명사형 어미 '-음')

09.

정답풀이) 나머지는 안은문장인데, '봄이 되니까 온 강산에 꽃이 가득 피었다.'는 연결 어미 '-니까'로 이어진 문장이다.

10.

정답풀이) ㄱ과 ㄴ은 각각 '내가 시험에 합격하기'와 '이곳이 교통사고 발생의 빈도가 잦음'의 명사절이 안겨 있다. 하지만 명사절(안긴문장) 속에 목적어가 있지는 않다.
(단, 명사절들 뒤에 목적격 조사 '을/를'이 결합된 것을 보면, 이 명사절들이 목적어 자체로 기능하고 있음을 알 수 있다.)

> ㄱ. 우리 부모님께서는 [내가 시험에 합격하기]를 원하신다.
> → 명사형 어미 '-기'를 통해 명사절임을 알 수 있다.
>
> ㄴ. 우리는 [이곳이 (교통사고 발생의 빈도가 잦음)]을 전혀 몰랐다.
> → 명사형 어미 '-음'을 통해 명사절임을 알 수 있다.
> → 표지가 존재하지 않지만 (교통사고 발생의 빈도가 잦음)이라는 서술절도 명사절 안에 안겨 있다.

오답풀이) ③ 'ㄱ. 내가 시험에 합격하기'에는 관형어가 없지만 'ㄴ. 이곳이 교통사고 발생의 빈도가 잦음'에는 '발생의'라는 관형어가 존재한다. 관형격 조사 '의'를 통해 관형어임을 알 수 있다. 또한 '교통사고'는 명사이지만 뒤의 명사 '발생'을 꾸며주므로 관형어이다.
④ 'ㄴ. 이곳이 교통사고 발생의 빈도가 잦음'에는 부사어가 없지만 'ㄱ. 내가 시험에 합격하기'에는 '시험에'라는 부사어가 있다.

11.

정답풀이) '나는 나만의 삶을 나만의 방식대로 산다.'에는 주어(나는)과 서술어(산다)가 한번씩만 나오므로 홑문장이다.

> '나는(주어) 나만의(관형어) 삶을(목적어) 나만의(관형어) 방식대로(부사어) 산다.(서술어)'

'방식대로'의 경우 '대로'가 보조사이므로 격조사를 넣어보면 '방식으로'를 넣을 수 있다. '으로'는 부사격 조사이므로 '방식대로'는 부사어인 것이다.

오답풀이) ① 나는 [국어가 좋다].
→ 안긴문장: 서술절 (절 표지: 없음)
② [그가 온다는] 소식을 들었다.
→ 안긴문장: 관형절 (절 표지: 관형사형 어미 '-는')
③ 영희는 [배가 너무 고프다]고 말했다.
→ 안긴문장: 인용절 (절 표지: 인용 부사격 조사 '-고')

12.

정답풀이) 용언의 관형사형은 100% 관형절이다. 그런데 '착한'은 어간 '착하-'에 관형사형 어미 '-ㄴ'이 결합된 용언의 관형사형이므로 관형절이다. '나는 [그가 착한] 사람이라는 생각이 들었다.'

오답풀이) ① 그 친구는 [마음이 참 예쁘다.]
→ 서술절(서술어 역할)
② 나는 [그 문제가 해결되었음]에 기뻐했다.
→ 명사절(부사어 역할)
④ 그분은 나에게 [희망을 가지라]고 말씀하셨다.
→ 인용절 (간접 인용절)

13.

정답풀이) ㄹ의 안은 문장의 목적어인 '가방을'과 '어머니가 선물로 (가방을) 주신'에서의 목적어 '가방을'은 동일하다. 그래서 안긴문장의 '가방을'이 생략된 것이므로 이 선택지는 옳지 않다. (참고로, ㄹ에는 안긴문장(어머니가 선물로 주신)이 뒤의 '가방'이라는 체언을 꾸미므로 관형어의 기능을 한다고 볼 수 있다.)

> ㉠ 아버지는 [마음이 넓다].
> → 서술절을 안은 문장 (절 표지: 없음)
> ㉡ 그 아이는 집으로 갔다.
> → 홑문장
> ㉢ 우리는 [그가 담임 선생님임]을 알았다.
> → 명사절을 안은 문장 (절 표지: 명사형 어미 -ㅁ)
> ㉣ 나는 [어머니가 선물로 (가방을) 주신] 가방을 멨다.
> → 관형절을 안은 문장 (절 표지: 관형사형 어미 -ㄴ)

오답풀이) ① ㉠에서 안은문장의 주어는 '아버지는'이고, '안긴문장'의 주어는 '마음이'이므로 다르다는 설명은 옳다.
② '그(관형어) 아이는(주어) 집으로(부사어) 갔다(서술어)'로서 주어와 서술어가 한 번씩만 나오므로 홑문장이다.
③ ㉢에는 안긴문장(그가 담임 선생님임) 뒤에 목적격 조사 '을'이 결합되어 있으므로 안긴문장이 목적어 기능을 한다고 볼 수 있다.

 정답찾기   8. ④   9. ③   10. ②   11. ④   12. ③   13. ④

08. 다음 중 문장의 구성이 다른 것은?   2016 경찰 1차

① 꽃이 피는 봄이 되었다.
② 재물을 보기를 돌같이 하라.
③ 누나가 시험에 합격했음을 알렸다.
④ 운동을 매일 하는데도 건강이 안 좋다.

09. 다음 예문 중 문장 구조가 다른 하나는?   2014 서울시 9급

① 철수는 그 예쁜 소녀가 자꾸 생각났다.
② 농부들은 비가 오기를 고대했다.
③ 봄이 되니까 온 강산에 꽃이 가득 피었다.
④ 돌이는 지금이 중요한 때임을 직감했다.
⑤ 철수는 김 선생님이 돌아가셨다고 말했다.

10. ㄱ, ㄴ에 대한 설명으로 옳지 않은 것은?   2019 소방

┌─(보기)─────────────────────────┐
│ ㄱ. 우리 부모님께서는 내가 시험에 합격하기를 원하 │
│   신다. │
│ ㄴ. 우리는 이곳이 교통사고 발생의 빈도가 잦음을 전 │
│   혀 몰랐다. │
└──────────────────────────────┘

① ㄱ과 ㄴ 모두 명사절이 안겨 있다.
② ㄱ과 ㄴ 모두 안긴문장 속에 목적어가 있다.
③ ㄱ과 달리 ㄴ에는 안긴문장 속에 관형어가 있다.
④ ㄴ과 달리 ㄱ에는 안긴문장 속에 부사어가 있다.

11. 안긴문장이 아닌 것은?   2018 소방 상반기 복원

① 나는 국어가 좋다.
② 그가 온다는 소식을 들었다.
③ 영희는 배가 너무 고프다고 말했다.
④ 나는 나만의 삶을 나만의 방식대로 산다.

12. ㉠에 해당하는 예를 포함하고 있는 문장으로 옳은 것은?   2021 의무소방원

┌──────────────────────────────┐
│ 다른 문장 속에 들어가 하나의 성분처럼 쓰이는 문장 │
│ 을 안긴문장이라고 하며, 안긴문장을 포함한 문장을 │
│ 안은문장이라고 한다. 안긴문장은 하나의 '절'이 되는 │
│ 데, 이는 명사절, ㉠ 관형절, 부사절, 서술절, 인용절의 │
│ 다섯 가지로 나뉜다. │
└──────────────────────────────┘

① 그 친구는 마음이 참 예쁘다.
② 나는 그 문제가 해결되었음에 기뻐했다.
③ 나는 그가 착한 사람이라는 생각이 들었다.
④ 그분은 나에게 희망을 가지라고 말씀하셨다.

13. 〈보기〉의 ㉠~㉣에 대해 탐구한 것으로 적절하지 않은 것은?   2018 기상직 9급

┌─(보기)─────────────────────────┐
│ ㉠ 아버지는 마음이 넓다. │
│ ㉡ 그 아이는 집으로 갔다. │
│ ㉢ 우리는 그가 담임 선생님임을 알았다. │
│ ㉣ 나는 어머니가 선물로 주신 가방을 멨다. │
└──────────────────────────────┘

① ㉠에서 안은문장의 주어와 안긴문장의 주어는 다르다.
② ㉡은 주어와 서술어의 관계가 한 번 나타나므로 홑문장이다.
③ ㉢에는 목적어의 기능을 하는 안긴문장이 있고, ㉣에는 관형어의 기능을 하는 안긴문장이 있다.
④ ㉣에서 안긴문장의 목적어는 안은문장의 목적어와 다르므로 생략되지 않았다.

14.

정답풀이 '[내가 (합격을) 바라던] 합격이 현실이 되었다.'에서 '내가 바라던'은 끝에 관형사형 어미가 결합된 관형절이다. 안은문장의 피수식어 '합격'이 안긴문장에서 목적어 '합격을'로 생략되었다. '나는 [그 사람이 (손을) 잡은] 손을 놓지 않았다.'도 관형절을 안은 문장이면서 목적어 '손을'이 생략된 관계 관형절이다.

오답풀이 ① [내 마음이 바뀌기]는 어렵다.
→ 안긴문장 : 명사절 (절 표지 : 명사형 어미 '-기')
② 하늘이 [눈이 부시게] 푸르다.
→ 안긴문장 : 부사절 (절 표지 : 부사형 어미 '-게')
④ 우리의 싸움은 [내가 항복함]으로써 끝났다.
→ 안긴문장 : 명사절 (절 표지 : 명사형 어미 '-ㅁ')
☞ '-(으)로써'는 부사격 조사이므로 '내가 항복함으로써'는 부사어가 된다. 하지만 부사형 어미가 결합한 것이 아니므로 부사절은 아님에 유의해야 한다.

15.

정답풀이 '[그 사람이 결국 실패했다는] 사실을 나만 안다.'에서 피수식어 '사실'이 관형절에서 중복되지 않는다. 따라서 이는 동격 관형절이다.

오답풀이 나머지는 피수식어가 관형절에서 생략되는 관계 관형절이다.
① [(친구가) 길 가는] 친구를 붙잡았다. → 주어 생략
② [(사람들이) 고기를 주식으로 먹는] 사람들은 건강이 썩 좋지 않다. → 주어 생략
③ 순희는 어제 [(가족들이) 고향에 살고 있는] 가족들에게 편지를 보냈다. → 주어 생략
⑤ [여기서 (물건이) 팔리는] 물건은 모두 질이 좋다.
→ 주어 생략

16.

정답풀이 동격 관형절은 피수식명사가 관형절 내부에서 생략되지 않는 절이다. 동격 관형절의 경우, 피수식 명사의 내용이 관형절 그 자체가 된다. 보통 피수식 명사는 '소리, 소문, 사실, 기억, 일, 생각, 제안' 등이 있다. '급히 학교로 돌아오라는'이라는 관형절 내부에서 피수식 명사인 '연락'이 생략되지 않고 있으며 '연락'의 내용 자체가 '급히 학교로 돌아오라'이므로 동격 관형절에 해당한다.

오답풀이 관계 관형절은 피수식 명사가 관형절 내부에서 생략되는 절이다. 관형절의 피수식 명사가 관형절에서 '주어, 목적어, 부사어' 등으로 나타나 생략되는 절이다. 나머지는 모두 관계 관형절이다.
② [내가 (서점에서) 어제 책을 산] 서점은 바로 우리 집 앞에 있다.
→ 부사어 '서점에서'가 생략된 관계 관형절이다.
③ [충무공이 (거북선을) 만든] 거북선은 세계 최초의 철갑선이었다.

→ 목적어 '거북선을'이 생략된 관계 관형절이다.
④ 우리는 [사람이 (섬에서) 살지 않는] 그 섬에서 하룻밤을 지냈다.
→ 부사어 '섬에서'가 생략된 관계 관형절이다.
⑤ [(돌각담에서) 수양버들이 서 있는] 돌각담에 올라가 아득히 먼 수평선을 바라본다. → 부사어 '돌각담에서'가 생략된 관계 관형절이다.

17.

정답풀이 [아이들이 놀다 간] 자리는 항상 어지럽다. → [아이들이 놀다 간]은 관형어의 역할을 하는 관형절이므로 주성분으로 쓰이지 않았다. 주성분은 서술어, 주어, 목적어, 보어이다.

오답풀이 ① 그 학교는 [교정이 넓다.]
→ 안긴문장 : 서술절이므로 문장 성분은 서술어
(절 표지 : 없음)
② 농부들은 [비가 오기]를 학수고대했다.
→ 안긴문장 : 명사절이며, 뒤에 목적격조사 '를'이 결합했으므로 문장 성분은 목적어 (절 표지 : 명사형 어미 '-기')
④ [대화가 어디로 튈지](를) 아무도 몰랐다.
→ 안긴문장 : '-ㄹ지'는 명사절의 형태를 띤다. '모르다'는 목적어를 필수적으로 요구하는 서술어이므로 [대화가 어디로 튈지]는 목적어이다.
☞ ('-느냐,-(으)냐, -는가, -(은)ㄴ가, -는지, -(은)ㄴ지, -을지/-ㄹ지' 등과 같은 어미로 끝난 문장은 뒤의 서술어의 성격에 따라서 명사절로 쓰일 수 있다.
예 그녀를 사랑했는가(를) 생각해 보았다.
얼마나 예쁜지(를) 알 수 없었다.

18.

정답풀이 ㉠~㉢의 안은문장은 다음과 같다.
㉠ : 땀이 담징의 이마에 흐르다
㉡ : 그는 착한 사람이다
㉢ : 아는 것이 없다
㉠의 밑줄 친 부분에서 생략된 주어는 '땀'이므로 적절하지 않다.

오답풀이 ① ㉠은 관형절, ㉡은 명사절, ㉢은 부사절로 안겨 있다.
② ㉠은 관형절이자 관형어, ㉡은 명사절이자 목적어, ㉢은 부사절이자 부사어로 기능하고 있다.
④ ㉡에서 '그가 착하다'와 '사람들은 그가 착한 사람이다'가 관형절이자 관형어로 쓰였다.

14. 밑줄 친 안긴문장과 같은 기능을 하는 안긴문장을 포함한 것은? 2017 교육행정직 9급

> 내가 바라던 합격이 현실이 되었다.

① 내 마음이 바뀌기는 어렵다.
② 하늘이 눈이 부시게 푸르다.
③ 나는 그 사람이 잡은 손을 놓지 않았다.
④ 우리의 싸움은 내가 항복함으로써 끝났다.

15. 아래 문장의 밑줄 친 관형절 중 피수식어와의 관계에서 그 성격이 나머지와 다른 것은 무엇인가? 2014 서울시 7급

① 길 가는 친구를 붙잡았다.
② 고기를 주식으로 먹는 사람들은 건강이 썩 좋지 않다.
③ 순희는 어제 고향에 살고 있는 가족들에게 편지를 보냈다.
④ 그 사람이 결국 실패했다는 사실을 나만 안다.
⑤ 여기서 팔리는 물건은 모두 질이 좋다.

16. 밑줄 친 관형절의 성격이 다른 것은? 2021 국회직 8급

① 우리는 급히 학교로 돌아오라는 연락을 받았다.
② 내가 어제 책을 산 서점은 바로 우리 집 앞에 있다.
③ 충무공이 만든 거북선은 세계 최초의 철갑선이었다.
④ 우리는 사람이 살지 않는 그 섬에서 하룻밤을 지냈다.
⑤ 수양버들이 서 있는 돌각담에 올라가 아득히 먼 수평선을 바라본다.

17. 안긴문장이 주성분으로 쓰이지 않은 것은? 2016 국가직 9급

① 그 학교는 교정이 넓다.
② 농부들은 비가 오기를 학수고대했다.
③ 아이들이 놀다 간 자리는 항상 어지럽다.
④ 대화가 어디로 튈지 아무도 몰랐다.

18. 다음 글을 이용하여 국어 문장 구조에 관한 수업을 진행하였다. 발표 내용으로 가장 적절하지 않은 것은? 2022 군무원 7급

> ㉠ 담징은 이마에 흐르는 땀을 씻었다.
> ㉡ 그가 착한 사람임을 모르는 사람은 거의 없다.
> ㉢ 그 사람은 아는 것도 없이 잘난 척을 해.

① 위 문장의 밑줄 친 부분은 모두 다른 문장 속에 안긴문장입니다.
② 그런데 ㉠, ㉡, ㉢에서 밑줄 친 부분은 각각 관형어, 목적어, 부사어의 구실을 하고 있습니다.
③ ㉠의 밑줄 친 부분에서 주어가 나타나 있지 않은데, 생략된 주어는 '담징'입니다.
④ ㉡에서는 밑줄 친 부분 뿐 아니라 '그가 착한'과 '그가 착한 사람임을 모르는'도 안긴문장입니다.

19.

정답풀이) ⓒ [내가 (시장에서) 사과를 산] 시장은 값이 싸다.
안은문장의 피수식어 '시장'이 관형절에서 '시장에서'로 생략되고 있다.
따라서 ⓒ은 목적어가 아니라 부사어가 생략된 안긴문장이 있는 것이다.

오답풀이) ① 'ⓐ 농부들은 [(비가) 시원한] 비가 오기를 기다린다'에서 '시원한'은 끝에 관형사형 어미 '-ㄴ'이 결합된 관계 관형절이다. 안은문장의 피수식어 '비'가 안긴문장에서 주어 '비가'로 생략되었다. (참고로 명사절 '비가 오기'도 안겨 있다.)
② 'ⓑ 아이가 작은 침대에서 [소리도 없이] 잔다.'에서 [소리도 없이]가 부사어의 기능을 하는 부사절이므로 옳다. '소리가 없-'에 부사화 접미사 '-이'가 붙은 것이다. (참고로, 관계 관형절 '(침대가) 작은'도 안겨 있다.)
④ 'ⓔ 내가 만난 친구는 [마음이 정말 따뜻하다.]'에서 [마음이 정말 따뜻하다.]는 절 표지가 없는 서술절이므로 옳은 선택지이다. (참고로 관계 관형절 '내가 (친구를) 만난'도 안겨 있다.)

20.

정답풀이) ⓒ은 서술절이 아니라 명사절이다. 'ⓒ 중원 고구려비가 이제 나라의 재산이다'라는 문장 끝에 명사형 전성 어미 '-(으)ㅁ'이 붙은 명사절이다. 이 명사절은 전체 문장에 안겨 '보여주고 있다'는 전체 서술어의 목적어 역할을 하고 있다.

오답풀이) ① 'ⓐ 관심이 많았던'은 관형사형 어미 '-던'이 붙어 '중원 고구려비'를 수식하는 관형절이다.
② 'ⓑ ~개척한 후에 세운 기념비라고'는 인용 부사격 조사 '-고'가 붙어 남의 말을 간접 인용하는 인용절이다.
④ 'ⓔ 일반인들도 쉽게 알 수 있도록'은 부사형 어미 '-도록'이 사용된 절로 서술어를 수식하는 기능인 부사절로 볼 수 있다.

21.

정답풀이) 나머지는 안은문장인데, '영희는 시장에서 과일도 사고 채소도 샀다.'는 연결 어미 '-고'로 이어진 문장이다.

22.

정답풀이) [누구나 자기 현실을 불변의 것으로 생각하는] 것은 아니다. '누구나 자기 현실을 불변의 것으로 생각하다'라는 작은 문장(=절)이 '~것은 아니다'라는 큰 문장에 안겨 있다. 관형사형 어미 '-는'이 결합되어 있으므로 관형절이므로 안긴 절은 하나이다.

오답풀이)
① 철수는 [(문제를 적극적으로 해결할) 용기가 부족하다].
  1) 관형절: '문제를 적극적으로 해결할'에 관형사형 어미 'ㄹ'이 붙은 것을 통해 관형절이 안겨 있음을 알 수 있다.
  2) 서술절: '철수는 용기가 부족하다'를 보면 서술절 '용기가 부족하다'가 안겨 있음을 알 수 있다.

③ 누구도 [그가 (이번 대회에서 우승할) 후보자임]을 의심치 않았다.
  1) 관형절: '이번 대회에서 우승할'에 관형사형 어미 'ㄹ'이 붙은 것을 통해 관형절이 안겨 있음을 알 수 있다.
  2) 명사절: '그가 (이번 대회에서 우승할) 후보자임'에서 '후보자+이(서술격 조사)+ㅁ(명사형 어미)'에 명사형 어미 '-ㅁ'이 결합한 명사절이 안겨 있음을 알 수 있다.
④ 그는 [비가 (소리 없이) 내리는] 모습을 조용히 바라보았다.
  1) 부사절: '소리(가) 없이'에서 '이'는 부사화 접미사가 붙었으므로 부사절이 안겨 있음을 알 수 있다.
  2) 관형절: [비가 (소리 없이) 내리는]에서 관형사형 어미 '는'이 붙었으므로 관형절이 안겨 있음을 알 수 있다.

23.

정답풀이) 직접 인용절이 간접 인용절로 전환될 때의 변화 양상을 판단하는 문제이다. ㄴ. 직접 인용절의 '나'와 간접 인용절의 '자기'는 모두 인칭 대명사이므로 적절하지 않다.

오답풀이) ① 직접 인용절의 '먹거라(해라체)'가 간접 인용절에서 '먹으라(하라체)'로 바뀌었다.
③ 직접 인용절의 '들어갑니다(하십시오체)'가 간접 인용절에서 '들어간다(-ㄴ다)'로 바뀌어 높임 표현이 사라졌다.
④ 직접 인용절의 시간 표현 '오늘(현재)'이 간접 인용절에서 발화시인 '어제(과거)'로 바뀌었다.

24.

정답풀이) '몸담고 있는'의 '-고'는 본용언과 보조 용언을 연결하는 보조적 연결 어미이다.

오답풀이) 나머지 '-고'는 대등적 연결 어미들이다.

25.

정답풀이) '그녀가 오거든 밥을 먹어라'처럼 '-거든'의 후행절에 명령문이 오는 것은 자연스럽다.
예 진지를 드시거든, 저를 불러주세요

오답풀이) ① '나는 밥을 먹으려고 집으로 갔다.'에서 선행절의 주어 '나'는 후행절인 '집으로 갔다'의 주어와 같으므로 이 선택지는 옳다.
② '니가 나를 싫어하겠더라도'는 쓰임이 어색하므로 이 선택지는 옳다.
④ '힘이 든들 포기할 수 있으랴'처럼 후행절이 의문문인 경우에는 질문을 요구하지 않고 '반어'적인 의미를 지닌 의문문이 온다. '힘이 든들 포기할 수 없다'는 의미를 가진다.

정답 찾기 19. ③ 20. ③ 21. ② 22. ② 23. ② 24. ④ 25. ③

19. 다음 ㉠~㉣의 문장 성분과 문장 구조에 대한 설명으로 적절하지 않은 것은? _2017 기상직 7급_

> ㉠ 농부들은 시원한 비가 오기를 기다린다.
> ㉡ 아이가 작은 침대에서 소리도 없이 잔다.
> ㉢ 내가 사과를 산 시장은 값이 싸다.
> ㉣ 내가 만난 친구는 마음이 정말 따뜻하다.

① ㉠은 주어가 생략된 안긴문장이 있다.
② ㉡은 부사어의 기능을 하는 안긴문장이 있다.
③ ㉢은 목적어가 생략된 안긴문장이 있다.
④ ㉣은 절 표지가 없이 안긴문장이 있다.

20. 밑줄 친 안긴문장의 종류로 옳지 않은 것은? _2016 지방직 7급_

> 나는 ㉠ 내가 평소에 관심이 많았던 중원 고구려비를 조사하였다. ㉡ 중원 고구려비는 장수왕이 남한강 유역의 여러 성을 공략하고 개척한 후에 세운 기념비라고 한다. 5세기 후반에 건립된 것으로 추정된다고 하는데, 5세기 후반이면 지금으로부터 1,500년 이전에 세워졌다는 계산이 나온다. 다음으로 문화재청 홈페이지에서 중원 고구려비에 대한 내용을 찾았다. 이 설명은 ㉢ 중원 고구려비가 이제 나라의 재산임을 ㉣ 일반인들도 쉽게 알 수 있도록 보여주고 있다.

① ㉠ 관형절
② ㉡ 인용절
③ ㉢ 서술절
④ ㉣ 부사절

21. 다음 밑줄 친 절 중 문법적 특성이 나머지와 다른 것은? _2014 기상직 9급_

① 철수가 먹은 사과가 가장 예쁘고 달았다.
② 영희는 시장에서 과일도 사고 채소도 샀다.
③ 어머니는 오빠가 건강히 돌아오길 간절히 바라셨다.
④ 친구가 나에게 오늘 모임은 재미있었냐고 물어보았다.

중간빈출

22. 다음 중 두 번 이상 안긴 절이 있는 문장이 아닌 것은? _2021 경찰 1차_

① 철수는 문제를 적극적으로 해결할 용기가 부족하다.
② 누구나 자기 현실을 불변의 것으로 생각하는 것은 아니다.
③ 누구도 그가 이번 대회에서 우승할 후보자임을 의심치 않았다.
④ 그는 비가 소리 없이 내리는 모습을 조용히 바라보았다.

23. 다음 ㄱ~ㄹ을 통해 인용절에 대해 탐구한 내용으로 가장 적절하지 않은 것은? _2022 법원직 9급_

> ㄱ. 성민이 승아에게 "밥을 먹거라"라고 말했다.
> / 성민이 승아에게 밥을 먹으라고 말했다.
> ㄴ. 성민은 "나는 승아를 만나고 싶다"라고 말했다.
> / 성민은 자기가 승아를 만나고 싶다고 말했다.
> ㄷ. 성민은 승아에게 "먼저 들어갑니다"라고 말했다.
> / 성민은 승아에게 먼저 들어간다고 말했다.
> ㄹ. 성민은 어제 "오늘 떠나고 싶어"라고 말했다.
> / 성민은 어제 떠나고 싶다고 말했다.

① ㄱ을 통해 직접인용절에서 사용된 명령형 종결 어미가 간접인용절에서는 다른 형태로 나타남을 알 수 있다.
② ㄴ을 통해 직접인용절에 사용된 인칭대명사는 간접인용절에서 지시대명사로 달라짐을 알 수 있다.
③ ㄷ을 통해 직접인용절에서 사용된 상대 높임 표현이 간접인용절에서는 나타나지 않음을 알 수 있다.
④ ㄹ을 통해 직접인용절의 시간 표현이 간접인용절에서 해당 문장을 발화하는 시점을 기준으로 달라짐을 알 수 있다.

난이도 조절용

24. 다음 밑줄 친 '-고'의 용법이 나머지와 다른 하나는? _2016 국회직 8급_

① 일년초도 적당한 간격으로 솎아 줘야 하고 심지 않았는데도 건강하게 영역을 넓혀가는 머위, 돈나물 등 식용할 야채를 거두기도 한다.
② 열 손가락을 하늘 향해 높이 쳐들고 도심의 번화가를 활보하는 유쾌하고 엽기적인 늙은이를 상상해 본다.
③ 매해 보는 거지만 5월의 신록은 매번 처음 보는 것처럼 새롭고 눈부시다.
④ 마음을 씻고 나서 그래도 몸담고 있는 세상 돌아가는 일도 대강은 알아둬야 할 것 같아 신문을 펴 든다.
⑤ 한결같이 몽실몽실 부드럽고 귀여운, 꼭 아기 궁둥이 같은 게 오월의 나무들이다.

25. 절과 절을 이어주는 연결 어미를 사용할 때 나타나는 여러 제약을 설명한 것으로 가장 옳지 않은 것은? _2018 서울시 7급_

① '-(으)려고'는 선행절과 후행절의 주어가 같아야 한다.
② '-더라도'는 '-겠-'과 결합하지 못한다.
③ '-거든'은 후행절에 명령문이 오면 어색하다.
④ '-(으)ㄴ들'은 후행절이 의문문이면 수사의문문이어야 한다.

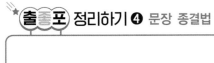

★출종포 정리하기 ❹ 문장 종결법

	평서문(-마)
	의문문(판정/의문/수사)
문장 종결법	명령문(간접 매체)
	청유문(여러 쓰임)
	감탄문(-어라)

01.

정답풀이〉 수사 의문문이란 서술이나 명령, 감탄, 반어 등의 의미를 가진 의문문으로 표현상의 효과를 위해 사용하는 의문문이다. 그렇기 때문에 대답을 요구하지 않는다. '이 고장 특산물이 무엇인가요?'는 구체적인 대답을 요구하므로 수사 의문문이 아니다. (참고로 설명 의문문에 해당한다.)

오답풀이〉 ② 내가 널 못 당할쏘냐? → (내가 널 당할 수 있다. (당하다=맞서 이겨 내다.)
③ 이 사무실 공기가 좀 탁하지 않니? → (창문 좀 열어라.)
④ 이 땅에 태어나서 내가 할 일이 없을쏘냐? → (할 일이 있다.)

02.

정답풀이〉 밑줄 친 부분은 해당 표현이 화자의 행위만을 가리키는 경우를 고르라고 하고 있다. 이때 '(식사를 먼저 마친 사람들이 귀찮게 말을 걸 때) 밥 좀 먹읍시다.'에서 '밥 먹다'라는 해당 표현은 밥을 먹는 화자 자신만 하는 행동이므로 답이 될 수 있다.

오답풀이〉 ① 청자인 '친구'에게 행하기를 바라는 표현이다.
③, ④ 화자와 청자 모두 행하기를 바라는 표현이다.

03.

정답풀이〉 '-세'는 '하게체'의 청유형 종결 어미이다.

오답풀이〉 ② 자리에 앉아라. : '해라체'의 명령형 종결 어미이다.
③ 자네 이것 좀 먹게. : '하게체'의 명령형 종결 어미이다.
④ 옷이 무척 예쁘구려. : '하오체'의 감탄형 종결 어미이다.

정답
찾기 1. ① 2. ② 3. ①

중간빈출

01. 수사 의문문이 아닌 것은? 2015 소방 복원

① 이 고장 특산물이 무엇인가요?
② 내가 널 못 당할쏘냐?
③ 이 사무실 공기가 좀 탁하지 않니?
④ 이 땅에 태어나서 내가 할 일이 없을쏘냐?

02. 밑줄 친 부분에 해당하는 표현으로 옳은 것은? 2014 사회복지직 9급

> 청유문은 화자가 청자에게 같이 행동할 것을 요청하는 문장이다. 즉, 청유문은 청유형 어미 '-자', '-(으)ㅂ시다' 등이 붙는 서술어의 행동을 화자와 청자가 공동으로 하도록 유발하는 것이다. 그러나 간혹 청자만 행하기를 바라거나 <u>화자만 행하기를 바랄</u> 때에도 쓰인다.

① (반장이 떠드는 친구에게) 조용히 좀 하자.
② (식사를 먼저 마친 사람들이 귀찮게 말을 걸 때) 밥 좀 먹읍시다.
③ (회의에서 논의가 길어질 때) 이 문제는 나중에 다시 다루도록 합시다.
④ (같은 반 친구에게) 영화표가 두 장 생겼어. 오늘 나와 같이 보러 가자.

난이도 조절용

03. 청유형 종결 어미가 포함된 것은? 2018 교육행정직 9급

① 이따가 <u>가세</u>.
② 자리에 <u>앉아라</u>.
③ 자네 이것 좀 <u>먹게</u>.
④ 옷이 무척 <u>예쁘구려</u>.

04 Chapter

높임 표현

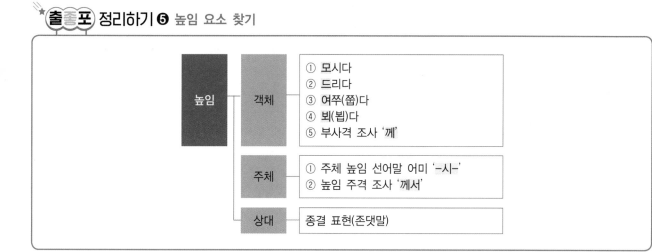

출좋포 정리하기 ❺ 높임 요소 찾기

높임 ─ 객체 ─ ① 모시다
② 드리다
③ 여쭈(쫍)다
④ 뵈(뵙)다
⑤ 부사격 조사 '께'

주체 ─ ① 주체 높임 선어말 어미 '-시-'
② 높임 주격 조사 '께서'

상대 ─ 종결 표현(존댓말)

01.

정답풀이〉 '모시다'는 객체 높임 특수 어휘이므로 이 문장에는 주체 높임이 실현되지 않았다.

오답풀이〉 ① 가셨다(가+시+었+다) : 주체 높임 선어말어미 '-시-'로 주체 높임이 실현되었다.
③ 좋으셨다.(좋+으시+었+다) : 주체 높임 선어말어미 '-시-'로 주체 높임이 실현되었다.
④ 계신(계시+ㄴ) : '계시다'는 주체 높임 어휘이다.

02.

정답풀이〉 밑줄 친 부분인 '모시고'는 객체 높임 어휘로 이 문장에서는 목적어를 높이고 있으므로 이 선택지는 옳다.

오답풀이〉 ① 상황에 따라 격식체와 비격식체로 나뉘는 것은 객체 높임이 아니라 상대 높임에 관련된 것이므로 적절하지 않다.
③ 청자를 높이거나 낮추어 표현하는 높임법으로, 종결 어미에 의해 청자에 대한 높임이나 낮춤의 정도가 표현되는 것은 상대 높임에 관련된 것이므로 적절하지 않다.
④ '모시다, 계시다'는 어간 자체가 '모시-, 계시-'이다. 따라서 서술어의 어간에 선어말어미 '-(으)시'가 붙은 것이라고 볼 수 없으므로 이 선택지는 옳지 않다. 다만, '잡수시다'는 '잡수(먹다의 높임말)+시+다'이므로 '-(으)시'가 붙은 것이라고 볼 수 있다.

정답찾기 1. ② 2. ②

최빈출

01. 주체 높임이 실현되지 않은 문장은?   2019 소방

① 할머니는 시장에 가셨다.
② 선생님을 모시러 교무실에 갔다.
③ 원래 어머니의 시력은 좋으셨다.
④ 고향에 계신 할아버지를 그리워했다.

02. 다음 밑줄 친 부분에 쓰인 높임법에 대한 설명으로 가장 적절한 것은?   2016 경찰 1차

> 누나는 할머니를 <u>모시고</u> 시골에 갔다.

① 상황에 따라 격식체와 비격식체로 나뉜다.
② 목적어나 부사어가 지시하는 대상, 즉 주어의 행위가 미치는 대상을 높여 표현하는 높임법이다.
③ 청자를 높이거나 낮추어 표현하는 높임법으로, 종결 어미에 의해 청자에 대한 높임이나 낮춤의 정도가 표현된다.
④ 서술어의 어간에 선어말어미 '-(으)시'를 붙여 높임을 표현한다. '계시다', '잡수시다' 등 특수한 어휘를 통해 실현되기도 한다.

03.

정답풀이) 동생은 어제 산 새 옷을 할아버지께 드렸다.
1) 관형사 '새'가 들어 있음. (체언 '옷'을 꾸밈.)
2) 필수적 부사어 '할아버지께'가 들어있음. ('께' 높임 부사격 조사)
3) 객체를 높이는 서술어 '드렸다'가 들어있음.

오답풀이) ② 체언인 '추억'을 꾸미는 관형사 '옛'이 들어 있다. '함께 하다'의 필수적 부사어인 '아버지와'가 있다. 하지만 객체를 높이는 서술어는 보이지 않는다.

☞ 객체를 높이는 서술어 4개만 외우면 되는데, '모시다, 드리다, 여쭙다(여쭈다), 뵙다(뵈다)'가 나오지 않는다.

③ 체언을 꾸미는 관형사가 보이지 않는다. '다녀오다'의 필수적 부사어인 '시장에'가 있다. '모시고'에 객체 높임 서술어가 들어 있다.

④ 체언 '말'을 꾸미는 관형사 '무슨'이 있다. 하지만 필수적 부사어와 객체를 높이는 서술어는 보이지 않는다. (주체 높임 '하셨다'만 있음.)

04.

정답풀이) '께서'에 주체 높임의 주격 조사 '께서'가 있다. '밝으신'에 주체 높임 선어말 어미 '-시-'가 있다. ('귀가 매우 밝으신'은 간접 높임 표현이다.) 하지만 객체 높임법은 확인할 수 없다.

오답풀이) ① 객체 높임의 부사격 조사 '께'와 객체 높임 어휘 '드리다'가 쓰였다.
③ 객체 높임 어휘 '모시고'가 쓰였다.
④ 객체 높임 어휘 '뵙고'가 쓰였다.

05.

정답풀이) '아래의 글'에는 주체 경어법의 특징 세 가지가 나온다. 첫째는 용언에 선어말 어미 '-시-'를 넣는 것, 둘째는 여러 용언이 함께 나타나면 마지막 용언에 '-시-'를 쓰는 것, 셋째는 여러 개의 용언 중 높임의 용언(높임 특수 어휘)이 있는 경우 반드시 사용하는 것이다.
'할아버지께서 주무시고 가셨다'는 '가셨다'의 주체인 '할아버지'를 높이는 주체 경어법이다. '가셨다'에서 주체 높임 선어말 어미 '-시-'가 쓰였으므로 문장의 마지막 용언에 선어말어미 '-시-'를 쓴다는 조건을 충족하였다. 또한 '자다'의 높임의 특수 어휘인 '주무시다'를 사용하였으므로 어휘적으로 높임의 용언이 있는 경우 그 용언을 사용한다는 조건도 충족하였다.

06.

오답풀이) ① 주체인 '할머니'를 높이기 위해 높임 특수 어휘인 '편찮다'와 높임 선어말 어미 '-시-'를 사용하였으나, 여러 개의 용언이 한꺼번에 나타난 상황이 아니다.

② 주체인 '어머님'을 높이기 위해 '돌아보시고', '부탁하셨다'에서 높임 선어말 어미 '-시-'를 사용하였고 마지막 용언에 '-시-'를 썼지만, 높임 특수 어휘가 나오지 않는다.

③ 주체인 '선생님'을 높이기 위해 두 개의 용언 중 마지막 용언 '웃었다'에 높임 선어말 어미 '-시-'를 넣었으나, 높임 특수 어휘가 나오지 않는다.

06.

정답풀이) '갔어요'는 객체 높임법이 아니라 청자를 높이는 상대 높임법(해요체)에 해당하므로 옳지 않다.

오답풀이) ① 주체 높임 주격 조사 '께서', 주체 높임 선어말 어미 '-시-'
③ 주체 높임 선어말 어미 '-시-': 주체인 '할머니'를 높이기 위해 할머니의 소유물을 간접적으로 높인 것이므로 주체 높임법이 맞다.
④ 객체 높임 어휘 '뵈었다'가 쓰였으므로 옳다.

07.

정답풀이) [상대+], [주체+], [객체+]를 만족시켜야 한다.
③은 이 모두를 만족시킨다. 대화의 상대를 높이고 있다(-습니다). 서술어의 주체인 '어머니'도 높임의 주격 조사 '께서'와 높임 선어말 어미 '-시-'로 높이고 있다. 또 서술어의 객체인 '아주머니'를 높이기 위해 높임의 부사격 조사 '께'와 객체 높임 특수 어휘 '드리다'가 쓰였다.

오답풀이) ① [상대-], [주체+], [객체+]로 대화의 상대를 높이고 있지 않다. 서술어의 주체인 '아버지'를 높임의 주격 조사 '께서'와 높임 선어말 어미 '-시-'로 높이고 있다. 또 서술어의 객체인 '할머니'를 높이기 위해 객체 높임 특수 어휘 '모시다, 댁'이 쓰였다. 대화의 상대를 높이고 있지 않아서 답이 아니다.

② [상대+], [주체-], [객체+]로 대화의 상대를 높이고 있다. 서술어의 주체인 '나'를 높이지 않고 있다. 또 서술어의 객체인 '어머니'를 높이기 위해 높임의 부사격 조사 '께', 객체 높임 특수 어휘 '드리다'가 쓰였다.

④ [상대+], [주체+], [객체-]로 대화의 상대를 높이고 있다. '바랍니다'를 통해 [상대+]임을 알 수 있다. '께서' '-시-'를 통해 [주체+]임을 알 수 있다. 객체 높임은 쓰이지 않았다.

정답찾기 3. ① 4. ② 5. ④ 6. ② 7. ③

03. 〈보기〉의 조건을 모두 만족시키는 문장은? 2016 기상직 9급

┌─〈 보기 〉─────────────────────
│ • 관형사가 들어 있을 것
│ • 필수적 부사어가 들어 있을 것
│ • 객체를 높이는 서술어가 들어 있을 것
└───────────────────────────

① 동생은 어제 산 새 옷을 할아버지께 드렸다.
② 그는 아버지와 함께했던 옛 추억을 떠올렸다.
③ 어머니께서 할머니를 모시고 시장에 다녀오셨다.
④ 할머니께서는 손자가 무슨 말을 해도 좋다고 하셨다.

04. 다음 중 객체 높임법을 확인할 수 없는 것은?

2014 기상직 9급

① 어머니께 이 편지를 전해 드리고 오너라.
② 할머니께서는 잠귀가 매우 밝으신 편입니다.
③ 아버지를 모시고 병원에 좀 다녀오도록 해요.
④ 이번 일요일에는 할아버지를 꼭 뵙고 오도록 해라.

05. 다음 중 아래 글의 내용을 포괄하여 설명하기에 가장 적절한 것은? 2022 군무원 9급

┌───────────────────────────
│ 주체 경어법은 용언에 선어말 어미 '-시-'를 넣음으로
│ 써 이루어진다. 만약 여러 개의 용언이 함께 나타나는
│ 경우라면 일률적인 규칙을 세우기는 어렵지만 대체로
│ 문장의 마지막 용언에 선어말어미 '-시-'를 쓴다. 또한
│ 여러 개의 용언 가운데 어휘적으로 높임의 용언이 따
│ 로 있는 경우에는 반드시 그 용언을 사용해야 한다.
└───────────────────────────

① 할머니, 어디가 어떻게 편찮으세요?
② 어머님께서 돌아보시고 주인에게 부탁하셨다.
③ 선생님께서 책을 펴며 웃으셨다.
④ 할아버지께서 주무시고 가셨다.

06. 〈보기〉의 ㉠과 ㉡에 해당하는 높임법의 예로 가장 적절하지 않은 것은?

2017 경찰 1차 여경

┌─〈 보기 〉─────────────────────
│ 국어에서 높임법은 화자가 높이려는 대상에 따라 주체
│ 높임법, 상대 높임법, 객체 높임법으로 구분된다. ㉠ 주
│ 체 높임법은 주어가 나타내는 대상인 주체를 높이는
│ 것이며, 상대 높임법은 대화의 상대인 청자를 높이는
│ 것이고 ㉡ 객체 높임법은 문장의 목적어나 부사어가
│ 나타내는 대상인 객체를 높이는 것이다.
└───────────────────────────

① ㉠에 해당하는 예로, "할아버지께서 산에 가셨다."를 들수 있다.
② ㉡에 해당하는 예로, "선생님, 영이가 혼자 갔어요."를 들 수 있다.
③ ㉠에 해당하는 예로, "할머니는 예쁜 지갑이 있으시다."를 들 수있다.
④ ㉡에 해당하는 예로, "영이는 존경하는 선생님을 뵈었다."를들 수 있다.

07. 다음 글의 괄호 안에 들어갈 문장으로 적절한 것은?

2019 국가직 9급

┌───────────────────────────
│ 국어의 높임법에는 말하는 이가 듣는 이에 대하여 높
│ 이거나 낮추어 말하는 상대 높임법, 서술어의 주체를
│ 높이는 주체 높임법, 서술어의 객체를 높이는 객체 높
│ 임법 등이 있다. 이러한 높임 표현은 한 문장에서 복합
│ 적으로 실현되기도 하는데. (   )의 경우 대화의 상대,
│ 서술어의 주체, 서술어의 객체를 모두 높인 표현이다.
└───────────────────────────

① 아버지께서 할머니를 모시고 댁에 들어가셨다.
② 제가 어머니께 그렇게 말씀을 드리면 될까요?
③ 어머니께서 아주머니께 이 김치를 드리라고 하셨습니다.
④ 주민 여러분께서는 잠시만 제 이야기에 귀를 기울여 주시기 바랍니다.

08.

정답풀이) 주체 높임법은 '주어'를 높이는 것을 확인하면 된다. 여기서 주어인 '나'를 높이지 않고 있으므로 '[주체-]'이다.

객체 높임법은 '목적어'나 '부사어'를 높이는 것인데 부사어인 '선생님'을 높임의 부사격 조사 '께'와 객체 높임 어휘 '드리다'로 높이고 있다. 따라서 '[객체+]'이다.

상대 높임법은 상대(청자)를 높이거나 낮추는 것인데, 여기서 청자 숙희를 높이지 않고 아주 낮춤인 해라체를 쓰고 있다. 따라서 [상대-]'이다.

09.

정답풀이) 아버지는 할아버지께 안경을 드리셨습니다.

주체 높임	'드리셨습니다'의 주체 높임 선어말 어미 '-시-'
객체 높임	'할아버지께'의 높임 부사격 조사 '께' '드리셨습니다'의 객체 높임 어휘 '드리-'
상대 높임	'드리셨습니다'의 종결 표현 '-습니다

오답풀이) ① '드셨습니까?': 접미사 '-님', '진지', '드시다'가 주체인 '사장님'을 높이고 있다. 또한 '-습니까?'는 상대를 높이고 있다. 객체 높임은 보이지 않는다.

② 선생님께서: 주체 높임 주격 조사 '께서'

하셨습니다: 주체 높임 선어말 어미 '-시-'와 상대 높임의 '습니다'

객체 높임은 보이지 않는다.

③ 모시고: 객체 높임 어휘

갔습니다: 상대 높임의 '습니다'

객체 높임은 보이지 않는다.

10.

정답풀이) ㄷ의 목적어는 '아이들을'이므로 목적어를 높이고 있지 않으므로 적절하지 않다. ㄹ은 목적어 '할머니를'을 높이고 있으므로 객체를 높이는 표현이다.

오답풀이) ① ㄱ의 '-께서', '-시-'에 문장의 주체에 대한 높임이 드러난다. ㄴ의 '-께서'와 '-십니다'의 '-시'에 문장의 주체에 대한 높임이 드러나므로 적절하다.

② ㄱ의 '습니다'에 청자에 대한 높임이 나타난다. ㄴ에 '-ㅂ니다'에 청자에 대한 높임이 나타난다. ㄷ의 '주십시오'의 '-시-'에서 주체 높임, '-ㅂ시오'에서 청자에 대한 높임이 나타난다.

③ ㄴ에는 '집'의 특수 어휘 '댁'과 '있다'의 특수 어휘 '계시다'로 높임을 표현하였다. ㄹ에는 '모시고'라는 특수 어휘가 쓰여 높임을 표현하고 있다.

11.

정답풀이) ㄱ: 높임법 없음. (상대 높임이 있다고 볼 여지가 있다.)

ㄴ: 주체 높임법(께서, -시-) / 객체 높임법(께, 드리다) / 상대 높임법(하셨어요: 해요체)

ㄷ: 주체 높임법(께서, -시-) / 객체 높임법(뵙고) / 상대 높임법(싶습니다)

ㄹ: 객체 높임법(께, 여쭤 보는) (상대 높임이 있다고 볼 여지가 있으나 그런다고 하더라도 묶일 수 있는 기호가 없다.)

따라서 일치하는 것은 ㄴ, ㄷ이다.

정답
찾기   8. ①   9. ④   10. ④   11. ②

08. "숙희야. 내가 선생님께 꽃다발을 드렸다."의 문장을 옳게 표시한 것은? 2017 지방직 9급

① [주체-] [객체+] [상대-]
② [주체+] [객체-] [상대+]
③ [주체+] [객체+] [상대+]
④ [주체+] [객체-] [상대-]

09. 주체, 객체, 상대를 모두 높이고 있는 것은? 2017 교육행정직 7급

① 사장님도 진지를 드셨습니까?
② 선생님께서 훈화 말씀을 하셨습니다.
③ 삼촌이 할머니를 모시고 공원에 갔습니다.
④ 아버지는 할아버지께 안경을 드리셨습니다.

10. 높임법에 대한 설명으로 옳지 않은 것은? 2017 국가직 9급 생활 안전 분야

ㄱ. 할아버지께서 노인정에 가셨습니다.
ㄴ. 선생님께서는 휴일에는 댁에 계십니다.
ㄷ. 여러분, 아이들을 자리에 앉혀 주십시오.
ㄹ. 우리는 할머니를 모시고 산책을 다녀왔다.

① ㄱ, ㄴ: 문장의 주체를 높이고 있다.
② ㄱ, ㄴ, ㄷ: 듣는 이를 높이고 있다.
③ ㄴ, ㄹ: 특수한 어휘를 사용하여 높임을 표현하고 있다.
④ ㄷ, ㄹ: 목적어를 높이고 있으므로 객체를 높이는 표현이다.

11. 〈보기〉의 문장에 사용된 높임법의 종류가 일치하는 것끼리 묶인 것은? 2017 기상직 9급

─(보기)─
ㄱ. 애들아, 우리 빨리 이 과제 끝내자.
ㄴ. 어머니께서 선생님께 이 편지를 드리라고 하셨어요.
ㄷ. 할아버지께서는 우리들을 많이 사랑해 주셔서 자주 뵙고 싶습니다.
ㄹ. 잘 모르겠으면 아버지께 여쭤보는 게 좋겠어.

① ㄱ, ㄴ　　② ㄴ, ㄷ
③ ㄷ, ㄹ　　④ ㄱ, ㄴ, ㄷ

박혜선 亦功 국어

12.

정답풀이 상대 높임법이란 청자에 대해 높이거나 낮추어 말하는 표현법이다. 이러한 상대 높임법의 개념에 의하면 상대를 낮추는 것도 [+상대]라고 볼 수 있는 것이다. 따라서 옳지 않은 것은 '어머니께서 영희에게 과자를 주셨다.(+주체, −객체, −상대)'이다 '~주셨다'로 아주 낮춤의 해라체가 쓰였더라도 '+상대'이기 때문이다.

> 이 문제에서는 따로 상대 높임법에 대한 조건을 걸지 않아 논란이 많았다. 보통의 경우에는 미리 예시문을 주고 상대높임의 개념을 잘 잡고 시작하니 쫄지 말자.
> 예를 들어 이렇게 상대 높임의 개념을 준다.
> 〈상대 높임의 경우, 청자를 높이는 것을 [+상대], 청자를 낮추는 것을 [−상대]로 본다.〉로 보통은 미리 준다.
> 하지만 주지 않는 경우에는 낮추는 것까지 [+상대]로 봐야 하는 것이다..

오답풀이 ② 영희가 할머니께 과자를 드렸다.
　[−주체]: 주체인 '영희'를 높이고 있지 않다.
　[+객체]: 객체 높임 '께, 드리다'가 쓰였다.
　[+상대]: '드렸다'로 아주 낮춤의 해라체가 쓰였으나, 낮춤도 상대 높임으로 봐야하기 때문에 [+상대] 이다.
③ 어머니께서 영희에게 과자를 주셨습니다.
　[+주체]: '께서' '−시−'
　[−객체]: '에게'는 높임의 조사가 아니다. '주다' 또한 객체 높임의 어휘가 아니다.
　[+상대]: 하십시오체로, [+상대] 이다.
④ 어머니께서 할머니께 과자를 드리셨습니다.
　[+주체]: '께서' '−시−'
　[+객체]: '께'는 높임의 부사격 조사, '드리다'는 객체 높임 어휘
　[+상대]: 하십시오체로, [+상대] 이다.

13.

정답풀이 '는구려'는 '하오체'의 종결 어미이다. 나머지 선택지들은 '하게체'의 종결 어미이다. 상대 높임법의 등급은 종결 어미를 통해 알 수 있다.

14.

정답풀이 ㉡ 의문형 어미 '−니?', '−냐?'는 상대를 아주 낮추는 '해라체 문장'이므로 이 선택지는 옳지 않다. '하게'체는 상대를 보통(예사) 낮추는 높임법으로 의문형 어미는 '−니, −냐'가 아닌 '−는가, −나'이다.

오답풀이 ① ㉠에서는 객체 높임의 부사격 조사 '께'와 특수한 어휘인 '여쭈다'를 사용하여 객체 높임을 실현하고 있다.
③ ㉢은 종결 어미 '구나'에 '요'를 붙일 수 없다. ㉡에서도 '니' 뒤에 '요'를 붙일 수 없다. 따라서 격식성 여부가 동일하다고 볼 수 있다. ㉡, ㉢의 '−니', '−구나'는 모두 격식체이다. 이와 달리 비격식체인 '해체'는 '요'를 붙일 수 있다.
④ ㉣에 사용된 '−ㅂ시다'는 격식체 중 하오체의 청유형 종결 어미가 옳다.

15.

정답풀이 '말씀'은 남의 말을 높이는 데에도 쓰이지만, 자신의 말을 낮추는 데에도 쓰인다. '㉡ 말씀'은 자기가 말하겠다는 것이므로 후자에 해당한다.

오답풀이 나머지는 모두 남의 말을 높일 때 쓰인다.

정답찾기　12. ① 　13. ④ 　14. ② 　15. ②

12. 〈보기〉를 참고하여 문장에 실현되는 높임법을 분석할 때, 다음 중 옳지 않은 것은? 2019 서울시 7급

─〈보기〉─
국어의 높임법에는 주체 높임법, 객체 높임법, 상대 높임법이 있다. 이처럼 다양한 높임법을 체계적으로 살펴보기 위해서 아래의 (예)와 같이 이들 높임법이 문장에 나타날 때와 그렇지 않을 때를 '+'와 '-'로 표시할 수 있을 것이다.

예 영수가 동생에게 과자를 주었습니다.
　(-주체, -객체, +상대)

① 어머니께서 영희에게 과자를 주셨다.
　(+주체, -객체, -상대)
② 영희가 할머니께 과자를 드렸다.
　(-주체, +객체, +상대)
③ 어머니께서 영희에게 과자를 주셨습니다.
　(+주체, -객체, +상대)
④ 어머니께서 할머니께 과자를 드리셨습니다.
　(+주체, +객체, +상대)

13. 다음 중 상대 높임법의 등급이 다른 하나는? 2017 서울시 7급

① 여보게, 어디 가는가?
② 김 군, 벌써 봄이 왔다네.
③ 오후에 나와 같이 산책 가세.
④ 어느덧 벚꽃이 다 지는구려.

14. 〈보기〉 ㉠~㉣의 높임법에 대해 탐구한 것으로 적절하지 않은 것은? 2019 기상직 9급

─〈보기〉─
㉠ 선생님께 여쭤봐야 할 일이 생겼습니다.
㉡ 어제 그녀가 시립 미술관에 갔었니?
㉢ 네가 친구한테 휴대폰을 가져다주었구나.
㉣ 우리 학교에 가서 새로운 내용을 공부합시다.

① ㉠에서는 격 조사와 특수한 어휘를 사용하여 객체 높임을 실현하고 있다.
② ㉡은 상대를 낮추는 표현이고, 하게체 문장이다.
③ ㉢은 종결 어미에 '요'를 붙일 수 없다는 점에서 ㉡과 격식성 여부가 동일하다.
④ ㉣에 사용된 청유형 종결 어미 '-ㅂ시다'는 격식체 중 하오체 어미이다.

15. 밑줄 친 ㉠~㉣ 중 '말씀'의 쓰임이 다른 것은? 2018 교육행정직 7급

김 주무관:	박 주무관님, 과장님 ㉠<u>말씀</u> 들으니 다음 주 저는 굉장히 바빠질 거 같아요.
박 주무관:	무슨 일인데요?
김 주무관:	다음 주말까지 우리 관내 학교 도서관 활성화 방안을 만들어야 한다고……
박 주무관:	정말 바쁘시겠군요. 제가 시간을 더 달라고 과장님께 ㉡<u>말씀</u> 좀 드려 볼게요.
김 주무관:	아, 아닙니다. ㉢<u>말씀</u>은 감사하지만…… 일단 해 봐야지요.
박 주무관:	언제든 ㉣<u>말씀</u> 주시면 제가 도와드릴게요.
김 주무관:	네, 그럴게요. 고맙습니다.

① ㉠　　　　　　　　　② ㉡
③ ㉢　　　　　　　　　④ ㉣

16.

정답풀이 '앉아라, 생겼구나, 좋아하니'는 모두 격식체인 '해라체'가 쓰인 것이다.

오답풀이 '상대 높임법'은 청자와 관련된 높임법으로, 종결 어미를 통해 실현된다.

① 하십시오체(격식) − 해요체(비격식) − 하십시오체(격식)
③ 해요체(비격식) − 하십시오체(격식) − 하십시오체(격식)
④ 해체(비격식) − 해라체(격식) − 해체(비격식)
⑤ '보이네'의 경우 감탄의 의미를 나타내는 경우에 '네'는 하게체가 아니라 해체이다.
→ 따라서 해체(비격식)) − 해체 (비격식) − 해라체(격식)이다.

17.

정답풀이 〈표 2〉를 보면 '죄송합니다'가 제일 많이 쓰인다. 이는 하십시오체이다. 하십시오체는 격식체이면서 청자(상대)를 가장 높이는 높임법이다. 따라서 친밀한 관계의 사람에게 주로 사용된다는 것은 옳지 않다. 친밀하지 않은 격식적인 자리에서 가장 높이는 것이다.

오답풀이 ① '죄송하다'는 '죄송하네(하게체)'와 '죄송하다(해라체)'에 '0'이므로 '미안하다'와 달리 하게체나 해라체에는 사용되지 않음을 알 수 있다.
② '미안하다'의 빈도에 '0'이라고 적혀있는 것은 없다. '죄송하다'와 달리 제약 없이 모든 말 단계에서 사용되고 있다고 볼 수 있다.
④ '미안하다'는 '미안해'의 해체가, '죄송하다'는 '죄송합니다'의 하십시오체가 가장 많이 사용된다. 각각 비격식체, 격식체이므로 '미안하다'가 '죄송하다'보다 친근한 사람에게 주로 사용됨을 알 수 있다.

정답 찾기   16. ②   17. ③

16. 다음 대화의 밑줄 친 부분 중 같은 상대 높임 등급을 가진 것으로 바르게 묶인 것은? 2009 국회직 8급

> 남자 : 여기 앉아도 <u>됩니까?</u>
> 여자 : 네. 앉아도 <u>돼요.</u> 자리에 여유가 있으니 아이도 <u>앉히시죠?</u>
> 남자 : <u>고맙습니다.</u> 애. 여기 <u>앉아라.</u>
> 여자 : 그래, 여기 <u>앉아.</u> 너 참 똑똑하게 <u>생겼구나.</u>
> 아이 : <u>감사합니다.</u> (창 밖을 가리키며) 와! 여기서는 식물원 전체가 다 <u>보이네!</u>
> 여자 : <u>그렇지?</u> 너는 무슨 꽃을 <u>좋아하니?</u>
> 아이 : 저는 발간 장미가 제일 좋아요.

① 됩니까 – 앉히시죠 – 고맙습니다
② 앉아라 – 생겼구나 – 좋아하니
③ 돼요 – 고맙습니다 – 감사합니다
④ 앉아 – 생겼구나 – 그렇지
⑤ 보이네 – 그렇지 – 좋아하니

17. 다음 〈표 1〉과 〈표 2〉의 해석으로 올바르지 않은 것은? 2014 국가직 7급

〈표 1〉 '미안하다'의 청자 경어법 말 단계별 쓰임

말 단계	미안 합니다	미안 해요	미안 하오	미안 하네	미안 해	미안 하다	미안	합계
빈도 (회)	303	328	151	67	474	201	53	1,577
비율 (%)	19.2	20.8	9.6	4.2	30.1	12.7	3.4	100

〈표 2〉 '죄송하다'의 청자 경어법 말 단계별 쓰임

말 단계	죄송 합니다	죄송 해요	죄송 하오	죄송 하네	죄송 해	죄송 하다	죄송	합계
빈도 (회)	853	236	13	0	1	0	0	1,103
비율 (%)	77.3	21.4	1.2	0	0.1	0	0	100

① '죄송하다'는 '미안하다'와 달리 하게체나 해라체에는 사용되지 않음을 알 수 있다.
② '미안하다'는 '죄송하다'와 달리 모든 말 단계에서 사용되고 있으므로 청자 경어법의 말 단계에 따른 쓰임의 제약이 없음을 알 수 있다.
③ '죄송하다'는 해체보다 높이는 말 단계에서 사용되는 표현으로 격식을 갖추어야 하는 자리에서 친밀한 관계의 사람에게 주로 사용됨을 알 수 있다.
④ '미안하다'는 해체가, '죄송하다'는 하십시오체가 가장 많이 사용되는 것을 보면 '미안하다'가 '죄송하다'보다 친근한 사람에게 주로 사용됨을 알 수 있다.

PART 02

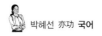

★출좋포 정리하기 ❻ 주의하여야 할 높임법 ★★★

1. 간접 높임의 경우에는 직접 높임의 어휘를 쓸 수 없다.
   - 회장님의 말씀이 **계시겠습니다.** (×) → '**있으시겠습니다.**' (○)

2. 간접 높임의 대상이 될 수 없는 경우에는 '-시-'를 쓰면 안 된다.
   - 손님. 여기 주문하신 커피 **나오셨습니다.** (×) → 손님. 여기 주문하신 커피 **나왔습니다.** (○)
   - 이 커피는 **오천 원이십니다.** (×) → 이 커피는 **오천 원입니다.** (○)
   - 이 상품은 **품절이세요[이+시+에요(어요)]** (×) → 이 상품은 **품절이에요(이어요)** (○)
   ▷ '상품, 가격, 품절'은 주체와 밀접하다고 볼 수 없으므로 주체 높임 선어말 어미 '-시-'를 쓰면 안 된다.

3. 높임 대상과 관련된 명사를 높이지 않으면 틀린다.
   - 큰아버지, 제가 집(×)까지 모셔다드리겠습니다. → **댁** (○)
   - 할머니 이름(나이)(×)이 어떻게 되세요? → **성함(연세, 춘추)** (○)
   - 할머니께서 이(×)가 썩으셨다. → **치아(齒牙)** (○)
   - 할아버지는 생전에 자기가(×) 소중히 여기시던 열쇠를 물려주셨다. → **당신께서** (○)

4. 겸양 표현을 적절하게 사용하여야 한다.
   - 선생님의 말을 먼저 들으면, 제 말도 들어주세요. (×)
   ▷ 선생님의 **말씀**을 먼저 들으면, 제 **말씀**도 들어주세요. (○)
   ▷ '말씀'은 존대어이자 화자를 낮추는 겸양어이다.
   - **저희 나라, 저희 겨레**(×) → **우리나라, 우리 겨레** (○)
   ▷ '저희'는 '우리'를 낮추는 말이므로 '나라, 겨레'에는 쓰지 않는다.

5. 높임의 대상이 누구인지를 잘 구분하여야 한다.
   - 어머니께서는 집안의 대소사를 **아랫사람들**에게 **여쭈어보십니다.** (×)
   → **아랫사람들에게 물어보십니다.** (○)
   ▷ '여쭈다'는 목적어나 부사어를 높이는 객체 높임이므로 '아랫사람들에게'를 높여야 한다. 하지만 '아랫사람들'은 높임의 대상이 아니므로 '묻다'로 고쳐야 한다.
   - 선생님이 이따 **오래**(오라고 해). (×) → 선생님이 이따 **오라셔**(오라고 하셔). (○)
   ▷ 오는 것은 청자이므로 높이지 않지만 오라고 한 것은 선생님이므로 높여야 한다.
   - 그 사람 해고해! **하시라면**(하시라고 하면) 해야죠. (×) → **하라시면**(하라고 하시면) 해야죠. (○)
   ▷ 해고하는 것은 화자 자신이므로 높이지 않지만 해고하라고 한 것은 청자이므로 높여야 한다.

6. 화자가 자기 자신을 높일 수는 없다.
   - 저는 고객을 위해 항상 **노력 중이십니다.** (×) → 저는 고객을 위해 항상 **노력 중입니다.** (○)
   ▷ 화자 자신을 높인 것이니 '저는 고객을 위해 항상 노력 중입니다.'로 바꿔야 한다.
   - 아들이 저에게 자꾸 수학을 **여쭈어봐요.** (×) → **물어봐요.** (○)
   ▷ '여쭈다'는 목적어나 부사어를 높이는 객체 높임이므로 '저(화자 자신)'를 높이는 것이 되므로 '물어봐요'로 고쳐야 한다.

- 손님, 피팅룸으로 **들어가실게요.** (×) → 손님, 피팅룸으로 **들어가시길 바랍니다.** (○)
  ⇨ 주체 높임 선어말 어미 '–시–'와 어미 '–ㄹ게'는 함께 쓰일 수 없다. '–ㄹ게'는 주어가 화자(나, 우리)인 경우에만 쓰이기 때문이다.

7. 지위가 높거나 나이 많은 사람에게 쓰면 안 되는 단어들이 있으니 주의해야 한다.
   - (정리하는 선생님께) **수고하셨습니다.** (×) → **노고가 많으십니다. 감사합니다** (○)
   - (점원이 할아버지에게) 할아버지, 이러한 부분을 **당부 드립니다.** (×) → **부탁드립니다.** (○)
   - 철수는 어머니께 **야단을 맞았다.** (×) → **걱정(=꾸지람, 꾸중)을 들었다.** (○)
     ⇨ '수고, 평안, 당부, 야단'이라는 단어는 높임의 대상에게는 쓸 수 없다.

01.

정답풀이) 자신의 말을 낮추는 '말씀'을 사용한 것은 옳다. 또한 높임의 대상인 '당신'이 귀를 기울이지 않는 것이므로 주체 높임의 '시–'가 쓰이는 것이므로 옳다.

오답풀이) ① 할아버지의 '집'이 아니라 높임 어휘 '댁'으로 고쳐야 한다.
③ '당신'은 '자기'의 높임 재귀칭 대명사이므로 당신의 행위를 높여야 한다. 따라서 '아끼던'이 아니라 '아끼시던'으로 고쳐야 한다.
④ '청하다'의 주체가 '사장님'이므로 '청한'이 아니라 '청하신'으로 고쳐야 한다. 또한 고견을 듣는 것도 '사장님'이므로 '들으시기'로 고쳐야 한다. (참고로, 객체 높임의 대상인 목적어가 빠져 있으므로 추가해야 한다. 또 청자를 높이기 위해서 '우리'보다는 1인칭의 낮춤 표현인 '저희'를 쓰는 것이 자연스럽다.)

02.

정답풀이) 제시된 발화에서 '당신'은 앞에 나온 3인칭 주어인 '할아버지'를 다시 가리키는 재귀 대명사이다. '당신'은 '자기'를 높여 높인 말이므로 이 선택지는 옳다. 재귀 대명사란 앞에 한 번 나온 3인칭 주어를 다시 가리킬 때 쓰이는 인칭 대명사이다.

오답풀이) ① '말씀'은 상대방을 높이는 의도로도 쓰이지만 나를 낮추는 겸양의 의도('나'를 낮춰서 상대를 높여줌)로도 쓰인다.
③ '저희 나라'는 '우리나라'로 고쳐 써야 옳다. '저희'는 말하는 사람인 상대를 높이기 위해 '나'를 낮출 때 쓰는 단어이므로 '저희 나라'라고 '나'의 나라까지 낮추는 의미가 되므로 쓰면 안 된다. (어떤 연예인이 일본에 가서 '저희 나라'라고 했다가 심한 논란이 됐던 일화도 있다. 따라서 '저희 나라, 저희 민족'은 쓰지 말자!)
④ '만원'이라든지, '품절'은 높일 필요가 없는 대상이므로 과도하게 높여서는 안 된다. 소유자와 밀접한 관계가 있는 물건이라고 보기 어렵기 때문에 간접 높임이라고도 볼 수 없다.

정답찾기 1. ② 2. ②

---

01. 높임 표현으로 가장 적절한 것은? 2015 국가직 7급

① 할아버지께서 이제야 집에 가시는군요.
② 당신은 제 말씀에는 전혀 귀를 기울이지 않으시는군요.
③ 이것이 바로 생전에 당신께서 가장 아끼던 벼루입니다.
④ 우리 사장님께서 뵙기를 청한 이유는 고견을 듣기 위함입니다.

02. 높임 표현에 대한 설명으로 가장 적절한 것은? 2019 국가직 7급

① "제 말씀 좀 들어 보세요."에서의 '말씀'은 '말'을 높여 이르는 단어이므로 '말'로 바꾸는 것이 바람직하다.
② "혜정아, 할아버지께서는 생전에 당신의 장서를 진짜 소중히 여기셨어."에서의 '당신'은 3인칭 '자기'를 아주 높여 이르는 말이다.
③ 남에게 말할 때는 자기와 관계된 부분을 낮추어 '저희 학과', '저희 학교', '저희 회사', '저희 나라' 등과 같이 표현해야 한다.
④ 요즈음 흔히 들을 수 있는 "그건 만 원이세요.", "품절이십니다." 에서의 '–세요', '–십니다'는 객체를 높이는 새로운 표현 방식이다.

03.

정답풀이 '저에게'의 '저'는 1인칭 화자이므로 객체 높임의 대상이 될 수 없다. 따라서 '물어'로 고쳐야 한다.

오답풀이 ① '어머니'는 객체 높임의 대상이므로 객체 높임 어휘인 '모시다'를 쓰는 것은 옳다.

③ '말씀'은 '나(저)'를 낮추는 말이므로 옳다.

④ '할머니의 귀'는 신체이므로 간접 높임의 대상이다. 따라서 '밝으십니다'로 쓰는 것은 옳다.

04.

정답풀이 '오다'의 주체는 '너'이므로 높임 표현을 쓰면 안 되므로 옳다. '하다'의 주체는 '할아버지'이므로 '하셨어'로 주체 높임 선어말 어미 '-시-'를 쓰는 것은 옳다.

오답풀이 ① → 고객님이 주문하신 커피 나왔습니다. : '상품'은 높임의 대상인 고객과 관련이 깊지 않으므로 간접 높임의 대상이 아니다. 따라서 주체 높임 선어말 어미 '-시-'를 쓰는 것은 옳지 않다.

③ → 지금부터 사장님의 말씀이 있으시겠습니다. : '계시다'는 직접 높임 어휘이므로 간접 높임의 표현으로 '있으시다'로 고쳐야 한다.

④ → 어머니께서 제게 시간을 물어 보셨어요. : '여쭙다'는 부사어나 목적어를 높이는 객체 높임의 어휘이다. 그런데 여기에서 객체는 '제게'이므로 높임의 대상이 아니다. 따라서 '여쭈어'를 '물어'로 고쳐야 한다. 또한 주체인 어머니를 높여야 하므로 보조 용언에 '-시-'를 넣어야 한다.

05.

정답풀이 고객님이 한 것이므로 '질문'은 간접 높임의 대상이 된다. 또 간접 높임의 어휘 '있으시다'도 잘 썼다. ('들고'를 '드시고'로 고치면 더 좋지만, 다른 선지가 너무 틀리므로 옳은 선지로 봐야 한다.)

오답풀이 ① 높으세요('높으시어요'의 준말) → 높아요 : '적금의 이율'은 고객님과 밀접한 대상이 아니므로 간접 높임의 대상이 아니다. (간접 높임의 대상 : 높임 대상의 신체일부, 소유물, 가족, 심리 등)

따라서 주체 높임 선어말 어미 '-시-'를 뺀 '높아요.'로 고쳐야 한다.

③ 오시래('오시라고 해')의 준말) → 오라셔 : 오는 것은 '미나'이므로 높이면 안 되고('오라고') 그러라고 하신 것은 선생님이므로 높여야 한다.('하셔') '오라고 하셔'의 준말은 '오라셔'이다.

06.

정답풀이 A는 '(김 선생님이) 수업 끝나고 학생들과 면담이 계시다고 하셨어요.'라고 잘못 말하였다. 김선생님의 면담이므로 간접 높임이 될 수 있다. 하지만 '계시다'는 직접 높임의 어휘이므로 간접 높임 표현인 '있으시다'로 고쳐야 한다. 이와 유사한 오류는 '손님, 주문하신 햄버거 나오셨습니다.'이다.

오답풀이 ① '서울역전 앞' : 前(앞 전)과 '앞'이 의미 중복을 보이므로 옳지 않다. '서울 역전에서'로 고쳐야 한다.

③ 높여야 할 대상이지만 듣는 이가 더 높을 때 높이지 않는 압존법은 직장에서는 쓰면 안 된다. 하지만 이 문장에서 높여야 할 과장님을 높이지 않았으므로 잘못이다. '국장님, 과장님이 외부에 나가셨습니다'로 고쳐야 한다.

④ '볼일'은 간접 높임의 대상에 해당하므로 '있으셔서'로 쓰는 것은 옳다.

07.

정답풀이 '부장님'과 밀접한 관련을 갖는다는 점에서 '따님'은 간접 높임의 대상이다. 하지만 '계시다'는 직접 높임의 어휘이므로 쓰면 안 된다. 따라서 간접 높임의 어휘인 '있으시다'로 고쳐야 한다. 또한 '집'도 높임의 어휘인 '댁'으로 고쳐야 한다.

오답풀이 ② '담임 선생님의 키'는 신체 일부분으로 간접 높임의 대상이므로 '크시다'로 표현할 수 있다.

③ '할아버지의 지팡이'는 소유물이므로 간접 높임의 대상이므로 '멋지세요'로 표현할 수 있다. '멋지시어요'의 준말이므로 '-시-'가 쓰인 것이다.

④ '선생님의 우산'은 소유물이므로 간접 높임의 대상이므로 '있으세요'로 표현할 수 있다. '있으시어요'의 준말이므로 '-시-'가 쓰인 것이다.

 정답 찾기   3. ② 4. ② 5. ② 6. ② 7. ①

03. 다음 밑줄 친 말 중 경어법이 잘못된 것은? 2015 법원직

① 어머니를 <u>모시고</u> 장에 갔다 오너라.

② 궁금한 것이 있으시면 저에게 <u>여쭤</u>보세요.

③ 제가 찾아뵙고 <u>말씀</u> 드리겠습니다.

④ 할머니께서는 아직 귀가 <u>밝으십니다</u>.

04. 높임법의 쓰임이 적절한 것은? 2018 소방 하반기

① 고객님이 주문하신 커피 나오셨습니다.

② 할아버지께서 네 방으로 오라고 하셨어.

③ 지금부터 사장님의 말씀이 계시겠습니다.

④ 어머니께서 제게 시간을 여쭈어보셨어요.

05. 다음 문장 중, 높임법을 올바르게 구사하고 있는 것은? 2021 의무소방원

① 현재 이 적금의 이율이 제일 높으세요.

② 질문이 있으시면 손을 들고 말씀해 주세요.

③ 미나야, 선생님이 너 지금 바로 교무실로 오시래.

④ 사용 중에 불편한 점이 계시면 언제든 연락하십시오.

06. 다음 대화에서 A가 범한 어법 사용의 오류와 가장 유사한 것은? 2014 국가직 9급

A: 여보세요.

B: 여보세요. 김 선생님 계신가요?

A: 지금 안 계시는데요.

B: 어디 멀리 가셨나요?

A: 예, 지금 수업 중이십니다.

B: 수업은 언제 끝나나요?

A: 글쎄요, 수업 끝나고 학생들과 면담이 계시다고 하셨어요.

B: 아유, 그럼 통화하기가 어렵겠군요.

① 내일 서울역전 앞에서 만나자.

② 손님, 주문하신 햄버거 나오셨습니다.

③ 국장님, 과장님이 외부에 나갔습니다.

④ 선생님은 학교에 볼일이 있으셔서 일찍 학교에 가셨습니다.

07. 높임법이 가장 옳지 않은 것은? 2018 서울시 7급

① 부장님의 따님은 집에 계신가요?

② 담임 선생님은 키가 굉장히 크시다.

③ 할아버지, 지팡이가 아주 멋지세요.

④ 선생님, 비가 오는데 우산 있으세요?

PART 02

08.

정답풀이 객체 높임법이 잘 사용되었다. 첫째, 객체인 부사어 '부모님'을 '께'를 사용하여 옳게 높이고 있다. 둘째, 객체 높임 특수어휘인 '여쭈다(묻다의 높임)'를 사용하였다

오답풀이

① 보고(×) → 뵙고(○): 객체인 목적어 '교수님을'이므로 '보다'가 아니라 '웃어른을 대하여 보다'란 의미의 '뵙다'를 활용하여야 했으므로 높임법이 잘못 사용되었음을 알 수 있다.

나머지 높임법은 잘 사용했다.

1) '교수'를 높이는 높임 접미사 '-님'

2) '교수님'을 높이기 위해 자기의 말을 낮춘 '말씀'을 잘 사용했다.

3) 객체 높임의 어휘 '드리다'도 잘 사용하였다.

4) 청자인 '교수님'을 높이는 상대 높임 하십시오체의 평서형 종결 어미 '-습니다'도 잘 사용하였다.

② 큰아버지의 집(×) → 댁(○): 큰아버지의 '집'은 '댁'으로 높여야 한다. 나머지 높임법은 잘 사용했다.

1) '큰아버지'를 높이기 위해 '술'의 높임말인 '약주'를 잘 사용했다.

2) '먹다'의 높임말인 '들다'에 높임의 선어말 어미 '-시-'를 활용하여 '드셨는데'로 잘 사용했다.

3) 자기를 낮추어 상대를 높여주는 겸양의 표현인 '저'

4) '데려다주다'의 객체 높임 어휘인 '모셔다드리다'

5) 청자를 높이는 상대높임의 하십시오체의 종결 어미 '-습니다'도 잘 사용하였다.

③ 1) 오시라는데(×) → 오시라고 하시는데(짧게 줄여 '오시라시는데')(○): 직장에서는 듣는 이가 가장 높아도 '압존법'이 쓰이지 않는다. 직장에서는 듣는 이에 상관없이 말하는 이보다 주체가 높다면 '듣는 이와 주체'에 대해 모두 높임이 이루어져야 한다. 따라서 과장과 부장 모두를 높여 '오시라고 하시는데(짧게 줄여 오시라시는데)'라 하는 것이 적절하다.

2) 계십니까(×) → 있으십니까(○): 또한 '시간'은 간접 높임의 대상이므로 '시간 있으십니까?'라고 하는 것이 적절하다. '계시다'는 주체를 직접 높일 때에만 쓰이기 때문이다. '김과장'과 '부장'을 높이는 높임 접미사 '-님'은 잘 사용되었다.

09.

정답풀이 '여쭈다'는 부사어나 목적어를 높이는 객체 높임 어휘이다. 그런데 부사어인 '아랫사람'은 높임의 대상이 아니므로 '여쭈어'가 아니라 '물어'로 고쳐야 한다.

☞ '물어보다, 여쭈어보다'는 현재 하나의 합성어로 등재되었으므로 '물어보십니다'가 옳다.

오답풀이 ① 자기 자신의 '말'을 낮추는 '말씀'으로 쓰는 것은 옳다. 자신을 낮춤으로써 상대를 높일 수 있기 때문이다.

② '그분의 걱정'은 감정이므로 간접 높임의 대상이다. 따라서 '많으시니'는 옳다. 또한 '배려하다'의 대상은 생략된 목적어 '그분'이므로 '배려해 드려야'로 쓰는 것은 옳다.

③ '당신'은 재귀 대명사 '자기'의 높임 표현이다. 원래는 3인칭 주어를 다시 가리키는 것이 맞지만 이 문장에서는 대화에서 공유되는 정보여서 생략되었다고 추측할 수 있다.

10.

정답풀이 손님의 불편한 점은 손님의 감정과 관련이 있으므로 간접 높임의 대상이다. 하지만 '계시다'는 직접 높임 어휘이므로 '있으시면'으로 고쳐야 한다.

오답풀이

나머지는 간접 높임을 지나치게 사용하는 경우가 아니다.

① 과장님, (과장님께) 여쭈어볼 게 있어요 : 부사어 '과장님'을 높이는 객체 높임 어휘로 '여쭈다'가 잘 쓰였다.

② 나도 그 선생님께 선물을 드렸어. : 부사어 '선생님'을 높이는 객체 높임 어휘로 '드리다'가 잘 쓰였다.

③ 철수야, 선생님께서 너 지금 교무실로 오시래. : '오시래'는 '오시라고 해'의 준말이다. 이렇게 되면 '너'가 '오시는' 꼴이 되므로 옳지 않다. 오는 것은 '너'이고 그러라고 말한 것은 높임의 대상인 '선생님'이므로 '오라셔(오라고 하셨어)'가 옳다.

정답찾기 8. ④ 9. ④ 10. ④

08. 높임법 사용이 옳은 것은? 2017 국가직 7급

① 교수님, 연구실에서 교수님을 직접 보고 말씀을 드리겠
습니다.

② 큰아버지, 오늘 약주를 많이 드셨는데, 제가 집까지 모
셔다드리겠습니다.

③ 김 과장님, 부장님께서 빨리 오시라는데 오후에 시간
계십니까?

④ 철수야, 이것은 중요한 문제니까 부모님께 여쭈어보고
결정할게.

09. 높임법의 사용이 자연스럽지 않은 것은?

2017 국가직 7급 생활 안전 분야

① 제 말씀을 그렇게 곡해하시다니 정말 섭섭합니다.

② 그분은 항상 걱정이 많으시니 각별히 배려해 드려야 합
니다.

③ 당신께서 생전에 아끼시던 물품이라 당장에 처분하기
는 어렵습니다.

④ 아버님께서는 집안의 대소사에 대해 항상 아랫사람들
에게 여쭈어보십니다.

10. 밑줄 친 부분에 해당하는 예로 적절한 것은?

2014 방재안전직 9급

> 간접 높임이란 '할아버지께서는 돈이 많으시다.'처럼
> 높여야 할 대상의 신체 부분, 성품, 심리, 소유물과 같
> 이 주어와 밀접한 관계를 맺고 있는 대상을 높이는 것
> 을 말한다. 하지만 간접 높임을 지나치게 사용할 경우
> 언어생활의 오류를 범하게 된다.

① 과장님, 여쭈어볼 게 있어요.

② 나도 그 선생님께 선물을 드렸어.

③ 철수야, 선생님께서 너 지금 교무실로 오시래.

④ 손님, 사용 중에 불편한 점이 계시면 언제든 연락 주십
시오.

시제

 출좋포 정리하기 ❼ 절대 시제와 상대 시제

1. 절대 시제

개념	말하는 시점(발화시)을 기준으로 결정되는 일반적인 시제
실현 방법	선어말 어미를 통해 실현됨. 문장의 끝! 예 형이 내가 읽는 책을 **빼앗았다**. <div align="right">(과거)</div>

2. 상대 시제

개념	사건이 일어난 시점(사건시)을 기준으로 결정되는 시제
실현 방법	관형사형과 연결형을 통해 표현됨. 문장의 가운데! 예 형이 내가 **읽는** 책을 빼앗았다. <div align="right">(현재)</div>형이 내가 **읽은** 책을 빼앗았다. <div align="right">(과거)</div>형이 내가 **읽던** 책을 빼앗는다. <div align="right">(과거)</div>

제2편 통사론 CH.05 시제

01.

정답풀이 '벗어났구나.'는 '벗+어+나+았(과거형 어미)+구나'인데 여기에서 '-았-'은 「2」 이야기하는 시점에서 볼 때 완료되어 현재까지 지속되거나 현재에도 영향을 미치는 상황을 나타내는 어미이므로 옳지 않다.

오답풀이 나머지는 빈칸 예문으로 적절하다. (참고로 '물건값'이 옳다.)

02.

정답풀이 '닮았다'에는 과거의 의미가 존재하기보다는 현재의 의미가 강하다. 여기에서 '-았-'은 「2」 이야기하는 시점에서 볼 때 완료되어 현재까지 지속되거나 현재에도 영향을 미치는 상황을 나타내는 어미.'에 해당한다. '잘생겼다.'도 과거의 의미가 존재하기보다는 현재의 의미가 강하다. ('잘나다, 못나다, 못생기다'도 마찬가지이다.)

오답풀이 ①, ②: 「1」 이야기하는 시점에서 볼 때 사건이 이미 일어났음을 나타내는 어미
④: 「3」 이야기하는 시점에서 볼 때 미래의 사건이나 일을 이미 정하여진 사실인 양 말할 때 쓰는 어미

정답
찾기 1. ③   2. ③

중간빈출

01. 다음은 ≪표준국어대사전≫에서 가져온 것이다. 빈칸에 들어갈 예문으로 가장 적절하지 않은 것은? 2018 경찰 3차

> -았- 『어미』
> ((끝음절의 모음이 'ㅏ, ㅗ'인 용언의 어간 뒤에 붙어)),
> ((다른 어미 앞에 붙어))
>
> 「1」 이야기하는 시점에서 볼 때 사건이 이미 일어났음을 나타내는 어미
>   예 예전에는 명절에 선물로 설탕을 받았다.
>   동생은 어제 하루 종일 텔레비전을 보았다.
>
> 「2」 이야기하는 시점에서 볼 때 완료되어 현재까지 지속되거나 현재에도 영향을 미치는 상황을 나타내는 어미
>   예 야, 눈이 왔구나.
>   물건 값이 많이 올랐다.
>
> 「3」 이야기하는 시점에서 볼 때 미래의 사건이나 일을 이미 정하여진 사실인 양 말할 때 쓰는 어미
>   예(   )

① 비가 와서 내일 소풍은 다 갔네.
② 빚쟁이가 도망가고 없네. 돈은 이제 다 받았군.
③ 안 본 사이에 그 증상에서 말끔히 벗어났구나.
④ 서재가 왜 이리 어지럽니? 넌 이제 아버지께 혼났다.

02. 다음 문장에서 '-었-/-았-/-였-'의 문법적 기능이 밑줄 친 예와 가장 유사한 것은? 2016 경찰 2차

> 그 두 사람은 쌍둥이인 것처럼 서로 정말 닮았다.

① 모두가 기다리던 그가 밤늦게 공항에 도착하였다.
② 윤희는 예쁜 파란색 모자를 사고서는 방금 떠났다.
③ 그 사람은 자신의 아버지와 달리 정말로 잘생겼다.
④ 결국 곧 진실이 드러날 테니 이제 우리는 다 죽었다.

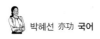

03.

정답풀이〉 (가)의 '-고 있다'는 현재 진행되고 있는 것을 표현한 동작
상 표현이므로 옳다.

오답풀이〉 ② '예쁘다, 귀엽다, 착하다' 등은 형용사인데 형용사는 명
령문의 서술어로 사용되면 비문법적인 문장이 되므로 옳지 않다.
③ '주다'는 세 자리 서술어이지만 '철이에게'는 부사격 조사 '에게'
가 결합한 부사어이므로 이 선택지는 옳지 않다. (참고로 보어와
호응되는 서술어는 '되다', '아니다'이다.)
④ 직접 인용은 '라고', 간접 인용은 '고'를 쓴다. 따라서 간접 인용으
로 바꾸려면 '참 재미있었다라고 말할까?'가 아니라 '참 재미있
었다고 말할까?'로 고쳐야 한다.

04.

정답풀이〉 사건이 일어난 시점을 기준으로 하여 과거 사건이 일어날
당시에 운동하는 것이 '현재'임을 보여주고 있다. 이를 상대 시제라
고 한다. 보통 상대 시제는 이렇게 종결형보다는 관형사형과 관련이
있다.

오답풀이〉 나머지는 종결형인데, 이들은 모두 발화시를 기준으로 한
절대 시제이다.

05.

정답풀이〉 '절대 시제'는 보통 종결형을 확인하면 된다. 서술어 '보았
다'를 볼 때 '과거'이다. '상대 시제'는 사건시를 기준으로 시제를 판
단하는 것이다. 과거에 철수를 보는 시점에서 철수는 책을 읽고 있
었을 것이므로 사건시를 기준으로 하는 상대 시제로 보면 '현재'이
다. 상대 시제는 사실 관형사형을 확인하면 되는데 '-는'은 현재 관
형사형 어미이므로 '현재'로 볼 수 있다.

☞ 다른 설명) 사건시를 기준으로 결정되므로, '철수를 본 것'과 '책
을 읽은 것'이 같은 시점에 일어났으므로, '현재'이다.

03. (가)~(라)의 문장에 대한 설명으로 옳은 것은?

2015 경찰 3차

> (가) 우린 정처 없이 떠나가고 있네.
> (나) 어서 먹어라.
> (다) 영선이가 철이에게 꽃을 주었어요.
> (라) "참 재미있었다."라고 말할까?

① (가)의 '떠나가고 있네.'는 현재 진행되고 있는 것을 표현한 동작상 표현이다.
② (나)는 명령문으로 주로 '예쁘다, 귀엽다, 착하다'와 같은 어휘들이 서술어로 사용된다.
③ (다)는 세 자리 서술어가 쓰인 문장으로 '철이에게'는 보어이다.
④ (라)를 간접 인용 표현으로 바꾸면 '참 재미있었다라고 말할까?'가 된다.

05. 다음 글은 시제에 대한 설명이다. 〈보기〉의 밑줄 친 부분의 시제를 옳게 설명한 것은?

2010 국회직 8급

> ┌(보기)
> 나는 아까 도서관에서 책을 <u>읽는</u> 철수를 보았다.

① 절대 시제나 상대 시제 모두 현재
② 절대 시제나 상대 시제 모두 과거
③ 절대 시제로는 현재, 상대 시제로는 과거
④ 절대 시제로는 과거, 상대 시제로는 현재
⑤ 절대 시제로는 과거, 상대 시제로는 미래

난이도 조절용

04. 〈보기〉의 밑줄 친 부분에 해당하는 예로 가장 적절한 것은?

2020 경찰 1차

> ┌(보기)
> 절대 시제란 발화시를 기준으로 한 시제이고, <u>상대 시제</u>란 발화시가 아닌 다른 시점을 기준으로 한 시제이다.

① 공원에는 <u>운동하는</u> 사람들이 많이 보였다.
② 철수는 다음 달에 유학을 <u>간다</u>.
③ 넌 이제 큰일 <u>났다</u>.
④ 내일은 비가 <u>오겠다</u>.

부정 표현

★ 출좋포 정리하기 ❽ 의미에 따른 부정 표현의 종류

종류	의미	설명
'못' 부정	능력 부정	부사 '못'이나 어간에 '-지 못하다'가 붙어서 실현되는 부정문 예 역공녀는 남친을 못 사귄다. 역공녀는 남친을 사귀지 못한다. ☞ 어떠한 외부적 이유 혹은 능력이 없어 사귀지 못한다는 의미 어떠한 의지를 요구하는 서술어에는 '못' 부정을 쓸 수 없다. 예 너가 무사하기를 바라지 못한다. → 바라지 않는다.
'안' 부정	의지 부정	부사 '아니(안)'이나 어간에 '-지 아니하다'가 붙어서 실현되는 부정문 예 역공녀는 남친을 안 사귄다. 역공녀는 남친을 사귀지 않는다. ☞ 주어의 의지에 의해 안 사귄다는 의미

	단순 부정	부사 '아니(안)'이나 어간에 '-지 아니하다'가 붙어서 실현되는 부정문
		예 비가 안 내린다. 비가 내리지 않는다.
		    역공녀는 안 예쁘다. 역공녀는 예쁘지 않다.
		    ⇨ 단순한 사실을 부정하는 의미
		
		단순 부정의 의미
		일반적으로 형용사가 서술어인 문장을 부정할 때는 단순 부정의 뜻을 지닌다.
		자연의 작용을 의미하는 경우에도 단순 부정의 뜻을 지닌다.
		예 • 역공녀는 개그맨이 아니다.
		    • 역공녀는 깡마르지 않다.
		    • 어제는 눈이 내리지 않았다.

'말다' 부정	금지	동사 어간에 '-지 말다'가 붙되, 항상 명령형, 청유형으로만 활용되는 부정문 예 놀지 말아라, 놀지 말자.

대표 亦功 기출
제2편 통사론 CH.06 부정 표현

01.

정답풀이) ㄹ은 부정소를 사용하지 않아야 한다. 그러나 ④는 부정소 '않을~'이 포함된 문장이다. 또 ㄹ은 부정의 의미를 내포해야 한다. 하지만 ④는 의미상 '그 일을 하겠다. 해야 한다!'라는 긍정의 의미를 내포한다. 따라서 ④는 ㅁ에 해당하는 문장이다.

오답풀이) ① 부정 서술어 '-지 마라'가 사용되었다.
② 부정의 의미를 가지는 접두사 '비(非 아닐 비)-'가 사용되었다.
③ 부정의 뜻을 가진 어휘인 '모르다'가 사용되었다.
⑤ 부정소 '못'과 '않았다'가 사용되었지만, 부정을 2번 하여 결과적으로 '이번 일은 괜찮게 했다.'는 긍정의 의미를 갖는다.

중간빈출

01. 다음은 국어의 부정(否定) 표현에 대한 설명이다. 〈보기〉의 예시로 적절하지 않은 것은? 2015 국회직 8급

> 부정의 의미를 나타내기 위하여 가장 많이 사용하는 방법은 이른바 부정소라고 불리는 ㉠ 부정 부사나 부정 서술어를 사용하는 경우이다. 그러나 이밖에도 ㉡ 부정의 의미를 가지는 접두사를 이용하기도 하고 ㉢ 부정의 뜻을 가지는 어휘를 이용하여 부정의 의미를 나타내기도 한다. 더욱이 우리말에는 ㉣ 부정소를 사용하지 않아도 부정의 의미를 내포하는 경우도 있고 반대로 ㉤ 부정소를 사용하였더라도 의미상으로는 긍정인 경우도 있다.

① ㉠: 너무 시끄럽게 떠들지 마라.
② ㉡: 이번 계획은 너무나 비교육적이다.
③ ㉢: 나는 그녀의 마음을 잘 모른다.
④ ㉣: 제가 어찌 그 일을 하지 않을 수 있겠습니까?
⑤ ㉤: 그가 이번 일을 그렇게 못 하지는 않았다.

PART 02

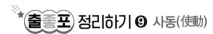 정리하기 ❾ 사동(使動)

1. 사동(使動)

• 사동(使動)이란 주어가 남에게 동작을 시키는 것을 말한다.(주어가 동작을 직접 하는 것을 주동(主動)이라고 함.)

• 사동 표현은 주로 사동 접미사 혹은 보조 용언으로 실현된다.

2. 사동(使動)의 종류

파생적 사동 (=짧은 사동 =단형 사동)	용언의 어간+사동 접미사 '-이-, -히-. -리-, -기-, -우-, -구-, 추-, -이키-, -으키-, -애-', '-시키-' 이중 사동, 접미사 '-이우-' 예 엄마가 아이에게 밥을 먹였다. 역공녀가 학생을 합격시켰다.
통사적 사동 (=긴 사동 =장형 사동)	본용언에 보조 용언 '-게 하다'가 붙어 실현 예 엄마가 아이에게 밥을 먹게 한다.

3. 주동문 ⇆ 사동문의 문장 구조 변화

(1) **주동문의 서술어**: 형용사 혹은 자동사

주동문 :	도로가	넓다.
	주어	형용사
사동문 :	사람들이	도로를	넓힌다.
	새로운 주어	목적어	사동사

① 사동문에 새로운 주어가 생기고,

② 주동문의 주어가 사동문의 목적어가 되고,

③ 주동사에 사동 접미사 혹은 사동의 뜻을 가진 보조 용언이 붙는다.

(2) **주동문의 서술어**: 타동사

주동문 :	그가	책을	읽었다.
	주어	목적어	타동사
사동문 :	내가	그에게	책을	읽혔다.
	새로운 주어	부사어	목적어	사동사

① 사동문에 새로운 주어가 생기고,

② 주동문의 주어가 사동문의 부사어가 되고,

③ 주동사에 사동 접미사 혹은 사동의 뜻을 가진 보조 용언이 붙는다.
(주동문의 목적어는 그대로 목적어로 유지된다.)

4. 틀린 사동 표현

⑴ 과도한 사동 접사 '이'의 사용

의미상 필요하지 않다면, 사동 접사 '이'를 남용하면
안 된다.

과도한 사동 접사 '이'의 사용 예시	기본형
그녀는 목메인 목소리를 냈다. [목메+이+ㄴ] → 목멘(○)	목메다
넌 끼여들지마. [끼+이+어+들+지+마] → 끼어들지마(○)	끼다
습관처럼 중요한 말을 되뇌이는 버릇이 있다. [되+뇌+이+는]→ 되뇌는(○)	되뇌다
역공녀를 보면 마음이 설레였다. [설레+이+엿+다] → 설레었다/설렜다(○)	설레다
도시를 헤매이는 아이들 [헤매+이+는] → 헤매는(○)	헤매다

⑵ 과도한 사동 접사 '시키다'의 사용

'하다'를 쓸 수 있는 말에 무리하게 시키다'를 결합하
지 않는다.

과도한 사동 접사 '시키다'의 사용 예시	기본형
내가 친구 한 명 소개시켜 줄게. → * 소개해(○)	소개하다
이 공간을 분리시킬 벽을 설치했다. → 분리할(○)	분리하다
모든 기계를 하루 종일 가동시켜서 기일을 맞추도록 하자. → * 가동해서(○)	가동하다
입금시키다, 금지시키다, 강화시키다, 개선시키다, 결집시키다, 지연시키다, 고정시키다. → 입금하다, * 금지하다, 강화하다, 개선하다, 결집하다, 　지연하다, 고정하다(○)	

1. 피동(被動)

- 피동(被動)이란 주어가 당하는 것을 말한다.
- 주어가 스스로 움직이는 '능동 표현'에 상대되는 개념이다.
- 피동 표현은 주로 피동 접미사 혹은 보조 용언으로 실현된다.

2. 피동(被動)의 종류

파생적 피동 (=짧은 피동 =단형 피동)	동사의 어간(주로 타동사)+피동 접미사 '-이-, -히-, -리-, -기-', '-되-' 예 도둑이 경찰에게 잡혔다. 예 카드 포인트가 등록되었다.
통사적 피동 (=긴 피동 =장형 피동)	본용언+보조 용언 '-어지다' 예 구두끈이 풀어지다. [풀-+-어지-+-다]
	본용언에+보조 용언 '-게 되다' 예 사실이 드러나게 되다. [드러나-+-게 되다]

3. 틀린 피동 표현(= 이중 피동)

피동 접미사 '-이-, -히-, -리-, -기-'와 피동의 보조 용언 '-어지다'는 이중으로 겹쳐서 사용할 수 없다.

- 이 사실이 믿겨지지[믿- +-기-+-어지-+-지] 않았다.
  → 믿기지/믿어지지
- 내일 날씨는 맑을 것으로 보여집니다. [보-+-이-+-어지-+ㅂ니다]
  → 보입니다./보아집니다.

- 간판이 잘 읽혀지지[읽-+-히-+-어지-+-지] 않아요. → 읽히지/읽어지지
- 그는 천재로 불려졌다. [부르-+-이-+-어지-+-었-+-다] → 불렸다./불러졌다.
- 앞으로 이 문제가 잘 풀릴 것이라고 예상되어진다. [예상+-되-+-어지-+-ㄴ-+-다]
  → 예상된다.

4. 모양이 같은 사동사와 피동사의 구별

공통되는 접미사 '-이 -, -히 -, -리 -, -기 -' 때문에 사동사와 피동사를 구별하는 문제가 나온다.

	사동사	피동사
목적어의 유무	있음 예 역공녀가 공시생들에게 책을 읽혔다. 역공녀가 공시생들에게 연필을 잡혔다. 철수는 나에게 영화를 보였다.	없음 예 그 책은 많은 공시생들에게 읽혔다. 공시생들이 역공녀에게 잡혔다. 이제 영화가 보였다.
의미	-게 만들다.	-을 당하다.

피동사가 목적어를 갖는 예외의 경우 → 따라서 꼭 '의미'도 함께 파악하는 것이 좋다.

예
- 사동 : 엄마는 아이에게 젖을 물렸다.
- 피동 : 엄마는 아기에게 코를 물렸다. ('엄마'가 묾을 당한 의미가 있으므로 피동)
  철수는 도둑에게 돈을 빼앗겼다. ('철수'가 빼앗음을 당한 의미가 있으므로 피동)

대표 亦功 기출

제2편 통사론 CH.07 사동 표현과 피동 표현

01.

정답풀이 '사동사'는 문장의 주체가 자기 스스로 행하지 않고 남에게 그 행동이나 동작을 하게 함을 나타내는 동사이다. '좁히다'는 '면이나 바닥 따위의 면적을 작게 하다'는 의미로, '좁다'에 사동 접미사 '-히-'가 붙은 형태이다. 이는 사장이 직접 직원 회의실을 좁히는 것이 아니라 직원들에게 그 행동을 하게 함을 나타내는 것이므로 사동사이다.

오답풀이 ① '우기다'는 억지를 부려 제 의견을 고집스럽게 내세운다는 의미의 주동사이다. 주동사는 문장의 주체가 스스로 행하는 동작을 나타내는 동사이다.
③ '버린다'는 가지거나 지니고 있을 필요가 없는 물건을 내던지거나 쏟거나 한다는 의미의 주동사이다.
④ '모인다'는 '모으다'의 피동사로 쓰였다. 피동사는 남의 행동을 입어 행하여지는 동작을 나타내는 동사이다.

02.

정답풀이 사동의 의미는 주로 '-게 만들다, -게 하다'이므로 이를 넣었을 때 말이 되면 사동표현이 바르게 사용된 것이고 어색하면 틀리게 사용된 것이다. '승진시켰다'는 '승진하게 만들었다'의 뜻으로 김 중위를 승진하도록 군 당국이 만들었다는 의미가 되어 자연스럽다.

오답풀이 ②, ③, ④에는 '-게 만들다'를 넣으면 의미가 어색해진다. '주차하다'는 '차를 일정한 곳에 서게 하다', '해임하다'는 '임무를 그만두게 하다', '단축하다'는 '시간이나 거리 따위를 짧게 줄게 하다'를 의미한다. 즉 이미 단어 안에 사동의 의미를 갖고 있다. 따라서 '-시키다'를 삭제하고 '-하다'를 사용하여 각각 '주차하였다', '해임할', '단축할'로 고쳐야 한다.

03.

정답풀이 주어를 기준으로 주어가 직접 하는 의미가 가능하면 '-게 만들다'를 의미하는 '시키다'를 넣을 수 없다. 따라서 '시키다' 대신에 '하다'를 넣어서 말이 되는지 보았을 때 말이 안 되면 '시키다'는 옳게 쓰인 것이고 말이 되면 '시키다'는 잘못 쓰인 것이다. ②의 '입원하다'를 넣으면 생략된 주어가 직접 입원을 하는 것인데, 이렇게 되면 말이 안 된다. 주어가 직접 입원하는 것이 아니라 아이가 입원하는 것이므로 '입원시키다'는 옳다.

오답풀이 ① 주어 '그는'이 직접 소개를 해주는 것이므로 '소개했다'로 고쳐야 한다.
③ 생략된 주어가 타인을 직접 설득하는 것이므로 '설득한다는'으로 고쳐야 한다.
④ 주어 '우리는'이 직접 갈등을 해소하는 것이므로 '해소한다'로 고쳐야 한다.

정답 찾기

1. ② 2. ① 3. ②

---

01. 〈보기〉에서 밑줄 친 설명과 같은 문법 범주에 속하는 문장은?
2022 서울시 9급 2월

┌─ 〈보기〉─────────────────────
(가) 온난화로 북극 빙하가 다 녹는다.
(나) 온난화가 북극 빙하를 다 녹인다.

'온난화'라는 사태와 '북극 빙하가 녹는 사태' 간에는 의미적으로 인과 관계가 성립하는데, (가)에서는 이 인과 관계를 드러내는 표지로 부사격조사 '로'가 쓰였다. (나)는 '녹이다'라는 <u>사동사</u>를 사용한 문장이다. 주동문일 때 부사어 위치에 있던 '온난화'가 사동문에서는 주어 자리를 차지함으로써 '온난화'라는 현상이 '북극 빙하'라는 대상이 '녹도록' 힘을 가하는 의미로 읽힌다. 이로써 '북극 빙하가 녹는 사태'에 대하여 '온난화'가 온전히 책임을 져야 할 것처럼 보인다.
────────────────────────────

① 회사는 이것이 전파 인증을 받은 제품이라고 우긴다.
② 사장이 사장실을 넓히기 위해 직원 회의실을 좁힌다.
③ 온갖 공장에서 폐수를 정화하지도 않고 강에 버린다.
④ 이산화탄소가 적외선을 흡수하여 열이 대기에 모인다.

02. 밑줄 친 사동 표현이 바르게 사용된 문장은? 2017 기상직 7급

① 군 당국은 김 중위를 대위로 <u>승진시켰다</u>.
② 그는 차를 최대한 벽에 가깝게 <u>주차시켰다</u>.
③ 위원회는 김 회장을 <u>해임시킬</u> 수밖에 없었다.
④ 법원은 판결까지의 기간을 <u>단축시킬</u> 것으로 알려졌다.

03. 사동법의 특징을 고려할 때 밑줄 친 단어의 쓰임이 옳은 것은?
2018 지방직 9급

① 그는 김 교수에게 박 군을 <u>소개시켰다</u>.
② 돌아오는 길에 병원에 들러 아이를 <u>입원시켰다</u>.
③ 생각이 다른 타인을 <u>설득시킨다</u>는 건 참 힘든 일이다.
④ 우리는 토론을 거쳐 다양한 사회적 갈등을 <u>해소시킨다</u>.

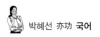

04.

정답풀이 (가)는 피동문이면서 목적어가 있는 문장이어야 한다. 그런데 '밟히다'는 '밟음.'을 당하는 의미가 있으므로 '밟다'는 피동 접미사 '-히-'가 결합한 피동사임을 알 수 있다. 원래 피동사는 목적어를 가지지 못하지만 이 문장은 목적어 '발을'이 있으므로 (가)의 조건에 부합한다.

오답풀이 ① '안기다'는 피동사, 사동사의 형태가 같다. 이 문장에서는 '안게 하다'를 의미하므로 '기'는 사동 접미사이다.
피동문이 아닌 사동문이므로 (가)의 조건에 부합하지 않는다.
② '옮기다'는 '옮게 하다(=바꾸게 하다)'라는 뜻으로 사용되고 있다. (참고로 '옮다'는 '자리를 바꾸다.'를 의미한다.) 따라서 '기'도 사동 접미사이다.
④ '입히다'는 '입게 하다'(=당하게 하였다)를 의미한다. 여기에서 '입다'는 '당하다.'를 의미한다. 따라서 '히'는 사동 접미사이다.

05.

정답풀이 '(고기 따위의 음식을) 양념하여 그릇에 차곡차곡 담아 두다'를 의미하는 '재다'는 옳게 사용되었다.

오답풀이 ① '담배에 불을 붙여 연기를 빨아 입이나 코로 내보내다'를 의미하는 것은 '피다'가 아니라 '피우다'이다. '피다'는 목적어가 없는 자동사이다.
② '(흐리거나 궂은 날씨가) 맑아지다'를 뜻하는 것은 '개이다'가 아니라 '개다'이다. '개이다'는 불필요한 사동 접미사 '-이-'가 결합된 것이므로 옳지 않다.
④ '치다'가 아니라 피동사 '치이다'가 옳다. '무거운 물건에 부딪히거나 깔리다.'를 의미한다.

06.

정답풀이 '받아들이다'는 '남의 말이나 요구 따위를 들어주다.'를 의미하므로 '당하다'를 의미하는 피동사가 아니다. 따라서 뒤에 피동 표현 '-어지다'가 붙어도 이중 피동 표현이라고 볼 수 없다.
☞ 이와 비슷하게 이중 피동이 아닌 단어들로는 '여겨지다, 밝혀지다, 알려지다, 읽혀지다'가 있다.

오답풀이 ① '닫+히(피동 접미사)+어지(피동 보조 용언)+ㄴ'은 이중 피동이므로 옳지 않다.
② '놓+이(피동 접미사)+어지(피동 보조 용언)+ㄴ'은 이중 피동이므로 옳지 않다.
④ '끊+기(피동 접미사)+어지(피동 보조 용언)+ㄴ'은 이중 피동이므로 옳지 않다.

07.

정답풀이 ㉣은 사동사로 '~을 하게 하다.'라는 의미를 갖는다. 사동사이므로 문장 안에 목적어가 있어야 하는데 ④에는 목적어도 존재하지 않는다. 또한 ④는 '닦게 하다'라는 의미가 아니고 우유가 닦임을 당하는 것이기 ㉢ 피동사 '닦이다'에 해당된다. ㉣이 적절했으려면 '선생님이 아이들에게 식탁 위 우유를 깨끗하게 닦이지 않았다.'가 되어야 한다.

오답풀이 ① '닦이다'는 '문질러지다'라는 의미이므로 ㉠의 예문으로 적절하다.
② '닦이다'는 '씻게 하다'라는 의미이므로 ㉡의 예문으로 적절하다.
③ '닦이다'는 '거죽에서 없어지도록 훔쳐지다.'라는 의미이므로 ㉢의 예문으로 적절하다.

08.

정답풀이 헤아려 본 결과 어떠할 것으로 짐작이 된다는 의미를 가진 동사는 '짚이다'이다. 'ㅍ'에 이미 'ㅂ+ㅎ'에서 'ㅎ'이 있으므로 '히'가 또 와서는 안 된다.

오답풀이 ① '나뉘다'는 '나누다'에 피동 접미사 '-이-'가 결합한 형태이므로 적절하다. '나누다'는 하나를 둘 이상으로 가른다는 의미이다.
② '덮이다'는 '덮다'에 피동 접미사 '-이-'가 결합한 형태이므로 적절하다. '덮다'는 일정한 범위나 공간을 빈틈없이 휩싼다는 의미이다.
③ '베인'은 '베다'에 피동 접미사 '-이-'가 결합한 형태이므로 적절하다. '베다'는 날이 있는 연장 따위로 무엇을 끊거나 자르거나 가른다는 의미이다.
⑤ '걷히다'는 '걷다'에 피동 접미사 '-히-'가 결합한 형태이므로 적절하다. '걷다'는 구름이나 안개 따위가 흩어져 없어진다는 의미이다.

09.

정답풀이 '들려 있다' 앞에는 목적어가 없는 것으로 보아 '들려 있다'는 피동사이다. '들리어'의 '-리-'는 사동 표현이 아니라 피동 접미사이다.

오답풀이 사동 표현은 '-게 하다'의 시킴의 뜻이 있으며 사동사는 모두 타동사이므로 '목적어'가 있다. '뜯겼다', '날렸다', '보여 주었다'는 모두 목적어를 필수적으로 요구하는 서술어이다. '① 풀부터, ② 종이비행기만, ③ 반지마저'는 각각 보조사가 붙었지만 목적격 조사도 붙을 수 있으므로 목적어이다. '뜯겼다', '날렸다', '보여 주었다'는 각각 사동사이다.

 정답찾기 4. ③ 5. ③ 6. ③ 7. ④ 8. ④ 9. ④

04. (가)에 들어갈 문장으로 가장 적절한 것은? 2021 법원직 9급

교사 : 능동문의 목적어가 피동문의 주어가 되는 것이
니까 피동문에는 목적어가 없는 것이 원칙이야.
그건 너도 잘 알고 있지?
학생 : 예, 선생님. 그런데 '원칙'이라고 하셨으면, 원칙
의 예외가 되는 문장도 있다는 말씀이신가요?
교사 : 응, 그래. 드물지만 피동문에 목적어가 나타날 때
가 있어. 어떤 문장이 있을지 한번 말해 볼래?
학생 : " (가) "와 같은 문장이 그 예에 해당하겠네요.

① 형이 동생에게 짐을 안겼다.
② 동생은 집 밖으로 짐을 옮겼다.
③ 동생이 버스 안에서 발을 밟혔다.
④ 그 사람이 동생에게 상해를 입혔다.

05. 밑줄 친 단어의 쓰임이 옳은 것은?

2017 국가직 7급 생활 안전 분야

① 담배를 <u>피다</u>
② 날이 <u>개이다</u>
③ 고기를 <u>재다</u>
④ 차에 <u>치다</u>

06. 밑줄 친 말이 가장 자연스러운 것은? 2015 국가직 7급

① <u>닫혀진</u> 마음을 열 길이 없구나.
② 저쪽 복도에 <u>놓여진</u> 화분은 엄청 예쁘구나.
③ 그 토의에서 궁극적으로 <u>받아들여진</u> 것이 결국 뭐지?
④ 장마로 인해 <u>끊겨진</u> 통신 선로가 드디어 복구되었군요.

07. 〈보기〉를 참고할 때 ㉠~㉣에 해당하는 예문으로 적절하지 않은 것은?

2019 기상직 9급

― 〈 보기 〉―
닦다 圈
⑴ 때, 먼지, 녹 따위의 더러운 것을 없애거나 윤기를
내려고 거죽을 문지르다.
⑵ 거죽의 물기를 훔치다.

	피동사	사동사
닦다(1)	㉠ 닦이다	㉡ 닦이다
닦다(2)	㉢ 닦이다	㉣ 닦이다

① ㉠: 얼룩이 깨끗이 <u>닦인</u> 유리창을 보니 기분이 상쾌해졌다.
② ㉡: 때밀이에게 아이의 몸을 <u>닦였지만</u> 마음에 들지 않았다.
③ ㉢: 그가 손으로 코를 문지르자 흐르던 콧물이 <u>닦였다</u>.
④ ㉣: 식탁 위 우유가 깨끗하게 <u>닦이지</u> 않았다.

중간빈출

08. 밑줄 친 피동 표현이 옳지 않은 것은? 2023 국회직 8급

① 이 글은 두 문단으로 <u>나뉜다</u>.
② 들판이 온통 눈으로 <u>덮인</u> 광경이 장관이었다.
③ 벌목꾼에게 <u>베인</u> 나무가 여기저기에 쌓여 있다.
④ 아무리 생각해 보아도 <u>짚히는</u> 바가 없다.
⑤ 안개가 <u>걷히고</u> 파란 하늘이 나타났다.

09. 사동 표현이 없는 것은? 2018 지방직 7급

① 목동이 양들에게 풀부터 뜯겼다.
② 아이들은 종이비행기만 하늘로 날렸다.
③ 태희는 반지마저 유진에게 보여 주었다.
④ 소영의 양손에 무거운 보따리가 들려 있다.

10.

정답풀이 'ⓒ 마당이 넓다.'의 '넓다'는 형용사이지만 'ⓔ 넓히다'로 사동화 되었다. 따라서 동사만 사동화 될 수 있다는 것은 적절치 않다.

오답풀이 ① ⓛ은 용언 어간에 '게 하다'가 붙은 장형(=통사적) 사동문이다. ⓔ은 용언 어간에 사동 접미사가 붙은 단형(=파생적) 사동문이다. 따라서 사동문에는 두 가지 유형이 있다고 볼 수 있다.

② ⓛ의 주동문의 '아이가'라는 주어는 사동문에서 '아이에게'라는 부사어로 바뀌어 나타났다. 또한 ⓔ의 주동문의 '마당이'라는 주어는 사동문에서 '마당을'이라는 목적어로 바뀌어 나타났다. 이는 다른 문장 성분으로 나타날 수 있음을 보여준다.

④ 주동문 ㉠이 사동문 ⓛ이 되자 서술어의 자릿수가 두 자리에서 세 자리로 변했다. 또한 주동문 ⓒ이 사동문 ⓔ이 되자 서술어의 자릿수가 한 자리에서 두 자리로 변했다.

11.

정답풀이 ㉠ 주어의 직접적 행위와 간접적 행위를 모두 나타내는 경우는 파생적 사동문에 해당한다. 따라서 ㉠은 파생적 사동문이 있는 (가)에 해당한다. ⓛ 주어의 간접적 행위만을 나타내는 경우는 통사적 사동문에 해당한다. 따라서 ⓛ은 통사적 사동문이 있는 (나)이다. 단순 부정 혹은 의지 부정을 뜻하는 문장은 '안 부정문'이다. 따라서 ⓒ은 (다)에 해당한다. 능력 부정을 뜻하는 경우는 '못 부정문'이다. 따라서 ⓔ은 (라)에 해당한다.

12.

정답풀이 과정화의 의미인지는 '-게 되다'로 고쳐서 자연스러운 문장을 찾으면 된다. '그 가게에 잘 가지지 않아요.'를 "그 가게에 잘 가게 되지 않아요."로 바꾸면 자연스럽다.

오답풀이 ① '읽혀진다'는 '읽＋히(피동접미사)＋어지(피동 보조용언)＋ㄴ＋다'로 이중 피동이므로 어법에 어긋난다. '읽어진다, 읽힌다'로 고쳐야 한다. 하지만 비문인 것이 답의 결정적인 근거가 되는 것은 아니다. '과정화'의 의미가 없기 때문에 답이 될 수 없는 것이다.

②, ④의 '방에 우유가 쏟게 되었다'와 '이 연필은 글씨가 잘 쓰게 되다'는 어색하므로 답이 될 수 없다. '쏟아졌다'와 '써진다'에는 피동의 의미가 더 강하게 느껴진다.

13.

정답풀이 피동문에서는 행위의 주체가 부사어로 나타나기도 하지만 생략되기도 한다. '도둑이 경찰에게 잡혔다'에서 행위의 주체는 '경찰'이다. 하지만 (라)에서 '보이다'는 주어만 요구하는 서술어이므로 행위의 주체 '우리에게'는 생략될 수 있으므로 이 선택지는 옳지 않다.

오답풀이 ① '사동사'와 '피동사'는 모두 '어근' 뒤에 '접미사'가 붙어서 만들어진 단어이므로 파생어이다.

③ 사동문인 (나)에서 부사어 '나에게'는 주동문의 주어였다. 주동문의 주어는 (가)의 '내가'이다. 피동문인 (라)에서 부사어 '우리에게'는 능동문의 주어였다. 능동문은 (다)의 '우리가'이다.

④ 주동문인 (가)가 사동문인 (나)로 전환될 때나 서술어의 자릿수가 두 자리에서 세 자리로 변화하였다.
능동문인 (다)가 피동문인 (라)로 전환될 때 서술어의 자릿수가 두 자리에서 한 자리로 변화하였다. (참고로 (라)의 '우리에게'는 생략이 가능한 부사어이므로 서술어 자릿수에서 빠진 것이다.)

정답
찾기   10. ③   11. ①   12. ③   13. ②

10. 다음 중 〈보기〉에 대한 이해로 적절하지 않은 것은?

2016 서울시 9급

─〈 보기 〉──
주동문	㉠ 아이가 밥을 먹었다.
	↓
사동문	㉡ 어머니가 아이에게 밥을 먹게 하였다.

	㉢ 마당이 넓다.
	↓
	㉣ 인부들이 마당을 넓혔다.

① ㉡, ㉣을 보니, 사동문에는 두 가지 유형이 있군.
② ㉡, ㉣을 보니, 주동문의 주어는 사동문에서 다른 문장 성분으로 나타날 수 있군.
③ 〈보기〉를 보니, 동사만 사동화될 수 있군.
④ 〈보기〉를 보니, 주동문을 사동문으로 바꾸면 서술어의 자릿수가 변화할 수 있군.

11. 〈보기〉의 ㉠~㉣에 들어갈 것을 바르게 연결한 것은?

2016 교육행정직 9급

─〈 보기 〉──
　　사동문은 사동주가 피사동주에게 어떤 행위를 하게 하는 것을 표현한 문장이다. 국어 사동문은 주어의 직접적 행위를 의미할 수도 있고, 주어의 간접적 행위를 의미할 수도 있다. (㉠)와 같이 주어의 직접적 행위와 간접적 행위를 모두 나타내는 경우도 있고, (㉡)와 같이 주어의 간접적 행위만을 나타내는 경우도 있다.
　　한편, 부정문은 (㉢)와 같이 단순 부정 혹은 의지 부정을 뜻하는 문장이고, (㉣)와 같이 능력 부정을 뜻하는 경우가 있다.

(가) 형은 동생에게 밥을 먹였다.
(나) 형은 동생에게 밥을 먹게 했다.
(다) 영호는 그림을 잘 그리지 않았다.
(라) 영호는 그림을 잘 그리지 못했다.

　　　 ㉠　 ㉡　 ㉢　 ㉣
① (가) (나) (다) (라)
② (가) (나) (라) (다)
③ (나) (가) (다) (라)
④ (나) (가) (라) (다)

12. 밑줄 친 부분의 사례로 적절한 것은?

2018 국가직 7급

─
　　한국어의 피동 표현 중 '-어/아지다'에 의한 피동이 있다. 이것은 연결어미 '-어/아'에 보조 동사 '지다'가 결합된 통사적 구성으로 통사적 피동이라 부르기도 한다. 그런데 '-어/아지다'가 피동의 의미보다는 '-게 되다'와 비슷한 의미를 가져 어떠어떠한 상태로 된다는 <u>과정화</u>의 의미가 더 강할 때가 있다.
─

① 이 책이 잘 <u>읽혀진다</u>.
② 방에 우유가 <u>쏟아졌다</u>.
③ 그 가게에 잘 <u>가지지</u> 않아요.
④ 이 연필은 글씨가 잘 <u>써진다</u>.

난이도 조절용

13. 〈보기〉에 제시된 문장은 주동문과 사동문 그리고 능동문과 피동문이다. 다음 중 사동문과 피동문에 대한 설명으로 가장 옳지 않은 것은?

2019 서울시 7급

─〈 보기 〉──
(가) 내가 책을 읽었다.
(나) 선생님께서 나에게 책을 읽히셨다.
(다) 우리가 산을 봅니다.
(라) 산이 우리에게 보입니다.

① 사동문과 피동문의 서술어인 사동사와 피동사는 모두 파생어이다.
② 사동문과 피동문에는 행위의 주체에 해당되는 문장 성분이 필수적으로 제시된다.
③ 사동문과 피동문에 나타난 부사어는 각각 주동문의 주어와 능동문의 주어이다.
④ 주동문이 사동문으로 전환될 때나 능동문이 피동문으로 전환될 때 서술어의 자릿수에 변화가 나타난다.

PART 02

14.

정답풀이) 장형 사동은 사동주의 직접 행위를 나타내는 것이 아니라 사동주의 간접 행위를 나타낸다.

☞ 단형 사동은 사동주의 직접 행위는 물론 간접 행위도 나타내는 것은 옳다.

오답풀이) ① '읽히다'를 예로 들 수 있다. '어머니가 아이에게 책을 읽힌다.(=읽게 한다, 사동사)'로도 쓰이고 '그 책은 많은 이들에게 읽힌다.(읽음을 당한다, 피동사)'로도 쓰이는 것을 통해 알 수 있다.

② 자동사나 형용사 결합하는 경우는 각각 '꽃을 피우다'와 '길을 넓히다'를 예로 들 수 있다.

③ 사동문과 주동문, 피동문과 능동문이 항상 1 : 1 대응을 이루지는 않는다. 사동문 '농부가 돼지를 먹였다'에서 '먹였다'는 '사육하다'의 의미로, 사동의 의미(먹게 하다)가 없는 사동사이다. 이런 경우에는 주동문이 존재하지 않는다. '돼지가 병에 걸렸다'의 경우 '걸렸다'에는 '들다'를 의미하므로 피동의 의미(걸음을 당하다)가 없는 피동사이다. 이런 경우에는 능동문이 존재하지 않는다.

15.

정답풀이) '굽힌'은 '피동사'가 아니라 '사동사'이다. 여기에서 '-히-'는 '사동'의 뜻을 더하는 접미사이므로 ⓒ이 아니라 ㉠의 용례에 해당한다.

오답풀이) ① '읽히다'는 사동 접미사와 피동 접미사가 모두 '-히-'이기 때문에 사동사로도 쓰이고 피동사로도 쓰인다. 사동사는 목적어가 있고 피동사는 목적어가 없는데 해당 문장에는 '사설을'이라는 목적어가 있으므로 ㉠의 용례라고 볼 수 있다.

③ '괴롭다'는 형용사이고 그 뒤에 '사동'의 의미를 더하여 동사를 만드는 사동 접미사 '-히-'가 붙었으므로 ⓒ의 용례라고 볼 수 있다.

④ '나란하다'는 형용사인데, 어근 '나란' 뒤에 부사를 만드는 접미사 '-히-'가 쓰였으므로 ⓔ의 용례라고 볼 수 있다.

16.

정답풀이) '철수가 감기에 걸렸다.'에서 부사어 '감기'는 능동 표현의 주체가 될 수 없다. 능동 표현으로 바꿀 경우 '감기가 철수를 걸었다'가 되므로 부적절하다.

오답풀이) ① '어떤 수학자가 그 문제를 풀었다.'로 바꿀 수 있다.
② '많은 사람들이 그 책을 읽었다.'로 바꿀 수 있다.
④ '어머니가 아이를 안았다.'로 바꿀 수 있다.

정답
찾기   14. ④ 15. ② 16. ③

14. 다음 중 피동과 사동에 대한 설명으로 가장 옳지 않은 것은?

2016 서울시 7급

① 동사에 따라서는 사동사와 피동사의 형태가 같은 경우도 있다.

② 사동 접사는 타동사뿐 아니라 자동사나 형용사와도 결합할 수 있다.

③ 사동문과 피동문 각각에 대응하는 주동문과 능동문이 없는 경우도 있다.

④ 일반적으로 단형 사동은 사동주의 직접 행위는 물론 간접 행위도 나타내는데, 장형 사동은 사동주의 직접 행위를 나타낸다.

16. 다음 중 '피동 표현'에서 '능동 표현'으로 바꿀 수 없는 것은?

2022 군무원 7급

① 그 문제가 어떤 수학자에 의해 풀렸다.

② 그 책은 많은 사람들에게 읽혔다.

③ 철수가 감기에 걸렸다.

④ 아이가 어머니에게 안겼다.

15. 다음은 접미사 '-히'에 대한 설명과 용례를 제시한 것이다. ㉠~㉣의 용례를 추가할 때 적절하지 않은 것은?

2018 경찰 2차

	접미사 '-히'의 의미 및 기능	접미사 '-히'의 용례
㉠	(일부 동사 어간 뒤에 붙어) '사동'의 뜻을 더하는 접미사	나뭇가지를 뒤로 젖혔다.
㉡	(일부 동사 어간 뒤에 붙어) '피동'의 뜻을 더하는 접미사	맺힌 매듭을 풀어야 한다.
㉢	(일부 형용사 어간 뒤에 붙어) '사동'의 뜻을 더하고 동사를 만드는 접미사	자리를 넓혀 앉았다.
㉣	(형용사의 어근이나 '하다'가 붙어 형용사가 되는 어근 뒤에 붙어) 부사를 만드는 접미사	학생들이 교실에서 조용히 공부하고 있다.

① ㉠의 용례로 "학생들에게 주로 신문 사설을 읽혔다."에서의 '읽혔다'를 추가할 수 있다.

② ㉡의 용례로 "그는 굽힌 허리를 천천히 세웠다."에서의 '굽힌'을 추가할 수 있다.

③ ㉢의 용례로 "무더위가 훈련 중인 선수들을 괴롭혔다."에서의 '괴롭혔다'를 추가할 수 있다.

④ ㉣의 용례로 "둘이 나란히 앉았다."에서의 '나란히'를 추가할 수 있다.

박혜선 국어
개념도 새기는
기출 문법

03

문장 고쳐쓰기

01 Chapter
병렬 관계 및 문장 성분의 호응

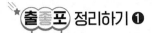 정리하기 ❶

1. 병렬 관계의 오류

• 운전 기사와 **잡담을** 하거나 과속을 금지한다. → 잡담이나

  ☞ '잡담을 하거나'란 구절과 '과속을'이라는 단어가 대등하게 연결되어 있어 어색하다.

• 영이는 **노래를** 하고, 순이는 **키가** 크다.

  → 영이는 노래를 하고, 순이는 춤을 춘다. / 영이는 키가 작고, 순이는 키가 크다.

  ☞ 앞의 절과 뒤의 절이 내용상 연관성이 없는데도 병렬 문장으로 연결되어 있어 어색하다.

• 사고 원인 파악과 재발 방지 대책을 조속히 마련하기 바랍니다. → 사고의 원인을 파악하고

  ☞ '과/와'로 연결되는 문장은 앞뒤의 구조나 내용이 대등해야 어색하지 않다.

• **에너지 절약 및** 근무 능률을 **향상시키는** 데 힘써주십시오. → 에너지를 절약하고 근무 능률을 향상하는

• 다문화 가정에 대한 **인식의 변화와** 관심이 높아지고 있다. → 인식이 변화되고

• 학교에서는 **학생들의 건강과** 쾌적한 교실 환경을 **조성하기 위하여** 공기 청정기를 설치하기로 하였다.

  → 학생들의 건강을 증진하고

• 1반 축구팀은 **불안한 수비와** 문전 처리가 미숙하여 2반 축구팀에 패배하였다. → 수비가 불안하고

2. 문장 성분의 호응

주어와 서술어의 호응	• 내가 하고 싶은 말은 다름이 아니라, 아직 늦지 않았으니 새로 시작하기를 **바란다.** → 바란다는 것이다.
	• 한번 오염된 환경이 깨끗해지려면, 많은 비용과 노력, 그리고 긴 **시간이 든다.**
	  → 시간이 걸린다.
	• 기재 사항의 정정 또는 금융 기관의 수납인 및 취급자인이 없으면 무효입니다. → 정정이 있거나
	• 이 지역은 무단 입산자에 대하여는 자연 공원법 제60조에 의거 처벌을 받게 됩니다.
	  → 이 지역에 무단으로 입산한 자는
	• 쓰레기는 인체에 유해할 뿐 아니라 환경에 미치는 심각성을 잘 이해하길 바랍니다.
	  → 인체에 유해할뿐 아니라, 환경에 심각하게 영향을 미친다는 것을

목적어와 서술어의 호응	• 재일 동포들은, 일본 사회의 구성원으로서 모든 의무를 다하고 있으면서도 **차별과** 합당한 대우를 받지 못하고 있다. → 합당한 대우를 받지 못하고 차별을 받고 있다. • 모든 사람은 한 사람의 자연인으로서의 **자유는** 물론이고 한 사람의 사회인으로서의 책임도 질 줄 알아야 한다. → 자유를 누리는 것은 물론이고 • 저희들에게 축복과 격려하여 주신 데 감사드립니다. → 저희들을 축복하고 격려하여 주셔서
부사어와 서술어의 호응	• 아무리 돈이 많지만 그럴 수는 없다. → 많아도 • 짐승도 은혜를 알거늘, 하물며 사람이 은혜를 알아야 한다. → 모르랴(모르겠는가) • 모름지기(마땅히, 당연히, 반드시) 사람은 항상 모든 것을 공부한다. → 공부해야 한다.

	• 그런 행동을 하다니, 역공녀는 **여간 깐깐하다.** → **여간 깐깐하지 않다.**
	• 그 사람은 **결코** 우유부단한 **사람이다.** → **사람이 아니다.**
	• **왜냐하면** 한국이 빠른 속도로 경제적 발전을 이루었다는 **것이다.** → **이루었기 때문이다.**
	• **바야흐로** 버스가 이제 **출발하였다.** → **출발하려 한다.**
수식어와 피수식어의 호응	• **한결같이** 어려운 이웃을 **돕는** 사람들이 많습니다. → 어려운 이웃을 한결같이 돕는 ☞ '한결같이'가 '어려운'을 수식하는지, '돕는'을 수식하는지 모호하다.
	• **그의** 나에 대한 **평가는** 어떤지 궁금하다. → 나에 대한 그의 평가는

☞ 부사어와 서술어의 호응
- 별로 ~지 않다
- 차마 ~ 수 없다
- 뉘라서 ~(으)ㄹ 것인가
- 아마(틀림없이) ~(으)ㄹ 것이다, 만약(만일) ~더라도, 혹시(아무리) ~ㄹ지라도, 비록 ~지라도(~지만, ~더라도, ~어도), 마치(흡사) ~처럼(~ 같이, ~과 같다)
- 물론(다만), ~하지만(~하여)

3. 문장 성분 갖추기

주어 갖추기	• 하지만 돌이켜보니 / 지금의 내 모습을 형성하는 데 많은 **영향을 미쳤다.** → 과거의 경험이 지금의 • 문학은 다양한 삶의 체험을 보여 주는 예술의 장르로서 / 문학을 즐길 **예술적 본능을 지닌다.** → 인간은 문학을 ☞ 앞 문장의 주어와 뒤 문장의 서술어가 호응하지 않으므로, 뒤 문장에 '인간은'이라는 주어가 필요하다. • 본격적인 공사가 언제 시작되고, **언제 개통될지** 모른다. → 도로가 언제 개통될지 ☞ '개통될지'에 해당하는 주어는 '공사'가 아니므로 새로운 주어를 넣어야 한다.
서술어 갖추기	노래나 춤을 출 사람이 필요하다. → 노래를 부르거나 ☞ '노래'에 호응하는 서술어를 넣어 주어야 한다.
목적어 갖추기	우리는 모두 그분을 존경하였고, / 그분 또한 **사랑하였다.** → 그분 또한 우리를 사랑하였다. ☞ '사랑하다'는 타동사이므로 목적어 '우리를'을 넣어 주어야 한다.
관형어 갖추기	건우가 시험에 합격한 것은 **기쁨이** 되었다. → 우리의 기쁨이 되었다. ☞ '기쁨이'에 호응하는 관형어가 생략되어 누구의 기쁨이 된 것인지 분명하지 않다.
부사어 갖추기	인간은 환경을 지배하기도 하고, 때로는 **순응하면서 산다.** → 환경에 순응하면서 산다. ☞ '순응하다'는 필수 부사어를 갖는 동사이므로 부사어를 보충해야 하고, 앞문장이 '-기도 하고'의 구조이므로 뒷문장도 '~기도 하면서'의 구조를 갖추는 것이 자연스럽다.

01.

정답풀이 '바램'이 아니라 '바람(wish)'이 어법상 적절한 표현이다. '바람'은 어떤 일이 이루어지기를 기다리는 간절한 마음이다.

오답풀이 ① '다르다'는 비교가 되는 두 대상이 서로 같지 아니하다는 의미이므로 적절하게 수정되었다. '틀리다'는 셈이나 사실 따위가 그르게 되거나 어긋난다는 의미이다.

③ 원래 문장에서 주어와 서술어의 호응이 맞지 않으므로 '좋겠다는 거야'로 수정하는 것이 적절하다.

④ 필수적 부사어가 생략되었으므로 '인간에게'를 추가하는 것이 적절하다.

02.

정답풀이 '접수(接受)되다'는 '관청이나 공공 단체가 신청 사실을 처리하기 위해 받아들임.'을 의미한다. 즉 단어 자체에 사건이나 행위가 완료된 상황이라는 의미가 있으므로 '접수되었을 때에는', '접수될 때에는' 모두 가능하다. '접수되다'는 '…에/에게 접수되다'처럼 쓰이고, '우선하다'는 '…보다/…에 우선하다'의 형태로 쓰인다. 따라서 생략된 문장 성분인 '구청에'와 '그것보다'가 추가되어야 한다. '유사한 내용의 제안이 〈구청에〉 접수되었을 때에는 먼저 접수된 것이 〈그것보다〉 우선한다'로 고쳐야 한다.

오답풀이 ② '과업 지시서 교부'와 서술어의 '교부하다'가 중복되므로 앞의 것을 삭제하여야 한다. '안내서 및 과업 지시서는 참가 신청자에게만 교부한다'로 고쳐야 한다. '교부하다'는 '…을 …에/에게'의 형태로 쓰이므로 '참가 신청자에게'처럼 쓰는 것은 옳게 쓴 것이다.

③ '제외되다'에서 '-되-'는 피동 접미사이므로 앞에 목적어가 올 수 없다. 피동사는 자동사로서 목적어를 갖지 않기 때문이다. 따라서 '제외된'을 목적어와 호응할 수 있는 '제외한'으로 고쳐야 하는 것이 옳다.

☞ '제외되다'는 '…가 …에서 제외되다'의 형태로 쓰여야 한다. '제외하다'의 경우는 '…을 …에서 제외하다'처럼 쓰므로 앞에 목적어가 올 수 있다.

④ '열람하다'는 '…가 …을 열람하다'의 형태로 쓰이므로 부사어 '…에게'와 '열람하다'는 서로 호응하지 않는다. '관계자에게'와 호응하게 하려면 긴 사동 표현인 '열람하게 하다'가 적절하다. 의미상으로도 누군가에게 시키는 의미인 사동의 문장이 오는 것이 자연스럽기 때문에 '관계자에게 (이를) 열람하게 한다' 정도로 고치는 것은 옳다.

03.

정답풀이 문장 성분의 호응, 적절한 조사의 사용, 병렬관계, 수식관계, 서술어의 성격에 따른 문장 성분을 잘 파악해야 한다. '금융 당국은~내다보면서~예측하였다.'로 주어와 서술어들이 잘 호응하고 있다. 각 서술어에 호응하는 문장 성분들도 잘 구비되어 있다. '~가 ~

보다 오르다'와 '~으로 내다보다' '~으로 예측하다'도 서술어의 성격에 따라 문장 성분이 잘 호응되었다.

오답풀이 ② 문장 접속 부사 '또는'은 병렬의 기능이 있으므로 앞뒤의 문법 구조가 같아야 한다. 그런데 '또는' 앞은 '작성 내용의 정정'으로 명사로 끝나고 '또는' 뒤는 '신청인의 서명이 없는'은 문장으로 되어 있으므로 문법상 대등한 구조에 어긋난다. 따라서 '작성 내용의 정정이 없거나 신청인의 서명이 없는 서류는'으로 고쳐야 한다.

③ '보여집니다'는 '보+이(피동접사)+아지(피동 보조용언)+ㅂ니다'로 분석된다. 이 경우에는 이중 피동 표현이므로 어법에 맞지 않다. 따라서 '보입니다, 보아집니다'로 고쳐야 한다.

④ '-고'는 대등 연결 어미이다. 이 경우에는 전체 문장의 주어가 '그의 목표는'이 되므로 '연습을 쉬지 않았다'의 주어도 '그의 목표는'이 되므로 매우 어색하다. 따라서 '그는'이라는 주어를 추가해서 '그의 목표는 세계 최고의 축구 선수가 되는 것이어서 〈그는〉 단 하루도 연습을 쉬지 않았다.'로 고쳐야 한다.

04.

정답풀이 어미 '-며'로 고치면 안 된다. '-며'는 두 가지 이상의 동작이나 상태 따위를 나열할 때 쓰는 연결 어미이다. 두 동작이나 상태가 대등하게 연결될 때 쓰는 어미인데, 이 문장에서는 대등한 의미가 아니기 때문이다. 앞 문장은 '원칙'에 대한 내용이, 뒤의 문장은 '원칙이 있음에도 예외가 있는 경우'에 관한 것이므로 '-며'가 와서는 안 된다. 어미 '-되'는 어떤 사실을 서술하면서 그와 관련된 조건이나 세부 사항을 뒤에 덧붙이는 뜻을 나타내는 연결 어미이므로 처음에 제시된 '-되'를 그대로 활용하는 것이 옳다.

오답풀이 ① 이 문장에는 필수적인 문장 성분이 빠져있다. '열려고'를 형태소 분석하면 '열(동사 어간)+-려고(어미)'이므로 '열려고'의 기본형은 '열다'이다. 그런데 '열다'는 타동사이므로 필수적으로 목적어가 필요하다. 따라서 '강제로'와 '열려고' 사이에 목적어 '문을'을 보충하여야 완벽한 문장이 된다.

② 'ㅇㅇ시에서 급증하는'은 관형절로, 문장으로 표현해보면 "ㅇㅇ시에서 (생활용수가) 급증한다"로 표현할 수 있다. 즉, 관형절의 의미상의 주어가 '생활용수'인 것이다. 하지만 생활용수가 급증한다는 것은 의미가 매우 어색하다. 따라서 '생활용수의 수요'로 고치는 것이 더 자연스럽다.

③ 목적어 '사고 원인 파악과 재발 방지 대책'과 서술어 '마련하여'의 호응이 맞는다. '사고 원인 파악'과 '재발 방지 대책'이 접속 조사 '과'로 연결되어 하나의 목적어구를 형성하고 있다. 따라서 '사고 원인 파악을 마련하고 재발 방지 대책을 마련하여'가 가능해야 하는데, '사고 원인 파악을 마련하여'는 비문법적인 표현이다. 따라서 명사 '파악'을 서술형 '파악하고'로 고쳐서 '조속히 사고 원인을 파악하고 재발 방지 대책을 마련하여'로 고치는 것이 자연스럽다.

정답 찾기 1. ② 2. ① 3. ① 4. ④

대표 亦功 기출

제3편 문장 고쳐쓰기 CH.01 병렬 관계 및 문장 성분의 호응

최빈출

01. (가)~(라)를 고쳐 쓴 것으로 옳지 않은 것은?

2022 국가직 9급

> (가) 오빠는 생김새가 나하고는 많이 틀려.
> (나) 좋은 결실이 맺어졌으면 하는 바람입니다.
> (다) 내가 오직 바라는 것은 네가 잘됐으면 좋겠어.
> (라) 신은 인간을 사랑하기도 하지만 시련을 주기도 한다.

① (가) : 오빠는 생김새가 나하고는 많이 달라.

② (나) : 좋은 결실을 맺었으면 하는 바램입니다.

③ (다) : 내가 오직 바라는 것은 네가 잘됐으면 좋겠다는 거야.

④ (라) : 신은 인간을 사랑하기도 하지만 인간에게 시련을 주기도 한다.

02. 어법에 어긋난 문장을 수정하고 설명한 예로 적절하지 않은 것은?

2019 지방직 9급

① 유사한 내용의 제안이 접수되었을 때에는 먼저 접수된 것이 우선한다.
→ '접수되었을 때에는'은 사건이나 행위가 완료된 상황을 나타내므로 '접수될 때에는'으로 바꾼다.

② 안내서 및 과업 지시서 교부는 참가 신청자에게만 교부한다.
→ '과업 지시서 교부'와 서술어 '교부하다'는 의미상 중복되며 호응하지 않으므로 앞의 '교부'를 삭제한다.

③ 해안선에서 200미터 이내의 수역을 제외된 상태에서 논의를 진행하겠습니다.
→ 목적어 '수역을'과 서술어 '제외되다'는 호응하지 않으므로 '제외된'은 '제외한'으로 바꾼다.

④ 관련 도서는 해당 부서에 비치하고 관계자에게 열람한다.
→ 서술어 '열람하다'는 부사어 '관계자에게'와 호응하지 않으므로 '열람하게 한다.'와 같이 바꾼다.

03. 다음 문장 중 어법에 가장 맞는 것은?

2019 서울시 9급

① 금융 당국은 내년 금리가 올해보다 더 오를 것으로 내다보면서 대출 이자율이 2% 이상 오를 것으로 예측하였다.

② 작성 내용의 정정 또는 신청인의 서명이 없는 서류는 무효입니다.

③ 12월 중에 한-중 정상회담이 다시 한 번 열릴 것으로 보여집니다.

④ 그의 목표는 세계 최고의 축구 선수가 되는 것이었고, 그래서 단 하루도 연습을 쉬지 않았다.

04. 어법에 어긋나는 문장을 수정하고 설명한 예로 옳지 않은 것은?

2018 지방직 9급

① 전철 내에서 뛰지 말고, 문에 기대거나 강제로 열려고 하지 마십시오.
→ '열다'는 타동사이므로 '강제로'와 '열려고' 사이에 목적어 '문을'을 보충하여야 한다.

② ○○시에서 급증하는 생활용수를 안정적으로 공급하기 위하여 시행하는 사업임.
→ 생활용수에 대한 수요가 급증하는 것이지 생활용수가 급증하는 것이 아니므로, '급증하는 생활용수의 수요에 대응하여 생활용수를 안정적으로 공급하기 위하여'로 고쳐야 한다.

③ 사고 원인 파악과 재발 방지 대책을 조속히 마련하여
→ '사고 원인 파악을 마련하여'로 해석될 수 있으므로 앞의 명사구를 '사고 원인을 파악하고'로 고쳐 절과 절의 접속으로 바꾸어야 한다.

④ 도량형은 미터법 사용을 원칙으로 하되 각종 증빙 서류 등을 미터법 이외의 도량형으로 작성할 경우 미터법으로 환산한 수치를 병기함.
→ '하되'는 앞뒤 문장의 내용을 연결하는 어미로 적합하지 않으므로 '하며'로 고쳐야 한다.

05.

정답풀이 '날씨가 선선해지다'는 어법상 옳다. 또한 책이 '읽음'을 당하는 의미를 갖기 때문에 피동 접미사 '히'가 붙어 '읽힌다'로 표현할 수 있다.

오답풀이 ② '이렇게 어려운 책을 속독으로 읽는 것'에서 '속독'이란 '책 따위를 빨리 읽음.'을 의미하므로 뒤의 '읽는'과 중복된다. 따라서 '이렇게 어려운 책을 빨리 읽는 것은'으로 고쳐야 한다.

③ 필수 성분이 누락되었다. 직접 찾는 대상이 있어야 하므로 '직접 찾기로' 앞에 목적어 '책임자를'을 추가해 주어야 한다.

④ 접속조사로 대등하게 연결되는 두 말이 어색하다. '그는 시화전을 홍보하는 일과 진행하는 일에 아주 열성적이다'로 간결하게 고쳐야 한다.

06.

정답풀이 '내가 그 분을 처음 뵌 것'에도 주어-목적어-서술어의 문장 성분의 호응이 잘되어 있다. '~것은 ~때였다'로 주어와 서술어 호응이 잘 되고 있다.

오답풀이 ① 부사 '왜냐하면'은 서술어 '~때문이다'와 호응해야 하므로 '왜냐하면 한국이 빠른 속도로 경제적 발전을 이루었기 때문이다'로 고쳐야 한다.

② 문장의 주어가 '까닭은'이므로 서술어는 '때문이다'로 호응해야 한다. 또한 '합격했다'는 주어와 필수적 부사어(-에)를 필수적으로 요구하므로 부사어를 추가해야 한다. 따라서 '그 사람이 우리에게 중요한 까닭은 우리가 시험에 합격했다는 사실 때문이다.'로 고쳐야 한다.

④ 접속 조사 '과/와'는 대등한 병렬의 기능을 갖는다. 국어 문법에 관심을 가지는 것은 맞다. 하지만 '조명하다'는 목적어를 요구하므로 '학계에서는 국어 문법을 조명해 나가고 근대 국어에도 관심을 보이기 시작했다.'로 고치는 것이 옳다.

07.

정답풀이 '얽히고설키다'는 사전에 등재된 하나의 단어로서 옳은 표기이다. 따라서 어법에 맞는 문장은 '일이 얽히고설켜서 풀기가 어렵다.'이다.

오답풀이 ① 웬간해서는(×) → 웬만해서는(○) : '웬간하다'라는 말은 세상에 존재하지 않는 말로 표준어가 아니다. 문맥상 이 문장에서 의도한 것은 「2」 허용되는 범위에서 크게 벗어나지 아니한 상태에 있다.'를 의미하는 '웬만하다'일 것이다.

☞ '엔간하다'는 표준어로 존재하는데, '대중으로 보아 정도가 표준에 꽤 가깝다.'를 의미하므로 이 문장에는 어울리지 않는다.

③ 빠지고(×) → 빼고(○) : '불필요한 기능은 빠지다+필요한 기능만 살렸다'가 연결 어미 '-고'를 통해 대등하게 이어져 있다. 대등하게 이어져 있는 문장은 두 문장의 구조 또한 동일해야 한다. '빠지다'는 '…이 빠지다'의 형식을 가진 '주어-서술어'의 관계이지만 '살리다'는 '…을 살리다'의 형식을 가지므로 '목적어-서술어'의 관계이다. 호응을 같게 해야 하므로 '불필요한 기능은 빼고 필요한 기능만 살렸다' 정도로 고쳐야 한다.

☞ '은'과 '만'은 보조사이기 때문에 문장 성분의 자격을 부여해 주지는 못하므로 보조사 이전에 어떤 격조사가 붙었는지를 파악해야 이 문제를 풀 수 있었다.

④ 개통될지(×) → 도로가 개통될지(○) : '개통되다'의 주어가 누락되어 있으므로 주어 '도로가'를 추가해야 한다.

08.

정답풀이 주어 '우리 팀에서는'과 목적어 '모든 홍보 방안을', 서술어 '고려해 왔다'라는 가 모두 자연스럽게 호응하고 있다.

(기출에 나온 적 있음) '가능한'은 용언의 관형형이므로 그 뒤에 명사 '한'이 와서 '가능한 조건 하에서'라는 의미로 쓰였다. '가능한 조건 하에서'의 의미로 쓰이는 경우에는 '가능한'만 와서는 안 되고 반드시 '가능한 한'이 와야 한다.

오답풀이 ① 세종이 한글을 만든 것은~의도였다.(×)

→ 세종이 한글을 만든 것은 한자를 가급적 사용하지 않길 바라는 의도에서 비롯된 것이었다.(○) : 주어 '세종이 한글을 만든 것'과 서술어 '의도였다'가 호응하지 않기 때문에 '세종이 한글을 만든 것은 ~ 의도에서 비롯된 것이었다.'로 고쳐야 한다. 또한 '모든'이 수식하는 것이 '한자'인지 '사용'인지에 따라 의미가 여러 개일 수 있으므로 중의성을 해소하기 위해 '세종이 한글을 만든 것은 한자를 가급적 사용하지 않길 바라는 의도에서 비롯된 것이었다.'로 바꿔야 한다.

② 우리는 균형 있는 식단 마련과 쾌적한 실내 분위기를 조성하는(×) → 우리는 균형 있는 식단을 마련하고 쾌적한 실내 분위기를 조성하는(○) : '과'는 접속 조사이므로 앞 뒤의 구성이 동일해야 한다. 하지만 이 문장에서 '식단 마련'은 명사형의 구성인데 반해 뒤는 명사형 구성이 아니라 호응이 적절하지 않다. 따라서 '식단을 마련하고 ~ 실내 분위기를 조성하는' 식의 구성으로 앞 절과 뒤 절이 호응이 되도록 해야 한다.

④ 아래에 제시된 두 가지 통계 자료를 살펴보면,~일어나고 있다.(×) → 아래에 제시된 두 가지 통계 자료를 살펴보면,~일어나고 있음을 알 수 있다.(○) : 앞 절의 서술어 '살펴보다'와 호응하는 '~임을 알 수 있다'로 고쳐야 한다. 그래야 앞 절의 내용과 호응이 된다.

정답 찾기

5. ① 6. ③ 7. ② 8. ③

05. 가장 자연스러운 문장은?　　　　　2021 국가직 9급

① 날씨가 선선해지니 역시 책이 잘 읽힌다.

② 이렇게 어려운 책을 속독으로 읽는 것은 하늘의 별 따기이다.

③ 내가 이 일의 책임자가 되기보다는 직접 찾기로 의견을 모았다.

④ 그는 시화전을 홍보하는 일과 시화전의 진행에 아주 열성적이다.

07. 어법에 맞는 문장은?　　　　　2017 지방직 7급

① 그 어른은 웬간해서는 내색을 안 하시는 분이다.

② 일이 얽히고설켜서 풀기가 어렵다.

③ 불필요한 기능은 빠지고 필요한 기능만 살렸다.

④ 공사가 언제부터 시작되고 언제 개통될지 알 수 없다.

06. 문장 성분 간의 호응이 가장 옳은 것은?　　2018 서울시 9급

① 왜냐하면 한국이 빠른 속도로 경제적 발전을 이루었다는 것이다.

② 그 사람이 우리에게 중요한 까닭은 우리가 합격했다는 사실이다.

③ 내가 그 분을 처음 뵌 것은 호텔에서 내 친구하고 만나 이야기하고 있을 때였다.

④ 학계에서는 국어 문법에 관심과 조명을 해 나가고 근대 국어에도 관심을 보이기 시작했다.

08. 문장 성분의 호응이 가장 자연스러운 것은? 2018 국가직 7급

① 세종이 한글을 만든 것은 모든 한자 사용을 없애고자 한 의도였다.

② 우리는 균형 있는 식단 마련과 쾌적한 실내 분위기를 조성하는 노력을 꾸준히 해 왔다.

③ 우리 팀에서는 가능한 한 많은 관중이 동원될 수 있도록 모든 홍보 방안을 고려해 왔다.

④ 아래에 제시된 두 가지 통계 자료를 살펴보면, 2000년 대 이후 복지 정책에 상당히 큰 변화가 일어나고 있다.

PART 03

09.

정답풀이) 1) 대화명을 규정에 맞게 변경하지 않는 사람은(○)
: 어법에 문제가 없다.

2) 관리자가 (대화명을 규정에 맞게 변경하지 않는 사람의) 카페 이
용을(○) : 문맥적으로 생략된 성분을 알 수 있으므로 문장 성분
의 호응이 자연스러운 문장임을 알 수 있다.

3) 제한해야 한다.(○) : 제한하다는 '일정한 한도를 정하거나 그 한
도를 넘지 못하게 막다.'를 의미하므로 잘 쓰였다.

오답풀이) ② 아마(×) → 과연(○) : 부사어 '아마'와 서술어 '되었을
까.'의 호응이 어색하다. '아마'는 뒤에 오는 추측의 표현과 호응
하여 단정할 수는 없지만 미루어 짐작하거나 생각하여 볼 때 그
럴 가능성이 크다는 뜻을 나타내는 부사이다. 따라서 '아마' 뒤에
는 '~하였을 것이다'처럼 추측의 표현이 와야 한다. 그런데 뒤에
'되었을까'라는 의문형이 쓰인 것을 미루어 볼 때, 박수를 보내는
사람이 얼마 되지 않을 것이라는 의미를 담고 있음을 알 수 있다.
따라서 '아닌 게 아니라 정말로.'의 의미를 갖는 부사 '과연'을 쓰
는 것이 더 적절하다.

③ 국민 대통합과 국가 경쟁력을 제고해야 한다.(×) → 국민의 대통
합을 이루고 국가 경쟁력을 제고해야 한다.(○) : 접속조사 '과'로
인해 서술어 '제고해야 한다'를 공통으로 가져야 하므로 '국민 대
통합을 제고하고 국가 경쟁력을 제고해야 한다.'가 되어야 한다.
하지만 목적어 '국민 대통합을'과 서술어 '제고하고'의 호응이 매
우 어색하다. 따라서 목적어 '국민 대통합을'과 어울리는 '이루다'
와 같은 서술어를 활용하는 것이 좋다. 혹은 '국민을 통합하고'로
고칠 수도 있다.

④ 필요하다는 것이다.(×) → 필요하다(○) : '자질의 연마, 인격, 원
만한 인간관계 등이'가 주어이므로 주어 '~것은'을 요구하는 서
술어 '~다는 것이다'와의 호응이 어색하다. 따라서 '필요하다'로
고쳐야 한다.

10.

정답풀이) '이 약은 ~로 사용되어 왔다.'는 문장 성분의 호응이 잘되
어 있는 표현이다.

오답풀이) ① 대등(병렬)의 접속 조사 '과'에 의해 '사회 현실을 다해
야 할'이 연결되지만 이는 옳지 않다. 따라서 '사회 현실을 직시
하고 사회적 책임을 다해야 할'로 고쳐야 한다.

③ '지배하다'는 '~을 지배하다'의 타동사이므로 '환경을 지배하다'
는 옳다. 하지만 '순응하다'는 '~에 순응하다'의 자동사이므로
이는 '환경에 순응하기도 한다.'로 고쳐야 한다.

④ 대개 '반드시'는 '긍정'과 '절대로'는 '부정'과 호응하므로 '절대로
하지 않는다'로 고쳐야 한다.

11.

정답풀이) '지배하다'는 타동사로 목적어가 필요하다. 따라서 '인간은
운명에 복종도 하고 지배도 한다.'가 아니라, '지배할 수도 있다' 앞
에 목적어 '운명을'을 추가해야 한다.

오답풀이) ② 대등 병렬의 조사 '이나'가 있으므로 '사람을 싣거나'가
가능해진다. 하지만 이는 목적어와 서술어의 호응이 옳지 않으므
로 '사람을'에 호응하는 '태우거나'를 추가한 것은 옳다.

③ 철수는 유정 명사이므로 '에게'를 써야 옳다.

④ '결코'는 '(('아니다', '없다', '못하다' 따위의 부정어와 함께 쓰여))
어떤 경우에도 절대로'를 의미한다. 하지만 '해야 해'는 부정어가
아니므로 '결코'를 '반드시'로 교체한 것은 옳다.

12.

정답풀이) '~ 중 하나는 ~이다'는 어법에 맞는 구조이다.

오답풀이) ① '복종하다'는 필수적 부사어 '-에'를 요구하므로 '복종
하기도' 앞에 '자연에'를 추가해야 한다.

② '예측+되(피동 접미사)+어지(피동 보조 용언)+었+다'에 이중 피
동 표현이 나오므로 적절하지 않다. '예측되었다'로 고쳐야 한다.

④ '두다'는 목적어를 필수적으로 요구하므로 '목표를'을 앞에 추가
해야 한다. '~에 있어'는 일본어 투의 표현이므로 지양하는 것이
좋다.

13.

정답풀이) '바야흐로'가 '이제 한창. 이제 막.'을 의미하므로 '소생하
는 봄이다'와 잘 연결된다. '바야흐로'는 현재 시제와 자연스럽게 호
응된다.

오답풀이) ② '지배하다'는 타동사로 목적어가 필요하므로 '지배하기
도' 앞에 목적어 '자연을'을 추가해야 한다.

③ 대등(병렬)의 접속 조사 '과'에 의해 '신문을 시청해야 한다'과 되
므로 옳지 않다. 따라서 '신문을 꼼꼼히 읽고 뉴스를 열심히 시청
해야 한다'로 고쳐야 한다.

④ '선물하였다'의 주어가 잘못 생략돼 있으므로 '영선이가 책을 선물
하였다.'라 써야 한다.'로 고쳐야 한다. 그렇지 않으면 앞의 주어
'철이는'이 '선물하였다'와 호응하여 의미가 이상한 문장이 된다.

 정답
찾기

9. ① 10. ② 11. ① 12. ③ 13. ①

09. 문장 성분의 호응이 가장 자연스러운 것은? _{2018 지방직 7급}

① 대화명을 규정에 맞게 변경하지 않는 사람은 관리자가 카페 이용을 제한해야 한다.

② 그 일이 벌어졌을 때 아마 마음속으로라도 박수를 보내는 사람은 얼마나 되었을까.

③ 월드컵에서 보여 준 에너지를 바탕으로 국민 대통합과 국가 경쟁력을 제고해야 한다.

④ 행복의 조건으로서 물질적 기반 이외에 자질의 연마, 인격, 원만한 인간관계 등이 필요하다는 것이다.

10. 다음 중 문장의 표현이 가장 적절한 것은? _{2017 경찰 1차}

① 공직자는 사회 현실과 사회적 책임을 다해야 할 것이다.

② 이 약은 예전부터 우리 집의 만병통치약으로 사용되어 왔다.

③ 인간은 환경을 지배하기도 하고 순응하기도 한다.

④ 그는 내키지 않는 일은 반드시 하지 않는다.

11. 다음 중 어법에 맞게 고친 문장으로 가장 적절하지 않은 것은? _{2014 경찰 2차}

① 인간은 운명에 복종할 수도 있고, 지배할 수도 있다.
→ 인간은 운명에 복종도 하고 지배도 한다.

② 이 차는 사람이나 짐을 싣고 다닌다.
→ 이 차는 사람을 태우거나 짐을 싣고 다닌다.

③ 나는 철수에 선물을 주었다.
→ 나는 철수에게 선물을 주었다.

④ 나는 결코 이 일을 해야 해.
→ 나는 반드시 이 일을 해야 해.

12. 어법에 맞는 문장은? _{2015 지방직 7급}

① 인간은 자연을 지배하기도 하고 복종하기도 한다.

② 북극의 빙하는 수십 년 내에 없어질 것으로 예측되어졌다.

③ 국가 경쟁력을 높이는 요소 중 하나는 인문학적 상상력이다.

④ 교육부는 새 교과서를 편찬함에 있어서 전인교육의 충실화에 두었다.

13. 다음 중 어법에 가장 적절한 것은? _{2017 경찰 2차}

① 때는 바야흐로 만물이 소생하는 봄이다.

② 인간은 자연에 복종하기도 하고, 지배하기도 한다.

③ 글을 잘 쓰려면 신문과 뉴스를 열심히 시청해야 한다.

④ 철이는 영선이에게 가방을 주었는데, 그 보답으로 철이에게 책을 선물하였다.

14.

정답풀이) '-든지'는 선택을 의미하는 어미이므로 적절하게 쓰였다.

오답풀이) ① 대등 병렬의 접속조사 '와'에 의해 '상처를 겪었다'가 되는데 이는 목적어와 서술어의 호응이 잘못된 것이다. 따라서 '많은 사람들이 상처를 받고 아픔을 겪었다.'로 고쳐야 한다.
② 주어가 '생각은'이므로 서술어는 '한다는 것이다'로 호응되어야 한다.
④ 부사어 '아직도'와 호응되어야 하므로 '기다리고 있을 것이다.'로 고쳐야 한다.

15.

정답풀이) '선생님께서는~당부하셨습니다'의 주어 서술어 호응이 적절하다.

오답풀이) ① 중의적인 문장이므로 옳지 않다. '어제'가 '온'을 꾸미면 현규가 어제 서울에 온 것으로 해석되고 '어제'가 '먹었다'를 꾸미면 현규와 어제 밥을 먹은 것으로 해석되므로 의미가 불명확하다.
② 주어 '것은'은 '~것이다, 점이다'로 호응해야 하므로 '아니라는 것입니다'로 고쳐야 한다.
④ 대등 병렬의 접속 조사 '과'가 있으므로 '바람이 오는'이 가능해진다. 하지만 이는 주어와 서술어의 호응이 적절하지 않으므로 '바람이 불고 눈이 오는 지역'으로 고쳐야 한다.

16.

정답풀이) '짜여져'는 '짜+이(피동 접미사)+어지(피동 보조 용언)+어'로 이중 피동 표현이다. 따라서 잘못 고친 것이므로 원래대로 '짜여'로 고쳐야 한다.

오답풀이) ② 주어 '게시판은'은 서술어 '개설하였습니다'와 호응되면 어색하다. '개설한 것입니다'로 고치면 주어와 서술어의 호응이 적절해진다.
③ '중점' 뒤에 동사 '추진하겠습니다'가 있으므로 부사어 '중점적으로' 고치는 것은 옳다.
④ '가능한'은 형용사의 관형사형이므로 뒤에 반드시 명사 '한'이 와야 하므로 '가능한 한'으로 고친 것은 옳다.

17.

정답풀이) 주술 호응이 자연스럽다.

오답풀이) ① '가능한'은 형용사의 관형사형이므로 뒤에 반드시 명사 '한'이 와야 한다.

③ '고화질의 화면은'이 '손쉽게 얻을 수 있다'와 호응되지 않으므로 '고화질 화면을 볼 수 있는 것은 물론'으로 고쳐야 한다.
④ 서술어 '생각이다'에 호응되는 주어가 없다. 따라서 아예 '생각이다'를 삭제하여 '이제는 이와 같은 관례를 깨뜨릴 때도 되었다'로 고쳐야 한다. 여기에는 전체 주어 '우리가'가 생략되었다.

18.

정답풀이) '입히다'의 '히'는 사동 접미사이다. 이를 '상처를'이라는 목적어와 '입게 하다'를 의미하는 것을 통해 알 수 있다. 선배가 한 말이 그에게 상처를 당하게 한 것이므로 옳다. '입다'는 '피해·손해를 보거나 부상을 당하거나 누명 등을 쓰다.'를 의미한다.

오답풀이) ① 언제 개통될지는(×) → 언제 지하철이 개통될지는(○) : 필수적인 문장 성분이 생략되었다. 무엇이 개통되었는지에 대한 주어가 없으므로 '지하철이'를 추가해야 한다. 그렇지 않으면 '개통될지는'의 주어는 자동으로 앞 문장의 주어 '지하철 공사가'가 되기 때문이다.
② 장점과 단점을 보완해야 한다(×) → 장점을 살리고 단점을 보완해야 한다.(○) : 접속조사 '과'로 이어졌으므로 뒤의 서술어 '보완해야 한다'를 공유한다. 하지만 '장점을 보완해야 한다'는 의미가 어색하므로 '장점을 살리고'로 고쳐 목적어와 서술어의 호응을 바르게 해야 한다.
③ 회의를 가질(×) → 회의할, 회의를 할(○) : '회의를 가지다.'는 영어 'have a meeting'을 번역한 말투이므로 옳지 않다. 우리말 표현으로 '회의하다, 회의를 하다'로 고쳐야 한다.
④ 열려져(×) → 열려(○) : '열려져'는 '열+리(피동 접미사)+어지(피동 보조 용언)+어(연결어미)'의 구성이므로 이중 피동 표현이다. 이중 피동은 옳지 않으므로 '열려' 혹은 '열어져'로 고쳐야 한다.

19.

정답풀이) '조심하다'는 동사이므로 명령형으로 쓰일 수 있다. 따라서 하오체의 명령형 '조심하십시오'도, 해요체의 명령형 '조심하세요'도 가능하다. (참고로 형용사는 명령형으로 쓰일 수 없다.)

오답풀이) ① 대등 병렬의 쉼표가 있으므로 '운동도 먹던'도 가능해진다. 하지만 이는 목적어와 서술어의 호응이 적절하지 않다. 따라서 '운동도'에 호응하는 '하고'를 넣는 것은 옳다.
② 희망을 잃지 않은 것은 높임의 주체인 선생님이므로 주체 높임 선어말 어미 '-시-'와 높임 어휘 '말씀'을 쓴 것은 옳다.
③ 있어야 할 주어가 생략되어 있으므로 '그것은'을 추가하고 서술어를 '연주하는 일입니다'로 고치면 호응이 잘 이루어진다.

 정답찾기 14. ③ 15. ③ 16. ① 17. ② 18. ⑤ 19. ④

14. 다음 중 어법에 맞는 문장은? 2017 경찰 1차 여경

① 많은 사람들이 상처와 아픔을 겪었다.

② 내 생각은 너희들이 서로를 배려해야 한다.

③ 너는 사과를 먹든지 귤을 먹든지 결정해라.

④ 그는 역에서 아마 아직도 널 기다리고 있다.

15. 다음 설명 중 문법적인 오류가 없는 문장은? 2016 법원직

① 나는 어제 서울에 온 현규와 밥을 먹었다.

② 무엇보다도 중요한 것은 서류가 전부는 아닙니다.

③ 선생님께서는 제게 초심(初心)을 잊지 말라고 당부하셨습니다.

④ 궂은 날씨가 계속되면서, 오늘도 바람과 눈이 오는 지역이 있습니다.

16. 다음은 공공기관 홈페이지에서 볼 수 있는 글이다. 밑줄 친 부분을 고쳐 쓴 것으로 적절하지 않은 것은? 2014 기상직 9급

① 이번 개편을 통해 부서 간 협조가 원활하도록 조직이 짜여 있어 이제 시민 여러분들이 보다 쉽게 건의를 할 수 있게 되었습니다. → 조직이 짜여져 있어

② 이 게시판은 인터넷을 통하여 국민의 생생한 현장의 목소리를 듣고 이를 국정에 반영하고자 개설하였습니다. → 이를 국정에 반영하고자 개설한 것입니다.

③ 저희 ○○○는 모든 국민의 삶의 질을 향상시키기 위하여 다음과 같은 정책 과제를 중점 추진하겠습니다. → 다음과 같은 정책 과제를 중점적으로 추진하겠습니다.

④ 저희는 제반 법률적·행정적 조치 기한을 충실하게 준수하되, 가능한 신속히 조사를 마치도록 노력하겠습니다. → 가능한 한 신속히 조사를 마치도록

17. 가장 자연스러운 문장은? 2015 국가직 7급

① 그는 이 문제에 대해 가능한 충실히 논의해 왔다.

② 이 물건은 후보 공천 시점에 보낸 것인지도 모른다.

③ 디지털 텔레비전 시대에는 고화질의 화면은 물론 다양한 정보도 손쉽게 얻을 수 있다.

④ 지금까지는 문제를 회피하기만 했지만 이제는 이와 같은 관례를 깨뜨릴 때도 되었다는 생각이다.

18. 우리말의 어법에 맞고, 의미가 정확한 문장은? 2021 국회직 8급

① 지하철 공사가 이제 시작됐으니, 언제 개통될지는 불투명하다.

② 수출 증대를 위해서는 이 제품의 장점과 단점을 보완해야 한다.

③ 그 문제를 논의하자면 오후에는 팀원 전체가 모여 회의를 가질 겁니다.

④ 다행히 비상문이 열려져 있어 인명 피해가 크지 않았습니다.

⑤ 선배가 농담으로 한 말이 그에게 큰 상처를 입혔습니다.

19. ㉠~㉣을 어법에 맞게 고친 것으로 적절하지 않은 것은? 2014 지방직 9급

> 선생님, 그동안 안녕하셨어요? 선생님과 함께 생활했던 시간이 엊그제 같은데 벌써 졸업한 지 반 년이 지났습니다. 전 아직도 선생님과 함께했던 소중한 시간들을 잊지 못하고 있습니다. 선생님과 함께 ㉠ 운동도, 도시락도 먹던 기억이 고스란히 남아 있습니다. 그리고 종례 시간마다 해 주셨던 말씀은 제 인생에서 중요한 지침이 되고 있습니다. 특히 선생님께서 고3 때 아무리 어려운 상황에서도 ㉡ 희망을 잃지 않았다는 말은 당시 저에게 큰 도움이 되었습니다. 제가 대학에 들어 온 이후 취미를 갖게 되었는데, ㉢ 기악부 동아리에서 악기를 연주하고 있다는 것입니다. 고등학교 시절에는 공부에 쫓겨 엄두도 못 냈었는데 지금은 여유롭게 음악에 몰두할 수 있어서 좋습니다. 조만간 꼭 찾아뵐게요. ㉣ 항상 건강 조심하십시오.

① ㉠: '운동도 하고, 도시락도 먹던'으로 바꾸어 필요한 성분을 모두 갖춘다.

② ㉡: '희망을 잃지 않으셨다는 말씀은'으로 바꾸어 높임 표현을 바르게 한다.

③ ㉢: '그것은 기악부 동아리에서 악기를 연주하는 일입니다.'로 바꾸어 주어와 서술어가 호응을 이루도록 한다.

④ ㉣: '조심하다'는 명령형으로 쓰일 수 없으므로 해요체 '조심하세요'를 사용한다.

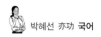

20.

정답풀이 '모름지기 ~ 하여야 한다.'로 부사어와 서술어의 호응이 이루어져야 하므로 '모름지기~중요합니다.'는 문장 호응이 적절하지 않다. '모름지기 교통법규를 지켜야 합니다.'로 고쳐야 한다.

오답풀이 ① '어떤 일이 있어도 반드시'를 의미하는 부사 '절대로'는 보통 부정적인 맥락에 쓰이므로 이 문장은 호응이 적절하다. '아닙니다'라는 부정어가 있기 때문이다. (단, 사전 용례에는 '당신의 협조가 절대로 필요합니다.'와 같이 긍정적인 맥락에도 쓰이는 경우가 제한적으로 드러나므로 주의해야 한다.)

④ '그다지'는 '((뒤에 오는 '않다, 못하다' 따위의 부정어와 호응하여)) 그러한 정도로는 또는 그렇게까지는'을 의미하므로 쓰임이 적절하다. '않았습니다.'라는 부정어가 있기 때문이다.

☞「2」((주로 의문문에 쓰여)) 그러한 정도로 또는 그렇게까지 늘 그리, 그리도

예 그 사람은 무슨 걱정이 그다지도 많은가?

21.

정답풀이 '-인 동시에'의 앞뒤 모두가 '관형어+명사'의 구조로 되어 자연스럽다.

오답풀이 ① '말씀'은 간접 높임의 대상이므로 '있으시겠습니다'가 옳다. '계시다'는 직접 높임의 어휘이기 때문이다.

② 춤을 부를 수는 없으므로 '춤을 추고 노래를 부르고 있다.'로 고쳐야 한다.

③ '축배'는 '축하하는 뜻으로 드는 술'이므로 터뜨릴 수 없다. 따라서 '축배를 들며'로 고쳐야 한다.

22.

정답풀이 '좋아하여서'에서 '이유나 근거를 나타내는 연결 어미.' '-아서/어서'가 쓰인 것은 적절하다.

오답풀이 ① 주어 '담당 의사의 조언은'과 서술어 '권유했다'와 호응할 수 없다. '~조언은~것이었다.(점이었다)'로 호응해야 하므로 '검사를 받아 보라는 것이었다'로 고쳐야 한다.

② 빵을 마실 수는 없으므로 '빵'과 호응하는 서술어를 추가해야 한다. 따라서 '빵을 먹고 우유를 사서 마셨다'로 고쳐야 한다.

③ 주어 '내 생각은'과 서술어 '생각한다.'와 호응할 수 없다. '~생각은~것이다.(점이다)'로 호응해야 하므로 '옳다는 것이다'로 고쳐야 한다.

④ 고객의 건강을 조성할 수는 없으므로 '고객의 건강'과 호응하는 서술어를 추가해야 한다. '이번 조치는 고객의 건강을 지키고 쾌적한 여행 환경을 조성하기 위한 것이다.'로 고쳐야 한다.

23.

정답풀이 역접의 어미 '-으나'가 대조의 의미를 나타내는 두 문장을 잘 이어주고 있다.

오답풀이 ① 주어 '모습은'은 서술어 '것이다'와 호응해야 하므로 '담당하는 것이다'로 고쳐야 한다.

② '지연되고 있다'와 호응되는 주어가 없으므로 주어 '협상이'를 추가해야 한다.

④ '해외여행'과 '관람하다'는 호응이 될 수 없으므로 '해외여행을 하거나'로 고쳐야 한다.

24.

정답풀이 '성과란 것을 ~으로 따진다는 것도'에서도 '~도 문제가 없지는 않다.'에서도 자연스러운 호응을 보인다.

오답풀이 ① '~점은 ~것이다(점이다)'의 호응을 보여야 하므로 '바람직하지 않다는 점이다'로 고쳐야 한다.

② '시키다'의 남용이다. 실력 있는 강사진이 직접 교육을 하는 것이지 누군가를 교육하게 하는 것이 아니므로 '교육시켜'를 '교육해'로 고쳐야 한다.

③ 궁금한 점이 잘 안 되는 것이 아니므로 '궁금한 점'에 호응하는 서술어를 추가해야 한다. '궁금한 점이 있거나'로 고쳐야 한다.

25.

정답풀이 주체인 '선생님'을 높이는 높임의 주격 조사 '께서'를 썼다. 오는 주체는 '너'이므로 높임이 없는 '오라고'로 쓰는 것은 옳다. '~고 하는' 주체는 선생님으로 높임의 대상이므로 주체 높임 선어말 어미 '-시-'를 사용한 것은 옳다.

오답풀이 ② 갔는(×) → 간(○) : 시제 표현에서 시간을 나타내는 형태소를 잘못 쓴 경우이다. '갔는'은 '가(어간)+았(과거 시제 선어말 어미)+는(현재 관형사형 어미)'로 분석할 수 있다. 이때 과거 시제 어미와 현재 관형사형 어미가 함께 오므로 'ㄴ(과거 관형사형 어미)'만 쓴 '간'으로 고쳐야 한다.

③ 소개시켜(×) → 소개해(○) : 불필요하게 사동 표현인 '시키다'를 쓴 경우이다. 청자에게 직접 소개를 원하는 것이므로 '소개시키다'로 쓰면 안 된다. '소개시키다'는 '소개하게 하다'를 의미하므로 나에게 소개를 해주는 다른 '제3자'가 나와야 하기 때문이다.

④ 생각되어지지(×) → 생각되지(○) : 이중 피동 형태를 사용한 경우이다. '생각되어지지'는 '생각+되(피동 접미사)+어지(피동 보조 용언)+지(연결 어미)'로 분석되는 이중 피동 표현이다. 따라서 '생각되지'로 고쳐야 한다.

 정답 찾기   20. ③   21. ④   22. ⑤   23. ③   24. ④   25. ①

20. 문장의 호응이 어색한 것은?　2014 서울시 9급

① 절대로 이것은 사실이 아닙니다.
② 아직 학교에 도착하지 않았습니다.
③ 모름지기 교통법규를 지키는 일은 중요합니다.
④ 그다지 돈은 중요하지 않습니다.
⑤ 오직 모든 것을 하늘에 맡길 뿐입니다.

21. 가장 자연스러운 표현은?　2013 국가직 9급

① 교장 선생님의 말씀이 계시겠습니다.
② 모두 흥에 겨워 춤과 노래를 부르고 있다.
③ 축배를 터뜨리며 함께 우승의 기쁨을 나누었다.
④ 독서는 삶의 방편인 동시에 평생의 반려자이기도 하다.

22. 다음 중 자연스러운 문장은?　2014 국회직 9급

① 담당 의사의 조언은 건강에 문제가 생길 수 있으므로 정기적으로 검사를 받아 보라고 권유했다.
② 오늘 점심에 빵과 우유를 하나씩 사서 마셨다.
③ 내 생각은 네가 먼저 사과하는 게 옳다고 생각한다.
④ 이번 조치는 고객의 건강과 쾌적한 여행 환경을 조성하기 위한 것이다.
⑤ 그는 책 읽는 것을 좋아해서 눈만 뜨면 도서관에 간다.

23. 문장 성분의 연결이 자연스러운 것은?　2014 국가직 7급

① 이 도시의 바람직한 모습은 이 지방의 행정, 문화, 교육 분야의 중심 기능을 담당해야 한다.
② 노사 간에 지속적인 대화를 시도하고 있으나, 불필요한 공방으로 인하여 기약 없이 지연되고 있다.
③ 예전에 한국인은 양만 따진다는 말이 있었으나, 이제는 양뿐 아니라 질을 아울러 따질 수 있게 되었다.
④ 해외여행이나 좋은 영화나 뮤지컬 등은 빼놓지 않고 관람하는 것이 이른바 골드 미스의 전형적인 생활양식이다.

24. 어법상 가장 자연스러운 것은?　2014 지방직 7급

① 내가 주장하고 싶은 점은 대중 스타를 맹목적으로 추종하는 것은 바람직하지 않다는 점을 강조하고 싶다.
② 실력 있는 강사진이 수강생 여러분을 직접 교육시켜 드립니다.
③ 이 제품을 사용하다가 궁금한 점이나 작동이 잘 안 될 때는 바로 연락을 주시기 바랍니다.
④ 성과란 것을 무조건 양적인 면만으로 따진다는 것도 문제가 없지는 않다.

25. 다음 〈보기〉를 참고할 때 문장의 표현이 가장 올바른 것은?　2021 국회직 8급

〈보기〉
우리는 언어생활에서 문법요소를 잘못 사용한 경우가 많다. 높임법에서 높이지 않을 대상을 높이는 경우, 시제 표현에서 시간을 나타내는 형태소를 잘못 쓴 경우, 피동 표현에서 이중 피동형태를 사용한 경우, 사동 표현에서 불필요하게 사동 표현을 쓴 경우가 대표적이다.

① 선생님께서 너 오라고 하시는구나.
② 그 사람이 말도 없이 벌써 갔는 모양이다.
③ 성실한 사람이 있으면 나에게 소개시켜 줄래.
④ 저는 그 말씀에 그처럼 생각되어지지 않습니다.

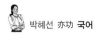

26.

정답풀이) 주어 '일은'과 서술어 '좋겠다'가 호응하지 않는다. 따라서 서술어를 '잘됐으면 하는 것이다.'로 고친 것이다. 하지만 〈보기〉에서는 서술어 자릿수를 언급하며 서술어가 요구하는 문장 성분을 보충해야 한다는 내용이 나오므로 이 선택지와는 관련이 없다.

오답풀이) 나머지는 모두 〈보기〉와 관련이 있다.
② '간주하다'는 '…을(목적어) …으로(부사어) 간주하다'로 쓰이는 세 자리 서술어이다. 하지만 수정 전 문장에서는 '…을(목적어)'이 누락되었다. 목적어 '그를'을 추가했으므로 옳은 문장이다.
③ '지배하다'는 '…을(목적어) 지배하다'처럼 쓰이는 두 자리 서술어이다. 수정 전 문장에서는 목적어가 누락되었으므로 '자연을'을 추가한 것은 옳다. ('복종하다'는 '…에/에게(부사어) 복종하다'로 쓰이는 두 자리 서술어이다. '복종하기도 하고'에 부사어 '자연에'가 있으므로 옳다.)
④ '넣다'는 '…에(부사어) …을(목적어) 넣다'로 쓰이는 세 자리 서술어이다. 수정 전 문장에서 손을 넣은 곳을 나타내는 부사어가 누락되어 있으므로 부사어 '호주머니에'를 추가한 것은 옳다.

27.

정답풀이) '~을 먹이다'는 '가축 따위를 기르다.'를 의미하므로 옳다.

오답풀이) ① '새로'와 '신입생'의 '新(새로울 신)'이 중복되므로 옳지 않다.
② '구워진 빵, 나에 의해서 골라졌다.'는 과도한 피동 표현이므로 옳지 않다. '나는 새롭게 구운 빵을 골랐다'로 고쳐야 한다.
④ 대등 병렬의 어미 '-고' 앞뒤의 문법 구조가 다르므로 옳지 않다. '관심을 갖고'는 문장이지만 '토론'은 명사이므로 '토론하는 계기가 되었으면 합니다.'로 고쳐야 한다.

28.

정답풀이) 이 문제는 전체적으로 문장의 길이가 길기 때문에 문장성분의 호응과 병렬 관계를 잘 보아야 한다. 이 문장에서 뒤에 '때문이다.'가 있는데 이에 호응하는 주어가 없다. 따라서 '그 이유는'을 추가하여 '그 이유는 가족과 모성의 생애주기를 고려한 종합적 건강증진보다는 건강한 신생아를 얻는 것 자체를 목적으로 하기 때문이다'로 고쳐야 한다.

오답풀이) ① '~자본주의가 ~인 것은 한국만의 문제가 아니다.'
② ~ 미국과 유럽의 선진국들이 ~ 결과로 ~ 결과들이 구조화되었다.
③ '혼자서 ~데서 ~ 의미를 찾을 수 있겠다.'
⑤ '~연구는 ~ 때문에 ~ 성질의 것이다.

29.

정답풀이) '그가 가사에 몰두했던 것(이유)은~위해서였다.'의 호응이 적절하다. 또한 '-라기보다는 -기 위해서이다.'의 병렬구조도 적절하게 쓰였다.

오답풀이) ① 부사어인 '좀체', '좀처럼'은 주로 부정적인 의미가 있는 서술어와 호응하므로 '쉬운 일이었다'와는 호응이 적절하지 않다. 따라서 '좀체'를 '매우'로 고쳐야 한다.
② '공부를 하지 않았다고 해서 낮은 점수를 받은 그녀'를 보면 '-고 해서'가 어색하다. '공부를 하지 않아 낮은 점수를 받은 그녀에게로 고쳐야 한다. (참고로 '에게서'는 출발의 의미를 가지므로 '에게'로 고쳐야 한다.) 또한 '불만이 아주 없었던'의 주어가 없으므로 그 앞에 주어 '그가'를 추가해야 한다.
③ '-으며'는 대등적 연결 어미이므로 앞의 문장의 '그의 노력이'가 '결심했다'의 주어가 되어야 한다. 하지만 이는 말이 되지 않으므로 '결심했다'의 주어 '그는'을 추가해야 한다.

26. 〈보기〉의 내용을 근거로 하여 잘못된 문장을 수정한 예로 적절하지 않은 것은?   2021 경찰 1차

─〈 보기 〉─
서술어의 자릿수는 문법적으로 정확하지 않은 문장을 수정하는 데 고려해야 할 중요한 기준이다. 서술어가 요구하는 문장 성분이 빠져 있으면 문법적으로 정확하지 않은 문장이 되므로 그 성분을 보충하여야 한다.

① 내가 오직 바라는 일은 네가 잘됐으면 좋겠다.
   → 내가 오직 바라는 일은 네가 잘됐으면 하는 것이다.
② 형사들은 도피 중인 범죄자로 간주하고 문초하기 시작했다.
   → 형사들은 그를 도피 중인 범죄자로 간주하고 문초하기 시작했다.
③ 인간은 자연에 복종하기도 하고 지배하기도 하면서 살아간다.
   → 인간은 자연에 복종하기도 하고 자연을 지배하기도 하면서 살아간다.
④ 그는 손을 넣고 걷다가 눈길에 미끄러졌다.
   → 그는 호주머니에 손을 넣고 걷다가 눈길에 미끄러졌다.

27. 다음 문장 중 가장 자연스러운 것은?   2013 기상직 9급

① 운동장에 새로 입학한 신입생이 가득 찼다.
② 새롭게 구워진 빵이 나에 의해서 골라졌다.
③ 철수네 집에서는 아직도 소를 먹이고 있다.
④ 여러분이 이 문제에 관심을 갖고 토론의 계기가 되었으면 합니다.

28. 다음 중 문장의 구성이 자연스럽지 않은 것은?   2018 국회직 8급

① 불평등과 양극화가 심해진 지금의 자본주의가 자본과 시장의 폐해를 제대로 규제하고 제어하지 못한 정치 실패이자 민주주의 실패의 결과인 것은 한국만의 문제가 아니다.
② 1980년대 초부터 지난 30년 동안 미국과 유럽의 선진국들이 시장 근본주의적인 자본주의를 추구한 결과로 경제 구조뿐만 아니라 사회 구조에도 부정적 결과들이 구조화되었다.
③ 단순하게는 혼자서 삶을 꾸려 나갈 수 없다는 데서, 나아가 여러 사람과 더불어 살면서 가치 있는 삶을 만들어간다는 데서 인간이 사회적 동물이라는 진술의 원인 혹은 의미를 찾을 수 있겠다.
④ 현재의 출산 장려 정책은 분만을 전후한 수개월의 짧은 기간에 혜택을 집중시키는데, 가족과 모성의 생애주기를 고려한 종합적 건강증진보다는 건강한 신생아를 얻는 것 자체를 목적으로 하기 때문이다.
⑤ 그러나 이러한 높은 수준의 지성적 연구는 예술과 과학 사이에 존재하는 차이점보다 오히려 양자 간의 유사점에 대한 인식을 토대로 하여 성립하기 때문에 예술이나 과학 어느 하나만으로는 지칭될 수 없는 성질의 것이다.

29. 다음 중 바르게 쓰인 문장은?   2017 기상직 7급

① 취직할 생각이 아예 없었기 때문에 그가 여행 갈 시간을 내기란 좀체 쉬운 일이었다.
② 공부를 하지 않았다고 해서 낮은 점수를 받은 그녀에게서 불만이 아주 없었던 것은 아니었다.
③ 다행스러운 것은 그의 노력이 충분한 보상을 받았으며 인류를 위해 연구실에 남아 실험을 계속하기로 결심했다는 점이다.
④ 그가 가사에 몰두했던 것은 단순히 그것이 좋아서라기보다는 그동안 인간관계에서 겪은 아픈 기억을 지우기 위해서였다.

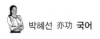

30.

정답풀이 '우리가'라는 주어가 생략이 되기는 했지만 문장의 병렬 구조도 잘 쓰였고 문장 성분의 호응도 적절하다.

오답풀이 ① 대등 병렬의 접속 조사 '과'가 있으므로 '상업성을 상품화하다'가 가능해진다. 하지만 이는 목적어와 서술어의 호응이 잘못되었으므로 '올림픽을 상품화하고 여성을 상품화한다는'으로 고쳐야 한다.

② 대등 병렬의 접속 조사 '과'가 있으므로 '주변 환경이 오염되고 미관이 오염되다.'가 가능해진다. 하지만 '미관이 오염된다.'라는 말은 없으므로 '주변 환경이 오염되고 미관이 훼손될'로 고쳐야 한다. 또한 '허가하다'의 목적어가 잘못 생략되어 있으므로 목적어 '혐오시설 건축을'을 추가해야 한다.

③ '또는'은 대등 병렬의 접속 부사이므로 앞뒤의 구조가 동일해야 한다. 하지만 '평년 수준'은 명사이고 '약간 감소한'은 서술어이므로 옳지 않다. 따라서 '평년 수준을 유지하거나 평년 수준보다 약간 감소한 것으로 나타났습니다'로 고쳐야 한다.

⑤ 주어 '현재의 부동산 정책은'과 서술어 '불가피할 전망입니다.'의 호응이 맞지 않다. '전망'은 '멀리 바라봄.'을 의미하므로 부동산 정책이 멀리 바라본다는 것은 옳지 않다. 따라서 '현재의 부동산 정책 ~ 전망됩니다.'로 고쳐야 한다.

31.

정답풀이 제시문에서는 반드시 있어야 할 문장 성분이 쓰이지 않아 비문을 초래하는 것에 대해 설명하고 있다. '따지고 보고 검토하다'는 반드시 목적어를 요구하지만 실종되어 비문이 되었다. 따라서 '진위를' 같은 목적어를 넣어야 하므로 이 문장이 답이 될 수 있다.

오답풀이 ② 어미가 잘못 사용되었다. '-다고 해서'가 아니라 '-다고 하니'로 고쳐야 문장의 의미가 적절해진다.

③ 단어가 잘못 사용되었다. '접수'는 '받아들임'을 의미하지만 이 문맥에서는 학교에 원서를 내는 것이 맞다. 따라서 '제출하십시오'로 고쳐야 한다.

④ 조사가 잘못 사용되었다. '다솜이가'로 고쳐야 서술어 '제출한'과 호응이 된다.

⑤ 중의적인 문장이므로 적절하지 않다. 각각 여행을 간 것인지 함께 간 것인지 불명확하다. 따라서 어순을 바꾸어 '철현이는 재원이와 지난달에 여행을 다녀왔다.'로 고쳐야 한다.

32.

정답풀이 '문장 성분이 중복되어 뜻이 분명하지 않음'이 아니라 '문장 성분이 생략되었고 호응이 이루어지지 않음'으로 고쳐야 한다. '보존하다'는 목적어를 필수적으로 요구하므로 앞에 목적어 '현장을'을 추가해야 한다. 또한 서술어 '쟁점이 되고 있어'에 호응하는 주어가 생략되었다. 따라서 '그 상태로 〈현장을〉 보존함이 타당한지에 대한 〈문제가〉 쟁점이 되고 있어'로 고쳐야 한다.

오답풀이 ① '개정하다, 고시하다'는 목적어를 필수적으로 요구하는 타동사인데 이 문장에는 목적어가 생략되어 어색한 문장이 되었다. (또한 ' 수출 통관 사무 처리'에 명사구가 지나치게 중복되었으므로 '수출 통관 시에 사무를 처리하는 것에 관한'으로 풀어쓰는 것이 좋다.)

② '규정은'은 보조사 '은'이 있지만 목적어이다. '이를'도 목적어이므로 목적어가 중복되어 바른 문장이 아니다.

③ '고분'을 수식하는 수식어는 '지역의 중요한 6세기의 횡혈식'이다. 그런데 이들의 순서가 맞지 않는다. 따라서 '본 사적지 내의 고분은 고고학적으로 중요한 의의가 있는 6세기의 횡혈식 고분임'으로 고치는 것이 좋다.

⑤ 주어 '멕시코에서 또 하나 주의할 사항은'와 서술어 '바람직하고'가 호응되지 않는다. 또한 '-고'를 통한 연결 관계도 이상하다. 따라서 '멕시코에서 또 하나 주의할 사항은 과음을 삼가고 양주보다는 데킬라를 마시는 것이다.'로 고쳐야 한다.

정답찾기 30. ④ 31. ① 32. ④

30. 다음 문장 중 어법에 맞게 쓰인 것은? 2017 국회직 8급

① 한편에서는 올림픽의 상업성과 여성을 상품화한다는 비난이 있지만 비치발리볼은 이번에도 큰 인기를 누리고 있습니다.

② 혐오시설인 장례식장의 경우 주변 환경과 미관이 오염될 우려가 높다며 허가를 해 주지 않았습니다.

③ 미세먼지를 제외한 환경기준성 오염 물질들은 평년 수준 또는 약간 감소한 것으로 나타났습니다.

④ 시공에 정성을 다하고 최대한 공사 기간을 단축하여 고가 차도 공사를 2020년 12월까지 마치겠습니다.

⑤ 현재의 부동산 정책은 앞으로 손질이 불가피할 전망입니다.

31. 다음 글에서 설명하는 유형의 잘못을 범한 문장은? 2015 국회직 8급

국어는 앞뒤 문맥을 통하여 성분의 호응에 어려움을 주지 않는 한 성분 생략이 자유롭다. 문제는 이러한 성분 생략이 문맥 호응상 아무 문제 없이 이루어지면 다행인데, 이따금 성분 생략이 아닌 성분 실종으로 변질되어 비문을 초래하게 되는 것이다. 그런 점에서 국어 구조상 의미 소통에 지장이 없는 한, 성분 생략은 국어 문장 구조의 간결성, 함축성, 경제성에 기여하는 긍정적 효과가 있지만 이것이 성분 간에 호응을 어긋나게 하면 성분 실종이 되므로 성분 생략과 성분 실종은 구별해야 한다.

① 학문은 따지고 의심스럽게 보고 다시 검토하는 데에서 출발해야 한다.

② 검찰이 성역 없는 수사를 한다고 해서 수사 결과를 두고 볼 일이다.

③ 토익 시험에 응시하실 분들은 학교에 원서를 접수하십시오.

④ 다솜이의 여름방학 숙제로 제출한 그림은 특이했다.

⑤ 재원이와 철현이는 지난달에 여행을 다녀왔다.

32. 아래 틀린 문장들을 고쳐 써야 할 이유로 옳지 않은 것은? 2013 국회직 8급

① 수출 통관 사무 처리에 관한 고시 중 다음과 같이 개정·고시합니다.
→ 문장 성분이 생략되어 어색한 문장임

② 이 고시의 시행과 동시에 다음 각 호의 1에 해당하는 규정은 이를 폐지한다.
→ 특정 성분이 중복되어 바른 문장이 아님

③ 사업목적: 본 사적지 내의 고분은 고고학적으로는 이 지역의 중요한 6세기의 횡혈식 고분임
→ 수식어들의 순서가 바르지 않아 말하고자 하는 바가 명료하게 드러나지 않음

④ 택지 개발을 하면서 주위의 역사적 환경이 크게 훼손되어 그 상태로 보존함이 타당한지에 대하여 쟁점이 되고 있어 다음과 같이 의견을 제시함
→ 문장 성분이 중복되어 뜻이 분명하지 않음

⑤ 멕시코에서 또 하나 주의할 사항은 과음을 삼가는 것이 바람직하고 양주보다는 데킬라를 마시는 게 좋다.
→ 문장 성분 간 호응이 잘못되어 어색한 문장임

02 Chapter 의미의 중복

★ 출좋포 정리하기 ❷

- 그 안건은 과반수가 넘어 안건이 가결되었다. → 반수
  ☞ '과반수(過半數)'의 '과(過)'와 '넘는'이 중복된다.

- 내일 9시에 역전 앞에서 만날래? → 역전
  ☞ '역전(驛前)'의 '전(前)'과 '앞'이 중복된다.

- 미리 예습하는 것은 복습보다 더 큰 학습 효과를 나타낸다. → 예습
  ☞ '미리'와 '예습(豫習)'의 '예(豫)'가 중복된다.

- 역공녀는 남은 여생을 경제적 자유를 얻어 행복하게 살았다. → 여생
  ☞ '남은'과 '여생(餘生)'의 '여(餘)'가 중복된다.

- 부정부패를 완전히 근절해야 한다. → 근절해야 한다.
  ☞ '근절(根絶)'은 '뿌리째(완전히) 없애 버림'의 의미로 '완전히'와 중복된다.

- 우리는 어려운 난관을 극복하여 시험에 합격하게 되었다. → 난관
  ☞ '어려운'과 '난관(難關)'의 '난(難)'이 중복된다.

- 사적인 개인 정보는 열람하면 안 된다. → 개인정보
  ☞ '사(私)적인'과 '개인'이 중복된다.

제3편 문장 고쳐쓰기 CH.02 의미의 중복

01.

정답풀이 '과반수(過半數)'의 '과(過)'와 '이상(수량·정도 따위가 일정한 표준보다 더 많거나 나음.)'의 의미가 중복된다. (따라서 '참석자의 과반수 이상이 그 안건에 찬성하였다.'로 고쳐야 한다.) 이와 같은 유형을 보이는 것은 '완전히 근절해야 한다.'이다. '근절(根絶)하다'는 '다시 살아날 수 없도록 아주 뿌리째 없애 버리다.'를 의미하므로 '완전히'의 의미가 중복된다.

오답풀이 ①, ② 잘못된 표현이 없다.
④ 부사어-서술어의 호응이 잘못되었다. '절대로'는 부정의 서술어와 호응하는 부사어이므로 '반드시'로 고쳐야 한다.

02.

정답풀이 문장 성분의 호응이 잘 지켜진 문장으로 자연스럽다.

오답풀이 ① '여건(與件 : 與 더불 여 件 물건 건)'은 '주어진 조건'을 의미하므로 앞의 수식어 '주어진'과 중복된다.
② '여가(餘暇 : 餘 남을 여 暇 틈 가)'는 '남은 시간'을 의미하므로 앞의 수식어 '남은'과 중복된다.
③ '소위(所謂 : 所 바 소 謂 이를 위)'는 '이른바'를 의미하는데 '이르다(=말하다)'와 뒤의 '말하는'이 중복된다.
④ '장수(長壽 : 長 길 장 壽 목숨 수)'는 '오래 살다'를 의미하므로 앞의 수식어 '오래오래'와 중복된다.

03.

정답풀이 '기로(岐路)'란 '갈림길'을 의미하므로 다음 문장에는 의미 중복이 없다.

오답풀이 ② '근절(根絶)하다'는 '다시 살아날 수 없도록 아주 뿌리째 없애 버리다.'를 의미하므로 '완전히'의 의미가 중복된다.
③ '사견(私見 : 私 사사 사 見 볼 견)'은 '자기 개인의 생각이나 의견'을 의미하므로 앞의 '개인적인'과 의미가 중복된다.
④ '무인도(無人島 : 無 없을 무 人 사람 인 島 섬 도)'는 '사람이 살지 않는 섬'을 의미하므로 '사람 없는'과 의미가 중복된다.

정답 찾기
1. ③ 2. ⑤ 3. ①

최빈출

01. 〈보기〉와 같은 유형의 잘못된 표현을 하고 있는 문장은?
2015 기상직 9급

> 참석자의 과반수 이상이 그 안건에 찬성하였다.

① 옛날 선비들은 자연 속에서 여생을 즐겼다.
② 가족과 함께 여행을 하는 것은 즐거운 일이다.
③ 바른 사회를 구현하려면 사회악부터 완전히 근절해야 한다.
④ 우리의 후손들을 위해서라도 절대로 민주주의를 지켜야 한다.

02. 다음 중 표현이 가장 자연스러운 것은?
2015 국회직 9급

① 주어진 여건에서 최선을 다하는 것이 중요하다.
② 청소년들이 남은 여가를 선용하도록 지도해야 합니다.
③ 소위 말하는 여소 야대 정국이 출현했다.
④ 어느 나라 사람이나 오래오래 장수하기를 바랍니다.
⑤ 우리 민족은 옛날부터 기쁠 때 함께 춤추고 노래했다.

03. 다음 중 의미 중복이 없는 문장은?
2013 법원직 9급

① 국가는 지금 중대한 기로에 서 있습니다.
② 우리 사회에서 부정부패는 완전히 근절해야 합니다.
③ 개인적인 사견 말고 객관적인 사실을 말해 주십시오.
④ 가끔씩 사람 없는 무인도에서 혼자 살고 싶다는 생각이 든다.

03 Chapter 올바른 단어의 쓰임

문맥상 옳지 않은 단어가 사용되지는 않는지 주의하여야 한다. 형태가 비슷하여 각기 다른 뜻을 갖고 있음에도 혼용되어 잘못 쓰일 수 있기 때문이다.

1. 성별에 따른 단어 선택

- 그의 아들은 대학교에서 학생들을 가르치는 뛰어난 재원(才媛)이다. → 인재(人材)
  ☞ '재원(才媛)'은 '재주가 뛰어난 젊은 여자'를 가리키는 말이므로 '남자'에게는 쓸 수 없다.

- 그 남자는 방년(芳年) 18세이다 → 당년(當年)
  ☞ '방년'은 '여자의, 이십 세 전후의 꽃다운 나이. 방령(芳齡)'을 의미하므로 남자인 성별에는 쓸 수 없다. '당년(當年)'으로 고쳐야 한다.

2. 긍정적인 맥락의 단어/부정적인 맥락의 단어

- 아파트가 무너지자 주민들이 보상(補償)을 요구하였다. → 배상(賠償)
  ☞ '보상(補償)'은 합법으로 생긴 피해에 대해, '배상(賠償)'은 불법으로 인해 생긴 피해를 의미하는 것으로 부정적인 일에서 쓰인다.

- 역공녀는 역공남의 범행에 협조(協助)한 죄로 구속되었다. → 범행을 방조(幇助)한
  ☞ '협조(協助)'는 긍정적인 행위를 도울 때 쓰는 단어이다. 범죄 행위를 돕거나 방치한 경우에는 '방조(幇助)'라는 말을 쓴다.

- 도전자는 통쾌한 케이오 승을 거두겠다고 기함(氣陷)을 토하고 있다. → 기염(氣焰)
  ☞ '기함'은 '갑자기 놀라거나 아파서 소리를 지르면서 넋을 잃음.'이라는 뜻으로 부정적인 어감을 가지는 단어이다. '기염'은 불꽃처럼 대단한 기세를 의미하는 것으로 '토하다'와 함께 쓰인다.

- 위안부 할머니들의 삶은 끔찍한 일로 회자(膾炙)되고 있다. → 여겨지고
  ☞ '회자(膾炙)되다'는 '칭찬을 받으며 사람의 입에 자주 오르내리다. 회와 구운 고기라는 뜻에서 나온 말'을 의미하므로 긍정적인 어감에 쓰여야 한다.

- 열심히 노력한 탓에 역공녀는 1타로 자리매김했다. → 덕, 덕분
  ☞ '탓'은 주로 잘못된 일의 까닭이나 원인을 의미하는 말이므로, 긍정적인 의미의 '덕'이나 '덕분'을 사용하는 것이 적절하다.

- 그는 유머 감각이 뛰어나 친구들 사이에서 유명세(有名稅)가 대단했다. → 인기(人氣)
  ☞ '유명세'는 '세상에 이름이 널리 알려져 있는 탓으로 당하는 불편이나 곤욕'을 이르는 말로 부정적인 문맥에 쓰인다. 따라서 '인기'로 고치는 것이 자연스럽다.

- 그 얘기는 일체(一切) 입 밖에 꺼내지 마시오. → 일절(一切)
  ☞ '일체(= 모두, 전부)'는 긍정적인 문맥에 '일절'은 부정적인 문맥에 쓰인다. '일체'는 '모든 것, 온갖 사물, 통틀어서, 모두'를 의미한다. '일절(= 전혀)'은 '사물을 부인하거나 행위를 금지할 때 씀.'을 의미하는 것으로 존재 자체가 부정된다. 따라서 '일절 없다', '일체 있다'로 표현해야 한다.

• 자신을 밝히지 않고 남을 도와 왔던 화제의 <mark>장본인</mark>(張本人)을 소개하겠습니다.

  → 인물(人物), 주인공(主人公)

  ☞ '장본인'이란 어떠한 일을 꾀하여 일으킨 바로 그 사람이라는 뜻으로, 부정적인 맥락에 더 많이 쓰인다. 긍정적인 맥락에는 '인물, 주인공' 등을 쓰는 것이 자연스럽다.

• 청소년은 흡연을 해서는 안 된다는 인식을 <mark>조장</mark>(助長)하기 위해 노력했다. → 심어 주기

  ☞ '조장'이란 바람직하지 않은 일을 부추김을 의미하므로 부정적인 맥락에 더 많이 쓰인다. '사행심 조장, 과소비 조장' 등과 같이 쓰이며, 긍정적인 의미를 지닌 문장과는 어울리지 않는다.

3. 비슷하게 생긴 단어의 선택

• 역공녀는 만약을 위해 지난달 <mark>보험금</mark>(保險金)을 연체하지 않고 냈다. → 보험료(保險料)

  ☞ '보험금(保險金)'은 사고가 발생하였을 때, 보험사가 피보험자에게 지급하는 돈을 의미하므로 문맥상 옳지 않다. 보험사에 비보험사가 돈을 내는 것이므로 '보험료(保險料)'가 옳다.

• 역공녀와 수지의 얼굴은 서로 <mark>틀린</mark> 것입니다. → 다른

  ☞ '틀리다'는 '정답이 아니다'는 뜻이고, '다르다'는 '같지 않다'는 뜻이다.

4. 특정 단어 뒤에 쓰이는 서술어의 선택

• 뮤지컬의 <mark>대단원</mark>(大團圓)의 막을 열었다.

  → 대단원의 막을 내렸다.

  ☞ '대단원'이란 '어떤 일의 맨 마지막, 대미'를 나타내는 말이므로 '대단원의 막을 내리다'로 고쳐야 한다.

• 하교 시간이 되자 학생들이 <mark>봇물</mark>(狀物)을 이루며 학교에서 나왔다. → 봇물 터지듯

  ☞ '봇물'은 '보에 괸 물 또는 보에서 흘러내리는 물'이므로 동적으로 표현해야 한다. 따라서 '봇물 터지듯'으로 써야 한다.

• 그의 시도는 <mark>미수</mark>(未遂)에 머물고 말았다.

  → 미수(未遂)에 그치고

  ☞ '미수(未遂)'는 '목적을 이루지 못함.'을 의미한다. 미수는 '그치다'와 호응하여 쓰인다.

5. 주체와 객체의 혼동

• 공과금을 기한 내에 은행 등 지정 기관에 <mark>수납</mark>(收納)하지 않으면 연체료를 내야 한다. → 납부(納付)

  ☞ '수납'은 돈이나 물품 따위를 받아 거두어들이는 것이므로 옳지 않다. 여기에서는 세금을 '내는' 것이므로 '세금·공과금 따위를 냄.'을 의미하는 '납부'를 써야 한다.

• 각 가정에서는 쓰레기를 분리해서 <mark>수거</mark>(收去)해 주십시오. → 배출(排出)

  ☞ '수거(收去)'는 '거두어 감'을 의미하므로 옳지 않다. '안에서 밖으로 밀어 내보냄.'을 의미하는 '배출(排出)'이 옳다.

• 그는 관련 서류를 구청으로 <mark>접수</mark>(接受)하라는 연락을 받았다. → 제출(提出)

  ☞ '접수(接受)'는 '받아서 거둠.'을 의미 하므로 의견이나 '문안(文案), 법안 따위를 내어 놓음.'을 의미하는 '제출(提出)'이 옳다.

• 은행 돈을 빌려 사무실을 <mark>임대</mark>(賃貸)하였다.

  → 임차(賃借)

  ☞ '임대'는 '돈을 받고 자기 물건을 남에게 빌려 줌.'을 의미한다. 은행 돈을 줘서 사무실을 빌리는 것이므로 돈을 주고 남의 물건을 빌리는 '임차하다'가 옳다.

6. 적절한 단어의 선택

- 산업화에 소외된 노동자들의 애환(哀歡)을 위로하였다. → 슬픔
  ☞ '애환'은 '슬픔과 기쁨'이므로 위로의 대상이 될 수 없다. 따라서 '슬픔'이 옳다.

- 습작 활동을 오래도록 한 일은 그의 치밀한 성격을 야기(惹起)하였다. → 형성(形成)
  ☞ '야기(惹起)'는 '일이나 사건 따위를 끌어 일으킴.'의 의미이므로 '성격을 야기하다'라는 표현은 적절하지 않다.

- 오랜만에 고향에 돌아오는 친구를 배웅하러 공항에 갔다. → 마중
  ☞ '배웅하다'는 '떠나가는 손님을 따라 나가 작별하여 보냄.'을 의미하므로 문맥상 옳지 않다. '오는 사람을 나가서 맞이함.'의 의미인 '마중하다'를 써야 한다.

- 역공녀는 한문(漢文)으로 자신의 이름을 적었다. → 한자(漢字)
  ☞ '한문'이란 '한자로 쓴 글, 문장'을 가리킨다. 이름을 적었으므로 '한자'가 자연스럽다.

- 김 선생은 신문사에서 편집국장, 주필 등을 연임(連任)하면서 많은 공을 세웠다. → 역임(歷任)
  ☞ '연임(連任)'은 '임기가 끝난 사람이 다시 그 직위에 임용됨.'을 의미하므로 문맥상 옳지 않다. 여기에서는 두루 여러 지위를 거친 경우를 말하는 것이므로 '역임'을 써야 한다. 참고로 같은 관직에 다시 임명됨을 의미하는 것은 '재임(再任)'이다.

- 여행하는 와중(渦中)에 그는 심하게 아팠다고 한다. → 도중(途中)
  ☞ '와중(渦中)'은 '일 따위가 시끄럽고 어지럽게 벌어진 가운데'의 의미이므로 문맥과는 어울리지 않는다. '일이 끝나지 않고 진행되는 중간'을 의미하는 도중(途中)이 적절하다.

- 그가 과로로 쓰러져 운명(殞命)을 달리했다. → 유명(幽明)
  ☞ '유명(幽明)을 달리하다'는 '죽다'를 표현하는 관용구이다.

- 재건축이 예정되면서 아파트 입주민(入住民)들이 재건축 관련 회의를 개최하였다. → 주민(住民)
  ☞ '입주민(入住民)'은 '새로 지은 집에 들어와서 사는 사람'을 말한다. 이미 살던 사람이므로 '주민(住民)'이 적절하다.

- 조선 시대에는 유교가 흥행(興行)하였다. → 성행(盛行)
  ☞ '흥행(興行)'은 관람료를 받고 연극·영화 등을 보여 줌을 의미한다. 이 문맥에서는 '매우 성하게 유행함'을 의미하는 '성행(盛行)'이 더 자연스럽다.

- 그 회사는 유명한 경제 전문가에게 매사를 자문(諮問)을 구하였다. → 자문(諮問)했다
  ☞ '자문(諮問)'은 '어떤 일과 관련된 전문가나 전문 기관에 의견을 물음.'을 의미하는데 '자문을 구하다'는 틀린 표현이고 '자문하다'로 사용하여야 한다.

- 불법 거래가 전혀 개선(改善)되지 않았다. → 근절(根絶)
  ☞ '불법 거래'는 없애야 하는 것이지 개선의 대상이 아니다.

- 저 새는 꼬리가 귀엽다. → 꽁지
  ☞ 새의 꽁무니에 달린 기다란 깃은 '꽁지'라고 한다.

- 역공녀가 눈맵시가 있는지 내가 합격할 것이라는 것을 귀신같이 알았다. → 눈썰미
  ☞ '눈맵시'는 '눈매', 즉 '눈이 생긴 모양새'를 의미하므로 이 문맥에는 옳지 않다. '한두 번 본 것을 곧 그대로 해내는 재주'를 의미하는 '눈썰미'를 쓰는 것이 자연스럽다.

• 그와 거래를 할 것인지, 말 것인지 그 귀로(歸路) 속에서 고민하고 있다 → 기로(岐路)
   ☞ '귀로 (歸路)'는 '돌아오는 길'을 의미하므로 문맥상 옳지 않다. '갈림길'을 의미하는 '기로'가 옳다.

• 이번 시험의 난이도(難易度)가 크게 높아졌다. → 난도(難度)
   ☞ '난이도'는 '어려움과 쉬움의 정도'의 의미로 동시에 낮아질 수 없으므로, '어려움의 정도'를 의미하는 '난도(難度)'가 와야 한다.

• 독감 예방 접종(接種)을 맞아야 한다. → 주사를
   ☞ '접종'은 '병원균이나 항체 따위를 사람이나 동물의 몸에 주입함.'라는 의미이므로 '맞다'와 의미가 중복된다. 따라서 '주사를'로 고쳐야 한다.

• 앞집 후배와 나는 세 살 터울이다. → 차이
   ☞ '터울'은 '한 어머니가 낳은 자녀의 나이 차이'를 의미하는 말이므로 형제가 아닌 사이에 쓸 수 없는 말이다.

• 훈장이 추서(追敍)되었으니 선생님은 연락을 주십시오. → 수여(授與)
   ☞ '추서(追敍)'는 '죽은 뒤에 관작을 내리거나 품계를 높여 줌.'을 뜻하는 말이므로 살아 있는 사람에게는 쓸 수 없다.

• 우리 할머니는 향년(享年) 90세이신데 밥도 잘 드신다. → 당년(當年)
   ☞ '향년(享年)'은 '한평생을 살아 누린 나이, 곧, 죽은 이의 나이'를 말할 때 쓰므로 살아계시는 분께는 '당년(當年)'을 쓴다.

• 햇빛을 쬐면서준비 운동을 하였다. → 햇볕
   ☞ '햇빛'은 '해의 빛, 광선(光線)'이므로 '해에서 내리쬐는 뜨거운 기운'을 의미하는 '햇볕을 쬐다'가 적절하다.

• 햇빛을 비치니 기분이 좋았다. → 비추니
   ☞ '비치다'는 '빛이 나서 환하게 되다.'를 의미하는 자동사이다. 따라서 '빛을 보내어 밝게 하다.'를 의미하는 타동사가 와야 한다.

• 면접하러 온 사람들은 현관 앞에서 복장을 매무새 하였다. → 매무시
   ☞ '매무새'는 '옷을 입은 완성된 맵시'를 의미한다. 하지만 여기에서는 '옷을 입을 때, 매고 여미는 등의 뒷단속을 하는 일'을 의미하는 '매무시'가 옳다.

01.

정답풀이

1) '비가 올 때에는 순회공연을 취소(取消)하기로 하였다'로 고쳐야 한다.
   ☞ '지연(遲延 : 遲 더딜 지 延 늘일 연)하다'는 '무슨 일을 더디게 끌어 시간을 늦추다.'를 의미한다.
      예 협상을 지연하다.
      관계 당국에서 허가를 지연하고 있다.
      하지만 비가 올 때에는 순회공연의 시간을 늦추는 것이 아니라 취소하는 것이 맞다. '취소(取消 : 取 가질 취 消 사라질 소)하다'란 '발표한 의사를 거두어들이거나 예정된 일을 없애 버림'를 의미한다.

2) '시험 시작 날짜가 9월 5일에서 9월 7일로 연기(延期)되었다.'로 고쳐야 한다.
   ☞ '연장(延長 : 延 늘일 연 長 길 장)되다'는 '시간이나 거리 따위가 본래보다 길게 늘어나다. 어떤 일이 계속되다. 또는 하나로 이어지다.'를 의미한다.
      예 버스 노선이 연장되다. 평균 수명이 연장되었다.
      버릇이 사회생활에서도 계속 연장됐다
      하지만 날짜가 변경된 것이므로 시간이 늘어나는 것이 아니라 기한이 뒤로 물러나는 것이 옳으므로 '연기(延期 : 延 늘일 연 期 기약할 기)되다'를 쓰는 것이 옳다. '연기(延期)되다'는 '정해진 기한이 뒤로 물려져서 늘려지다.'를 의미한다.

오답풀이 ② '타락(墮落)하다'는 '올바른 길에서 벗어나 잘못된 길로 빠지다'라는 뜻이므로 옳다. '몰락(沒落)하다'는 「1」 재물이나 세력 따위가 쇠하여 보잘것없어지다, 「2」 멸망하여 모조리 없어지다'라는 뜻이므로 옳다.
③ '근본이 미천하다'의 '근본(根本)'은 '자라 온 환경이나 혈통'이라는 뜻 뜻이므로 옳다. '뿌리와 줄기'라는 중심적인 의미를 가진 '근간(根幹)'은 '사물의 바탕이나 중심이 되는 중요한 것'이라는 주변 의미로 확장되어 쓰였으므로 옳다.
④ '금방(今方)'은 '방금'과 동의어이다. '금방'은 '말하고 있는 시점과 같은 때에'라는 뜻이므로 옳다. '방금(方今)'은 '말하고 있는 시점보다 바로 조금 전'이라는 뜻이므로 옳다.

02.

정답풀이 '불편부당(不偏不黨)'은 '공평해서 어느 편으로도 치우치지 않음'을 의미하므로 문맥상 적절하다.

오답풀이 ① '갑부(甲富)'는 '첫째가는 큰 부자'라는 뜻이어서 '재계 3위'와 같이 쓰일 수 없다.
② '애환(哀歡)'은 '슬픔과 기쁨'을 의미하는데 '감싸 주고 위로해 주는 것'은 '슬픔'이고 '기쁨'은 아니므로 옳지 않다.
④ '재원(才媛 : 才 재주 재 媛 여자 원)'은 '재주가 있는 젊은 여자'를 의미하므로 남자인 '사위'와는 같이 쓰일 수 없다. 참고로 '재주가 뛰어난 젊은 남자'는 '재자(才子), 재사(才士)'라 한다.

03.

정답풀이 '재원(才媛 : 才 재주 재 媛 여자 원)'은 '재주가 있는 젊은 여자'를 의미하므로 남자인 '총각'과는 같이 쓰일 수 없다.
☞ '재주가 뛰어난 젊은 남자'는 '재자(才子), 재사(才士)'라 한다.

오답풀이 ① '결딴'은 '일이나 사물이 아주 망그러져 도무지 손을 쓸 수 없게 된 상태'를 의미하므로 옳다.
② '사달'은 '사고나 탈'을 의미하므로 옳다.
④ '계발'은 '슬기·재능이나 사상 따위를 일깨워 발전시킴.'을 의미하므로 옳다.

04.

정답풀이 '일쑤'는 흔히 또는 으레 그러는 일을 의미하는 단어로 '일수'가 아니라 소리나는 대로 '일쑤'로 적는 것이 옳다. '일수'는 '본전에 이자를 합쳐서 일정한 액수를 날마다 거둬들이는 일'을 의미한다.

오답풀이 나머지는 모두 옳다.

05.

정답풀이 '개재(介在 : 介 낄 개 在 있을 재)'는 '어떤 것들 사이에 끼어듦, '끼여 있음'을 의미하므로 적절하지 않다. 문맥상으로 '계제'가 옳다. '계제'란 어떤 일을 할 수 있게 된 형편이나 기회를 의미한다.

개재 (介在)	어떤 것들 사이에 끼여 있음. '끼어듦', '끼여 있음'으로 순화 예 사적 감정의 개재가 이 일의 변수이다.
계제 (階梯)	• 일이 되어 가는 순서나 절차를 비유적으로 이르는 말 예 공부에는 밟아야 되는 계제가 있다. • 어떤 일을 할 수 있게 된 형편이나 기회 예 변명할 계제가 없었다. 이것저것 가릴 계제가 아니다.

오답풀이 ① '자생(自生)하다'란 「1」 자기 자신의 힘으로 살아가다, 저절로 나서 자라다'를 의미하므로 옳다.
③ '성패(成敗)'란 성공과 실패를 의미하므로 옳다.
④ '유례(類例)'란 같거나 비슷한 예를 의미하므로 옳다.

 정답 찾기   1. ①   2. ③   3. ③   4. ②   5. ②

제3편 문장 고쳐쓰기 CH.03 올바른 단어의 쓰임

대표 亦功 기출

최빈출

01. 밑줄 친 단어의 쓰임이 옳지 않은 것은?

2017 국가직 9급 생활 안전 분야

① 비가 올 때에는 순회공연을 <u>지연하기로</u> 하였다.
   시험 시작 날짜가 9월 5일에서 9월 7일로 <u>연장되었다</u>.
② 친구들에게 그는 완전히 <u>타락한</u> 사람으로 알려졌다.
   그는 역모 사건에 휘말려 <u>몰락한</u> 집안의 자손이었다.
③ 그는 근본이 미천하여 남들의 업신여김을 받았다.
   자발적 참여자를 <u>근간</u>으로 하여 조직이 결성되었다.
④ <u>금방</u> 비가 올 것처럼 하늘이 어둡다.
   할머니는 <u>방금</u> 전에 난 소리에 깜짝 놀라셨다.

02. 다음 밑줄 친 어휘의 사용이 가장 적절한 것은?

2017 경찰 2차

① 재계 3위의 <u>갑부(甲富)</u>는 과연 누구일까?
② 그분은 청년들의 <u>애환(哀歡)</u>을 감싸 주고 위로해 주었다.
③ 공무원은 <u>불편부당(不偏不黨)</u>하도록 최선을 다해야 합니다.
④ 김 부장의 사위는 훤칠한 키에 폭넓은 교양을 갖춘 <u>재원(才媛)</u>이다.

03. 밑줄 친 단어의 사용이 옳지 않은 것은? 2015 사회복지직 9급

① 이젠 집안을 아주 <u>결딴</u>을 내려고 하는군.
② 일이 꺼림칙하게 되어 가더니만 결국 <u>사달</u>이 났다.
③ 그 총각은 폭넓은 교양과 전문적인 지식을 갖춘 <u>재원</u>이다.
④ 교사는 학생의 잠재된 창의성이 <u>계발</u>되도록 충분한 기회를 주어야 한다.

04. 다음 밑줄 친 부분의 오류를 지적하고 바로잡은 것으로 옳지 않은 것은?

2016. 국회직 8급

> 평소에도 우리 부서의 과장님께서는 골치 아픈 일을 <u>자칭해서</u> 떠맡기 <u>일쑤</u>입니다. 따라서 그가 이번 일의 적임자임을 알 수 있지 않겠습니까? 여러분께서 다른 방안이 없다면 과장님을 추천하고 싶습니다. 우리에게는 <u>과반수 이상</u>의 찬성표가 필요<u>함으로</u> 긍정적인 분위기를 <u>조장</u>해 주십시오.

① '자칭해서'는 의미상 문맥에 맞지 않으므로 자발적으로 나서서 업무를 맡는다는 의미의 '자청해서'로 고쳐 쓴다.
② '일쑤'는 소리 나는 대로 적은 표기이므로 '일수'로 고쳐 쓴다.
③ '과반수 이상'은 의미의 중복 사용이므로 '반수 이상'으로 고쳐 쓴다.
④ '함으로'는 수단이나 방법의 의미인 '~하는 것으로써'를 나타내므로 '하므로'로 고쳐 쓴다.
⑤ '조장'은 부정적인 일을 부추긴다는 뜻을 가지므로 '조성'으로 고쳐 쓴다.

05. 밑줄 친 말의 쓰임이 적절하지 않은 것은? 2016 지방직 9급

① 이 숲에서 <u>자생</u>하던 희귀 식물들의 개체 수가 줄었다.
② 상황이 급박하게 돌아가서 이것저것 따질 <u>개재</u>가 아니다.
③ 이번 아이디어 상품의 출시 여부에 따라 사업의 <u>성패</u>가 결정된다.
④ 현대 사회에서는 <u>유례</u>를 찾아볼 수 없을 만큼 정보가 넘쳐 난다.

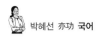

06.

정답풀이 '삼가하다'라는 말은 없고 '삼가다'가 표준어이므로 '삼가 주시기'와 '삼가주시기'로 써야 한다.

☞ 본용언 '삼가'와 보조 용언 '주시기'는 '아/어' 구성이므로 띄는 것이 원칙이나 붙이는 것도 허용한다.

오답풀이 ① ㉠: '개인이 소유하는 토지.'를 의미하는 '사유지'는 앞의 수식어 '개인이 소유하고 있는'과 중복되므로 '사유지'를 '토지'로 바꾸는 것은 적절하다.

② ㉡: '이곳을 출입하다'는 목적어와 서술어의 호응이 어색하므로 부사어와 서술어의 호응으로 고치기 위해 '이곳에'로 수정하는 것은 옳다.

③ ㉢: '접촉'은 '맞붙어 닿음.'을 의미하므로 '법률이나 규칙 등에 위반되거나 거슬림.'을 의미하는 '저촉'으로 고치는 것은 옳다.

07.

정답풀이 '졸이다'는 '속을 태우다시피 조바심하다.'를 의미하므로 옳다.

☞ '액체를 증발하게 하다'로 쓰여 '찌개를 졸이다'로도 쓰인다. '어육이나 채소 따위를 양념하다.'를 의미하는 '조리다'와 구별해야 한다.

오답풀이 ① 여기에서는 '손바닥, 발바닥 따위에 굳은살이 생기다.'를 의미하는 '박이다'가 와야 하므로 옳지 않다.

박이다	박히다
「1」 버릇, 생각, 태도 따위가 깊이 배다. 예 주말마다 등산하는 버릇이 몸에 박여 이제는 포기할 수 없다. 예 선생티가 박인 삼촌은 언제나 훈계조로 말한다. 「2」 손바닥, 발바닥 따위에 굳은살이 생기다. 예 마디마디 못이 박인 어머니의 손 예 이발사의 굳은살 박인 손을 바라보았다.	'박이다' 의미의 나머지는 '박히다'이다.

② '인구'는 '일정한 지역 안에 사는 사람의 수'를 의미하므로 '높아졌다.'가 아니라 '많아졌다.'로 고쳐야 한다.

③ '염두하다'라는 말은 없으므로 '염두에 두다'가 옳다.

08.

정답풀이 '걱정'은 아랫사람의 잘못을 나무라는 말로도 쓰이므로 옳다. 이 경우 '야단'을 쓰면 안 된다. 윗사람께 '야단맞았다'는 바른 표현이 아니다. (단, '윗사람이 야단을 치셨다'는 맞는 표현이다)

오답풀이 ① '선대인(先大人)'은 '남의 돌아가신 아버지를 높여 일컫는 말'이므로 살아있는 경우에 쓰면 안 된다.

② '터울'은 '한 어머니가 낳은 자녀의 나이 차이'를 의미하는 말이므로 형제가 아닌 사이에 쓸 수 없는 말이다.

④ '매무새'는 이미 단장을 완료한 복장을 의미하므로 복장이 완료되지 않은 경우에는 '뒷단속'을 의미하는 '매무시'를 써야 한다.

09.

정답풀이 '체중'에 호응하는 서술어는 '줄다'가 적절하다.

> 줄다
> 「1」 물체의 길이나 넓이, 부피 따위가 본디보다 작아지다.
> 늑 감하다.
> 예 소매 길이가 줄다.
> 면적이 줄다.
> 「2」 수나 분량이 본디보다 적어지거나 무게가 덜 나가게 되다.
> 예 인원이 줄다.
> 몸무게가 줄다.
> 「3」 힘이나 세력 따위가 본디보다 못하게 되다.
> 예 속력이 줄다.
> 나이가 들어 기운도 많이 줄었다.
> 「4」 재주나 능력, 실력 따위가 본디보다 못하게 되다.
> 예 수학 실력이 줄다.
> 「5」 살림이 어려워지거나 본디보다 못하여지다.
> 예 주는 것은 살림살이요. 느는 것을 빚뿐일세.
> 「6」 시간이나 기간이 짧아지다.
> 예 수술시간이 대폭 줄었다.

오답풀이 ① '월등하다'는 '다른 것과 견주어서 수준이 정도 이상으로 뛰어나다.'를 의미하고 '열세'는 '상대편보다 힘이나 세력이 약함.'을 의미하므로 이 두 단어의 호응은 적절하지 않다.

② '탓'은 '주로 부정적인 현상이 생겨난 까닭이나 원인'에 쓰이므로 긍정적 현상의 원인에는 '덕분'을 사용해야 한다.

④ '안전'은 '위험이 생기거나 사고가 날 염려가 없음. 또는 그런 상태'를 의미하므로 '보호'하는 대상이 아니다. '안전을 보장하다.', '안전을 도모(어떤 일을 이루기 위하여 대책과 방법을 세움)하다' 등이 옳다.

 정답 찾기   6. ④ 7. ④ 8. ③ 9. ③

06. 다음 〈공고문〉의 ㉠~㉣에 대한 수정 의견으로 적절하지 않은 것은?　　2015 사회복지직 9급

─ (공고문) ─

이곳은 ㉠ 개인이 소유하고 있는 사유지입니다. 따라서 외부인이 ㉡ 이곳을 마음대로 출입하거나 쓰레기를 무단으로 투기하는 행위는 법에 ㉢ 접촉되오니 ㉣ 삼가주시기 바랍니다.

향후 이와 같은 일이 발생할 경우 고발 조치를 할 것임을 엄중하게 경고하는 바입니다.

　　　　2015년 00월 00일 주인 백

① ㉠: 의미가 중복되므로 '개인이 소유하고 있는 토지'로 표현하는게 좋겠어.

② ㉡: 문장 성분의 자연스러운 호응을 위해 '이곳을'을 '이곳에'로 수정하는 게 좋겠어.

③ ㉢: 맥락상 적절하지 못한 단어이므로 '저촉'으로 수정하는 게 좋겠어.

④ ㉣: 어법에 맞게 '삼가해 주시기'로 수정하는 게 좋겠어.

07. 어법상 바른 문장은?　　2014 방재안전직 9급

① 연필 잡은 손가락에 군살이 박혔다.

② 이농 현상에 따라 도시 인구가 높아졌다.

③ 바로 그 점을 염두해 두어야 한다.

④ 마음을 졸이며 대문 앞으로 갔다.

08. 밑줄 친 말이 옳게 쓰인 것은?　　2013 지방직 9급

① 자네의 선대인께서는 올해 건강하신가?

② 옆집 선배와 나는 두 살 터울이다.

③ 오늘 아버지께 걱정을 들었다.

④ 면접하러 온 사람들은 현관 앞에서 복장을 매무새하였다.

09. 밑줄 친 어휘의 사용이 바른 문장은?　　2013 국가직 7급

① 우리 농구 팀은 실력의 월등한 열세를 극복하지 못하고 상대팀에 지고 말았다.

② 그의 성공은 불우한 가정환경에 굴하지 않고 성실히 노력한 탓이다.

③ 입사 시험 준비를 하느라 잠을 못 자서인지 체중이 많이 줄었다.

④ 우리 방범대원들은 주민의 안전을 보호하기 위해 애쓰고 있습니다.

10.

정답풀이 '과도(過度 : 過 지날 과 度 정도 도)하다'는 '정도에 지나치다'를 의미하듯 '과다(過多 : 過 지날 과 多 많을 다)하다'는 '너무 많다.'를 의미하다. 사용 정도가 지나친 것이므로 '과도한 사용'으로 다시 고쳐야 한다. 또한 '삼가하다'가 아니라 '삼가다'가 표준어이므로 '삼가+아야'가 결합하여 '삼가야 한다'로 고쳐야 한다.

오답풀이 ② '접수((接受 : 接 이을 접 受 받을 수)'는 신청을 받는 것이다. 내가 면회 신청을 '받는 것'이 아니라 '하는 것'이므로 '접수'가 아니라 '신청'으로 고친 것은 옳다.
③ '비'의 총량은 '강우량(降雨量)'이 옳다. '강수량'은 비뿐만 아니라 눈, 우박 따위의 것들을 모두 아우른 물의 총량을 말한다.
④ '한문'이란 '한자로 쓴 문장'을 가리킨다. 이름을 적었으므로 '한자'가 자연스럽다.

11.

정답풀이 ㉠ 금괴 : 금덩이.
㉡ 십상 : '십상팔구'의 준말이므로 '쉽상'이 아님에 유의하여야 한다.

오답풀이 ㉢ '재원(才媛 : 才 재주 재 媛 여자 원)'은 '재주가 있는 젊은 여자'를 의미하므로 남자인 '아들'과는 같이 쓰일 수 없다.
☞ '재주가 뛰어난 젊은 남자'는 '재자(才子), 재사(才士)'라 한다.
㉣ '작다'는 '크기·길이·넓이·부피 따위가 보통보다 덜하다'를 의미하므로 적절하지 않다. '분량이나 수량이 표준에 미치지 못하다.'를 의미하는 '적지만'으로 고쳐야 한다.

12.

정답풀이 '부상(浮上)하다'는 「…으로」 물 위로 떠오르다.'를 의미하므로 옳지 않다. 문맥상 「…에, …을」 물 위나 물속 또는 공기 중에 떠다니다.'를 의미하는 '부유(浮游)하다'가 적절하다.

오답풀이 ① '개발'은 '토지나 천연자원, 지식이나 소질, 능력, 재능, 산업이나 경제, 새로운 것'에 쓰이는 말로서 인간과 인간이 아닌 것에도 두루 쓰이므로 단어의 쓰임이 옳다.
☞ '계발'은 '능력, 재질, 재능' 등 인간에게만 국한되어 어울린다.
② '답지(遝至 : 遝 뒤섞일 답 至 이를 지)하다'는 '한군데로 몰려들다.'를 의미하므로 옳다.
④ '채근(採根 : 採 캘 채 根 뿌리 근)하다'는 '어떤 일을 따지어 독촉하다'를 의미하므로 옳다.

13.

정답풀이 ㄱ. '사달'은 '사고나 탈'을 의미하므로 옳다.
☞ 사단 : 사건의 단서 또는 일의 실마리
ㄴ. '서식'은 '생물(주로 동물)이 일정한 곳에 자리를 잡고 삶'을 의미하므로 옳다.

오답풀이 ㄷ. 봇물을 이루고(×) → 봇물 터지듯 일어나고(○) : 봇물은 '보에 괸 물. 또는 거기서 흘러내리는 물'이므로 '이루는 대상이 아니라 '터지는' 대상이다.
ㄹ. 장본인(×) → 주인공(○) : '장본인'이란 어떠한 일을 꾀하여 일으킨 바로 그 사람이라는 뜻으로, 부정적인 맥락에 더 많이 쓰인다. 긍정적인 맥락에는 '인물, 주인공' 등을 쓰는 것이 자연스럽다.

14.

정답풀이 선정(選定) : 여럿 가운데서 가려서 정함.
책동(策動) : 좋지 않은 일을 몰래 꾸미어 행함.
규명(糾明) : 어떤 사실을 캐고 따져서 밝힘.

오답풀이 제정(制定) : 제도나 법률 따위를 만들어 정함.
규정(規定) : 규칙으로 정함.
결정(決定) : 행동이나 태도를 결단하여 정함.
선동(煽動) : 남을 부추겨 일을 일으키게 함.
변명(辨明) : 옳고 그름을 가려 사리를 밝힘.
해명(解明) : 까닭이나 내용을 풀어서 밝힘.

15.

정답풀이 문장 성분의 호응이 모두 자연스럽다.

오답풀이 ① 주어 '장점은'은 '것이다, 점이다'라는 서술어와 호응해야 하므로 '최선을 다한다는 것이다'로 고쳐야 한다.
② '애환(哀歡)'은 '슬픔과 기쁨'이라는 말이므로 '위로해 주시려고'와 호응하는 것은 '애(哀)', 즉 '슬픔'뿐이다. 따라서 '애환'을 '슬픔'으로 고쳐야 한다.
③ 이 문장에서는 지금이라는 '조건(자격)'으로는 해결할 수 없다는 것이므로 '지금으로서는'으로 고쳐야 한다.
④ 큰 따옴표가 있으므로 직접 인용 부사격 조사인 '라고'로 고쳐야 한다. 만약 간접 인용 부사격 조사 '-고'를 쓰려면 큰 따옴표를 지워야 한다.

정답 찾기 10. ① 11. ① 12. ③ 13. ③ 14. ③ 15. ⑤

10. 다음 중 부자연스럽거나 잘못된 문장을 고친 예로 가장 적절하지 않은 것은?　　2015 경찰 1차

① 우리는 비속어의 과도한 사용을 삼가해야 한다.
　　→ 우리는 비속어의 과다한 사용을 삼가해야 한다.
② 나는 부대에 있는 오빠를 만나기 위해 면회 접수를 하고 기다렸다.
　　→ 나는 부대에 있는 오빠를 만나기 위해 면회 신청을 하고 기다렸다.
③ 그는 비가 오는 날마다 강수량을 측정한다.
　　→ 그는 비가 오는 날마다 강우량을 측정한다.
④ 그녀는 한문으로 자기의 이름을 적어 보여 주었다.
　　→ 그녀는 한자로 자기의 이름을 적어 보여 주었다.

11. ㉠~㉣ 중 어휘가 바르게 사용된 것을 모두 고른 것은?　　2015 기상직 7급

• 골드바는 보통 박대 모양의 ㉠ <u>금괴</u>를 말한다.
• 그렇게 걷다가는 넘어지기 ㉡ <u>십상</u>이다.
• 그의 아들은 우리 회사의 뛰어난 ㉢ <u>재원</u>이다.
• 이 회사는 비록 직원 수는 ㉣ <u>작지만</u> 시설은 대기업 못지 않다.
---

① ㉠, ㉡　　　　　　② ㉠, ㉣
③ ㉡, ㉢　　　　　　④ ㉢, ㉣

12. 밑줄 친 단어의 쓰임이 적절하지 <u>않은</u> 것은?　2014 지방직 9급

① 동아리 활성화를 위한 프로그램 <u>개발</u>이 필요하다.
② 사람들의 후원금이 방송국에 <u>답지하고</u> 있다.
③ 빙산이 바다 위를 <u>부상하는</u> 것은 온난화 때문이다.
④ 세입자에게 밀린 집세를 너무 자주 <u>채근하지</u> 마라.

13. 다음 중 어휘 사용의 측면에서 옳은 문장으로만 묶인 것은?　　2015 국회직 8급

ㄱ. 일이 돌아가는 걸 보니 무슨 사달이 나기는 날 것 같다.
ㄴ. 우리나라 토종 식물들의 서식 환경이 점점 나빠지고 있다.
ㄷ. 경기 침체로 빌라와 연립주택의 경매가 봇물을 이루고 있다.
ㄹ. 자신을 밝히지 않고 남을 도와왔던 화제의 장본인을 소개하겠습니다.
---

① 없음　　　　　　　② ㄱ
③ ㄱ, ㄴ　　　　　　④ ㄱ, ㄴ, ㄷ
⑤ ㄱ, ㄴ, ㄷ, ㄹ

14. 〈보기〉의 (　)안에 들어갈 단어가 순서대로 바르게 나열된 것은?　　2013 소방 복원

┌〈보기〉
• 이번 투표로 우리들 중 대표를 (　　)하도록 하자.
• 학급 내에서 이간질을 (　　)하는 사람은 추방하기로 하자.
• 30년 전 그 사건의 진상을 우리는 (　　)하기로 했다.
---

① 제정 - 책동 - 변명　　② 규정 - 선동 - 해명
③ 선정 - 책동 - 규명　　④ 결정 - 선동 - 해명

15. 다음 중 문장의 표현이 자연스러운 것은?　2017 국회직 9급

① 철수의 장점은 사람들을 배려하고 도와주고 어떤 일이든 최선을 다한다.
② 선생님은 학생들의 애환을 친절하게 들어주고 위로해 주시려고 노력하셨다.
③ 지금으로써는 그 문제를 해결할 방법이 없어.
④ 김 씨는 "사람들이 매우 흥분해서 상황이 좋지 않았다."고 말했다.
⑤ 가세가 기운 뒤로는 그토록 인심이 후하던 그녀도 점차 야박해져 갔다.

04 Chapter 중의적 표현

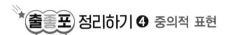 정리하기 ❹ 중의적 표현

수식 관계로 인한 중의성	• 그 거만한 시장의 외삼촌은 약속을 잘 지키지 않는다. ☞ 거만한 사람이 시장인지, 외삼촌인지 모호하다. • 여행을 무척이나 좋아하는 아우의 친구를 만났다. ☞ 여행을 좋아하는 사람이 아우인지, 친구인지 모호하다. • 그 판매원은 웃으면서 들어오는 손님에게 인사를 건넸다. ☞ 웃으면서 들어오는 주체가 판매원인지 손님인지 모호하다. • 사람들이 많은 도시를 다녀 보면 재미있는 일이 많을 것이다. ☞ 사람들이 많이 있는 도시인지, 여러 도시를 다닌다는 말인지 모호하다. • 다행히도 그 이야기를 들은 우리들은 모두 안전했다. ☞ '다행히도'가 '들은'을 꾸미는지, '안전했다'를 꾸미는지 모호하다.
비교 구문으로 인한 중의성	• 그녀는 나보다 책을 더 좋아한다. ☞ 그녀와 나 둘 중에 책을 더 좋아하는 것이 그녀인지, 그녀가 나와 책 둘 중에 책을 더 좋아하는 것인지 모호하다.
병렬 구문으로 인한 중의성	• 철수는 영희와 순애를 만나러 갔다. ☞ 철수가 혼자 영희와 순애 두 사람을 만나러 갔는지, 아니면 철수가 영희와 둘이서 순애를 만나러 갔는지 모호하다. • 동창회에서 들었는데, 영희와 철수가 결혼했다더군. ☞ 영희와 철수가 각각 다른 배우자와 결혼했다는 뜻인지, 아니면 영희가 철수와 결혼했다는 뜻인지 모호하다.
영향권의 중의성	• 사람들이 다(모두, 전부) 오지 않았다. ☞ 사람들이 한 명도 안 왔다, 사람들이 일부만 왔다로 해석이 가능하다. • 감과 사과 세 개를 샀다. ☞ 감 한 개와 사과 세 개인지, 감과 사과가 각각 세 개인지, 감과 사과를 합하여 세 개인지 모호하다.
조사로 인한 중의성	• 할아버지의 그림을 보았다. ☞ 할아버지 소유의 그림인지, 할아버지가 그린 그림인지, 할아버지를 그린 그림인지 모호하다.
지시어로 인한 중의성	• 그는 많은 돈이 생겼지만 그것을 숨겼다. ☞ '그것'이 많은 돈이 생긴 사실인지 돈 자체인지 모호하다.

대표 亦功 기출 | 제3편 문장 고쳐쓰기 CH.04 중의적 표현

01.

정답풀이) A : 어휘적 중의성. '길'은 '도로', '지켜야 할 도리나 임무', '거쳐 가는 과정', '삶의 방향' 등으로 해석된다.

B : 영향권 중의성. 전체 부정인지, 부분 부정인지 모호하다. '학생이 일부만 왔다', '학생이 아무도 오지 않았다'로 모두 해석이 가능하다.

C : 구조적 중의성. '영수가 보고 싶어 하는 친구들이 많다.'와 '영수를 보고 싶어 하는 친구들이 많다.'로 해석이 가능하다. 이는 주어와 목적어의 범위에 따른 중의성이다.

D : 어휘적 중의성. '차'는 '도로 위의 차', '마시는 차'의 중의성이 있다.

02.

정답풀이) 쉼표를 사용함으로써 의미의 중복을 피했으므로 의사전달이 가장 명확하다. '국민의 안전을 지키는'은 '경찰'만 수식하기 때문이다.

오답풀이) ① '풀려진'은 '풀+리(피동접사)+어지다(통사적 피동)'의 이중피동표현이므로. 따라서 '풀린' 또는 '풀어진'으로 고쳐야 한다.

② '그'가 이발을 받는 손님인지 이발사인지 불명확한 중의적 표현이다.

④ 두 명의 경찰이 '함께' 범인 둘을 잡은 것인지, 두 명의 경찰이 각각 한 명의 범인을 잡은 건지 불명확한 중의적 표현이다.

정답
찾기 1. ② 2. ③

최빈출

01. (가)의 ㉠, ㉡, ㉢에 해당하는 예를 (나)의 A~D에서 골라 바르게 짝지은 것은?
2017 기상직 7급

> (가) 중의성을 유발하는 요인이 언어 형식에 의한 내적인 문제인가 아니면 언어 외적인 문제인가에 따라서 중의성을 우선 두 가지 유형으로 구별할 수 있다. 그리고 언어 내적인 요인에 의한 중의성은 다시 ㉠ 어휘적 중의성, ㉡ 구조적 중의성, ㉢ 영향권 중의성의 세 가지 유형으로 세분할 수 있다. 어휘적 중의성은 문장 속에 사용된 어휘의 특성에 의해서 나타나는 중의성이며, 구조적 중의성은 문장을 이루고 있는 성분들 사이의 통사적 관계에 의해서 나타나는 중의성이다. 그리고 영향권 중의성은 어떤 단어가 의미 해석에 영향을 미치는 작용역(scope)이 달라짐으로써 생기는 중의성으로 영향권 중의성 또는 작용역 중의성(scope ambiguity)이라고 한다. 이에 반하여, 문장 표현의 내부적인 문제가 아니라 언어 외적 요소, 즉 발화 장면에 의해서 일어나는 중의성을 화용적 중의성이라고 한다.
>
> (나) A. 우리는 가야 할 길이 있다.
>   B. 학생이 모두 오지 않았다.
>   C. 영수가 보고 싶은 친구들이 많다.
>   D. 이모가 차를 준비했습니다.

	㉠	㉡	㉢		㉠	㉡	㉢
①	A	B	C	②	A	C	B
③	D	A	C	④	D	B	A

02. 다음 문장 중에서 의사 전달이 가장 명확한 것은?
2019 경찰 1차

① 다시 풀려진 묶었던 머리를 나는 움직이지 않게 더 꽉 묶였다.

② 그는 이발소에서 이발을 한다.

③ 국민의 안전을 지키는, 여러분의 경찰이 되겠습니다.

④ 두 명의 경찰이 범인 둘을 잡았다.

03.

정답풀이 조사 '와'를 부사격 조사로 보면 '철이와 영선이' 두 사람이 함께 결혼했다는 의미로 해석할 수 있다. 하지만 '와'를 접속 조사(두 단어를 대등하게 연결)로 보면 '철이도 (누군가와) 결혼했고 영선이도 (누군가와) 결혼했다'의 대등하게 이어진 문장으로 볼 수 있다. 따라서 중의성을 가진 문장이다.

오답풀이 ① 수식어 '용감한'이 꾸미는 대상이 불분명해서 나타나는 중의성이다. 관형어 '용감한'은 '그'를 수식할 수도 있고, '그의 아버지'를 수식할 수 있기 때문이다. 따라서 중의성을 없애기 위한 방법으로는 아래의 방법이 있다.
→ 용감한 그의, 아버지는 적군을 향해 돌진했다(쉼표 이용. 그가 용감하다)./용감한, 그의 아버지는 적군을 향해 돌진했다(쉼표 이용 그의 아버지가 용감하다)./그의 용감한 아버지는 적군을 향해 돌진했다(어순 바꾸기).
② 관형격 조사 '의'의 사용으로 인한 중의적 표현이다.
→ 어머니가 그린 초상화/ 어머니를 그린 초상화/ 어머니가 소유한 초상화
③ '보고 싶은'의 주체에 따라 중의적으로 해석된다.
→ 선생님이 보고 싶어 하는 학생/선생님을 보고 싶어 하는 학생

04.

정답풀이 수식 관계의 모호성도 없이, '고향에서 온'은 '친구'만 수식하므로 이 문장은 중의적이지 않다.

오답풀이 ① 병렬 구문으로 인한 중의성이 있다. '철수가 민호와 영희를 만났다'와 '철수와 민호가 영희를 만났다'로 해석할 수 있으므로 의미가 불명확하다
③ '수식 관계로 인한 중의성'이 있다. '예쁜'이 '소녀'를 꾸밀 수도 있고, 소녀의 '옷'을 꾸밀 수도 있으므로 의미가 불명확하다.
④ '연결 관계로 인한 중의성'이 있다. 귤 한 개, 토마도 두 개인지, 귤 두 개, 토마토 두 개인지 명확하지 않다.

05.

정답풀이 '숲속에서 사슴 한 마리가 포수에게 쫓긴다.'는 한 가지 뜻만 있다.

오답풀이 부정 표현 '안'에 수량과 관련된 부사 '다, 모두, 혼자'가 있어서 중의적인 의미를 띤다.
① '영수만 모임에 안 갔다'와 '영수는 다른 사람과 함께 모임에 갔다'로 해석될 수 있다.
② '그릇이 얼음이 전부 녹기 전에는 가열하지 마세요'와 '얼음이 전부 녹을 때까지 가열하면 안 돼요(일부만 녹도록 가열하세요.)'로 해석될 수 있다.

④ 누가 웃는지에 대한 중의성이 발생한다. '동생은 웃으며, 떠나는 누나를 배웅했다'와 '웃으며 떠나는 누나를 동생은 배웅했다'로 해석될 수 있다. 쉼표를 사용하거나 문장 성분을 바꿈으로써 중의성을 해소할 수 있다.
⑤ 수식 관계로 인한 중의성이 발생한다. '군사 기밀을 적에게 넘긴 대령의, 애인에 관한 이야기다.'와 '군사 기밀을 적에게 넘긴 대령의 애인에 관한 이야기다.'로 해석될 수 있다.

06.

정답풀이 사과와 배의 개수를 각각 드러내고 있으므로 중의적이지 않다.

오답풀이 ① 부정 표현과 수와 관련된 말(다)이 오게 되는 경우에 중의성을 가질 수 있다. '사람들이 한 명도 안 왔다.'와 '사람들이 일부만 왔다'라고 해석될 수 있다.
② 수식 관계로 인한 중의성이다. '귀여운 영수의, 동생을 만났다.'와 '영수의 귀여운 동생을 만났다.'로 해석될 수 있다.
③ 비교 구문의 중의성이다. '그는 나와 축구 중에 축구를 더 좋아한다.'와 '그는 나보다 축구를 좋아하는 정도가 더 크다.'로 해석될 수 있다.

07.

정답풀이 비교 구문에 중의성이 없다.

오답풀이 ① 구조적 중의성. '선생님이 보고 싶어 하는 학생이 많다.'와 '선생님을 보고 싶어 하는 학생이 많다.'로 해석이 가능하므로 의미가 불명확하다
② 병렬 구문의 중의성. '내가 반장과 선생님을 찾아다녔다.'와 '나와 반장이 선생님을 찾아다녔다.'로 해석할 수 있으므로 의미가 불명확하다
③ 수식 관계의 중의성. '수많은'이 '사람들'을 꾸밀 수도 사람들의 '노력'을 꾸밀 수도 있으므로 의미가 불명확하다.

08.

정답풀이 고친 부분에도 중의성이 있으므로 적절하지 않다. '마음씨가 좋은'이 여전히 '할머니'를 꾸밀 수도, 할머니의 '손자'를 꾸밀 수도 있어 중의성이 여전히 있게 된다.

오답풀이 ① 병렬 관계가 옳지 않다. '창작 활동을 열었다'는 목적어와 서술어의 호응이 옳지 않으므로 '창작 활동'에 호응하는 적절한 서술어를 잘 넣어야 하므로 고친 문장은 옳다.
② '불려졌다'는 '불리(피동사)+어지다(통사적 피동)'의 이중피동 표현이므로 '불렸다, 불러졌다'로 고치는 것은 옳다.
④ '에게'는 유정 명사(사람, 동물) 앞에 오고 '에'는 무정 명사(사람, 동물을 제외한 존재) 앞에 온다. 이때 '나무'는 무정 명사이므로 '에'로 교체하는 것은 옳다.

 정답 찾기 3. ④ 4. ② 5. ③ 6. ④ 7. ④ 8. ③

03. 다음 표현에 대한 설명으로 가장 적절하지 않은 것은?

2018 경찰 1차

> ㉠ 용감한 그의 아버지는 적군을 향해 돌진했다.
> ㉡ 아버지는 어머니의 초상화를 팔았다.
> ㉢ 선생님이 보고 싶은 학생이 많다.
> ㉣ 철이와 영선이는 결혼했다.

① ㉠은 '용감한'이 '그'를 꾸미는지, '그의 아버지'를 꾸미는지 불분명하다.
② ㉡은 '어머니가 그린 초상화'인지, '어머니를 그린 초상화'인지, '어머니가 소유한 초상화'인지 불분명하다.
③ ㉢은 '선생님이 보고 싶어하는 학생'인지, '선생님을 보고 싶어하는 학생'인지 불분명하다.
④ ㉣은 '철이'가 '영선'이와 결혼했다는 의미로 명확한 의미의 문장이다.

04. 중의적 문장이 아닌 것은?

2017 소방 하반기 복원

① 철수는 민호와 영희를 만났다.
② 그는 고향에서 온 친구를 어제 만났다.
③ 예쁜 소녀의 옷을 빌려 입었다.
④ 엄마는 아침에 귤과 토마토 두 개를 주었다.

05. 다음 중 한 가지 뜻으로만 해석되는 것은?

2021 국회직 8급

① 영수는 모임에 혼자 안 갔다고 말했다.
② 그릇의 얼음이 다 녹을 때까지 가열하지 마세요.
③ 숲속에서 사슴 한 마리가 포수에게 쫓긴다.
④ 동생은 웃으며 떠나는 누나를 배웅했다.
⑤ 군사 기밀을 적에게 넘긴 대령의 애인에 관한 이야기다.

06. 중의적인 문장이 아닌 것은?

2021 소방 국어

① 사람들이 다 오지 않았다.
② 귀여운 영수의 동생을 만났다.
③ 그는 나보다 축구를 더 좋아한다.
④ 나는 사과 한 개와 배 두 개를 먹었다.

07. 다음 중 문장의 의미가 가장 명확한 것은?

2016 경찰 1차

① 선생님이 보고 싶은 학생이 많다.
② 오늘도 나는 반장과 선생님을 찾아다녔다.
③ 수많은 사람들의 노력으로 문제를 해결했다.
④ 아버지는 나를 좋아하는 것보다 신문을 더 좋아한다.

08. 다음 중 고친 문장이 적절하지 않은 것은?

2015 지방직 9급

① 그는 창작 활동과 전시회를 열었다.
    → 그는 창작 활동을 하고 전시회를 열었다.
② 그는 천재로 불려졌다.
    → 그는 천재로 불렸다.
③ 그는 마음씨 좋은 할머니의 손자이다.
    → 그는 마음씨가 좋은 할머니의 손자이다.
④ 나는 오늘 아침 나무에게 물을 주었다.
    → 나는 오늘 아침 나무에 물을 주었다.

09.

정답풀이〉 중의성이 없다.

오답풀이 ① 비교 구문의 중의성. 아내들이 남편들과 아이들 둘 중에
아이들을 더 사랑한다는 건지, 아내들이 남편들보다 아이들을 사
랑하는 정도가 더 큰지에 대한 중의성이 있다.
② 수식관계의 중의성. '사랑하는'이 '조국'을 꾸밀 수도 조국의 '딸'
을 꾸밀 수 있으므로 중의성이 있다.
③ 전체 부정인지, 부분 부정인지 모호하다. '과제를 일부만 처리했
다', '과제를 하나도 처리하지 못했다'로 모두 해석이 가능하므로
중의성이 있다.

10.

정답풀이〉 영수가 철호와 노는 의미이므로 중의성이 없다.

오답풀이 ① 영수가 나와 너 둘 중에 너를 더 좋아한다는 건지, 영수
가 나보다 너를 좋아하는 정도가 더 큰지에 대한 중의성이 있다.
③ '사랑하는'이 '그녀'를 꾸밀 수도 그녀의 '친구'를 꾸밀 수 있으므
로 중의성이 있다.
④ '매고 있는'은 '매는 중인(진행)'로도, '맨(완료)'으로도 해석될 수
있다.

11.

정답풀이〉 접미사 '-씩'을 썼기 때문에 중의성이 해소되었다. '사과와
귤'을 각각 두 개씩 주었다는 의미가 된다.

오답풀이 ① 그의 걸음의 모양이 이상한 것인지, 그가 걸음을 걷는
자체가 이상한 것인지 불명확하다.
③ '한 잔 이상'에는 '한 잔'이 포함되므로 모순된 문장이다.
④ 웃으면서 들어오는 주체가 '그 판매원'인지, '손님'인지 불명확하다.

12.

정답풀이〉 만약 '이 그림은 아버지의 그림이다.'라고 되었다면 관형
격 조사 '의'에 의해 중의성이 생긴다. '아버지가 그려진 그림, 아버
지 소유의 그림, 아버지가 그린 그림' 등으로 해석이 된다. 하지만
③은 관형격 조사 없이 잘 쓰였다.

오답풀이 ① '웃으면서 들어오는' 주체가 '아가'인지 '어머니'인지 모
호하다.
② 귤과 토마토 각각 두 개인지, 귤과 토마토 합쳐서 두 개인지가
모호하다.
④ 비교의 대상이 '나와 축구'인지, '그이와 나'인지가 불명확하여 어
색하다.

13.

정답풀이〉 '아름다운 서울의 공원과 거리의 나무'에 '수식 관계로 인
한 중의성'이 있다. '아름다운'은 '서울', '서울의 공원', '거리', '거리
의 나무'를 수식할 수 있으므로 '서울은 아름답다, 서울의 공원은 아
름답다, 거리는 아름답다, 거리의 나무는 아름답다.'로 해석된다. 따
라서 적절하지 않은 것은 '봄꽃은 아름답다.'이다.

14.

정답풀이〉 나머지는 구조적 중의성이지만 이 경우에는 어휘적 중의
성이다. '배'는 먹는 배일수도, 탑승하는 배일 수도 있다.

오답풀이 ① '내가 지난번에 만난'이 '친구'를 수식할 수도 친구의
'동생'이 수식할 수도 있다.
② '가정에 충실한'이 '주부'를 수식할 수도, '주무와 남편' 모두를 수
식할 수도 있다.
③ 내가 찾아뵌 사람이 '국어 선생님과 교장 선생님'일 수도 있고 나
와 국어선생님이 '교장 선생님'을 찾아뵌 것일 수도 있다.
④ 아내가 남편과 아들 둘 중에 아들을 더 좋아한다는 건지, 아내가
남편보다 아들을 좋아하는 정도가 더 큰지에 대한 중의성이 있다.

 정답
찾기 9. ④ 10. ② 11. ② 12. ③ 13. ① 14. ⑤

09. 중의적인 문장이 아닌 것은?　　　2015 사회복지직 9급

① 아내들은 남편들보다 아이들을 더 사랑한다.

② 사랑하는 조국의 딸들이여!

③ 그는 자기가 맡은 과제를 다 처리하지 못했다.

④ 그것은 아무리 노력해도 소용없는 일이다.

10. 중의적인 문장이 아닌 것은?　　　2015 교육행정직 9급

① 영수가 나보다 너를 더 좋아한다고 하였다.

② 영수가 지금 학교 운동장에서 철호와 놀고 있겠다.

③ 영수는 나를 사랑하는 그녀의 친구와 어제 만났다.

④ 영수가 넥타이를 매고 있는 친구를 조용히 바라본다.

11. 문장의 의미가 가장 명확한 것은?　　　2015 경찰 3차

① 그가 걸음을 걷는 것이 이상하다.

② 어머니께서 사과와 귤을 두 개씩 주셨다.

③ 커피 한 잔은 되지만 한 잔 이상 마시면 해롭습니다.

④ 그 판매원은 웃으면서 들어오는 손님에게 인사를 건넸다.

12. 문장의 의미가 모호하게 해석되지 않는 것은?

2013 지방직 9급

① 아가는 웃으면서 들어오는 엄마에게 달려간다.

② 엄마는 아침에 귤과 토마토 두 개를 주었다.

③ 이 그림은 아버지가 그린 그림이다.

④ 그이는 나보다 축구를 더 좋아하는 거 같다.

중간빈출

13. 〈보기〉의 문장은 구조상 중의성(重義性 : 여러 가지 뜻을 갖는 성질)을 가지고 있다. 이 문장의 구조로부터 형성되는 의미로 가장 적절하지 않은 것은?　　　2018 서울시 9급

─〈보기〉─

봄이면, 아름다운 서울의 공원과 거리의 나무에서 봄꽃들이 활짝 피어난다.

① 봄꽃은 아름답다.

② 서울은 아름답다.

③ 거리의 나무는 아름답다.

④ 서울의 공원은 아름답다.

14. 다음 문장들은 두 가지 이상의 의미로 해석될 수 있는 모호한 문장들이다. 모호성의 이유가 나머지 넷과 다른 것은?

2014 서울시 9급

① 내가 지난번에 만난 친구의 동생이 오늘 결혼을 한다고 한다.

② 그 연속극은 가정에 충실한 주부와 남편에게 불쾌감을 주었다.

③ 나는 국어 선생님과 교장 선생님을 찾아뵈었다.

④ 아내는 남편보다 아들을 더 좋아했다.

⑤ 그 배는 보기가 아주 좋았다.

PART 03

05 Chapter 번역 투의 표현

1. 일본어의 영향을 받은 표현

- 역공녀는 미인에 다름 아니다.
  - → 미인이나 다름없다 / 미인이라 할 만하다.
- 역공녀는 역공남에 대하여 알은체하였다.
  - → 역공남에게
- 역공 데일리 문제에 있어 성실하게 참여하는 것이 중요합니다. → 문제에
- 역공녀에게 있어서 합격이란 하나의 길일 뿐이다.
  - → 역공녀에게
- 우리의 목표는 공무원 시험 합격에 있다.
  - → 공무원 시험 합격이다

2. 영어 및 기타 번역 투의 영향을 받은 표현

- 매일 오후 2시에 회의를 갖는 것으로 정하였습니다. → 회의를 하는
  - ☞ '회의를 갖다'는 'have a meeting'을 직역한 표현이다
- 박문각은 노량진에 위치하고 있다.
  - → 박문각은 노량진에 있다.
  - ☞ '…에 위치하다(be located in)' 등은 영어의 관용구를 직역한 표현이다.
- 우리는 젊은 강사를 필요로 한다.
  - → 강사가 필요하다.
  - ☞ '필요로 하다.'는 'be necessary to'를 직역한 표현이다.
- 평소에 소신을 잘 지키는 것으로 유명한 그 정치인도 논란에서 자유로울 수 없었다.(자유롭지 못하다)
  - → 논란을 피할 수 없었다 / 논란의 대상이 되었다.
  - ☞ '…에서/…로부터 자유롭다'는 '(be) free from'을 직역한 표현이다.

- 그가 합격했다는 소식을 역공녀로부터 들었다.
  - → 역공녀에게서
  - ☞ '~로부터'는 'from'이 남용된 표현이다. '…부터'는 보통 '…까지'와 함께 나와 관련된 범위의 시작을 나타내는 보조사이다.
- 역공녀는 유튜브를 통해 커리큘럼을 설명하였다.
  - → 유튜브로
  - ☞ ~을 통해'는 'through'를 직역한 표현이다.
- 역공녀에 의해서 책이 출간되었다.
  - → 역공녀가 책을 출간하였다.
  - ☞ 영어의 수동태는 우리말의 피동 표현에 해당하는데, 우리말은 피동 표현을 잘 쓰지 않고 능동 표현을 쓰기 때문에, '주어＋목적어＋서술어'의 배열을 유지하는 경우가 더 많다.
- 인터넷에는 신뢰성이 떨어지는 정보가 많아 주의가 요구된다. → 주의해야 한다
- 오답을 철저하게 하는 것은 아무리 강조해도 지나치지 않는다.
  - → 오답을 철저하게 해야 한다.
  - ☞ '아무리 강조해도 지나치지 않는다.'는 영어 'cannot too'의 번역투이다
- 합격하기 위해 가장 필요한 것 중의 하나는 규칙적인 생활을 하는 것이다. → 가장 필요한 것은
  - ☞ '중의 하나'는 영어식 표현 'one of the ~' 구문을 직역한 표현이다.
- 역공녀와 한 잔의 커피를 마셨다. → 커피 한 잔을
  - ☞ '한 잔의 커피'는 'a cup of coffee'를 직역한 표현이다.

대표 亦功 기출

제3편 문장 고쳐쓰기 CH.05 번역 투의 표현

01.

정답풀이) 우리말이 잘 쓰였다.

오답풀이) ① 그 사람은 선각자에 다름 아니다.
→ 그는 선각자와 다름없다, 선각자이다. 선각자라 할 만하다.
② 그의 작품은 이러한 주목에 값한다.
→ 그의 작품은 주목할 만하다.
③ '~에게 있어서'는 일본어를 직역한 것이므로 '나에게'로 고치는 것이 좋다.

02.

정답풀이) '에게서'는 '((사람이나 동물 따위의 체언 뒤에 붙어))어떤 행동의 출발점이나 비롯되는 대상임을 나타내는 격 조사'이므로 쓰임이 옳다. 따라서 번역투(from)인 '국민으로부터'로 고치는 것은 옳지 않다. (하지만 ≪표준국어대사전≫에서는 '에게서'와 '로부터'를 모두 인정하므로 조심해야 한다.)

오답풀이) ① '-에 위치하다'는 'be located in'을 번역한 것이므로 옳지 않다. 따라서 '-에 있다'로 바꾸는 것이 적절하다.
② 외래어 '찬스'를 '기회'로 바꾸고 어려운 한자어 '기민하다'를 '재빠르게 움직이다'로 바꾼 것은 적절하다.
③ 요구되다(required)는 영어식 표현이므로 '필요하다'로 고치는 것이 적절하다.
⑤ '회의를 갖다(have a meeting)'은 영어식 표현이므로 '회의를 하다'로 고치는 것이 적절하다.

중간빈출

01. 가장 우리말다운 표현은? 2014 방재안전직 9급

① 그 사람은 선각자에 다름 아니다.
② 그의 작품은 이러한 주목에 값한다.
③ 나에게 있어 낙선은 고배가 아니라 축배입니다.
④ 우리 서로 입장을 이해할 때가 되었습니다.

02. 다음 〈보기〉의 내용과 관련하여 문장을 수정한 것으로 적절하지 않은 것은? 2012 국회직 9급

─(보기)─
우리말 다듬기의 핵심은 잘못된 어휘를 고쳐 쓰는 것이지만 우리말 다듬기는 어휘만을 대상으로 하는 것은 아니고 문장도 대상이 된다. 우리말을 소리 없이 갉아 먹고 있는 외국어 번역 투 문장 역시 우리말 다듬기의 대상이 된다.

① 우리 회사는 서울에 위치하고 있습니다.
→ 우리 회사는 서울에 있습니다.
② 공격찬스가 주어지면 기민하게 행동해야 합니다.
→ 공격할 기회가 생기면 재빠르게 움직여야 합니다.
③ 새로운 경제 팀에는 유연한 정책 대응 자세가 요구된다.
→ 새로운 경제 부처들은 유연한 정책 대응자세가 필요하다.
④ 대한민국의 주권은 국민에게 있고 모든 권력은 국민에게서 나온다.
→ 대한민국의 주권은 국민에게 있고 모든 권력은 국민으로부터 나온다.
⑤ 우리 모두 내일 오전 10시에 회의를 갖도록 하자.
→ 우리 모두 내일 오전 10시에 회의를 하도록 하자.

정답찾기 1. ④ 2. ④

03.

정답풀이) 번역 투의 표현이 아니다.

오답풀이 ① '–에 의해(by), –에게 있어서'는 번역 투의 표현이다. 따라서 '부모님은 나를 예의바르고 친절한 아이로 기르셨다, 그는 가정을 자고 나가는 곳 외에 아무 의미가 없다고 생각한다.'로 고쳐야 한다.

② '–을 가지고 있다(have), –을 필요로 한다(일어의 번역투)'는 번역 투의 표현이다. 따라서 '이번 방학에 제주도를 방문할 계획이다, 학내 폭력 문제를 일으킨 학생들에게는 자숙하는 시간이 필요하다'로 고쳐야 한다.

④ '아무리 강조해도 지나치지 않는다(cannot too)'라는 표현은 영어식 표현이다. 따라서 '이런 사실을 매우 강조한다'로 고쳐야 한다. 두 번째 문장은 관형절이 여러개 안긴문장이므로 ' 오늘 조회 시간에는 학교 문제에 대해 교장 선생님이 솔직하게 해명하셨다'로 고치는 것이 옳다.

03. 번역 투의 표현이 아닌 문장으로만 짝지은 것은?

2012 국가직 7급

① • 나는 부모님에 의해 예의 바르고 친절한 아이로 자랐다.
　• 그에게 있어서 가정이란 자고 나가는 곳 외에 아무 의미가 없다.

② • 이번 방학에 제주도를 방문할 계획을 가지고 있다.
　• 학내 폭력 문제를 일으킨 학생들에게는 자숙하는 시간을 필요로 한다.

③ • 내 고향에는 아직도 많은 친척들이 살고 있다.
　• 이런 짓은 사회 질서를 깨뜨리는 일이므로 절대로 해서는 안 된다.

④ • 이런 사실은 아무리 강조해도 지나치지 않는다.
　• 오늘 조회 시간에는 학교 문제에 대한 교장 선생님의 솔직한 해명이 있었다.

정답
찾기　3. ③

01.

정답풀이 '10분 정도 있다가'는 '10분 정도 머물다가'라는 의미이므로 '있다'의 활용형으로 쓰는 것은 옳다.

☞ '이따가'는 부사로서 서술성이 없다. '조금 지난 뒤에'를 의미한다.

오답풀이 ① 병렬 구문의 중의성. 나와 그녀가 영이를 만나는 것인지, 내가 혼자서 그녀와 영이를 만나러 가는 것인지 불명확한 표현이다.

③ 웃으면서 찾아오는 것인지 그인지 학생들인지 불명확하다.

④ '잃어버리다'는 '가졌던 물건이 없어지다.'를 의미하므로 문맥상 옳지 않다. '기억하지 못하거나 깨닫지 못하다.'를 의미하는 '잊어버리다'로 고쳐야 한다.

02.

정답풀이 ㉡의 내용은 앞의 지역 주민들이 그런 시설을 받아들이지 않는 것에 대한 부연 설명이므로 문단의 통일성에 어긋나지 않으므로 삭제하지 않아도 된다.

오답풀이 ① 앞과 뒤의 인식과 태도가 대조적이므로 역접의 '그러나'가 오는 것은 적절하다.

③ '-에 다름 아니다'는 일본어를 직역한 것이므로 '지역 이기주의나 다름없다', '지역 이기주의이다'로 바꾸어야 한다.

④ 주어가 '사실은'이므로 '돌아온다는 것이다(점이다).'로 고치는 것은 적절하다.

최빈출

01. 다음 중 문장의 표현이 가장 적절한 것은? 2018 경찰 2차

① 나는 그녀와 영이를 만났다.

② 10분 정도 있다가 너에게 다시 전화할게.

③ 그는 웃으면서 찾아오는 학생들을 친절히 안내했다.

④ 그는 점심을 먹는 것도 잃어버리고 공부에만 몰두했다.

02. 다음 글을 고쳐쓰기 위한 방안으로 적절하지 않은 것은?

2017 국가직 9급 생활 안전 분야

> 산업 폐기물 처리장이 들어서게 될 지역 주민들도 그 시설의 필요성은 인정하고 있다. ㉠ 그리고 그런 시설이 자기 고장에 들어서는 것을 받아들이려는 사람은 많지 않다. ㉡ 그 필요성은 인정하지만, 내 고장에는 안 된다는 것이다. 이러한 태도는 공공의 이익을 외면하는 ㉢ 지역 이기주의에 다름 아니다. 잊지 말아야 할 사실은 폐기물 처리장 건설을 뒤로 미루면 그로 인한 피해가 결국 ㉣ 우리 모두에게 돌아온다. 나와 내 이웃이 공존할 수 있는 사회를 만들기 위해서는 지역 이기주의를 타파해야 한다.

① ㉠은 앞뒤 문장을 자연스럽게 연결하기 위해 '그러나'로 바꾼다.

② ㉡은 주제와 상관없는 내용이므로 문단의 통일성을 위해 삭제한다.

③ ㉢은 우리말답지 않은 표현으로 '지역 이기주의이다'로 순화한다.

④ ㉣은 주어와 호응하지 않으므로 '우리 모두에게 돌아온다는 것이다'로 고친다.

03.

정답풀이 글의 제목을 '클래식 입문-두려워하지 마세요.'로 그대로 두는 것이 적절하므로 이 선택지는 적절하지 않다. '클래식 예절-꼭 지켜야할 것들'로 제목을 바꾸려면 뒤의 내용은 공연장에서 지켜야 할 에티켓으로 이어져야 한다. 그러나 제시문은 별도의 준비 없이 클래식을 즐기는 방법에 대해 알려주고 있으므로 제목을 그대로 둬야 한다.

오답풀이 ② 'ticket[tíkit]'은 '티켓'으로 고치는 것이 옳다. '짧은 모음 다음의 어말 무성 파열음([p], [t], [k])은 받침으로 적는다.'는 외래어 표기법 규정이 있기 때문이다.

③ 주어가 '가장 좋은 방법은'이므로 이와 호응을 하려면 '~것이다, ~점이다'가 와야 한다. ⓒ 서술어 '들어볼 수 있어야 한다'는 의미상으로도 주어와 호응하지 않는다. 따라서 '미리 들어보는 것이다.'로 고쳐야 하므로 이 선택지는 적절하다.

④ 문맥상 '올바르다'는 어색하다. '올바르다'는 '행동 따위가 이치나 규범에서 벗어남이 없이 옳고 바르다.'를 의미하므로 '규범'에 관련된 말이 아닌 '환호'와 어울리게 되면 어색하다. 따라서 '무방하다'를 쓰는 것이 적절하다. '무방하다'는 '-어도' 뒤에 와서 '거리낄 것이 없이 괜찮다.'라는 의미로 쓰인다.

04.

정답풀이 여기에서의 '말씀'은 화자의 말을 낮추는 표현이므로 옳다. 들어 봐 주는 주체는 선생님이므로 주체 높임 선어말 어미를 잘 사용하였다.

오답풀이 ① '소개해 줘'로 고쳐야 한다. '소개하다'는 '양편이 알고 지내게 하다'를 의미하므로 이미 사동의 의미가 있다. 따라서 사동의 접미사 '-시키-'를 쓰는 것은 불필요한 것이다.

③ '여간하다(如干--)'는 '(('아니다', '않다' 따위의 부정어 앞에 쓰여)) 이만저만하거나 어지간하다.'이므로 부정어와 호응하도록 고쳐야 한다. '여간한 성의라고밖에 할 수 없네요.'는 '여간한 성의다'라는 의미가 되므로 옳지 않다. 따라서 '여간한 성의가 아니네요'로 고쳐야 한다.

④ '훈장이 수여됐으니'로 고쳐야 한다. '추서(追敍)'는 '죽은 사람'에게 주는 것이므로 옳지 않다.

05.

정답풀이 '~할 것으로 예상된다'는 주어가 사람이 아니므로 어법에 맞는 표현이다. 주어 '날씨가'가 생략된 것으로, '날씨가 ~할 것으로 예상된다'는 피동 표현을 사용하는 것이 적절하다. 이 선택지가 틀린 학생들은 아마 '예상되어진다'와 같이 잘못된 이중 피동 표현과 헷갈렸을 수 있지만, 여기에서는 이중 피동이 아니라 하나의 피동만 쓰였으므로 틀린 표현이 아니다.

오답풀이 ② 여기에서 '소개하다'는 '양편이 알고 지내게 하다'를 의미하므로 이미 사동의 의미가 있다. 따라서 사동의 접미사 '-시키-'를 쓰는 것은 불필요한 것이다.

③ '불안한 수비와 문전 처리가 미숙하여'를 보면 접속조사 '와'로 연결되어 있기 때문에 '불안한 수비가 미숙하고 문전 처리가 미숙하고'가 되어야 한다. 그런데 '불안한 수비가 미숙하고'는 굉장히 어색하다. 주어와 서술어의 호응이 맞지 않기 때문에 '수비가 불안하고 문전처리가 미숙하여'로 고쳐야 한다.

④ '휴대'는 '손에 들거나 몸에 지니고 다님'을 의미한다. 하지만 '트럭이 방송장비를 휴대한다'는 것은 매우 어색하다. 따라서 문맥상 '탑재(搭 탈 탑, 載 실을 재, 떠받들 대)'로 고쳐야 한다 '탑재'란.'배, 비행기,차 따위에 물건을 실음'을 의미한다.

06.

정답풀이 '에너지를'은 목적어인데, 그렇게 되면 뒤에 '이용'이라는 명사가 와서 호응하는 서술어가 없다. 따라서 관형어의 기능을 갖도록 관형격 조사 '의'를 붙인 '에너지의'로 고쳐야 한다.

오답풀이 ① 주어 '사업자는'은 전체 문장의 서술어 '동의한다.'와 잘 호응하므로 '사업자의'로 수정하면 틀리다.

③ '(으)로서'는 '자격·지위·신분을 가지고'를 의미하는 조사이므로 옳지 않다. '수단과 도구'를 의미하는 조사 ('으)로써'를 그대로 둬야 한다.

④ 조사 '보다'는 '~에 비해서'를 의미하는데 이 문장에는 적절하지 않다. '건전한 발전에 이바지한다'는 옳은 표현이므로 조사'과'를 그대로 둬야 한다.

 정답찾기 3. ① 4. ② 5. ① 6. ②

03. 다음 글의 고쳐쓰기에 대한 설명으로 적절하지 않은 것은? 2017 지방직 7급

> ⊙ '클래식 입문'−두려워하지 마세요.
> 클래식이라고 하면 너무 어렵게 생각하는 사람들이 있다. 그러나 클래식은 결코 그런 것이 아니다. ⓒ 티케트를 구한 후 별도의 준비 없이도 공연 현장에서 곧바로 감상할 수 있는 것이 클래식이다. 물론 좀 더 쉽고 재미있게 즐기기 위해서는 어느 정도의 '예습'이 필요하다. 가장 좋은 방법은 공연장에 가기 전에 감상할 음악의 전곡(全曲) 음반을 구해 ⓒ 미리 들어볼 수 있어야 한다. 물론 작곡가나 연주자 그리고 지휘자 등에 대해 미리 살펴보는 것도 좋다. 같은 곡을 다른 사람이 연주한 것을 들어보는 것도 좋다.
> 　그리고 공연장에서 연주가 끝날 때에는 뜨거운 갈채를 보낸다. 연주가 만족스럽게 느껴졌을 때도 박수를 칠 수 있다. 매우 감동한 경우에는 '앙코르!', '브라보!' 등의 환호를 보내도 ⓔ 올바르다.

① ⊙: 제목을 '클래식 예절−꼭 지켜야할 것들'로 바꾸자.
② ⓒ: '외래어 표기법'에 맞게 '티케트'를 '티켓'으로 고치자.
③ ⓒ: 서술어를 '미리 들어 보는 것이다'로 고쳐야겠어.
④ ⓔ: '올바르다'는 '무방하다'로 바꾸는 것이 좋겠어.

04. 다음 중 문장의 표현이 가장 적절한 것은? 2016 경찰 2차

① 그러지 말고, 좋은 사람 있으면 소개시켜 줘.
② 선생님, 제 말씀부터 좀 들어 봐 주시면 좋겠습니다.
③ 정성이 이 정도라면 여간한 성의라고밖에 할 수 없네요.
④ 선생님, 선생님께 훈장이 추서됐으니 수여식에 참석하시래요.

05. 어법에 맞는 것은? 2016 국가직 7급

① 날씨가 내일부터 누그러져 주말에는 예년 기온을 되찾을 것으로 예상됩니다.
② 내가 유학을 떠날 때, 친구가 소개시켜 준 학교는 유명한 학교가 아니었다.
③ 1반 축구팀은 불안한 수비와 문전 처리가 미숙하여 2반 축구팀에 패배하였다.
④ 방송 장비를 휴대한 트럭이 현장에 대기하면서 실시간으로 상황을 중계합니다.

06. 밑줄 친 부분을 고친 것 중 가장 적절한 것은? 2015 지방직 9급

> 사업자는 절전형 기기 보급 제도가 에너지를 합리적이고 효율적인 이용을 증진하여 에너지 소비로 인한 환경 피해를 줄임으로써 국민 경제의 건전한 발전과 국민 복지의 증진에 이바지한다는 것에 동의한다.

① 사업자는 → 사업자의
② 에너지를 → 에너지의
③ 줄임으로써 → 줄임으로서
④ 발전과 → 발전보다

07.

정답풀이 무정 명사인 '일본 정부'와 '독도 문제' 뒤에 부사격 조사 '에'를 잘 사용하였다.

☞ 유정 명사(사람, 동물) 뒤에는 '에게'가 쓰인다.

오답풀이 ② '대단원'이란 '어떤 일의 맨 마지막, 대미'를 나타내는 말이므로 문맥상 옳지 않다. '대단원의'를 삭제해야 한다.

③ 동사 '이르다'는 '어떠한 정도나 범위에 미친다'를 의미하여 '결론에 이르다. 죽을 지경에 이르다.'로 쓰이므로 이 문맥에는 적절하지 않다. 이 문장에서는 '일정한 표준, 수량, 정도 따위에 이르다.'를 의미하는 '달(達)하다'를 써야 한다.

④ '추서(追敍)'는 '죽은 뒤에 관작을 내리거나 품계를 높여 줌.'을 의미한다. 하지만 '강 교수님'은 산 사람이므로 훈장을 내린다는 의미인 '훈장이 수여되다'로 고쳐야 한다.

08.

정답풀이 무정 명사인 '독도 영유권 문제, 일본'에 '-에'라는 조사를 사용한 것은 어법이 옳다.

오답풀이 ② '요구+되(피동 접미사)+어지(피동 보조 용언)+고'는 이중 피동 표현이므로 옳지 않다. '요구되고'라 바꿔야 한다.

③ '이것은 ~ 생각이 든다'는 주어의 서술어가 호응되지 않는다. 따라서 '생각을 들게 한다'로 고쳐야 한다.

④ '16강 티켓'에 호응되는 서술어가 없다. 따라서 필수 성분인 서술어 '얻을'을 추가하여 '16강 티켓 얻을 가능성은 높은 편이다.'로 고쳐야 한다.

09.

정답풀이 '그런데' 앞 문장은 스마트폰으로 인한 안구 건조증에 대해 설명하고 '그런데' 뒤의 문장은 스마트폰으로 인한 무기력증에 대해 설명하고 있다. 따라서 역접의 '그러나'가 아니라 나열(=병렬)의 '또한'으로 수정하는 것이 옳다.

오답풀이 ① '-으로(에서) 유발되다'로 사용되므로 '사용으로'고 고치는 것은 옳다.

② '되풀이되는 일이나 차례의 수효.'를 의미하는 '횟수(回數)'가 오는 것이 옳다.

④ '밖에'는 조사이므로 명사 '수'와 붙여 써야 하는 것은 옳다.

10.

정답풀이 '사사하다'는 '【…을】【…에게서 …을】(('…에게서' 대신에 '…에게'가 쓰이기도 한다)) 스승으로 섬기다. 또는 스승으로 삼고 가르침을 받다.'를 의미하므로 옳다.

오답풀이 ② '당국에'로 고쳐야 한다. '당국'은 무정명사(사람, 동물을 제외한 명사)이므로 '-에게'가 아니라 '-에'로 고쳐야 한다.

③ '현실에 복종하기도 한다.'로 고쳐야 한다. '복종하다'는 필수적 부사어를 요구하므로 생략된 필수 문장 성분인 '현실에'를 추가해야 한다.

④ '치사를'로 고쳐야 한다. '치사(致謝)'는 '고맙고 감사하다는 뜻을 표시함'을 의미한다. '갈음하다'는 '대신하다'를 의미하며 목적어를 필수적으로 요구하므로 '치사를'로 고쳐야 한다.

정답찾기 7. ① 8. ① 9. ③ 10. ①

07. 다음 중 올바른 문장은? 2015 경찰 2차

① 시민 단체는 일본 정부에 독도 문제에 대한 사과를 요구했다.

② 이제 비로소 대단원(大團圓)의 막을 올리는 새로운 역사가 시작될 것이다.

③ 세종에 대해 연구한 논문과 책으로만 보아도 수백 권에 이른다.

④ 강 교수님, 이번에 정년을 하시면서 훈장이 추서(追敍)되셨다고   들었습니다.

08. 문장쓰기 어법이 가장 옳은 것은? 2018 서울시 9급

① 한국 정부는 독도 영유권 문제에 대하여 일본에 강력히 항의하였다.

② 경쟁력 강화와 생산성의 향상을 위해 경영 혁신이 요구되어지고 있다.

③ 이것은 아직도 한국 사회가 무사안일주의를 벗어나지 못했다는 생각이 든다.

④ 냉정하게 전력을 평가해 봐도 한국이 자력으로 16강 티켓 가능성은 높은 편이다.

09. 다음의 ㉠~㉣을 고쳐 쓰기 위한 방안으로 적절하지 않은 것은? 2018 교육행정직 9급

> 청소년의 과도한 스마트폰 ㉠ 사용이 유발되는 악영향이 사회적 문제가 되고 있다. 최근 들어 안구 건조증과 신체적 무기력증을 호소하는 청소년이 급증하고 있다. 스마트폰 화면을 장시간 집중해서 들여다보면 눈 깜빡임 ㉡ 회수가 줄어들어 안구가 건조해진다. ㉢ 그런데 스마트폰 화면에서 나오는 짧은 파장의 청색 빛은 숙면을 방해하기 때문에 무기력증에 ㉣ 시달릴 수 밖에 없다.

① ㉠은 바로 뒤의 말과 어울리지 않으므로 '사용으로'로 수정한다.

② ㉡은 맞춤법에 어긋나므로 '횟수'로 수정한다.

③ ㉢은 앞뒤 문장의 연결 관계를 고려하여 '그러나'로 수정한다.

④ ㉣은 띄어쓰기가 잘못되었으므로 '시달릴 수밖에'로 수정한다.

10. 어법에 맞는 문장은? 2015 사회복지직 9급

① 그는 당대 최고의 피아니스트인 김 교수에게 피아노를 사사했다.

② 주민들은 정부 당국에게 건의 사항을 전달했다.

③ 인간은 현실을 지배하기도 하고 복종하기도 한다.

④ 여러분 가정에 행운이 가득하기를 기원하는 것으로 치사에 갈음합니다.

11.

정답풀이〉 서술어 '한하다'는 '【…에】 어떤 조건, 범위에 제한되거나 국한되다.'를 의미한다. 즉, 조사 '에'를 갖는 필수적 부사어를 요구하므로 '신청자에게'가 아니라 '신청자에'가 옳다. 2008년 국회직에서 출제된 부분이므로 또 기출될 수 있다.

오답풀이〉 ① 부사격 조사 '에서'는 '출처'의 의미로 사용된 것이므로 옳다.

> 에서
>「1」앞말이 행동이 이루어지고 있는 처소의 부사어임을 나타내는 격 조사
>　예 우리는 아침에 도서관에서 만나기로 하였다.
>　　가게 앞에서 사람들이 싸우고 있었다.
>「2」앞말이 출발점의 뜻을 갖는 부사어임을 나타내는 격 조사
>　예 서울에서 몇 시에 출발할 예정이냐?
>「3」앞말이 어떤 일의 출처임을 나타내는 격 조사
>　예 그는 모 기업에서 돈을 받은 혐의로 현재 조사 중에 있다.
>「4」앞말이 근거의 뜻을 갖는 부사어임을 나타내는 격 조사
>　예 고마운 마음에서 드리는 말씀입니다.
>　　그저 조그마한 보탬이라도 되고자 하는 뜻에서 행한 일이다.
>「5」앞말이 비교의 기준이 되는 점의 뜻을 갖는 부사어임을 나타내는 격 조사
>　예 이에서 어찌 더 나쁠 수가 있겠어요?
>　　죽은 부모가 살아 돌아온들 이에서 더 기쁘지는 않을 것이다.
>「6」((단체를 나타내는 명사 뒤에 붙어)) 앞말이 주어임을 나타내는 격 조사
>　예 이번 대회는 우리 학교에서 우승을 차지했다.
>　　정부에서 실시한 조사 결과가 발표되었다.

③ 서술어 '비치하다'는 '【…을 …에】 마련하여 갖추어 두다.'를 의미하므로 부사격 조사 '에'가 쓰이는 것이 옳다.
④ '불구하다'는 '【…에】 【 -음에】 (('-에도/-음에도 불구하고' 구성으로 쓰여))(('-음에도' 대신에 '-ㄴ데도'가 쓰이기도 한다)) 얽매여 거리끼지 아니하다.'를 의미하므로 부사격 조사 '에'가 쓰이는 것이 옳다.
　☞ '염치'가 쓰이는 경우에는 '염치 불고하고'가 옳다.
　　[불고염치(不顧廉恥)]

12.

정답풀이〉 '정부에서는'에 주격 조사 '이/가'를 넣어서 말이 되므로 '에서'는 주격 조사로 잘 쓰였다. 주어 '정부에서는'과 서술어 '시행하고 있다'와 잘 호응하고 있다.

오답풀이〉 나머지는 문장 성분의 호응이 맞지 않는다.
① '이 매장은~으로 기대된다'로 호응되어야 하므로 '이 매장은'으로 고쳐야 한다. 이 매장이 자리매김되는 것은 옳으므로 고치지 않아도 된다.
② '참여하는'은 필수적 부사어인 '~에'가 와야 하므로 '녹색 관광을 참여하다'는 옳지 않다. 따라서 '녹색 관광을 즐기고 녹색 관광에 참여하게 되기를 바란다.'로 고쳐야 한다.
④ '제공하다'는 목적어와 필수적 부사어 '-에게'가 있어야 한다. 따라서 '제공하다' 앞에 '이용자들에게'를 추가해야 한다. 또한 '다가가는' 것은 '이용자들'이므로 '이용자들이'로 고쳐야 한다. 또한 '미래상에 대해'보다는 '미래상에'로 고치는 것이 적절하다.

정답찾기 11. ② 12. ③

11. 밑줄 친 조사의 쓰임이 옳지 않은 것은?　2015 국가직 9급

① 건축 면적은 설계도<u>에서</u> 정한 기준에 따라 산정한다.
② 제안서 및 과업 지시서는 참가 신청자<u>에게</u> 한하여 교부한다.
③ 관계 조서 사본을 관리 사무소<u>에</u> 비치하고 일반인에게 보인다.
④ 제5조 제1항의 규정<u>에도</u> 불구하고 다음 각 목의 평가는 1년 유예를 둔다.

12. 어법에 맞는 문장은?　2015 교육행정직 9급

① 이 매장에서는 외국인 관광객들이 즐겨 찾는 한류 관광 명소로 자리매김될 것으로 기대된다.
② 우리는 본 행사를 통해 더 많은 국민들이 녹색 관광을 즐기고 참여하는 계기가 되기를 바란다.
③ 정부에서는 외국인 이주민이 내국인과 더 많이 소통할 수 있도록 여러 가지 정책을 시행하고 있다.
④ 우리는 모바일 서비스를 제공하여 이용자들에게 이 사업의 미래상에 대해 보다 쉽게 다가갈 수 있도록 하였다.

박혜선 국어
개념도 새기는
기출 문법

04

음운론과 문법 복합

01 Chapter

음운과 음절

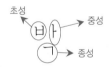

★ 출좋포 정리하기 ❶ 음운과 음절

1. 음운

(1) 음운의 개념

의미를 변별하는 가장 작은 소리의 단위

> • '강/방/상'의 뜻을 구별해 주는 'ㄱ/ㅂ/ㅅ'은 자음
> 이다.
> • '강/공/궁'의 뜻을 구별해 주는 'ㅏ/ㅗ/ㅜ'는 모음
> 이다.
> • '눈[눈]과 눈[눈ː]'의 뜻을 구별해 주는 [ː]은 소리의
> 길이이다.
> • '집에 가. 가? 가!'에서 뜻을 구별해주는 억양이다.

(2) 음절의 개념

한 번에 발음할 수 있는 소리의 단위
(음절은 발음을 기준으로 한다.)

```
        초성
         ↖      → 중성
        ㅂ ㅏ
         ㄱ → 종성
```

(3) 고려해야 할 것들

① 항상 음운은 '표기'가 기준이 아니라 '표준 발음'
이 기준이므로 표준 발음의 음운을 세어야 한다.

② 'ㅇ'은 초성에 왔을 때에는 음가가 없는 형식 문자
이기 때문에 음운으로 치지 않는다.

③ 'ㄲ, ㄸ, ㅃ, ㅆ, ㅉ' 등과 같은 종류의 자음이 병서
된 음운은 하나의 음운으로 친다.

④ 'ㅄ, ㄺ, ㄺ, ㄻ' 등의 다른 종류의 자음이 병서된
음운은 2개의 음운으로 친다. 이러한 합용 병서자
는 현대 국어에서는 중세 국어와 달리 음절의 말
에만 표기된다. 단, 음운변동이 일어나서 음운 탈
락이 일어나는 경우에는 음운이 하나가 된다.

⑤ 반모음에 단모음이 결합된 이중 모음은 하나의
음운으로 친다.

194 제4편 음운론과 문법 복합

대표 亦功 기출 — 제4편 음운론과 문법 복합 CH.01 음운과 음절

01.

정답풀이) 음운은 소리의 단위이므로 '닫히다'의 발음이 어떤지를 봐야 한다. [다치다]이므로 'ㄷ,ㅏ,ㅊ,ㅣ,ㄷ,ㅏ'로 6개이다.

오답풀이) ① 분절되지 않는 소리의 길이나 억양 등은 음운이다. 비분절 음운, 운소라고 불리며 음운에 속한다.
③ '원앙'의 음운은 'ㅝ, ㄴ, ㅏ, ㅇ'으로 4개이다. 초성의 'ㅇ'은 음가가 없으므로 음운의 개수에 들어가지 않는다. 'ㅝ'는 이중 모음인데, 이중 모음은 1개로 친다.
④ '깨고 날아갔다'의 발음은 '깨고 나라갇따'이다. 따라서 음운은 'ㄲ, ㅐ, ㄱ, ㅗ, ㄴ, ㅏ, ㄹ, ㅏ, ㄱ, ㅏ, ㄷ, ㄸ, ㅏ'로 13개이다. 'ㄲ, ㄸ'도 하나의 음운으로 친다.

02.

정답풀이) 'ㅂ, ㅏ, ㅇ, ㅕ, ㄹ, ㅂ, ㅗ, ㄱ'의 8개로 '방열복'이 가장 개수가 많다.

오답풀이) ① ㅅ, ㅗ, ㅎ, ㅘ, ㄱ, ㅣ: 6개
② ㅣ, ㄴ, ㅎ, ㅘ, ㅅ, ㅓ, ㅇ: 7개
③ ㅏ, ㄴ, ㅈ, ㅓ, ㄴ, ㅁ, ㅗ: 7개

03.

정답풀이) 항상 음운은 '표기'가 기준이 아니라 '표준 발음'이 기준이므로 표준 발음의 음운을 세어야 한다. [구과]가 표준 발음이므로 음운의 개수는 'ㄱ, ㅜ, ㅋ, ㅘ'의 4개이다.

오답풀이) ① ㄷ, ㅗ, ㅇ, ㅅ, ㅐ, ㅇ: 6개
② ㅁ, ㅣ, ㄴ, ㅏ, ㄹ, ㅣ: 6개
④ ㄱ, ㅜ, ㅇ, ㄱ, ㅝ, ㄹ: 6개

최빈출

01. 음운에 대한 설명으로 옳지 않은 것은? 2015 경찰 2차 변형
① 분절되지 않는 소리의 길이나 억양 등은 음운이다.
② '닫히다'의 음운의 개수는 7개이다.
③ '원앙'의 음운의 개수는 4개이다.
④ '깨고 날아갔다'의 음운의 개수는 13개이다.

중간빈출

02. 음운의 개수가 가장 많은 단어는? 2015 소방 복원
① 소화기　② 인화성
③ 안전모　④ 방열복

03. 다음의 낱말을 음운으로 나누었을 때, 음운의 개수가 다른 낱말 하나는? 2007 경북경기 9급
① 동생　② 미나리
③ 국화　④ 궁궐

정답찾기 1. ② 2. ④ 3. ③

02 Chapter 음운의 체계

출좋포 정리하기 ❷ 음운의 체계

1. 자음

자음은 공기가 목청을 통과해 목안이나 입안에서 장애를 받으면서 나는 소리이다.

조음 방법 \ 조음 위치			양순음	치조음	경구개음	연구개음	후두음
안울림소리 무성음	파열음	예사소리	ㅂ	ㄷ		ㄱ	
		된소리	ㅃ	ㄸ		ㄲ	
		거센소리	ㅍ	ㅌ		ㅋ	
	파찰음	예사소리			ㅈ		
		된소리			ㅉ		
		거센소리			ㅊ		
	마찰음	예사소리		ㅅ			ㅎ
		된소리		ㅆ			
울림소리 유성음	비음		ㅁ	ㄴ		ㅇ	
	유음			ㄹ			

2. 모음

⑴ **단모음(10개)**: 발음 도중에 혀나 입술이 고정되어 움직이지 않는 소리로, 10개이다.

혀의 높이 \ 혀의 위치 / 입술 모양	전설 모음 평순 모음	전설 모음 원순 모음	후설 모음 평순 모음	후설 모음 원순 모음
고모음	ㅣ	ㅟ	ㅡ	ㅜ
중모음	ㅔ	ㅚ	ㅓ	ㅗ
저모음	ㅐ		ㅏ	

⑵ **이중 모음(11개)**: 발음하는 도중에 혀가 일정한 자리에서 시작하여 다른 자리로 옮겨 가면서 발음되는 소리

상향 이중 모음	반모음 'ĭ(j)'+단모음	ㅑ, ㅕ, ㅛ, ㅠ, ㅒ, ㅖ
	반모음 'ㅗ/ㅜ(w)'+단모음	ㅘ, ㅙ, ㅝ, ㅞ
하향 이중 모음	단모음+반모음 'ĭ(j)'	ㅢ

① 상향 이중 모음: 반모음이 앞, 단모음이 뒤
② 하향 이중 모음: 단모음이 앞, 반모음이 뒤

대표 亦功 기출
제4편 음운론과 문법 복합 CH.02 음운의 체계

01.

정답풀이 'ㅂ'은 양순음이므로 [+양순음]이며 'ㄱ'은 연구개음으로 '치조음'이 아니므로 [−치조음]이다.

오답풀이 ① 'ㄱ'은 '연구개음'이므로 [+경구개음]이 아니다. 'ㄹ'은 치조음이므로 [−후음]은 맞다.

② 'ㅁ'은 양순음이므로 [−경구개음]이다. 'ㅂ'은 양순음이므로 [+후음]이 아니다.

④ 'ㅎ'은 후음이므로, [−후음]은 틀렸다. [+후음]이다. 또 'ㄱ'은 연구개음이므로, [−연구개음]이 아니다.

02.

정답풀이 혀의 최고점이 앞에 있고, 입술이 둥글게 되는 단모음은 'ㅟ, ㅚ'이다. 따라서 '귀족'에 'ㅟ'가 있기 때문에 '귀족'이 답이 된다.

03.

정답풀이 'ㅔ'보다 'ㅐ'를 턱을 확 내려서 발음해야 하므로 '혀의 높낮이 자질'과 관계가 있음을 알 수 있다. 'ㅔ'는 혀의 높이가 중간인 '중모음'이고 'ㅐ'는 혀의 높이가 가장 낮은 '저모음'이다.

중간빈출

01. 주어진 단어의 자음 두 개를 〈보기〉의 조건에 따라 순서대로 나타낼 때, 모두 옳은 것은?
2017 사회복지직

─(보기)─
하나의 음운이 가진 조음 위치의 특성을 +라고 하고, 가지고 있지 않은 특성을 −로 규정한다. 예컨대 'ㅌ'은 [+치조음, −양순음, −경구개음, −연구개음, −후음]으로 나타낼 수 있다.

① 가로 : [+경구개음], [−후음]

② 미비 : [−경구개음], [+후음]

③ 부고 : [+양순음], [−치조음]

④ 효과 : [−후음], [−연구개음]

02. 다음 설명에 해당하는 음운이 포함된 단어는?
2017 소방 하반기 복원

혀의 최고점이 앞에 있고, 입술이 둥글게 되는 단모음

① 과학   ② 귀족

③ 돼지   ④ 장수풍뎅이

03. 다음은 일부 지역과 계층에서 '애'와 '에'를 잘 구분하지 못하는 이유를 설명한 것이다. 괄호 안에 들어갈 말로 적절한 것은?
2017 지방직 7급

'애'와 '에'를 구별하는 '(　　　　)'이 불분명하기 때문이다.

① 혀의 앞뒤 관련 자질

② 혀의 높낮이 관련 자질

③ 소리의 강약 관련 자질

④ 소리의 장단 관련 자질

정답찾기 1. ③ 2. ② 3. ②

04.

정답풀이 혀의 위치가 가장 높은 고모음은 'ㅣ, ㅟ, ㅡ, ㅜ'이다. 따라서 정답은 '위, 수, 그'이다.

05.

정답풀이 '조음 기관이 좁혀진 사이로 공기가 마찰하여 나는 소리'는 '마찰음'이다. '마찰음'에는 'ㅆ, ㅅ, ㅎ'가 있다. 따라서 마찰음 'ㅆ, ㅅ, ㅎ'이 사용되지 않은 것은 '개나리'이다.

오답풀이 ②는 마찰음 'ㅎ'이, ③은 마찰음 'ㅅ'이, ④는 마찰음 'ㅆ'이 사용되었다.

06.

정답풀이 '아랫입술과 윗입술이 맞닿아서 나는 소리'는 양순음 'ㅁ, ㅂ, ㅃ, ㅍ'이다. ①에 'ㅁ', ④에 'ㅂ'이 있다. 하지만 ②, ③은 양순음이 없으므로 답에서 제외된다. '비음'은 'ㅁ, ㄴ, ㅇ'이다. ①에 'ㅁ', ④에 'ㅇ'이 있으므로 답을 정할 수 없다. 마지막 조건을 봐야 한다. '혀의 위치는 가장 높았다가 낮게 내려가면서'는 '고모음 → 중모음 혹은 저모음'을 의미하는 것이다. 고모음에는 'ㅣ, ㅟ, ㅡ, ㅜ'가 있고, 중모음에는 'ㅔ, ㅚ, ㅓ, ㅗ'가 있으며, 저모음에는 'ㅐ, ㅏ'가 있다. ①의 'ㅣ → ㅐ'는 고모음 → 저모음이므로 답이 될 수 있다. 그러나 ④의 'ㅓ → ㅣ'는 중모음 → 고모음이므로 답이 될 수 없다.

07.

정답풀이 ⓛ '/ㄷ/', '/ㄸ/', '/ㅌ/'은 자음이다. 자음은 조음 기관의 어떤 부분이 장애를 받아 나는 소리이다. '/ㄷ/', '/ㄸ/', '/ㅌ/'은 혀 끝이 윗잇몸에 붙으면서 장애를 받아 나는 소리이다.
ⓜ '/ㄷ/', '/ㄸ/', '/ㅌ/'은 '폐에서 나오는 공기를 일단 막았다가 막은 자리를 터뜨리면서 내는 소리'인 파열음이다.

오답풀이 ⓖ 비음(ㅇ, ㄴ, ㅁ)에 해당한다.
ⓒ 경구개음(ㅊ, ㅉ, ㅈ)에 해당한다. 경구개가 딱딱한 입천장이다.
ⓔ 마찰음(ㅆ, ㅅ, ㅎ)에 해당한다.

08.

정답풀이 '말'이 '사람의 생각을 목구멍을 통하여 조직적으로 나타내는 소리'를 의미할 경우 긴소리인 [말 :]로 발음되므로 ④가 답이다.

오답풀이 ① '말'이 '馬'의 의미일 경우는 [말]로 발음된다.
② 하늘에서 내리는 눈은 원래는 긴소리 [눈 :]으로 발음되지만, 장음이 둘째 음절에 올 때부터는 단음으로 실현되므로 [함방눈]으로 읽힌다.
③ 야간의 '밤' 역시 단음이다. 먹는 '밤'은 긴소리이다.
⑤ 먹는 '밤'은 긴소리이다. 하지만 장음이 둘째 음절에 올 때부터는 단음으로 실현되므로 [군밤]으로 읽힌다.

정답찾기 4. ① 5. ① 6. ① 7. ② 8. ④

04. 모음을 발음할 때 혀의 위치가 가장 높은 것으로만 묶은 것은?

2016 기상직 9급

① 위, 수, 그 　　　　② 죄, 너, 도
③ 개, 라, 네 　　　　④ 이, 베, 가

05. 조음 기관이 좁혀진 사이로 공기가 마찰하여 나는 소리가 들어 있지 않은 것은?

2013 국가직 9급

① 개나리 　　　　② 하얗다
③ 고사리 　　　　④ 싸우다

06. 다음에서 알 수 있는 '나'의 이름은?

2019 소방

제 이름은 아랫입술과 윗입술이 맞닿아서 나는 소리가 한 개 들어 있습니다. 파열음이나 파찰음은 없고 비음이 포함되어 있어서 발음하기 부드럽습니다. 제 이름을 발음할 때 혀의 위치는 가장 높았다가 낮게 내려가면서 저절로 미소가 지어지기도 합니다. 제 이름은 무엇일까요?

① 민애 　　　　② 진주
③ 하은 　　　　④ 정빈

07. '/ㄷ/', '/ㄸ/', '/ㅌ/' 소리의 공통 자질은?

2014 경찰 1차

㉠ 공기가 코를 통과하면서 나오는 소리
㉡ 조음 기관의 어떤 부분이 장애를 받아 나는 소리
㉢ 혀의 앞부분이 딱딱한 입천장에 닿아서 나는 소리
㉣ 소리를 낼 때 공기가 빠져나가면서 마찰이 나는 소리
㉤ 폐에서 나오는 공기를 일단 막았다가 막은 자리를 터뜨리면서 내는 소리

① ㉠, ㉣ 　　　　② ㉡, ㉤
③ ㉢, ㉣ 　　　　③ ㉣, ㉤

08. 다음 밑줄 친 부분이 긴소리로 발음되는 것은?

2012 서울시 9급

① 말을 바꾸어 탄다.
② 함박눈이 펑펑 내린다.
③ 그날 밤 비가 지독히 내렸다.
④ 멀리 떨어져 있어 말이 제대로 들리지 않았다.
⑤ 추운 겨울에는 군밤과 군고구마가 생각난다.

03 Chapter 음운의 변동

★ 출좋포 정리하기 ❸ 음운의 변동

교체 대치	한 음운이 다른 음운으로 바뀌는 것 XAY → XBY(교체)	① 음절의 끝소리 규칙 예 ② 된소리되기 예 ③ 자음 동화 － 비음화 예 － 유음화 예 － 구개음화 예 표준 발음✕ ┌ 연구음화 예 └ 양순음화 예 ④ 모음 동화 －'ㅣ' 모음 순행동화 예
축약	두 음운이 합쳐져서 제3의 음운으로 바뀌는 것 XABY → XCY(축약)	① 자음 축약(거센소리되기) 예 ② 모음 축약(음절 축약) 예
탈락	한 음운이 어떤 환경에서 없어지는 것 XAY → X∅Y(탈락)	① 자음군 단순화 예 ② 자음 탈락(ㅎ 탈락, ㄹ 탈락, ㅅ 탈락) 예 ③ 모음 탈락(동일 모음 탈락, ㅡ 탈락) 예
첨가	어떤 환경에서 새로운 음운이 새로 생기는 것 X∅Y → XAY(첨가)	① 사잇소리 현상(된소리, ㄴ 덧남, ㄴㄴ 덧남) 예 ② 반모음 'ㅣ' 첨가 예

대표 亦功 기출
제4편 음운론과 문법 복합 CH.03 음운의 변동

01.

정답풀이) '가다'와 어미 '-아서'가 만나 '가서'가 된 것은 동음 탈락에 해당한다.

오답풀이) 나머지는 모두 음운의 축약에 해당한다. 참고로 자음 축약이 음절의 끝소리 규칙보다 먼저 적용이 된다.
③ '맞힌'은 음절의 끝소리 규칙보다 자음 축약이 먼저 적용되어 [마친]이 되는 것이다.

02.

정답풀이) 나머지는 모두 음운 현상이 일어나지 않았다. 하지만 ③은 '가-+-아도'에서 동음 'ㅏ'가 탈락한 것이므로 음운 현상이 일어난 것이다.

03.

정답풀이) 어간 '맵-'에 어미 '-어서'가 결합되면 'ㅂ'이 반모음 'ㅜ'로 교체되어 '매워서'로 활용된다. '매워서'에는 음운 탈락이 일어나지 않았다.

오답풀이) ① 지었다. : '짓-+-었-'에서 ㅅ 탈락
② 우는 : '울-+-는'에서 ㄹ 탈락
③ 써서 : '쓰-+-어서'에서 으 탈락

최빈출

01. 다음 중 음운변동의 성격이 나머지 셋과 가장 다른 것은?

2016 서울시 9급

① '옳다'는 [올타]로, '옳지'는 [올치]로 발음된다.
② '주다'와 어미 '-어라'가 만나 '줘라'가 되었다.
③ '막혀'는 [마켜]로, '맞힌'은 [마친]으로 발음된다.
④ '가다'와 어미 '-아서'가 만나 '가서'가 되었다.

02. 다음의 음운 현상이 일어난 사례는?   2018 교육행정직 9급

> 어간 '가-'에 어미 아서가 결합하면 '가서'가 된다. 이러한 사례처럼 어간과 어미가 결합할 때, 동일한 모음이 연속되면 그중 하나가 탈락한다.

① 봄이 <u>가고</u> 여름이 온다.
② 집에 <u>가니</u> 벌써 밤이었다.
③ 우리만 먼저 <u>가도</u> 괜찮을까?
④ 학교에 <u>가면</u> 친구들을 만난다.

03. 밑줄 친 부분 중 음운의 탈락 현상이 나타나지 않은 것은?

2015 지방직 7급

① 지난해 새로 집을 <u>지었다</u>.
② 잘 <u>우는</u> 남자는 매력이 없다.
③ 그는 사과문을 <u>써서</u> 벽에 붙였다.
④ 국이 뜨겁고 <u>매워서</u> 먹지 못하겠다.

정답찾기 1. ④ 2. ③ 3. ④

04.

정답풀이 ㉠: 따뜻하다[따뜯하다]따뜨타다] 음절의 끝소리 규칙(교체)과 거센소리되기(축약)이 쓰였다.
㉡: 삯일[삭일>상일>상닐] 자음군 단순화(탈락)와 비음화(교체), ㄴ첨가(첨가)가 쓰였다.
㉠과 ㉡ 모두 교체 현상이 일어났으므로 음운의 대치 현상이 일어난 것이다.

오답풀이 ① 음운 탈락은 ㉡에만 일어났다.
② 음운 첨가는 ㉡에만 일어났다.
③ 음운 축약은 ㉠에만 일어났다.
⑤ ㉠은 음운 변동의 결과 음운이 하나 줄어들었지만, ㉡은 탈락과 첨가가 일어나 음운의 개수는 그대로 유지되었다.

05.

정답풀이

> ㉠ [꽃잎→(음절의 끝소리 규칙, ㄴ첨가)→꼳닙→(비음화)→꼰닙]
> ㉡ [맏며느리→(비음화)→만며느리]
> ㉢ [닫혔다→(자음 축약, 음절의 끝소리 규칙, 된소리되기)→ 다텯따→(구개음화)→다쳗따]
> ㉣ [넓죽하다→(자음군 단순화, 자음축약, 된소리되기)→넙쭈카다]

오답풀이 꼭 강의를 참고하시길 바랍니다~^^
㉠에서는 첨가가 일어나지만 ㉡에는 교체(비음화)밖에 일어나지 않으므로 이 선지는 적절하지 않다.
① ㉠~㉣에 모두 교체 현상이 일어나므로 이 선지는 옳다. ㉠의 음절의 끝소리 규칙, 비음화, ㉡의 비음화, ㉢의 음절의 끝소리 규칙, 된소리되기, 구개음화, ㉣의 된소리되기 모두 교체이다.
③ ㉢에서 'ㄷ+ㅎ=ㅌ'의 자음 축약이 일어나므로 이 선지는 옳다.
④ ㉣에는 자음군 단순화(탈락), 자음 축약(축약)이 일어나므로 이 선지는 옳다.

06.

정답풀이 ㉢의 '앉+고→[안꼬]'는 자음군 단순화 후 된소리되기의 현상을 보여주는데 ③의 '앓+고→[알코]'는 자음 축약에 대한 설명이므로 옳지 않다.

오답풀이

> ㉠ [부엌일 → (음절의 끝소리 규칙, ㄴ 첨가) → 부엌닐 → (비음화) → 부엉닐]
> ㉡ [콧날 → (음절의 끝소리 규칙) → 콛날 → (비음화) → 콘날]
> ㉢ [앉고 → (자음군 단순화) → 안고 → (된소리되기) → 안꼬]
> ㉣ [훑는 → (자음군 단순화) → 훌는 → (유음화) → 훌른]

① ㉠, ㉡: 부엌일[부엉닐], 콧날[콘날], 맞불[맏뿔]
→ 공통적으로 '음절 끝소리 규칙'이 적용되었다.
② ㉠, ㉡, ㉣: 인접하는 자음과 조음 방법이 같아진 음운 변동에는 비음화와 유음화가 있다. ㉠, ㉡은 비음화, ㉣은 유음화가 나타나므로 옳다. 또 있니[인니]에도 비음화가 나타나므로 옳은 설명이다.
④ ㉢, ㉣: 음절 끝에 둘 이상의 자음이 오지 못하기 때문에 일어난 음운 변동은 자음군 단순화이다. ㉢, ㉣에 자음군 단순화가 나타나며 몫도[목또]에도 자음군 단순화가 나타난다.

07.

정답풀이 우리말의 동화 현상에는 조음 방법이 같아지는 '비음화, 유음화'와 조음 위치가 같아지는 '구개음화'가 있다.
A : 조음 방법이 같아지는 비음화 현상이다. 뒤에 오는 자음의 조음 방법에 따라 동화되는 역행 동화가 일어났다.
B : 조음 방법이 같아지는 유음화 현상이다. 뒤에 오는 자음의 조음 방법에 따라 동화되는 역행 동화가 일어났다.

08.

정답풀이 '래일(來日)'이 [내일]로 바뀌는 것은 두음 법칙이다. 단어 첫머리에서 한자음 'ㄹ'이 'ㄴ'으로 교체된 것일 뿐이므로 동화라고 볼 수 없다.

오답풀이 우리말의 동화 현상에는 조음 방법이 같아지는 비음화, 유음화와 조음 위치가 같아지는 구개음화가 있다.
① '권력[궐력]'은 'ㄹ'의 영향을 받아 비음 'ㄴ'이 'ㄹ'로 바뀌는 유음화가 일어난 것이다.
③ '돕는다[돔는다]'는 'ㄴ'의 영향을 받아 예사소리 'ㅂ'이 비음 'ㅁ'으로 바뀌는 비음화가 일어난 것이다.
④ '미닫이[미다지]'는 'ㄷ'이 모음 'ㅣ'와 결합하여 구개음 ㅈ으로 바뀌는 구개음화가 일어난 것이다.

04. 밑줄 친 ㉠과 ㉡의 음운 변동에 대한 설명으로 옳은 것은?

2022 국회직 9급

한 단어 내의 음운 변동은 여러 유형이 함께 나타날 수 도 있다. ㉠ 따뜻하다[따뜨타다]와 ㉡ 삯일[상닐]에 일어나는 음운 변동에는 공통점과 차이점이 존재한다.

① ㉠과 ㉡ 중 ㉠에만 음운의 탈락 현상이 일어난다.
② ㉠과 ㉡ 중 ㉠에만 음운의 첨가 현상이 일어난다.
③ ㉠과 ㉡ 모두 음운의 축약 현상이 일어난다.
④ ㉠과 ㉡ 모두 음운의 대치 현상이 일어난다.
⑤ ㉠과 ㉡ 모두 음운 변동을 거치며 음운의 개수가 줄어든다.

05. 〈보기〉의 ㉠~㉣에 대한 설명으로 가장 적절하지 않은 것은?

2022 법원직 9급

(보기)

음운의 변동은 한 음운이 다른 음운으로 바뀌는 교체, 한 음운이 없어지는 탈락, 새로운 음운이 생기는 첨가, 두 음운이 하나의 음운으로 합쳐지는 축약으로 구분된다. 한 단어가 발음될 때 이 네 가지 변동 중 둘 이상이 나타나는 경우도 있고 하나의 음운이 두 번 이상의 음운 변동을 겪기도 한다.

㉠ 꽃잎[꼰닙]　　㉡ 맏며느리[만며느리]
㉢ 닫혔다[다쳗따]　　㉣ 넓죽하다[넙쭈카다]

① ㉠~㉣은 모두 음운이 교체되는 현상이 일어난다.
② ㉠과 ㉡에서는 공통적으로 음운의 첨가가 일어난다.
③ ㉢에서는 두 개의 음운이 하나로 축약되는 현상이 일어난다.
④ ㉣에서는 음운의 탈락과 축약이 일어난다.

06. 〈보기〉의 ㉠~㉣에 대한 다음 설명 중 가장 적절하지 않은 것은?

2019 법원직

(보기)

㉠ 부엌+일 → [부엉닐]
㉡ 콧+날 → [콘날]
㉢ 앉+고 → [안꼬]
㉣ 훑+는 → [훌른]

① ㉠, ㉡: '맞+불 → [맏뿔]'에서처럼 음절 끝에 올 수 있는 자음이 제한되어 있기 때문에 일어난 음운 변동이 있다.
② ㉠, ㉡, ㉣: '있+니 → [인니]'에서처럼 인접하는 자음과 조음 방법이 같아진 음운 변동이 있다.
③ ㉢: '않+고 → [안코]'에서처럼 자음이 축약된 음운 변동이 있다.
④ ㉢, ㉣: '몫+도 → [목또]'에서처럼 음절 끝에 둘 이상의 자음이 오지 못하기 때문에 일어난 음운 변동이 있다.

07. [A]와 [B]에서 일어난 음운 변동의 공통점으로 가장 적절한 것은?

2022 법원직 9급

[A] 복면[봉면], 받는[반는], 잡목[잠목] [B] 난로[날로], 권리[궐리], 신라[실라]

① 앞에 오는 자음의 조음 위치에 동화되는 음운 변동이다.
② 앞에 오는 자음의 조음 방법에 동화되는 음운 변동이다.
③ 뒤에 오는 자음의 조음 위치에 동화되는 음운 변동이다.
④ 뒤에 오는 자음의 조음 방법에 동화되는 음운 변동이다.

08. 음운규칙 중 동화의 예로 옳지 않은 것은?

2022 서울시 9급 6월

① 권력(權力) → [궐력]
② 래일(來日) → [내일]
③ 돕는다 → [돔는다]
④ 미닫이 → [미다지]

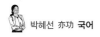

09.

정답풀이 ⊙ [집일 → (ㄴ 첨가) → 집닐 → (비음화) → 짐닐]
: ㄴ 첨가와 비음화가 일어났으므로 각각 첨가 및 교체가 일어났다고 볼 수 있다. '자음 동화'로 '음운의 교체 현상'이 나타난다. 'ㄴ 첨가'가 일어났기 때문에 음운의 개수는 1개 늘었다. 굳이 세보자면 '집일'은 '5개'의 음운이고 [짐닐]은 6개의 음운으로 되어 있다.

오답풀이 ② ⓛ [닭만 → (자음군 단순화) → 닥만 → (비음화) → 당만]으로 '자음군 단순화', '비음화'가 일어나 각각 '탈락'과 '교체'가 일어났음을 알 수 있다. '교체'도 있으므로 탈락만 일어났다는 것은 옳지 않다. '탈락'이라는 현상 때문에 음운의 개수가 하나 줄었음을 알 수 있다. 굳이 세보자면 '닭만'의 음운의 개수는 'ㄷ, ㅏ, ㄹ, ㄱ, ㅁ, ㅏ, ㄴ' '7개'이고 [당만]은 '6'개이므로 '음운의 개수'가 하나 줄었다.

③ ⓒ [뜻하다 → (음절의 끝소리 규칙) → 뜯하다 → (자음 축약) → 뜨타다]으로 축약만 일어난 것이 아님을 알 수 있다. 음절의 끝소리 규칙은 대치(교체)에 해당한다. 참고로 축약은 두 음운이 하나의 음운으로 주는 것이므로 음운의 개수는 하나 줄었다. 굳이 세보자면 '뜻하다'의 7개에서 [뜨타다]의 6개로 줄었다.

④ [맡는 → (음절의 끝소리 규칙) → 맏는 → (비음화) → 만는]으로 교체가 두 번 일어난 것은 옳다. '교체'는 음운의 개수에 변화가 없으므로 음운이 2개 더 증가할 수 없다. 굳이 세보자면 '맡는'의 6개에서 [만는]의 6개로 그대로이다.

10.

정답풀이 [값지다 → (자음군 단순화, 된소리되기) → 갑찌다]
: 자음군 단순화는 '음운의 탈락'이다. '된소리되기'는 '음운의 교체'이다. 탈락이 일어났기 때문에 음운의 개수가 하나 줄어든 것이 옳다.

오답풀이 ① [서울역 → (ㄴ 첨가) → 서울녁 → (유음화) → 서울력]: '서울'과 '역'은 합성어인데 앞의 어근이 자음이고 뒤의 말이 '이,야,여,요,유'로 시작하는 경우에는 ㄴ이 첨가된다. 그 후 'ㄹ'이 'ㄴ'을 유음화 시킨다. 따라서 '첨가'와 '음운의 교체'가 일어남을 알 수 있다. 첨가가 일어나므로 음운의 개수가 늘어난다.

③ [내복약 → (ㄴ 첨가) → 내복냑 → (비음화) → 내봉냑]: '내복약'은 '내복+약'의 합성어인데 앞의 어근이 자음이고 뒤의 말이 '이, 야, 여, 요, 유'로 시작하는 경우에는 ㄴ이 첨가된다. 그 후에 'ㄴ'이 'ㄱ'을 비음 'ㅇ'으로 비음화 시킨다. 첨가가 한 번만 일어나므로 음운의 개수가 두 개가 아니라 한 개가 늘어난다.

④ [숱하다 → (음절의 끝소리 규칙) → 숟하다 → (자음 축약) → 수타다]: '음절의 끝소리 규칙'이라는 '교체'와 '자음 축약'이 나타난다. '축약'은 하나의 음운이 하나 줄기 때문에 음운의 개수가 변하지 않는 것은 옳지 않다.

11.

정답풀이 [닫히다 → (자음 축약) → 다티다 → (구개음화) → 다치다]

오답풀이 ① 놓치다[녿치다]: 음절의 끝소리 규칙(교체)

② 헛웃음[허두슴]: 음절의 끝소리 규칙(교체)

③ 똑같이[똑까치]: 안울림 소리 'ㄱ'과 안울림 소리 'ㄱ'이 만나 된소리되기(교체), 'ㅌ'이 '이' 앞에서 'ㅊ'으로 교체되는 구개음화(교체)

12.

정답풀이 [늑막염 → (비음화, ㄴ 첨가) → 능막념 → (비음화) → 능망념]: '늑막'에서 비음 'ㅁ'이 파열음 'ㄱ'을 비음 'ㅇ'으로 비음화한다. 그 이후 '늑막'+'염'(가슴(늑막) 속의 염증)에서 앞의 어근이 자음으로 끝나고 뒤의 어근이 '이, 야, 여, 요, 유'로 시작하는 경우 ㄴ 첨가가 일어난다. 이후 첨가된 'ㄴ'이 앞의 'ㄱ'을 비음화시켜 비음 'ㅇ'으로 교체하게 한다.
따라서 비음화(자음 동화) 2번, 음의 첨가가 1번 일어났다.

13.

정답풀이 [산동네 → (사잇소리 현상) → 산똥네],
[보름달 → (사잇소리 현상) → 보름딸]
: 사잇소리 현상은 '어근+어근'의 합성어이면서 앞의 어근의 끝소리가 울림 소리이고 뒤의 어근의 첫소리 예사소리일 때 일어난다. '산'과 '동네' / '보름'과 '달'은 이 조건에 부합하므로 뒤의 소리가 된소리로 소리나는 사잇소리 현상이 일어난다. 주의해야 할 점은 사잇소리 현상은 '첨가'라는 점에서 '교체'의 된소리되기와는 다르다는 점이다.

오답풀이 나머지는 동일한 음운 변동 현상이 아니다.
① [늙는 → (자음군 단순화) → 늑는 → (비음화) → 능는],
[않고 → (자음 축약) → 안코]
② [맏형 → (자음 축약) → 마텽],
[쇠붙이 → (구개음화) → 쇠부치]
④ [생일날 → (유음화) → 생일랄],
[추진력 → (비음화) → 추진녁]
: '추진력(推進力)'의 경우에는 유음화의 환경이라고 착각할 수 있으나 3글자 한자어이면서 '2+1'의 구성을 보이는 경우에는 유음화가 아니라 비음화가 일어난다. 이외의 예로는 '횡단로[횡단노], 공권력[공꿘녁], 이원론[이원논], 구근류[구근뉴]' 등이 있다.

 정답 찾기 9. ① 10. ② 11. ④ 12. ④ 13. ③

09. 〈보기〉의 음운 변동 사례 중 옳은 것은? 2019 서울시 7급

─ (보기) ─────────────────────
교체, 탈락, 축약, 첨가의 음운 변동이 일어나는 경우
음운 개수의 변화가 나타나기도 한다. 먼저 ㉠ '집일
[짐닐]'은 첨가 및 교체가 일어나 음운의 개수가 늘었
다. 그런데 ㉡ '닭만[당만]'은 탈락만 일어나 음운의 개
수가 줄었고, ㉢ '뜻하다[뜨타다]'는 축약만 일어나 음
운의 개수가 줄었다. 한편 ㉣ '맡는[만는]'은 교체가 두
번 일어나 음운의 개수가 2개 증가하였다.
─────────────────────────

① ㉠   ② ㉡

③ ㉢   ④ ㉣

10. 다음 단어를 표준 발음법에 맞게 발음할 때 일어나는 음운 변동에 대한 설명으로 옳은 것은? 2017 기상직 7급

① '서울역'은 교체가 한 번 일어나며 음운의 개수가 변하지 않는다.

② '값지다'는 탈락 및 교체가 일어나며 음운의 개수가 한 개 줄어든다.

③ '내복약'은 첨가 및 교체가 일어나며 음운의 개수가 두 개 늘어난다.

④ '숱하다'는 교체 및 축약이 일어나며 음운의 개수가 변하지 않는다.

11. 표준 발음에서 축약 현상이 나타나는 것은?

2016 사회복지직 9급

① 놓치다   ② 헛웃음

③ 똑같이   ④ 닫히다

12. '늑막염'을 표준 발음법에 맞게 발음할 때, 음운 변동의 종류와 횟수를 바르게 짝지은 것은? 2016 기상직 7급

	〈음의 동화〉	〈음의 첨가〉
①	1회	0회
②	1회	1회
③	2회	0회
④	2회	1회

13. 동일한 음운 변동 현상을 보여 주는 예들로 묶인 것은?

2014 국가직 7급

① 늙는, 않고   ② 맏형, 쇠붙이

③ 산동네, 보름달   ④ 생일날, 추진력

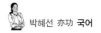

14.

정답풀이 '문법 형태소'란 형식 형태소로, '어미, 조사, 접사'를 가리킨다. 모음으로 시작하는 문법 형태소는 힘이 없기 때문에 앞에 겹받침으로 끝나는 실질 형태소가 오는 경우에는 그대로 연음된다. 예를 들어 '삶이'의 경우, '이'가 모음으로 시작하는 문법 형태소이므로 발음은 [살미]가 된다. 따라서 '자음군 단순화'는 '탈락' 현상에 속하는 것은 옳지만 모음으로 시작하는 문법 형태소가 결합할 때는 받침이 그대로 연음되므로 탈락으로 보는 것은 옳지 않다.

삶이[살미] → 그대로 연음됨. (탈락X)

삶 안[사만] → 자음군 단순화 후, 연음됨. (탈락○)

15.

정답풀이 '깎는'은 [깎는 → (음절의 끝소리 규칙) → 깍는 → (비음화) → 깡는]의 과정을 거쳐 발음된다. '음절의 끝소리 규칙'과 '비음화'는 '교체'에 해당하므로 ①의 설명은 옳다.

오답풀이 ② '깎아'는 '-아' 어미가 형식 형태소에 해당하므로 그대로 이어서 발음하여 [까까]로 발음된다. '연음'은 음운이 그대로 유지되는 것이므로 탈락 현상이 아니다.

③ '깎고'는 [깎고 → (음절의 끝소리 규칙) → 깍고 → (된소리되기) → 깍꼬]의 과정을 거쳐 발음된다. '음절의 끝소리 규칙'과 '된소리되기'는 '교체'에 해당한다. 따라서 두 음운의 위치가 서로 바뀌는 '도치' 현상은 적절하지 않다.

④ '깎지'는 [깎지 → (음절의 끝소리 규칙) → 깍지 → (된소리되기) → 깍찌]의 과정을 거쳐 발음된다. '음절의 끝소리 규칙'과 '된소리되기'는 '교체'에 해당한다. 따라서 두 음운이 합쳐져서 다른 음운으로 바뀌는 '축약'과 새로운 음운이 생기는 '첨가'로 설명한 것은 옳지 않다.

16.

정답풀이 〈보기〉는 음운의 변동에서 모음 탈락 중 동음 탈락에 대한 설명이다. '가자'는 동사 어간 '가-'에 청유형 종결 어미 '-자'가 결합된 것이므로 모음의 동음 탈락이 일어나지 않는다.

오답풀이 ① 동사 어간 '자-'에 '해체'의 청유형 종결 어미 '-아'가 결합되어 동일한 모음 'ㅏ'가 탈락하였다.

② 동사 어간 '서-'에 연결 어미 '-어서'가 결합된 것이므로 'ㅓ'가 동일하여 하나가 탈락하였다.

④ 동사 어간 '가-'에 본용언과 보조 용언을 연결하는 데 쓰는 보조 연결 어미 '-아'가 결합된 것이므로 어간 '가-'의 모음 'ㅏ'와 연결 어미 '-아'의 모음 'ㅏ'가 동일하여 하나가 탈락하였다

17.

정답풀이 ©에는 자음 축약(ㅂ+ㅎ=ㅍ)이 일어나므로 음운변동 전보다 음운변동 후의 음운 개수가 하나 줄어드므로 ③이 옳다.

오답풀이 ① [가을일 → (ㄴ 첨가) → 가을닐 → (유음화) → 가을릴]이므로 'ㄴ 첨가'와 '유음화'가 일어났음을 알 수 있다. 'ㄴ 첨가'와 '유음화'는 각각 첨가와 교체에 해당하므로 2가지 유형의 음운 변동이 나타난다.

② [텃마당 → (음절의 끝소리 규칙) → 턷마당 → (비음화) → 턴마당]이다. 인접한 음의 영향을 받아 '조음 방법'이 같아지는 '비음화'가 일어났다. '조음 위치' 동화로는 양순음화, 연구개음화가 있으며, 이들은 비표준 발음이다.

④ [흙먼지 → (자음군 단순화) → 흑먼지 → (비음화) → 흥먼지]이므로 음절의 끝소리 규칙이 아닌 자음군 단순화가 일어났음을 알 수 있다.

18.

정답풀이 ㉠에는 ㄴ 첨가가 일어나고 ㉣에는 자음 축약이 일어나므로 각각 +1, -1로 음운 변동의 전과 후의 음운의 개수가 다르다.

㉠ [식용유 → (연음, ㄴ 첨가,) → 시굥뉴] ㉣ [입학생 → (자음 축약(거센소리되기=격음화), 된소리되기(=경음화) → 이팍쌩]

오답풀이 ① ㉢ [안팎일 → (음절의 끝소리 규칙) → 안팍일 → (ㄴ 첨가) → 안팍닐 → (비음화) → 안팡닐]이다. 따라서 ㉠ [시굥뉴]와 ㉢ [안팡닐]은 둘다 ㄴ 첨가가 나타난다.

③ ㉡ [헛걸음 → (음절의 끝소리 규칙) → 헏걸음 → (된소리되기, 연음) → 헏꺼름]이다. 따라서 ㉡은 음절의 끝소리 규칙과 된소리되기가 대치(=교체)라고 볼 수 있다. ㉢ [안팡닐]도 마찬가지로, ㄴ 첨가가 있기는 했지만 음절의 끝소리 규칙과 비음화가 있으므로 대치(=교체)라고 볼 수 있다.

④ ㉡ [헏꺼름]과 ㉣ [이팍쌩]은 둘 다 된소리되기가 일어났다는 점에서 '대치(=교체)'라는 같은 유형의 음운 변동이 있다.

19.

정답풀이 [끓는 → (자음군 단순화) → 끌는 → (유음화) → 끌른]의 과정을 거친다. '자음군 단순화'는 탈락이며, '유음화'는 대치(=교체)이므로 ③은 옳다.

오답풀이 ① [값진 → (자음군 단순화) → 갑진 → (된소리되기) → 갑찐]: '자음군 단순화'는 탈락이며, '된소리되기'는 대치(=교체)이므로 '값진'이 탈락, 첨가 현상이라고 한 ①은 틀리다.

② [밖과 → (음절의 끝소리 규칙) → 박과 → (된소리되기) → 박꽈] : '음절의 끝소리 규칙'은 대치(=교체)이며, '된소리되기'는 대치(=교체)이므로 '밖과'가 대치, 축약 현상이라고 한 ②는 틀리다.

④ [밭도 → (음절의 끝소리 규칙) → 받도 → (된소리되기) → 받또] : '음절의 끝소리 규칙'과 '된소리되기'는 모두 대치(=교체)이므로 '밭도'가 대치, 첨가 현상이라고 한 ④는 틀리다.

14. 다음 중 국어의 음운 현상에 대한 설명으로 가장 적절하지 않은 것은? 2017 경찰 1차

① 탈락 : 자음군 단순화는 겹받침을 가진 형태소 뒤에 모음으로 시작하는 문법 형태소가 결합할 때 일어나는 현상이다.

② 첨가 : ㄴ 첨가는 자음으로 끝나는 말 뒤에 'ㅣ'나 반모음 'ㅣ [j]'로 시작하는 말이 결합할 때 'ㄴ'이 새로 덧붙는 현상이다.

③ 축약 : 유기음화는 'ㅎ'와 'ㄱ, ㄷ, ㅂ, ㅈ' 중 하나가 만날 때 이 두 자음이 하나의 음으로 실현되는 현상이다.

④ 교체(대치) : 유음화는 'ㄴ'이 앞이나 뒤에 오는 'ㄹ'의 영향을 받아 'ㄹ'로 동화되는 현상이다.

15. '깎다'의 활용형에 적용된 음운 변동에 대한 설명으로 옳은 것은? 2018 국가직 9급

- 교체 : 한 음운이 다른 음운으로 바뀌는 현상
- 탈락 : 한 음운이 없어지는 현상
- 첨가 : 없던 음운이 생기는 현상
- 축약 : 두 음운이 합쳐져서 또 다른 음운 하나로 바뀌는 현상
- 도치 : 두 음운의 위치가 서로 바뀌는 현상

① '깎는'은 교체 현상에 의해 '깡는'으로 발음된다.

② '깎아'는 탈락 현상에 의해 '까까'로 발음된다.

③ '깎고'는 도치 현상에 의해 '깍꼬'로 발음된다.

④ '깎지'는 축약 현상과 첨가 현상에 의해 '깍찌'로 발음된다.

16. 밑줄 친 부분이 〈보기〉에 해당하지 않는 것은? 2017 서울시 7급

─(보기)─
국어에는 동일한 모음이 연속될 때 하나가 탈락하는 현상이 나타난다.

① 늦었으니 어서 <u>자</u>.

② 여기 잠깐만 <u>서서</u> 기다려.

③ 조금만 천천히 <u>가자</u>.

④ 일단 <u>가</u> 보면 알 수 있겠지.

17. 다음에 대한 설명으로 적절한 것은? 2019 지방직 9급

┌─────────────────────────┐
│ ㉠ 가을일[가을릴]   ㉡ 텃마당[턴마당]   │
│ ㉢ 입학생[이팍쌩]   ㉣ 흙먼지[흥먼지]   │
└─────────────────────────┘

① ㉠ : 한 가지 유형의 음운 변동이 나타난다.

② ㉡ : 인접한 음의 영향을 받아 조음 위치가 같아지는 동화 현상이 나타난다.

③ ㉢ : 음운 변동 전의 음운 개수와 음운 변동 후의 음운 개수가 서로 다르다.

④ ㉣ : 음절 끝에 'ㄱ, ㄴ, ㄷ, ㄹ, ㅁ, ㅂ, ㅇ' 이외의 자음이 오면 이 7개의 자음 중 하나로 바뀌는 규칙이 적용된다.

18. ㉠~㉣의 음운 변동에 대한 설명으로 옳지 않은 것은? 2020 지방직 7급

┌─────────────────────────┐
│ ㉠ 식용유 ㉡ 헛걸음   │
│ ㉢ 안팎일 ㉣ 입학생   │
└─────────────────────────┘

① ㉠과 ㉢은 각각 음운의 첨가가 나타난다.

② ㉠과 ㉣은 각각 음운 변동 전과 후의 음운 개수가 같다.

③ ㉡과 ㉢은 각각 음운의 대치가 나타난다.

④ ㉡과 ㉣은 같은 유형의 음운 변동이 있다.

19. 음운 변동에 대한 설명으로 옳은 것은? 2018 지방직 7급

① 값진[갑찐] : 탈락, 첨가 현상이 있다.

② 밖과[박꽈] : 대치, 축약 현상이 있다.

③ 끊는[끌른] : 탈락, 대치 현상이 있다.

④ 밭도[받또] : 대치, 첨가 현상이 있다.

20.

정답풀이) 음운 변동으로 음운의 수에 변화가 일어나려면 '축약, 탈락, 첨가' 중 하나의 현상이 일어나야 한다.

ⓛ 음운 변동 전: 국화 (ㄱ, ㅜ, ㄱ, ㅎ, ㅘ – 5개)

음운 변동 후: [국화 → (자음 축약=거센소리되기) → 구콰]
(ㄱ, ㅜ, ㅋ, ㅘ – 4개)

ⓒ 음운 변동 전: 솔잎 (ㅅ, ㅗ, ㄹ, ㅣ, ㅍ – 5개)

음운 변동 후: [솔잎 → (ㄴ 첨가, 음절의 끝소리 규칙) → 솔닙
→ (유음화) → 솔립] (ㅅ, ㅗ, ㄹ, ㄹ, ㅣ, ㅂ – 6개)

☞ 받침이 아닌 초성 'ㅇ'은 음운이 아니다.

오답풀이) ⓖ 발전[발쩐]: 된소리되기(교체이므로 음운 개수의 변화 없음.)

☞ 표준 발음법 제26항 한자어에서, 'ㄹ' 받침 뒤에 연결되는 'ㄷ, ㅅ, ㅈ'은 된소리로 발음한다.

ⓔ 독립[동닙]: 상호 동화로 인한 비음화(교체이므로 음운 개수의 변화 없음.)

21.

정답풀이) [부엌일 → (음절의 끝소리 규칙, ㄴ 첨가) → [부억닐] → (비음화) → [부엉닐]: 따라서 '부엌일'에 일어나는 음운 변동의 유형은 ㉠ 교체(음절의 끝소리 규칙, 비음화) ㉡ 첨가(ㄴ 첨가)이다.

22.

정답풀이) '설날[설랄]'은 'ㄴ'이 유음 'ㄹ'의 조음 방법에 동화되어 같은 유음 'ㄹ'로 교체된 것이다. 이는 '비음'이 '유음'으로 교체된 것이므로 조음 위치는 그대로 '혀끝소리'이지만 조음 방법만 바뀐 것이므로 해당 선택지는 옳지 않다.

오답풀이) ① '갈등[갈뜽]'은 한자어 'ㄹ' 뒤 된소리되기가 일어난 것이므로 조음 위치와 조음 방법은 모두 같다. 된소리로 바뀌었어도 'ㄷ'과 'ㄸ'은 모두 조음 위치가 '혀끝소리'이고, 조음 방법이 '파열음'이기 때문이다.

② '해돋이[해도지]'는 '혀끝소리' 'ㄷ'이, '경구개음' 'ㅈ'으로 교체된 것이다. 따라서 조음 위치가 바뀌었음을 알 수 있다. 조음 방법으로는 'ㄷ'은 '파열음'이고 'ㅈ'은 '파찰음'이므로 조음 방법 또한 바뀌었음을 알 수 있다.

③ '앞문[암문]'의 표준 발음은 'ㅂ → ㅁ'으로 바뀌었다. 'ㅂ'은 음절의 끝소리 규칙이 적용된 이후이다. 조음 위치는 모두 '입술소리'이다. 하지만 조음 방법은 '파열음'인 'ㅂ'이 '비음'인 'ㅁ'으로 바뀐 것이므로 조음 방법은 바뀌었음을 알 수 있다.

23.

정답풀이) 손난로[손날로]: 뒤에 있는 '로'의 유음 'ㄹ'이 원인이 되어 앞에 있는 '난'의 받침 'ㄴ'이 'ㄹ'로 변했으므로 역행 동화이다.

오답풀이) ② 불놀이[불로리]: 앞에 있는 '불'의 'ㄹ'이 원인이 되어 뒤에 있는 '놀'의 'ㄴ'이 [ㄹ]로 변한 순행 동화이다.

③ 찰나[찰라]: 앞에 있는 '찰'의 'ㄹ'이 원인이 되어 뒤에 있는 '나'의 'ㄴ'이 'ㄹ' 변한 순행 동화이다.

④ 강릉[강능]: 앞에 있는 '강'의 'ㅇ'이 원인이 되어 뒤에 있는 '릉'의 'ㄹ'이 'ㄴ'으로 변한 순행 동화이다.

24.

정답풀이)

㉠ 음절의 끝소리 규칙의 교체, ㉡ 동화, ㉢ 축약, 탈락이다.

ⓐ: '초+불, 나무+집'의 합성어 사이에서 각각 [초뿔/촏뿔], [나무찝/나묻찝]으로 발음된다. 이는 울림 소리와 안울림 소리에서 된소리되기가 일어나는 사잇소리 현상이다. 사잇소리 현상은 첨가에 해당한다. ㉠~㉢에 모두 해당하지 않는다.

ⓑ: '닫는[단는], 찰나[찰라]'는 각각 비음화와 유음화로 '동화' 현상이다. 동화 현상은 ㉡이다.

ⓒ: '좋고[조코], 많다[만타]'는 거센소리되기(자음 축약)에 해당하므로 ㉢이다.

ⓓ: '바깥[바깓], 부엌[부억]'은 음절의 끝소리가 각각 'ㄷ, ㄱ'으로 교체된 것이므로 ㉠에 해당한다.

25.

정답풀이) '집비둘기'의 표준 발음은 [집삐둘기]이다. 예사 소리인 'ㅂ'이 'ㅃ'으로 바뀌는 '된소리되기(경음화)'가 일어났기 때문에 '표현 효과의 원리'에 해당한다. 나머지는 모두 ㉠이 변동의 원인이다.

오답풀이)

경제성의 원리	표현 효과의 원리
거의 대부분의 축약, 교체, 탈락	된소리되기, 사잇소리 현상

'경제성의 원리'는 발음할 때 편리하게 하는 것에 초점이 있다. 일반적으로 발음할 때 '축약'되거나 '교체', '탈락' 되는 것들이 이에 해당된다. '잡히다'는 [잡히다]보다 [자피다]로 발음하는 것이 편하다. '겉모습'의 경우에 일어나는 음절의 끝소리 규칙과 비음화 등도 경제성의 원리에 근거한다. '가+아서'에서 동음이 탈락되는 것도 탈락되는 것이 발음이 편하다. 거의 대부분의 음운 변동 현상(음절의 끝소리 규칙, 자음 동화, 모음 동화, 자음 축약, 모음 축약, 탈락 등)이 경제성의 원리와 관련있다.

 정답 찾기   20. ③   21. ①   22. ④   23. ①   24. ④   25. ④

20. 〈보기〉 중 음운 변동으로 음운의 수에 변화가 있는 단어를 모두 고른 것은? 　2018 서울시 7급 1차

┌─〈 보기 〉─────────────────────┐
　㉠ 발전　　　　　　　㉡ 국화
　㉢ 솔잎　　　　　　　㉣ 독립
└──────────────────────────────┘

① ㉠, ㉡　　　　　　　② ㉠, ㉣
③ ㉡, ㉢　　　　　　　④ ㉢, ㉣

21. 국어의 주요한 음운 변동을 다음과 같이 유형화할 때, '부엌일'에 일어나는 음운 변동 유형으로 옳은 것은? 　2019 국가직 9급

┌──────────────────────────────┐
　변동 전　　　　변동 후
　㉠ XaY　　→　XbY(교체)
　㉡ XY　　　→　XaY(첨가)
　㉢ XabY　　→　XcY(축약)
　㉣ XaY　　→　XY(탈락)
└──────────────────────────────┘

① ㉠, ㉡　　　　　　　② ㉠, ㉣
③ ㉡, ㉢　　　　　　　④ ㉡, ㉣

중간빈출

22. 표준 발음법에 맞게 발음할 때 일어나는 음운 변동에 대한 설명으로 적절하지 않은 것은? 　2018 기상직 9급

① '갈등'은 조음 위치와 조음 방법이 모두 그대로이다.
② '해돋이'는 조음 위치와 조음 방법이 모두 바뀌었다.
③ '앞문'은 조음 위치는 그대로이고, 조음 방법이 바뀌었다.
④ '설날'은 조음 방법은 그대로이고, 조음 위치가 바뀌었다.

23. 동화의 방향이 다른 것은? 　2018 서울시 7급 1차

① 손난로　　　　　　　② 불놀이
③ 찰나　　　　　　　　④ 강릉

24. 〈자료〉의 (가)와 (나)가 옳게 짝지어진 것은? 　2015 기상직 7급

┌─〈 자료 〉──────────────────────┐
(가) 음운의 변동 양상
　㉠ 어떤 음운이 음절의 끝 위치에서 다른 음운으로 바뀌는 현상
　㉡ 한 음운이 인접하는 다른 음운의 성질을 닮아 가는 현상
　㉢ 두 음운이 하나의 음운으로 결합하거나 어느 하나가 없어지는 현상
(나) 예시
　ⓐ 촛불, 나뭇집　　　　ⓑ 닫는, 찰나
　ⓒ 좋고, 많다　　　　　ⓓ 바깥, 부엌
└──────────────────────────────┘

	㉠	㉡	㉢		㉠	㉡	㉢
①	ⓐ	ⓓ	ⓑ	②	ⓑ	ⓒ	ⓐ
③	ⓒ	ⓐ	ⓑ	④	ⓓ	ⓑ	ⓒ

25. 음운 변동의 원인을 ㉠과 ㉡으로 구분할 때, 변동의 원인이 이질적인 하나는? 　2014 기상직 9급

┌──────────────────────────────┐
음운 변동이 일어나는 원인으로는 발음을 좀 더 쉽게 하려는 ㉠ <u>경제성의 원리</u>에 의한 것과 표현 강화를 위한 ㉡ <u>표현 효과의 원리</u>에 의한 것이 있다. 전자에는 음절의 끝소리 규칙, 음운의 동화, 음운의 축약과 탈락이 있고, 후자에는 된소리되기와 사잇소리 현상이 있다.
└──────────────────────────────┘

① 맏누이　　　　　　　② 굳히다
③ 잡히다　　　　　　　④ 집비둘기

26.

정답풀이) '잡고'의 경우 안울림 예사소리 'ㅂ'과 뒤의 안울림 예사소리 'ㄱ'의 환경에서 'ㄱ'이 'ㄲ'으로 교체되는 ㉠의 경우가 맞다.

오답풀이) ② '손재주'의 발음은 [손째주]이지만 ㉡의 경우가 아니다. 첫째, '손재주'는 합성어 과정에서 나오는 사잇소리 현상으로, 된소리되기 현상과는 아예 관련이 없다. 둘째, ㉡에서 말하는 환경은 '어간' 뒤에서 일어나는 된소리되기인데, '손재주'는 어간이 아니라 '명사 어근+명사 어근'의 구조이기 때문에 ㉡의 경우라고 말할 수 없다. ㉡의 경우는 '신고[신ː꼬], 앉고[안꼬], 더듬지[더듬찌], 감게[감ː께]' 등이 있다.
③ '먹을 것'의 발음은 [머글껃]이지만 이는 ㉢이 아니라 ㉣에 해당되므로 옳지 않다. ㉢의 경우는 '발전[발쩐], 발달[발딸], 발생[발쌩], 몰상식[몰쌍식]' 등이 있다.
④ '갈등'의 발음은 [갈뜽]이지만 이는 ㉣이 아니라 ㉢에 해당되므로 옳지 않다.

27.

정답풀이) '먹고[먹꼬]'의 경우 안울림 예사소리 'ㄱ'과 뒤의 안울림 예사소리 'ㄱ'의 환경에서 'ㄱ'이 'ㄲ'으로 교체되는 ㉠의 경우가 맞다. '껴안더래[껴안떠래]'의 경우 비음으로 끝나는 용언 어간 '껴안-'에 어미 '더라'가 연결되어 어미의 첫소리가 경음으로 발음되므로 ㉡의 경우가 맞다. '어찌할 배[어찌할빼]'의 경우 관형사형 어미 '-ㄹ' 뒤에 평음 'ㅂ'이 경음 'ㅃ'이 되는 것이므로 ㉢의 경우가 맞다. '결석(缺席)'의 경우 한자어 'ㄹ' 뒤에 연결되는 평음 'ㅅ'이 경음 'ㅆ'이 되는 것이므로 ㉣의 경우가 맞다.

오답풀이) ② ㉠ '놓습니다'와 ㉡ '열 군데'가 옳지 않다. '놓습니다'는 ㉠에 해당하지 않는다. '놓습니다'는 표준 발음법 제12항에 나온 "'ㅎ(ㄶ, ㅀ)' 뒤에 'ㅅ'이 결합되는 경우에는, 'ㅅ'을 [ㅆ]으로 발음한다."가 적용된 것이기 때문이다. 또 'ㅂ' 뒤에 'ㄴ'이 와서 비음화가 일어나 [노씀니다]가 된다. '열 군데'도 ㉡에 해당하지 않는다. '열 군데'에서 '열'은 관형사형 어미가 아닌 수 관형사 '열'이기 때문이다. 따라서 [열ː군데]로 발음한다.
③ ㉢ '발전'과 ㉣ '물동이'가 옳지 않다. 발전은 ㉢에 해당하는 것이 아니라 ㉣의 예에 해당한다. '발전(發展)'은 한자어로 이루어진 단어로 '한자어에서, 'ㄹ' 받침 뒤에 연결되는 'ㄷ, ㅅ, ㅈ'은 된소리로 발음한다.'는 ㉣과 관련이 있다. ㉣ '물동이'는 고유어이므로 한자어와 관련된 ㉣에 해당하지 않는다. '표기상으로는 사이시옷이 없더라도, 관형적 기능을 지니는 사이시옷이 있어야 할 (휴지가 성립되는) 합성어의 경우에는, 뒤 단어의 첫소리 'ㄱ, ㄷ, ㅂ, ㅅ, ㅈ'을 된소리로 발음한다.'는 표준 발음법 제28항에 해당하는 것일 뿐이다.
④ ㉣ '하늘소'가 옳지 않다. 하늘소는 고유어이므로 한자어와 관련된 ㉣에 해당하지 않는다. ③의 ㉣ '물동이'에 대한 설명과 같다.

28.

정답풀이) 이화 현상의 하나인 사잇소리 현상에 의한 변동이므로 '표현 효과의 원리'이다. 따라서 다른 하나는 ⑤의 '치과[치꽈]'이다. 한자어 '치(齒)'와 '과(科)'의 합성어이기 때문에 '치과'에 사이시옷 표기를 하지 않았다.

오답풀이) ① 구개음화, ② 자음 동화(비음화), ③ 자음 동화(유음화), ④ 자음 동화(비음화). 사잇소리 현상 ①~④ 모두 발음을 편리하게 하고자 하는 경제성의 원리와 관련 있다.

29.

정답풀이)
ㄱ. 식용유[시굥뉴] : ㄴ 첨가(첨가)
→ 앞말이 'ㅇ' 자음으로 끝나고 뒷말의 첫음절이 '이, 야, 여, 요, 유'로 시작하는 경우에는 뒷말의 초성 자리에 'ㄴ' 소리가 첨가된다.
ㄴ. 이기-+-어 → [이겨] : 모음 축약(축약)
→ 단모음 'ㅣ'와 단모음 'ㅓ'가 결합되어 하나의 이중 모음으로 축약되는 현상(표기에 반영되기도 한다.)
ㄷ. 국민[궁민] : 자음 동화(동화)
→ 비음이 아닌 자음 'ㄱ'이 비음 'ㅁ'을 만나 비음(ㄴ, ㅁ, ㅇ)으로 발음되는 현상

오답풀이) ① ㄱ. 안방[안빵] : 사잇소리 현상(교체)
→ 명사 어근 '안'과 명사 어근 '방(房)'이 결합하여 합성어가 된다. 앞 어근의 끝음이 울림 소리면서 뒤의 소리가 예사 소리인 경우에는 된소리되기가 되는 사잇소리 현상이 일어난다.
ㄴ. 보-+-아 → [봐] : 모음 축약(축약)
ㄷ. 더럽다[드럽따] : 된소리되기(교체)
→ 안울림 소리 'ㅂ'+ 안울림 소리 'ㄷ'의 구조에서 뒷소리가 된소리로 발음되는 현상
② ㄱ. 금융[금늉] : ㄴ 첨가(첨가)
→ [그뮹]으로 발음됨도 허용한다.
ㄴ. 좋-+-은 → [조은] : ㅎ 탈락(탈락)
→ 어간의 말음 'ㅎ'이 모음 어미 앞에서 탈락된다.
ㄷ. 해돋이[해도지] : 구개음화(동화)
→ 앞 음절의 끝소리 'ㄷ, ㅌ'이 형식 형태소인 모음 'ㅣ'나 반모음 'ㅣ'로 시작되는 모음(ㅑ, ㅕ, ㅛ, ㅠ) 앞에서 'ㅈ, ㅊ'으로 바뀌는 현상
④ ㄱ. 오리알[오리날] : 틀린 발음이다. [오ː리알]이 옳은 발음이다.
ㄴ. 살-+-니 → [사니] : ㄹ 탈락(탈락)
→ 용언이 활용하는 과정에서 어간 끝 음 'ㄹ'이 'ㅂ, ㅅ, ㄴ, ㄹ, 오'로 시작하는 어미와 결합할 때 탈락하는 현상
ㄷ. 감기[강기] : 연구개음화는 표준 발음으로 인정하지 않는 음운 변동이다. 연구개음이 아닌 자음 'ㅁ'이 연구개음 'ㄱ'에 동화되어 연구개음으로 교체되는 현상

26. ㉠~㉣에 대한 예로 가장 적절한 것은? 2020 소방

특정 음운 환경에서 'ㄱ, ㄷ, ㅂ, ㅅ, ㅈ' 같은 예사소리가 'ㄲ, ㄸ, ㅃ, ㅆ, ㅉ' 같은 된소리로 바뀌는 현상이 일어나는데, 이를 된소리되기 또는 경음화라고 한다. 된소리되기의 종류로는 ㉠ 'ㄱ, ㄷ, ㅂ' 뒤에서 일어나는 된소리되기, ㉡ 어간 받침 'ㄴ, ㅁ' 뒤에서 일어나는 된소리되기, ㉢ 'ㄹ'로 끝나는 한자와 'ㄷ, ㅅ, ㅈ'으로 시작하는 한자가 결합할 때 일어나는 된소리되기, ㉣ 관형사형 어미 '-(으)ㄹ' 뒤에 있는 체언에서 일어나는 된소리되기 등이 있다.

① ㉠: 잡고 → [잡꼬]
② ㉡: 손재주 → [손째주]
③ ㉢: 먹을 것 → [머글껃]
④ ㉣: 갈등 → [갈뜽]

27. ㉠~㉣에 해당하는 예를 바르게 연결한 것은? 2019 국가직 7급

경음화는 장애음 중 평음이 일정한 환경에서 경음으로 바뀌는 현상이다. 한국어의 대표적인 경음화 유형은 다음과 같다.
㉠ 'ㄱ, ㄷ, ㅂ' 뒤에 연결되는 평음은 경음으로 발음된다.
㉡ 비음으로 끝나는 용언 어간에 연결되는 어미의 첫소리는 경음으로 발음된다.
㉢ 관형사형 어미 '-(으)ㄹ' 뒤에 연결되는 평음은 경음으로 발음된다.
㉣ 한자어에서 'ㄹ' 뒤에 연결되는 'ㄷ, ㅅ, ㅈ'은 경음으로 발음된다.

	㉠	㉡	㉢	㉣
①	먹고	껴안더라	어찌할 바	결석
②	놓습니다	삶더라	열 군데	절정
③	받고	앉더라	발전	물동이
④	잡고	담고	갈 곳	하늘소

28. 다음 단어를 [   ]와 같이 발음했다면 발음의 원인이 다른 하나는 무엇인가? 2014 서울시 7급

① 굳이[구지]
② 담력[담녁]
③ 신라[실라]
④ 콧물[콘물]
⑤ 치과[치꽈]

29. 〈보기〉의 ㄱ~ㄷ에 해당하는 예가 모두 올바른 것은? 2016 교육행정직 9급

─(보기)─
ㄱ. 없던 음소가 새로이 첨가되는 현상
ㄴ. 두 음소나 두 음절이 하나의 음소나 하나의 음절로 줄어드는 현상
ㄷ. 인접한 두 음소에서 어느 하나가 다른 하나에 영향을 받아 비슷하거나 같은 소리로 바뀌는 현상

	ㄱ	ㄴ	ㄷ
①	안방[안빵]	보-+-아 → [봐]	더럽다[드럽따]
②	금융[금늉]	좋-+-은 → [조은]	해돋이[해도지]
③	식용유[시굥뉴]	이기-+-어 → [이겨]	국민[궁민]
④	오리알[오리얄]	살-+-으니 → [사니]	감기[강기]

30.

정답풀이

㉠ 굳이[구지] : [굳이 → (연음 : 연음은 음운변동 아님) → 구디 → (구개음화) → 구지]
→ 대치(교체)에 의한 음운 현상. 'ㄷ'이 모음 'ㅣ'를 만나 'ㅈ'으로 교체된 것이다. 따라서 구개음화 현상은 동화이다.

㉣ 무릎[무릅] : '무릎'은 'ㅍ'받침이 'ㅂ'으로 발음되는 음절의 끝소리 규칙이 적용되어 [무릅]으로 발음된다. 음절의 끝소리 규칙은 대치(=교체)에 포함된다.

㉦ 있지[읻찌] : [있지 → (음절의 끝소리 규칙, 된소리되기) → 읻찌]
→ 음절의 끝소리 규칙과 경음화 현상(된소리되기)은 모두 대치에 포함된다.

오답풀이 ㉡ 끊더라[끈터라] : '끊더라'에서 'ㅎ'과 'ㄷ'이 만나면 거센소리되기가 일어나 'ㅌ'으로 발음된다. 거센소리되기 현상은 축약에 포함된다.

㉢ 뒷일[뒨:닐] : [뒷일 → (음절의 끝소리 규칙, ㄴ첨가) → 뒫닐 → (비음화) → 뒨:닐]
→ 음절의 끝소리 규칙, 비음화는 대치(=교체)에 포함된다. ㄴ첨가는 첨가에 포함된다.

㉤ 배꼽(〈빗복) : '복'이 '곱'으로 바뀐 것은 통시적인 음운 현상으로 '도치'에 해당한다. 에 의한 음운현상이다. 도치란 한 단어 안에서 음운이 서로 뒤바뀌는 현상이다.

㉥ 싫어도[시러도] : 'ㅎ'이 뒤의 모음 어미 앞에서 탈락하는 ㅎ 탈락 현상이다. '탈락'에 포함된다.

㉧ 잡히다[자피다] : 'ㅎ'과 'ㅂ'이 만나면 거센소리 'ㅍ'으로 발음된다. 거센소리되기 현상은 축약에 속한다.

31.

정답풀이 '끊어'는 용언의 어간 말음 'ㅎ'이 모음 어미 앞에서 탈락하는 'ㅎ' 탈락만 일어나 [끄너]로 발음되므로 한 가지 유형(탈락)만 나타난다.

오답풀이 ② 흙하고[흐카고] : 자음군 단순화 후 자음 축약
(각각 탈락과 축약의 두 가지 유형이 나타남.)

③ 밤윷[밤:늉] : ㄴ첨가와 음절의 끝소리 규칙(각각 첨가와 교체의 두 가지 유형이 나타남.)
(+'밤윷'은 길게 발음되는 것이 맞지만 출제에는 반영하지 않은 것으로 보인다.)

④ 숱하다[수타다] : 음절의 끝소리 규칙 후 자음 축약(각각 교체와 축약의 두 가지 유형이 나타남.)

30. 국어의 음운 현상에는 대치, 탈락, 첨가, 축약, 도치가 있다. 다음에 제시된 단어들 중 동일한 음운 현상이 나타나는 것끼리 묶인 것은? *2015 서울시 7급*

㉠ 굳이	㉡ 끊더라	㉢ 뒷일
㉣ 무릎	㉤ 배꼽(<빗복)	㉥ 싫어도
㉦ 있지	㉧ 잡히다	

① ㉠, ㉢, ㉤

② ㉠, ㉣, ㉦

③ ㉡, ㉥, ㉧

④ ㉢, ㉤, ㉧

31. 다음 〈보기〉의 ㉠에 해당하지 않은 것은? *2021 경찰 1차*

─〈보기〉─

음운 변동의 유형으로는 교체, 탈락, 축약, 첨가가 있다. 한 단어가 발음될 때, 이러한 음운 변동 유형들 중 한 가지 유형만 나타나는 경우가 있고, ㉠ 두 가지 이상의 유형이 나타나는 경우가 있다.

① 끊어[끄너]

② 흙하고[흐카고]

③ 밤윷[밤뉻]

④ 숱하다[수타다]

04 Chapter 문법 복합

01.

정답풀이 철이는 동음이의어 '재우다(자게 하다)'를 활용하여 웃음을 유발하고 있으므로 '잠이나 술에서 깨다'를 뜻하는 '깨다'의 사동사로 볼 수 있다.

오답풀이 ① ㉠ 여기에서의 '재우다'는 '양념하여 그릇에 차곡차곡 담아 두다.'라는 뜻의 말로, '재다, 쟁이다'로도 바꿔 쓸 수 있다.
③ ㉢의 '안-'은 단순 부정이나 ㉤의 '못-'은 능력 부정이다.
④ ㉣은 '잠이 든 상태에 있는'의 뜻으로 ㉠과 의미가 다른 동사이다.

02.

정답풀이 이 문장에 파생어는 없다. '둘러앉아, 군밤(구운밤), 밤고구마'는 모두 합성어이다.

오답풀이 ② '둘러앉아, 군밤(구운 밤), 밤고구마'로 복합어는 3개이다.
③ 어절은 띄어쓰기 단위이다. 따라서 6개의 어절로 이루어져 있음을 알 수 있다.
④ 어절은 6개, 조사는 3개이므로 단어는 총 9개이다.

03.

정답풀이 ㉠에서 'A 선생님이' '조사하다'라는 서술어와 호응하므로 ㉡에서 서술어 '조사하다'가 반복되기 때문에 생략되었다. 앞뒤 문맥에서 생략된 서술어가 무엇인지를 알 수 있는 경우에는 생략이 가능하다.

오답풀이 ② '봉사 활동'의 주체는 'B 선생님'이 아니라 '관내 중학생'이다. ㉡ '봉사활동 현황을 조사'하는 주체가 'B 선생님'이다.
③ ㉢에는 서술절이 안겨 있지 않다. '수행하다'는 주어와 목적어를 필수적으로 요구하는 서술어이다. 주어는 'C 연구사가'이고 목적어가 '결과 보고서 작성 및 발표는'이다. '는'은 보조사일 뿐이다. 여기에 '을/를'을 넣어도 말이 된다.
④ ㉣의 '팀장은'의 '은'은 앞의 체언에 의미를 더해주는 보조사일 뿐, '팀장'이 주어임을 나타내는 조사가 아니다. 주격조사는 '이/가, 께서, 에서, 서'이다.

04.

정답풀이 '㉢ 마다하다'는 '거절하거나 싫다고 하다'를 의미한다. 하지만 문맥상 선생님은 제자들을 위해서라면 어떤 일도 모두 하셨다는 것이므로 '마다하지 않으셨던'이라 바꾸어 쓴 것은 적절하다. ㉺의 '가능한'은 용언의 관형사형으로, 반드시 명사를 요구하므로 '가능한 한'으로 사용하여야 한다. 따라서 ㉺의 '가능한'은 '가능한 한' 또는 '되도록'으로 고치는 것은 적절하다.

오답풀이 ① ㉲의 '있을지'의 '-을지'는 '막연한 의문'을 나타내는 어미이므로 띄어써야 한다는 것은 옳지 않다. ('㉠ 그동안'은 합성어이므로 붙여야 하는 것은 옳다.)
② '㉣ 고마웠던'의 주어는 화자인 '나'이므로 '*고마우셨던지'라 쓰는 것은 옳지 않다. ('㉡ 선생님은'을 '선생님께서는'으로 바꾸어 쓴 것은 자연스럽다.)
④ ㉤의 '어쭙잖은'은 올바른 표기이므로 '어줍잖은'으로 고치는 것은 옳지 않다. ('◎ *연락드릴께요'를 '연락드릴게요'로 고치는 것은 옳다.)

정답찾기 1. ② 2. ① 3. ① 4. ③

제4편 음운론과 문법 복합 CH.04 문법 복합

최빈출

01. 다음 〈보기〉에 대한 문법적 설명으로 가장 적절한 것은?

2017 경찰 2차

─(보기)─
영선: 냉장고에 토마토 ㉠재워 놨다. 먹어.
철이: ㉡깨우면 돼?
영선: 뭘?
철이: 개그가 ㉢안 통하네.
영선: 뭐? ㉣자는 거 먹어. 눈치 ㉤못 채게.

① ㉠은 '눈이 감기며 의식 없는 상태가 되어 활동하는 기능이 쉬는 상태로 되다.'를 뜻하는 '자다' 동사의 피동사이다.
② ㉡은 '잠이나 술에서 깨다'를 뜻하는 '깨다' 동사의 사동사이다.
③ ㉢과 ㉤은 의지 부정을 나타내는 부정 표현이다.
④ ㉣은 ㉠과 동일한 의미를 가지는 동사이다.

중간빈출

02. 다음 문장에 대한 설명으로 적절하지 않은 것은?

2018 기상직 9급

어제 우리는 둘러앉아 군밤과 밤고구마를 먹었다.

① 이 문장에서 파생어는 1개이다.
② 이 문장에서 복합어는 3개이다.
③ 이 문장은 6개의 어절로 이루어져 있다.
④ 이 문장은 9개의 단어로 이루어져 있다.

03. 〈보기〉의 밑줄 친 ㉠~㉣에 대한 설명으로 옳은 것은?

2018 교육행정직 7급

─(보기)─
• 상반기 중점 업무 분장 계획
  ─ ㉠관내 중학생들의 월간 여가 활동 현황은 A 선생님이, ㉡봉사 활동 현황은 B 선생님이 조사함.
  ─ ㉢결과 보고서 작성 및 발표는 C 연구사가 수행함.
  ─ ㉣팀장은 관계 기관과의 협의를 진행함.

① ㉠의 서술어는 ㉡에서 반복되기 때문에 생략되었다.
② ㉡의 '봉사 활동'을 하는 주체는 'B 선생님'이다.
③ ㉢에는 서술절이 안겨 있다.
④ ㉣의 '팀장은'의 '은'은 '팀장'이 주어임을 나타내는 조사이다.

04. 다음 편지글을 고쳐 쓰기 위한 방안으로 가장 적절한 것은?

2017 국가직 7급 생활 안전 분야

㉠그 동안 안녕하셨는지요? 문득 선생님 생각이 나서 편지를 씁니다. ㉡선생님은 제자들을 위한 일이라면 어떤 일도 ㉢마다하셨던 기억이 납니다. 형편이 어려웠던 제자들을 격려하셨고, 저처럼 학교에 잘 적응하지 못하는 친구들을 다잡아 주셨지요. 선생님의 정성이 얼마나 ㉣고마웠던지 지금도 잊을 수가 없습니다. ㉤어쭙잖은 제가 그 은공을 어떻게 갚을 수 ㉥있을지 모르겠습니다. ㉦가능한 자주 ㉧연락드릴께요. 내내 평안하세요.

① ㉠은 한 단어이므로 붙여 쓰고 ㉥은 한 단어가 아니므로 띄어 쓴다.
② 높임법을 고려하여 ㉡은 '선생님께서는'으로, ㉣은 '고마우셨던지'로 바꾼다.
③ 의미를 고려하여 ㉢은 '마다하지 않으셨던'으로, ㉦은 '되도록'으로 고친다.
④ ㉤과 ㉧은 한글 맞춤법에 따라 각각 '어쭙잖은'과 '연락드릴게요'로 철자를 수정한다.

05.

정답풀이 종결 어미와 준말을 구별하는 문제이다. '오래'는 '오라고 해'의 줄임말이다. 이 경우에는 다른 사람의 말을 인용하는 어미를 줄인 것이다. 이와 같이 다른 사람의 말을 인용하는 것은 '돌아가재'이다. '돌아가재'는 '돌아가자고 해'의 줄임말이기 때문이다.

오답풀이 ① '갈래?'에서 '-ㄹ래'는 받침 없는 동사의 어간에 붙어, 자신의 의사를 나타내거나 상대방의 의사를 묻는 종결 어미이다.
② '덥대?'에서 '-대'는 어떤 사실을 주어진 것으로 치고 그 사실에 대한 의문을 나타내는 종결 어미이다. 놀라거나 못마땅하게 여기는 뜻이 섞여 있다.
④ '재미없데'의 '-데'는 '과거 어느 때에 직접 경험하여 알게 된 사실을 현재의 말하는 장면에 그대로 옮겨 와서 말함을 나타내는 종결 어미'이다. '-더라'의 준말이다.

06.

정답풀이 'ㄱ. 보다'는 '어떤 관계의 사람을 얻거나 맞다.'를 의미한다. 여기에서의 '보다'는 주어와 목적어를 필수적으로 요구하는 두 자리 서술어이다. 'ㄴ. 보다'는 '대상을 평가하다.'를 의미한다. 여기에서 '보다'는 '~을 ~로 보다'로서, 주어와 필수적 부사어를 요구하는 세 자리 서술어이므로 이 선택지는 옳지 않다. 또한 'ㄱ. 보다'와 'ㄴ. 보다'는 밀접한 관련이 있는 다의 관계이다.

오답풀이 ① (가) : ㄱ과 ㄴ은 어간의 형태가 '보이-'로 같다. ㄱ은 목적어가 있는 사동사이고 ㄴ은 목적어가 없는 피동사이다.
② (나) : ㄱ과 ㄴ은 소리는 같지만 의미는 다른 동음이의어로서, ㄱ은 조사이고 ㄴ은 부사가 옳다. ㄱ은 체언 뒤에 결합되어 있고 ㄴ은 뒤의 부사 '더'를 꾸미는 부사이다.
③ (다) : 'ㄱ. 보는'은 접두사 '엿-'이 붙는 파생어 '엿보는'의 구성 요소인 어근이다. 또한 'ㄴ. 보았다'는은 합성어 '알아보았다'의 구성 요소인 어근이다.

07.

정답풀이 우리말의 자음 체계에서 '비음'과 '유음'의 분류는 조음(調音) 위치가 아니라 조음 방법에 따른 것이다.

오답풀이 ① 눈[눈:]과 눈[눈]은 각각 '땅 위로 떨어지는 흰 결정체', '신체 일부'이다. 즉 소리의 길이에 따라서 의미를 변별할 수 있다.
③ '입안에 가시가 돋으면 하루라도 책을 읽지 않는다.'를 통해 종속적 연결 어미 '-면'으로 이어진 문장임을 알 수 있다.
④ '예, 아니요'는 감탄사로 활용하지 않는 굳어진 하나의 단어이다.

정답 찾기   5. ③ 6. ④ 7. ②

05. 밑줄 친 부분이 〈보기〉의 ㉠과 같은 구성 방식으로 이루어진 것은?

2016 교육행정직 9급

┌─〈 보기 〉────────────────
김 대리, 박 대리가 빨리 사무실로 <u>오래</u>.
　　　　　　　　　　　　㉠
└──────────────────────

① (옆에 있는 동료의 의사를 확인하고자 물으며) 우리 이제 그만 <u>갈래</u>?

② (이른 더위를 못마땅하게 생각하며 혼잣말로) 아직 6월인데 왜 이렇게 <u>덥대</u>?

③ (귀가를 서두르자는 동생의 말을 언니에게 전달하며) 어서 집으로 <u>돌아가재</u>.

④ (옆에 있는 동료에게 과거에 직접 본 영화를 평가하여 말하며) 그 영화 별로 <u>재미없데</u>.

06. 〈자료〉의 밑줄 친 부분에 대한 설명으로 적절하지 않은 것은?

2016 교육행정직 7급

┌─〈 자료 〉────────────────
(가) ㄱ. 나는 친구에게 합격증을 <u>보였다</u>.
　　　ㄴ. 멀리 건물 사이로 하늘이 <u>보인다</u>.
(나) ㄱ. 육식<u>보다</u>는 채식이 건강에 더 좋다.
　　　ㄴ. <u>보다</u> 더 높이, 보다 더 멀리 뛰어라.
(다) ㄱ. 남의 방을 엿<u>보는</u> 것은 나쁜 행동이다.
　　　ㄴ. 그는 멀리서도 내 얼굴을 쉽게 알아<u>보았다</u>.
(라) ㄱ. 그는 늦게나마 손자를 <u>보게</u> 되었다.
　　　ㄴ. 너는 사람을 뭘로 <u>보고</u> 그런 말을 하니?
└──────────────────────

① (가): ㄱ과 ㄴ은 어간의 형태는 같으나, ㄱ은 사동사이고 ㄴ은 피동사이다.

② (나): ㄱ과 ㄴ은 동음이의어로서, ㄱ은 조사이고 ㄴ은 부사이다.

③ (다): ㄱ은 파생어의 구성 요소이며, ㄴ은 합성어의 구성 요소이다.

④ (라): ㄱ과 ㄴ은 서로 의미는 다르나, 서술어의 자릿수는 같다.

난이도 조절용

07. 우리말에 대한 설명으로 옳지 않은 것은?

2016 경찰 2차

① 현대 국어의 표준어에서는 소리의 길이에 따라서 의미를 변별할 수 있다.

② 우리말의 자음 체계에서 '비음'과 '유음'의 분류는 조음(調音) 위치에 따른 것이다.

③ '하루라도 책을 읽지 않으면 입안에 가시가 돋는다.'는 종속적으로 이어진 문장이다.

④ 우리말 품사 중 감탄사는 활용하지 않는데 대답할 때 쓰는 '예, 아니요'가 그 예이다.

박혜선 국어
개념도 새기는
기출 문법

05

언어의 특성과 기능

01 Chapter 언어와 국어

 정리하기 ❶ 언어의 기능과 특성

1. 언어의 기능

지시적 기능 = 표현적, 정보적	정보나 지식을 전달하는 기능 예 이 사람이 내 친구이다. 3시에 밥을 먹었다.
명령적 기능 = 지령적, 감화적	듣는 이가 어떤 행위를 하거나 어떤 생 각을 갖도록 요구하는 기능 예 창문 좀 열어 줘. → 명령 나랑 별 보러 가지 않을래? → 권유 우리는 인공 지능 시대에 대비해야 한다. → 설득
친교적 기능 = 사교적	상대방과 친교를 도모하기 위한 기능 (주로 인사말) 예 밥 먹었니? 어제 잠은 잘 주무셨나요? 안녕. 오늘 날씨 정말 좋지 않아?
정서적 기능 = 표출적	말하는 사람의 감정이나 태도를 표현하 는 기능 예 (놀라면서) 어머! 지루해서 혼나는 줄 알았네.
미학적 기능 = 시적	표현의 미적 효과를 높이는 기능 (주로 말을 아름답게 다듬음.) 예 돌담에 속삭이는 햇발같이 풀 아래 웃음 짓는 샘물같이
관어적 기능	언어가 언어끼리 관계하여 새로운 어휘 를 습득하도록 돕는 기능 예 프랑스어의 'bonjour'는 우리말로 '안 녕'이라는 말이다.

2. 언어의 특성

(1) **언어의 기호성**

언어는 음성이라는 형식과 의미라는 내용을 갖춘 기호 체계이다.

(2) **언어의 자의성(恣意性)**

① **정 의**

말소리(형식)와 의미(내용) 사이에 필연적인 관계가 없다는 것이다. 즉, 자의적·임의적 관계이다. 말소리(형식)와 의미(내용)이 1 : 1 대응이 아니라는 것은 둘 사이의 관계가 필연적이지 않음을 보여 준다.

② **자의성의 근거**

- 동일한 단어의 의미에 대한 형식이 언어마다 다르다.
  예 개(한국어) : dog(영어), 狗(중국어), chien(프랑스어)
- 동음이의어가 존재한다.
  (하나의 말소리에 서로 다른 의미)
- 다의어가 존재한다.
  (하나의 말소리에 비슷한 여러 의미)
- 사회 방언이 존재한다.
- 언어의 역사적인 변화를 겪는다.
- 음성상징어가 존재한다.

(3) **언어의 사회성(社會性)**

언어는 한 언어 사회의 구성원들 간에 맺어진 사회적 약속이므로, 개인이 마음대로 바꾸어 쓰면 의사소통에 혼란이 발생한다. [불역성(不易性)]

(4) **언어의 역사성(歷史性)**

언어는 시간이 흐름에 따라 변한다. 언어의 역사성을 보여 주는 사례는 크게 "신생·성장·사멸"이라는 3종류로 나눌 수 있다. [가역성(可易性)].

☞ **언어의 신생·성장·사멸의 예**

신생		없었던 말이 생김. 예 인공지능, 블로그, 누리꾼, 스마트폰
성장 (변화)	말소리 (형식) 변화	의미는 그대로이지만, 말소리만 변한 경우 예 불휘>뿌리, 디다>지다, 곳>꽃
	의미 (내용) 변화	말소리는 그대로이지만, 의미만 변한 경우 예 어리다[어리석다>나이가 적다]
사멸		있었던 말이 사라짐. 예 온[百], 즈믄[千], 나좋[夕]

(5) 언어의 분절성(分節性)
언어는 물리적으로 연속된 실체를 분절적으로 끊어서 표현한다. [불연속성(不連續性)]
예 연속된 무지개의 색깔을 '빨강, 주황, 노랑, 초록, 파랑, 남색, 보라'로 나눈다.

(6) 언어의 추상성(抽象性)
구체적인 대상들에서 공통의 속성만을 뽑아 일반화(=추상화)하는 것이다.

딸기, 포도, 키위, —— 추상화 ——> 과일

(7) 언어의 창조성(개방성)
① 새로운 문장이나 단어를 무한히 만들어 낼 수 있는 것이다.
   예 아기가 여러 단어만 배워도 그것을 응용하여 말을 한다.
② 인공지능, 블로그, 누리꾼 등 이전에 없던 말이 생긴다. (언어의 역사성과 구분해야 함.)

3. 국어의 특질

(1) 국어의 음운론적 특질
① 자음 중 파열음 계열은 '예사소리[平音] – 된소리[硬音] – 거센소리[激音]'가 서로 대립한다.
   예 ㅂ,ㅃ,ㅍ / ㄱ,ㄲ,ㅋ
② 다른 언어에 비해 마찰음이 적다.
   ㅅ/ㅆ/ㅎ
③ 어두에 둘 이상의 자음(어두자음군)이나 특정 소리가 오지 못하는 제약이 있다.
   두음 법칙
   예 도로(道路)/노상(路上), 자녀(子女)/여자(女子)

④ 음절 끝 위치에서 자음이 7개의 대표음(ㄱ, ㄴ, ㄷ, ㄹ, ㅁ, ㅂ, ㅇ)으로만 발음된다.
   예 밭[받], 닭[닥]
⑤ 다른 언어에 비해 단모음이 많은 편이다.
   ㅏ, ㅐ, ㅓ, ㅔ, ㅗ, ㅚ, ㅜ, ㅟ, ㅡ, ㅣ (10개)
⑥ 모음조화 현상(양성 모음 'ㅏ, ㅗ'끼리, 음성 모음 'ㅓ, ㅜ'끼리 어울리는 현상)이 있다.
   예 졸졸 : 줄줄, 잡아 : 접어

(2) 국어의 형태론적 특질
① 국어의 어휘는 크게 고유어, 한자어, 외래어로 나뉜다.
② 한자어가 차지하는 비중이 높다. 우리말 단어의 57%
③ 색채어를 비롯, 감각어가 다양하다.
   예 노랗다, 노르께하다, 노르스름하다 등
   ☞ 감각어가 비유적 표현으로도 전용되어 쓰이기도 한다. 예 새빨간(터무니없는) 거짓말
④ 의성어, 의태어 등의 상징어가 발달했다.
   예 멍멍, 꼬끼오, 따르릉 / 보글보글, 졸졸 등
⑤ 친족 관계 어휘가 다양하다.
   예 백부, 숙부, 왕고모, 가친, 선친 등
⑥ 단어에 성(性)과 수의 구별이 없다.
⑦ 관사·관계 대명사·전치사가 없다.
⑧ 합성어, 파생어 등 단어 형성법이 발달하였다.

(3) 국어의 통사론적 특질
① 국어는 첨가어(교착어)로, 문법적 기능을 하는 조사와 어미가 발달하였다.
② 담화에서 문장 성분(특히 조사와 주어)을 생략하는 일이 많다.
③ 주어-목적어-서술어의 어순으로 서술어가 문장의 끝에 온다.
④ 어순이 비교적 자유로운 편이다.
⑤ 수식어가 피수식어의 앞에 온다.
   예 하얀 눈꽃, 매우 빠르다.
⑥ 겹문장의 경우 주어가 잇달아 나타날 수 있다.
⑦ 상하 관계를 중시하던 사회 구조로 인해 높임법이 발달했다.

01.

정답풀이〉 과거에 '너무'는 《표준국어대사전》에서 부정적인 의미로 쓰는 것이 었으나 실제 언중에게 긍정적인 의미로도 많이 사용되면서 2015년에는 긍정적인 의미로도 쓰이게 되었다. 언중이 '너무'를 부정적인 의미뿐만 아니라 긍정적인 의미로 사용하기로 약속한 것이므로 이는 언어의 사회성과 관련된 것임을 알 수 있다. 《표준국어대사전》에서도 이 단어의 긍정적인 의미를 인정한 사례로 볼 수 있다.

오답풀이〉 강의를 꼭 참고하시기를 바랍니다.

02.

정답풀이〉 'ㆍ'의 소멸, 말소리의 변화(믈>물 : 원순 모음화), 의미 변화(어리다 : 어리석다>어리다)를 통해 시간이 흐름에 따라 언어가 변하는 언어의 역사성과 관련이 있음을 알 수 있다.

03.

정답풀이〉 (라)는 내용과 형식이 필연적인 관계(1 : 1 대응)가 아니라는 '언어의 자의성'을 보이는 예이다.

오답풀이〉 ①~③은 모두 옳다.

04.

정답풀이〉 다음 밑줄 친 부분은 '사고 우위론'에 해당된다. '사고 우위론'이란 '말'보다 '생각'이 우위에 있다는 것이다. 따라서 '생각'을 '말'로 다 표현할 수 없다는 ③이 '사고 우위론'의 예로 적절하다.

오답풀이〉 ①, ④ '사고 우위론'과 아예 관련없다.
② 언어의 '자의성'

정답
찾기 1. ② 2. ② 3. ④ 4. ③

제5편 언어의 특성과 기능 CH.01 언어와 국어

최빈출

01. 언어의 특성 차원에서 다음 글을 이해할 때, 가장 적절한 것은?
2015 국회직 9급

> ≪표준국어대사전≫에서는 '너무'라는 단어를 '일정한 정도나 한계에 지나치게'라는 의미로 풀이해 두고 있었다. 그래서 그동안 "너무 크다. / 너무 늦다. / 너무 먹다. / 너무 가깝다."처럼 '너무'를 부정적인 의미로 쓰도록 제한해 왔다. 그런데 2015년 상반기에 이의 뜻풀이를 '일정한 정도나 한계를 훨씬 넘어선 상태로'라고 수정하게 되었다. 따라서 이제 그동안 쓰던 부정적인 의미는 물론 '너무 좋다. / 너무 예쁘다. / 너무 반갑다.' 등처럼 긍정적인 의미에도 쓸 수 있게 되었다.

① 언어의 창조성 측면에서 보면, 드디어 '너무'라는 말이 생겨난 거야.
② 언어의 체계성을 생각해 보면, '너무'가 부정적인 의미가 있었으니 긍정적인 의미도 있어야겠지.
③ 언어의 분절성을 생각해 보면, 한번 정해진 표준어의 용법도 바뀔 수 있는 거야.
④ 언어의 역사성에 따르면, 정해진 의미는 100년이든 200년이든 똑같아야 하는 거 아니야?
⑤ 언어의 사회성 측면에서 볼 때, 많은 사람들이 그렇게 사용하니까 인정된 거겠지.

02. 다음 중 ( ) 안에 들어갈 말로 가장 적절한 것은?
2017 서울 사회복지직 9급

> '·'가 현대 국어에서 더 이상 사용되지 않고, '믈[水]'이 현대 국어에 와서 '물'로 형태가 바뀌었으며, '어리다'가 '어리석다[愚]'로 쓰이다가 현대 국어에 와서 '나이가 어리다[幼]'의 뜻으로 바뀌어 쓰이는 것 등과 같은 예에서 알 수 있는 언어의 특성을 언어의 (   )이라고 한다.

① 사회성　　② 역사성
③ 자의성　　④ 분절성

03. 〈보기 1〉의 사례와 〈보기 2〉의 언어 특성이 가장 잘못 짝지어진 것은?
2019 서울시 9급

— (보기1) —
(가) '방송(放送)'은 '석방'에서 '보도'로 의미가 변하였다.
(나) '밥'이라는 의미의 말소리 [밥]을 내 마음대로 [법]으로 바꾸면 다른 사람들은 '밥'이라는 의미로 이해 할 수 없다.
(다) '종이가 찢어졌어'라는 말을 배운 아이는 '책이 찢어졌어'라는 새로운 문장을 만들어 낸다.
(라) '오늘'이라는 의미를 가진 말을 한국어에서는 '오늘[오늘]', 영어에서는 'today(투데이)'라고 한다.

— (보기2) —
㉠ 규칙성　㉡ 역사성　㉢ 창조성　㉣ 사회성

① (가) - ㉡　　② (나) - ㉣
③ (다) - ㉢　　④ (라) - ㉠

04. 밑줄 친 부분의 예로 가장 적절한 것은?
2016 지방직 9급

> 생각은 큰 그릇이고 말은 생각 속에 들어가는 작은 그릇이어서 생각에는 말 외에도 다른 것이 더 있다. 그러나 아무리 생각이 말보다 범위가 넓고 큰 것이라고 하여도 그것을 말로 바꾸어 놓지 않으면 그 생각의 위대함이나 오묘함이 다른 사람에게 전달되지 않는다. 그 때문에 생각이 형님이요, 말이 동생이라고 할지라도 생각은 동생의 신세를 지지 않을 수가 없게 되어 있다.

① '사과'는 언제부터 '사과'라고 부르기 시작했는지 알 수 없어.
② 동일한 사물을 두고 영국에서는 [tri:], 한국에서는 [namu]라 표현해.
③ 이 소설은 정말 감동적이야. 내가 받은 감동은 말로는 설명이 안 돼.
④ 시간의 흐름을 초, 분, 시간 단위로 나눠 사용해 온 것은 인간의 사회적 약속이야.

05.

정답풀이) 밑줄 친 말은 '계집애'가 '나'에게 알은체하려고 말을 건 것일 뿐이므로 친교적 기능에 해당한다.

06.

정답풀이) 음절 끝에 오는 자음도 음절의 첫소리와 같이 모두 제 음가로 발음되어야 한다는 것은 옳지 않다. 한국어는 음절의 끝소리 규칙에 따라 음절 끝에 오는 자음은 'ㄱ, ㄴ, ㄷ, ㄹ, ㅁ, ㅂ, ㅇ' 중 하나의 발음으로 발음이 된다. 음절의 첫소리와 같이 모두 제 음가로 발음될 수 없다.

오답풀이) 나머지는 모두 옳다.

---

05. 밑줄 친 표현에서 주로 나타나는 언어적 기능은?

2016 사회복지직 9급

> 나흘 전 감자 쪼간만 하더라도, 나는 저에게 조금도 잘못한 것은 없다. 계집애가 나물을 캐러 가면 갔지 남 울타리 엮는 데 쌩이질을 하는 것은 다 뭐냐. 그것도 발소리를 죽여 가지고 등 뒤로 살며시 와서
> "얘! 너 혼자만 일하니?"
> 하고 긴치 않은 수작을 하는 것이었다.
> 어제까지도 저와 나는 이야기도 잘 않고 서로 만나도 본척만척하고 이렇게 점잖게 지내던 터이련만, 오늘로 갑작스레 대견해졌음은 웬일인가. 항차 망아지만 한 계집애가 남 일하는 놈보구⋯⋯.
> "그럼 혼자 하지 떼루 하디?"
> ─김유정, 「동백꽃」 중에서─

① 미학적 기능   ② 지령적 기능
③ 친교적 기능   ④ 표현적 기능

---

06. 다음은 한국인 교사가 외국인들에게 설명한 한국어의 특질이다. 다음 중 옳지 않은 것은?

2012 국회직 9급

> ㉠ 한국어의 특질 중의 하나는 교착어로서 문법적 관계를 나타내는 조사와 어미가 발달되어 있다는 것입니다.
> ㉡ 한국어의 특징 중의 하나는 상하관계를 중시하던 사회구조때문에 높임법이 발달되어 있다는 점입니다.
> ㉢ 한국어의 특징 중의 하나는 서술어가 문장 끝에 오는 어순이라 끝까지 들어야 뜻을 제대로 이해할 수 있다는 것입니다.
> ㉣ 한국어의 특징 중의 하나는 어두에 특정 자음이 오는 것을 피하는 현상이 있다는 것입니다.
> ㉤ 한국어의 특징 중의 하나는 음절 끝에 오는 자음도 음절의 첫소리와 같이 모두 제 음가로 발음되어야 한다는 점입니다.

① ㉠   ② ㉡
③ ㉢   ④ ㉣
⑤ ㉤

정답찾기 5. ③ 6. ⑤

02 Chapter 국어와 어휘

출좋포 정리하기 ❷ 어휘의 종류 : 고유어 · 한자어 · 외래어

1. 국어의 어휘 분류

국어의 어휘는 단어의 기원에 따라 흔히 고유어, 한자어, 외래어로 나눌 수 있다.

고유어	국어에 본디부터 있던 말이나 그것에 기초하여 새로 만들어진 말. 국어의 약 25.9%에 해당한다. 예 아버지, 어머니, 하늘, 땅, 생각 등
한자어	한자에 기초하여 만들어진 말로, 국어의 58.9%나 된다. 한자어는 주로 개념어, 추상어가 많으며, 전문적이고 정밀한 의미를 나타내는 데 사용된다. 예 자유(自由), 정보(情報), 초래(招來), 산업화(産業化) 등
외래어	외국에서 들어온 말이나 국어처럼 쓰이게 된 말로, 차용어와 귀화어로 나누기도 한다. 예 버스, 컴퓨터, 피아노, 냄비, 빵, 등

2. 고유어로 혼동하기 쉬운 한자어

명사	붓[筆] 먹[墨] 종이[紙] 순식간(瞬息間) 짐승(衆生) 배추(白菜) 상추(生菜) 좌우간(左右間) 고추(苦椒) 점심(點心) 김장(沈藏) 별안간(瞥眼間) 총각무(總角―) 채소(菜蔬) 가지(茄子) 샌님(生員님) 호(胡)주머니 살(煞)풀이 개차반(茶飯) 평소(平素)
명사/부사	대강(大綱)

부사 / 동사 표

부사	과연(果然)	물론(勿論)	어차피(於此彼)
	급기야(及其也)	하필(何必)	도대체(都大體)
	심지어(甚至於)	무진장(無盡藏)	하여간(何如間)
	각각(各各)	당연(當然)히	적당(適當)히
	부득이(不得已)	대충(大總)	설령(設令)
	점점(漸漸)	단지(但只)	비단(非但)
	무려(無慮)		
동사	을씨년(乙巳年)스럽다, 튼실(―實)하다		

3. 고유어로 혼동하기 쉬운 외래어

외래어 중에는 우리가 고유어로 인식하기 쉬운 단어들이 있는데, 이들 귀화어에 해당하는 외래어들은 특히 그 어원까지 함께 알아두는 것이 좋다.

몽골어	마(馬), 가라말, 구렁말, 매(鷹), 보라, 송골, 수라
만주 · 여진어	호미, 수수, 메주, 가위, 두만
범어 (고대 인도어)	절, 중, 달마, 부처, 불타, 석가, 보살, 사리, 열반, 찰나, 탑, 나락
일본어	고구마(고코이모), 구두(구쯔), 냄비(나베), 가마니(가마스)
서구어	빵(pão), 담배(tobacco), 가방(kabas), 고무(gomme), 바리깡, 구락부, 망토(manteau), 깡통(can筒), 깡패(gang牌), 남포등(lamp燈), 빨치산(partisan)

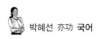

01.

정답풀이) '아수라장(阿修羅場)'은 한자어의 결합으로 이루어진 말이다. 언덕 아, 닦을 수, 벌일 라(나), 마당 장이 결합하여 '싸움이나 그 밖의 다른 일로 큰 혼란에 빠진 곳 또는 그런 상태를 가리키는 말'로 쓰인다.

오답풀이) ① '가욋돈'은 한자어 '가외(加外)'와 고유어 '돈'이 결합하여 '정해진 기준이나 정도를 넘어서는 돈'이라는 의미를 나타낸다.
② '고자질'은 한자어 '고자(告者)'에 고유어 '-질'이 결합하여 '남의 잘못이나 비밀을 일러바치는 짓'을 의미한다.
④ '관자놀이'는 한자어 '관자(貫子)'에 고유어 '놀이'가 결합하여 '귀와 눈 사이의 맥박이 뛰는 곳'을 의미한다.

02.

정답풀이) '불현듯'은 '어떤 생각이 갑자기 치밀어서 걷잡을 수 없게.', '(불을 켜서 불이 일어나는 것과 같다는 뜻으로) 갑자기 어떠한 생각이 걷잡을 수 없이 일어나는 모양, 어떤 행동을 갑작스럽게 하는 모양'을 뜻하는 순수 우리말이다.

오답풀이) ① • 모골(毛骨: 毛 터럭 모 骨 뼈 골): '털과 뼈'
• 송연(悚然하다: 두려워 몸을 옹송그릴 정도로 오싹한 느낌이 있다.
② 도대체(都大體: 都 도읍 도 大 클 대 體 몸 체): '대체'보다 더욱 힘을 주어 강조하는 말로 한자어이다.
③ 매사(每事: 每 매양 매 事 일 사): 하나하나의 모든 일, 하나하나의 일마다

03.

정답풀이) '거미줄'은 순수 우리말이다.

오답풀이) ㉠ 국경(國境): 나라와 나라 사이의 경계
㉢ 도시(都市): 일정 지역의 정치·경제·문화의 중추를 이루며, 사람들이 많이 사는 곳
㉣ 순식간(瞬息間): 극히 짧은 동안, 순식

04.

정답풀이) '심지어(甚至於), 어차피(於此彼), 주전자(酒煎子)'는 한자어이지만 '하늘, 바람'은 고유어이다.

오답풀이) ② '학교(學校), 공장(工場), 도로(道路), 자전거(自轉車), 자동차(自動車)'는 모두 한자어이다.
③ 프랑스어 'gomme'에서 '고무'가 나왔고, '담배'는 일본어 'tabako' / 스페인어 'tabaco'에서 유래하였다. 일본어 'kaban'에서 '가방'이 유래하였으며, 포르투칼어 'pã'에서 '빵'이 유래하였다. 일본어의 'nabe'에서 '냄비'가 유래된 것이다.
④ '눈깔'은 '눈알'을, '아가리'는 '입'을, '주둥아리'는 '짐승의 입이나 부리'를, '모가지'는 '목'을, '대가리'는 '머리'를 속되게 이르는 말이므로 비속어에 속한다.

05.

정답풀이) 부정적인 추측을 강조할 때 쓰는 '설마'는 고유어이다.

오답풀이) ① 하필(何必: 何 어찌 하 必 반드시 필): 다른 방도를 취하지 아니하고 어찌하여 꼭
② 하여간(何如間: 何 어찌 하 如 같을 여 間 사이 간): 어찌하든지 간에
③ 물론(勿論: 勿 말 물 論 논할 론(논)): 말할 것도 없이

06.

정답풀이) '미르'는 '용(龍)'의 옛말로 외국어에서 차용된 어휘가 아니다.

오답풀이) ① 빵: 포르투갈어 'pao(빠오)'에서 유래되었다.
② 구두: '가죽신발'을 뜻하는 일본어 'クツ(쿠츠)'에서 유래되었다.
③ 붓: 중국어 '筆[bǐ]'을 음차한 것이다.
⑤ 고무: 네덜란드어 'gomu'에서 에서 유래되었다.

07.

정답풀이) 기장: '옷의 길이'로 고유어이다.

오답풀이) ① 창피(猖披: 猖 미쳐 날뛸 창, 披 나눌 피): 체면이 깎이거나 아니꼬움을 당한 부끄럼
② 담배: 포르투갈 표기인 'tabaco'가 일본으로 넘어오자 '타바꼬(タバコ)'가 되었다. 그 후 우리나라로 넘어오면서 '담바(고)'로 바뀌어 모음 'ㅣ'가 결합하여 지금은 '담배'가 되었다.
④ 냄비: 일본어의 'nabe'에서 '냄비'가 유래된 것이다. '남비'가 표준어였다가 현재는 'ㅣ' 모음 역행 동화가 적용된 '냄비'만 표준어로 삼고 있다.
⑤ 가방: 일본어 'kaban'에서 '가방'이 유래하였다. '가반'은 중국어 '夾板(gaban)'이 메이지시대에 일본으로 전해진 말이라고 하기도 한다. 혹자는 네덜란드어에서 넘어온 말로 본다.

대표 亦功 기출 제5편 언어의 특성과 기능 CH.02 국어와 어휘

중간빈출

01. 밑줄 친 말이 한자어와 고유어의 결합이 아닌 것은?

2022 군무원 9급

① 이번 달은 예상외로 <u>가욋돈</u>이 많이 나갔다.
② 앞뒤 사정도 모르고 <u>고자질</u>을 하면 안 된다.
③ 불이 나자 순식간에 장내가 <u>아수라장</u>으로 변했다.
④ 두통이 심할 때 <u>관자놀이</u>를 문지르면 도움이 된다.

02. 한자어 없이 고유어로만 구성된 문장은? 2018 서울시 9급

① 그의 모습을 보자 모골이 송연해졌다.
② 도대체가 무슨 일인지 가늠이 안 된다.
③ 나는 생각에 생각을 거듭하여 매사에 임한다.
④ 그 노래를 들으니 불현듯 어릴 적이 떠오른다.

03. 다음 ㉠~㉢ 중 순우리말인 것은? 2018 소방

유럽을 여행할 때면 ㉠ <u>국경</u>을 넘는 일이 자연스럽게 다가온다. ㉡ <u>거미줄</u>처럼 유럽 주요 ㉢ <u>도시</u>를 이어 주는 국제선 열차를 타고 있으면 수많은 여행자와 함께 하루에도 몇 번씩 국경을 넘나들게 된다. 대부분 국경이 있는 지도 모르고 ㉣ <u>순식간</u>에 넘는다. 휴대 전화의 통신사가 바뀌면서 다른 국가로 들어왔다는 문자가 딩동 울리고 서야 국경을 넘은 사실을 알아차릴 정도다.

① ㉠   ② ㉡
③ ㉢   ④ ㉣

04. 다음 설명 중 옳지 않은 것은? 2016 서울시 9급

① 하늘, 바람, 심지어, 어차피, 주전자와 같은 단어들은 한자로 적을 수 없는 고유어이다.
② 학교, 공장, 도로, 자전거, 자동차와 같은 단어들은 모두 한자로도 적을 수 있는 한자어이다.
③ 고무, 담배, 가방, 빵, 냄비와 같은 단어들은 외국에서 들어온 말이지만 우리말처럼 되어 버린 귀화어이다.
④ 눈깔, 아가리, 주둥아리, 모가지, 대가리와 같이 사람의 신체 부위를 점잖지 못하게 낮추어 부르는 단어들은 비어(卑語)에 속한다.

05. 밑줄 친 말 중 한자어가 아닌 것은? 2014 사회복지직 9급

① <u>하필</u> 오늘 올 것이 뭐람.
② <u>하여간</u> 내가 그럴 줄 알았다.
③ <u>물론</u> 거기에는 이견이 있을 수 있지.
④ <u>설마</u> 그가 나를 벌써 잊지는 않았겠지?

06. 외국어에서 차용된 어휘가 아닌 것은? 2018 서울시 7급

① 빵   ② 구두
③ 붓   ④ 미르
⑤ 고무

난이도 조절용

07. 다음 밑줄 친 단어 중 고유어인 것은? 2013 국회직 8급

① 그녀는 운전면허 시험에 또 떨어져서 <u>창피</u>했다.
② 그는 <u>담배</u>에 불을 붙였다.
③ 나는 바지 <u>기장</u>을 줄여서 입었다.
④ <u>냄비</u>에서 물이 끓고 있다.
⑤ 그는 모자를 벗어 <u>가방</u> 속에 넣었다.

08.

정답풀이) 결국(結 맺을 결, 局 판 국)

오답풀이) 나머지는 모두 고유어이다.

08. 다음에서 한자어만 제시한 것은?

아! 벌은 미물일 뿐이다. 미물이 어찌 그리도 술을 좋아하다가 끝내 제 몸을 술독에 빠뜨려 죽는 지경에 이른단 말인가? 처음에 내가 손을 내저어 쫓았을 때 날아갔더라면 진실로 ⓐ 날개가 젖는 화(禍)는 없었을 것이다. 날개가 젖었을 때 깨닫고 날아갔더라면 또한 어찌 ⓑ 술독에 빠져 죽는 화가 있었겠는가? 처음에는 날아가지 않았고, 중간에는 깨닫지 못하다가, ⓒ 결국에는 빠져 죽고 말았으니, 슬프다!
나 또한 술을 좋아하는 사람이니, 이 벌의 일을 살펴서 나의 경계할 거울을 삼노라. 비록 그렇기는 하지만, 사람은 욕심을 지니고 있고 또 그것을 능히 절제하지 못하여 그 본연의 마음을 잃게 되고, 마침내는 그 본성과 목숨까지 잃는 데에 이르게 되나니, 어찌 유독 술만이 그러할 뿐이리오? 그래서 이것을 기록하여 ⓓ 간직하노니, 내가 ⓔ 대야나 그릇, 안석, 지팡이를 대할 때마다 교훈으로 삼고자 한다.

① ⓐ   ② ⓐ, ⓒ   ③ ⓒ
④ ⓒ, ⓓ   ⑤ ⓓ, ⓔ

09.

정답풀이) 양(洋)+파(고유어), 고자(告者)+질(고유어), 가지(고유어)+각색(角色)로 한자어와 고유어의 결합으로 이루어진 혼종어들이다.

오답풀이) 나머지는 모두 같은 한자로 구성되어 있다.
① 각각(各各), 무진장(無盡藏), 유야무야(有耶無耶)
② 과연(果然), 급기야(及其也), 막무가내(莫無可奈)
③ 의자(倚子), 도대체(都大體), 언감생심(焉敢生心)

09. 다음 중 혼종어로만 나열된 것은?

혼종-어(混種語)[혼 :] 「명사」 『언어』
서로 다른 언어에서 유래한 요소의 결합으로 이루어진 단어

① 각각, 무진장, 유야무야   ② 과연, 급기야, 막무가내
③ 의자, 도대체, 언감생심   ④ 양파, 고자질, 가지각색

정답찾기 8. ③ 9. ④

03 국어의 순화
Chapter

01.

정답풀이 '저촉(抵觸: 抵 거스를 · 막을 (저), 觸 닿을 (촉))'이란 법률이나 규칙 따위에 위반되거나 거슬림을 의미하므로 '선거법 해당(該當)'이 아니라 '선거법 위반(違反)'으로 고쳐야 한다.

02.

정답풀이 '소기(所期: 所 바(소), 期 바랄(기))'는 '바라는 바'를 의미한다. 따라서 '소기(所期)의'는 '기대하는', '바라는'으로 바꿀 수 있다.

오답풀이 ② '이자(利子)'는 '남에게 돈을 빌려 쓴 대가로 치르는 일정한 비율의 돈'을 의미한다. 순수 우리말로는 '길미'로 바꿀 수 있다. '에누리'는 '값을 더 얹어서 부르는 일.'을 의미하므로 옳지 않다.
③ '상신(上申)'은 '웃어른이나 관청 등에 일에 대한 의견이나 사정 등을 말이나 글로 보고함.'을 의미하므로 '알림', '여쭘'으로 순화할 수 있다. '헤아리다'는 '짐작으로 가늠하거나 미루어 생각하다.'는 의미이므로 옳지 않다.
④ '양지(諒知: 諒 살필(량), 知 알(지))'는 '살피어 앎'을 의미하므로 '양지하시기'는 '살피어 아시기'로 순화되어야 한다.

03.

정답풀이 '블랙컨슈머'는 구매한 상품을 문제 삼아 피해를 본 것처럼 꾸며 악의적 민원을 제기하거나 보상을 요구하는 악덕 소비자를 의미한다. 따라서 '암시장에서 거래하는 소비자'가 아니다.

오답풀이 ① 'social'은 '사회적인'이라는 뜻이고 'commerce'는 '상업', '통상', '거래'를 뜻한다. '소셜 커머스'는 '공동할인구매'로 순화될 수 있다.
③ 'chicken game'은 1950년대에 미국 젊은이들 사이에서 유행한 자동차 게임의 이름에서 유래한 것으로 '끝장 승부'로 순화될 수 있다.
④ 'zero base'는 '백지 상태', '원점'을 의미한다.
⑤ '와이파이(Wi-Fi)'는 무선 접속 장치가 설치된 곳으로부터 일정 거리 안에서 전파나 적외선 전송 방식을 이용하여 무선 인터넷을 사용할 수 있는 통신망이므로 '근거리무선망'으로 순화될 수 있다.

정답찾기 1. ① 2. ① 3. ②

중간빈출

01. 밑줄 친 표현을 바꿔 쓴 것으로 적절하지 않은 것은?
2012 지방직 9급

① 선거법 저촉(抵觸)(→ 해당) 여부를 검토하다.
② 국력 배양에 가일층(加一層)(→ 한층 더) 매진하다.
③ 그들은 대절(貸切)(→ 전세) 버스 편으로 상경했다.
④ 검찰에서는 악덕 상인들의 매점(買占)을(→ 사재기를) 단속하기로 했다.

02. 밑줄 친 부분을 고유어로 바꿀 때 적절한 것은?
2018 국가직 7급

① 소기의 목적을 달성하기 위해 노력합시다. → 바라는
② 우리는 연 3%의 연체 이자를 납부합니다. → 에누리를
③ 부서의 현재 상황을 상신하여 주시기 바랍니다.
   → 헤아려
④ 오늘 경기가 취소되었으니 양지하시기 바랍니다.
   → 알려 주시기

난이도 조절용

03. 다음 문장의 밑줄 친 외래어를 다듬은 말로 옳지 않은 것은?
2017 국회직 9급

① 최근 하루에 한 가지 상품이나 서비스를 대폭 할인된 가격으로 판매하는 소셜 커머스(social commerce)가 인기를 끌고 있다. → 공동할인구매
② 블랙컨슈머(black consumer)가 늘면 사업자의 서비스 비용이 증가하고, 그 비용은 전체 소비자에게 악영향을 미치게 된다. → 암 거래 소비자
③ 핵 문제를 둘러싸고 미국과 북한이 치킨게임(chicken game)을 벌이고 있다. → 끝장 승부
④ 문제의 해결을 위해서는 기존의 틀에서 벗어나 제로베이스(zero base)에서 생각하고 새롭게 출발해야 한다. → 백지 상태
⑤ 최근 스마트폰 열풍이 불면서 무선 인터넷 활용이 급증하고 있다. 이 때문에 무료로 인터넷을 사용할 수 있는 와이파이(Wi-Fi) 지역도 점점 늘어나고 있다. → 근거리무선망

PART 05

박혜선 국어
개념도 새기는
기출 문법

CHAPTER 01 표준 발음법

06

표준 발음법

표준 발음법

01.

정답풀이 "다만 3. 자음을 첫소리로 가지고 있는 음절의 'ㅢ'는 [ㅣ]로 발음한다."에 의해 '띔'은 무조건 [띰]으로만 발음되므로 [귀뜸]이 아니라 [귀띰]으로 발음되는 것이 옳다.

오답풀이 ① "다만 4. 단어의 첫음절 이외의 '의'는 [ㅣ]로, 조사 '의'는 [ㅔ]로 발음함도 허용한다."에 따라 '우리의'의 관형격 조사 '의'는 [의](원칙) / [에](허용)으로 발음되므로 [우리에]는 옳다.
② "다만 2. '예, 례' 이외의 'ㅖ'는 [ㅔ]로도 발음한다."로 인해 '계,메,폐,혜'는 [ㅖ](원칙) / [ㅔ](허용)으로 발음이 된다. 따라서 첫 음절이 장음으로 발음되는 '계시다'는 [계:시다](원칙) / [게:시다](허용)으로 발음된다.
④ "다만 2. '예, 례' 이외의 'ㅖ'는 [ㅔ]로도 발음한다."로 인해 '례'는 무조건 [례]로만 발음되므로 [차례]로 발음되는 것은 옳다.

02.

정답풀이 자료4의 음운 변동은 음절의 끝소리 규칙이 적용된 후 비음화가 일어난 것이므로, ㅎ 뒤에 ㄴ이 오는 경우 ㅎ을 발음하지 않는다고 서술하는 것은 적절하지 않다.

오답풀이 ① 자료3에서 확인할 수 있다.
② 자료2에서 확인할 수 있다. 받침에 자음군이 올 때 ㅎ소리는 탈락한다.
④ 자료5에서 확인할 수 있다. '낳은', '않은', '싫어도'는 모두 용언 어간 뒤에 모음으로 시작하는 어미가 결합한 형태이다.
⑤ 자음 축약(거센소리되기)에 해당하는 것으로, 자료1에서 확인할 수 있다.

03.

정답풀이 'ㄼ' 받침은 [ㄹ]로 자음군 단순화된다. 그 이후에 뒤의 'ㄴ'이 앞의 'ㄹ'에서 'ㄹ' 소리로 동화되는 유음화가 일어나 [짤레요]로 소리난다. 발음이 어색해 보이는 것이 은근 답이 된다.

04.

정답풀이 '부엌이[부어키], 꽃이[꼬치], 무릎을[무르플]'을 각각 '부엌+이(모음으로 시작하는 조사), 꽃+이(모음으로 시작하는 조사), 무릎+을(모음으로 시작하는 조사)로서 홑받침이 모음으로 시작하는 조사 앞에서 뒤 음절 첫소리로 옮겨 발음됨을 보여준다.

오답풀이 ① "겹받침 'ㄺ, ㄻ, ㄿ'은 어말 또는 자음 앞에서 각각 [ㄱ, ㅁ, ㅂ]으로 발음한다."는 자음군 단순화를 설명한 조항으로 〈보기〉의 발음과는 관련이 없다.
② "'ㅎ(ㄶ, ㅀ)' 뒤에 모음으로 시작된 어미나 접미사가 결합되는 경우에는, 'ㅎ'을 발음하지 않는다."은 ㅎ 탈락을 설명한 조항으로 〈보기〉의 발음과는 관련이 없다.
③ "받침소리로는 'ㄱ, ㄴ, ㄷ, ㄹ, ㅁ, ㅂ, ㅇ'의 7개 자음만 발음한다."는 음절의 끝소리 규칙을 설명한 조항으로 〈보기〉의 발음과는 관련이 없다.
⑤ "받침 'ㄱ(ㄲ, ㅋ, ㄳ, ㄺ), ㄷ(ㅅ, ㅆ, ㅈ, ㅊ, ㅌ, ㅎ), ㅂ(ㅍ, ㄼ, ㄿ, ㅄ)'은 'ㄴ, ㅁ' 앞에서 [ㅇ, ㄴ, ㅁ]으로 발음한다."는 역행 비음화를 설명한 조항으로 〈보기〉의 발음과는 관련이 없다.

05.

정답풀이 'cake[keik]'의 외래어는 '케잌'이 아니라 '케이크'로 적어야 한다. 또한 외래어 표기법은 현대 국어의 종성으로 발음되는 자음은 7가지라는 음절의 끝소리 규칙과는 관련이 없다. 음절의 끝소리 규칙은 '표기법'이 아니라 '발음 규칙'이기 때문에 외래어 표기법과는 관련이 없다.

오답풀이 ① 받침 뒤에 모음으로 시작된 형식 형태소(어미, 조사, 접사)가 오는 경우에는 받침이 뒤 음절 첫소리로 옮겨 발음된다. 따라서 '찾을'의 발음은 [차즐]이다. 또한 관형사형 '-ㄹ/-을' 뒤에서는 된소리되기가 일어나므로 [차즐또리]로 발음되는 것은 적절하다.
② 겹받침 'ㄺ'은 [ㄱ]으로 발음되는 것이 원칙이다. 따라서 [막따]로 소리 내어 읽을 수 있다. 하지만 겹받침 'ㄺ'은 'ㄱ' 앞에서는 [ㄹ]로 발음된다. 따라서 '맑고'를 [말꼬]로 발음해야 한다.
③ 자음을 첫소리로 가지고 있는 음절의 'ㅢ'는 무조건 [ㅣ]로만 발음한다. 따라서 '희'는 [히]로만 발음해야 한다. 참고로 [김히혜](원칙) / [김히헤](허용)로 발음될 수 있다. '계, 메, 폐, 혜'는 [ㅖ]로 발음하는 것이 원칙이지만 [ㅔ]로 발음함도 허용하기 때문이다.

정답
찾기 1. ③ 2. ③ 3. ④ 4. ④ 5. ④

최빈출

01. 다음 〈보기〉의 표준 발음법 규정에 비추어 이중 모음의 발음이 바르지 않은 것은?

2012 경찰 1차

─(보기)─

제5항 'ㅑ, ㅒ, ㅕ, ㅖ, ㅘ, ㅙ, ㅚ, ㅝ, ㅞ, ㅠ, ㅢ'는 이중 모음으로 발음한다.

다만 1. 용언의 활용형에 나타나는 '져, 쪄, 쳐'는 [저, 쩌, 처]로 발음한다.

다만 2. '예, 례' 이외의 'ㅖ'는 [ㅔ]로도 발음한다.

다만 3. 자음을 첫소리로 가지고 있는 음절의 'ㅢ'는 [ㅣ]로 발음한다.

다만 4. 단어의 첫음절 이외의 '의'는 [ㅣ]로, 조사 '의'는 [ㅔ]로 발음함도 허용한다.

① 우리의[우리에]
② 계시다[게:시다]
③ 귀띔[귀뜸]
④ 차례[차례]

02. 다음은 받침 'ㅎ'의 발음에 대한 자료이다. 이를 바탕으로 이끌어 낸 규칙으로 옳지 않은 것은?

2023 국회직 8급

자료1. 놓고 → [노코] 않던 → [안턴] 닳지 → [달치]
자료2. 않네 → [안네] 뚫는 → [뚤는 → 뚤른]
자료3. 닿소 → [다 : 쏘] 많소 → [만 : 쏘]
　　　싫소 → [실쏘]
자료4. 놓는 → [논는] 쌓네 → [싼네]
자료5. 낳은 → [나은] 않은 → [아는]
　　　싫어도 → [시러도]

① 'ㅎ(ㄶ, ㅀ)' 뒤에 'ㅅ'이 결합되는 경우에는, 'ㅅ'을 [ㅆ]으로 발음한다.

② 'ㄶ, ㅀ' 뒤에 'ㄴ'이 결합되는 경우에는, 'ㅎ'을 발음하지 않는다.

③ 'ㅎ' 뒤에 'ㄴ'이 결합되는 경우에는, 'ㅎ'을 발음하지 않는다.

④ 'ㅎ(ㄶ, ㅀ)' 뒤에 모음으로 시작된 어미나 접미사가 결합되는 경우에는, 'ㅎ'을 발음하지 않는다.

⑤ 'ㅎ(ㄶ, ㅀ)' 뒤에 'ㄱ, ㄷ, ㅈ'이 결합되는 경우에는, 뒤 음절 첫소리와 합쳐서 [ㅋ, ㅌ, ㅊ]으로 발음한다.

03. 다음 문장의 밑줄 친 부분을 표준 발음법에 맞게 발음한 것은?

2017 국회직 9급

"이 바지는 길이가 너무 <u>짧네요</u>."

① [짤네요]
② [짤브네요]
③ [짭네요]
④ [짤레요]
⑤ [짤네요]

04. 다음과 같은 발음을 바로잡는 데 활용할 수 있는 어문 규범 내용으로 가장 적절한 것은?

2012 국회직 8급

부엌이[부어기], 꽃이[꼬시], 무릎을[무르블]

① 겹받침 'ㄺ, ㄻ, ㄿ'은 어말 또는 자음 앞에서 각각 [ㄱ, ㅁ, ㅂ]으로 발음한다.

② 'ㅎ(ㄶ, ㅀ)' 뒤에 모음으로 시작된 어미나 접미사가 결합되는 경우에는, 'ㅎ'을 발음하지 않는다.

③ 받침소리로는 'ㄱ, ㄴ, ㄷ, ㄹ, ㅁ, ㅂ, ㅇ'의 7개 자음만 발음한다.

④ 홑받침이나 쌍받침이 모음으로 시작된 조사나 어미, 접미사와 결합되는 경우에는, 제 음가대로 뒤 음절 첫소리로 옮겨 발음한다.

⑤ 받침 'ㄱ(ㄲ, ㅋ, ㄳ, ㄺ), ㄷ(ㅅ, ㅆ, ㅈ, ㅊ, ㅌ, ㅎ), ㅂ(ㅍ, ㄼ, ㄿ,ㅄ)'은 'ㄴ, ㅁ' 앞에서 [ㅇ, ㄴ, ㅁ]으로 발음한다.

05. 국어의 발음 및 표기와 관련하여 가장 적절하지 않은 것은?

2019 경찰 1차

① '찾을 도리'는 [차즐또리]로 발음하면 된다.

② '맑고 맑다'를 [말꼬]와 [막따]로 소리 내어 읽었다.

③ 김희혜 씨의 이름을 글자대로 발음하기 어려워서 표준 발음법에 따라 [김히혜]로 호명하였다.

④ 현대 국어의 종성으로 발음되는 자음은 7가지이다. 이러한 특징을 반영하여 [keik]로 발음되는 외래어를 '케익'이라 적지 않고 '케익'으로 적었다.

06.

정답풀이 표준 발음법 제5항의 '다만 2.'는 '예, 례' 이외의 'ㅖ'는 [ㅔ]로도 발음한다.'는 규정이다. 이것을 풀어보면 '예, 례' 이외의 'ㅖ'는 [ㅖ]로 발음하는 것이 원칙이나, [ㅔ]로도 발음함을 허용한다는 것이다. 또한 '예,례'는 무조건 [ㅖ]로만 발음해야 한다는 것이다. 하지만 ②에서는 '차례'를 [차레]로 발음했으므로 옳지 않다. [차례]로 발음했어야 했다.

오답풀이 ① '예, 례'와 달리 '계, 메, 폐, 혜'는 [ㅖ](원칙), [ㅔ](허용)으로 발음된다. 따라서 [연계], [연게] 모두 표준 발음이다.
③ 표준 발음법 제5항의 '다만 4.'은 '단어의 첫음절 이외의 '의'는 [ㅣ]로, 조사 '의'는 [ㅔ]로 발음함도 허용한다.'는 규정이다. 이 규정을 풀어보면, 단어의 첫음절 이외의 '의'는 [ㅢ]로 발음하는 것이 원칙이나, [ㅣ]로도 발음함을 허용한다는 것이다. 따라서 [충의]와 [충이] 모두 가능하다. 또 조사 '의'는 [ㅢ]로 발음하는 것이 원칙이나, [ㅔ]로 발음함도 허용한다는 것이다. 따라서 [충의의], [충의에], [충이의], [충이에] 모두 가능하다.
④ '논의'는 연음되어 [노늬]로 발음된다. 표준 발음법 제5항의 '다만 3.'은 '자음을 첫소리로 가지고 있는 음절의 'ㅢ'는 [ㅣ]로 발음한다.'는 규정이다. 이 규정에 따르면 [논의 → 노늬(자음을 첫소리로 가지는 '늬') → 노니]의 과정을 거친다. 따라서 [노늬](원칙), [노니](허용)로도 발음이 가능하다.

07.

정답풀이 '문법'의 표준 발음은 [문뻡]만 옳으므로 [뭄뻡]은 옳지 않다. 뒤의 양순음 'ㅃ'이 앞의 'ㄴ'을 양순음화시켜 'ㅁ'으로 교체하게 하는 것을 '양순음화'라고 한다. 양순음화는 표준발음으로 인정하지 않는다.

오답풀이 ① '계, 메, 폐, 혜'는 [ㅖ](원칙), [ㅔ](허용)으로 발음된다. 따라서 '[시계/시게]'로 발음될 수 있다.
③ 받침 'ㄱ(ㄲ, ㅋ, ㄳ, ㄹㄱ), ㄷ(ㅅ, ㅆ, ㅈ, ㅊ, ㅌ), ㅂ(ㅍ, ㄼ, ㄿ, ㅄ)' 뒤에 연결되는 'ㄱ, ㄷ, ㅂ, ㅅ, ㅈ'은 단어 내부에서건 곡용 및 활용에서건 예외 없이 된소리로 발음한다.
  예 닭장[닥짱], 꽃다발[꼳따발], 웃돈[욷똔], 뻗대다[뻗때다], 꽂고[꼳꼬], 덮개[덥깨], 꽃과[꼳꽈], 넓죽하다[넙쭈카다], 읊고[읍꼬], 값지다[갑찌다]
④ '되어, 피어, -이오, 아니오'의 네 단어는 [되어/되여], [피어/피여], [-이오/-이요], [아니오/아니요] 두 가지 발음을 모두 다 표준 발음으로 인정한다.

08.

정답풀이 'ㅌ'은 한글 자음 이름을 'ㄷ(디귿)'과 헷갈려서는 안된다. 'ㅌ'은 '*티귿'이 아니라 '티읕'이다. 이는 1933년 한글 맞춤법에서 약속한 발음이므로 [티그시], [티그슬]이 아니라 [티으시], [티으슬]로 발음하는 것이 옳다. 주로 음절의 끝소리 규칙에 의해 [ㄷ]으로 발음나는 자음들은 모두 [ㅅ]으로 소리난다. [시오시], [지으시], [치으시], [히으시] 등이 있다.

오답풀이 ① 'ㅚ'는 [ㅚ](단모음 발음이 원칙) [ㅞ](이중 모음 발음도 허용)으로 발음이 가능하다. 따라서 '되고'는 [되고/뒈고]로 모두 발음될 수 있다.
③ 'ㄼ'의 대표음은 보통은 [ㄹ]이지만, '밟-'은 예외적으로 [ㅂ]이다. 또한 길게 소리나므로 '밟고, 밟지'는 [밥:꼬], [밥:찌]라 발음한다.
④ 복합어(합성어나 파생어)에서는 앞말이 받침으로 끝나고 뒷말이 'ㅣ, ㅑ, ㅕ, ㅛ, ㅠ'일 때는 [ㄴ] 소리가 첨가된다. '웬일'은 합성어이면서 ㄴ첨가의 환경을 가졌다. 또 '웬'은 '어찌 된'의 뜻을 지닌 관형사로 길게 발음되므로 [웬:닐]이라 소리 난다.
⑤ 'ㄼ' 받침은 일반적으로 대표음이 [ㄹ]이다. 또한 "제25항 l 어간 받침 'ㄼ, ㄾ' 뒤에 결합되는 어미의 첫소리 'ㄱ, ㄷ, ㅅ, ㅈ'은 된소리로 발음한다."에 따라 [널찌]로 된소리로 발음하는 것이다. '넓고', '넓지'는 [널꼬], [널찌]라 발음한다.

09.

정답풀이 표준 발음법 제29항 다만
다음과 같은 단어에서는 'ㄴ(ㄹ)' 소리를 첨가하여 발음하지 않는다.

6・25[유기오]	3・1절[사밀쩔]
송별-연[송:벼련]	등용-문[등용문]
절약[저략]	

오답풀이 "합성어 및 파생어에서, 앞 단어나 접두사의 끝이 자음이고 뒤 단어나 접미사의 첫 음절이 '이, 야, 여, 요, 유'인 경우에는, 'ㄴ' 소리를 첨가하여 [니, 냐, 녀, 뇨, 뉴]로 발음한다."는 표준 발음법 제29항인데, 그 아래에 '한여름[한녀름], 눈요기[눈뇨기]'가 대표적인 예로 들어가 있다.

 정답찾기 6. ② 7. ② 8. ② 9. ②

06. 밑줄 친 발음이 표준 발음이 아닌 것은?   2018 국가직 7급

① 연계[연계] 교육
② 차례[차레] 지내기
③ 충의의[충이의] 자세
④ 논의[노늬]에 따른 방안

07. 다음 중 표준 발음법에서 규정한 표준 발음이 아닌 것은?   2017 경찰 1차

① 시계 [시계/시게]
② 문법 [문뻡/뭄뻡]
③ 읊고 [읍꼬]
④ 되어 [되어/되여]

08. 다음 중 단어의 표기나 발음이 옳지 않은 것은?   2017 국회직 8급

① 나는 커서 선생님이 되고[뒈고] 싶다.
② 한글 자모 'ㅌ'의 이름에 조사가 붙을 때의 발음은 '티읕+이'[티그시], '티읕+을'[티그슬]이다.
③ 내 발을 밟지[밥 : 찌] 마라.
④ 웬일[웬 : 닐]로 학교에 왔니?
⑤ 운동장이 생각보다 넓지[널찌] 않다.

09. 〈보기〉에서 음의 첨가 현상이 일어나지 않는 것을 모두 고른 것은?   2020 서울시 9급

┌─(보기)───────────────┐
│ ㄱ. 등용문   ㄴ. 한여름   │
│ ㄷ. 눈요기   ㄹ. 송별연   │
└──────────────────────┘

① ㄱ, ㄷ   ② ㄱ, ㄹ
③ ㄴ, ㄷ   ④ ㄴ, ㄹ

PART 06

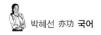
10.

정답풀이 • 폭발 : [폭발 → (된소리되기) → 폭빨] : [폭팔]이 아니
라 [폭빨]이 옳다.

• 밭이랑 : [밭이랑 → (음절의 끝소리 규칙, ㄴ 첨가) → 받니랑 →
(비음화) → 반니랑]

• 반창고 : '반창(어근)+고(어근)'의 합성어이면서 앞말의 끝소리가
울림 소리(ㅇ)이고 뒤의 소리가 예사소리(ㄱ)인 단어이다. 이 경우
사잇소리 현상으로 인해 [반창꼬]로 발음되는 것이 맞을 것 같지
만! 사잇소리 현상은 수의적인 현상이므로 환경이 일치하는데도
일어나지 않을 수 있다. 따라서 [반창고]가 옳다.

• 인기척 : 한자 '人'에 우리말 '기척'이 더해진 말로 사잇소리 현상
의 된소리되기가 일어나 [인끼척]으로 발음된다. 다만, 2017년에
발음이 개정되어 이제 [인기척]도 표준 발음이 되었음을 반드시
기억하여야 한다.

• 밟고 : '밟-'은 예외적으로 겹받침 ㄼ이 으로 대표음화되는 단어
이다. 안울림 소리끼리 만나므로 된소리되기도 일어난다. '밟-'은
장음으로 실현되어야 하므로 [밥:꼬]가 옳다.

오답풀이 • 옷 입다 : 두 단어가 이어지는 경우, 이들을 한 단어처럼
한 마디로 발음하는 경우에는 'ㄴ'이 첨가되어 [온닙따]로 발음된
다. [옷 입다 → (음절의 끝소리 규칙, ㄴ 첨가) → 온닙다 → (비음
화) → 온닙따]
다만, 두 단어로 인식하고 발음하는 경우에는 'ㄴ'의 첨가 없이
[오딥따]로 발음된다.

• 피읖에 : 한글 자모의 이름은 음절의 끝소리 규칙이 적용된 채로 받
침소리를 연음한다. [피으베]가 옳다. 다만, 음절의 끝소리 규칙에
따라 [ㄷ]받침으로 발음나는 한글 자음은 모두 [ㅅ]이 연음된다.

• 설익다 : [설익다 → (ㄴ 첨가, 된소리되기) → 설닉따 → (유음화)
→ 설릭따] 복합어 '설+익다'에서 앞말이 받침으로 끝나고 뒷말
이 'ㅣ, ㅑ, ㅕ, ㅛ, ㅠ,'로 시작하는 경우에는 ㄴ 첨가가 일어난다. 그
이후에 유음화가 일어나므로 [설릭따]가 옳다.

11.

정답풀이 '유리+잔'은 합성어이면서, 앞의 끝소리가 울림 소리(모
음)이고 뒤가 예사소리이므로 사잇소리 현상이 일어나는 환경이다.
하지만 사잇소리 현상은 환경이 갖추어져 있어도 필수적인 현상이
아니기 때문에 '유리잔'처럼 된소리되기가 되지 않을 수 있다. 따라
서 [유리짠]이 아니라 [유리잔]이 표준 발음이다.

오답풀이 ④와 달리 ①~③은 발음에는 사잇소리 현상의 된소리되
기가 일어나 모두 옳은 발음이라고 볼 수 있다. 참고로 ①~④은 모
두 합성어이지만 한자어(난치병(難治病), 면허증(免許證), 사기죄(詐
欺罪), 유리잔(琉璃盞)이기 때문에 사이시옷이 표기될 수 없는 단어
들이다.

12.

정답풀이 [마끼고](×) → [맏끼고](○) : [맡기고 → (음절의 끝소리
규칙 : 교체) → 맏기고 → (된소리되기 : 교체) → 맏끼고]

오답풀이 ② [밝혔다 → (자음 축약) → 발켰다 → (음절의 끝소리규
칙 : 교체) → 발켣다 → (된소리되기) → 발켣따]

③ '여덟이다'에서 '이다'는 서술격 조사로 모음으로 시작하는 형식 형
태소이다. 이 경우에는 그대로 연음되므로 [여덜비다]로 발음된다.

④ '그만둘지언정'에서 '-ㄹ지언정'이라는 어미가 결합되어 있다. 관
형사형 어미 '-(으)ㄹ' 뒤에도 된소리되기가 일어나는 것처럼,
'-(으)ㄹ'로 시작되는 어미의 경우에도 된소리로 발음되므로 [그
만둘찌언정]으로 발음된다.

13.

정답풀이 뜻있는 → (음절의 끝소리 규칙) → 뜯읻는 → (역행적 비
음화) → 뜨딘는]

오답풀이 ①, ②, ④ : 받침으로 끝나는 체언 뒤에 모음 형식 형태소
가 오는 경우에는 받침이 그대로 연음되므로 각각 [비지], [끄틀],
[부어케서]로 고쳐야 한다.

14.

정답풀이 맛없다[마덥따]만 표준 발음이다. 다만, '맛있다', '멋있다'
의 경우에만 각각 [마딛따(원칙) / 마싣따(허용)], [머딛따(원칙) / 머
싣따(허용)]가 표준 발음이 될 수 있다.

오답풀이 나머지는 모두 옳다.

15.

정답풀이 '상견례, 의견란'은 각각 '상견/례' '의견/란'으로 나누어지
는 단어로서, 유음화가 적용되지 않는 예외 사례이다. 유음화 대신
에 'ㄹ'의 비음화가 적용되어 [상견녜], [의:견난]으로 발음된다. '백
리'는 상호 비음화가 이루어져, [뱅니]로 발음된다. 모든 'ㄹ'이 'ㄴ'
으로 발음되므로 ①이 정답이다.

오답풀이 ② '임진/란' '공권/력'은 'ㄹ'의 비음화가 일어나 각각 [임:
진난], [공꿘녁]으로 발음되지만 '광한루'는 유음화가 일어나 [광:
할루]가 되므로 'ㄹ' 발음이 동일하지 않다.

③ '대관령'은 유음화로 인해 [대:괄령]으로 발음된다. '입원/료'는
'ㄹ'의 비음화가 일어나 [이붠뇨]로 발음된다. '협력'은 상호 비음
화로 [혐녁]으로 발음되므로 'ㄹ' 발음이 동일하지 않다.

④ '동원/령, 구근/류'는 'ㄹ'의 비음화가 일어나 각각 [동:원녕], [구
근뉴]로 발음되지만, '난로'는 유음화로 인해 [날로]로 발음되므
로 'ㄹ' 발음이 동일하지 않다.

정답
찾기   10. ③   11. ④   12. ①   13. ③   14. ③   15. ①

10. 다음 〈보기〉 중 발음이 잘못된 것은 모두 몇 개인가?
2014 국회직 8급

옷 입다[온닙따]	폭발[폭팔]
밭이랑[바디랑]	피읖에[피으베]
설익다[설릭따]	반창고[반창꼬]
인기척[인기척]	밟고[발꼬]

① 2개 ② 3개
③ 4개 ④ 5개
⑤ 6개

11. 표준 발음으로 바르지 않은 것은? 2013 지방직 9급

① 난치병[난치뼝] ② 면허증[면:허쯩]
③ 사기죄[사기쬐] ④ 유리잔[유리짠]

12. 다음 중 표준 발음으로 적절하지 않은 것은? 2021 경찰 2차

① 그는 나에게 돈을 맡기고[마끼고] 고향으로 돌아갔다.
② 그는 이 문서를 통해서 세상에 진실을 밝혔다[발켣따].
③ 바닷가에 도착한 아이들은 모두 아홉이 아닌 여덟이다[여덜비다].
④ 그녀는 그만둘지언정[그만둘찌언정] 우리에게는 일을 하도록 했다.

13. 밑줄 친 부분의 표준 발음이 올바른 것은? 2021 지역인재

① 작년까지만 해도 빚이[비시] 있었는데 지금은 다 갚았다.
② 이 이야기의 끝을[끄츨] 지금은 누구도 예상할 수가 없다.
③ 당연한 일을 했을 뿐인데 뜻있는[뜨딘는] 상을 받게 되었다.
④ 큰누나가 요리를 하는지 부엌에서[부어게서] 소리가 들렸다.

14. 다음 중 그 발음이 틀린 것은? 2013 국회직 9급

① 되어 → 원칙[되어], 허용[되여]
② 피어 → 원칙[피어], 허용[피여]
③ 맛없다 → 원칙[마덥따], 허용[마섭따]
④ 아니오 → 원칙[아니오], 허용[아니요]
⑤ 멋있다 → 원칙[머딛따], 허용[머싣따]

15. 표준 발음법상 'ㄹ'의 발음이 동일한 것들을 바르게 묶은 것은? 2018 서울시 7급(2차)

① 상견례, 의견란, 백리
② 임진란, 공권력, 광한루
③ 대관령, 입원료, 협력
④ 동원령, 구근류, 난로

16.

정답풀이) ⓒ 잃는다[일른다]: 'ㅀ' 뒤에 'ㄴ'이 결합되는 경우에는 'ㅎ'을 발음하지 않는다는 표준 발음법 제12항에 의해 [일는다]가 되었다가 유음화에 의해 [일른다]로 발음된다.

오답풀이) ① ㉠ 마음의[마으믜/마으메]: 조사 '의'는 [의]로 발음되는 것이 원칙이나, [ㅔ]로도 발음할 수 있다.

② ㉡ 스쳐[스처]: 용언의 활용형에 나타나는 '져, 쪄, 쳐'는 [저, 쩌, 처]로 발음한다는 표준 발음법 제5항 다만 1에 의해 [스처]로 발음된다.

④ ㉣ 되어[되어/되여]: [어]로 발음함을 원칙으로 하되, [여]로 발음함도 허용한다는 표준 발음법 제22항에 의해 [되어/되여] 모두 표준 발음으로 인정된다.

17.

정답풀이) '신문'의 표준 발음은 [신문]이다. [심문]으로 발음하는 것은 양순음화가 반영된 것이므로 인정하지 않는다. 신문을 [심문]으로 발음하는 것은 양순음 'ㅁ'이 치조음 'ㄴ'을 양순음화시킨 것이다. 이러한 조음 위치의 동화는 모두 필수적으로 일어나는 현상이 아니라 수의적으로 일어나는 현상이므로 표준 발음으로 인정하지 않는다.

오답풀이) ① 물난리[물랄리]: 'ㄹ'과 'ㄴ'이 인접하면 'ㄴ'이 'ㄹ'에 동화되어 'ㄹ'로 바뀌게 된다(유음화).

③ 밟는다[밤ː는다]: 받침 'ㄱ(ㄲ, ㅋ, ㄳ, ㄺ), ㄷ(ㅅ, ㅆ, ㅈ, ㅊ, ㅌ, ㅎ), ㅂ(ㅍ, ㄼ, ㄿ, ㅄ)'은 'ㄴ, ㅁ' 앞에서 [ㅇ, ㄴ, ㅁ]으로 발음되므로(=비음화되므로) [밤ː는다] 는 옳다.

④ 한여름[한녀름]: 합성어 및 파생어에서, 앞 단어나 접두사의 끝이 자음이고 뒤 단어나 접미사의 첫음절이 '이, 야, 여, 요, 유'인 경우에는, 'ㄴ' 음을 첨가하여 [니, 냐, 녀, 뇨, 뉴]로 발음한다. 따라서 [한녀름]은 옳다.

18.

정답풀이) • 맞는[만는]: [맞는 → (음절의 끝소리 규칙) → 맏는 → (비음화) → 만는]으로 발음된다

• 않은[아는]: 'ㅎ(ㄶ, ㅀ)' 뒤에 모음으로 시작된 어미나 접미사가 결합되는 경우에는, 'ㅎ'을 발음하지 않는다는 표준 발음법 제12항에 의해 [아는]으로 발음된다.

• 핥네[할레]: [핥네 → (자음군 단순화) → 할네 → (유음화) → [할레]로 발음된다.

19.

정답풀이) '표준 발음법 제5항의 다만1'에 의하면 용언의 활용형에 나타나는 '져, 쪄, 쳐'는 [저, 쩌, 처]로 발음한다. 따라서 ④ '고쳐라'가 답이다.

20.

정답풀이) 표준 발음법 제11항에 의해 겹받침 'ㄺ'은 어말 또는 자음 앞에서 [ㄱ]으로 발음하므로 '읽다'는 [익따]로 발음된다.

오답풀이) ① 뱃속[배쏙/밷쏙]

③ ㄷ을[디그슬]

④ 금융[금늉/그뮹]

21.

정답풀이) '공권력'은 '공공 권력의 힘'을 의미하는 '2+1'의 한자어 구성이다. 이 경우에는 유음화가 일어나지 않는 예외의 예시이므로 비음화가 일어나야 한다. 따라서 [공꿜력]이 아니라 [공꿘녁]이 옳다. 의견란[의ː견난], 구근류[구근뉴], 동원령[동원녕], 임진란[임ː진난], 상견례[상견녜], 결단력[결딴녁] 등이 있다.

오답풀이) ① 한자어 내부에서 일어나는 된소리되기 현상은 학자들도 설명하기가 애매하다고 한다. [태꿘도]가 옳다.

② [홑이불 → (음절의 끝소리 규칙, ㄴ 첨가) → 혼ㄴ이불 → (비음화) → 혼니불]

③ '홑옷'에서 '옷'은 모음 실질 형태소이므로 대표음화 된 후 연음되어야 하므로 [호돋]이 옳다.

22.

정답풀이) '의'는 단어의 첫음절에서는 [의]로만 발음되고, 조사는 [에]로도 발음할 수 있다. 둘째 음절 이하의 '의'는 [이]로도 발음할 수 있다. 따라서 ④ [민주주의이 의의]는 조사 '의'를 '이'로 발음했으므로 적절하지 않다.

 정답 찾기

16. ③ 17. ② 18. ③ 19. ④ 20. ② 21. ④ 22. ④

16. ㉠~㉣의 발음 중 표준 발음이 아닌 것은? 2016 교육행정직 9급

- ㉠ <u>마음의</u> 소리를 듣다.
- 바람이 ㉡ <u>스쳐</u> 지나간다.
- 건강을 잃으면 모든 걸 ㉢ <u>잃는다</u>.
- 첨성대의 몸체는 27단으로 ㉣ <u>되어</u> 있다.

① ㉠: [마으메]　　　② ㉡: [스처]
③ ㉢: [일는다]　　　④ ㉣: [되여]

17. 밑줄 친 부분의 발음이 현행 표준 발음법에서 표준 발음으로 인정되지 않는 것은? (단, 'ː'은 장모음 표시임.) 2019 서울시 9급(2차)

① 비가 많이 내려서 <u>물난리</u>가 났다.－물난리[물랄리]
② 그는 줄곧 <u>신문</u>만 읽고 있었다.－신문[심문]
③ 겨울에는 보리를 <u>밟는다</u>.－밟는다[밤ː는다]
④ 날씨가 벌써 <u>한여름</u>과 같다.－한여름[한녀름]

18. 다음 단어의 표준 발음으로 올바른 것은? 2016 기상직 9급

맞는, 않은, 핥네

① [만는], [아는], [할네]
② [만는], [안는], [할네]
③ [만는], [아는], [할레]
④ [맏는], [안는], [할레]

19. 〈보기〉의 '가져라'와 같은 사례는? 2018 교육행정직 9급

─ 〈보기〉─
'가지어라'의 축약형 '가져라'의 표준 발음은 [가저라]
이지만 '가져라'로 적는다. 이는 형태를 밝혀 적는 방식
이다.

① 우리 편 <u>이겨라</u>.
② 따뜻이 입고 다녀라.
③ 비빔밥을 맛있게 <u>비벼라</u>.
④ 고장이 난 시계를 얼른 <u>고쳐라</u>.

20. 밑줄 친 부분의 표준 발음으로 옳지 않은 것은? 2015 사회복지직 9급

① 길을 떠나기 전에 <u>뱃속</u>을 든든하게 채워 두자. － [배쏙]
② 시를 <u>읽다</u> 보면 마음이 편안해진다. － [일따]
③ 외래어를 표기할 때 받침에 '<u>ㄷ</u>'을 쓰지 않는다.
　　－ [디그슬]
④ 우리는 <u>금융</u> 위기를 슬기롭게 극복하였다. － [금늉]

21. 단어의 발음이 잘못 표기된 것은? 2021 군무원 7급

① 태권도 － [태꿘도]　② 홑이불 － [혼니불]
③ 홑옷 － [호돋]　　　④ 공권력 － [공꿜력]

22. (가)를 참고 하여 (나)를 발음할 때, 표준 발음에 해당되지 않는 것은? 2011 국가직 9급

(가) 제5항 'ㅑ, ㅒ, ㅕ, ㅖ, ㅘ, ㅙ, ㅝ, ㅞ, ㅠ, ㅢ'는 이중
모음으로 발음한다.
다만 3. 자음을 첫소리로 가지고 있는 음절의 'ㅢ'
는 [ㅣ]로 발음한다.
다만 4. 단어의 첫 음절 이외의 '의'는 [ㅣ]로, 조사
'의'는 [ㅔ]로 발음함도 허용한다.
(나) 민주주의의 의의

① [민주주의의 의의]　② [민주주의의 의이]
③ [민주주이에 의이]　④ [민주주의이 의의]

23.

정답풀이〉 끝을[끄틀], 피읖에[피으베], 닭 앞 에[다가페]

오답풀이 ② '휘발유'만 틀리다. [휘발류](ㄴ 첨가 후 유음화)가 표준 발음이다.

③ '넓다'만 틀리다. [널따]가 표준 발음이다.

④ '상견례'가 틀리다. '례'는 'ㅖ'로 발음해야 한다. [상견녜]가 표준 발음이다. 또, '서울역'이 틀리다. [서울력](ㄴ 첨가 후 유음화)이 표준 발음이다.

24.

정답풀이〉 'ㄺ'(읽다[익따], 맑다[막따])은 앞 자음이 탈락되는 겹자음이므로 [ㄱ]으로 발음된다. 'ㄼ'(여덟[여덜], 넓다[널따])은 뒤 자음이 탈락되는 겹자음이므로 [ㄹ]로 발음된다. ⓒ은 적용되지 않는 예외적인 상황이다. 따라서 겹받침 'ㄺ'의 경우에는 'ㄹ'을 말음으로 가지는 어간에 'ㄱ' 어미가 오는 '맑고[말꼬]'의 예가 와야 한다. 겹받침 'ㄼ'의 경우에는 '밟거나[밥:꺼나], 넓둥글다[넙뚱글다], 넓죽하다[넙쭈카다]'가 와야 한다.

25.

정답풀이〉 삼림[삼님], 심리[심니]는 앞 음절 종성이 /ㅁ, ㅇ/일 때 [ㄴ]으로 바뀌지만, 백로[뱅노], 박력[방녁]는 앞 음절 종성이 [ㄱ]일 때, [ㄴ]으로 바뀌므로 옳지 않다.

오답풀이 ① '피로(疲勞), 하류(下流)'처럼 한자어의 둘째 음절에 오는 경우에는 /ㄹ/이 실현되지만, '노동(勞動), 유행(流行)(勞 노동할 로, 流 흐를 류)'처럼 한자어의 첫머리에 올 때에는 /ㄹ/이 실현되지 않는다.

③ 앞 음절 종성이 /ㄴ/일 때 [ㄴ]으로 바뀌는 예는 의견란[의견난], 생산량[생산냥]에 드러난다. 3음절 한자어이면서 의미구성이 2+1인 경우에는 유음화 환경이더라도 비음화가 일어나 'ㄹ'이 'ㄴ'으로 교체된다. 음절 종성이 /ㄴ/일 때 음절 종성을 [ㄹ]로 바꾸는 예는 편리[펼리], 난로[날로]에 드러난다.

④ ⓔ을 보니, 앞 음절이 모음 뒤일 때 /ㄹ/이 실현되는 예는 '고려[고려], 비리[비리]'이다. 또한 앞 음절 종성이 /ㄹ/일 때 /ㄹ/이 실현되는 예는 '철로[철로], 물리[물리]'이다.

26.

정답풀이〉 '혼합약'은 '혼합(명사)+약(명사)' 구성의 합성어이다. 앞의 말이 받침(ㅂ)으로 끝나고 뒤의 말이 '이, 야, 여, 요, 유'로 시작되므로 이는 ㄴ 첨가의 예에 해당된다. ㄴ 첨가 이후에 'ㄴ'이 앞의 'ㅂ'을 비음으로 만드는 비음화가 일어나 [혼:함냑]으로 발음된다. 하지만 '혼합약'은 반드시 ㄴ 첨가되는 합성어로, 표기대로 발음되는 단어가 아니므로 ㉠의 예시로 적절하지 않다.

오답풀이 ② '휘발유'은 '휘발(명사)+유(명사)' 구성의 합성어이다. 앞의 말이 받침(ㄹ)으로 끝나고 뒤의 말이 '이, 야, 여, 요, 유'로 시작되므로 이는 ㄴ 첨가의 예에 해당된다. 이후 'ㄹ'이 'ㄴ'을 유음화시켜 [휘발류]로 발음되므로 ㉡의 예로 적절하다.

③ '열여덟'은 '열(수사)+여덟(수사)' 구성의 합성어이다. 두 단어를 이어서 한마디로 발음하는 경우에는 ㄴ 첨가가 일어나므로 'ㄹ'이 뒤의 'ㄴ'을 유음화시켜 [열려덜]로 발음되므로 ㉢의 예로 적절하다. (참고로 한마디로 이어 발음하지 않고 각각 발음한다면 [여려덜]처럼 'ㄹ'을 연음하여 발음할 수도 있다.)

④ '등용문(등+용문)'도 '3.1절[사밀쩔]'처럼 ㄴ 첨가가 일어나지 않아 [등용문]으로 발음된다. ㉣의 예로 적절하다. ('절약, 송별연'이라는 예시도 이에 해당한다)

☞ 등용문(登龍門) : 용문(龍門)에 오른다는 뜻으로, 어려운 관문을 통과하여 크게 출세하게 됨.

27.

정답풀이〉 '[나뭇잎→(음절의 끝소리 규칙, ㄴ첨가)→나묻닙→(비음화)→나문닙]'을 통해 [나문닙]만 표준 발음임을 알 수 있다.

오답풀이 ① '금융'은 [금늉], [그뮹] 모두 표준 발음으로 인정한다.

② 사이에 난 길을 의미하는 '샛길'은 [새낄]과 [샏낄] 모두 표준 발음으로 인정한다.

④ '이기죽이기죽하다'의 준말 '이죽이죽'은 [이중니죽], [이주기죽] 모두 표준 발음으로 인정한다. '이기죽이기죽하다'는 계속 밉살스럽게 지껄이며 짓궂게 빈정거리는 모양을 뜻하는 부사이다.

정답찾기 23. ① 24. ② 25. ② 26. ① 27. ③

23. 표준 발음이 아닌 것으로만 짝지어진 것은? 2013 지방직 7급

① 끝을[끄츨], 피읖에[피으페], 닭 앞 에[달가페]
② 헛웃음[허두슴], 휘발유[휘발뉴], 밭 아래[바다래]
③ 넓다[넙따], 넓죽하다[넙쭈카다], 넓둥글다[넙뚱글다]
④ 결단력[결딴녁], 상견례[상견네], 서울역[서울력]

24. ㉠과 ㉡에 들어갈 내용을 바르게 묶은 것은?

2017 교육행정직 7급

> 겹받침 'ㄺ', 'ㄼ'은 어말 또는 자음 앞에서 각각 ㉠ '___, ___'(으)로 발음한다. 그러나 ㉡ '___, ___'와/과 같은 경우는 적용되지 않는다.

	㉠	㉡
①	[ㄱ], [ㄹ]	늙지, 넓죽한
②	[ㄱ], [ㄹ]	맑고, 밟거나
③	[ㄹ], [ㅂ]	굵다, 섧지
④	[ㄹ], [ㅂ]	묽게, 얇게

<!-- 중간빈출 -->

25. 〈보기〉는 초성 /ㄹ/의 제약을 탐구하기 위한 자료이다. 〈보기〉에서 초성 /ㄹ/을 탐구한 내용으로 적절하지 않은 것은?

2017 교육행정직 9급

> ─ 〈보기〉─
> ㉠ 노동(勞動), 유행(流行), 피로(疲勞), 하류(下流)
> ㉡ 삼림[삼님], 심리[심니], 백로[뱅노], 박력[방녁]
> ㉢ 의견란[의견난], 생산량[생산냥], 편리[펼리], 난로[날로]
> ㉣ 고려[고려], 비리[비리], 철로[철로], 물리[물리]

① ㉠을 보니, 한자어의 첫머리에 올 때 실현되지 않는군.
② ㉡을 보니, 앞 음절 종성이 /ㅁ, ㅇ/일 때 [ㄴ]으로 바뀌는군.
③ ㉢을 보니, 앞 음절 종성이 /ㄴ/일 때 [ㄴ]으로 바뀌거나 앞 음절 종성을 [ㄹ]로 바꾸는군.
④ ㉣을 보니, 모음 뒤나 앞 음절 종성이 /ㄹ/일 때 실현되는군.

26. ㉠~㉣에 해당하는 예로 옳지 않은 것은? 2021 지방직 7급

> 「표준 발음법」 제29항
> 합성어 및 파생어에서, 앞 단어나 접두사의 끝이 자음이고 뒤 단어나 접미사의 첫음절이 '이, 야, 여, 요, 유'인 경우에는, 'ㄴ' 음을 첨가하여 [니, 냐, 녀, 뇨, 뉴]로 발음한다.
> 예 색-연필[생년필]
>
> • 다만, 다음과 같은 말들은 'ㄴ' 음을 첨가하여 발음하되, 표기대로 발음할 수 있다. ………… ㉠
> 예 야금-야금[야금냐금/야그먀금]
>
> • [붙임 1] 'ㄹ' 받침 뒤에 첨가되는 'ㄴ' 음은 [ㄹ]로 발음한다. ……………… ㉡
> 예 서울-역[서울력]
>
> • [붙임 2] 두 단어를 이어서 한 마디로 발음하는 경우에도 이에 준한다. ……………… ㉢
> 예 잘 입다[잘립따]
>
> • 다만, 다음과 같은 단어에서는 'ㄴ(ㄹ)' 음을 첨가하여 발음하지 않는다. ………………… ㉣
> 예 3.1절[사밀쩔]

① ㉠: 혼합약   ② ㉡: 휘발유
③ ㉢: 열여덟   ④ ㉣: 등용문

27. 표준 발음법에 따라 옳지 않은 것은? 2022 서울시 9급 6월

① 금융[금늉/그뮹]
② 샛길[새ː낄/샏ː낄]
③ 나뭇잎[나묻닙/나문닙]
④ 이죽이죽[이중니죽/이주기죽]

28.

정답풀이 가. 김밥만 : '김밥'에서 '김'은 장음으로 발음하여야 한다. '김＋밥'이므로 합성어이면서 앞말이 울림 소리, 뒤의 말이 예사소리이므로 사잇소리 현상의 환경이지만, '김밥'에서 사잇소리 현상은 수의적인 현상이므로 일어나지 않았다. 비음화가 일어나 [김:밤만]이 되는 것은 옳다. 단! 최근에는 '[김:빰]'도 인정하므로 [김:빰만]도 가능하다.

☞ 2017년 12월 1일에 복수 발음이 인정된 것들이다.

김밥[김:밥/김:빱]	관건[관건/관껀]
불법[불법/불뻡]	효과[효:과/효:꽈]
교과서[교:과서/교:꽈서]	교과[교:과/교:꽈]
반값[반:갑/반:깝]	분수[분수/분쑤]
안간힘[안간힘/안깐힘]	인기척[인끼척/인기척]
점수[점수/점쑤]	함수[함:쑤/함:수]

나. 공권력 : 주로 3글자 한자어에서 '공권/력'처럼 2+1글자 구성인 경우에는 유음화가 일어나지 않는다. 이러한 경우에는 오히려 비음화가 일어나 'ㄹ'을 [ㄴ]으로 발음하여 [공꿘녁]으로 발음된다. 참고로 '공'과 '권' 사이에는 사잇소리 현상의 된소리되기가 일어난 것이다.

라. 닳는 : 'ㅀ'이 자음군 단순화로 인해 [ㄹ]로 발음된 후, [ㄹ]로 인해 'ㄴ'이 유음화되어 [ㄹ]이 된다.

오답풀이 '여덟이[여덜비]', '머리말을[머리마를]'이 표준 발음이다. 모음으로 시작하는 형식 형태소가 오는 경우에는 받침이 뒤로 그대로 연음된다.

29.

정답풀이 ㉠ '협의'의 '의'는 둘째 음절에 있으므로 [ㅢ], [ㅣ]로 발음된다. 따라서 '협의'는 [혀븨/혀비]로 발음되므로 ㉠은 옳다.

㉣ '우리의'의 '의'는 관형격 조사이므로 [ㅢ], [ㅔ]로 발음된다. 따라서 [우리의/우리에]로 발음되므로 ㉣은 옳다.

㉤ 합성어의 경우에는 첫음절 외에도 둘째 음절 이하에서도 분명한 긴소리를 인정하므로(표준 발음법 제6항, 다만) '반신반의'는 [반:신바:늬/반:신바:니]로 발음할 수 있다.

오답풀이 ㉡ 자음이 얹힌 'ㅢ'는 [ㅣ]로만 발음되므로, '띄어쓰기[띠어쓰기, 띠여쓰기]로 발음해야 한다.

㉢ 표준 발음법 제7항, 붙임에 의하면 '밀-물, 썰-물, 쏜-살-같이, 작은-아버지'와 같은 합성어에서는 본디의 길이에 관계없이 짧게 발음하므로 [썰물]이 옳다.

30.

정답풀이 합성어인 '속임수'는 '속임＋수'의 구성으로, 앞말이 울림 소리(ㅁ)이고 뒤에 예사소리(ㅅ)가 있으므로 [소김쑤]로 발음되어야 하므로 [소김수]는 옳지 않다. 사잇소리 현상 중에서 된소리되기에 해당한다.

오답풀이 ① 겹받침 'ㄾ'은 어말 또는 자음 앞에서 [ㄹ]로 발음하므로 [널네]가 된 후 'ㄴ'이 'ㄹ'로 인해 유음화되어 [ㄹ]로 발음하므로 [널레]가 된다.

② 받침 'ㄱ(ㄲ, ㅋ, ㄳ, ㄺ), ㄷ(ㅅ, ㅆ, ㅈ, ㅊ, ㅌ, ㅎ), ㅂ(ㅍ, ㄼ, ㄿ, ㅄ)'은 'ㄴ, ㅁ' 앞에서 [ㅇ, ㄴ, ㅁ]으로 발음된다. 즉, 비음화로 인해 [숭맥]으로 발음된다.

③ 2017년 12월 《표준국어대사전》에서 '효과'의 된소리 발음을 인정함에 따라 [효:과/효:꽈] 모두 표준 발음이 되었으므로 옳은 발음이다.

⑤ '알약'은 앞이 자음으로 끝나는 어근이고, 뒤가 'ㅣ'나 반모음 'ㅣ'로 시작되는 자음이므로 'ㄴ'이 첨가되어 [알냑]이 되고 유음화되어 최종적으로는 [알략]으로 발음된다.

31.

정답풀이 ㉠ '예, 례' 이외의 'ㅖ'는 [ㅖ], [ㅔ] 모두 표준 발음이다. 따라서 [계:기], [게:기] 모두 맞다.

㉡ 표준 발음법 제29항에 따르면 합성어 및 파생어에서, 앞 단어나 접두사의 끝이 자음이고 뒤 단어나 접미사의 첫음절이 '이, 야, 여, 요, 유'인 경우에는, 'ㄴ' 음을 첨가하여 [니, 냐, 녀, 뇨, 뉴]로 발음한다. 하지만 예외가 존재하는데, '송별연[송:벼련]'의 경우에는 'ㄴ(ㄹ)' 음을 첨가하지 않고 바로 연음하여 발음한다. [송:벼련]이 표준 발음이다.

㉣ 표준 발음법 제10항에 따르면 겹받침 'ㄳ', 'ㄵ', 'ㄼ, ㄽ, ㄾ', 'ㅄ'은 어말 또는 자음 앞에서 각각 [ㄱ, ㄴ, ㄹ, ㅂ]으로 발음한다. 다만, '밟-'은 자음 앞에서 [밥]으로 발음한다.

오답풀이 ㉢ '넓-'은 원래는 [널]로 발음되지만 '넓죽하다[넙쭈카다], 넓둥글다[넙뚱글다], 넓적하다[넙쩌카다]' 등의 경우에 [넙]으로 발음한다. 따라서 '넓죽한[넙쭈칸]'이 표준 발음이다.

㉤ 표준 발음법 제26항에 따르면 한자어에서, 'ㄹ' 받침 뒤에 연결되는 'ㄷ, ㅅ, ㅈ'은 된소리로 발음한다. '열병'은 받침 'ㄹ' 뒤에 'ㄷ, ㅅ, ㅈ'가 아니라, 'ㅂ'이므로 [열병]이 표준 발음이다.

32.

정답풀이 • 숙맥[숙맥 → (비음화 : 교체) → 숭맥]

• 젖먹이[젇먹이 → (음절의 끝소리규칙, 연음) → 젇머기 → (비음화 : 교체) → 전머기]
  ☞ 양순음화 : [전머기 → (양순음화) → 점머기]
  → '점머기'는 양순음화가 일어난 것인데, 이는 비표준 발음 동화이므로 옳지 않다.

• 직행열차[지캥열차 → (축약, ㄴ 첨가) → 지캥녈차]

나머지는 모두 옳은 발음이다.

 정답 찾기   28. ①   29. ③   30. ④   31. ②   32. ②

28. 다음 중 밑줄 친 부분의 발음이 옳은 것만으로 묶인 것은?

2013 서울시 9급

> 가. <u>김밥만</u> 먹었어요. [김:밤만]
> 나. <u>공권력</u> 행사는 법과 절차에 따라 이루어져야 한다.
>   [공꿘녁]
> 다. 넷에 넷을 더하면 <u>여덟이</u> 됩니다. [여더리]
> 라. 구두 굽이 한 쪽만 <u>닳는</u> 이유가 무엇일까요? [달른]
> 마. <u>머리말을</u> 잘 읽어 보세요. [머린마를]

① 가, 나, 라   ② 가, 나, 마
③ 가, 다, 마   ④ 나, 다, 마
⑤ 나, 다, 라

29. 다음 밑줄 친 ㉠~㉤ 중 표준 발음으로 옳은 것을 모두 고르면?

2018 국회직 8급

> • 이 문제는 입주민들과의 ㉠ <u>협의[혀븨]</u>를 통해서 해결합시다.
> • 외국인들은 한글의 복잡한 ㉡ <u>띄어쓰기[띄어쓰기]</u>를 어려워한다.
> • 관객들이 ㉢ <u>썰물[썰 : 물]</u>처럼 빠져나갔다.
> • 나라다운 나라 만들기라는 ㉣ <u>우리의[우리에]</u> 소망이 이루어질까?
> • ㉤ <u>반신반의[반 : 신바 : 늬]</u> 하는 분위기였다.

① ㉠, ㉡, ㉢   ② ㉠, ㉢, ㉣
③ ㉠, ㉣, ㉤   ④ ㉡, ㉢, ㉤
⑤ ㉡, ㉣, ㉤

30. 다음 중 표준 발음으로 옳지 않은 것은?

2016 국회직 8급

① 이 방 생각보다 많이 <u>넓네[널레]</u>.
② 그는 세상 물정을 전혀 모르는 <u>숙맥[숭맥]</u>이다.
③ 이 영화에서는 빛의 <u>효과[효 : 과]</u>로 주제를 부각시켰다.
④ 그들의 화려한 공약은 <u>속임수[소김수]</u>에 지나지 않았다.
⑤ 그는 <u>알약[알략]</u> 서너 알을 입 안에 털어 넣고 물을 마셨다.

31. 밑줄 친 부분의 표준 발음이 옳은 것만을 〈보기〉에서 모두 고르면?

2019 국회직 8급

> ─〈보기〉─
> ㉠ 이번 일을 <u>계기[계:기]</u>로 삼자.
> ㉡ 퇴임하는 직원을 위한 <u>송별연[송:벼련]</u>을 열다.
> ㉢ 그의 <u>넓죽한[널쭈칸]</u> 얼굴이 그리웠다.
> ㉣ 낙엽을 <u>밟고[밥:꼬]</u> 지나가다.
> ㉤ 월드컵 때문에 축구의 <u>열병[열뼝]</u>이 전국을 휩쓸었다.

① ㉠, ㉡, ㉢   ② ㉠, ㉡, ㉣
③ ㉠, ㉢, ㉣   ④ ㉡, ㉣, ㉤
⑤ ㉢, ㉣, ㉤

32. 〈보기〉 중 「표준 발음법」에 가장 맞지 않는 것은 모두 몇 개인가?

2020 경찰 1차

> ─〈보기〉─
> 그믐달[그믐딸]   늑막염[능망념]   맑게[말께]
> 서울역[서울력]   숙맥[쑥맥]   식용유[시굥뉴]
> 젖먹이[점머기]   직행열차[지캥렬차]

① 2개   ② 3개
③ 4개   ④ 5개

33.

정답풀이) '불법(不法)'은 2017년 12월 ≪표준국어대사전≫에서 된소리 발음을 인정함에 따라 [불법(원칙) / 불뻡(허용)] 모두 표준 발음이 되었다. 한편, '비싼 가격'을 의미하는 '고가(高價)'는 [고까]처럼 된소리로 발음되어야 한다. 하지만 '고가도로'의 '고가(高架)'는 된소리로 발음하지 않으므로 [고가]가 옳다.

오답풀이) ② '낱낱이'의 발음이 옳지 않다.
[낱낱이 → (음절의 끝소리 규칙) → [낟나티] → (비음화, 구개음화) → [난나치]로 발음된다.
③ '끝을'의 발음이 옳지 않다. '끝을'은 구개음화될 수 없는 환경이므로 [끄츨]이 아니라 [끄틀]로 발음되어야 한다. 구개음화란, 'ㄷ, ㅌ'이 'ㅣ' 혹은 반모음 'ㅣ'로 시작하는 형식 형태소와 결합될 때, 'ㅈ, ㅊ'으로 교체되는 현상이다. 그런데 '끝을'의 '을'은 'ㅣ'로 시작하는 음이 아니므로 구개음화의 대상이 아니다. 따라서 연음하여 '끝을[끄틀]'로 발음해야 한다.
④ 부자(父子)[부자]와 모자(帽子)[모자]는 단음으로 발음되고 모자(母子)[모:자]만 장음으로 발음된다.

34.

정답풀이) ㉠ '깃발'은 '기(旗)+발'의 '어근+어근'의 구성을 가진 합성어이다. 뒤의 어근의 예사소리가 된소리로 발음되어, 사이시옷이 표기된 단어는 2가지로 발음된다. 따라서 '깃발'은 [기빨/긷빨]로 발음할 수 있다.
㉡ 출제 당시 '불법'의 표준 발음은 [불법]만 인정되었으나, 2017년 12월 ≪표준국어대사전≫에서 '불법'의 된소리 발음을 인정함에 따라 [불법/불뻡] 모두 표준 발음이 되었음을 기억해야 한다. 그리고 '불법적'에서 안울림 소리 'ㅂ'과 안울림 소리 'ㅈ'이 만났기 때문에 된소리되기가 일어나 [쩍]으로 발음된다. 결론적으로 현재는 [불법쩍/불뻡쩍]으로 둘 다 발음될 수 있다.
㉢ 'ㄴ'은 'ㄹ'의 앞이나 뒤에서 유음화되어 [ㄹ]로 발음되므로 '면류'는 [멸류]로 발음된다.

오답풀이) ㉣ '도매금(都賣金)'은 표기상으로 사이시옷이 없다. 3글자 한자어에는 사이시옷이 올 수 없기 때문이다. 하지만 그렇더라도 '도매가격'의 뜻을 가지는 종속 합성어의 의미를 갖기 때문에 '금'을 된소리로 발음해야 한다. 단어 첫소리를 된소리로 발음한다는 표준 발음법 제28항에 따라 '도매-금'은 [도매끔]으로 발음한다.
㉤ '공권력'의 경우에는 유음화가 일어나지 않는 예외적인 단어이다. 주로 3글자 한자어에서 '공권/력'처럼 2+1 구성인 경우에는 유음화가 일어나지 않는다. 이러한 경우에는 오히려 비음화가 일어나 'ㄹ'을 [ㄴ]으로 발음하여 [공꿘녁]으로 발음된다. (참고로 '공'과 '권' 사이에는 사잇소리 현상의 된소리되기가 일어난 것이다.)

35.

정답풀이) '예, 례'를 제외한 '계, 몌, 폐, 혜'는 [ㅖ]로 발음하는 것이 원칙이나, [ㅔ] 발음을 허용한다. 따라서 '개폐'는 [개폐/개페] 모두 바른 발음이 되므로 [개폐]는 옳다.

오답풀이) ① 용언의 활용형에 나타나는 '져, 쪄, 쳐'는 [저, 쩌, 처]로 발음해야 하므로 [다쳐]가 아니라 [다처]로 발음해야 한다.
② 어근 '많'은 장음으로 발음되는데, '많'이 첫 음절일 경우에는 그대로 장음을 살려서 발음해야 하므로 [만쏘]가 아니라 [만:쏘]로 발음해야 한다.
많소[만:쏘]: 'ㅎ(ㄶ, ㅀ)' 뒤에 'ㅅ'이 결합되는 경우에는 'ㅅ'을 [ㅆ]으로 발음한다.
③ 혜택[혜택/헤택]: '혜'는 [혜/헤] 모두 발음 가능하다.
④ 없애다[업:쌔다]
☞ '감다, 밟다, 신다, 알다, 꼬다'의 경우 어간의 발음이 장음이지만 모음 어미나 사동·피동의 접사와 결합할 경우 장음이 사라진다. 다만, '끌다, 벌다, 없다, 썰다, 떫다'의 경우 어간의 장음 발음이 모음과 결합하거나 사동·피동의 접사와 결합하는 경우에도 장음이 사라지지 않는다.

36.

정답풀이) ㄱ. 계절병[계:절뼝/게:절뼝]: '계, 몌, 폐, 혜'는 [ㅖ(원칙) / ㅔ(허용)]으로 발음한다. 따라서 '계절병'의 '계'는 [계/게]로 발음된다. 또한 합성어 '계절+병'에서 앞 어근의 끝음이 울림 소리(ㄹ)이면서 뒤 어근의 첫 음이 예사소리(ㅂ)이므로 사잇소리 현상이 일어나 [계:절뼝/게:절뼝]으로 발음된다. (참고로 '계절'은 장음으로 발음되므로 [계:/게:]로 발음되는 것이다.)
ㅁ. 관세[관세]: '관세'는 된소리되기가 일어날 까닭이 없다. 따라서 표기대로 [관세]로 발음해야 한다.

> **된소리되기가 일어날 까닭**
> ① 안울림 소리+안울림 소리
> ② 어간의 말음 'ㄴ, ㅁ, ㄼ, ㄾ, ㄻ' 뒤
> ③ 관형사형 어미 '-ㄹ' 뒤
> ④ 한자음 'ㄹ' 뒤 'ㄷ, ㅅ, ㅈ' 뒤

오답풀이) ㄴ. [신뉸복](×)→[시뉸복](○): ㄴ 첨가는 합성어나 파생어가 만들어질 때 일어나, 주로 앞말이 자음으로 끝나고 뒤의 말이 '이, 야, 여, 요, 유'로 끝날 때 일어난다. 하지만 국립국어원에서는 이름은 합성어나 파생어가 아니라 하나의 단어라고 보므로 'ㄴ'을 첨가하지 않고 연음하여 발음한다. 따라서 [시뉸복]으로 발음한다.
ㄷ. [논쪼](×)→[논조](○): '논조'는 된소리되기가 일어날 까닭이 없다. 따라서 표기대로 [논조]로 발음해야 한다.
ㄹ. [과:반쑤](×) → [과:반수](○): '과반수'는 '과+반수(=반수가 넘는)'의 구조를 갖기 때문에 '수'가 갑자기 된소리로 발음되는 어떠한 이유도 가지지 않는다. 따라서 [과:반수]로 발음해야 한다.

정답 찾기   33. ①   34. ①   35. ⑤   36. ③

33. 다음 중 표준어 규정에 맞게 발음한 문장은? 2016 서울시 7급

① 불법[불법]으로 고가[고까]의 보석을 훔친 도둑들이 고가[고가]도로로 도망치고 있다.

② 부정한 사건이 묻히지[무치지] 않도록 낱낱이[난나치] 밝혀 부패가 끝이[끄치] 나도록 해야 한다.

③ 꽃 위[꼬 뒤]에 있는[인는] 나비를 잡기 위해 나비 날개의 끝을[끄츨] 잡으려고 했다.

④ 부자[부 : 자]간에 공동 운영하는 가게에 모자[모자]가 들러 서로 모자[모 : 자]를 선물했다.

34. 다음의 밑줄 친 ㉠~㉤에 대한 표준 발음으로 옳은 것을 모두 고르면? 2017 국회직 8급

• ㉠깃발이 바람에 날리다. – [기빨]
• ㉡불법적인 방법으로 돈을 벌고 있다. – [불법쩍]
• 나는 오늘 점심을 ㉢면류로 간단히 때웠다. – [멸류]
• ㉣도매금은 도매로 파는 가격을 말한다. – [도매금]
• 준법의 테두리 안에서 시위를 한다면 ㉤공권력 발동을 최대한 자제할 것이다. – [공:꿘녁]

① ㉠, ㉡, ㉢   ② ㉠, ㉡, ㉤
③ ㉠, ㉢, ㉤   ④ ㉡, ㉢, ㉣
⑤ ㉡, ㉣, ㉤

35. 표준 발음으로 옳은 것은? 2013 서울시 7급

① 다쳐[다처]   ② 많소[만쏘]
③ 혜택[해:택]   ④ 없애다[업쌔다]
⑤ 개폐(開閉)[개폐]

36. 밑줄 친 단어의 표준 발음이 옳은 것만을 〈보기〉에서 모두 고르면? 2021 국회직 8급

ㄱ. 마치 계절병[계:절뼝]을 앓는 것 같았다.
ㄴ. 신윤복[신뉸복]은 조선 후기의 풍속화가이다.
ㄷ. 이 신문의 논조[논쪼]는 매우 보수적이다.
ㄹ. 참석자의 과반수[과:반쑤]가 그 안건에 찬성하였다.
ㅁ. 정부는 수입 상품에 높은 관세[관세]를 물렸다.

① ㄱ, ㄴ   ② ㄱ, ㄷ
③ ㄱ, ㅁ   ④ ㄴ, ㄹ
⑤ ㄴ, ㅁ

박혜선 국어
개 념 도 새 기 는
기출 문법

07

표준어 규정

01 Chapter 표준어 규정

01.

정답풀이) '으레'는 '틀림없이 언제나'라는 뜻으로 쓰이는 부사이다. 모음이 단순화된 형태가 표준어가 되는 경우이므로 적절하다.

오답풀이) ① '숫염소'가 적절한 표현이다.
② '위층'이 적절한 표현이다. 된소리나 거센소리 앞에서는 '위'로 표기한다.
③ '아지랑이'가 적절한 표현이다. 'ㅣ' 역행 동화 현상은 표준어 규정 제9항에 따라 표준 발음으로 인정하지 않는다. 따라서 'ㅣ' 역행 동화를 반영한 표기는 비표준어이다.

02.

정답풀이) 수평아리(×) − 숫당나귀(×) → 수평아리(○) − 수탕나귀(○)

오답풀이) ① 숫기와(×) → 수키와(○)
③ 숫은행나무(×) → 수은행나무(○)
④ 모두 옳다.

03.

정답풀이) '깡총깡총'은 비표준어이다. '짧은 다리를 모으고 자꾸 힘 있게 솟구쳐 뛰는 모양'은 '깡충깡충', '긴 다리를 모으고 계속 힘 있게 솟구쳐 뛰는 모양'은 '껑충껑충'이다.

오답풀이) ① '발가숭이/벌거숭이/빨가숭이/뻘거숭이' 모두 '옷을 모두 벗은 알몸뚱이'를 의미하는 표준어이다.
③ '뻗정다리/벋정다리' 모두 '구부렸다 폈다 하지 못하고 늘 벋어 있는 다리'를 의미하는 표준어이다.
④ '오뚝이'는 '밑을 무겁게 하여 아무렇게나 굴려도 오뚝오뚝 일어서는 어린아이들의 장난감'을 의미하는 표준어이다.

04.

정답풀이) '희한(稀罕)한'은 형용사 '매우 드물거나 신기하다'의 활용형이다. '희한해', '희한하니' 등으로 활용된다.

오답풀이) ① '액체 속에 넣다'라는 의미의 '담그다'의 과거형은 '담갔다'로 표기해야 한다.
③ '어떤 사물이 생겨나거나 나타나는 비율' 發生率은 '발생률'로 표기해야 한다.
④ '직물의 찢어진 곳을 그 감의 올을 살려 본디대로 흠집 없이 짜서 깁는 일'은 '짜깁기'이다.

05.

정답풀이) '꿰매고'가 표준어이다. '꼬매다'는 '꿰매다'의 비표준어이다.

오답풀이) ② 형용사 '빠삭하다'는 어떤 일을 자세히 알고 있어 그 일에 대하여 환하다는 의미이다.
③ 형용사 '계면쩍다'는 '겸연쩍다'가 변한 형태로, 쑥스럽거나 미안하여 어색하다는 의미이다.
④ 형용사 '어중되다'는 이도 저도 아니어서 어느 것에도 알맞지 아니하다는 의미이다.

06.

정답풀이) 복수 정답이었던 문제이다. ①의 '수캉아지, 수탕나귀, 수평아리'는 모두 표준어이다. 접두사 다음에서 나는 거센소리를 인정하는 단어는 '개(강아지), 돼지, 닭(병아리), 당나귀, 것, 돌쩌귀, 기와'의 총 9개의 단어이다. 개돼지닭당 것돌기!!!!
④의 '깡충깡충', '오뚝이', '아지랑이'도 모두 표준어이다.

오답풀이) ② 돐(×) : '태어난 뒤에 해마다 돌아오는 그날'은 '돐'이 아니라 '돌'이다. 나머지는 모두 옳다. '황소'와 '수소'는 모두 '수컷 소'를 뜻하는 표준어이다. '장끼'와 '수꿩'도 모두 '수컷 꿩'을 뜻하는 표준어.
③ 삵괭이(×), 끄나불(×) : 각각 '살쾡이' '끄나풀'이 옳은 표준어이다. 이 두 단어는 모두 거센소리 형태를 표준어로 삼은 단어이다. '사글세'는 올바른 표준어이다. 어원에서 멀어진 형태로 굳어져서 널리 쓰이는 것을 표준어로 삼기 때문이다. '삭월+세'의 의미에서 멀어졌다고 본다.

 정답 찾기 1. ④ 2. ② 3. ② 4. ② 5. ① 6. ①④

대표 亦功 기출

제7편 표준어 규정 CH.01 표준어 규정

최빈출

01 밑줄 친 단어가 표준어 규정에 맞게 쓰인 것은?

2023 국가직 9급

① 저기 보이는 게 암염소인가, <u>수염소</u>인가?
② 오늘 <u>윗층</u>에 사시는 분이 이사를 가신대요.
③ 봄에는 여기저기에서 <u>아지랭이</u>가 피어오른다.
④ 그는 수업을 마치면 <u>으레</u> 친구들과 운동을 한다.

02 표준어 규정에 맞지 않는 단어로만 짝지은 것은?

2022 서울시 9급 6월

① 숫양 – 숫기와
② 숫병아리 – 숫당나귀
③ 수퇘지 – 숫은행나무
④ 수캉아지 – 수탉

03 다음 중 표준어가 아닌 것은?

2022 군무원 9급

① 발가숭이
② 깡총깡총
③ 뻗정다리
④ 오뚝이

04 밑줄 친 부분의 표기가 옳은 것은?

2022 지역인재 9급

① 우리 집은 일 년에 두 번씩 김치를 <u>담궜다</u>.
② 새로운 회사에서 <u>희한한</u> 소문이 나돌기 시작했다.
③ 우리는 범죄 <u>발생율</u>을 줄이기 위한 대책을 마련하였다.
④ 세탁소에서 양복바지의 해어진 부분에 <u>짝집기</u>를 하였다.

05 밑줄 친 말이 표준어가 아닌 것은?

2022 지방직 7급

① 그는 구멍 난 양말을 <u>꼬매고</u> 있다.
② 그는 자동차에 대해서 <u>빠삭한</u> 편이다.
③ 그는 나를 보고 <u>계면쩍게</u> 웃기만 했다.
④ 밥을 제대로 차려 먹기에는 <u>어중된</u> 시간이다.

06. 다음 중 표준어끼리 올바르게 연결된 것은?

2018 경찰 1차

① 수캉아지–수탕나귀–수평아리
② 황소–장끼–돐(생일)
③ 삵쾡이–사글세–끄나불
④ 깡충깡충–오뚝이–아지랑이

07.

정답풀이 • 눈썹 : '한글 맞춤법 제5항 한 단어 안에서 뚜렷한 까닭 없이 나는 된소리는 다음 음절의 첫소리를 된소리로 적는다.'에 따라 '눈썹'이 옳다.
• 눌어붙다 : '눋+어'에서 '눋다'는 '누른빛이 나도록 조금 타다.'라는 의미의 'ㄷ' 불규칙 용언이므로 모음 어미 앞에서 'ㄷ'이 'ㄹ'로 교체된 것이다.
• 늘그막 : '늙+으막'에서 '으막'은 생산성이 없는 접미사이므로 소리나는 대로 표기된다.
• '닐리리'는 [닐리리]로 소리나더라도 '닐리리'로 적는 것이 옳다.
• '물크러지다'는 '너무 무르거나 풀려서 본 모양이 없어지도록 헤어지다.'의 의미이다.

오답풀이 ① '꼰지르다'는 비표준어로 '고자질하다'가 옳다.
③ '콧망울'은 비표준어이므로 '콧방울'이 옳다. '콧방울'은 코끝의 좌우 양쪽에 볼쑥이 내민 부분을 의미한다.
④ '한글 맞춤법 제13항 한 단어 안에서 같은 음절이나 비슷한 음절이 겹쳐 나는 부분은 같은 글자로 적는다.'에 따라 '짭잘하다'는 비표준어이므로 '짭짤하다'가 옳다.

08.

정답풀이 ㄱ. • 총부리 : 총에서 총구멍이 있는 부분
• 추켜올리다(=추어올리다, 치켜올리다) : 옷이나 물건, 신체 일부 따위를 위로 가뜬하게 올리다. 실제보다 과장되게 칭찬하다.
ㄷ. 께름직하다(=께름칙하다, 꺼림직하다, 꺼림칙하다) : 마음에 걸려서 언짢고 싫은 느낌이 꽤 있다.
ㄹ. '기다랗다'가 'ㅎ' 불규칙 용언이므로 어간과 어미가 모두 바뀌어 어간의 'ㅎ'이 탈락하고 어미의 '아'가 'ㅣ'로 교체된 채로 축약된 것이다. 따라서 '기다랗+아지다'는 '기다래지다'로 활용된다.

오답풀이 ㄴ. '아랫돈'이 없기 때문에 '윗돈'이 아니라 '웃돈'이 표준어이다. '위/아래'의 대립이 없는 경우에는 '웃-'이 붙는다.

09.

정답풀이 '어깨에서 팔꿈치까지의 부분'을 의미하는 말은 '웃팔'이 아니라 '위팔'이다. '팔꿈치부터 손목까지의 부분.'을 의미하는 '아래팔'이 존재하기 때문에 '위/윗'이 올 수 있는데 거센소리 'ㅍ'이 있으므로 '위-'가 결합되어야 한다.

오답풀이 나머지는 모두 옳다.

10.

정답풀이 '윗어른'이 아니라 '웃어른'이다.
'웃'이 붙는 단어들은 꼭 기억해야 한다. '위/아래'의 대립이 없는 경우에는 '웃'이 붙는다.

> ☞ 국기 돈비 어른 옷
> '웃국 / 웃기 / 웃돈 / 웃비 / 웃어른 / 웃옷'
> 웃국: 간장이나 술 따위를 담가서 익힌 뒤에 맨 처음에 떠낸 진한 국
> 웃기: 떡·포·과일 따위를 괸 위에 모양을 내기 위하여 얹는 재료
> 웃비: 아직 우기(雨氣)는 있는데 좍좍 내리다가 그친 비.
> 웃옷: 겉에 입는 옷 (참고로 '윗옷'도 있다. 이 경우에는 위에 입는 옷을 의미한다.)

오답풀이 ① '양, 염소, 쥐'는 '숫'이 붙는다.
② '표준어 규정 제5항 어원에서 멀어진 형태로 굳어져서 널리 쓰이는 것은, 그것을 표준어로 삼는다.'에 따라 '중국 강남에서 온 콩'이 어원에서 멀어져 '강낭콩'만 표준어가 되었다.
④ 손기술과 관련된 전문가는 '장이'가 붙는다. '고리짝을 만들어 파는 것을 업으로 하는 사람'을 의미하므로 '유기장이'가 옳다.

11.

정답풀이 엥간하면(×) → 엔간하면(○) : '엥간하다'는 사전에 없는 비표준어로, '엔간하다'가 옳은 표기이다. '엔간하다'는 '대중으로 보아 정도가 표준에 꽤 가깝다.'는 뜻을 가진 형용사이다. '웬만하다'와 비슷한 의미이다.

오답풀이 나머지는 모두 맞춤법에 맞는 단어이다.
① 까짓것 : 별것 아닌 것을 의미하는 말이다. 여기에서는 '감탄사'로 쓰였지만, 문장에 따라 '명사'로도 쓰인다.
② 같잖다 : '하는 짓이나 꼴이 제격에 맞지 않고 눈꼴 사납다. / 말하거나 생각할 거리도 못 되다.'의 의미가 있는 형용사이다.
④ 끄물끄물하다 : '날씨가 활짝 개지 않고 몹시 흐려지다. / 불빛 따위가 밝게 비치지 않고 몹시 침침해지다.'의 의미가 있는 동사로, '그물그물하다'보다 센말이다.

12.

정답풀이 콧망울(×) → 콧방울(○) : 코끝 양쪽이 '방울'처럼 생겼다고 하여 만들어진 말이다. 고유어 '코+방울' 구성의 합성어로, 앞말이 모음으로 끝나기 때문에 사이시옷을 표기하여 표준어 '콧방울'로 적는다.
☞ [코빵울/콛빵울] : 된소리가 첨가되어 사잇소리 현상도 일어난다.

오답풀이 ② '눈의 가장 자리'를 이르는 말은 '눈초리'가 맞다. '눈꼬리'도 표준어이다.
③ '귓바퀴의 아래쪽에 붙어 있는 살', 즉 '귓불'을 이르는 말로 '귓밥'도 표준어이다.
④ '종아리의 살이 불룩한 부분'을 이르는 말은 '장딴지'가 맞다.

 정답 찾기   7. ②   8. ④   9. ①   10. ③   11. ③   12. ①

07. 맞춤법에 맞는 어휘로 짝지어진 것은?   2019 기상직 9급

① 넝쿨, 넷째, 녹슨, 녹이다, 꼰지르다
② 눈썹, 눌어붙다, 늘그막, 늴리리, 물크러지다
③ 나지막하다, 난쟁이, 냄비, 너희들, 콧망울
④ 담배꽁초, 더욱이, 덮이다, 도저히, 짭잘하다

08. 표준어로만 이루어진 문장을 〈보기〉에서 모두 고르면?

2019 국회직 8급

──〈보기〉──
ㄱ. 그는 총부리 앞에서 두 손을 번쩍 추켜올렸다.
ㄴ. 구하기 힘든 약이라 윗돈을 주고 특별히 주문해서 사 왔다.
ㄷ. 늘 그랬었지만 오늘따라 더욱 따라나서기가 께름직하다.
ㄹ. 거짓말을 한 피노키오의 코가 기다래졌다.

① ㄱ, ㄴ   ② ㄱ, ㄹ
③ ㄷ, ㄹ   ④ ㄱ, ㄷ, ㄹ
⑤ ㄱ, ㄴ, ㄷ, ㄹ

09. 〈보기〉는 표준어 규정 제12항의 일부이다. 이를 바탕으로 추리한 내용으로 가장 적절하지 않은 것은?   2017 경찰 1차 여경

──〈보기〉──
제12항 '웃-' 및 '윗-'은 명사 '위'에 맞추어 '윗-'으로 통일한다.
다만 1. 된소리나 거센소리 앞에서는 '위-'로 한다.
다만 2. '아래, 위'의 대립이 없는 단어는 '웃-'으로 발음되는 형태를 표준어로 삼는다.

① '어깨에서 팔꿈치까지의 부분'을 의미하는 말은 '웃팔'이겠군.
② '아래층'에 반대되는 말은 '윗층'이 아닌 '위층'이 맞는 말이겠군.
③ '아랫입술'에 반대되는 말은 '웃입술'이 아닌 '윗입술'이 맞는 말이겠군.
④ '맨 겉에 입는 옷'을 의미하는 말은 '아래옷'의 반대되는 말이 아니니 '웃옷'이겠군.

10. 표준어가 아닌 것은?   2021 군무원 7급

① 숫염소   ② 강낭콩
③ 윗어른   ④ 유기장이

11. 밑줄 친 단어 중 맞춤법에 어긋난 것은?   2017 기상직 9급

① 까짓것, 오늘 못하면 내일 하지 뭐.
② 그런 같잖은 일로 입씨름할 필요는 없다.
③ 형편이 엥간하면 나도 돕고 싶네만, 그럴 수 없어 미안하네.
④ 아침부터 하늘이 끄물끄물하더니 마침내 비를 퍼붓기 시작했다.

12. 밑줄 친 어휘 중 표준어가 아닌 것은?   2016 국가직 9급

① 그는 얼금얼금한 얼굴에 콧망울을 벌름거리면서 웃음을 터뜨렸다.
② 그 사람 눈초리가 아래로 축 처진 것이 순하게 생겼어.
③ 무슨 일인지 귓밥이 훅 달아오르면서 목덜미가 저린다.
④ 등산을 하고 났더니 장딴지가 땡긴다.

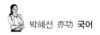

13.

정답풀이 ⑦ '만날–맨날(추가)' 모두 2011년 새로 인정된 복수 표준어이다.

ⓒ '딴죽–딴지(추가)–딴전–딴청' 모두 2014년 새로 인정된 복수 표준어이다. 모두 '이미 동의하거나 약속한 일에 대하여 딴전을 부림을 비유적으로 이르는 말'이다. '~을 피우다'의 구성으로 잘 쓰인다.

ⓒ '마을꾼–마실꾼(추가)'은 모두 2015년 새로 인정된 복수 표준어이다. 모두 '이웃에 놀러 다니는 사람'을 의미한다. '마실꾼, 마실방, 마실돌이, 밤마실'도 표준어로 인정한다. 참고로 '마실'은 놀러가다의 의미가 있을 때만 사용 가능하다.

ⓔ '가꾸로/거꾸로'은 모두 표준어이다.

ⓜ '조지다(호되게 때리다)'도 표준어이다.

14.

정답풀이 • '주책'은 '일정하게 자리 잡힌 주장이나 판단력'을 뜻하여 '주책없다'로 주로 쓰였다. 하지만 2016년 새로 인정된 복수 표준어에서 '주책이다'도 '주책없다'와 마찬가지로 '줏대 없이 이랬다저랬다 해서 몹시 실없다.'의 의미도 갖는 것으로 정해졌다.

• '두루뭉술하다', '두리뭉실하다' 모두 표준어이다.

• '허드레'는 '그다지 중요하지 아니하고 허름하여 함부로 쓸 수 있는 물건'을 의미하는 표준어이다.

오답풀이 ① 덩쿨(×) – 눈두덩이(○) – 놀이감(×)

• 덩쿨 : '넝쿨', '덩굴'의 비표준어이다. '넝쿨', '덩굴'만 표준어이다.

• '눈두덩이', '눈두덩' 모두 표준어이다.

• 놀이감 : '놀잇감'의 비표준어이다. '놀이+감'이 결합한 합성어로 고유어+고유어 구성이다. 발음도 [놀이깜/놀읻깜]으로 된소리로 소리나므로 사이시옷을 표기해야 한다. '장난감'과 함께 표준어이다.

② 윗어른(×) – 호루라기(○) – 딴지(○)

• '웃어른'은 위, 아래 대립이 없으므로 '웃어른'으로 적는다.

• '딴지'와 '딴죽' 모두 표준어이다.

③ 계면쩍다(○) – 지리하다(×) – 삐지다(○)

• '계면쩍다', '겸연쩍다' 모두 표준어이다. '멋쩍다'와 마찬가지로 [쩍]으로 소리나면 소리나는 대로 적는 경우이다.

• 지리하다 : '지루하다'의 비표준어이다. '지루하다'가 표준어이다.

• 삐지다 : 2014년 새로 인정된 복수 표준어로 '삐치다'와 함께 표준어이다.

15.

정답풀이 '아둥바둥'이 아니라 '아등바등'만 표준어로 삼는다.

오답풀이 나머지는 옳다.

① '옷매무시'란 '옷을 입을 때, 매고 여미는 등의 뒷단속을 하는 일'을 의미하므로 옳다. 참고로 이와 구분해야 하는 '매무새'는 '옷, 머리 따위를 수습하여 입거나 손질한 모양새'로, 완성된 것을 의미한다.

② '정상적 시장이 아닌 일정한 곳에서, 상품·중고품·고물 따위의 도산매·투매·비밀 거래가 이루어지는 질서가 없고 시끌벅적한 시장'을 도떼기시장이라 한다. 돗데기시장으로 표기하는 것은 옳지 않다.

④ '허구하다'란 '날이나 세월 따위가 매우 오래다.'를 의미한다.

⑤ 위, 아래의 대립이 없을 때는 '웃-'을 쓴다 아래 어른은 없으므로 '웃어른'이 옳다.

16.

정답풀이 어간 '서투르-'에 어미 '-ㄴ'이 결합한 것으로 옳다. 참고로 '서투르다'의 준말은 '서툴다'로 복수 표준어이다. '서툴다'는 모음 어미와 활용하지 못하고 자음어미와만 활용하는데, 이 경우에는 '서툴-'에 '-ㄴ'이 결합하여 '서툰'으로 교체가 가능하다.

오답풀이 ① 인두껍(×) → 인두겁(○) : '인두겁'은 '사람의 형상이나 탈'을 의미한다.

② 눈꼽(×) → 눈곱(○) : 된소리의 '눈꼽'이 아니라 '눈곱'이 표준어이다.

③ 설레여요(×) → 설레요(○) : 기본형 '설레다'의 어간 '설레-'에 어미 '-어요'가 결합한 것이다. '설레여요'는 사동접미사가 불필요하게 결합된 것이다. '설레게 하여요'를 넣으면 말이 안 된다.

⑤ 눈커풀(×) → 눈꺼풀(○) : '눈꺼풀'은 '눈을 덮는 꺼풀'을 뜻한다. '눈까풀'도 복수 표준어이다.

17.

정답풀이 치켜세우다(○)–추켜세우다(○), 사글세(○), 설거지(○), 수캉아지(○)

오답풀이 ① 삵괭이(×) → 살쾡이(○), 떨어먹다(×) → 털어먹다(○), '끄나풀, 새벽녘'은 옳다.

② 세째(×) → 셋째(○), 애닲다(×) → 애달프다(○) : '애닯다'는 사어(死語)이므로 표준어로 삼지 않는다. 다만 '애달프다'를 표준어로 삼는다. '뜯게질, 수평아리'는 옳다.

☞ '뜯게질'이란 해지고 낡아서 입지 못하게 된 옷이나 빨래할 옷의 솔기를 뜯어내는 일을 의미한다.

④ 광우리(×) → 광주리(○), 강남콩(×) → 강낭콩(○) '보조개, 숫양'은 옳다. 보조개의 복수 표준어는 '볼우물'이다.

 정답찾기   13. ⑤   14. ④   15. ③   16. ④   17. ③

13. 다음 〈보기〉의 밑줄 친 ㉠~㉤ 중 표준어를 모두 고르면?

2016 국회직 8급

─〈 보기 〉─
ㄱ. 너는 시험이 코앞인데 ㉠ <u>맨날</u> 놀기만 하니?
ㄴ. 당신은 돌아가는 상황을 잘 알면서도 ㉡ <u>딴청</u>을 붙이시는군요.
ㄷ. 아버지의 사랑방에는 밤이면 밤마다 ㉢ <u>마을꾼들</u>이 모여들었다.
ㄹ. 총소리에 그는 얼마나 급했던지 옷도 ㉣ <u>가꾸</u>로 입고 밖으로 나왔다.
ㅁ. 형은 사정없이 구둣발로 그 사람을 ㉤ <u>조져</u> 대더니 막판에는 돌멩이를 집어 들었다.

① ㉠, ㉡, ㉢
② ㉠, ㉣, ㉤
③ ㉡, ㉢, ㉣
④ ㉠, ㉡, ㉢, ㉤
⑤ ㉠, ㉡, ㉢, ㉣, ㉤

14. 다음 중 표준어로만 짝지어진 것은?　2015 서울시 9급
① 덩쿨 – 눈두덩이 – 놀이감
② 윗어른 – 호루라기 – 딴지
③ 계면쩍다 – 지리하다 – 삐지다
④ 주책 – 두루뭉술하다 – 허드레

15. 다음 중 밑줄 친 단어가 표준어 규정에 어긋나는 것은?

2014 국회직 8급

① 그녀는 항상 <u>옷매무시</u>하는 시간이 길었다.
② 행사장 안이 <u>도떼기</u> 시장처럼 시끌벅적했다.
③ 가난 속에서도 <u>아둥바둥</u> 살아가고 있다.
④ 그들은 <u>허구한</u> 날 신세 한탄만 한다.
⑤ <u>웃어른</u>을 공경합시다.

16. 다음 중 밑줄 친 부분이 옳게 쓰인 것은?　2013 국회직 9급
① 어떻게 사람이 <u>인두껍</u>을 쓰고 그런 행동을 할 수가 있어요?
② 눈병에 걸렸는지 <u>눈꼽</u>이 많이 끼어요.
③ 그 사람을 만날 때는 늘 <u>설레여요.</u>
④ 그들은 애정표현이 <u>서투른</u> 연인들이라고 할 만하다.
⑤ 잠이 와서 <u>눈커풀</u>이 떨어지질 않아요.

17. 다음 중 표준어로만 묶인 것은?　2016 서울시 9급
① 끄나풀 – 새벽녘 – 삵괭이 – 떨어먹다
② 뜬게질 – 세째 – 수평아리 – 애닯다
③ 치켜세우다 – 사글세 – 설거지 – 수캉아지
④ 보조개 – 숫양 – 광우리 – 강남콩

18.

정답풀이 '윗돈'이 되려면 '아랫돈'이 있어야 하는데 '아랫돈'은 존재하지 않는다. 따라서 '웃돈'이 옳다.

오답풀이 ① '아래'와 '위'의 대립이 있으므로 '윗목'으로 적는 것이 옳다. '아랫목'도 있기 때문이다.
③ '위층'과 같이 된소리나 거센소리 앞에서는 '위'로 적어야 하므로 '위층'은 옳다.
④ '웃옷'이 바르다. 이 때 '웃옷'은 아래 위의 대립이 없는 '겉옷'을 의미한다. '윗옷'도 표준어인데, 대신 '웃옷'과 의미가 다르다. '윗옷'은 '아래옷'이 있어 위 아래가 대립하므로 옳다.

19.

정답풀이 '먹거리(○), 먹을거리(○)' 모두 표준어이다.

오답풀이 ② 깎두기(×) → 깍두기(○)
③ 닥달(×) → 닦달(○) : 남을 단단히 윽박질러서 혼을 냄.
④ 넓다란(×) → 널따란(○) : '널따랗다'의 활용형

20.

정답풀이 '이쁘다/예쁘다, 마실/마을, 복숭아뼈/복사뼈' 모두 표준어이므로 표준어 3개가 맞다. 참고로 '마실'은 '이웃에 놀러 다니는 일'을 의미하는 경우에만 쓰인다는 점에서 일반적인 '마을'보다 쓰임의 범위가 한정적이다. '창란젓(×)'은 비표준어이다. '창난젓(○)'이 표준어이다.

오답풀이 ①에서 표준어는 1개가 아니라 2개이다. '눈엣가시, 돌멩이'가 표준어이다. 나머지 '석박지'와 '뒷꿈치'는 비표준어이다. 각각 '섞박지, 뒤꿈치'가 표준어이다.
③에서 표준어는 3개가 아니라 2개이다. '결판지다, 움츠리다'가 표준어이다. '마늘쫑, 주구장창'은 비표준어이다. 이들은 각각 '마늘종, 주야장천(○)'이 표준어이다.
④와 ⑤는 모두 표준어이다. 참고로 '골차다'는 '옹골차다 : 매우 옹골지다.'의 의미를 갖는다.

21.

정답풀이 '애달프다(○)'만 표준어이고 '애닯다(×)'는 비표준어이다.

오답풀이 ① '담그다'는 '담그+아'에서 'ㅡ'가 탈락되어 '담갔다'가 되므로 옳다. '담그다'는 'ㅡ' 탈락 규칙 용언이다.
③ '가여운'은 '가엽+-(으)ㄴ'의 결합으로 인해 'ㅂ'이 '우'로 바뀌어 된 형태이다. '가엽다'는 어간만 바뀌는 'ㅂ' 불규칙 용언이다.
④ '까다로워'는 '까다롭+어'의 결합으로 인해 'ㅂ'이 '우'로 바뀌어 된 형태이다. '까다롭다'는 어간만 바뀌는 'ㅂ' 불규칙 용언이다.

22.

정답풀이 깨단-하다「동사」【…을】 : 오랫동안 생각해 내지 못하던 일 따위를 어떠한 실마리로 말미암아 깨닫거나 분명히 알다. 예 사업에 실패했던 원인을 이제야 깨단하게 되다니.

오답풀이 ① 뉘연히(×) → 버젓이(○) : '버젓하다'의 어근 '버젓'+부사 파생 접미사 '이'[=버젓이(부사)]
☞ 「1」 남의 시선을 의식하여 조심하거나 굽히는 데가 없이
예 큰 죄를 짓고도 그는 백주(白晝)에 버젓이 대중 앞에 나섰다.
「2」 남의 축에 빠지지 않을 정도로 번듯하게
예 버젓이 개업한 의사가 월급쟁이 앞에서 엄살을 떨다니.
② 뒤어내고(×) → 뒤져내고(○) : '뒤져내다'의 활용형
☞ 뒤져-내다「동사」【…에서 …을】 : 샅샅이 뒤져서 들춰내거나 찾아내다.
예 서랍에서 돈을 뒤져내다 / 농을 뒤져 옷가지를 마구 꺼내기도 했고, 부엌에서 갖가지 양념을 뒤져내기도 했고, 작은방에서는 쌀을 마구 퍼내기도 했다. ≪하근찬, 야호≫
④ 허구헌(×) → 허구한(○) : '허구하다'의 활용형
☞ 허구-하다01(許久--)「형용사」 : (('허구한' 꼴로 쓰여)) 날, 세월 따위가 매우 오래다.
예 허구한 세월 / 허구한 날 팔자 한탄만 한다. / 그는 살 궁리는 안 하고 허구한 날 술만 퍼마시고 다녔다.

18. 다음 중 표준어가 아닌 것은?　　2014 국가직 9급

① 윗목　　　　　　　② 윗돈
③ 위층　　　　　　　④ 웃옷

21. 밑줄 친 부분이 표준어가 아닌 것은?2018 지방 교육행정직 9급

① 맑은 시냇물에 발을 <u>담갔다.</u>
② 친구의 사연이 너무 <u>애닯구나.</u>
③ <u>가여운</u> 강아지에게 밥을 주렴.
④ 이 문제는 무척 <u>까다로워</u> 보인다.

19. 밑줄 친 어휘의 표기가 옳은 것은?　　2017 지방직 7급

① 달걀 파동으로 <u>먹거리</u>에 대한 관심이 높아졌다.
② 식당에서 <u>깎두기</u>를 더 주문했다.
③ 손님은 종업원에게 당장 주인을 불러오라고 <u>닥달</u>하였다.
④ 작은 문 옆에 차가 드나들 수 있을 만큼 <u>넓다란</u> 길이 났다.

22. 밑줄 친 말이 표준어인 것은?　　2017 지방직 9급(1차)

① 큰 죄를 짓고도 그는 <u>뉘연히</u> 대중 앞에 나섰다.
② 아주머니는 부엌에서 갖가지 양념을 <u>뒤어내고</u> 있었다.
③ 사업에 실패했던 원인을 이제야 <u>깨단하게</u> 되었다.
④ 그 사람은 <u>허구헌</u> 날 팔자 한탄만 한다.

20. 다음 중 표준어의 개수를 바르게 나타낸 것은?

2016 국회직 8급

① 눈엣가시, 석박지, 뒷꿈치, 돌멩이 ＜1개＞
② 이쁘다, 마실, 복숭아뼈, 창란젓 ＜3개＞
③ 결판지다, 움츠리다, 마늘종, 주구장창 ＜3개＞
④ 골차다, 끄적이다, 푸르르다, 손주 ＜2개＞
⑤ 새치름하다, 누레지다, 삐진, 개기다 ＜3개＞

23.

정답풀이 '숫쥐'는 옳기 때문에 '수쥐'로 고치면 안 된다. '숫'이 붙는 단어는 '숫양, 숫염소, 숫쥐'가 있다. 양념치킨처럼, 각 동물의 앞의 말을 따서 '(숫)양, (숫)념, (숫)쥐'로 외우면 아주 쉽다.

오답풀이 ① '위층'이 옳다. 사이시옷은 뒤의 말이 거센소리거나 된소리인 경우에는 올 수 없기 때문이다.
② 시간과 방향을 나타내는 접미사는 '녘'이므로 옳다.
③ '스무둘째'가 아니라 '스물두째'이다. '스무 살, 스무 마리'처럼 관형사의 경우에는 '스무'로 쓰이지만, '스물두째'는 서수사로 '스물두 번째'를 의미하므로 '스물두째'로 고치는 것이 옳다.
☞ '스물둘째'는 '스물두개째'를 뜻한다. 다만, '열두째', '열둘째', '스물두째', '스물둘째' 외에는 '두째'와 '둘째'를 구분하지 않고 '둘째'만 표준어로 삼는다.

24.

정답풀이 '도리어'의 준말은 '되레'가 옳다. '예상이나 기대 또는 일반적인 생각과는 반대되거나 다르게'란 뜻이 있다.

오답풀이 ② '맨날'은 '만날'의 복수 표준어이다.
③ 부사 '깡그리'는 '하나도 남김없이'란 뜻의 표준어이다.
④ 명사 '억수'는 '물을 퍼붓듯이 세차게 내리는 비, 끊임없이 흘러내리는 눈물, 코피 따위를 비유적으로 이르는 말'을 뜻하는 표준어이다. 여기에 부사격 조사 '로'가 붙은 것이다.

25.

정답풀이 표준어 규정 제5항에 따라 답은 ①이다. 하지만 이것이 아니더라도 문제를 충분히 맞힐 수 있다. '사글세'만 보더라도 '삭월+세'에서 어간의 원형을 밝혀적지 않았음을 알 수 있다. 이는 어원에서 멀어진 형태이다. '강낭콩'과 '고삿'도 언중이 어원을 인식하지 않고 발음한 것이므로 ①에 해당한다.

오답풀이 ②의 예는 다음과 같다. '표준어 규정 제5항의 다만'에서 갈비, 갓모, 휴지(休紙)'는 변화된 형태인 '가리, 갈모, 수지' 등도 각각 쓰였으나, 본래의 형태가 더 널리 쓰이므로 '갈비, 갓모, 휴지'의 형태를 표준어로 인정하였다.
③의 예는 다음과 같다. 표준어 규정 제11항 다음 단어에서는 모음의 발음 변화를 인정하여, 발음이 바뀌어 굳어진 형태를 표준어로 삼는다. 지리-하다(×) → 지루-하다(○), 나무래다(×) → 나무라다(○), 트기(×) → 튀기(○)
④의 예는 다음과 같다. 표준어 규정 제17항 비슷한 발음의 몇 형태가 쓰일 경우, 그 의미에 아무런 차이가 없고, 그중 하나가 더 널리 쓰이면, 그 한 형태만을 표준어로 삼는다.
거둥-그리다(×) → 거든-그리다(○),
귀엣-고리(×) → 귀-고리(○), 반비아치(×) → 반빗아치(○)

26.

정답풀이 표준어 규정 2장 제3항의 '거센소리를 가진 형태를 표준어로 삼는다.'에 따라 '후덥지근하다'와 '후텁지근하다'가 표준어이다. '불쾌할 정도로 무더운 기운이 있다. 몹시 후터분하다.'라는 의미의 단어이다.

오답풀이 ① '헤매던'이 옳다. '헤메-(어간)+던(어미)'이기 때문이다. '헤매이다'는 사동접미사 '-이-'가 남용된 것이다. '해메게 하는'으로 바꿔 읽으면 매우 부자연스럽다.
② '내로라하는'이 옳다. '나이로라'의 준말이므로 '내로라'가 옳다. '어떤 분야를 대표할 만하다'를 뜻한다.
③ '칠흑(漆黑)같이'가 옳다. '흙'이 아니라 '黑 검을(흑)'이 와야 하기 때문이다. '칠흑'은 '옻칠처럼 검고 광택이 있음 또는 그 빛깔'을 뜻한다.

27.

정답풀이 '두리뭉실하다/두루뭉술하다, 먹거리/먹을거리, 오순도순/오손도손'은 복수 표준어들이다. '널빤지, 후드득후드득'도 표준어이다.

오답풀이 ① 맛쩍은(×) → 맛적은(○) : 이 경우에는 된소리로 적으면 안 된다. 예사 안울림 소리(ㅅ)와 예사 안울림 소리(ㅈ)가 만나는 경우에는 아주 자연스럽게 뒤의 소리가 된소리([맛쩌근])가 되므로 굳이 된소리로 표기할 필요가 없기 때문이다. (물론 이 환경에도 된소리로 표기되는 단어가 있기는 하다.)
☞ '맛적다'는 재미나 흥미가 거의 없어 싱겁다는 뜻이다.
③ 떠벌이(×) → 떠버리(○) : '떠버리'는 자주 수다스럽게 떠드는 사람을 낮잡아 이르는 말이다.
④ 뒷꿈치(×) → 뒤꿈치(○) : 사이시옷은 뒤의 소리가 된소리이거나 거센소리일 경우에는 표기될 수 없다.
⑤ 얼레리꼴레리(×) → 알나리깔나리(○)

28.

정답풀이 '진즉(趁卽)'은 부사로 '진작'과 같은 말이다. 주로 기대나 생각대로 잘되지 않은 지나간 사실에 대하여 뉘우침이나 원망의 뜻을 나타내는 문장에 쓴다.

오답풀이 ① 희안한(×) → 희한한(○) : '희한(稀罕)하다'가 기본형이다.
② 착찹하기(×) → 착잡하기(○) : '착잡(錯雜)하다'가 기본형이다.
④ 흉칙스러운(×) → 흉측스러운(○) : '흉측스럽다'가 기본형이다.

23. 밑줄 친 것 중 어법에 맞게 수정하지 않은 것은?

2013 기상직 9급

① 친구가 <u>윗층</u>으로 이사를 왔다. (윗층 → 위층)

② 그는 <u>동틀 녁</u>에 그곳을 떠났다. (동틀 녁 → 동틀 녘)

③ 내일은 동생의 <u>스무두째</u> 생일이다.

　(스무두째 → 스물두째)

④ <u>숫쥐</u>들이 들판을 떼를 지어 달리고 있었다. (숫쥐 → 수쥐)

24. 밑줄 친 단어 중 표준어가 아닌 것은?

2018 서울시 7급

① 잘못한 사람이 <u>되려</u> 큰소리를 친다.

② 너는 시험이 코앞인데 <u>맨날</u> 놀기만 하니?

③ 어제 일을 벌써 <u>깡그리</u> 잊어버렸다.

④ 영화를 보면서 눈물을 <u>억수로</u> 흘렸다.

25. 〈보기〉에 공통적으로 적용되는 표준어 규정으로 가장 옳은 것은?

2020 서울시 9급

┌─ 〈보기〉─────────────┐
│ 강낭콩, 고삿, 사글세 　　　　　　　　　│
└────────────────────┘

① 어원에서 멀어진 형태로 굳어져서 널리 쓰이는 것은, 그것을 표준어로 삼는다.

② 어원적으로 원형에 더 가까운 형태가 아직 쓰이고 있는 경우에는, 그것을 표준어로 삼는다.

③ 모음의 발음 변화를 인정하여, 발음이 바뀌어 굳어진 형태를 표준어로 삼는다.

④ 비슷한 발음의 몇 형태가 쓰일 경우, 그 의미에 아무런 차이가 없고, 그중 하나가 더 널리 쓰이면, 그 한 형태만을 표준어로 삼는다.

26. 다음 중 어법에 어긋남이 없이 바른 문장은?

2019 법원직

① 어느 땐가 절망 속에 헤매이던 시절이 있었다.

② 그 곳엔 내노라하는 씨름꾼들이 다 모여 있었다.

③ 운명을 건 거사의 날, 칠흙같이 어두운 밤이었다.

④ 이번 여름은 후텁지근한 날이 많아 견디기 어렵다.

27. 다음 중 표준어로만 묶인 것은?

2013 국회직 8급

① 끄적거리다, 맨날, 접때, 삐친, 맛쩍은

② 두리뭉실하다, 먹거리, 오순도순, 널빤지, 후드득후드득

③ 남사스럽다, 점쟁이, 짜장면, 떠벌이, 핼쑥하다

④ 쌉싸름하다, 뒷꿈치, 개발새발, 뾰두라지, 셋째

⑤ 새초롬하다, 덩굴, 뜨락, 얼레리꼴레리, 소싯적

28. 밑줄 친 단어 중 표준어인 것은?

2012 국가직 9급

① 살다 보면 별 <u>희안한</u> 일이 다 생기지요.

② 고향에서 온 편지를 뜯어본 그의 심정은 <u>착찹하기</u> 이를 데 없었다.

③ 이렇게 심하게 아픈 줄 알았더라면 <u>진즉</u> 병원에 가 볼 것을 그랬다.

④ 그가 그처럼 <u>흉칙스러운</u> 생각을 가지고 있었다는 게 믿어지지 않았다.

PART 07

29.

정답풀이 '농지거리'는 점잖지 아니하게 함부로 하는 장난이나 농담을 낮잡아 이르는 말로 옳은 표기이다.

오답풀이 ① 부시럼(×) → 부스럼(○) : 피부에 나는 종기를 통틀어 이르는 말
③ 떨레야(×) → 떼려야(○) : '떼-'에 어미 '-(으)려야'가 결합된 것이므로 '떼려야 뗄 수 없다'와 같이 표현하는 것이 맞다.
④ 켸켸묵은(×) → 케케묵은(○) : 모음이 단순화한 형태를 표준어로 삼은 예로 '케케묵은'이 옳은 표기이다.

30.

정답풀이 창난젓(○) / 창란젓(×)

오답풀이 ① 아구찜(×) → 아귀찜(○)
② 이면수구이(×) → 임연수어구이(○)
③ 쭈꾸미볶음(×) → 주꾸미볶음(○)
④ 칼치구이(×) → 갈치구이(○)

31.

정답풀이 '곰기다'는 '곪은 자리에 딴딴한 멍울이 생기다'라는 뜻의 표준어이다. '곪다'는 '상처에 염증이 생겨 고름이 들게 되다.'라는 뜻이다.

오답풀이 ① 문맥상 '아주 먼 과거'의 뜻을 나타내는 '예'를 써서 '예부터'로 표기하는 것이 적절하다. '옛'은 '지나간 때의'라는 뜻을 나타내는 관형사이므로 뒤에 조사 '부터'가 결합될 수 없다.
② 구시렁거리는 꼴을 흉내 낸 말은 '구시렁구시렁'이 표준어이다. 따라서 '구시렁거리지'로 고쳐야 한다.
③ 문맥상 '물 따위를 마구 마시다'라는 뜻의 '들이켜다'로 고치는 것이 적절하다. '들이키지'는 '안쪽으로 가까이 옮기다'라는 뜻이므로 문맥상 적절하지 않다.

32.

정답풀이 외눈퉁이(×) → 애꾸눈이(○), 덩쿨(×) → 넝쿨, 덩굴(○)
'외눈퉁이'는 '애꾸눈이'로, '덩쿨'은 '덩굴'로 표기해야 한다. '상관(相關)없다'는 서로 아무런 관련이 없음을 뜻하는 형용사, '귀퉁배기'는 귀퉁이를 낮잡아 이르는 말이며 모두 표준어이다.

오답풀이 ① '가엾다', '가엽다' 모두 표준어로 인정된다.
'배냇저고리'는 깃과 섶을 달지 않은 갓난아이의 옷을 의미하며 '배내옷'이라고도 부른다.
'감감(消息)소식'은 '감감무소식'과 복수 표준어이다.
'검은엿'은 '갱엿'과 복수 표준어이다.
② '눈짐작(斟酌)'은 눈으로 보아 헤아려 보는 짐작이며 '눈가늠', '눈대중', '눈어림'과 유의어 관계이다.
'세로글씨'는 글줄을 위에서 아래로 써 내려가는 글씨이다.
'푸줏간'은 고깃간, 정육점과 함께 복수 표준어이다.
'가물'은 '가뭄'과 복수 표준어이다.
④ '겉창'은 창문 겉에 덧달려 있는 문짝으로, '덧문' 혹은 '덧창'이라고도 표기할 수 있다.
'뚱딴지'는 '돼지감자'와 복수 표준어이다.
'툇돌'은 '댓돌', '첨계'와 복수 표준어이다.
'들랑날랑'은 표준어이다.

33.

정답풀이 '되물림'이 아니라 '대물림'이, '궁시렁거리다'가 아니라 '구시렁거리다'가 적절한 표현이다.

오답풀이 ① '닦달하다'가 적절한 표현이다.
② '통째', '발자국', '구레나룻'으로 수정해야 한다.
③ '귀띔'은 [귀띰]으로 발음할 수 있으나 표기는 '귀띔'이 적절하다. 또한 '해쓱하다', '핼쑥하다' 모두 옳은 표현이지만 '핼쓱하다'는 틀린 표현이다.

29. 다음 밑줄 친 말 중 표준어인 것은?

① 온몸에 <u>부시럼</u>이 나다.

② 낄낄대며 <u>농지거리</u>들을 주고받다.

③ 우리는 <u>뗄레야</u> 뗄 수 없는 사이야.

④ 그런 <u>케케묵은</u> 이야기는 꺼내지 마.

32. 표준어끼리 묶었을 때 가장 옳지 않은 것은?

① 가엽다, 배냇저고리, 감감소식, 검은엿

② 눈짐작, 세로글씨, 푸줏간, 가물

③ 상관없다, 외눈퉁이, 덩쿨, 귀퉁배기

④ 겉창, 뚱딴지, 툇돌, 들랑날랑

30. 다음은 우리가 즐겨 먹는 음식이나 반찬들이다. 이들 중 표기가 옳은 것은?

① 아구찜

② 이면수구이

③ 쭈꾸미볶음

④ 칼치구이

⑤ 창난젓

33. 어문 규범에 맞는 단어로만 묶은 것은?

① 곰곰이, 간질이다, 닥달하다

② 통채, 발자욱, 구렛나루

③ 귀뜸, 핼쓱하다, 널찍하다

④ 대물림, 구시렁거리다, 느지막하다

난이도 조절용

31. 밑줄 친 말이 어문 규범에 맞는 것은?

① <u>옛부터</u> 김치를 즐겨 먹었다.

② <u>궁시렁거리지</u> 말고 빨리 해 버리자.

③ 찬물을 한꺼번에 <u>들이키지</u> 말아라.

④ 상처가 <u>곰겨서</u> 병원에 가야겠다.

02
Chapter

복수 표준어

01.

[정답풀이] '고깃간/푸줏간'은 표준어로 존재하지만, '정육간'은 사전에 등재되어 있지 않은 단어이다.

[오답풀이] 나머지는 모두 복수 표준어에 해당된다.

02.

[정답풀이] 덩쿨(×) → 넝쿨/덩굴(○) : '덩쿨'은 '넝쿨'과 '덩굴'의 잘못이다. 한편, '개발새발(2011년 추가 표준어)'과 '괴발개발', '이쁘다(2015년 추가 표준어)'와 '예쁘다', '마실(2015년 추가 표준어)'과 '마을'은 모두 표준어이다.

[오답풀이] 나머지는 모두 표준어로 잘 묶였다.

03.

[정답풀이] '메우다-메꾸다(추가)', '찌뿌듯하다-찌뿌둥하다(추가) -찌뿌드드하다(추가)', '냄새-내음(추가)', '만날-맨날(추가)' 모두 2011년 새로 인정된 복수 표준어이다.

[오답풀이] ② 눈꼽(×) : '눈꼽'이 아니라 '눈곱'이 표준어이다.
  나머지는 모두 표준어이다. '까다롭다-까탈스럽다(추가)-가탈스럽다(추가)'는 2016년, '꾀다-꼬시다(추가)'는 2014년, '품세-품새(추가)'는 2011년에 모두 새로 인정된 복수 표준어이다.
③ 새치롬하다(×) : '새치롬하다'는 '새치름하다'가 잘못 표기된 것이다. '새초롬하다-새치름하다'는 2011년 새로 인정된 복수 표준어이다. '예쁘다-이쁘다(추가)'와 '마을-마실(추가 : 단, 놀러가다의 의미일 때만 쓸 수 있음.)'은 2015년 새로 인정된 복수 표준어이다. '구안괘사 -구안와사(추가)'는 2014년 새로 인정된 복수 표준어이다.
④ 늘상(×) : '늘'의 비표준어이다.
  '두루뭉술하다-두리뭉실하다(추가)'는 2011년 새로 인정된 복수 표준어이다. '차지다-찰지다(추가)'는 2015년 새로 인정된 복수 표준어이다. '괴발개발-개발새발(추가)'은 2011년 새로 인정된 복수 표준어이다.

04.

[정답풀이] ㉠과 ㉡ 모두 '그 일과는 전혀 관계가 없는 일이나 행동.'을 의미하는 복수 표준어이다.

[오답풀이] ① '딴'은 '다른'이라는 뜻의 관형사이고, '전'은 '가게 전(廛)'이므로 '다른 가게'가 '㉠ 딴전'의 어원이다.
③ ㉠과 ㉡은 모두 '-을 부리다', '-을 피우다'와 함께 사용이 가능하다. 하지만 '-을 하다' 등에는 '딴청'만 사용할 수 있을 것을 미루어 볼 때 완벽하게 의미가 같지는 않은 유의관계임을 알 수 있다.
④ '딴청을 피우다'라는 말은 자연스럽다.

05.

[정답풀이] '어림재다'는 '어림잡다'의 잘못이므로, 표준어로 인정하지 않는다. '어림잡다'만 '대강 짐작으로 헤아려 보다'를 의미하는 표준어이다.

[오답풀이] ② '변덕스럽다', '변덕맞다' 모두 '변하기 쉬운 태도나 성질이 있다.'를 의미하는 복수 표준어이다.
③ '장가가다', '장가들다' 모두 '혼인하여 아내를 맞다.'를 의미하는 복수 표준어이다. 다만, '서방가다'는 비표준어이다.
④ '흠가다', '흠지다' 모두 '흠이 생기다.'를 의미하는 복수 표준어이다. 참고로, '흠나다, 흠되다' 또한 표준어로 인정된다.
⑤ '기세부리다', '기세피우다' 모두 '남에게 자기의 기세를 드러내 보이다.'를 의미하는 복수 표준어이다.

06.

[정답풀이] '손주'는 '손자(자식의 아들)'와 '손녀(자식의 딸)'를 함께 이르는 말이다. '손자'가 '손주'에 속하는 말이므로 동일한 의미의 복수 표준어가 아니다.

[오답풀이] 나머지는 모두 동일한 의미의 복수 표준어이다.
① 짜장면(추가)/자장면 (2011년 개정 복수 표준어)
② 간지럽히다(추가)/간질이다 (2011년 개정 복수 표준어)
③ 복숭아뼈(추가)/복사뼈 (2011년 개정 복수 표준어)

정답
찾기   1. ②   2. ④   3. ①   4. ②   5. ①   6. ④

대표 亦功 기출 | 제7편 표준어 규정 CH.02 복수 표준어

최빈출

01. 다음은 복수 표준어에 대한 설명이다. 이에 따른 표기로 가장 옳지 않은 것은?　2019 서울시 9급(1차)

> 한 가지 의미를 나타내는 형태 몇 가지가 널리 쓰이며 표준어 규정에 맞으면, 그 모두를 표준어로 삼는다.

① 가는허리/잔허리
② 고깃간/정육간
③ 관계없다/상관없다
④ 기세부리다/기세피우다

02. 표준어끼리 묶인 것으로 가장 옳지 않은 것은?　2018 서울시 9급

① 등물, 남사스럽다, 쌉싸름하다, 복숭아뼈
② 까탈스럽다, 걸판지다, 주책이다, 겉울음
③ 찰지다, 잎새, 꼬리연, 푸르르다
④ 개발새발, 이쁘다, 덩쿨, 마실

03. 다음 중 표준어로만 묶인 것은?　2017 기상직 7급

① 메꾸다, 찌뿌듯하다, 내음, 맨날
② 까탈스럽다, 꼬시다, 눈꼽, 품세
③ 새치롬하다, 이쁘다, 구안괘사, 마실
④ 두리뭉실하다, 찰지다, 개발새발, 늘상

04. ㉠과 ㉡에 대한 설명으로 옳지 않은 것은?　2017 기상직 9급

> 명태 한 마리 놓고 ㉠ 딴전 본다.
> 그 사람은 일부러 ㉡ 딴청을 부렸다.

① ㉠의 어원적 의미는 '다른 가게'이다.
② ㉠은 비표준어이고 ㉡은 표준어이다.
③ ㉠과 ㉡의 의미 관계는 유의 관계이다.
④ ㉡은 '피우다'와도 자연스럽게 어울린다.

05. 다음 중 복수 표준어가 아닌 것은?　2016 국회직 9급

① 어림잡다 – 어림재다
② 변덕스럽다 – 변덕맞다
③ 장가가다 – 장가들다
④ 흠가다 – 흠지다
⑤ 기세부리다 – 기세피우다

06. 동일한 의미의 복수 표준어가 아닌 것은?　2015 지방직 7급

① 짜장면/자장면
② 간지럽히다/간질이다
③ 복숭아뼈/복사뼈
④ 손주/손자

07.

정답풀이) 복수 표준어는 외우는 수밖에 없다. 2011년, 2014, 2015년 개정으로 새로 등재된 표준어가 많으니 공부해야 한다. '부시시하다'는 '부스스하다'의 잘못이다.

오답풀이) ①, ②, ③ 모두 복수 표준어이다.
①, ②는 2015년에 개정되어 인정하게 되었다.

08.

정답풀이) '덩쿨'은 비표준어이다. '넝쿨 – 덩굴'만 표준어이다.

오답풀이) 나머지는 모두 같은 의미를 지닌 복수 표준어이다.

09.

정답풀이) '허섭쓰레기'가 아니라 '허섭스레기, 허접쓰레기'가 표준어이다.

오답풀이) ① 자장면 – 짜장면(추가) (2011 개정 복수 표준어)
② 메우다 – 메꾸다(추가) (2011 개정 복수 표준어)
③ 날개 – 나래(추가) (2011 개정 복수 표준어)
④ 먹을거리(추가) – 먹거리 (2011 개정 복수 표준어)

10.

정답풀이) '꼬다'와 '꼬이다'는 둘다 표준어는 맞지만 의미가 다르다는 점에서 복수 표준어라고 볼 수 없다. 복수 표준어는 의미나 어감이 같지만 '꼬이다'는 '꼬다'의 피동형이기 때문에 '꼼을 당하다'를 의미한다.
굳이 말하자면, '꾀다(○)/꼬이다(○)'가 복수 표준어이다.

오답풀이) 나머지는 복수 표준어이다.

11.

정답풀이) 모두 2014년 12월 새로 추가된 표준어 목록에 해당한다.
㉠ '삐치다'만 표준어였으나 '삐지다'도 표준어로 인정되었고,
㉡ '개개다'만 표준어였으나 '개기다'도 표준어로 인정되었다.
㉢ '장난감'만 표준어였으나 '놀잇감'도 표준어로 인정되었다.
㉣ '딴죽'만 표준어였으나 '딴지'도 표준어로 인정되었다.
㉤ '섬뜩만 표준어였으나 '섬찟'도 표준어로 인정되었다.

12.

정답풀이) '쪽밤(×)'이 아니라 '쌍동밤(○)'이 표준어이다.

오답풀이) 나머지는 2011년에 새로 추가된 표준어들이다.
① 괴발개발, 개발새발
③ 뜨락, 뜰
④ 날개, 나래

13.

정답풀이) 여직껏(×) → 여태껏/입때껏(○) : '여태(지금까지)'를 강조는 말로 '여태껏' 또는 '입때껏'이 있다. '여직껏'은 잘못 쓰이는 말이다.

오답풀이) ① 말아라(○) : 과거 '말다'에 명령형 어미 '-아, -아라, -아요' 등이 결합할 때는 어간 끝의 'ㄹ'이 탈락하는 '하지마, 하지마라, 하지마요'만 맞는 표기였지만 2015년부터 'ㄹ'이 탈락하지 않는 경우도 표준어로 인정함에 따라 '하지 말아, 하지 말아라, 하지 말아요'도 맞는 표기가 되었다. 따라서 '말아라'는 맞는 표기이다.
③ 두리뭉실하게(○) : 2011년에 '두리뭉실하다'가 표준어로 인정되어 '두루뭉술하다(○)/두리뭉실하다(○)' 모두 현재 표준어이다. '말이나 태도 따위가 확실하거나 분명하지 아니하다.'의 의미이다.
④ 주책스러운(○) : 2016년에 명사 '주책' 뒤에 서술격 조사 '이다'가 결합한 '주책이다'도 표준형으로 인정하였다. 마찬가지로 동일한 의미를 지니는 어근 '주책'에 접사 '-스럽다'가 결합된 어휘 '주책스럽다'도 표준어로 인정하였다. '주책없다, 주책이다, 주책스럽다' 모두 표준어이다.

 정답찾기   7. ④   8. ④   9. ⑤   10. ③   11. ⑤   12. ②   13. ②

07. 다음 중 비표준어가 포함된 것은?   2016 서울시 7급

① 마을 – 마실

② 예쁘다 – 이쁘다

③ 새초롬하다 – 새치름하다

④ 부스스하다 – 부시시하다

08. 다음은 같은 의미를 지닌 단어들을 묶은 것이다. 이들 가운데 표준어가 아닌 예가 들어 있는 것은?   2014 서울시 9급

① 눈대중 – 눈어림 – 눈짐작

② 보통내기 – 여간내기 – 예사내기

③ 멀찌감치 – 멀찌가니 – 멀찍이

④ 넝쿨 – 덩굴 – 덩쿨

⑤ 되우 – 된통 – 되게

09. 다음 중 복수 표준어가 아닌 것은?   2013 서울시 9급

① 자장면 – 짜장면

② 메우다 – 메꾸다

③ 날개 – 나래

④ 먹을거리 – 먹거리

⑤ 허섭쓰레기 – 허접쓰레기

10. 복수 표준어에 해당하지 않는 것은?   2010 서울시 9급

① 볕을 쬐다/쪼이다   ② 나사를 죄다/조이다

③ 벌레가 꼬다/꼬이다   ④ 물이 괴다/고이다

⑤ 쇠고기/소고기

11. 다음 밑줄 친 단어 가운데 새로 인정된 표준어는 몇 개인가?   2015 국회직 8급

> ㉠ 그렇게 조그만 일에 <u>삐지다니</u> 큰일을 못할 사람일세.
> ㉡ 인창이는 상급생에게 <u>개기다가</u> 혼쭐이 났다.
> ㉢ 나뭇잎도 아이들에게는 훌륭한 <u>놀잇감</u>이 된다.
> ㉣ 성우야, 이번 일에 자꾸 <u>딴지</u>를 걸지 마라.
> ㉤ 길형이는 뱀을 발견하고 <u>섬찟</u> 놀랐다.

① 1개   ② 2개

③ 3개   ④ 4개

⑤ 5개

12. 밑줄 친 단어 중 표준어가 아닌 것은?   2014 지방직 7급

① 담벼락에는 <u>개발새발</u> 아무렇게나 낙서가 되어 있었다.

② 어제 딴 <u>쪽밤</u>을 아이들이 몰래 까서 먹고 있다.

③ 창을 통해서 <u>뜨락</u>을 바라보니 완연한 가을이었다.

④ "상상의 <u>나래</u>를 펴는 중국어"는 듣기, 말하기 중심의 학습을 도와주는 교재이다.

13. 밑줄 친 부분이 표준어가 아닌 것은?   2019 서울시 7급

① 휴지를 함부로 버리지 <u>말아라.</u>

② 그는 <u>여직껏</u> 그 일을 모르는 척했다.

③ <u>두리뭉실하게</u> 말 돌리지 말고 사실대로 얘기해 봐.

④ 살짝 <u>주책스러운</u> 면이 있지만 인품은 훌륭한 사람이다.

박혜선 국어
개념도 새기는
기출 문법

08

한글 맞춤법

띄어쓰기 제외한 한글 맞춤법

01.

정답풀이 '㉠ 빛깔[빋깔]'은 어법에 맞도록 적은 것이므로 ㉡이 되어야 하므로 ㉠의 사례로 적절하지 않다.
'㉡ 여덟에[여덜베]'는 수사와 조사의 원형을 밝혀 적은 것이므로 ㉡의 사례로 적절하지 않다.

오답풀이 나머지 선지는 ㉠과 ㉡의 사례로 적절하다.
① '㉠ 마감'은 어근 '막-'에 '-암'이 결합한 것으로, 소리대로 적은 것이다.
'㉡ 무릎이[무르피]'는 어법에 맞도록 명사와 조사의 원형을 밝혀 적은 것이다.
② '㉠ 며칠'은 소리대로 적은 것이다.
'㉡ 없었고[업썯꼬]'는 어법에 맞도록 용언 어간의 원형을 밝히어 적은 것이다.
④ '㉠ 꼬락서니'는 '꼴'에 '-악서니'가 결합한 것으로, 원형을 밝혀 적지 아니한 것이므로 ㉠이라고 보는 것이 적절하다.
'㉡ 젊은이[절므니]'는 어법에 맞도록 원형을 밝혀 적은 것이다.

02.

정답풀이 '㉠ 소리대로 적되,'은 음운변동이 반영된 표기법, '㉡ 어법에 맞도록 함'은 단어의 원형을 적는 표기법이다.
"끝소리가 'ㄹ'인 말과 딴 말이 어울릴 적에 'ㄹ' 소리가 나지 아니하는 것은 아니 나는 대로 적는다."는 한글 맞춤법 제28항에서 '달-달-이'는 '다달이'라 적는다. 음운 변동인 'ㄹ' 탈락이 있기 때문에 이는 ㉡이 아니라 ㉠의 예이다.

오답풀이 ① '살코기'는 [ㅎ]음이 첨가되어 발음되는 단어(살ㅎ+고기)이다. 음운 변동인 거센소리되기가 반영된 채로 표기한 것이므로 ㉠의 예로 적절하다. (살은 'ㅎ' 종성체언이다.)
② "한자음 '라, 래, 로, 뢰, 루, 르'가 단어의 첫머리에 올 적에는, 두음 법칙에 따라 '나, 내, 노, 뇌, 누, 느'로 적는다."는 음운 변동인 두음 법칙이 적용된 것이므로 ㉠의 예로 적절하다. '論議'는 소리 나는 대로 '론의'로 표기하지 않고 '논의'로 적는다.
③ '급히'는 [그피]로 발음되지만 각 형태소의 본 모양을 밝히어 '급히'로 표기한 것이므로 ㉡의 예로 적절하다.

03.

정답풀이 ㉠ '거시기'는 표준어이다. (참고로 대명사, 감탄사에 해당한다.)
㉡ 수ㅎ+당나귀 : 'ㅎ+ㄷ'의 자음 축약이 일어나므로 소리대로 적는 것에 해당한다.
㉢ 발음이 [오십씨요]로 되어도 '오십시오'로 원형을 밝혀 적고 있으므로 어법에 맞도록 적은 것이다.

오답풀이 ② ㉠ '천정(天障)'이 아니라 '천장'이 표준어이다.
③ ㉠ '윗층'이 아니라 '위층'이다. 된소리나 거센 소리 앞에서는 '위-'로 적어야 한다.
④ ㉢ '쌍용(雙龍)'이 아니라 '쌍룡(雙龍)'이 표준어이다. 원래 한자음이 龍(룡)인데, 첫음(두음)에 있지 않고 둘째 음절 이하에 있으므로 원형을 밝혀적은 것이다. (만일 두음 법칙이 적용되는 환경이었다면 ㉡에 해당한다.)
⑤ ㉢ '갯수(個數)'가 아니라 '개수(個數)'가 표준어이다. 한자어의 경우에는 사잇소리 현상으로 발음이 나더라도 사이시옷을 원칙적으로 적지 않기 때문이다. (적을 수 있는 예외는 6가지밖에 없다.)

04.

정답풀이 자음이 아닌 모음으로 시작하는 말들이므로 모음의 순서에 유의하여 파악해야 한다. 모음을 순서대로 배열하면 'ㅏ ㅐ ㅑ ㅒ ㅓ ㅔ ㅕ ㅖ ㅗ ㅘ ㅙ ㅚ ㅛ ㅜ ㅝ ㅞ ㅟ ㅠ ㅡ ㅢ ㅣ'이다. 이에 따라 배열하면, '(ㅙ)왜가리 − (ㅜ)우엉 − (ㅞ)웬만하다 − (ㅟ)위상'이 바른 순서이다.

05.

정답풀이 자음이 아닌 모음으로 시작하는 말들이므로 모음의 순서에 유의하여 파악해야 한다. 모음을 순서대로 배열하면 'ㅏ ㅐ ㅑ ㅒ ㅓ ㅔ ㅕ ㅖ ㅗ ㅘ ㅙ ㅚ ㅛ ㅜ ㅝ ㅞ ㅟ ㅠ ㅡ ㅢ ㅣ'이다. 이에 따라 배열하면, '㉢ 와전 → ㉠ 왜곡 → ㉣ 외가 → ㉡ 웬일'이 바른 순서이다.

정답
찾기   1. ③ 2. ④ 3. ① 4. ① 5. ③

대표 亦功 기출   제8편 한글 맞춤법 CH.01 띠어쓰기 제외한 한글 맞춤법

한글 맞춤법 총칙

01. 〈보기〉의 밑줄 친 ⊙과 ⓒ의 사례로 옳지 않게 짝지은 것은?

2022 서울시 9급 6월

┌ (보기) ─────────────────┐
│ 제1항 한글 맞춤법은 표준어를 ⊙ 소리대로 적되, │
│   ⓒ 어법에 맞도록 함을 원칙으로 한다. │
└──────────────────────────┘

	⊙	ⓒ
①	마감	무릎이
②	며칠	없었고
③	빛깔	여덟에
④	꼬락서니	젊은이

02. ⊙과 ⓒ의 예로 적절하지 않은 것은?   2017 지방직 7급

┌ (한글 맞춤법) ─────────────┐
│ 총칙 제1항 한글 맞춤법은 표준어를 ⊙ 소리대로 적되, │
│ ⓒ 어법에 맞도록 함을 원칙으로 한다. │
└──────────────────────────┘

┌──────────────────────────┐
│ 표준어를 소리대로 적는다는 것은 표음주의를 취한다 │
│ 는 것이다. 그런데 표준어를 소리대로 적는다는 원칙 │
│ 만을 적용하기 어려운 경우도 있다. 예를 들어 한 단어 │
│ 의 발음이 여러 가지로 실현되는 경우 소리대로 적는 │
│ 다면 뜻을 파악하기 어렵다. 어법이란 언어 조직의 법 │
│ 칙, 또는 언어 운용의 법칙이라고 풀이할 수 있다. 어 │
│ 법에 맞도록 한다는 것은 뜻을 파악하기 쉽도록 각 형 │
│ 태소의 본 모양을 밝히어 적는다는 것이다. │
└──────────────────────────┘

① ⊙: '살고기'로 적지 않고 '살코기'로 적음
② ⊙: '론의(論議)'로 적지 않고 '논의'로 적음
③ ⓒ: '그피'로 적지 않고 '급히'로 적음
④ ⓒ: '달달이'로 적지 않고 '다달이'로 적음

03. 다음 한글 맞춤법 총칙의 내용에 모두 부합하는 것은?

2012 국회직 8급

┌──────────────────────────┐
│ 한글 맞춤법은 ⊙ 표준어를 ⓒ 소리대로 적되, ⓒ 어법 │
│ 에 맞도록 함을 원칙으로 한다. │
└──────────────────────────┘

	⊙	ⓒ	ⓒ
①	거시기	수탕나귀	오십시오
②	천정(天障)	곱빼기	학생이었다
③	윗층	돌잔치	우웃값
④	짜장면	짭짤하다	쌍용(雙龍)
⑤	멍게	부나비	갯수(個數)

자모

04. 다음의 단어를 사전에 수록된 순서대로 바르게 나열한 것은?

2011 국가직 7급

┌──────────────────────────┐
│ 우엉   왜가리   위상   웬만하다 │
└──────────────────────────┘

① 왜가리 − 우엉 − 웬만하다 − 위상
② 우엉 − 위상 − 왜가리 − 웬만하다
③ 우엉 − 왜가리 − 웬만하다 − 위상
④ 왜가리 − 우엉 − 위상 − 웬만하다

05. 다음 낱말을 국어사전의 올림말(표제어) 순서에 따라 차례 대로 배열하면?

2011 지방직 9급

┌──────────────────────────┐
│ ⊙ 웬일   ⓒ 왜곡 │
│ ⓒ 와전   ⓔ 외가 │
└──────────────────────────┘

① ⓒ → ⊙ → ⓒ → ⓔ
② ⓒ → ⓒ → ⊙ → ⓔ
③ ⓒ → ⓒ → ⓔ → ⊙
④ ⓒ → ⓔ → ⓒ → ⊙

06.

정답풀이) 사전에 올릴 적에는 자음의 순서를 먼저 본 후, 모음의 순서를 보고 단어들을 차례대로 배열하면 된다. 이에따라 자모 순서에 맞게 배열된 것은 ④ '괴롭다, 교실, 구름, 귀엽다'이다.

오답풀이) ① 두다 – 뒤뜰 – 뒤켠 – 따뜻하다

② 냠냠 – 넘기다 – 네모 – 닐리리

③ 앳되다 – 얇다 – 에누리 – 여름

07.

정답풀이) (나)는 '–이'나 '–음' 이외의 모음으로 시작된 접미사가 붙어 품사가 달라지는 단어들의 예이다. 그런데 '지붕(집+웅)'은 명사 '집' 뒤에 접미사 '웅'('–이' 이외의 모음으로 시작된 접미사)이 붙었지만, 품사가 그대로 명사이므로 (나)의 예가 될 수 없다. '지붕'으로 원형을 밝혀 적지 않았기 때문에 오히려 (라)에 해당된다. '마개(막+애)', '마감(막+암)'은 (나)의 예로 적절하다. '막–'이라는 동사가 접미사로 인해 '명사'가 되었기 때문이다.

오답풀이) ① (가) '미닫이'는 어간에 '–이'가 붙어서 명사로 품사가 바뀐 것[미닫–(동사) → 미닫이(명사)]의 예이고, '졸음'은 어간에 '–음'이 붙어서 명사로 품사가 바뀐 것[졸–(동사) → 졸음(명사)]의 예, '익히'는 어간에 '–히'가 붙어서 부사로 품사가 바뀐 것[익–(동사) → 익히(부사)]의 예에 해당한다.

③ (다) '육손이', '곰배팔이'는 명사 뒤에 '–이'가 붙어 명사가 된 예이고, '집집이'는 명사 뒤에 '–이'가 붙어 부사로 된 것의 예에 해당한다.

④ (라) '꼬트머리', '바가지', '이파리'는 모두 '–이' 이외의 모음으로 시작된 접미사가 붙어 된 말의 예에 해당한다.

08.

정답풀이) '여닫다'는 '열(고)+닫다'에서 'ㄹ' 받침이 탈락한 경우이므로 〈보기〉의 규정이 적용된 단어가 아니다.

오답풀이) ① '풀+소' : 'ㄹ'이 'ㄷ'으로 교체되었다.

③ '잘+주름' : 'ㄹ'이 'ㄷ'으로 교체되었다. (참고로 '잘다'는 가늘고 작음을 의미한다)

④ '설+부르다' : 'ㄹ'이 'ㄷ'으로 교체되었다. (참고로 합성어로 보면 '설다'는 익숙하지 못함을 의미한다. 하지만 파생어로 보게 되면 접두사 '설–'은 '충분하지 못하게'의 뜻을 더한다.)

09.

정답풀이) '꽃을, 꽃이, 꽃밭'으로 적고 글자 그대로 읽는 것이 아니라 소리나는 대로 [꼬츨], [꼬치], [꼳빤]으로 읽어야 한다.

오답풀이) 나머지는 모두 옳은 설명이다. 나머지 예들을 꼼꼼하게 익혀야 한다.

10.

정답풀이) 'ㄱ, ㅂ' 받침 뒤의 예사소리가 된소리로 발음되는 경우에는 자연스럽게 발음에서 된소리되기가 일어나므로 굳이 된소리로 표기할 필요가 없다. 따라서 '싹둑'은 [싹뚝]으로 발음되지만 표기는 된소리로 적지 아니한다.

오답풀이) ① '눈곱'은 '눈'과 '곱'이 결합된 말로 합성어이므로 울림소리 뒤의 예사소리는 된소리로 발음된다. 이는 사잇소리현상이 일어난 것이다.

② 안울림 소리와 안울림 소리가 만나면 100% 된소리가 일어난다. 따라서 법의 'ㅂ'과 '석'의 'ㅅ'이 만나 [법썩]으로 발음된다. 'ㄱ, ㅂ' 받침 뒤의 예사소리가 된소리로 발음되는 경우에는 자연스럽게 발음에서 된소리되기가 일어나므로 굳이 된소리로 표기할 필요가 없다. 따라서 '법석'으로 표기는 된소리로 적지 아니한다.

④ ⑤ 한 단어 안에서 뚜렷한 까닭 없이 나는 된소리이므로 다음 음절의 첫소리를 된소리로 적어야 한다.

정답찾기 6. ④ 7. ② 8. ② 9. ⑤ 10. ③

06. 사전 등재 순서에 맞게 배열된 것은?

① 두다, 뒤켠, 뒤뜰, 따뜻하다
② 냠냠, 네모, 넘기다, 널리리
③ 앏다, 앳되다, 여름, 에누리
④ 괴롭다, 교실, 구름, 귀엽다

어문 규정

07. 다음 한글 맞춤법 규정의 예로 옳지 않은 것은?

> (가) 제19항 어간에 '-이'나 '-음/ㅁ'이 붙어서 명사로 된 것과 '-이'나 '-히'가 붙어서 부사로 된 것은 그 어간의 원형을 밝히어 적는다.
> (나) 제19항 [붙임] 어간에 '-이'나 '-음' 이외의 모음으로 시작된 접미사가 붙어서 다른 품사로 바뀐 것은 그 어간의 원형을 밝히어 적지 아니한다.
> (다) 제20항 명사 뒤에 '-이'가 붙어서 된 말은 그 명사의 원형을 밝히어 적는다.
> (라) 제20항 [붙임] '-이' 이외의 모음으로 시작된 접미사가 붙어서 된 말은 그 명사의 원형을 밝히어 적지 아니한다.

① (가): 미닫이, 졸음, 익히
② (나): 마개, 마감, 지붕
③ (다): 육손이, 집집이, 곰배팔이
④ (라): 끄트머리, 바가지, 이파리

08. 〈보기〉의 규정이 적용된 단어가 아닌 것은?

> ─ (보기)─
> 제29항 끝소리가 'ㄹ'인 말과 딴 말이 어울릴 적에 'ㄹ' 소리가 'ㄷ'소리로 나는 것은 'ㄷ'으로 적는다.
> 예 삼짇날[삼질+날]　숟가락[술+가락]

① 푿소　② 여닫다
③ 잗주름　④ 섣부르다

09. 다음 중 한글 맞춤법에 대한 설명으로 옳지 않은 것은?

① '돗자리, 웃어른, 얼핏'처럼 'ㄷ' 소리로 나는 받침 중에서 'ㄷ'으로 적을 근거가 없는 것은 'ㅅ'으로 적는다.
② '깨끗이, 버젓이, 정확히, 솔직히, 도저히'처럼 부사의 끝음절이 분명히 '이'로만 나는 것은 '-이'로 적고, '히'로만 나거나 '이'나 '히'로 나는 것은 '-히'로 적는다.
③ '소쩍새, 해쓱하다, 움찔'처럼 한 단어 안에서 뚜렷한 까닭 없이 나는 된소리는 다음 음절의 첫소리를 된소리로 적지만, '싹둑, 갑자기, 깍두기'는 된소리로 적지 않는다.
④ '해돋이, 같이, 걷히다'처럼 'ㄷ, ㅌ' 받침 뒤에 종속적 관계를 가진 '-이(-)'나 '-히-'가 올 적에는, 그 'ㄷ, ㅌ'이 'ㅈ, ㅊ'으로 소리나더라도 'ㄷ, ㅌ'으로 적는다.
⑤ 한글 맞춤법은 표준어를 소리대로 적되, 어법에 맞도록 함을 원칙으로 하므로, '꽃을, 꽃이, 꽃밭'으로 적고 글자 그대로 읽는다.

된소리의 표기

10. 다음 중 '[발음] - 표기'가 잘못 연결된 것은?

① [눈꼽] - 눈곱　② [법썩] - 법석
③ [싹뚝] - 싹뚝　④ [잔뜩] - 잔뜩
⑤ [멀쩡] - 멀쩡

11.

정답풀이〉제시된 한글 맞춤법 제6항은 '구개음화'와 관련된 규정이다. 구개음화는 '잔디', '버티다'와 같은 하나의 형태소 내에서는 일어나지 않는다. 구개음화가 일어나려면 'ㄷ, ㅌ' 받침 뒤에 종속적 관계를 가진 '-이(-)'나 '-히-'가 와야 하는데, '잔디'의 '디'와 '버티다'의 '티'는 하나의 형태소 안에서 'ㄷ, ㅌ'과 'ㅣ'가 결합하였을 뿐, 종속적 관계를 가진 '-이(-)'나 '-히-'와 결합한 것은 아니다. 따라서 한글 맞춤법 제6항의 예에 해당한다는 ④의 진술은 옳지 않다.

오답풀이〉② 구개음화가 일어나더라도 소리대로 적지 않고 'ㄷ, ㅌ'으로 적는다고 했으므로, 이는 '어법에 맞게 적는다'는 원리를 따른 것이다.

12.

정답풀이〉인명은 원칙적으로 두음 법칙을 적용하므로 두음 법칙이 적용된 '하윤(○)'은 옳다. 단, 외자는 예외적으로 본음대로 적을 수 있다. 따라서 하륜(○) 또한 적절한 표기이다. (하지만 김인수를 '김린수'라고 할 수는 없다. 외자만 본음을 적을 수 있다.)

오답풀이〉① '家庭欄'은 '한자어+란(欄)'의 구성이므로 두음 법칙이 적용되지 않아 '가정난'이 아니라 '가정란'이 옳다. (란(欄) 앞에 한자어가 오면 는다.)
② '失樂園'는 접두사처럼 쓰이는 한자 '실(失)'이 붙은 것이므로 두음 법칙이 적용되어 '실낙원'이 된다.
③ '脂肪尿'는 '한자어+뇨(尿)'의 구성이므로 둘째 음절 이하에 '뇨'가 있으므로 두음 법칙이 적용되지 않아 '지방요'가 아니라 '지방뇨'가 옳다.
④ '欌籠'은 '한자어+롱(籠)'의 구성이므로 둘째 음절 이하에 '롱'이 있으므로 두음 법칙이 적용되지 않아 '장농'이 아니라 '장롱'이 옳다.

13.

정답풀이〉'실락원(失樂園)'이 아니라 실낙원(失樂園)이다.
'실-'은 접두사처럼 쓰이는 한자이므로 '락원'과 결합할 때 두음법칙이 적용된 후에 결합되어야 하므로 '실낙원'이 옳다.

오답풀이〉나머지는 한글 맞춤법 규정을 잘 따르고 있다.
③ '상노인'은 접두사처럼 쓰이는 한자이므로 '로인'과 결합할 때 두음 법칙이 적용되어 '상노인'이 되는 것이다.

14.

정답풀이〉내래월(×) → 내내월(來來月)(○) : '접두사처럼 쓰이는 한자가 붙어서 된 말이나 합성어에서, 뒷말의 첫소리가 'ㄴ' 소리로 나더라도 두음 법칙에 따라 적는다.'는 붙임 조항에 따라 '내내월'로 고쳐야 한다. '내(來)+래월(來月)'은 두음 법칙이 적용되지 않은 것이므로 옳지 않다.
☞ 내내월=내달의 다음 달 (내달 : 이달의 다음 달)

오답풀이〉나머지는 '접두사처럼 쓰이는 한자가 붙어서 된 말이나 합성어에서, 뒷말의 첫소리가 'ㄴ' 소리로 나더라도 두음 법칙에 따라 적는다.'를 잘 지키고 있다.
② 비(非)- : 부정(否定)의 뜻을 나타내는 말
　비(非)+론리적(論理的) =비논리적
③ 중(重)- : '심한'의 뜻을 더하는 접두사
　중(重)+로동(勞動)=중노동
④ 상노인 : 여러 노인 중 가장 나이 많은 사람
　상(上)+로인(老人)=상노인

15.

정답풀이〉흡입량(○), 구름양(○): '흡입(吸入)'은 한자어이므로 '흡입량'은 옳다. '구름'은 고유어이므로 '구름양'은 옳다.
정답란(○), 칼럼난(○) : '란/난' : '정답(正答)'은 한자어이므로 '정답란'은 옳다. '칼럼'은 외래어이므로 '칼럼난'은 옳다.

오답풀이〉① 꼭지점(×) → 꼭짓점(○) : 고유어 '꼭지'가 있으면서 사잇소리 현상이 일어나므로 사이시옷을 표기해야 한다.
③ 딱다구리(×) → 딱따구리(○) : '한글 맞춤법 제5항 한 단어 안에서 뚜렷한 까닭 없이 나는 된소리는 다음 음절의 첫소리를 된소리로 적는다.'에 의해 '딱따구리'가 옳다.
④ 홧병(×) → 화병(○) : '화병(火兵)'은 2글자 한자어이므로 사이시옷을 표기할 수 없다. 2글자 한자어의 경우 표기할 수 있는 것은 6개 단어밖에 없다. (툇간, 곳간, 셋방, 찻간, 횟수, 숫자)

 11. ④　12. ⑤　13. ①　14. ①　15. ②

구개음화 표기

11. 다음 한글 맞춤법 제6항에 대한 설명으로 옳지 않은 것은?

2017 국가직 9급(2차)

> 'ㄷ, ㅌ' 받침 뒤에 종속적 관계를 가진 '-이(-)'나 '-히-'가 올 적에는, 그 'ㄷ, ㅌ'이 'ㅈ, ㅊ'으로 소리 나더라도 'ㄷ, ㅌ'으로 적는다.

① 예시로는 '해돋이, 같이'가 있다.
② 위 조항은 한글 맞춤법 총칙 중 '어법에 맞게 적는다'는 원리를 따른 것이다.
③ 종속적 관계란 체언, 어근, 용언 어간 등에 조사, 접사, 어미 등이 결합하는 관계를 말한다.
④ '잔디, 버티다'는 하나의 형태소에서 'ㄷ, ㅌ'과 'ㅣ'가 만난 것으로서 위 조항의 예에 해당된다.

두음 법칙 표기

12. 다음 중 밑줄 친 한자어의 한글 표기가 옳은 것은?

2017 국회직 8급

① 이 요리는 잡지 <u>가정난(家庭欄)</u>에 있는 요리법을 따라 해 본 거야.
② 밀턴의 ≪<u>실락원(失樂園)</u>≫은 기독교적인 이상주의와 청교도적인 세계관을 반영하고 있다.
③ <u>지방요(脂肪尿)</u>는 지방 성분이 섞인 오줌을 말한다.
④ 봉선이가 이불을 개어 <u>장농(欌籠)</u> 속에 넣고 걸레로 방바닥을 훔치며 물었다.
⑤ 고려 말기, 조선 초기의 문신인 <u>하윤(河崙)</u>은 ≪태조실록≫의 편찬을 지휘하였다.

13. 〈보기〉에 제시된 한글 맞춤법의 규정이 바르게 적용되지 않은 것은?

2014 경찰 2차

> ─〈보기〉─
> 제12항 한자음 '라, 래, 로, 뢰, 루, 르'가 단어의 첫머리에 올 적에는 두음 법칙에 따라 '나, 내, 노, 뇌, 누, 느'로 적는다.
> [붙임 1] 단어의 첫머리 이외의 경우에는 본음대로 적는다.
> [붙임 2] 접두사처럼 쓰이는 한자가 붙어서 된 단어는 뒷말을 두음 법칙에 따라 적는다.

① 낙원(樂園), 실락원(失樂園)
② 내일(來日), 왕래(往來)
③ 노인(老人), 상노인(上老人)
④ 누각(樓閣), 광한루(廣寒樓)

14. 다음 〈보기〉의 한글 맞춤법 규정이 적용된 단어로 적절하지 않은 것은?

2021 경찰 2차

> ─〈보기〉─
> [붙임 2] 접두사처럼 쓰이는 한자가 붙어서 된 단어는 뒷말을 두음 법칙에 따라 적는다.

① 이 지역에 내래월(來來月)까지 비가 온다고 한다.
② 그의 이론은 현실적으로 볼 때 비논리적(非論理的)이다.
③ 멀리 격리되어 몇 달 동안 중노동(重勞動)에 처함을 어찌 면하겠나?
④ 육십을 갓 넘겼는데 그의 얼굴은 칠십의 상노인(上老人)같이 늙어 보였다.

15. 맞춤법에 맞는 것만으로 묶은 것은?

2021 국가직 9급

① 돌나물, 꼭지점, 페트병, 낚시꾼
② 흡입량, 구름양, 정답란, 칼럼난
③ 오뚝이, 싸라기, 법석, 딱다구리
④ 찻간(車間), 홧병(火病), 셋방(貰房), 곳간(庫間)

16.

정답풀이 '전세방(傳貰房)'은 한자어 '전세(傳貰)'와 한자어 '방(房)'이 결합한 것이므로, 사이시옷 없이 표기한다.

오답풀이 ① '아랫집[아래찝/아랟찝]'은 순우리말로 된 합성어이자 사잇소리 현상이 일어나므로 '아랫집'으로 표기한다.
② '쇳조각[쇠쪼각/쇧쪼각]'은 순우리말로 된 합성어이자 사잇소리 현상이 일어나므로 '쇳조각'으로 표기한다.
④ '자릿세[자리쎄/자릳쎄]'는 순우리말 '자리'와 한자어 '세(貰)'가 결합된 것으로, 사잇소리 현상이 일어나므로 '자릿세'로 표기한다.

17.

정답풀이 '공기'와 '밥' 모두 고유어이면서 사잇소리 현상이 나타나 [공긷빱/공기빱]으로 발음되기 때문에 '공기'와 '밥' 사이에 사이시옷을 넣어야 한다.

오답풀이 ② '인사로 하는 말 또는 인사를 차려 하는 말'은 '인사말[인사말]'로 표기한다.
③ '일이 벌어진 뒤나 끝난 뒤끝을 처리하는 일'은 '뒤처리'로 표기한다.
④ '편지의 형식으로 적은 글'은 '편지글'로 표기한다.

18.

정답풀이 '인사말(人事말)'은 [인사말]로 'ㄴ' 소리가 덧나지 않는다. 즉, 사잇소리가 나지 않는 단어이므로 사이시옷을 표기해서는 안되므로 '인사말'로 표기한 것은 옳다.

오답풀이 나머지는 모두 사잇소리 현상이 나면서 동시에 고유어 어근이 최소 하나 이상 있으므로 사이시옷을 표기하여야 한다.
① 노래말(✕) → 노랫말(○) : [노랜말]로 소리나면서 '노래(고유어)+말(고유어)'이므로 사이시옷을 표기할 수 있다.
② 순대국(✕) → 순댓국(○) : [순대꾹]로 소리나면서 '순대(고유어)+국(고유어)'이므로 사이시옷을 표기할 수 있다. 이 경우에 [순댇꾹]으로 발음함도 허용한다.
③ 하교길(✕) → 하굣길(下校길)(○) : [하교낄]로 소리나면서 '하교(下校 : 한자어)+길(고유어)'이므로 사이시옷을 표기할 수 있다. 이 경우에 [하굗낄]로 발음함도 허용한다.

19.

정답풀이 • 마굿간(✕) → 마구간(○) : 한자어 '마구(馬廏)'와 한자어 '간(間)'의 결합으로 이루어진 어휘이다. '한자어+한자어' 구성의 합성어에는 사이시옷을 받쳐 적지 않는다. '마구간'은 '말을 기르는 곳'이라는 뜻으로 발음은 [마:구깐]이다.
• 인삿말(✕) → 인사말(○) : 사이시옷 표기가 규칙적으로 이루어지지 않는 수의적 현상임을 보여 주는 예시이다. '인사'와 '말'이 결합하여 만들어진 단어의 표준 발음은 [인사말]이다. 이에 따라 사이시옷 없이 '인사말'로 적는 것이 바르다.

오답풀이 ① 붕엇빵(✕) → 붕어빵(○) : 된소리나 거센소리 앞에서는 사이시옷을 쓰지 않으므로 '붕어빵'으로 적는 것이 바르다. '붕어 모양의 틀에 묽은 밀가루 반죽과 팥소를 넣어 만든 풀빵'이라는 뜻으로 발음은 [붕:어빵]이다.
③ 백짓장(✕) → 백지장(○) : 한자어 '백지(白紙)'와 한자어 '장(張)'의 결합으로 이루어진 어휘이므로 사이시옷을 받쳐 적지 않는다. '한자어+한자어' 구성의 합성어에는 사이시옷을 받쳐 적지 않는다. '하얀 종이의 낱장'이라는 뜻으로 발음은 [백찌짱]이다.
④ 머릿털(✕) → 머리털(○) : 된소리나 거센소리 앞에서는 사이시옷을 쓰지 않으므로 '머리털'로 적는 것이 바르다. '머리털'의 표준 발음은 [머리털]이다.

20.

정답풀이 ㉠ 댓잎[댄닙] : 'ㄴㄴ'이 덧나는 사잇소리 현상이 일어나면서 '대(고유어)+잎(고유어)' 구성이므로 사이시옷을 표기한 것은 옳다. (1의 (3)이 적용됨)
㉡ 아랫마을[아랜마을] : 'ㄴ'이 덧나는 사잇소리 현상이 일어나면서 '아래(고유어)+마을(고유어)' 구성이므로 사이시옷을 표기한 것은 옳다. (1의 (2)이 적용됨)
㉣ 콧병[코뼝 / 콛뼝] : 뒤의 소리가 된소리로 나는 사잇소리 현상이 일어나면서 '코(고유어)+병(病 : 한자어)' 구성이므로 사이시옷을 표기한 것은 옳다. (2의 (1)이 적용됨)

오답풀이 ㉢ 머리말[머리말] : 'ㄴ'이 덧나는 사잇소리 현상이 일어나지 않으므로 합성어임에도 사이시옷을 적지 않아야 한다.
㉤ 위층[위층] : 사이시옷은 된소리나 거센소리 앞에 올 수 없다.
㉥ 개수[개쑤](個數) : 사잇소리 현상이 있지만 모두 한자어이므로 사이시옷을 적을 수 없다.

정답찾기   16. ③   17. ①   18. ④   19. ②   20. ②

사이시옷의 표기

★ 사이시옷을 표기하는 조건 ★

> 1) 합성어의 어근 중 하나 이상이 고유어
>   예
>
> 2) 사잇소리 현상이 일어남
>   ① 뒤의 소리가 된소리로 발음되거나
>   예
>
>   ② 'ㄴ' 소리가 덧나거나
>   예
>
>   ③ 'ㄴㄴ' 소리가 덧나는 경우
>   예

---

16. 다음 규정에 근거할 때 옳지 않은 것은? 2022 국가직 9급

> 한글 맞춤법 제30항
> 사이시옷은 다음과 같은 경우에 받치어 적는다.
> (가) 순우리말로 된 합성어로서 앞말이 모음으로 끝나면서 뒷말의 첫소리가 된소리로 나는 것
> (나) 순우리말과 한자어로 된 합성어로서 앞말이 모음으로 끝나면서 뒷말의 첫소리가 된소리로 나는 것

① (가)에 따라 '아래 + 집'은 '아랫집'으로 적는다.
② (가)에 따라 '쇠 + 조각'은 '쇳조각'으로 적는다.
③ (나)에 따라 '전세 + 방'은 '전셋방'으로 적는다.
④ (나)에 따라 '자리 + 세'는 '자릿세'로 적는다.

---

17. 밑줄 친 말의 표기가 잘못된 것은? 2022 군무원 9급

① 배가 고파서 <u>공기밥</u>을 두 그릇이나 먹었다.
② 선출된 임원들이 차례로 <u>인사말</u>을 하였다.
③ 사고 <u>뒤처리</u>를 하느라 골머리를 앓았다.
④ 이메일보다는 손수 쓴 <u>편지글</u>이 더 낫다.

---

18. 밑줄 친 부분이 어법에 맞는 것은? 2019 지방직 9급

① 이 가곡의 <u>노래말</u>은 아름답다.
② 그 집의 <u>순대국</u>은 아주 맛있다.
③ <u>하교길</u>은 늘 아이들로 북적인다.
④ 선생님은 간단한 <u>인사말</u>을 건넸다.

---

19. 사이시옷 표기가 모두 옳지 않은 것은? 2019 서울시 7급

① 붕엇빵 – 공붓벌레
② 마굿간 – 인삿말
③ 공깃밥 – 백짓장
④ 도맷값 – 머릿털

---

20. 〈보기1〉을 참고할 때, 〈보기2〉에서 사이시옷을 적을 수 있는 것끼리 바르게 짝지은 것은? 2019 법원직

> ── 〈보기1〉 ──
> 제30항 사이시옷은 다음과 같은 경우에 받치어 적는다.
> 1. 순우리말로 된 합성어로서 앞말이 모음으로 끝난 경우
>   (1) 뒷말의 첫소리가 된소리로 나는 것
>   (2) 뒷말의 첫소리 'ㄴ, ㅁ' 앞에서 'ㄴ' 소리가 덧나는 것
>   (3) 뒷말의 첫소리 모음 앞에서 'ㄴㄴ' 소리가 덧나는 것
> 2. 순우리말과 한자어로 된 합성어로서 앞말이 모음으로 끝난 경우
>   (1) 뒷말의 첫소리가 된소리로 나는 것
>   (2) 뒷말의 첫소리 'ㄴ, ㅁ'앞에서 'ㄴ' 소리가 덧나는 것
>   (3) 뒷말의 첫소리 모음 앞에서 'ㄴㄴ' 소리가 덧나는 것
> 3. 두 음절로 된 다음 한자어: 곳간(庫間), 셋방(貰房), 숫자(數字), 찻간(車間), 툇간(退間), 횟수(回數)

> ── 〈보기2〉 ──
> ㉠ 대 + 잎   ㉡ 아래 + 마을   ㉢ 머리 + 말
> ㉣ 코 + 병   ㉤ 위 + 층   ㉥ 개(個) + 수(數)

① ㉠, ㉡, ㉢
② ㉠, ㉡, ㉣
③ ㉡, ㉣, ㉤
④ ㉢, ㉤, ㉥

PART 08

21.

정답풀이) '윗옷'은 [윗옷 → (음절의 끝소리 규칙, 연음) → 위돋]으로 발음이 된다. 뒷말의 첫소리가 된소리로 나지도, 'ㄴ'소리나 'ㄴ ㄴ' 소리가 덧나지도 않는다. 따라서 보기의 조건에 부합하지 않는 것이다.

오답풀이) ① 냇가[내:까]/[낻:까] : 뒤의 소리가 된소리로 나는 사잇소리 현상이 일어나면서 고유어 고유어 구성이므로 "순우리말로 된 합성어로서 앞말이 모음으로 끝난 경우 [1] "에 해당한다.
③ 훗날[훈:날] : 'ㄴ'이 덧나는 사잇소리 현상이 일어나면서 '훗날'은 한자어 '후(後)'와 순우리말 '날'이 결합하여 만들어진 합성어이므로 "순우리말과 한자어로 된 합성어로서 앞말이 모음으로 끝난 경우 [2]"에 해당한다.
④ 예삿일[예:산닐] : 'ㄴㄴ' 소리가 덧나는 사잇소리 현상이 일어나면서 한자어 '예사(例事)'와 순우리말 '일'이 결합하여 만들어진 합성어이므로 "순우리말과 한자어로 된 합성어로서 앞말이 모음으로 끝난 경우 [3]"에 해당한다.

22.

정답풀이) ⓒ 두 음절로 된 한자어 중 '곳간(庫間)', 셋방(貰房), 숫자(數字), 찻간(車間), 툇간(退間), 횟수(回數)' 등 6개의 한자어는 사이시옷을 받치어 적는다.
☞ 외우는 방법은 '퇴, 고세, 차, 회수 '로 외우면 된다.
ⓒ '등굣-길(登校-)[등교낄/등굗낄]'은 순우리말과 한자어로 된 합성어로서 앞말이 모음으로 끝난 경우 뒷말의 첫소리가 된소리로 나므로 사이시옷을 받치어 적는다.

오답풀이) ㉠ '첫-사랑[첟싸랑]'은 관형사 '첫'과 명사 '사랑'의 합성어로서 사잇소리 현상과 관계가 없다. 기존의 단어 자체에 'ㅅ'이 있는 것이지, 이것이 사이시옷은 아니기 때문이다.
ⓔ '소나기밥[소나기밥]'은 보통 때에는 얼마 먹지 아니하다가 갑자기 많이 먹는 밥을 뜻한다. 뒤가 된소리로 발음되는 사잇소리 현상이 일어나지 않으므로 사이시옷을 표기하지 않는다.

23.

정답풀이) ㉠ 대가(代價), ㉡ 초점(焦點)은 모두 한자어 구성이므로 사이시옷을 쓸 수 없으므로 옳은 표기이다.
ⓒ 사이시옷은 뒤에 거센소리나 된소리가 오는 경우에는 올 수 없다. 따라서 '뒤풀이'는 옳다.
사실 ㉠, ㉡, ⓒ이 옳지만, 선택지에 나오지 않았으므로 바른 표기만 묶인 ①이 답이다.

오답풀이) ⓔ 사이시옷은 뒤에 거센소리나 된소리가 오는 경우에는 올 수 없으므로 '아랫층'이 아니라 '아래층'이 옳다.
ⓜ 사이시옷은 합성어일 때만 표기되는데, 접미사 '님'이 붙은 '해님'은 파생어이므로 사이시옷이 표기될 수 없다. 따라서 '햇님'이 아니라 '해님'이 옳다.

24.

정답풀이) '개수'는 한자어에도 사이시옷이 붙는 예외 6개에 포함되지 않으므로 사이시옷이 표기되지 않는다.
'귀갓길'은 한자어 '귀가(歸家)'와 고유어 '길'이 결합하면서 '[귀가낄/귀갇낄]'로 된소리가 난다. 따라서 사이시옷을 받치어 적는 것이 옳다.
'사삿일'은 한자어 '사사(私私)'와 고유어 '일'이 결합하면서 '[사산닐]'로 발음된다. 'ㄴㄴ'이 덧나기 때문에 사이시옷을 받치어 적는 것이 옳다.
'시래깃국'은 고유어 '시래기'와 고유어 '국'이 결합하면서 '[시래기꾹/시래긷꾹]'으로 된소리가 난다. 따라서 사이시옷을 받치어 적는 것이 옳다.
'노잣돈'은 한자어 '노자(路資)'와 고유어 '돈'이 결합하면서 '[노자똔/노잗똔]'으로 된소리가 난다. 따라서 사이시옷을 받치어 적는 것이 옳다.

오답풀이) ① 가게집(×) → 가겟집(○) : '가겟집'은 고유어 '가게'와 고유어 '집'이 결합하면서 [가:게찝/가:겓찝]으로 된소리가 난다. 따라서 사이시옷을 받치어 적는 것이 옳다.
② 수랏간(×) → 수라간(○) : '수라간(水刺間)'처럼 한자어로만 된 합성어인 경우에는 사이시옷을 적을 수 없다. 따라서 '수라간'이 옳다. 사이시옷이 표기되려면 적어도 하나는 고유어여야 한다.
③ 공기밥(×) → 공깃밥(○) : '공깃밥'은 고유어 '공기'와 고유어 '밥'이 결합하면서 [공기빱/공긷빱]으로 된소리가 난다. 따라서 사이시옷을 받치어 적는 것이 옳다.
④ 장밋과(×) → 장미과(○) : '장미과(薔薇科)[장미꽈]'도 '수라간'과 같은 경우다.

 정답찾기   21. ② 22. ③ 23. ① 24. ⑤

21. 다음은 사이시옷 규정의 일부이다. 이 조건에 부합하지 않는 것은? 2018 지방직 7급

- 순우리말로 된 합성어로서 앞말이 모음으로 끝난 경우
  [1] 뒷말의 첫소리가 된소리로 나는 것
  [2] 뒷말의 첫소리 'ㄴ, ㅁ' 앞에서 'ㄴ' 소리가 덧나는 것
  [3] 뒷말의 첫소리 모음 앞에서 'ㄴㄴ' 소리가 덧나는 것
- 순우리말과 한자어로 된 합성어로서 앞말이 모음으로 끝난 경우
  [1] 뒷말의 첫소리가 된소리로 나는 것
  [2] 뒷말의 첫소리 'ㄴ, ㅁ' 앞에서 'ㄴ' 소리가 덧나는 것
  [3] 뒷말의 첫소리 모음 앞에서 'ㄴㄴ' 소리가 덧나는 것

① 냇가   ② 윗옷
③ 훗날   ④ 예삿일

22. 한글 맞춤법 제30항의 사이시옷 표기 규정에 맞게 사이시옷을 표기한 것을 모두 고른 것은? 2017 경찰 1차

| ㄱ 첫사랑 | ㄴ 횟수 |
| ㄷ 등굣길 | ㄹ 소나깃밥 |

① ㄱ, ㄴ   ② ㄱ, ㄹ
③ ㄴ, ㄷ   ④ ㄴ, ㄷ, ㄹ

23. 다음 〈보기〉에서 사이시옷에 대한 표기 중 옳고 그름의 표시(○, ×)가 바르게 된 것만을 고른 것은? 2017 경찰 2차

─ 〈보기〉
ㄱ 대가(○) / 댓가(×)(代價)
ㄴ 초점(○) / 촛점(×)(焦點)
ㄷ 뒤풀이(○) / 뒷풀이(×)
ㄹ 아래층(×) / 아랫층(○)
ㅁ 해님(×) / 햇님(○)

① ㄱ, ㄴ   ② ㄴ, ㄹ
③ ㄷ, ㄹ   ④ ㄹ, ㅁ

24. 다음 중 사이시옷의 쓰임이 모두 옳은 것은? 2017 국회직 8급

① 아랫집, 볏가리, 선짓국, 댓가지, 가게집
② 화젯거리, 수랏간, 푯말, 나뭇잎, 연둣빛
③ 꼭짓점, 횟배, 킷값, 구둣발, 공기밥
④ 버드나뭇과, 장밋과, 봇둑, 무싯날, 쇳조각
⑤ 개수, 귀갓길, 사삿일, 시래깃국, 노잣돈

25.

정답풀이 ㉠ [아래찝 / 아랟찝]으로 사잇소리 현상이 일어나면서 순우리말 '아래'와 순우리말 '집'의 합성어이므로 사이시옷을 표기하는 것이 옳다.

㉡ [아래빵 / 아랟빵]으로 사잇소리 현상이 일어나면서 순우리말 '아래'와 한자어 '방(房)'의 합성어이므로 사이시옷을 표기하는 것이 옳다.

오답풀이 ① ㉠ X ㉡ X
- '병(病)'은 한자어이므로 '귓병[귀뼝/귇뼝]'은 ㉠이 아니라 ㉡에 짝지어져야 한다.
- '귀'와 '밥' 모두 순우리말이므로 '귓밥[귀빱/귇빱]'은 ㉡이 아니라 ㉠에 짝지어져야 한다.

② ㉠ ○ ㉡ X
- '내'와 '가'의 모두 순우리말이므로 '냇가[내까/낻까]'는 잘 짝지어졌다.
- '배'와 '길' 모두 순우리말이므로 '뱃길[배낄/밷낄]'은 ㉡이 아니라 ㉠에 짝지어져야 한다.

③ ㉠ X ㉡ ○
- ㉠: '세(貰)' 한자어이므로 '자릿세[자리쎄/자린쎄]'는 ㉠이 아니라 ㉡에 짝지어져야 한다.
- ㉡: 한자어 '전세(傳貰)'와 순우리말 '집'의 합성어이므로 '전셋집'은 잘 짝지어졌다.

26.

정답풀이 [전세찝/전섿찝]으로 사잇소리 현상이 일어나면서 한자어 '전세(傳貰)'와 순우리말 '집'의 합성어이므로 사이시옷이 표기되는 것은 적절하다.

오답풀이 ㉠ 머리기름(X): [머리끼름/머린끼름]으로 사잇소리 현상이 일어나면서 순우리말끼리 결합된 합성어이므로 '머릿기름'처럼 사이시옷이 표기되어야 한다.

㉢ 콧배기(X): '비하'의 뜻을 나타내는 접미사 '-빼기'가 붙어야 하므로 '코빼기'가 옳다.

㉣ 암닭(X): 접두사 '암ㅎ-'이 '닭'과 붙어야 하므로 '암탉'이 옳다.

27.

정답풀이
- 우윳빛[우유삗/우윧삗]: 사잇소리 현상이 일어나면서 모두 고유어이므로 사이시옷을 표기해야 한다.
- 전셋(傳貰)집[전세찝/전섿찝]: 사잇소리 현상이 일어나면서 '집'이 고유어이므로 사이시옷을 표기해야 한다.
- 전세(傳貰)방(房)[전세빵]: 사잇소리 현상이 일어나기는 하지만 '전세'와 '방' 모두 한자어이므로 사이시옷을 표기할 수는 없다.

- 인사말[인사말]: 사잇소리 현상 자체가 일어나지 않으므로 사이시옷을 표기할 수는 없다.
- 머릿방(房)[머리빵/머린빵]: 사잇소리 현상이 일어나면서 '머리'가 고유어이므로 사이시옷을 표기해야 한다.

28.

정답풀이 '잇몸'은 '고유어+고유어' 구성에 ㄴ이 덧나는 단어이므로 ②에 해당된다. '바닷가'는 '고유어+고유어' 구성에 된소리로 소리나므로 ①에 해당된다. '뒷일'은 '고유어+고유어' 구성에 'ㄴㄴ'이 덧나는 단어이므로 ③에 해당된다. '전셋집'은 '한자어+고유어' 구성에 된소리로 소리나므로 ④에 해당된다. 그러나 ⑤는 이 예들을 통해서 알기 어렵다.

29.

정답풀이 '못자리', '멧나물', '두렛일'은 모두 순우리말로 된 합성어이다.

'못자리'는 [몯짜리/모짜리]에서 보듯, ㉠ 뒷말의 첫소리가 된소리로 발음되는 경우이다.

'멧나물'은 [멘나물]에서 보듯, ㉡ 뒷말 첫소리 ㄴ, ㅁ 앞에서 'ㄴ'소리가 덧나는 경우이다.

'두렛일'은 [두렌닐]에서 보듯, ㉢ 뒷말 첫소리 모음 앞에서 'ㄴㄴ'소리가 덧나는 경우이다.

오답풀이 ② ㉠ '쳇바퀴', ㉡ '잇몸'은 부합한다. 하지만 ㉢ '훗일'은 한자 '後'와 우리말 '일'이 결합한 합성어이므로 순우리말 구성이 아니다.

③ ㉠ '잇자국', ㉢ '나뭇잎'은 부합한다. 하지만 ㉡ '툇마루'는 한자 '退'와 우리말 '마루'가 결합한 합성어이므로 순우리말 구성이 아니다.

④ 다 부합하지 않는다. ㉠ '사잣밥'은 한자 '使者'와 우리말 '밥'이 결합한 합성어이므로 순우리말 구성이 아니다. ㉡ '곗날'은 한자 '契'와 우리말 '날'이 결합한 합성어이므로 순우리말 구성이 아니다. ㉢ '예삿일'은 한자 '例事'와 우리말 '일'이 결합한 합성어이므로 순우리말 구성이 아니다.

 25. ④ 26. ② 27. ① 28. ⑤ 29. ①

25. 다음은 한글맞춤법 제30항의 일부이다. ㉠과 ㉡에 들어갈 사이시옷 표기가 된 합성어의 예로 적절하게 짝지어진 것은?

2016 경찰 1차

제30항 사이시옷은 다음과 같은 경우에 받치어 적는다.
1. 순 우리말로 된 합성어로서 앞말이 모음으로 끝난 경우

예 ㉠

2. 순 우리말과 한자어로 된 합성어로서 앞말이 모음으로 끝난 경우

예 ㉡

	㉠	㉡
①	귓병	귓밥
②	냇가	뱃길
③	자릿세	전셋집
④	아랫집	아랫방

26. ㉠~㉣의 단어 표기가 옳은 것은?

2015 경찰 3차

㉠ 머리기름을 바르고 나타난 서울 손님은 음료수를 마시자마자 마을에 ㉡ 전셋집 나온 곳이 있는지 물었다. 마침 김 씨네에 나온 빈 방이 있어 함께 가 보았다. 김 씨는 어디에 갔는지 ㉢ 콧배기도 보이지 않았다. 주인 없는 집에 ㉣ 앞닭들은 서울에서 온 손님이 신기한 듯 서울 손님에게로 모여들었다.

① ㉠   ② ㉡   ③ ㉢   ④ ㉣

27. 다음 중 표기가 모두 옳은 것은?

2015 국회직 9급

① 우윳빛, 전셋집, 전세방, 인사말, 머릿방
② 우유빛, 전세집, 전세방, 인삿말, 머리방
③ 우윳빛, 전셋집, 전셋방, 인사말, 머리방
④ 우유빛, 전셋집, 전세방, 인사말, 머릿방
⑤ 우윳빛, 전셋집, 전셋방, 인삿말, 머리방

28. 다음은 사이시옷을 받치어 적는 예들 중 일부이다. 아래의 설명 가운데 이 예들을 통해서 알기 어려운 것은?

2014 서울시 9급

잇몸, 바닷가, 뒷일, 전셋집

① 순우리말로 된 합성어로서 앞말이 모음으로 끝난 경우, 뒷말의 첫소리가 된소리로 날 때 사이시옷을 받치어 적는다.
② 순우리말로 된 합성어로서 앞말이 모음으로 끝난 경우, 뒷말의 첫소리 'ㄴ', 'ㅁ' 앞에서 'ㄴ' 소리가 덧날 때 사이시옷을 받치어 적는다.
③ 순우리말로 된 합성어로서 앞말이 모음으로 끝난 경우, 뒷말의 첫소리 모음 앞에서 'ㄴㄴ' 소리가 덧날 때 사이시옷을 받치어 적는다.
④ 순우리말과 한자어로 된 합성어로서 앞말이 모음으로 끝난 경우, 뒷말의 첫소리가 된소리로 날 때 사이시옷을 받치어 적는다.
⑤ 순우리말과 한자어로 된 합성어로서 앞말이 모음으로 끝난 경우, 뒷말의 첫소리 모음 앞에서 'ㄴㄴ' 소리가 덧날 때 사이시옷을 받치어 적는다.

29. 〈보기〉는 「한글 맞춤법」 제30항 사이시옷 표기의 일부이다. ㉠, ㉡, ㉢에 들어갈 단어가 바르게 연결된 것은?

2016 서울시 7급

〈보기〉
제30항 사이시옷은 다음과 같은 경우에 받치어 적는다.
1. 순우리말로 된 합성어로서 앞말이 모음으로 끝난 경우
 (1) 뒷말의 첫소리가 된소리로 나는 것
  고랫재   귓밥 ·················· ㉠
 (2) 뒷말의 첫소리 ㄴ, ㅁ 앞에서 ㄴ 소리가 덧나는 것
  뒷머리   아랫마을 ·············· ㉡
 (3) 뒷말의 첫소리 모음 앞에서 ㄴㄴ 소리가 덧나는 것
  도리깻열   뒷윷 ·················· ㉢

	㉠	㉡	㉢
①	못자리	멧나물	두렛일
②	쳇바퀴	잇몸	홋일
③	잇자국	툇마루	나뭇잎
④	사잣밥	곗날	예삿일

30.

정답풀이 '선짓국'은 '선지(순우리말)＋국(순우리말)'으로 순우리말로 된 합성어이면서 뒷말의 첫소리가 된소리로 나므로 ©이 아니라 ㈀에 해당한다.

오답풀이 나머지는 모두 옳다.

31.

정답풀이 • 등굣(登校)길[등교낄/등굗낄]: 사잇소리 현상이 일어나면서 '길'이 고유어이므로 사이시옷을 표기해야 한다.
• 위쪽: 사이시옷은 된소리나 거센소리 앞에 올 수 없으므로 '윗쪽'이 아니라 '위쪽'이 옳다.
• 초점(焦點)[초쩜]: 사잇소리 현상이 있어도, 모두 한자어 구성인 경우에는 사이시옷을 쓸 수 없다.

32.

정답풀이 전세(傳貰)방(房)[전세빵]: 사잇소리 현상이 일어나기는 하지만 '전세'와 '방' 모두 한자어이므로 사이시옷을 표기할 수는 없다.

오답풀이 ① 등굣(登校)길[등교낄/등굗낄]: 된소리로 나는 사잇소리 현상이 일어나면서 '길'이 고유어이므로 사이시옷을 표기해야 한다.
③ 대푯(代表)값[대표깝/대푣깝]: 된소리로 나는 사잇소리 현상이 일어나면서 '값'이 고유어이므로 사이시옷을 표기해야 한다.
④ 선짓국[선지꾹/선짇꾹]: 된소리로 나는 사잇소리 현상이 일어나면서 '선지, 국'이 고유어이므로 사이시옷을 표기해야 한다.
⑤ 제삿(祭祀)날[제산날]: 'ㄴ'이 덧나는 사잇소리 현상이 일어나면서 '제사(祭祀): 한자어)＋날(고유어)' 구성이므로 사이시옷을 표기해야 한다.

33.

정답풀이 '하'가 줄어드는 기준은 '하' 앞에 오는 받침의 소리이다. '하' 앞의 받침의 소리가 [ㄱ, ㄷ, ㅂ]이면 '하'가 통째로 줄고 그 외의 경우에는 'ㅎ'이 남는다.
따라서, '무정타, 섭섭지, 선발토록, 생각건대'가 올바른 표기이다.

34.

정답풀이 익숙치 → 익숙지(〇): '하' 앞의 받침의 소리가 [ㄱ, ㄷ, ㅂ]인 경우에는 '하'가 통째로 탈락되므로 '익숙＋지: 익숙지'가 옳다.

오답풀이 ① '하' 앞의 받침의 소리가 [ㄱ, ㄷ, ㅂ]인 경우에는 '하'가 통째로 탈락되므로 '섭섭＋지: 섭섭지'가 옳다.
② '하' 앞의 받침의 소리가 '울림 소리'인 경우에는 하의 'ㅏ'만 탈락되어 거센소리가 된다. 따라서 '흔ㅎ＋다: 흔타'는 옳다.
④ '하' 앞의 받침의 소리가 '울림 소리'인 경우에는 하의 'ㅏ'만 탈락되어 거센소리가 된다. 따라서 '정결ㅎ＋다: 정결타'는 옳다.

35.

정답풀이 '만만하다'에서 '하' 바로 앞의 음이 울림 소리(ㄴ)에 해당하므로 'ㅏ'만 줄게 된다. '만만ㅎ＋지 않＋다'가 되므로 자음 축약이 일어나 '만만치 않다'로 표기할 수 있다. 이 표기를 줄이면 '만만챦다'가 아니라 '만만찮다'가 된다. '잖', '찮'은 한글 맞춤법 제 39항에 따라 무조건 '잖', '찮'으로 표기해야 한다.

> 한글 맞춤법 제 39항
> 어미 '-지' 뒤에 '않-'이 어울려 '-잖-'이 될 적과 '-하지' 뒤에 '않-'이 어울려 '-찮-'이 될 적에는 준 대로 적는다.

오답풀이 ① 한글 맞춤법 제 29항이 적용된 '숟가락(술＋가락)'은 옳은 표기이다.

> 한글 맞춤법 제 29항
> 끝소리가 'ㄹ'인 말과 딴 말이 어울릴 적에 'ㄹ' 소리가 'ㄷ' 소리로 나는 것은 'ㄷ'으로 적는다.

② '적지 않다'를 줄이면 '적잖다'가 되므로 옳다. (쟎 X)
④ '말끔하다'에서 '하' 바로 앞의 음이 울림 소리(ㅁ)에 해당하므로 'ㅏ'만 줄게 된다. '말끔ㅎ＋게'가 되므로 자음 축약이 일어나 '말끔케'로 표기할 수 있다.

 정답 찾기   30. ③   31. ②   32. ②   33. ②   34. ③   35. ③

30. 사이시옷의 표기에 대한 이해로 적절하지 않은 것은?

2014 사회복지직 9급

> 제30항 사이시옷은 다음과 같은 경우에 받치어 적는다.
> 1. 순 우리말로 된 합성어로서 앞말이 모음으로 끝난
>   경우
>   (1) 뒷말의 첫소리가 된소리로 나는 것 ·········· ㉠
>   (2) 뒷말의 첫소리 'ㄴ, ㅁ' 앞에서 'ㄴ' 소리가 덧나
>   는 것 ···································· ㉡
>   (3) 뒷말의 첫소리 모음 앞에서 'ㄴㄴ' 소리가 덧나
>   는 것 ···································· ㉢
> 2. 순 우리말과 한자어로 된 합성어로서 앞말이 모음
>   으로 끝난 경우
>   (1) 뒷말의 첫소리가 된소리로 나는 것 ·········· ㉣
>   (2) 뒷말의 첫소리 'ㄴ, ㅁ' 앞에서 'ㄴ' 소리가 덧나
>   는 것
>   (3) 뒷말의 첫소리 모음 앞에서 'ㄴㄴ' 소리가 덧나
>   는 것 ···································· ㉤

① '모깃불'의 사이시옷은 ㉠에 의한 것이다.
② '뒷머리'의 사이시옷은 ㉡에 의한 것이다.
③ '선짓국'의 사이시옷은 ㉣에 의한 것이다.
④ '예삿일'의 사이시옷은 ㉤에 의한 것이다.

31. 다음 중 사이시옷 표기가 옳은 것은?

2014 경찰 1차

① 등굣길, 윗쪽, 촛점
② 등굣길, 위쪽, 초점
③ 등교길, 윗쪽, 촛점
④ 등교길, 위쪽, 초점

32. 다음 중 사이시옷 표기가 올바르지 않은 것은?

2014 국회직 9급

① 등굣길   ② 전셋방
③ 대푯값   ④ 선짓국
⑤ 제삿날

본말과 준말

★ 본말과 준말 ★

> 1. 어간의 끝 음절 '하'가 ❶_____(ㄱ, ㄷ, ㅂ, ㅅ 등) 뒤에서
>   아예 탈락된다.
>   예 생각하+건대 = 생각건대, 섭섭하+지 = 섭섭지
>
> 2. 어간의 끝 음절 '하'가 ❷_____(모음, ㄴ, ㄹ, ㅁ, ㅇ 등) 뒤에
>   서 'ㅏ'만 탈락한다.
>   예 무정하+다 = 무정타, 선발하 + 게 = 선발케
>
> 3. 단, '서슴다, 삼가다'는 '❸____, ❹____'로 활용된다.

33. ㉠~㉣ 중 한글 맞춤법에 맞게 쓰인 것만을 모두 고르면?

2023 국가직 9급

> ○ 혜인 씨에게 ㉠ 무정타 말하지 마세요.
> ○ 재아에게는 ㉡ 섭섭치 않게 사례해 주자.
> ○ 규정에 따라 딱 세 명만 ㉢ 선발토록 했다.
> ○ ㉣ 생각컨대 그의 보고서는 공정하지 못했다.

① ㉠, ㉡   ② ㉠, ㉢   ③ ㉡, ㉣   ④ ㉢, ㉣

34. 다음의 설명에 따라 올바르게 표기된 경우가 아닌 것은?

2019 서울시 9급(2차)

> • 어간의 끝음절 '하'의 'ㅏ'가 줄고 'ㅎ'이 다음 음절의
>   첫소리와 어울려 거센소리로 될 적에는 거센소리로
>   적는다.
> • 어간의 끝음절 '하'가 아주 줄 적에는 준 대로 적는다.

① 섭섭지   ② 흔타   ③ 익숙치   ④ 정결타

35. 다음 밑줄 친 단어 중 맞춤법이 옳지 않은 것은?

2015 서울시 7급

① 그는 밥을 몇 <u>숟가락</u> 뜨다가 밥상을 물렸다.
② 이번 수해로 우리 마을은 <u>적잖은</u> 피해를 봤다.
③ 집은 허름하지만 아까 본 집보다 가격이 <u>만만찮다</u>.
④ 그는 끝까지 그 일을 <u>말끔케</u> 처리하였다.

36.

정답풀이 ㉡ "'ㅏ, ㅗ, ㅜ, ㅡ' 뒤에 '-이어'가 어울려 줄어질 적에는 준 대로 적는다."는 한글 맞춤법 제38항에 따르면 '쓰이어'의 준말 표기는 '쓰여' 혹은 '씌어'이다.

㉢ "'ㅏ, ㅗ, ㅜ, ㅡ' 뒤에 '-이어'가 어울려 줄어질 적에는 준 대로 적는다."는 한글 맞춤법 제38항에 따르면 '뜨이어'의 준말 표기는 '(눈이)뜨여' 혹은 '띄어'이다. 다만, '띄어쓰기, 띄어 쓰다, 띄어 놓다' 따위는 관용상 '뜨여쓰기, 뜨여 쓰다, 뜨여 놓다' 같은 형태가 사용되지 않는다.

오답풀이 ㉠ 되었다 – 됐다 : "어간 모음 'ㅚ' 뒤에 '-어'가 결합하여 'ㅙ'로 줄어드는 경우, 'ㅙ'로 적는다."는 한글 맞춤법 제35항 붙임2에 따르면 '되었다'의 준말 표기는 '됐다'이다.

㉣ 적지 않은 – 적잖은 : "어미 '-지' 뒤에 '않-'이 어울려 '-잖-'이 될 적과 '-하지' 뒤에 '않-'이 어울려 '-찮-'이 될 적에는 준 대로 적는다."는 한글 맞춤법 제39항에 따르면 '적지 않은'의 준말 표기는 '적잖은'이다.

㉤ 변변하지 않다 – 변변찮다 : "어미 '-지' 뒤에 '않-'이 어울려 '-잖-'이 될 적과 '-하지' 뒤에 '않-'이 어울려 '-찮-'이 될 적에는 준 대로 적는다."는 한글 맞춤법 제39항에 따르면 '변변하지 않다'의 준말 표기는 '변변찮다'이다.

37.

정답풀이 한글 맞춤법 제40항 [붙임 2]의 규정에서 '하' 앞에 울림 소리가 있는 경우에는 'ㅏ'만 줄어든다. 따라서 '부지런ㅎ+다'가 결합되어 거센소리되기로 인해 '부지런타'가 된 것이므로 이는 맞춤법에 맞는 표기이다. '부지런타'는 '부지런하다'의 준말로서 맞게 쓰였다.

오답풀이 ① 하마터면(×) → 하마터면(○)
② 생각컨대(×) → 생각건대(○)
③ 아뭇튼(×) → 아무튼(○)

38.

정답풀이 • 반듯이(○) : '반듯하다[正, 直]'의 '반듯-'에 '-이'가 붙은 '반듯이(반듯하게)'가 존재한다. 그러나 '반드시[必]'와는 뜻이 다르므로 구별해서 써야 한다.

• 수나비(○) : 표준어 규정 제7항에 따르면 수컷을 이르는 접두사는 '수-'로 통일하므로 '수나비'라 쓰는 것이 맞다.

• 에두르다(○) : 동사 '에두르다'는 「1」 에워서 둘러막다, 「2」 바로 말하지 않고 짐작하여 알아듣도록 둘러대다'란 뜻으로 사전에 등재되어 있는 표준어이다.

오답풀이 ② 쓱싹쓱싹(○) : 한글 맞춤법 제13항에 따르면 한 단어 안에서 같은 음절이나 비슷한 음절이 겹쳐 나는 부분은 같은 글자로 적는다.

• 명중률(○) : 한글 맞춤법 제11항에 따르면 모음이나 'ㄴ' 받침 뒤에 이어지는 '렬, 률'은 '열, 율'로 적는다. '명중률'에서 '률' 앞의 'ㅇ'은 모음이나 'ㄴ' 받침이 아니므로 원래대로 '렬, 률'로 표기한다. 여기에서는 맞게 잘 표기했다.

• 푸주간(×) → 푸줏간(○) : 명사 '푸주'와 명사 '간(間)'의 합성어이며, 사잇소리 현상이 일어나 [푸주깐/푸줃깐]이라 발음하므로 사이시옷을 첨가하여 '푸줏간'이라 쓰는 것이 맞다. '푸줏간'과 '고깃간'은 복수 표준어이다.
☞ '푸줏간'의 '간'은 접미사 '-간(間)'이 아니다. '푸줏간'에서 옛말에 '칸'의 뜻을 나타내는 명사 '간(間)'이 결합하여 합성어로 굳어진 것으로 본다.

③ • 등교길(×) → 등굣길(○) : 명사 '등교(登校)'와 '길'의 합성어이며 사잇소리 현상이 일어나 [등교낄/등굗낄]로 발음하므로 사이시옷을 첨가하여 '등굣길'이라 쓰는 것이 맞다.

• 늠름하다(○) : 한글 맞춤법 제13항에 따르면 한 단어 안에서 같은 음절이나 비슷한 음절이 겹쳐 나는 부분은 같은 글자로 적으나, 그 밖의 경우는 제2음절 이하에서 본음대로 적는 것이 원칙이므로 '늠름(凜凜)하다'라 쓰는 것이 맞다.

• 깡충깡충(○) : 표준어 규정 제8항에 따르면 모음 조화가 깨지는 사례의 하나로 '깡충깡충'을 들고 있다. 이와 비슷한 예로 '보퉁이, 오뚝이' 등이 있다. '깡충깡충'의 큰말은 '껑충껑충'이다.

④ • 돋보이다(○) : '돋보다'의 피동사는 '돋보이다'라 쓰는 것이 맞다.

• 거적떼기(×) → 거적때기(○) : 한글 맞춤법 제54항에 따르면 '-대기/-때기'는 '때기'로 적으므로 '거적때기'라 쓰는 것이 맞다. 여기에서는 'ㅔ'와 'ㅐ'를 혼동시킨다. 이런 혼동을 출제자들은 많이 이용한다.

• 야단법석(○) : 한글 맞춤법 제5항을 보면, 'ㄱ, ㅂ' 받침 뒤에서 나는 된소리는, 같은 음절이나 비슷한 음절이 겹쳐 나는 경우가 아니면 된소리로 적지 아니한다. 따라서 [야 : 단법썩]이라 발음하지만 '야단법석'이라 쓰는 것이 맞다.

 정답 찾기   36. ② 37. ④ 38. ①

36. 준말의 표기가 옳은 것을 〈보기〉에서 모두 고른 것은?

2018 서울시 7급

┌─(보기)─────────────────────────┐
│ ㉠ 되었다 – 됐다 │
│ ㉡ 쓰이어 – 쓰여 │
│ ㉢ 뜨이어 – 띄어 │
│ ㉣ 적지 않은 – 적잖은 │
│ ㉤ 변변하지 않다 – 변변찮다 │
└──────────────────────────────┘

① ㉠, ㉡   ② ㉡, ㉢
③ ㉡, ㉣   ④ ㉡, ㉤

38. 한글 맞춤법에 맞는 것으로만 묶은 것은?

2017 국가직 7급 추가채용

① 반듯이, 수나비, 에두르다
② 쓱싹쓱싹, 명중률, 푸주간
③ 등교길, 늠름하다, 깡충깡충
④ 돋보이다, 거적떼기, 야단법석

37. 밑줄 친 부분이 한글 맞춤법에 맞는 것은? 2014 지방직 7급

① 그는 발을 헛디뎌 <u>하마트면</u> 넘어질 뻔했다.
② <u>생각컨대</u> 우두머리가 존재하지 않은 사회는 한 번도 없었다.
③ <u>아뭇튼</u> 아버지에 대한 직접적인 기억은 하나도 남아 있지 않다.
④ 언니는 식구 중에 제일 먼저 일어나 마당 청소를 할 정도로 <u>부지런타</u>.

39.

정답풀이) '뒤풀이'는 명사 '뒤' 이후에 나오는 '풀이'가 이미 거센소리로 시작되기 때문에 사이시옷이 오지 못한다. 결합하는 뒤 단어의 첫소리가 된소리나 거센소리일 때에는 사이시옷을 적지 않는다. (뒤풀이, 뒤끝, 붕어빵 등)
'맥줏집'은 '한자어[맥주(麥酒)+순우리말(집)]' 구성의 합성어이다. 이는 사이시옷 표기 조건을 잘 만족시킨다. 즉 고유어(순우리말)가 있으며 앞말이 모음으로 끝나고 뒤 단어의 초성이 '집[찝]'으로 된소리 발음이 나므로 사이시옷을 표기하는 것이다.

오답풀이) ① 부는(×) → 붇는(○) : 문맥상 '살이 쪘다'는 의미이므로 기본형은 '분량이나 수효가 많아지다.'라는 의미를 가진 '붇다'이다. 따라서 '몸이 붇는 바람에'와 같이 표기해야 한다. 밑줄 친 부분은 '불다'를 기본형으로 잡아서 '부는'이 된 것인데, '불다'는 '바람이 일어나다, 입술을 오므리고 입김을 내어 보내다.'의 의미이므로 적절하지 않다.
② 넉넉치(×) → 넉넉지(○) : 한글 맞춤법 제40항에 따르면, 어간의 끝음절 '하'의 앞의 소리가 안울림 소리면 '하'가 탈락된다. 따라서 '넉넉지 않다'가 맞다. 이외에 '생각지 않다, 익숙하지 않다, 못지 않다, 섭섭지 않다'도 같은 사례이다.
④ 자료로써(×) → 자료로서(○) : 지위나 신분 또는 자격을 나타내는 격 조사인 '로서'를 쓰는 것이 적절하다. '로써'는 '어떤 물건의 재료나 원료를 나타내는 격 조사, 어떤 일의 수단이나 도구를 나타내는 격 조사, 시간을 셈할 때 셈에 넣는 한계를 나타내거나 어떤 일의 기준이 되는 시간임을 나타내는 격 조사'의 의미를 갖는다.

40.

정답풀이) 연결 어미 '-든'은 '선택의 의미'를 가지므로 '무슨 일을 하든지'는 적절하다. 어떤 일이 과거에 일어났다는 의미를 지닌 '-던'과 잘 구별해야 한다.

오답풀이) ① 인삿말(×) → 인사말(○) : '인사말'의 표준 발음은 [인사말]이므로 'ㄴ' 소리가 나지 않는다. 이는 사이시옷의 음운론적 조건에 부합하지 않는다. 사이시옷이 첨가되려면 현실 발음에서 'ㄴ'이 첨가된 채로 발음되어야 한다.
② 흡연률(×) → 흡연율(○) : 모음이나 'ㄴ' 받침 뒤에 이어지는 '렬, 률'은 '열, 율'로 적는다. 따라서 '흡연률'을 '흡연율'로 고쳐야 한다. 이와 같은 예로, 내재율, 실패율(失敗率) 백분율(百分率) 등이 있다.
③ 생각치도 않은(×) → 생각지도 않은(○) : 어간의 끝음절 '하'의 앞의 소리가 안울림 소리면 '하'가 탈락되므로 '생각지도'라고 고쳐야 한다.

41.

정답풀이) '씌다'는 '쓰다'의 피동사 '쓰이다'의 준말이다. '쓰이-'에 모음어미 '-어'가 오는 경우(쓰이어)에 '씌어/쓰여'로 활용이 가능하다.

오답풀이) ① 가까왔다(×) → 가까웠다(○) : 'ㅂ' 불규칙 용언이 활용할 때 'ㅂ'이 '오'로 변하는 단어는 '곱다, 돕다'밖에 없다. '가깝다'는 '가까워 - 가까우니'로 활용한다.
② 잘되서(×) → 잘돼서(○) : 어간 '잘되-'에 어미 '-어서'가 결합된 후 모음 축약이 이뤄지면 '잘돼서'로 표기한다.

> 참고로 '잘되다'는 합성어로서 '일, 현상, 물건 따위가 썩 좋게 이루어지다 / 사람이 훌륭하게 되다 / 일정한 수준이나 정도에 이르다'를 의미한다.

④ 생각컨대(×) → 생각건대(○) : '생각하다'의 '하' 바로 앞에 안울림소리 'ㄱ'이 있으므로 '하'가 아주 줄어 어미 '건대'와 결합하면 '생각건대'가 된다.

42.

정답풀이) 쇠서(×) → 쇄서(○) : '쇠다'는 '명절·생일 같은 날을 기념하고 지내다.'를 의미한다. 어간 '쇠-'에 어미 '-어서'가 결합되면 '쇠서'가 아니라 '쇠어서(=쇄서)'로 표기 되어야 한다.

오답풀이) ① '조이다(=죄다)'는 '헐거운 것을 단단하거나 팽팽하게 하다'를 의미한다. 어간 '죄-'에 어미 '-어야'가 결합되면 '죄어야(=좨야)'로 표기되므로 옳다.
② '선보이다(=선뵈다)'는 '선보다'의 사동형으로서 어간 '선뵈-'에 '어야'가 결합되면 '선보여야(=선뵈어야)'로 표기할 수 있으므로 옳다.
④ '딛다'는 '디디다'의 준말로 '딛다'는 모음 어미와는 결합할 수 없지만 자음 어미와는 가능하므로 '딛는'은 옳은 표기이다.
⑤ '개다'는 ' 비나 눈이 그치고 구름·안개가 흩어져서 날이 맑아지다.'를 의미한다. 어간 '개-'에 어미 '-어서'가 결합하면 '개어서'가 된다. 축약하면 '개서'로도 표기할 수 있다.

붙임1) 'ㅐ, ㅔ' 뒤에 '-어, -었-'이 어울려 줄 적에는 준 대로 적는다.

개어 → 개 내어 → 내 베어 → 베
세어 → 세 개었다 → 갰다 내었다 → 냈다
베었다 → 벴다 세었다 → 셌다

정답찾기) 39. ③ 40. ④ 41. ③ 42. ③

39. 다음 밑줄 친 부분 중 한글 맞춤법에 따라 바르게 표기된 것은?
                                                    2017 서울시 9급

① 방학 동안 몸이 <u>부는</u> 바람에 작년에 산 옷이 맞지 않았다.

② <u>넉넉치</u> 않은 형편에도 불구하고 도움을 주셔서 감사합니다.

③ 오늘 <u>뒤풀이</u>는 길 건너에 있는 <u>맥줏집</u>에서 하도록 하겠습니다.

④ 한문을 한글로 풀이한 이 책은 중세 국어의 자료<u>로써</u> 가치가 있다.

41. 밑줄 친 용언의 활용형의 표기가 옳은 것은?
                                            2017 서울시 사회복지직 9급

① 집에서 학교까지 거리가 <u>가까왔다</u>.

② 일이 다 <u>잘되서</u> 다행이다.

③ 입구에 붉은 글씨가 <u>씌어</u> 있다.

④ <u>생각컨대</u> 조금 더 기다려 보자.

40. 다음 중 한글 맞춤법에 맞는 문장은?
                                                    2016 서울시 7급

① 인삿말을 쓰느라 밤을 새웠다.

② 담뱃값 인상으로 흡연률이 줄고 있다.

③ 생각치도 않은 반응 때문에 적잖이 놀랐다.

④ 무슨 일을 하든지 최선을 다해야 한다.

42. 다음 중 밑줄 친 부분의 표기가 옳지 않은 것은?
                                                    2016 국회직 9급

① 나사는 <u>좨야</u> 하나?

② 봄 신상품을 <u>선뵈어야</u> 매출이 오를 거야.

③ 자네 덕에 생일을 잘 <u>쇠서</u> 고맙네.

④ 그는 오랜만에 고향 땅에 발을 <u>딛는</u> 감회가 새로웠다.

⑤ 장마 후 날씨가 <u>개어서</u> 가족과 함께 가까운 곳으로 소풍을 갔다.

43.

정답풀이 '쳐져요'의 기본형은 '(피아노를) 치다'이다. 따라서 '치(다)+어+지+어+요'에서 모음 축약(치+어, 지+어)이 일어나 표기도 '쳐져요'가 된 것이므로 옳은 표기이다.

오답풀이 ① 뵜습니다(×) → 봤습니다(○): '뵈+었+습니다'의 준말은 '뵜습니다'가 아니라 '봤습니다'이다.

③ 예뻐졌데요(×) → 예뻐졌대요(○): '예뻐졌데요'의 '데'는 화자가 직접 경험(목격)한 것이어야 하는데 이 문장에서는 삼촌이 민희를 보고 말 한 것을 전달하는 것이므로 '-대'를 써야 한다. 남이 말한 내용을 간접적으로 전달할 때는 '-다고 해'의 준말인 '-대'를 써야 한다.

④ 쌍둥이에요(×) → 쌍둥이예요(○): 체언 뒤에 붙는 서술격조사의 활용형인 '이에요/이어요'는 받침 없는 체언에 붙을 때는 '예요', '여요'로 축약이 가능하다. 따라서 '쌍둥이+이에요'를 줄여 쓸 때에는 '쌍둥이에요.'가 아니라 '쌍둥이예요'가 옳다.

44.

정답풀이 '-데'는 '-더라'의 준말로 '화자가 직접 경험한 사실을 나중에 보고하듯이 말할 때' 쓰인다. '-대'는 '-다고 해'의 준말로 화자가 직접 경험하지 않고 남이 말한 내용을 간접적으로 전달할 때 쓰인다. '어제 보니'라는 말을 보면 화자가 직접 경험한 것이므로 '데'를 쓴 것은 옳다.

오답풀이 ①, ② 잘생겼데?(×) → 잘생겼대?(○) / 많데?(×) → 많대?(○) -대: 어떤 사실을 주어진 것으로 치고 그 사실에 대한 의문을 나타내는 종결 어미. 놀라거나 못마땅하게 여기는 뜻이 섞여 있다.

④ 재미있데.(×) → 재미있대.(○): '친구들이 전해주길'이라는 말을 보면 남이 말한 내용을 간접적으로 전달하는 것이므로 '대'를 쓴 것은 옳다.

45.

정답풀이 걷잡아서(×) → 겉잡아서(○): 겉으로 보고 대강 짐작하여 헤아린다.'는 뜻으로 쓰였을 것임을 짐작할 수 있으므로 '겉잡다'로 수정해야 한다.

오답풀이 ① '부치다'는 모자라거나 미치지 못한다는 의미이다.

② '알음'은 사람끼리 서로 아는 일이라는 뜻으로, 문맥상 적절하다.

③ '닫혔다'는 '닫다'의 피동형으로, 열린 문짝이나 뚜껑, 서랍 따위가 도로 제자리로 가 막힌다는 뜻이므로 적절하다.

46.

정답풀이 썩혀(×) → 썩여(○): '걱정이나 근심 따위로 몹시 마음이 괴로운 상태가 되다'라는 뜻의, '썩다'의 사동사는 '썩이다'이다. 따라서 '나는 이제까지 부모님 속을 썩여 본 적이 없다.'로 수정해야 한다.

오답풀이 ① '썩히다'는 물건이나 사람 또는 사람의 재능 따위가 쓰여야 할 곳에 제대로 쓰이지 못하고 내버려진 상태에 있다는 의미이므로 적절하다.

② '썩히다'는 유기물이 부패 세균에 의해 분해되어 원래의 성질을 잃어 나쁜 냄새가 나고 형체가 뭉개진다는 의미이므로 적절하다.

④ '썩히다'는 물건이나 사람 또는 사람의 재능 따위가 쓰여야 할 곳에 제대로 쓰이지 못하고 내버려진 상태에 있다는 의미이므로 적절하다.

47.

정답풀이 ㉠: '가름'이 적절하다. '가름'은 '승부나 등수 따위를 정하는 일', '갈음'은 '다른 것으로 바꾸어 대신함'이다.

㉡: '부문'이 적절하다. '부문'은 '일정한 기준에 따라 분류하거나 나누어 놓은 낱낱의 범위나 부분', '부분'은 '전체를 이루는 작은 범위 또는 전체를 몇 개로 나눈 것의 하나'이다.

㉢: '구별'이 적절하다. '구별'은 '성질이나 종류에 따라 차이가 나는 것 또는 성질이나 종류에 따라 갈라 놓음', '구분'은 '일정한 기준에 따라 전체를 몇 개로 갈라 나눔'이다.

48.

정답풀이 맞춘(×) → 맞힌(○): '(과녁을) 맞춘'이 아니라 '맞힌'이 옳다. '물체를 쏘거나 던져서 어떤 물체에 닿게 하다.'를 의미하는 '맞히다'가 와야 한다. '맞추다'는 '서로 떨어져 있는 부분을 제자리에 맞게 대어 붙이다.', '비교하다', '조정하다'를 의미한다.

오답풀이 ① 벌리다 : 관용어 '손을 벌리다'는 '무엇을 달라고 요구하다.'를 의미한다.

② 부딪치다 : 함께 충돌함을 의미한다. '부딪다'를 강조한 말로 강조의 접미사 '치'가 붙은 것이다.
'부딪히다'는 '부딪다'의 피동사로 충돌을 당했다는 피동의 의미가 있어야 한다. 하지만 자동차가 가로수에 의해 충돌 당한 것이 아니므로 '부딪치다'가 옳다.

③ 이따가 ≒ 이따. : '조금 지난 뒤에'를 의미하는 부사이다. 뒤의 용언 '만나자'를 꾸미므로 옳은 쓰임이다.
☞ '있다가' 어간 '있-'에 연결 어미 '-다가'가 붙은 것으로 부사 '이따가'와는 달리 서술성이 있다.

43. 밑줄 친 단어의 표기가 옳은 것은?　　2014 지방직 9급

① 어제 선생님을 <u>봤습니다</u>.
② 오늘따라 피아노가 잘 안 <u>쳐져요</u>.
③ 삼촌이 그러는데요, 민희가 무척 <u>예뻐졌데요</u>.
④ 놀이터에서 놀고 있는 두 아이는 <u>쌍둥이에요</u>.

44. 다음 문장에서 밑줄 친 단어의 쓰임이 올바른 것은?
2021 경찰 2차

① 그 친구는 왜 그렇게 <u>잘생겼데</u>?
② 우리는 매일 숙제가 왜 이리 <u>많데</u>?
③ 어제 보니 네 친구 공부 열심히 <u>하데</u>.
④ 친구들이 전해주길 그 영화가 아주 <u>재미있데</u>.

표기나 발음이 비슷한 단어의 쓰임

45. 밑줄 친 단어의 쓰임이 올바르지 않은 것은?
2023 지방직 9급

① 이 일은 정말 힘에 <u>부치는</u> 일이다.
② 그와 나는 전부터 <u>알음</u>이 있던 사이였다.
③ 대문 앞에 서 있는데 대문이 저절로 <u>닫혔다</u>.
④ 경기장에는 <u>걷잡아서</u> 천 명이 넘게 온 듯하다.

46. 밑줄 친 말의 쓰임이 옳지 않은 것은?　　2022 국가직 9급

① 그는 아까운 능력을 <u>썩히고</u> 있다.
② 음식물 쓰레기를 <u>썩혀서</u> 거름으로 만들었다.
③ 나는 이제까지 부모님 속을 <u>썩혀</u> 본 적이 없다.
④ 그들은 새로 구입한 기계를 창고에서 <u>썩히고</u> 있다.

47. ㉠ ~ ㉢에 들어갈 말로 가장 적절한 것은? 2022 국가직 9급

○ 그들의 끈기가 이 경기의 승패를 (㉠)했다.
○ 올해 영화제 시상식은 11개 (㉡)으로 나뉜다.
○ 그 형제는 너무 닮아서 누가 동생이고 누가 형인지
　(㉢) 할 수 없다.

	㉠	㉡	㉢
①	가름	부문	구별
②	가름	부분	구분
③	갈음	부문	구별
④	갈음	부분	구분

48. 밑줄 친 어휘가 옳지 않은 것은?　　2019 소방

① 그는 나에게도 손을 <u>벌렸다</u>.
② 자동차가 가로수에 <u>부딪쳤다</u>.
③ <u>이따가</u> 3시에 집 앞에서 만나자.
④ 과녁을 <u>맞춘</u> 화살이 하나도 없다.

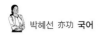

49.

정답풀이) '쫓다'는 '어떤 자리에서 떠나도록 내몰다.'를 의미하므로 '부모님의 의견을 쫓다'에서는 부자연스러운 단어이다. 여기에서는 '추구하다, 따르다'를 의미하는 '좇다'가 쓰여야 자연스럽다. 반대로 '파리를 좇았다'가 아니라 '쫓았다'가 와야 한다.

오답풀이) ② '반듯이'는 '반듯하게'와 같은 의미를 갖는다. '물건이 비뚤어지거나 기울거나 굽지 않고 바르다.'를 의미한다.
'반드시'는 '꼭. 틀림없이'를 의미한다.
③ 이따가 늑 이따. : '조금 지난 뒤에'를 의미하는 부사이다. 뒤의 용언 '얘기하자'를 꾸미므로 옳은 쓰임이다.
'있다가' 어간 '있-'에 연결 어미 '-다가'가 붙은 것으로 '돈은 있다가'처럼 서술성이 있다.
④ • 꽁무니 : 짐승이나 새의 등마루뼈의 끝진 곳
• 꽁지 : 새의 꽁무니에 달린 기다란 깃

50.

정답풀이) 종전의 기록을 깨뜨린다는 의미로 쓰였으므로 '경신'은 옳다. '갱신'은 기간을 연장할 때 쓰이는 단어이다.

오답풀이) ① 한문의 쓰임이 옳지 않다. "실렸다."라는 뜻의 '게재(揭載)되었다'가 옳다.

개재 (介在)	어떤 것들 사이에 끼여 있음. '끼어듦', '끼여 있음'
게재 (揭載)	(글이나 사진, 그림 따위를) 신문이나 잡지에 실음.
계제 (階梯)	• 일이 되어 가는 순서나 절차를 비유적으로 이르는 말 • 어떤 일을 할 수 있게 된 형편이나 기회

② '경치가 좋은 곳'은 인간이 아니기 때문에 '개발'이 와야 한다. '개발'은 인간이 아닌 것과 인간의 능력에 쓰일 수 있지만 '계발'은 인간의 능력과 관련이 있어야 한다.

개발 (開發)	• 토지나 천연자원 따위를 유용하게 만듦. • 지식이나 재능 따위를 발달하게 함. • 산업이나 경제 따위를 발전하게 함. • 새로운 물건을 만들거나 새로운 생각을 내어놓음.
계발 (啓發)	슬기나 재능, 사상 따위를 일깨워 줌.

④ '결재'는 상관이 안건을 승인하는 의미이므로 이 문장의 문맥상으로 '결제'가 옳다.

결제 (決濟)	• 일을 처리하여 끝을 냄. • 증권 또는 대금을 주고받아 거래 관계를 끝맺는 일 예 어음의 결제
결재 (決裁)	결정할 권한이 있는 상관이 부하가 제출한 안건을 검토하여 허가하거나 승인함.

51.

정답풀이) 틀리지?(×) → 다르지?(○) : '틀리다'는 '셈이나 사실·이치 따위가 맞지 않다.'는 의미이므로 문맥상 옳지 않다. '다르다'로 고쳐야 한다.

오답풀이) 나머지는 모두 옳다.
① 2011년에 '날개'와 함께 복수 표준어로 '나래'가 인정되었다. '나래'는 '날개'의 문학적 표현이다.
② '머리가 벗겨지다. 머리가 벗어지다' 모두 옳다.
④ '곪기다'는 '곪은 자리에 딴딴한 멍울이 생기다.'를 의미하므로 옳다.
⑤ '조리다'는 '어육이나 채소 따위를 양념하여 국물이 졸아들게 바짝 끓이다.'를 의미하므로 옳다.
☞ '졸이다' : 「1」 찌개, 국, 한약 따위의 물을 증발시켜 분량을 적어지게 하다. 「2」 ((주로 '마음', '가슴' 따위와 함께 쓰여)) 속을 태우다시피 초조해하다.

52.

정답풀이) '채'는 일정한 정도에 아직 이르지 못한 상태를 나타내는 부사이므로 문맥상 옳다.
'체(=척)'는 '그럴듯하게 꾸미는 거짓 태도, 척'를 의미하므로 문맥상 옳다.

오답풀이) ② "벼가 '한창' 무르익고 있었다 / 그는 가방을 '한참' 바라보았다."로 고쳐야 한다.

> 한참 : 시간이 상당히 지나는 동안, 오랜 동안, 한동안
> 한창 : 가장 활기 있고 왕성하게

③ "친분이 '두텁다.' / 선수층은 매우 '두껍다.'"로 고쳐야 한다.

> 두껍다 : 두께가 두툼하다. 층의 높이나 집단의 규모가 크다. 어둠이나 안개 따위가 짙다.
> 두텁다 : 신의, 믿음, 관계, 인정 따위가 굳고 깊다.

④ "머리가 많이 '벗어졌다(=벗겨졌다'도 이제 가능하다). / 바나나 껍질이 '벗겨지지' 않았다."로 고쳐야 한다.

 49. ① 50. ③ 51. ③ 52. ①

49. 밑줄 친 단어의 쓰임이 적절하지 않은 것은?

2018 소방 상반기 복원

① 부모님의 의견을 <u>좇기</u>로 했다.

　　황소가 꼬리를 흔들어 등의 파리를 <u>좇았다</u>.

② 그녀는 옷매무새를 <u>반듯이</u> 하였다.

　　<u>반드시</u> 시간에 맞추어 오너라.

③ <u>이따가</u> 단둘이 있을 때 얘기하자.

　　돈은 <u>있다가</u>도 없어지고 없다가도 생기는 법이다.

④ 두 손을 짚고 <u>꽁무니</u>를 하늘로 치켜들었다.

　　너의 모습이 마치 <u>꽁지</u> 빠진 수탉 같구나.

50. 다음 밑줄 친 어휘의 쓰임이 가장 적절한 것은?

2018 경찰 1차

① 그의 논문이 유명 학회지에 <u>개재(介在)</u>되었다.

② 경치가 좋은 곳을 관광지로 <u>계발(啓發)</u>하려 한다.

③ 무더위로 최대 전력 수요 <u>경신(更新)</u>이 계속되고 있다.

④ 그 회사는 어음을 <u>결재(決裁)</u>하지 못해 부도 처리가 되었다.

51. 다음 중 밑줄 친 어구가 표기나 어법상으로 올바르지 못한 것은?

2013 국회직 9급 변형

① 아이들은 상상의 <u>나래</u>를 펼치며 그림을 그렸다

② 머리가 <u>벗겨진</u> 노인이 무슨 작가인 양 하루 종일 노트북만 매만지고 있다.

③ "형제가 어쩜 그리 성격이 전혀 <u>틀리지</u>?"

④ "상처가 <u>곪기기</u> 전에 병원에 먼저 갔어야지."

⑤ 식탁에 생선을 <u>조린</u> 반찬이 올라왔다.

52. 밑줄 친 부분의 쓰임이 모두 옳은 것은?

2017 국가직 9급 생활 안전 분야

① 일이 <u>채</u> 끝나기도 전에 그는 일어나 나갔다.

　　그는 여전히 들은 <u>체</u>도 하지 않고 앉아 있다.

② 가을 논의 벼가 <u>한참</u> 무르익고 있었다.

　　그는 가방을 <u>한창</u> 바라보더니 가 버렸다.

③ 둘 사이는 친분이 <u>두껍다</u>.

　　우리나라의 야구 선수층은 매우 <u>두텁다</u>.

④ 나이가 들어 머리가 많이 <u>벗겨졌다</u>.

　　바나나 껍질이 잘 <u>벗어지지</u> 않았다.

53.

정답풀이 지연하기로(×) → 취소하기로(○) : '지연하다'는 '무슨 일을 더디게 끌어 시간을 늦추다'를 의미하므로 '순회공연을 지연하다'는 옳지 않다. 순회 공연을 더디게 끄는 것이 아니기 때문이다. 따라서 '순회 공연을 취소하기로'가 옳다.

연장되었다(×) → 연기되었다(○) : '연장하다'는 '시간이나 거리 따위를 본래보다 길게 늘리다.'를 의미한다. 시험 시작 날짜를 뒤로 미루는 것이므로 '시험날짜가 연기되었다'가 옳다.

오답풀이 나머지는 모두 옳은 쓰임이다.

② 타락(墮落)하다 : 올바른 길에서 벗어나 잘못된 길로 빠지다.
몰락(沒落)하다 「1」 재물이나 세력 따위가 쇠하여 보잘것없어지다, 「2」 멸망하여 모조리 없어지다'라는 뜻이다.

③ '근본이 미천하다'의 근본(根本) : 자라 온 환경이나 혈통 '근간으로 하여'의 근간(根幹) : 사물의 바탕이나 중심이 되는 중요한 것

④ 금방(今方) = 방금(方今) : 조금 뒤에 곧, 조금 전이나 후, 말하고 있는 시점과 같은 때에

54.

정답풀이 ㉠ 혼돈 (混沌)「명사」: 마구 뒤섞여 있어 갈피를 잡을 수 없음. 또는 그런 상태

㉡ 지양하다 (止揚)「동사」: 더 높은 단계로 오르기 위하여 어떠한 것을 하지 아니하다.

㉢ 개발하다 (開發)「동사」:【…을 …으로】토지나 천연자원 따위를 유용하게 만들다.

오답풀이 • 혼동(混同)「명사」: 어떤 현상을 잘못 판단하다, A, B를 헷갈려 한다'로 많이 사용된다. 예 자유와 방종을 혼동하다.

• 지향하다 「동사」: '어떤 목표로 뜻이 쏠리어 향하다.'의 의미로 부정적인 단어와 쓰이는 '지양하다'와 달리 긍정적인 단어에 많이 쓰인다.

• 계발하다(啓發)「동사」: '【…을】슬기나 재능, 사상 따위를 일깨워 주다.'의 의미이다. '아름다운 자연'은 슬기나 재능, 사상 따위가 아니므로 ㉢에는 어울리지 않는 단어이다.

55.

정답풀이 '희망을 붙이고'가 옳다. 여기에서 '붙이다'는 「7」기대나 희망을 걸다.'를 의미한다.

오답풀이 모두 '부치다'를 쓰는 것은 옳다.

① 편지나 물건 따위를 일정한 수단이나 방법을 써서 상대에게로 보낸다
② 논밭을 이용하여 농사를 짓다
④ 모자라거나 미치지 못하다
⑤ 어떤 일을 거론하거나 문제 삼지 아니하는 상태에 있게 하다.

56.

정답풀이 붙여(×) → 부쳐(○) : "다른 곳 또는 다른 기회에 넘기어 맡기다."를 의미하는 '부치다'로 고쳐야 한다. '붙이다'는 "맞닿아 떨어지지 않게 하다."를 의미하므로 이 문맥에는 어울리지 않는다.

부치다

① 모자라거나 미치지 못하다.
예 그 일은 이제 기력이 부쳐 할 수 없다.

② 편지나 물건 따위를 상대에게 보내다.
예 아들에게 학비와 용돈을 부치다.

③ 논밭을 이용하여 농사를 짓다.
예 부쳐 먹을 내 땅 한 평 없다.

④ 프라이팬 따위에 기름을 바르고 빈대떡 따위의 음식을 만들다.
예 전을 부치다.

⑤ 어떤 행사나 특별한 날에 즈음하여 어떤 의견을 나타내다.
예 젊은 세대에 부치는 서(書) 식목일에 부치는 글

⑥ 어떤 문제를 다른 곳이나 다른 기회로 넘기어 맡기다.
예 안건을 회의에 부치다.

⑦ 원고를 인쇄에 넘기다.
예 접수된 원고를 편집하여 인쇄에 부쳤다.

⑧ 먹고 자는 일을 제집이 아닌 다른 곳에서 하다.
예 삼촌 집에 숙식을 부치다.

붙이다

① 맞닿아 떨어지지 아니하게 하다. 예 우표를 붙이다.
② 물체와 물체 따위를 서로 바짝 가깝게 놓다.
예 가구를 벽에 붙이다.
③ 겨루는 일 따위가 서로 어울려 시작되게 하다.
예 싸움을 붙이다.
④ 불을 옮겨 타게 하다. 예 연탄에 불을 붙이다.
⑤ 사람 등을 딸려 붙게 하다.
예 아이에게 가정 교사를 붙여 주다.
⑥ 조건, 이유, 구실 따위를 달다. 예 계약에 조건을 붙이다.
⑦ 어떤 감정이나 감각이 생겨나게 하다.
예 공부에 흥미를 붙이다. 아이와 정을 붙이다.
⑧ 이름 따위를 만들어 주다. 예 별명을 붙이다.

오답풀이 ② 말을 걸거나 치근대며 가까이 다가서다
③ 한쪽으로 세게 밀다, 여유를 주지 아니하고 계속 몰아붙이다.
④ 손을 들어 거수경례를 하다.
⑤ 소매나 바짓가랑이 따위를 말아 올리다.
☞ '벗어부치다'를 제외하고는 합성어를 만들 때에는 모두 '붙이다'가 붙는다고 생각해도 된다.
벗어부치다=힘차게 대들 기세로 옷을 벗다.

정답찾기 53. ① 54. ① 55. ③ 56. ①

53. 밑줄 친 단어의 쓰임이 옳지 않은 것은? 2017 국가직 9급 추가

① 비가 올 때에는 순회공연을 <u>지연하기로</u> 하였다.
시험 시작 날짜가 9월 5일에서 9월 7일로 <u>연장되었다.</u>

② 친구들에게 그는 완전히 <u>타락한</u> 사람으로 알려졌다.
그는 역모 사건에 휘말려 <u>몰락한</u> 집안의 자손이었다.

③ 그는 <u>근본</u>이 미천하여 남들의 업신여김을 받았다.
자발적 참여자를 <u>근간</u>으로 하여 조직이 결성되었다.

④ <u>금방</u> 비가 올 것처럼 하늘이 어둡다.
할머니는 <u>방금</u> 전에 난 소리에 깜짝 놀라셨다.

55. 밑줄 친 부분이 바르게 쓰이지 않은 것은? 2014 국회직 9급

① 그는 아들에게 학비와 용돈을 <u>부쳤다.</u>
② <u>부쳐</u> 먹을 내 땅 한 평 없다.
③ 한창 커 가는 아이들에게 희망을 <u>부치고</u> 사는 것이 큰 낙이다.
④ 그 일은 이제 기력이 <u>부쳐</u> 할 수 없다.
⑤ 그들은 여행 계획을 비밀에 <u>부쳤다.</u>

54. ㉠~㉢에 들어갈 말로 가장 적절한 것은? 2017 국가직 7급

> • 외래문화의 무분별한 수입은 가치관의 (㉠)을 초래하였다.
> • 지역 간, 세대 간의 갈등을 (㉡)하고 희망찬 미래로 나아갑시다.
> • 아름다운 자연을 관광 자원으로 (㉢)하려고 한다.

	㉠	㉡	㉢		㉠	㉡	㉢
①	혼돈	지양	개발	②	혼돈	지향	계발
③	혼동	지양	개발	④	혼동	지향	계발

56. 밑줄 친 부분의 표기가 한글 맞춤법에 맞지 않는 것은? 2021 국회직 8급

① 제안을 표결에 <u>붙여</u> 결정하자.
② 지나가는 사람이 말을 <u>붙여</u> 왔다.
③ 무조건 <u>밀어붙인다고</u> 되는 일이 아니다.
④ 소대장이 대대장에게 경례를 <u>올려붙였다.</u>
⑤ 모두 바지를 <u>걷어붙이고</u> 개울로 뛰어들었다.

57.

정답풀이 '언다가'는 '어디에다가'의 준말이므로 옳다.

오답풀이 ① 설겆이(×) → 설거지(○) : '표준어 규정 제20항 사어(死語)가 되어 쓰이지 않게 된 단어는 고어로 처리하고, 현재 널리 사용되는 단어를 표준어로 삼는다'에 따라 '설겆다'는 사어이므로 '설겆이'가 아니라 '설거지'로 표기해야 한다.

② 얼키고설켜서(×) → 얽히고설켜서(○) : '얽히다'는 사전에 등재된 단어이지만 '섥히다'는 등재되어 있지 않다. 한글 맞춤법 제21항에 따라 '섥히다'의 경우 어원이 분명하지 않으므로 소리대로 적어서 '얽히고설키다'로 적는다

④ 걷어부치고(×) → 걷어붙이고(○) : '한글 맞춤법 제6항 'ㄷ, ㅌ' 받침 뒤에 종속적 관계를 가진 '-이(-)'나, '-히-'가 올 적에는 그 'ㄷ, ㅌ'이 'ㅈ, ㅊ'으로 소리 나더라도 'ㄷ, ㅌ'으로 적는다.'에 따라 [거더부치다]로 구개음화되어 발음되더라도 표기는 '걷어붙이다'로 한다.

58.

정답풀이 물체의 겉을 싸고 있는 단단하지 않은 물질을 이르는 말은 '껍질'이다. 따라서 '돼지 껍데기'가 아니라 '돼지 껍질'이 옳다.

오답풀이 ① 달걀이나 조개 따위의 겉을 싸고 있는 단단한 물질을 이르는 말은 '껍데기'이므로 '달걀 껍데기'는 옳다.

② 달걀이나 조개 따위의 겉을 싸고 있는 단단한 물질을 이르는 말은 '껍데기'이므로 '굴 껍데기'는 옳다.

④ '조개껍질/조개껍데기'는 복수 표준어로 사전에 등재되어 있다.

⑤ 물체의 겉을 싸고 있는 단단하지 않은 물질을 이르는 말은 '껍질'이다. 따라서 '나무껍질'은 옳다.

59.

정답풀이 '주책없다'만 표준어로 인정했지만, 2016년 말부터는 '주책이다' 또한 표준어로 인정하여 '주책이다/주책없다' 모두 표준어가 되었다.

오답풀이 ① 빌어서(×) → 빌려서(○) : '빌다'는 '밥을 빌어 먹다, 용서를 빌다, 성공을 빌다'로 쓰이는 단어이므로 문맥상 옳지 않다. 이 문맥에는 '어떤 일을 하기 위해 기회를 이용하다.'를 의미하는 '빌리다'를 사용하여야 한다.

② 깨우치다(×) → 깨치다(○) : '깨우치다'는 '깨치다'에 사동접미사 '-우-'가 결합된 것으로, '깨닫게 하다.'라는 사동의 의미가 있다. 하지만 이 문맥에서는 스스로 사물의 이치를 깨닫는 것이므로 '깨치다'를 사용해야 한다.

③ 깃들어(×) → 깃들여(○) : '깃들어'의 기본형은 '깃들다'이다. '깃들다'는 '아늑하게 서려 들다, 감정·생각·노력 따위가 어리거나 스미다.'를 의미하는 것이므로 '사찰이 깃들다'라는 말은 어색하다. 이 문장에는 '사람이나 건물 따위가 어디에 살거나 그곳에 자리 잡다.'를 의미하는 '깃들이다'를 사용하여 '사찰이 깃들여 있다.'라고 해야 한다.

⑤ 와중에(×) → 중에(○) : '와중'은 '일이나 사건 따위가 시끄럽고 복잡하게 벌어지는 가운데'를 의미하므로 옳지 않다. 선생님이 강의를 하는 일이 시끄럽고 복잡하지는 않기 때문이다. 따라서 선생님이 강의를 하고 계시는 상황에는 '중에'를 사용해야 한다.

60.

정답풀이 받쳐서(×) → 받혀서(○) : 문맥상 '받다'의 피동형인 '받히다'로 표기하는 것이 적절하다. '받다'는 다른 사람이나 대상이 가하는 행동, 심리적인 작용 따위를 당하거나 입는다는 표현이다.

오답풀이 ① '받치다'는 구멍이 뚫린 물건 위에 국수나 야채 따위를 올려 물기를 뺀다는 뜻이므로 문맥상 적절하다.

③ '받치다'는 물건의 밑이나 옆 따위에 다른 물체를 댄다는 의미이므로 문맥상 적절하다.

④ '받치다'는 옷의 색깔이나 모양이 조화를 이루도록 함께 한다는 의미이므로 문맥상 적절하다.

⑤ 사동사 '받히다'는 한꺼번에 많은 양의 물품을 사게 한다는 의미이다. 시장 상인에게 고추 백 근을 사도록 하더라도 옷을 사기 어렵다는 의미로 해석될 수 있으므로 문맥상 적절하다.

61.

정답풀이 삭히려고(×) → 삭이려고(○) : '진정이나 화를 풀어 마음을 가라앉히다'라는 뜻의 사동사는 '삭이다'이다. 따라서 '삭이려고'로 고쳐야 한다.

오답풀이 ① 동사 '띠다'는 빛깔이나 색채 따위를 가진다는 의미이다.

② 명사 '십상'은 열에 여덟이나 아홉 정도로 거의 예외가 없음을 의미한다.

③ 형용사 '섧다'는 원통하고 슬프다는 의미이다.

④ 형용사 '바르다'는 말이나 행동 따위가 사회적 규범이나 사리에 어긋나지 아니하고 들어맞음을 의미한다.

62.

정답풀이 '받치다'는 '어떤 물건의 밑이나 안에 다른 물건을 대다.'를 의미하므로 옳다.

오답풀이 ② 소에게 바쳐서(×) → 소에게 받혀서(○) : '바치다'는 '신이나 웃어른에게 드리다. 마음과 몸을 아낌없이 내놓다. 세금·공납금 등을 내다.'를 의미하므로 옳지 않다. (받다의 피동사) 머리나 뿔 따위에 세차게 부딪히다'를 의미하는 '받히다'가 문맥상 옳다.

③ 제물을 받쳐(×) → 제물을 바쳐(○) : '받치다'는 '건더기와 액체가 섞인 것을 체나 거르기 장치에 따라서 액체만을 따로 받아 내다.'를 의미하므로 옳지 않다. '신이나 웃어른에게 드리다. 마음과 몸을 아낌없이 내놓다.'를 의미하는 '바치다'가 문맥상 옳다.

④ 체로 받혀서(×) → 체로 받쳐(○) : '받히다'는 '(받다의 피동사) 머리나 뿔 따위에 세차게 부딪히다'를 의미하므로 옳지 않다. '건더기와 액체가 섞인 것을 체나 거르기 장치에 따라서 액체만을 따로 받아 내다.'를 의미하는 '받치다'가 문맥상 옳다.

57. 밑줄 친 말이 한글 맞춤법에 맞는 것은? 2017 서울시 7급

① 점심 <u>설겆이</u>는 내가 할게.
② 일이 <u>얼키고설켜서</u> 풀기가 어렵다.
③ 감히 <u>얻다가</u> 대고 반말이야?
④ 모두 소매를 <u>걷어부치고</u> 달려들었다.

58. 다음 중 밑줄 친 단어의 사용이 옳지 않은 것은?

2017 국회직 8급

① 달걀 <u>껍데기</u>를 깨다.
② 바위에 굴 <u>껍데기</u>가 닥지닥지 붙어 있다.
③ 처음으로 돼지 <u>껍데기</u>를 구워 먹었다.
④ 조개<u>껍질</u>을 모아서 목걸이를 만들었다.
⑤ 나무<u>껍질</u>을 벗겨서 삶아 먹었다.

59. 다음 중 밑줄 친 부분의 사용이 옳은 것은? 2017 국회직 8급

① 이 자리를 <u>빌어서</u> 감사의 말씀을 드립니다.
② 스스로 수학의 원리를 <u>깨우치다</u>.
③ 우리 명산에는 곳곳에 사찰이 <u>깃들어</u> 있다.
④ 그런 말을 서슴없이 하다니 아주머니도 참 <u>주책이셔</u>.
⑤ 선생님이 강의를 하고 계신 <u>와중</u>에 전화벨이 울렸다.

60. 밑줄 친 동사의 쓰임이 옳지 않은 것은? 2023 국회직 8급

① 씻어 놓은 상추를 채반에 <u>밭쳤다</u>.
② 마을 이장이 소에게 <u>받쳐서</u> 꼼짝을 못 한다.
③ 그녀는 세운 무릎 위에 턱을 <u>받치고</u> 앉아 있었다.
④ 양복 속에 두꺼운 내복을 <u>받쳐서</u> 입으면 옷맵시가 나지 않는다.
⑤ 고추가 워낙 값이 없어서 백 근을 시장 상인에게 <u>받혀</u>도 변변한 옷 한 벌 사기가 힘들다.

61. 밑줄 친 부분의 맞춤법이 옳지 않은 것은? 2022 국회직 9급

① 붉은빛을 <u>띤</u> 장미가 아름답다.
② 얼음이 얼어서 넘어지기 <u>십상</u>이다.
③ 지난 일을 다시 생각해 보니 <u>섧고</u> 분했다.
④ 그녀는 예의가 <u>발라서</u> 보기 좋다.
⑤ 그는 분노를 <u>삭히려고</u> 노력했다

62. 다음 중 밑줄 친 단어가 바르게 쓰인 것은? 2014 경찰 1차

① 학생들은 공책에 책받침을 <u>받치고</u> 쓴다.
② 마을 이장이 소에게 <u>바쳐서</u> 꼼짝을 못 한다.
③ 신에게 제물을 <u>밭쳐</u> 우리 부락의 안녕을 빌었다.
④ 이것을 돌절구에 빻아 가는 체로 <u>받혀서</u> 다시 가져오겠다.

63.

정답풀이 '늘리다'가 아니라 '본디보다 길게 하다.'를 의미하는 '늘이다'가 적절한 쓰임이다. '늘리다'는 '물체의 넓이, 부피 따위를 본디보다 커지게 하다. 물체의 넓이, 부피 따위를 본디보다 커지게 하다. 힘이나 기운, 세력 따위를 이전보다 큰 상태로 만들다. 재주나 능력 따위를 나아지게 하다. 살림을 넉넉하게 하다 시간이나 기간을 길게 하다.'등에 쓰인다.

오답풀이 ① 받치다 : 「1」 어떤 일을 잘할 수 있도록 뒷받침해 주다. ② 들어내다 : 물건을 들어서 밖으로 내놓다. ④ 달이다 : 「1」 액체 따위를 끓여서 진하게 만들다. 간장을 달이다. 「2」 약재 따위에 물을 부어 우러나도록 끓이다. 보약을 달이다.

64.

정답풀이 '늘이다'는 '본디보다 길게 하다'를 의미하므로 옳다.

오답풀이 ② 종이로 받혀서(X) → 종이로 받쳐서(○)

> • 받히다 : '받다'의 피동사 머리나 뿔 따위에 세차게 부딪히다.
> • 받치다 : 어떤 물건의 밑이나 안에 다른 물건을 대다.

③ 흥미를 부쳐서(X) → 흥미를 붙여서(○)

> • 부치다 : 힘이 모자라거나 미치지 못하다
> • 붙이다 : 마음에 당기게 하다

④ 서로의 답을 맞혀(X) → 서로의 답을 맞춰(○)

> • 맞히다 : 문제에 대한 답을 틀리지 않게 하다. '맞다'의 사동사
> • 맞추다 : 비교하여 살피다.

> 맞-히다1
> 문제에 대한 답을 틀리지 않게 하다. '맞다'의 사동사
> 예 정답을 맞히다.
>
> 맞-히다2
> 「1」 자연 현상에 따라 내리는 눈, 비 따위를 닿게 하다. '맞다'의 사동사
> 예 화분에 눈을 맞히지 말고 안으로 들여놓아라.
> 「2」 어떤 좋지 아니한 일을 당하게 하다. '맞다'의 사동사
> 예 그렇게 착한 여자에게 바람을 맞히다니 용서할 수 없다.
>
> 맞-히다3
> 「1」 침, 주사 따위로 치료를 받게 하다. '맞다'의 사동사
> 「2」 【…을 …에】【…을 …으로】 물체를 쏘거나 던져서 어떤 물체에 닿게 하다. 또는 그렇게 하여 닿음을 입게 하다. '맞다'의 사동사

65.

정답풀이 '답을 정답과 맞춰(=맞추어) 보다.'가 맞춤법에 맞다. 이때의 '맞추다'는 '둘 이상의 일정한 대상들을 나란히 놓고 비교하여 살피다.'의 뜻이다. '맞히다'는 '정답을 맞게 하다.'의 의미를 가진다.
☞ 어려운 경우에는 뜻을 넣어 읽어 보면 생각보다 쉽게 풀린다. '이제 각자의 답을 정답과 '정답을 맞게 하여' 보도록 해라.' → 확실히 어색하다.

오답풀이 ① 수단과 방법을 의미하는 '-ㅁ으로써'가 적절하게 쓰였다.
③ '고깃덩어리', '넙죽'이 모두 맞다. '넙죽'은 어원이 분명하지 않거나 본뜻에서 멀어진 경우이므로 원형을 밝혀 적지 않는 경우이다. '넓죽'은 틀린 표기이다.
④ '-는지'는 연결 어미이며 적절한 표기이다. '-른지'는 무조건 틀린 표기이다.

66.

정답풀이 '그는 그녀와의 약속 시간을 제대로 맞춘 적이 없었다.'에서 '맞추다'는 「4」 약속 시간 따위를 넘기지 아니하다.'를 의미하므로 쓰임이 올바르다.

오답풀이 ① 비를 맞추니(X) → 비를 맞히니(○) : 「1」 자연 현상에 따라 내리는 눈, 비 따위를 닿게 하다. '맞다'의 사동사. 「2」 어떤 좋지 아니한 일을 당하게 하다. '맞다'의 사동사 그렇게 착한 여자에게 바람을 맞히다니 용서할 수 없다.
② 정답을 맞출(X) → 정답을 맞힐(○)
☞ 맞히다1 : 문제에 대한 답을 틀리지 않게 하다. ('맞다'의 사동사)
③ 과녁에 맞췄다.(X) → 과녁에 맞혔다.(○)
☞ 맞히다3 : 물체를 쏘거나 던져서 어떤 물체에 닿게 하다. 또는 그렇게 하여 닿음을 입게 하다. ('맞다'의 사동사)

67.

정답풀이 ㄷ. '소박을 맞히다'의 '맞히다'는 「2」 어떤 좋지 아니한 일을 당하게 하다.'를 의미하는 '맞다'의 사동사이다.
ㄹ. '일정을 맞춰'의 '맞추다'는 ' 둘 이상의 일정한 대상들을 나란히 놓고 비교하여 살피다.'를 의미한다.

오답풀이 ㄱ. 주사를 맞추기(X) → 주사를 맞히기(○)
☞ 맞히다3 : 침, 주사 따위로 치료를 받게 하다. ('맞다'의 사동사)
ㄴ. 답을 정확하게 맞추면(X) → 답을 정확하게 맞히면(○)
☞ 맞히다1 : 문제에 대한 답을 틀리지 않게 하다. ('맞다'의 사동사)

정답 찾기   63. ③ 64. ① 65. ② 66. ④ 67. ④

63. 밑줄 친 단어 중 어법에 맞지 않게 사용된 것은?

2013 기상직 9급

① 배경 음악이 영화 장면을 잘 <u>받쳐</u> 주었다.
② 곡식을 깡그리 <u>들어내어</u> 윗마을로 옮겼다.
③ 사회자가 비슷한 말들을 엿가락처럼 <u>늘리고</u> 있다.
④ 김씨는 몸이 아픈 동생을 위해 약을 <u>달이는</u> 중이다.

65. 맞춤법이 가장 옳지 않은 것은?

2018 서울시 9급

① 철수는 열심히 일함으로써 보람을 느꼈다.
② 이제 각자의 답을 정답과 맞혀 보도록 해라.
③ 강아지가 고깃덩어리를 넙죽 받아먹었다.
④ 아이가 밥을 먹었을는지 모르겠어.

66. 다음 문장에서 밑줄 친 단어의 쓰임이 올바른 것은?

2016 경찰 2차

① 이런 날씨에 비를 <u>맞추니</u> 멀쩡한 사람도 병이 나지.
② 너라면 아마도 그 문제의 정답을 <u>맞출</u> 수 있었을 텐데.
③ 우리 선수는 마지막 화살까지도 10점 과녁에 <u>맞췄다</u>.
④ 그는 그녀와의 약속 시간을 제대로 <u>맞춘</u> 적이 없었다.

64. 다음 중 밑줄 친 단어의 쓰임이 가장 적절한 것은?

2015 경찰 1차

① 그녀는 바짓단을 <u>늘이려고</u> 세탁소에 옷을 맡겼다.
② 그는 의자 밑을 종이로 <u>받혀서</u> 움직이지 않게 했다.
③ 아이가 공부에 흥미를 <u>부쳐서</u> 참 다행이다.
④ 시험이 끝나고 나와 철호는 서로의 답을 <u>맞혀</u> 보았다.

67. 밑줄 친 어휘의 쓰임이 옳은 것만을 모두 고른 것은?

2015 사회복지직 9급

ㄱ. 꼬마들에게는 주사를 <u>맞추기</u>가 힘들다.
ㄴ. 수수께끼에 대한 답을 정확하게 <u>맞추면</u> 상품을 드립니다.
ㄷ. 할아버지는 할머니를 소박을 <u>맞히고</u> 나서 두고두고 후회하셨다.
ㄹ. 여자 친구와 다음 주 일정을 <u>맞춰</u> 보았더니 목요일에만 만날 수 있을 것 같다.

① ㄱ, ㄴ   ② ㄱ, ㄷ
③ ㄴ, ㄹ   ④ ㄷ, ㄹ

68.

정답풀이 '가뭄'과 '가물'은 복수 표준어이므로 쓰임이 옳다.

오답풀이 ① 진달래가 한참이다.(×) → 진달래가 한창이다.(○)
: '한참'은 '시간이 상당히 지나는 동안'을 의미하므로 옳지 않다. '어떤 일이 가장 활기 있고 왕성하게 일어나는 때'를 의미하는 '한창'으로 써야 한다.
② 기획안을 결제(×) → 기획안을 결재(○) : '상관이 부하가 제출한 안건을 검토하여 승인하는 것'이므로 '결재(決裁)'로 써야 한다. '결제(決濟)'는 증권이나 대금의 수수(授受)에 의해서 매매 당사자 간의 거래 관계를 끝맺음을 의미한다.
③ 아버지를 여위었다(×) → 아버지를 여의었다(○) : '부모나 사랑하는 사람이 죽어서 이별하다'를 의미하는 것은 '여의다'이다. '여위다'는 몸의 살이 빠져 파리하게 되다는 뜻이다.

69.

정답풀이 ㉠, ㉣, ㉥은 '있다가'이고 나머지는 '이따가'이다. '있다가'는 '존재하다가' 또는 '머물다가'를 의미하며, 서술성이 있다. 하지만 '이따가'는 '조금 지난 뒤에'를 의미하는 부사이다.
㉠ '있-'에 '-다가'가 붙는 활용형에 대한 설명이다.
㉡ '조금 지난 뒤에'를 의미하는 부사는 '이따가'이다.
㉢ '이따가'는 ㉣ '있다가'에서 유래한 것으로 보인다.
㉤ '커피가 있다가'가 아니므로 부사 '이따가'가 와야 한다. 용언 '마시자'를 꾸민다.
㉥ '좀 더 있다가'로 서술성이 있으므로 '있다가'가 와야 한다.

70.

정답풀이 분을 삭히느라(×) → 분을 삭이느라(○) : '긴장이나 화가 풀려 마음이 가라앉다.'를 의미하는 '삭다'의 사동사는 '삭히다'가 아니라 '삭이다'이므로 '삭히느라'를 '삭이느라'로 고쳐야 한다. '삭히다'는 '김치나 젓갈 따위의 음식물이 발효되어 맛이 들다.'를 의미하는 '삭다'의 사동사이다.

오답풀이 ① 돋구다 : 안경의 도수 따위를 더 높게 하다. → 이 의미 외의 것은 모두 '돋우다'에 해당한다.
② 부딪치다 : '무엇과 무엇이 힘 있게 마주 닿거나 마주 대다. 또는 닿거나 대게 하다.'의 뜻을 가진 '부딪다'를 강조하여 이르는 말이다. 두 차가 서로 충돌한 것이므로 '부딪친'은 어법상 옳다.
④ 잊히다 : '잊다'의 피동사로 옳다. 만약 '잊혀져'가 왔다면, 잊+히(피동)+어지(피동)+어'로 이중 피동이 되므로 틀렸을 것이다.
⑤ 붙이다 : '바로 옆에서 돌보다.'를 뜻하는 '붙다'의 사동사이다.

71.

정답풀이 퀴즈의 답을 맞추면(×) → 퀴즈의 답을 맞히면(○) : '문제에 대한 답을 틀리지 않게 하다.'는 '맞히다'가 쓰여야 한다.

오답풀이 ② 심술깨나 : '깨나'는 '어느 정도는'의 뜻을 나타내는 보조사로 옳은 쓰임이다.
③ 애먼 : '일의 결과가 다른 데로 돌아가 억울하게 느껴지는'을 나타내는 관형사로 옳은 쓰임이다.
④ 돋구다 : '안경의 도수 따위를 더 높게 하다.'를 뜻하는 말로 '안경의 도수'와 관련된 문맥에만 쓰임을 유의하여야 한다.

72.

정답풀이 골아떨어졌겠지?(×) → 곯아떨어졌겠지?(○) : '곯아떨어지다'가 맞다.
☞ 곯아떨어지다 : 몹시 곤하거나 술에 취하여 정신을 잃고 자다. 예 술에 곯아떨어지다.

오답풀이 ② 명사 '책' 뒤에 붙었으므로 조사 '깨나'를 쓰는 것이 옳다. '깨나'는 '어느 정도 이상의 뜻'을 나타내는 보조사이다.
③ '심한 모욕, 또는 참기 힘든 일'의 '곤욕'이 옳다. '곤욕'과 비슷한 단어로, '곤혹'은 '곤란한 일을 당하여 어찌할 바를 모름.'의 의미로 쓰인다. 곤혹은 '곤란한 일' 정도이다. 예를 들어, '예기치 못한 질문에 곤혹을 느끼다.'로 쓰인다.
④ 동사 '그러다'에 보조 용언 '나다'가 결합된 것이므로 '그러고 나서'와 같이 적는 것이 옳다. '그리고 나서'는 아예 옳지 않은 표현이다. '그리고'는 문장 접속 부사로, 보조 용언과 결합될 수 없다.

73.

정답풀이 설레이는(×) → 설레는(○) : '설레이는'은 옳지 않은 표기이다. '설레이다'라는 말은 이 세상에 없기 때문이다. 대신 '설레다'가 있다. 따라서 '설레는'으로 고쳐야 한다. '설레는, 설레고, 설렘' 등으로 활용한다.

오답풀이 ① 알음 : '사람끼리 서로 아는 일'을 의미하므로 문맥에 적절하다.
② 돋우다 : '돋다(입맛이 당기다.)'의 사동사이므로 옳다.
③ 바투 : '시간이나 길이가 아주 짧게'를 의미하므로 문맥에 적절하다.

정답찾기 68. ④ 69. ② 70. ③ 71. ① 72. ① 73. ④

68. 밑줄 친 단어의 쓰임이 옳은 것은? 2016 사회복지직 9급

① 요즘 앞산에는 진달래가 <u>한찰</u>이다.
② 과장님, 김 주사의 기획안을 <u>결제</u>해 주세요.
③ 민철이는 어릴 때 일찍 아버지를 <u>여위었다</u>.
④ '<u>가물</u>에 콩 나듯'이라더니 제대로 싹이 난 것이 없다.

69. 〈보기〉의 (가)는 두 언어 형태에 대한 설명이고, (나)는 그 두 언어 형태를 사용한 예이다. 빈칸에 들어갈 말이 같은 것끼리 묶인 것은? 2016 교육행정직 9급

┌─ 〈보기〉────────────────
(가) (㉠)은/는 '있다'에 '어떤 동작이나 상태 따위가 중단되고 다른 동작이나 상태로 바뀜'을 나타내는 '-다가'가 결합된 말이고, (㉡)은/는 '조금 지난 뒤에'의 뜻을 나타내는 말이다. (㉢)은/는 (㉣)(에)서 유래한 것으로 보이지만, 어원이 분명하지 않을 뿐만 아니라 '있다'의 뜻과도 멀어졌으므로 소리나는 대로 적는다.
(나) 커피는 (㉤) 밥 먹고 나서 마시자.
　　 비가 내리니까 여기에 좀 더 (㉥) 출발하는 것이 어때?
└──────────────────────

① ㉠-㉢-㉤
② ㉠-㉣-㉥
③ ㉡-㉢-㉥
④ ㉡-㉣-㉥

70. 다음 중 어법상 옳지 않은 문장은? 2016 국회직 9급

① 눈이 침침해서 안경의 도수를 돋궜다.
② 정면으로 부딪친 차들이 크게 부서졌다.
③ 그는 분을 삭히느라 깊이 숨을 들이마셨다.
④ 이 사건은 사람들의 무관심 속에 차츰 잊혀 갔다.
⑤ 신변을 보호하기 위해 경호원을 붙이기로 결정했다.

71. 밑줄 친 단어의 쓰임이 바르지 않은 것은? 2013 지방직 9급

① 퀴즈의 답을 정확하게 <u>맞추면</u> 상품을 드립니다.
② 얼굴을 보니 <u>심술깨나</u> 부리겠더구나.
③ 정작 죄지은 놈들은 도망친 다음이라 <u>애먼</u> 사람들이 얻어맞았다.
④ 시력이 나빠져서 안경의 도수를 <u>돋구었다</u>.

72. 밑줄 친 부분이 바르게 쓰이지 않은 것은? 2020 국가직 9급

① 지금쯤 <u>골아떨어졌겠지</u>?
② 그 친구, 생각이 깊던데 <u>책깨나</u> 읽었겠어.
③ 갖은 <u>곤욕</u>과 모멸과 박대는 각오한 바이다.
④ 김 과장은 <u>그러고 나서</u> 서류를 보완해 달라고 했다.

73. 밑줄 친 말의 쓰임이 바르지 않은 것은? 2014 국가직 9급

① 그와 나는 전부터 <u>알음</u>이 있는 사이이다.
② 된장찌개가 입맛을 <u>돋운다</u>.
③ 약속 날짜를 너무 <u>바투</u> 잡았다.
④ 그는 <u>설레이는</u> 가슴을 가라앉히지 못하였다.

74.

정답풀이 '깃들일'의 기본형은 동사 '깃들이다'이다. '깃들이다'는 '조류가 보금자리를 만들어 그 속에 들어 살다.'의 뜻이 있으며, 한글 맞춤법에 맞는 표기이다.

한편, '깃들다'는 '아늑하게 서려 들다, 감정, 생각, 노력 따위가 어리거나 스미다.'는 뜻이 있다.

오답풀이 ① 띄기(×) → 띠기(○)
- 띠다 : '감정이나 기운 따위를 나타내다.'이므로 이 문장에 어울리는 단어이다.
- 띄다 : '뜨다'의 피동사인 '뜨이다'의 준말로, '감았던 눈이 열리다. 몰랐던 사실이나 숨겨졌던 본능을 깨닫게 되다. 두드러지게 드러나다.'의 의미를 가진다. 혹은 사동사인 '띄우다'의 준말인 경우 '물 위나 공중에 뜨게 하다.'의 뜻을 갖는데 모두 ①의 문장과 어울리지 않는다.
③ 찌은(×) → 찧은(○)
- 찧다 : '곡식 따위를 쓿거나 빻으려고 절구에 담고 공이로 내리치다.'이므로 이 문장에 어울리는 단어이다.
- 찌다 : '뜨거운 김으로 익히거나 데우다.'로 활용하게 되더라도 '찌은'이 아니라 '찐'으로 활용된다.
④ 개이고(×) → 개고(○)
- 개다 : 흐리거나 궂은 날씨가 맑아지다.
- 개이다 : '개다'의 잘못으로 사전에 없는 말이다.

75.

정답풀이 고개를 제끼고(×) → 고개를 젖히고(○) : '제끼고'가 아니라 '젖히고'로 고쳐야 한다. '제끼다'는 '제치다'의 비표준어이다. '젖히다'는 '뒤로 기울다.'라는 뜻을 가지므로 문장의 의미에 적절하다. 참고로 '제치다'는 '거치적거리지 않게 처리하다.'를 의미한다.

오답풀이 ① 배다 : 스며들거나 스며 나오다.
② 떨구다 : '시선을 아래로 향하다. / 고개를 아래로 숙이다.'라는 뜻으로, 비슷한 뜻의 말로 '떨어뜨리다, 떨어트리다'가 있다.
④ 꼬이다 : '그럴듯한 말이나 행동으로 남을 속이거나 부추겨서 자기 생각대로 끌다.'라는 의미로, 준말로는 '꾀다'가 있다. 비슷한 의미의 '꼬시다'가 많이 쓰여 2014년 표준어로 추가하였다.

76.

정답풀이 '거저'는 서술어 '줄 테니'를 꾸미는 부사로서 '대가나 조건 없이. 무료로.'를 의미한다.

오답풀이 ① 봉오리(×) → 봉우리(○) : '봉오리'는 꽃봉오리를 의미하므로 '산봉우리'의 준말인 '봉우리'가 옳다.
③ 제치다(×) → 젖히다
- 제치다 : '거치적거리지 않게 처리하다.'를 의미한다.
- 젖히다 : '안쪽이 겉으로 나오게 하다.'가 옳다.
④ 밭떼기(×) → 밭뙈기(○)
- 밭떼기 : 밭에서 나는 작물을 밭에 나 있는 채로 몽땅 사는 일'를 의미한다.
- 밭뙈기 : 얼마 안 되는 자그마한 밭.
⑤ 윗옷(×) → 웃옷(○) : 문맥상 '겉옷(외투)'을 의미하므로 '웃옷'이 옳다. '윗옷'은 '윗도리=상의'를 의미한다.

77.

정답풀이 속을 썩히느냐(×) → 속을 썩이느냐?(○)
: '썩히다'는 '유기물이 부패 세균에 의하여 분해됨으로써 썩게 하다.'를 의미하므로 옳지 않다. '걱정이나 근심 따위로 마음이 몹시 괴로운 상태가 되게 만들다.'를 의미하는 '썩이다'가 옳다. (참고로 둘 다 '썩다'의 사동사이다.)

오답풀이 ① '바르게, 반듯하게'의 의미로 옳다.
② '삭이다'는 분한 마음을 가라앉힘을 의미하므로 옳다, (삭히다=발효시키다)
④ '지그시'는 「1」 슬며시 힘을 주는 모양.'을 의미하므로 옳다. (지긋이=나이가 비교적 많아 듬직하게)

78.

정답풀이 덮혀서(×) → 덮여서(○) : '덮히다'는 '덮이다'의 잘못으로 세상에 없는 단어이다.

오답풀이 나머지는 모두 적절하다.
① 알음 : 사람끼리 서로 아는 일.
③ • 가름하다 : 승부나 등수 따위를 정하다.
- 갈음하다 : 다른 것으로 대신하다.
  예 편지로 치사를 갈음합니다.
- 가늠하다 : 목표나 기준에 맞고 안 맞음을 헤아려 보다.
  예 이 경기는 승패를 가늠하기 어렵다.
④ 알은척하다(=알은체하다) : 어떤 일에 관심을 가지는 듯한 태도를 보이다./사람을 보고 인사하는 표정을 짓다.
  ☞ '아는 체하다'는 모르면서 아는 것처럼 행동하는 것을 의미한다. 띄어쓰는 것이 원칙이지만 '아는체하다'처럼 붙이는 것도 허용한다.

 정답찾기 74. ② 75. ③ 76. ② 77. ③ 78. ②

74. 밑줄 친 단어 중 한글 맞춤법에 맞는 것은? 2016 국가직 7급

① 대화는 열기를 <u>띄기</u> 시작했다.
② 여우도 제 굴이 있고 공중에 나는 새도 <u>깃들일</u> 곳이 있다.
③ 아침에 <u>찌은</u> 쌀이라서 밥맛이 정말 고소하군요.
④ 아침부터 오던 비가 <u>개이고</u>, 하늘에는 구름 한 점 없다.

75. 밑줄 친 말이 표준어가 아닌 것은? 2015 교육행정직 9급

① 그의 표정에는 웃음기가 <u>배어</u> 있다.
② 그는 눈물을 <u>떨구며</u> 길을 걷고 있다.
③ 그는 고개를 뒤로 <u>제끼고</u> 졸고 있었다.
④ 그는 친구를 <u>꼬여서</u> 함께 여행을 갔다.

76. 다음 밑줄 친 단어의 쓰임이 옳은 것은? 2016 국회직 8급

① 한라산의 제일 높은 <u>봉오리</u>에 올랐다.
② 내가 읽던 책을 <u>거저</u> 줄 테니, 넌 공부나 열심히 해.
③ 커튼을 걷어 <u>제치니</u>, 햇살이 쏟아져 들어왔다.
④ 손바닥만 한 <u>밭떼기</u>에 농사를 지어 살아가는 형편이다.
⑤ 셔츠 위에 잠바를 <u>윗옷</u>으로 걸쳤다.

77. 다음 중 밑줄 친 단어의 사용이 옳지 않은 것은?

2015 서울시 7급

① 선을 <u>반듯이</u> 그어라.
② 눈을 감고 분노를 <u>삭였다</u>.
③ 너 왜 그렇게 내 속을 <u>썩히느냐</u>?
④ 사우나에서 눈을 <u>지그시</u> 감고 앉아 있었다.

78. 밑줄 친 단어가 적절하지 않은 것은? 2015 교육행정직 7급

① 나는 그와 서로 <u>알음</u>이 있는 사이다.
② 산이 구름에 <u>덮혀서</u> 잘 보이지 않았다.
③ 선수들의 투지가 이 경기의 승패를 <u>가름했다.</u>
④ 쓸데없이 남의 일에 함부로 <u>알은체하지</u> 마라.

79.

정답풀이〉 '알은체하다'는 합성어로 띄어쓰지 않는다. '알은체하다'는 어떤 일에 관심을 가지는 듯한 태도를 보이거나 사람을 보고 인사하는 표정을 짓는 것을 의미하므로 문맥에 적절한 어휘이다.

오답풀이〉 ① 홀몸(×) → 홑몸(○) : '홀몸'은 배우자나 형제가 없는 사람을 의미하므로 문맥에 적합하지 않다. 이 문장에는 '아이를 배지 않은 몸'을 뜻하는 '홑몸'을 사용하여야 한다.

② 후송(×) → 호송(○) : '후송(後送)'은 '적군과 맞대고 있는 지역에서 부상자, 전리품, 포로 따위를 후방으로 보내는 것'이나 '뒤에 보냄'을 의미하므로 문맥에 적합하지 않다. 여기서는 '목적지까지 보호하여 운반함.'의 뜻인 '호송(護送)'을 사용하여야 한다.

④ 유래(×) → 유례(×) : '유래(由來)'는 '사물이나 일이 생겨남.'을 뜻하는 단어로 주어진 문맥에 적절하지 않다. 여기서는 '같거나 비슷한 예'라는 뜻으로 '유례(類例)'를 사용해야 한다.

⑤ 담겼다(×) → 댕겼다(×) : 불이 옮아 붙는 것은 '댕기다'이다. 'ㅣ' 모음 역행 동화가 오히려 표준어가 된 예외의 예시이기도 하다.

80.

정답풀이〉 • 공과 사는 구분(×) → 공과 사는 구별(○) : '성질이나 종류에 따라 차이가 남. 또는 성질이나 종류에 따라 갈라놓음.'을 의미하는 '구별'로 고쳐야 한다.

• 역사는 ~ 등으로 구별할 수 있다(×) → 역사는 ~ 등으로 구분할 수 있다(○) : '일정한 기준에 따라 전체를 몇 개로 갈라 나눔.'을 의미하는 '구분'으로 고쳐야 한다.

오답풀이〉 나머지는 모두 적절하다.

① • 방증(傍證) : 주변의 상황을 밝힘으로써 범죄의 증명에 간접적으로 도움이 되는 증거

• 반증(反證) : 어떤 사실이나 주장에 대해 증거를 들어 그것을 부정하는 일. 또는 그 증거

② '일체(= 모두, 전부)'는 긍정적인 문맥에 '일절'은 부정적인 문맥에 쓰인다. '일체'는 '모든 것, 온갖 사물, 통틀어서, 모두'를 의미한다. '일절(= 전혀)'은 '사물을 부인하거나 행위를 금지할 때 씀'을 의미하는 것으로 존재 자체가 부정된다. 따라서 '안주 일체', '일절 금함'으로 표현해야 한다.

④ • 혼동(混同) : A(사랑)와 B(동정)를 구별하지 못하고 뒤섞어서 생각함.

• 혼돈(混沌/渾沌) : (언어 생활이) 마구 뒤섞여 있어 갈피를 잡을 수 없음.

⑤ • 지그시 : 「1」 슬며시 힘을 주는 모양

• 지긋이 : 나이가 비교적 많아 듬직하게

81.

정답풀이〉 '졸이다'는 '속을 태우다시피 조바심하다.'를 의미하므로 옳다.

오답풀이〉 ① 안개가 거쳤다.(×) → 안개가 걷혔다.(○)

• 거치다 : 오가는 도중에 어디를 지나거나 들르다.

• 걷히다 : (걷다의 피동사) 구름이나 안개 따위가 없어지다.

② 병세가 겉잡을(×) → 병세가 걷잡을(○)

• 겉잡다 : 겉으로만 보고 대강 헤아려 어림잡다.

• 걷잡다 : 한 방향으로 치우쳐 흘러가는 형세 따위를 바로잡거나 진정시키다

④ 배추를 저리고(×) → 배추를 절이고(○)

• 저리다 : 살이나 뼈마디가 오래 눌려서 피가 잘 통하지 않아 감각이 둔하게 되다.

• 절이다 : ('절다'의 사동) 소금이나 식초 따위를 먹여서 절게 하다.

82.

정답풀이〉 겉잡을 수 없이(×) → 걷잡을 수 없이(○)

• 겉잡다 : 겉으로만 보고 대강 헤아려 어림잡다.

• 걷잡다 : 한 방향으로 치우쳐 흘러가는 형세 따위를 바로잡거나 진정시키다

오답풀이〉 나머지는 어휘가 적절하게 쓰였다.

① 돋우다 : 「5」 입맛을 당기게 하다.

☞ '안경의 도수'에만 '돋구다'를 쓰고 나머지는 '돋우다'를 쓴다.

③ 그슬다 : 불에 쬐어 거죽만 살짝 타게 하다.

• 그을다 : 햇볕·연기 등을 오래 쐬어 검게 되다.

☞ 새우를 검게 태우면 안되므로 '그슬어서'는 적절하다.

④ 맞히다 : 문제에 대한 답을 틀리지 않게 하다

83.

정답풀이〉 닫치며(×) → 닫히며(○) : 문이 바람에 의해 닫음을 당하는 피동의 의미이므로 피동접미사 '히'를 써야 한다. '닫히며'가 옳다.

오답풀이〉 나머지는 쓰임이 모두 옳다.

① 안치다 : 찌거나 끓일 재료를 솥이나 냄비 따위에 넣다.

② 부치다2 : 「3」 원고를 인쇄에 넘기다.

③ 벌이다 : 일을 계획하여 시작하거나 펼쳐 놓다.

 정답 찾기   79. ③ 80. ③ 81. ③ 82. ② 83. ④

79. 다음 중 어휘의 사용이 적절한 문장은? 2010 국회직 9급

① 당신은 이제 홀몸이 아니고 만삭인 몸이니까 조심해요.

② 이 아이는 큰 병원으로 빨리 후송해야 됩니다.

③ 남의 일에 함부로 알은체하지 마라.

④ 이 사건은 인류 역사상 유래가 없는 일이다.

⑤ 그의 초라한 모습이 내 호기심에 불을 당겼다.

80. 다음 중 밑줄 친 어휘의 쓰임이 적절하지 않은 것은?

2015 국회직 8급

① 그 저서는 저자의 해박함을 <u>방증</u>하는 역작이다.
   그 논리의 오류를 입증할 수 있는 <u>반증</u>을 제시해 보십시오.

② 식당 앞에 '안주 <u>일체</u>'라는 문구가 보였다.
   면회 시간 외에 출입을 <u>일절</u> 금하오니, 협조해 주시기 바랍니다.

③ 공과 사는 <u>구분</u>해야 합니다.
   역사는 고대, 중세, 근대, 현대 등으로 <u>구별</u>할 수 있다.

④ 사랑과 동정을 <u>혼동</u>하지 마세요.
   언어생활의 <u>혼돈</u>을 초래하는 무분별한 외국어 사용은 자제하자.

⑤ 그는 입술을 <u>지그시</u> 깨물고 굳게 결심했다.
   <u>지긋이</u> 나이 들어 보이는 중년 신사의 중후함이 보기 좋다.

81. 다음 중 밑줄 친 단어가 바르게 쓰인 것은? 2014 경찰 2차

① 해가 뜨자 안개가 다 <u>거쳤다</u>.

② 병세가 <u>겉잡</u>을 수 없게 악화되었다.

③ 그의 전화를 마음을 <u>좋이며</u> 기다렸다.

④ 그녀는 아침 내내 배추를 <u>저리고</u> 있다.

82. 밑줄 친 어휘가 적절하게 쓰이지 않은 것은? 2014 국가직 7급

① 싱그러운 봄나물이 입맛을 <u>돋우었다</u>.

② 불길이 <u>걷잡을</u> 수 없이 번져 나갔다.

③ 바닷가에서 새우를 불에 <u>그슬어서</u> 먹었다.

④ 나는 열 문제 중에서 겨우 세 개만 <u>맞혔다</u>.

83. 밑줄 친 말의 쓰임이 옳지 않은 것은? 2014 사회복지직 9급

① 어머니는 밥을 <u>안치기</u> 시작하셨다.

② 이 원고를 인쇄에 <u>부치기로</u> 하였다.

③ 가게 주인이 상품을 <u>벌여</u> 놓기 시작했다.

④ 바람에 문이 절로 <u>닫치며</u> 큰 소리가 났다.

PART 08

84.

정답풀이 '어육이나 채소 따위를 양념하여 국물이 졸아들게 바짝 끓이다.'를 의미하는 '조리다'의 쓰임은 문맥상 옳다.

오답풀이 ① 앉혔다(X) → 안쳤다(○): '앉히다'는 '앉게 하다('앉다'의 사동사)'를 의미하므로 옳지 않다. '밥, 떡, 찌개 따위를 만들기 위하여 그 재료를 솥이나 냄비 따위에 넣고 불 위에 올리다.'를 의미하는 '안치다'로 고쳐야 한다.
③ 딸리다(X) → 달리다(○): '재물이나 기술·힘 따위가 모자라다.'를 의미하는 '달리다'가 옳다.
④ 불어(X) → 부어(○): '성이 나서 뾰로통해지다.'를 의미하는 '붓다'는 'ㅅ' 불규칙 용언이므로 모음 어미가 올 때 'ㅅ'이 탈락되므로 '부어'로 고쳐야 한다. 모음어미가 올 때 'ㄷ'이 'ㄹ'로 교체되는 'ㄷ' 불규칙 용언인 '붇다'는 '물에 젖어서 부피가 커지다.'를 의미하는 것으로 옳지 않다.

85.

정답풀이 '좇다'는 '목표·이상·행복 따위를 추구하다.'를 의미하므로 쓰임이 적절하다.

오답풀이 ① 이것으로 인사를 가름합니다.(✕) → 갈음합니다.(○)
: '가름하다'는 승패를 가를 때 쓰이는 단어이므로 문맥상 옳지 않다. 따라서 '다른 것으로 대신하다.'를 의미하는 '갈음하다'로 고쳐야 한다.
② 일체 피우지 않습니다.(✕) → 일절 피우지 않습니다.(○)
: '일체(= 모두, 전부)'는 긍정적인 문맥에 쓰여 '모든 것, 온갖 사물, 통틀어서, 모두'를 의미하므로 문맥상 옳지 않다. 따라서 사물을 부인하거나 행위를 금지할 때 쓰는 '일절(= 전혀)'로 고쳐야 한다.
④ 햇빛을 쬐면서(✕) → 햇볕을 쬐면서(○): '햇빛'은 '해의 빛'이므로 쬐는 대상이 될 수 없다. 따라서 '해에서 내리쬐는 뜨거운 기운'을 의미하는 '햇볕'으로 고쳐야 한다.
⑤ 가능한 빨리(✕) → 가능한 한 빨리(○): 관형어 '가능한' 뒤에 명사가 반드시 와서 수식을 받아야 하므로 명사 '한'이 와야 한다. '가능한 한 빨리'로 고쳐야 한다.

86.

정답풀이 '우레, 천둥'의 복수 표준어이다. 한자어 '우뢰(雨雷)'는 표준어로 인정하지 않으므로 쓰면 안 된다.

오답풀이 ① 몇일(X) → 며칠(○): '몇일'은 아예 없는 표현으로 비표준어이다. '며칠'이 옳다. '한글 맞춤법 제27항 2. 어원이 분명하지 아니한 것은 원형을 밝히어 적지 아니한다.'에 따른 것이다.
② 오랜동안(X) → 오랫동안(○): '오래+동안'은 합성어이면서 [오래똥안/오랟똥안]으로 사잇소리 현상이 일어나므로 사이시옷을 표기하게 된 것이다. (단, 띄어 쓰는 경우에는 '오랜 동안'만 가능하다. 관형사 '오랜'이 쓰인 것이다.)
③ 곰곰히(X) → 곰곰이(○): '곰곰하다'란 말은 없다. '하다' 어근이 붙을 수 없으므로 '이'가 붙어야 한다.

85. 밑줄 친 부분이 어법상 맞는 것은? 　　2021 지방직 7급

① 어머니는 밥을 하려고 솥에 쌀을 <u>앉혔다</u>.
② 요리사는 마른 멸치와 고추를 간장에 <u>조렸다</u>.
③ 다른 사람에 비해 실력이 <u>딸리니</u> 더 열심히 노력해야 겠다.
④ 오랫동안 나를 기다리던 친구는 화가 나서 잔뜩 <u>불어</u> 있었다.

87. 밑줄 친 단어의 표기가 옳은 것은 　　2021 소방 국어

① 선거가 <u>몇일</u> 후에 시작한다.
② 고향을 <u>오랜동안</u> 떠나 있었다.
③ 진로에 대해서 <u>곰곰히</u> 생각했다.
④ 그의 연설에 <u>우레</u> 같은 박수가 나왔다.

86. 다음 밑줄 친 단어나 구의 사용이 적절한 것은?

2014 서울시 7급

① 이것으로 인사를 <u>가름합니다</u>.
② 그는 이제 담배를 <u>일체</u> 피우지 않습니다.
③ 선생님의 이론을 <u>좇아서</u> 연구를 진행하였다.
④ 양지바른 곳에 앉아 <u>햇빛</u>을 쬐면서 이야기를 나누었다.
⑤ <u>가능한</u> 빨리 해 주시기를 부탁드립니다.

PART 08

02 Chapter 문장 부호

★ 출좋포 정리하기

1. 마침표(.)

(1) 제목이나 표어에는 쓰지 않음을 원칙으로 한다.

> 예 압록강은 흐른다 / 꺼진 불도 다시 보자 / 건강한 몸 만들기

(2) 아라비아 숫자만으로 연월일을 표시할 때 쓴다. 맨 마지막에도 마침표를 쓴다.

> 예 1919. 3. 1. 10. 1. ~ 10. 12.

2. 물음표(?)

(1) 한 문장 안에 몇 개의 선택적인 물음이 이어질 때는 맨 끝의 물음에만 쓰고, 각 물음이 독립적일 때는 각 물음의 뒤에 쓴다.

> 예 너는 중학생이냐, 고등학생이냐?
> 너는 여기에 언제 왔니? 어디서 왔니? 무엇하러 왔니?

> 붙임 의문의 정도가 약할 때는 물음표 대신 마침표를 쓸 수 있다.
>> 예 도대체 이 일을 어쩐단 말이냐.
>> 이것이 과연 내가 찾던 행복일까.

> **다만**, 제목이나 표어에는 쓰지 않음을 원칙으로 한다.
>> 예 역사란 무엇인가 아직도 담배를 피우십니까

(2) 모르거나 불확실한 내용임을 나타낼 때 쓴다.

> 예 최치원(857 ~?)은 통일 신라 말기에 이름을 떨쳤던 학자이자 문장가이다.
> 조선 시대의 시인 강백(1690? ~ 1777?)의 자는 자청이고, 호는 우곡이다.

3. 쉼표(,)

(1) 같은 자격의 어구를 열거할 때 그 사이에 쓴다.

> 예 근면, 검소, 협동은 우리 겨레의 미덕이다.
> 충청도의 계룡산, 전라도의 내장산, 강원도의 설악산은 모두 국립 공원이다.

(2) 문장의 연결 관계를 분명히 하고자 할 때 절과 절 사이에 쓴다.

> 예 콩 심은 데 콩 나고, 팥 심은 데 팥 난다.
> 저는 신뢰와 정직을 생명과 같이 여기고 살아온바, 이번 비리 사건과는 무관하다는 점을 분명히 밝힙니다.
> 떡국은 설날의 대표적인 음식인데, 이걸 먹어야 비로소 나이도 한 살 더 먹는다고 한다.

(3) 문장 중간에 끼어든 어구의 앞뒤에 쓴다.

> 예 나는, 솔직히 말하면, 그 말이 별로 탐탁지 않아.
> 영호는 미소를 띠고, 속으로는 화가 치밀어 올라 잠시라도 견딜 수 없을 만큼 괴로웠지만, 그들을 맞았다.

> 붙임1 이때는 쉼표 대신 줄표를 쓸 수 있다.
>> 예 나는 ─ 솔직히 말하면 ─ 그 말이 별로 탐탁지 않아.
>> 영호는 미소를 띠고 ─ 속으로는 화가 치밀어 올라 잠시라도 견딜 수 없을 만큼 괴로웠지만 ─ 그들을 맞았다.

> 붙임2 끼어든 어구 안에 다른 쉼표가 들어 있을 때는 쉼표 대신 줄표를 쓴다.
>> 예 이건 내 것이니까 ─ 아니, 내가 처음 발견한 것이니까 ─ 절대로 양보할 수가 없다.

(4) 한 문장 안에서 앞말을 '곧', '다시 말해' 등과 같은 어구로 다시 설명할 때 앞말 다음에 쓴다.

> 예 책의 서문, 곧 머리말에는 책을 지은 목적이 드러나 있다.
> 원만한 인간관계는 말과 관련한 예의, 즉 언어 예절을 갖추는 것에서 시작된다.
> 호준이 어머니, 다시 말해 나의 누님은 올해로 결혼한 지 20년이 된다.

(5) 문장 앞부분에서 조사 없이 쓰인 제시어나 주제어의 뒤에 쓴다.

> 예 돈, 돈이 인생의 전부이더냐?
> 열정, 이것이야말로 젊은이의 가장 소중한 자산이다.
> 지금 네가 여기 있다는 것, 그것만으로도 나는 충분히 행복해.

4. 가운뎃점(·)

(1) 열거할 어구들을 일정한 기준으로 묶어서 나타낼 때 쓴다.

> 예 민수 · 영희, 선미 · 준호가 서로 짝이 되어 윷놀이를 하였다.
> 지금의 경상남도 · 경상북도, 전라남도 · 전라북도, 충청 남도 · 충청북도 지역을 예부터 삼남이라 일러 왔다.

(2) 짝을 이루는 어구들 사이에 쓴다.

> 예 한(韓) · 이(伊) 양국 간의 무역량이 늘고 있다.
> 우리는 그 일의 참 · 거짓을 따질 겨를도 없었다.
> 하천 수질의 조사 · 분석
> 빨강 · 초록 · 파랑이 빛의 삼원색이다.

> **다만**, 이때는 가운뎃점을 쓰지 않거나 쉼표를 쓸 수도 있다.
>> 예 한(韓) 이(伊) 양국 간의 무역량이 늘고 있다.
>> 우리는 그 일의 참 거짓을 따질 겨를도 없었다.
>> 하천 수질의 조사, 분석
>> 빨강, 초록, 파랑이 빛의 삼원색이다.

(3) 공통 성분을 줄여서 하나의 어구로 묶을 때 쓴다.

> 예 상 · 중 · 하위권   금 · 은 · 동메달
> 통권 제54 · 55 · 56호

> **붙임** 이때는 가운뎃점 대신 쉼표를 쓸 수 있다.
>> 예 상, 중, 하위권   금, 은, 동메달
>> 통권 제54, 55, 56호

5. 쌍점(:)

(1) 표제 다음에 해당 항목을 들거나 설명을 붙일 때 쓴다.

> 예 문방사우: 종이, 붓, 먹, 벼루
> 일시: 2014년 10월 9일 10시

(2) 시와 분, 장과 절 등을 구별할 때 쓴다.

> 예 오전 10:20(오전 10시 20분)
> 두시언해 6:15(두시언해 제6권 제15장)

(3) 의존 명사 '대'가 쓰일 자리에 쓴다.

> 예 65:60(65 대 60)   청군:백군(청군 대 백군)

> **붙임** 쌍점의 앞은 붙여 쓰고 뒤는 띄어 쓴다.

6. 빗금(/)

(1) 대비되는 두 개 이상의 어구를 묶어 나타낼 때 그 사이에 쓴다.

> 예 먹이다/먹히다   남반구/북반구
> 금메달/은메달/동메달
> (   )이/가 우리나라의 보물 제1호이다.

(2) 기준 단위당 수량을 표시할 때 해당 수량과 기준 단위 사이에 쓴다.

> 예 100미터/초   1,000원/개

> **붙임** 빗금의 앞뒤는 (1)과 (2)에서는 붙여 쓴다. 단, (1)에서 대비되는 어구가 두 어절 이상인 경우에는 빗금의 앞뒤를 띄어 쓸 수 있다.

(3) 시의 행이 바뀌는 부분임을 나타낼 때 쓴다.

> 예 산에 / 산에 / 피는 꽃은 / 저만치 혼자서 피어 있네

> **다만**, 연이 바뀜을 나타낼 때는 두 번 겹쳐 쓴다.
>> 예 산에는 꽃 피네 / 꽃이 피네 / 갈 봄 여름 없이 / 꽃이 피네 // 산에 / 산에 / 피는 꽃은 / 저만치 혼자서 피어 있네

> **붙임** (3)에서는 띄어 쓰는 것을 원칙으로 하되 붙여 쓰는 것을 허용한다.

7. 큰따옴표(" ")

⑴ 글 가운데서 직접 대화를 표시할 때 쓴다.
　예 "어머니, 제가 가겠어요." / "아니다. 내가 다녀오마."

⑵ 말이나 글을 직접 인용할 때 쓴다.
　예 나는 "어, 광훈이 아니냐?" 하는 소리에 깜짝 놀랐다.

8. 작은따옴표(' ')

⑴ 인용한 말 안에 있는 인용한 말을 나타낼 때 쓴다.
　예 그는 "여러분! '시작이 반이다.'라는 말 들어 보셨죠?"라고 말하며 강연을 시작했다.

⑵ 마음속으로 한 말을 적을 때 쓴다.
　예 나는 '일이 다 틀렸나 보군.' 하고 생각하였다.
　　'이번에는 꼭 이기고야 말겠어.' 호연이는 마음속으로 몇 번이나 그렇게 다짐하며 주먹을 불끈 쥐었다.

9. 소괄호(( ))

⑴ 주석이나 보충적인 내용을 덧붙일 때 쓴다.
　예 니체(독일의 철학자)의 말을 빌리면 다음과 같다.
　　문인화의 대표적인 소재인 사군자(매화, 난초, 국화, 대나무)는 고결한 선비 정신을 상징한다.

⑵ 우리말 표기와 원어 표기가 같을 때 쓴다.
　예 기호(嗜好), 자세(姿勢) 커피(coffee), 에티켓(étiquette)

10. 중괄호({ })

⑴ 같은 범주에 속하는 여러 요소를 세로로 묶어서 보일 때 쓴다.
　예 주격 조사 { 이 / 가 }　　국가의 성립 요소 { 영토 / 국민 / 주권 }

⑵ 열거된 항목 중 어느 하나가 자유롭게 선택될 수 있음을 보일 때 쓴다.
　예 아이들이 모두 학교{에, 로, 까지} 갔어요.

11. 대괄호([ ])

⑴ 고유어와 한자어의 음이 서로 다를 때 쓴다.
　예 나이[年歲]　　낱말[單語]　　손발[手足]

⑵ 소괄호가 이미 쓰였을 때 바깥쪽의 괄호로 쓴다.
　예 어린이날이 새로 제정되었을 당시에는 어린이들에게 경어를 쓰라고 하였다. [윤석중 전집(1988), 70쪽 참조]
　　이번 회의에는 두 명[이혜정(실장), 박철용(과장)]만 빼고 모두 참석했습니다.

⑶ 원문에 대한 이해를 돕기 위해 설명이나 논평 등을 덧붙일 때 쓴다.
　예 그것[한글]은 이처럼 정보화 시대에 알맞은 과학적인 문자이다.
　　신경준의 《여암전서》에 "삼각산은 산이 모두 돌 봉우리인데, 그 으뜸 봉우리를 구름 위에 솟아 있다고 백운(白雲)이라 하며 [이하 생략]"
　　그런 일은 결코 있을 수 없다. [원문에는 '업다'임.]

대표 亦功 기출 제8편 한글 맞춤법 CH.02 문장 부호

01.

정답풀이) ㉠ '낯익은' 다음에 쉼표가 있으므로 '동생'만 수식함을 알 수 있다. 쉼표를 통해 문장의 중의성이 해소된 것이다.

오답풀이) ㉡ 제목이나 표어에는 마침표를 쓰지 않음을 원칙으로 하므로 옳다.

㉢ 물음표는 의문문 외에도 의문을 나타내는 어구의 끝에도 쓰인다.

㉣ 작은따옴표는 마음속으로 한 말을 적을 때 쓴다. 그 밖에도 인용한 말 안에 있는 인용한 말을 나타낼 때도 쓰인다.

02.

정답풀이) 우리말(國語)(×) → 우리말[國語](○): 고유어에 대응하는 한자어를 함께 보일 때는 소괄호가 아니라 대괄호를 써야 하므로 '우리말[國語]'로 고쳐야 한다. 간접 인용 부사격 조사 '고'가 쓰였으므로 간접 인용에 쓰이는 작은 따옴표가 쓰여야 한다. 말이나 글을 직접 인용할 때는 간접 인용 부사격 조사 '라고'가 쓰이며 큰따옴표를 쓴다.

오답풀이) ① 한 문장 안에서 앞말을 '즉', '곧', '다시 말해' 등과 같은 어구로 다시 설명할 때 앞말 다음에 쉼표를 쓰므로 옳다. 또한 우리말 표기와 원어 표기를 아울러 보일 때는 소괄호를 쓰므로 '한(恨)'은 옳다.

③ 글 가운데에서 직접 대화를 표시할 때 큰따옴표(" ")를 쓴다. 쓴다. 또한 할 말을 줄였을 때 줄임표(……)를 쓴다. 줄임표는 여섯 점을 찍는 것이 원칙이나 세 점을 찍는 것도 허용된다. 마침표가 필요한 경우에는 마침표를 찍어야 한다. 마침표를 포함하면 아래에 네 점 또는 일곱 점을 찍게 된다.

④ 표제 다음에 해당 항목을 들거나 설명을 붙일 때 쌍점(:)를 쓴다. 이때 쌍점의 앞은 붙여 쓰고 뒤는 띄어 쓴다. 또한 아라비아 숫자만으로 연월일을 표시할 때에는 마침표(.)를 숫자 뒤에 각각 쓴다.

03.

정답풀이) 한 문장 안에 몇 개의 선택적인 물음이 나올 때는 맨 끝의 물음에만 물음표를 써야 한다.

단, 각 물음이 선택적이지 않고 독립적일 때는 물음표를 각각 쓴다.

예 그녀는 언제 만났니? 어디서 만났니? 무엇 하고 놀았니?

오답풀이) ① 참 : 거짓을(×) → 참·거짓을(○): 짝을 이루는 어구들 사이에는 쌍점(:)이 아니라 가운뎃점(·)을 써야 한다.

② 커피[coffee](×) → 커피(coffee)(○): 우리말 표기와 원어 표기를 아울러 보일 때는 대괄호가 아니라 소괄호를 쓴다.

④ 낱말(單語)(×) → 낱말[單語](○): 고유어에 대응하는 한자어를 함께 보일 때는 소괄호가 아니라 대괄호를 쓴다.

정답찾기 1. ① 2. ② 3. ③

중간빈출

01. 다음의 ㉠~㉣에 대한 이해로 가장 옳지 않은 것은?
2017 서울 사회복지직 9급

> ㉠ 낯익은, 철수의 동생이 우리 집에 찾아왔다.
> ㉡ 꺼진 불도 다시 보자
> ㉢ 휴가를 낸 김에 며칠 푹 쉬고 온다?
> ㉣ 나는 '일이 다 틀렸나 보군.' 하고 생각하였다.

① ㉠: 쉼표를 보니 관형어 '낯익은'은 '철수'와 '동생'을 동시에 수식함을 알 수 있다.

② ㉡: 마침표가 없는 것을 보니 '꺼진 불도 다시 보자'는 제목이나 표어임을 알 수 있다.

③ ㉢: 물음표를 보니 의문형 종결 어미로 끝나지 않더라도 의문을 나타낼 수 있음을 알 수 있다.

④ ㉣: 작은따옴표를 보니 '일이 다 틀렸나 보군.'은 마음속으로 한 말이 인용되었음을 알 수 있다.

02. 현행「한글 맞춤법」에 따른 문장 부호의 사용으로 가장 적절하지 않은 것은?
2019 경찰 1차

① 이는 한국을 대표하는 정신, 즉 '한(恨)'을 말한다.

② 그는 "우리말(國語)을 사랑해야 한다."고 말했다.

③ 선배가 "나는 시민을…." 하면서 가셨는데 말끝을 잘 듣지 못했다.

④ 날짜: 2019. 4. 27. 토요일

03. 다음의 밑줄 친 문장 부호 중에서 그 쓰임이 가장 적절한 것은?
2015 경찰 1차

① 나는 그의 말의 <u>참 : 거짓</u>을 판단할 수 없었다.

② 순영은 <u>커피[coffee]</u> 한 잔을 주문했다.

③ 너는 중학생<u>이냐</u> 고등학생이냐?

④ 현수는 글에 적절한 <u>낱말(單語)</u>을 사전에서 찾고 있다.

04.

정답풀이 한 문장 안에 몇 개의 선택적인 물음이 이어질 때는 맨 끝의 물음에만 써야 한다. 예 너는 중학생이냐, 고등학생이냐?

오답풀이 ① 의문문이나 의문을 나타내는 어구 끝에는 보통 물음표(?)를 쓴다.

하지만 의문의 정도가 약할 때는 물음표 대신 마침표를 쓸 수 있다.

예 도대체 이 일을 어쩐단 말이냐.

이것이 과연 내가 찾던 행복일까.

또한 물음의 말로 놀람이나 항의의 뜻을 나타내는 경우에는 느낌표를 쓸 수 있다.

예 이게 누구야!

내가 왜 나빠!

② 열거할 어구들을 일정한 기준으로 묶어서 나타낼 때 가운뎃점을 쓴다.

예 민수·영희, 선미·준호가 서로 짝이 되어 윷놀이를 하였다.

예 지금의 경남·경북, 전남·전북, 충남·충북 지역을 예부터 삼남이라 일러 왔다.

③ 바로 다음 말과 직접적인 관계에 있지 않음을 나타낼 때 쉼표를 쓴다.

예 갑돌이는, 울면서 떠나는 갑순이를 배웅했다.

05.

정답풀이 나이(年歲)(×) → 나이[年歲](○): 고유어에 대응하는 한자어를 함께 보일 때에는 소괄호가 아니라 대괄호를 써야 한다. 다만 우리말 표기와 원어 표기를 아울러 보일 때에는 소괄호를 쓴다.

예 기호(嗜好), 자세(姿勢)

오답풀이 ① 주석이나 보충적인 내용을 덧붙일 때에는 소괄호'( )'를 사용하므로 적절하다. 연대는 앞의 3·1 운동이라는 역사적인 사실의 보충적인 내용에 해당한다.

③ 괄호 안에 또 괄호를 쓸 필요가 있을 때 바깥쪽의 괄호로 대괄호를 쓴다. 대괄호 안에는 소괄호가 온다.

④ 같은 범주에 속하는 여러 요소를 세로로 묶어서 보일 때 중괄호'{ }'를 쓴다.

06.

정답풀이 건물[에, 로, 까지](×) → 건물{에, 로, 까지}(○)
: 명사 '건물'에 사용할 조사 중 '에, 로, 까지'를 선택하는 문장이므로 중괄호 '{   }'로 고쳐야 한다. (참고로 중괄호 안에 열거된 항목들은 쉼표로 구분할 수도 있고, 경우에 따라서는 빗금으로 구분할 수도 있다.)

오답풀이 ① '말소리[音聲]'와 같이 고유어에 대응하는 한자어를 함께 보일 때는 대괄호를 쓴다. 낱말[單語], 나이[年歲], 손발[手足] 등이 있다.

③ 괄호 안에 또 괄호를 쓸 필요가 있을 때 바깥쪽의 괄호로 대 괄호를 쓴다. '(1958)'에 소괄호가 있으므로 바깥쪽 괄호는 대괄호를 쓰는 것은 옳다.

④ 원문에 대한 이해를 돕기 위해 설명이나 논평 등을 덧붙일 때는 대괄호를 쓴다. '그 이야기'가 '합격 소식'임을 알려주기 위해 대괄호를 썼다. (참고로 원문에 대한 이해를 돕기 위해 대괄호 대신 소괄호를 쓰기도 한다.)

07.

정답풀이 대괄호는 선지와 같이 고유어에 대응하는 한자어를 함께 보일 때 쓰이므로 옳다.

오답풀이 ① 쌍점의 앞은 붙여 쓰고 뒤는 띄어 쓴다.

> 다만 시와 분, 장과 절 등을 구별할 때나 의존 명사 '대'가 쓰일 자리에서는 쌍점의 앞뒤를 붙여 쓴다.
>
> • 시와 분, 장과 절 등을 구별할 때 쓴다.
>   예 오전 10 : 20(오전 10시 20분)
>   두시언해 6 : 15(두시언해 제6권 제15장)
> • 의존 명사 '대'가 쓰일 자리에 쓴다.
>   예 65 : 60(65 대 60)   청군 : 백군(청군 대 백군)

② 빗금의 앞뒤는 붙여 쓴다. '3/4 분기'로 쓰는 것이 바르다.

> 다만 시의 행이 바뀌는 부분임을 나타낼 때는 띄어 쓰는 것을 원칙으로 하되 붙여 쓰는 것을 허용한다.
>
> • 시의 행이 바뀌는 부분임을 나타낼 때 쓴다.
>   예 산에 / 산에 / 피는 꽃은 / 저만치 혼자서 피어 있네

④ 연월일을 숫자로만 쓸 때에는 마지막에도 마침표를 찍어야 한다. '2015. 9. 19.'로 고쳐야 한다.

08.

정답풀이 나이(年歲)(×) → 나이[年歲](○) : '나이[年歲]'와 같이 고유어에 대응하는 한자어는 대괄호를 써야 한다.

오답풀이 ① 글 가운데에서 직접 대화를 표시할 때는 큰따옴표(" ")를 쓴다. 할 말을 줄였을 때는 말줄임표(……)를 쓴다.

③ 제목 다음에 표시하는 부제의 앞뒤에는 줄표(—)를 쓴다. 다만, 뒤에 오는 줄표는 생략 가능하며 줄표의 앞뒤는 띄어 쓰는 것을 원칙으로 하되, 붙여 쓰는 것을 허용한다.

④ 책의 제목이나 신문 이름 등을 나타낼 때는 겹낫표(『 』)와 겹화살괄호(≪ ≫)를 쓰며, 겹낫표나 겹화살괄호 대신 큰따옴표(" ")를 쓸 수도 있다.

 정답 찾기   4. ④   5. ②   6. ②   7. ③   8. ②

04. 문장 부호 사용법에 대한 설명으로 옳지 않은 것은?

2017 국가직 7급 생활 안전 분야

① 의문문의 끝에 마침표나 느낌표를 쓰는 경우도 있다.
② 열거할 어구들을 일정한 기준으로 묶어서 나타낼 때 가운뎃점을 쓴다.
③ 바로 다음 말과 직접적인 관계에 있지 않음을 나타낼 때 쉼표를 쓴다.
④ 한 문장 안에 몇 개의 선택적인 물음이 이어질 때 각 물음의 뒤에 물음표를 쓴다.

05. 묶음표의 쓰임이 잘못된 것은?

2015 지방직 9급

① 나는 3 · 1 운동(1919) 당시 중학생이었다.
② 그녀의 나이(年歲)가 60세일 때 그 일이 터졌다.
③ 젊음[희망(希望)의 다른 이름]은 가장 아름다운 꽃이다.
④ 국가의 성립 요소 $\left\{\begin{array}{l}\text{국토}\\\text{국민}\\\text{주권}\end{array}\right.$

06. 대괄호의 사용이 적절하지 않은 것은?

2021 군무원 9급

① 말소리[音聲]의 특징을 알아보자.
② 모두가 건물[에, 로, 까지] 달려갔다.
③ 이윽고 겨울이 오면 초록은 실색한다. [이상전집3(1958), 235쪽 참조]
④ 난 그 이야기[합격 소식]를 듣고 미소 짓기 시작했다.

07. 문장 부호의 용법 설명 중 옳은 것은?

2015 경찰 3차

제목 : 3 / 4 분기 경력사원 모집에 대한 안내

1. 분야 : 총무 관리
2. 대상 : 남 · 여, 나이[年齡] 제한 없음
3. 기한 : 2015. 9. 19
4. 인원 : ○명
5. 조건 : 근무 경력에 따라 연봉 결정

① 쌍점은 앞말과 뒷말을 각각 띄어 써야 한다.
② '3/4 분기'에서 빗금의 띄어쓰기는 옳게 사용된 것이다.
③ '나이[年齡]'에서 고유어에 대응하는 한자어를 보일 때에는 대괄호를 사용한다.
④ '2015. 9. 19'에서 연월일을 숫자로만 쓸 때에는 마지막에 마침표를 찍지 않는다.

08. 다음 문장 부호의 쓰임으로 가장 적절하지 않은 것은?

2018 경찰 1차

① "나는 너를…." 하고 뒤돌아섰다.
② 그녀의 50세 나이(年歲)에 사랑의 꽃을 피웠다.
③ '환경 보호─숲 가꾸기─'라는 제목으로 글짓기를 했다.
④ 윤동주의 유고 시집인 ≪하늘과 바람과 별과 시≫에는 31편의 시가 실려 있다.

09.

정답풀이 춘원[6.25 때 납북](×) → 춘원(6.25 때 납북)(○) : 주석이나 보충적인 내용을 덧붙일 때는 '춘원(6.25 때 납북)'처럼 소괄호를 써야 하므로 옳지 않다. '6.25'와 같이 특정한 의미가 있는 날을 표시할 때는 마침표를 원칙으로 쓰되, 가운뎃점도 쓸 수 있으므로 이는 옳다.

오답풀이 ① 문장의 연결 관계를 분명히 하고자 할 때 절과 절 사이에 쉼표를 쓴다.
② 문장에서 중요한 부분을 두드러지게 하기 위해 드러냄표 대신에 작은따옴표를 쓰기도 한다.
④ 끼어든 어구 안에 다른 쉼표가 들어 있을 때에는 쉼표 대신에 줄표를 쓴다.

10.

정답풀이 '○○○의'(×) → '□□□의'(○) : 글자가 들어가야 할 자리를 나타낼 때 쓰는 문장 부호는 '빠짐표(□)'이다. 따라서 "○○○의 석 자다."를 "□□□의 석 자다."로 고쳐야 한다.
숨김표(○, ×)는 금기어나 공공연히 쓰기 어려운 비속어임을 나타낼 때, 또는 비밀을 유지해야 하거나 밝힐 수 없는 사항임을 나타낼 때 쓴다.

11.

정답풀이 쌍점(;)(×) → 쌍점(:)(○) : 쌍점은 그 표시를 ' : '와 같이 표시하는 것으로서, 마침표의 일종이 아닌 전혀 다른 개념이다. 작은 제목 뒤에 간단한 설명을 붙일 때 쌍점(:)을 쓰는 것은 맞다.

정답 찾기   9. ③   10. ①   11. ②

09. 문장 부호의 사용이 옳지 않은 것은?　2014 국가직 7급

① 콩 심으면 콩 나고, 팥 심으면 팥 난다.
② 지금 필요한 것은 '지식'이 아니라 '실천'이다.
③ 춘원[6·25 때 납북]은 우리나라의 소설가이다.
④ 어머님께 말했다가 — 아니, 말씀드렸다가 — 꾸중만 들었다.

11. 다음 중 문장 부호와 그에 대한 설명이 옳지 않은 것은?　2015 서울시 7급

① 가운뎃점(·)은 열거된 여러 단위가 대등하거나 밀접한 관계임을 나타낸다.
② 쌍점(;)은 마침표의 일종으로 작은 제목 뒤에 간단한 설명을 붙일 때 쓰인다.
③ 줄표(—)는 이미 말한 내용을 다른 말로 부연하거나 보충할 때 쓰인다.
④ 대괄호([ ])는 묶음표 안의 말이 바깥 말과 음이 다를 때 쓰인다.

난이도 조절용

10. 문장 부호 규정과 사용법이 잘못된 것은?　2018 기상직 9급

	규정	사용법
①	글자가 들어가야 할 자리를 나타낼 때, 숨김표(○)를 쓴다.	훈민정음의 초성 중에서 아음(牙音)은 ○○○의 석 자다.
②	의존 명사 '대'가 쓰일 자리에 쌍점(:)을 쓴다.	청군 : 백군(청군 대 백군)
③	책의 제목이나 신문 이름 등을 나타낼 때, 겹화살 괄호(≪ ≫)를 쓴다.	≪한성순보≫는 우리나라 최초의 근대 신문이다.
④	짝을 이루는 어구들 사이에는 가운뎃점(·)을 쓴다.	하천 수질의 조사·분석

띄어쓰기

출좋포 정리하기 이것만 알면 80%는 풀리는 띄어쓰기의 핵심!

1. 1순위 빈출 띄어쓰기

만	의존 명사	시간, 거리, 횟수를 나타내는 말 예 떠난 지 사흘 만에 돌아왔다. / 세 번 만에 시험에 합격했다.
	조사	• 다른 것으로부터 제한하여 어느 것을 한정함. 　예 하나만 알고, 둘은 모른다. / 이것은 그것만 못하다. • 앞말이 나타내는 정도에 달함 　예 집채만 한 파도가 몰려온다. / 청군이 백군만 못하다. / 안 가느니만 못하다.
지	의존 명사	지금까지의 동안을 나타냄. (시간의 경과) 예 그를 만난 지도 꽤 오래되었다. 　집을 떠나온 지 어언 3년이 지났다.
	어미	어미의 일부(-ㄴ지, -ㄹ지) 예 집이 큰지 작은지 모르겠다. / 어떻게 해야 할지 모르겠다.
데	의존 명사	'곳'이나 '장소', '일'이나 '것', '경우'의 뜻을 나타냄. 예 지금 가는 데가 어디인데? / 그 책을 다 읽는 데 삼 일이 걸렸다. 　사람을 돕는 데 애 어른이 어디 있겠습니까? / 머리 아픈 데 먹는 약 　이 그릇은 귀한 거라 손님을 대접하는 데 쓴다.
	어미	연결 또는 종결 어미로 쓰이는 '-ㄴ데' 예 여기가 우리 고향인데 인심 좋고 경치 좋은 곳이지. 　나무가 정말 큰데 대체 몇 살인 걸까?
바	의존 명사	'-니까'를 넣었을 때 말이 안 됨. 예 평소에 느낀 바를 말해라. / 어찌할 바를 모르다. 　어차피 매를 맞을 바에는 먼저 맞겠다.
	어미	'-니까'를 넣었을 때 말이 됨. 예 서류를 검토한바 몇 가지 미비한 사항이 발견되었다. / 그는 나와 동창인바 그를 잘 알고 있다. 　너의 죄가 큰바 응당 벌을 받아야 한다.
망정	의존 명사	괜찮거나 잘된 일이라는 뜻을 나타냄. 예 그 집은 마침 네 눈에 띄었기에 망정이다.
	어미	'-ㄹ망정' 연결 어미 예 머리는 나쁠망정 손은 부지런하다.
같이	부사	뒤의 용언을 수식 예 친구와 같이 사업을 하다. / 모두 같이 갑시다.
	부사격 조사	체언 뒤 예 얼음장같이 차가운 방바닥 / 눈같이 흰 박꽃

밖에	명사	'바깥.'을 넣었을 때 말이 됨. 예 교실 **밖에** 그가 와 있다. / 시험 범위 **밖에** 있는 단원이다.
	보조사	'그것 말고는', '그것 이외에는', '피할 수 없는'의 뜻을 지님. (보통 뒤에 부정어가 옴.) 예 공부밖에 모르는 학생. / 널 사랑할 수밖에 없다.
	어미	-ㄹ밖에(='-ㄹ 수밖에'의 준말) 예 선생님이 시키는데 할밖에 없다. / 어른들이 다 가시니 나도 갈밖에.
씨(氏)	의존 명사	특정인 뒤 예 그 일은 김 **씨**가 맡기로 했네. / 길동 **씨**, 홍길동 **씨**
	접미사	'그 성씨 자체', '그 성씨의 가문이나 문중' 예 김씨, 이씨, 박씨 부인
간(間)	의존 명사	'한 대상에서 다른 대상까지의 사이'나 '둘 사이' 또는 '어느 경우든지 관계없이'의 뜻을 나타냄. 예 서울과 광주 **간** 열차 / 부모 자식 **간**에 / 음식을 먹든지 말든지 **간**에
	구	부모∨간, 자식∨간(혈육∨간) / 친구∨간, 친척∨간 / 국가∨간, 남녀∨간
	합성어	부부간 / 부자간 / 부녀간 / 모자간 / 모녀간 / 고부간 / 동기간 / 인척간 / 피차간 / 좌우간 / 조만간 / 국제간 / 천지간
	접미사	'동안'의 뜻을 나타냄. 예 이틀간 / 한 달간

2. 자주 나오는 한 글자 띄어쓰기

시	의존 명사	((일부 명사나 어미 '-을' 뒤에 쓰여)) 어떤 일이나 현상이 일어날 때나 경우 예 비행 **시**에는 휴대 전화를 사용하면 안 된다. / 규칙을 어겼을 **시**에는 처벌을 받는다. / 여행 **시** 주의사항
	접미사	'그렇게 여김.', '그렇게 봄.'의 뜻을 나타냄. 예 등한시 / 백안시 / 적대시
초(初)	의존 명사	어떤 기간의 처음이나 초기 예 학기 **초** / 조선 **초** / 20세기 **초** / 내년 **초**
중(中)	의존 명사	「1」 여럿의 가운데 「2」 무엇을 하는 동안 예 회의 **중** / 건설 **중** / 꽃 **중**의 꽃 / 임신 **중** / 수감 **중** 　그는 오늘내일 **중**으로 출국할 예정이다. / 공기 **중**에 떠다니는 바이러스
	합성어	예 은연중 / 무의식중 / 한밤중 / 부재중
말(末)	의존 명사	어떤 기간의 끝이나 말기. 예 학기 **말** / 조선 **말** / 20세기 **말** / 내년 **말**
내(內)	의존 명사	일정한 범위의 안 예 범위 **내** / 건물 **내** / 일주일 **내**
	부사화 접미사	그 기간의 처음부터 끝까지 예 봄내 / 여름내 / 저녁내

외(外)	의존 명사	일정한 범위나 한계를 벗어남 예 그 외에 다른 것은 필요 없다. / 병실에 가족 외의 사람은 출입을 제한한다.
차(次)	의존 명사	• '-던 차에', '-던 차이다' 구성으로 쓰이는 의존 명사 예 고향에 갔던 차에 선을 보았다. / 마침 가려던 차였다. • ((주로 한자어 수 뒤에 쓰여)) '번', '차례'의 뜻을 나타냄. 예 제일 차 세계 대전 / 그들은 선생님 댁을 수십 차 방문했다. • ((일정한 기간을 나타내는 명사구 뒤에 쓰여)) 주기나 경과의 해당 시기를 나타냄. 예 입사 3년 차 / 결혼 10년 차에 내 집을 장만했다.
	접미사	체언 뒤에서 목적의 뜻을 나타냄. 예 인사차 들렀다. / 사업차 왔다. / 연구차 입학했다.
판	의존 명사	승부를 겨루는 일을 세는 단위성 의존 명사 예 바둑 한 판 두자. / 장기를 세 판이나 두었다.
	합성어의 어근	예 노름판 / 씨름판 / 웃음판

3. 원리만 알면 쉬운 띄어쓰기

만큼	의존 명사	관형사형 어미 '-는/ㄴ/ㄹ/던' 뒤. 예 볼 만큼 보았다. / 애쓴 만큼 얻는다.
	조사	체언 뒤 예 중학생이 고등학생만큼 잘 안다. / 키가 전봇대만큼 크다.
듯	의존 명사	관형사형 어미 '-는/ㄴ/ㄹ/던' 뒤. 예 아기는 아버지를 빼다 박은 듯 닮았다. / 잠을 잔 듯 만 듯 정신이 하나도 없다. 　안타깝게도 수돗물은 나올 듯 나올 듯 하면서도 나오지 않았다.
	어미	어간 바로 뒤 예 땀이 비 오듯 하다. / 그는 물 쓰듯 돈을 쓴다. 　내가 전에도 말했듯 저 앤 정말 공을 잘 차.
대로	의존 명사	관형사형 어미 '-는/ㄴ/ㄹ/던' 뒤 예 아는 대로 말한다. / 예상했던 대로 시험 문제는 까다로웠다.
	조사	체언 뒤 예 법대로 / 약속대로
뿐	의존 명사	• 관형사형 어미 '-는/ㄴ/ㄹ/던' 뒤 예 웃을 뿐이다. / 만졌을 뿐이다. • (('-다 뿐이지' 구성으로 쓰여)) 오직 그렇게 하거나 그러하다는 것을 나타내는 말 예 이름이 나지 않았다 뿐이지 참 성실한 사람이다.
	조사	체언이나 부사어 뒤 예 남자뿐이다 / 셋뿐이다 / 학교에서뿐만 아니라 집에서도
들	의존 명사	두 개 이상의 사물을 열거하는 구조에서 '그런 따위'란 뜻을 나타냄. 예 쌀, 보리, 콩, 조, 기장 들을 오곡(五穀)이라 한다.
	접미사	체언 뒤 예 남자들 / 학생들

대표 亦功 기출 제8편 한글 맞춤법 CH.03 띄어쓰기

01.

정답풀이 본바가(×) → 본 바가(○) : '본 바가'로 표기하는 것이 옳다. 의존 명사는 앞의 어미와 띄어 써야 하며, 문장 성분이 다른 단어나 명사가 덧붙을 때는 각각의 단어를 띄어 쓰는 것이 원칙이다.

오답풀이 ② '생각대로'의 '대로'는 보조사이다. 따라서 붙여 쓰는 것이 옳다.
③ '고향뿐이다'에서 체언 뒤에 '뿐'이 나타났으므로 보조사이고, 앞말과 붙여 써야 한다.
④ '원칙만큼은'에서는 보조사로 쓰였으므로 앞말과 붙여 쓰는 것이 적절하다.

02.

정답풀이 '다음부터는 일이 잘될 듯싶었다.'로, '듯싶었다'를 붙이는 것이 적절하다. 보조 형용사 '듯싶다'는 앞말이 뜻하는 사건이나 상태 따위를 짐작하거나 추측함을 나타내는 말이다. 이는 보조 용언이므로 앞말과 띄어 쓰는 것이 원칙이나 붙여 쓰는 것도 허용된다. '잘되다'는 하나의 단어이므로 붙여 쓴다.

오답풀이 ① '할 만하다'는 본용언 '할'에 보조 용언이 결합한 형태이다. 원칙은 '할 만하다'로 띄어 쓰는 것이지만 '할만하다'로 붙이는 것도 허용한다.
② 용언 뒤의 '대로'는 의존 명사이므로 띄어 써야 한다. 또한 '테다'는 '터이다'의 준말이므로 앞말과 띄어 써야 한다.
④ 조사가 없을 때는 '아는 체하다/아는체하다'로 표기하는 것이 옳지만, 조사 '를'과 결합할 경우 뒷말과 띄어 써야 한다.

중간빈출

01. 밑줄 친 부분의 띄어쓰기가 가장 옳지 않은 것은?

2023 서울시 9급

① 포기는 생각해 <u>본바가</u> 없다.
② 모두 자기 <u>생각대로</u> 결정하자.
③ 결국 돌아갈 곳은 <u>고향뿐이다.</u>
④ <u>원칙만큼은</u> 양보하기가 어렵다.

02. 띄어쓰기가 가장 옳지 않은 것은? 2022 서울시 9급 2월

① 이∨일도∨이제는∨할∨만하다.
② 나는∨하고∨싶은∨대로∨할∨테야.
③ 다음부터는∨일이∨잘될∨듯∨싶었다.
④ 그녀는∨그∨사실에∨대해∨아는∨체를∨하였다.

정답찾기 1. ① 2. ③

PART 08

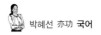

03.

정답풀이) 사업 차(×) → 사업차(○) : '사업차'로 붙여 써야 한다. '목적'의 뜻을 더하는 '-차'는 접미사로 보므로 붙여 쓰는 것을 원칙으로 한다.

오답풀이) ① '앞말이 뜻하는 상태를 어느 정도 느끼고 있거나 짐작함'을 의미하는 보조 형용사 '성싶다', '성부르다', '성하다'는 한 단어이므로 붙여 쓴다.
② '그려'는 '청자에게 문장의 내용을 강조함'을 나타내는 보조사이므로 붙여 쓴다.
③ '어떤 일이 있었던 때로부터 지금까지의 동안'을 나타내는 '지'는 의존 명사이므로 앞의 단어와 띄어 쓴다.
④ '알은척하다'는 하나의 단어이므로 붙여 쓴다.

04.

정답풀이) 복수의 뜻을 나타내는 접미사 '-들'은 앞말과 붙여 쓰는 것이 원칙이다. 또한 단음절 단어가 연이어 나타날 경우 붙여 쓸 수 있다. '좀∨더∨큰∨것∨'이 원칙이지만 '좀더∨큰것'으로 표기하는 것도 허용된다. 따라서 '저 사과들 중에서 좀더 큰 것을 주세요.'는 올바르게 띄어쓰기 한 문장이다.

오답풀이) ① 지난 달(×) → 지난달(○) : '지난달에 나는 딸도 만날∨겸 여행도 할∨겸 미국에 다녀왔다.'로 고쳐야 한다. '이 달의 바로 앞의 달'을 의미하는 '지난달'은 붙여 써야 한다.
할겸(×) → 할 겸(○) : '두 가지 이상의 동작이나 행위를 아울러 함'을 뜻하는 의존 명사 '겸'은 앞말과 띄어 쓴다.
② 물 샐 틈없이(×) → 물샐틈없이(○) : '이 회사의 경비병들은 물샐틈없이 경비를 선다.'로 고쳐야 한다. 부사 '물샐틈없이'는 조금도 빈틈이 없이, 물을 부어도 샐 틈이 없다는 의미이며 한 단어이므로 붙여 써야 한다.
④ 감사하기는 커녕(×) → 감사하기는커녕(○) : '그 사람은 감사하기는커녕 적게 주었다고 원망만 하더라.'로 고쳐야 한다. '감사하기는커녕'은 보조사 '는'과 '커녕'이 결합한 것으로, 앞말과 붙여 써야 한다.

05.

정답풀이) '한∨번'으로 표기해야 한다. '한 번'은 문맥에 따라 띄어쓰기도 붙여쓰기도 하지만, 일의 차례나 횟수를 나타내는 의존 명사 '번'은 띄어 써야 한다.

오답풀이) ② '한번'이 '지난 어느 때나 기회'를 의미할 때는 붙여 쓴다.
③ '한번'이 부사 '어떤 행동이나 상태를 강조하는 뜻을 나타내는 말'로 쓰일 경우 붙여 쓴다.
④ '한번'이 부사 '어떤 행동이나 상태를 강조하는 뜻을 나타내는 말'로 쓰일 경우 붙여 쓴다.

06.

정답풀이) 오는 지(×) → 오는지(○) : 어떤 목적 혹은 어떤 일을 하기 위하여 말하는 이가 있는 곳으로 위치를 옮긴다는 의미인 '오다'는 종결 어미 '-는지'와 결합하여 '오는지'로 활용된다. 따라서 '그가 언제 오는지 확인했다.'로 수정해야 한다.

오답풀이) ① '오다'의 관형사형 '올'이 의존명사 '듯'을 수식하고 있으므로 띄어 쓰는 것이 적절하다.
③ '하다'의 관형사형 '했을'이 의존명사 '리'를 수식하고 있으므로 띄어 쓰는 것이 적절하다.
④ 한 대상에서 다른 대상까지의 사이를 뜻하는 의존 명사 '간'은 띄어 쓰는 것이 적절하다.
⑤ 의존 명사는 띄어 쓰는 것을 원칙으로 하므로, 수사 '열'과 '스무' 뒤의 의존 명사 '명'은 띄어 쓰는 것이 적절하다.

07.

정답풀이) '총금액'은 접두사 '총-'에 '금액'이 결합한 파생어이므로 붙여 쓰는 것이 적절하다. '총-'은 '전체를 아우르는' 또는 '전체를 합한'의 뜻을 나타내는 접두사이다.

오답풀이) ① 못했다(×) → 못 했다(○) : 부정부사 '못'이 결합한 형태로, '못'은 동사가 나타내는 동작을 할 수 없거나 상태가 이루어지지 않았다는 뜻을 더해준다. 따라서 '못 하다'로 쓰는 것이 적절하다. '못하다'라고 붙여 표기할 경우 어떤 일을 일정한 수준에 못 미치게 하거나, 그 일을 할 능력이 없다는 뜻이 되어 문맥상 부적절하다.
③ 한달간(×) → 한 달간(○) : '한 달간'으로 표기하는 것이 적절하다. 기간을 세는 단위인 '달'은 의존 명사이므로 앞말과 띄어 쓰는 것이 원칙이다. 접미사 '-간'은 '동안'의 뜻을 더해주는 기능을 하므로 어근과 붙여 쓰는 것이 적절하다.
④ 제문제(×) → 제 문제(○) : '제 문제'로 띄어 쓰는 것이 적절하다. 관형사 '제'는 '여러'라는 의미를 지니며, 수식하는 명사와 띄어 쓰는 것이 원칙이다.
⑤ 해야 할 지(×) → 해야 할지(○) : '해야 할 지'에서 '할지'는 용언 어간에 어미 '-ㄹ지'가 결합한 형태이므로 붙여 쓰는 것이 적절하다.

03. 밑줄 친 부분의 띄어쓰기가 옳지 않은 것은?

2022 국회직 8급

① 비가 <u>올성싶다</u>.
② 자네가 이야기를 좀 <u>하게나그려</u>.
③ 집을 <u>떠나온 지</u> 어언 3년이 지났다.
④ 복도에서 친구가 먼저 나에게 <u>알은척했다</u>.
⑤ 그는 불황을 타개하기 위해 <u>사업 차</u> 외국에 나갔다.

06. 띄어쓰기가 옳지 않은 것은?

2022 국회직 9급

① 그가∨올∨듯도∨하다.
② 그가∨언제∨오는∨지∨확인했다.
③ 네가∨그∨일을∨했을∨리가∨없다.
④ 서울과∨인천∨간∨국도를∨이용한다.
⑤ 열∨명∨내지∨스무∨명의∨학생들이∨참석했다.

04. 다음 중 띄어쓰기가 가장 옳은 것은?

2022 군무원 9급

① 지난 달에 나는 딸도 만날겸 여행도 할겸 미국에 다녀 왔어.
② 이 회사의 경비병들은 물 샐 틈없이 경비를 선다.
③ 저 사과들 중에서 좀더 큰것을 주세요.
④ 그 사람은 감사하기는 커녕 적게 주었다고 원망만 하 더라.

07. 밑줄 친 부분의 띄어쓰기가 맞는 것은?

2023 국회직 8급

① 일이 있어서 숙제를 <u>못했다</u>.
② <u>총금액</u>이 얼마 되지 않는다.
③ <u>한달간</u> 전국 일주 여행을 하고 돌아왔다.
④ 현대사회의 <u>제문제</u>에 대한 토론을 하였다.
⑤ 이번 방학에 무엇을 <u>해야 할 지</u> 모르겠다.

05. 밑줄 친 부분의 띄어쓰기가 잘못된 것은? 2022 군무원 9급

① <u>한번</u> 실패했더라도 다시 도전하면 된다.
② <u>한번</u>은 네거리에서 큰 사고를 낼 뻔했다.
③ 고 녀석, 울음소리 <u>한번</u> 크구나.
④ 심심한데 노래나 <u>한번</u> 불러 볼까?

08.

정답풀이 ③ • 나간∨지(○) : 시간(어떤 일이 있었던 때로부터 지금 까지의 동안)을 의미하는 '지'는 의존 명사이므로 앞과 띄어써야 한다.
• 사흘∨만에(○) : '앞말이 가리키는 동안이나 거리, 횟수'를 나타 내는 경우에는 '만'이 의존 명사이므로 앞과 띄어써야 한다.
④ • 10∨미터가(○) : 아라비아 숫자는 띄는 것이 원칙이나 붙여 씀 도 허용한다.

오답풀이 ① 옷∨한벌(×) → 옷∨한∨벌(○)
: (국립국어원 답변) 단음절로 된 단어가 연이어 나타날 때 붙여 쓸 수 있게 한 것은, 단음절로 된 단어가 연이어 나타나 시각적 부담을 가중시킴으로써 독서 능률이 감퇴될 것을 염려하여 둔 허용입니다. 그런데 문의하신 경우는 그러한 경우는 아닌 것으로 보이므로, 단위를 나타내는 명사는 띄어 쓴다는 '단위 명사 띄어 쓰기 규정(한글 맞춤법 제43항)'에 따라, '옷 한 벌'로 쓰는 것이 자연스럽다고 봅니다.
② 큰∨것∨대로(×) → 큰∨것대로(○) : '대로'는 체언 뒤에서는 붙 이고, 관형어 뒤에서는 띈다.
⑤ 뛸듯이(×) → 뛸∨듯이(○) : '뛸'은 어간 '뛰'에 어미 'ㄹ'이 결합한 형태이므로, 앞말이 어미가 있을 경우에 '듯'은 띄어쓰기 한다.

09.

정답풀이 떠내려∨가버렸다.(×) → 떠내려가∨버렸다.(○)
: '떠내리+어', '가+아+버리+었+다'로 형태소 분석을 할 수 있 다. 문제는 '떠내리+어'의 '떠내리다'라는 말은 존재하지 않는다는 것이다. 합성어 '떠내려가다'에 보조 용언 '버렸다'가 온 것이 옳다. 따라서 본용언 '떠내려가'와 보조 용언 '버렸다'를 띄어써야 한다.

오답풀이 ② 놀아만∨나는구나!(○) : '놀아나다'는 '실속 없이 들뜬 행동을 하다.'를 뜻하는 합성어이다. 하지만 '놀아' 뒤에 조사 '만' 이 오는 경우에는 띄어야 한다. '놀아만'은 본용언이 되고 '나는 구나'응 보조 용언이 된다.
③ 칠칠맞지∨못하게(○) : '칠칠맞다'는 '(주로 부정문으로 쓰여) 성 질이나 일 처리가 반듯하고 야무지다.'를 의미하는 합성어이다. 하지만 '칠칠맞지못하다'가 사전에 등재되지는 않았으므로 본용언 '칠칠맞지'와 보조 용언 '못하다' 사이를 띄어야 한다.
④ • 도와드리려는∨게(○) : '도와드리다'는 합성어이므로 '도와드 리+려는'으로 붙이는 것이 옳다. '게'는 '것이'의 준말이므로 '게' 앞은 띄어야 한다.
• 깨뜨려버렸다.(○) : '깨뜨려 버리다'는 본용언 '깨뜨려'와 보조 용언의 연결이다. '본용언+-아/-어+보조 용언' 구성은 띄 어쓰는 것이 원칙이나 붙여 씀도 허용한다. 따라서 붙여 쓴 '깨뜨려버렸다'도 가능하다.

하지만!!! 엄밀하게 말하면 '깨(어근)+뜨리(접사)+어'를 보면 '깨뜨려'는 파생어이면서 3음절 이상이므로 규정에 따라 무조건 띄어써야 한다.
하지만 한글 맞춤법 제47항의 해설에는 '깨뜨려 버리다'를 붙여 쓰는 것도 허용한다고 쓰여 있으므로 이 문제에서 '깨뜨려버렸다'를 옳다고 본 것이다. (다만 국립국어원에 따르면 이 부분에 대해 다시 논의를 하고 있다고 한다.)

⑤ 떠난∨지가(○) : 시간을 의미하는 '지'는 의존 명사이므로 띄어 써야 한다.

10.

정답풀이 떠난지가(×) → 떠난∨지가(○) : 시간을 의미하는 '지'는 의존 명사이므로 띄어써야 한다.

오답풀이 ① '씨'는 특정인 뒤에 오는 경우에는 의존 명사이므로 앞 과 띄어 써야 한다. 특정인이 아닌 가문의 성씨라면 '-씨'가 접사 이므로 붙여 써야 한다.
'김양수'는 특정인이므로 '씨'는 의존 명사이다. 따라서 띄어 써 야 한다.
③ 본용언 '떠나'와 보조 용언 '버린'은 띄는 것이 원칙이며 '것'은 의 존 명사이므로 띄어쓴다.
④ 용언의 관형사형(=관형어) '지낼'의 꾸밈을 받는 '수'는 의존 명 사이므로 띄어 쓴다. '밖에'는 조사이므로 의존 명사 '수'와 붙여 쓰는 것이 옳다.

11.

정답풀이 • 사흘간에(○) : '-간'은 '동안'의 뜻을 의미하는 접사이므 로 붙이는 것이 옳다.
• 놀기는커녕(○) : '는'과 '커녕'은 모두 보조사이므로 붙여 써야 하 므로 옳다.

오답풀이 ① • 집채∨만한(×) → 집채만∨한(○) : 체언 뒤에 오는 '만'은 '~의 정도에 달함'의 뜻을 더해 주는 보조사이므로 앞 말과 붙여 써야 한다. 또 '한'은 '하다'의 활용형이므로 띄어야 한다.
• 5분∨만에(○) : '만'이 '앞말이 가리키는 동안이나 거리, 횟수' 를 나타내는 경우에는 의존 명사이므로 앞말과 띄어 쓴다.
② • 이같은(×) → 이∨같은(○) : '이'는 지시대명사, '같은'은 형용 사 '같다'의 활용형이다. 각각의 단어이므로 띄어야 한다.
• 몇∨년(○) : 수 관형사 '몇'과 단위명사 '년'은 띄어야 한다.
③ 분실시에(×) → 분실∨시에(○) : '시'는 '어떤 일·현상이 일어난 때나 경우'를 의미하는 의존 명사이므로 띄어야 한다.

 8. ③ ④ 9. ① 10. ② 11. ④

08. 다음 중 띄어쓰기가 맞는 문장은? (∨ 는 띄어쓰기 부호)

2014 서울시 9급

① 옷∨한벌∨살∨돈이∨없다.
② 큰∨것은∨큰∨것∨대로∨따로∨모아∨둬라.
③ 강아지가∨집을∨나간∨지∨사흘∨만에∨돌아왔다.
④ 이∨나무는∨10∨미터가∨넘는다.
⑤ 합격했다는∨말에∨뛸듯이∨기뻐하였다.

10. 다음 중 띄어쓰기가 잘못된 것은?

2015 법원직

> ① 김양수 씨가 ② 떠난지가 오래다.
> 그가 그렇게 ③ 떠나 버린 것이 믿어지지 않는다.
> 나는 한동안 멍하니 ④ 지낼 수밖에 없었다.

① 김양수 씨　　　　　② 떠난지
③ 떠나 버린 것　　　④ 지낼 수밖에

09. 다음 중 띄어쓰기가 옳지 않은 것은?

2016 국회직 9급

① 홍수가 나서 집이 모두 강물에 떠내려 가버렸다.
② 하라는 공부는 하지 않고 잘도 놀아만 나는구나!
③ 하고 다니는 꼴이 그게 뭐니? 칠칠맞지 못하게.
④ 어머니를 도와드리려는 게 그릇을 깨뜨려버렸다.
⑤ 그가 떠난 지가 오래지만 아직도 너무 그립다.

11. 띄어쓰기가 옳은 것은?

2016 교육행정직 7급

① 집채 만한 파도가 5분 만에 해안가를 삼켜 버렸다.
② 지난 몇 년 이래 이같은 현상이 나타나고 있습니다.
③ 여기는 학생증 분실시에 학생들의 신고를 받기 위한 곳
　입니다.
④ 사흘간에 걸쳐 국어 시험을 준비하느라 놀기는커녕 자
　지도 못했다.

12.

정답풀이 '지난 계절'은 용언의 관형사형 '지난'과 명사 '계절'은 띄어야 한다. (참고로 '지난봄, 지난여름, 지난가을, 지난겨울'은 붙여 써야 한다.)

오답풀이 ① 너나∨없이(×) → 너나없이(○) : '너나없이'가 하나의 부사이므로 붙여야 한다.
② 알은∨체∨하지(×) → 알은체하지(○) : '알은체하다'는 하나의 동사이므로 붙여야 한다.
③ 마지∨못해서(×) → 마지못해서(○) : '마지못하다'는 하나의 형용사이므로 붙여야 한다.
④ 보잘∨것∨없는(×) → 보잘것없다(○) : '보잘것없다'는 하나의 형용사이므로 붙여야 한다.

13.

정답풀이 • 내키는∨대로(○) : 용언의 관형사형(=관형어) '내키는'의 꾸밈을 받는 '대로'는 의존 명사이므로 띄어 쓰는 것이 옳다.
• 안∨돼.(○) : 금지의 의미를 나타낼 경우에는 '안'과 '되다'를 띄어 쓴다.

오답풀이 ① 도외시∨하였기(×) → 도외시하였기(○) : '도외시하다'는 하나의 동사이므로 붙여 써야 한다.
② • 대리전으로∨밖에는(×) → 대리전으로밖에는(○) : '밖에'가 '그것 말고는'을 의미하는 경우에는 조사이므로 붙여야 한다.
• 사실상(○) : '그것과 관계된 입장' 또는 '그것에 따름'의 뜻을 더하는 접미사이므로 붙인 것이 옳다.
• 여자∨대∨남자의(○) : '대'는 사물과 사물의 대비나 대립을 나타내는 의존 명사이므로 띄어야 한다.
④ 회복될 지(×)→회복될지(○) : '지'는 시간을 의미하지 않으므로 어미이므로 붙여서 써야 한다.

14.

정답풀이 죽을망정(○) : '-ㄹ망정'은 하나의 어미이므로 붙여야 한다. 명사 '망정'은 '우리가 한발 앞섰기에 망정이지'처럼 쓰인다.

오답풀이 ② 있을∨지라도(×) → 있을지라도(○) : '-ㄹ지라도'가 하나의 어미이므로 붙여야 한다.
③ 예쁜대신(×) → 예쁜∨대신(○) : 용언의 관형사형 '예쁜' 뒤의 '대신'은 명사이므로 띄어야 한다.
④ 들을∨지(×) → 들을지(○) : 시간을 의미하는 '지'만 의존 명사이고 나머지는 어미이므로 붙이는 것이 옳다.

15.

정답풀이 동사의 어간에 붙어 욕망의 뜻을 나타내는 연결 어미는 '-고저'가 아니라 '-고자'이다.

오답풀이 ② '마다'의 뜻을 더하는 접미사 '당'은 붙여 쓴다.
③ '그 수량이나 크기로 나뉘거나 되풀이됨'의 뜻을 더하는 접미사 '씩'은 붙여 쓴다.
④ '앞에서 말한 내용 그 자체나 일 따위'를 나타내는 의존명사 '바'는 띄어 쓴다. '바'가 나오면 '-니까'를 넣어서 읽어서 말이 되면 '바'가 어미의 일부이므로 붙여 쓰면 된다.

16.

정답풀이 팀장 겸 감사 부장(○) : '겸'은 '명사나 어미 '-ㄹ' 뒤에 쓰여, 한 가지 일 외에 또 다른 일을 아울러 함을 나타내는 의존 명사이므로 앞 뒤를 띄는 것은 옳다.

오답풀이 ① 갔을∨걸요.(×) → 갔을걸요.(○) : '걸'은 '것을'의 준말이 아니다. 받침 없는 어간에 붙어, 불확실한 추측을 나타내는 종결 어미인 '-ㄹ걸'에 보조사 '요'가 붙은 것이므로 붙여 써야 한다.
③ 알아∨보시는(×) → 알아보시는(○) : '알아보다'는 하나의 동사(합성어)이므로 붙이는 것이 옳다.
④ 한∨번(×) → 한번(○) : '어떤 일을 시험 삼아 시도함.'을 의미하는 하나의 명사(합성어)이므로 붙이는 것이 옳다.

☞ 한번(붙여쓰기)

한∨번(구)	한번(합성어)
one time, two time의 횟수를 의미함. 한 번 대신에 두번을 넣을 수 있음. 예 우리는일주일에 한∨번밖에 못 본다.	「1」 ((주로 '-어 보다' 구성과 함께 쓰여)) 어떤 일을 시험 삼아 시도함을 나타내는 말. 예 한번 먹어 보다. 「2」 기회 있는 어떤 때에. 예 우리 집에 한번 놀러 오세요. 「3」 ((명사 바로 뒤에 쓰여)) 어떤 행동이나 상태를 강조하는 뜻을 나타내는 말. 예 춤 한번 잘 춘다. 「4」 일단 한 차례. 예 한번 물면 절대 놓지 않는다. 「5」 ((주로 '한번은' 꼴로 쓰여)) 지난 어느 때나 기회 예 한번은 네거리에서 큰 사고를 낼 뻔했다.

 정답 찾기 12. ⑤ 13. ③ 14. ① 15. ① 16. ②

12. 다음 밑줄 친 부분의 띄어쓰기가 옳은 것은?

2016 국회직 8급

① 너나 <u>없이</u> 생활이 바쁘다.
② 남의 일에 함부로 <u>알은 체 하지</u> 마라.
③ 하도 사정하는 바람에 <u>마지 못해서</u> 들어주었다.
④ <u>보잘 것 없는</u> 수입이지만 저는 이 일이 좋습니다.
⑤ <u>지난 계절</u>은 유달리 무척이나 더웠다.

13. 띄어쓰기가 바른 것은?

2015 국가직 9급

① 그 사고는 여러 가지 규칙을 도외시 하였기 때문이야.
② 사실상 여자 대 남자의 대리전으로 밖에는 보이지 않아.
③ 반드시 거기에 가겠다면 내키는 대로 행동해서는 안 돼.
④ 금연을 한 만큼 네 건강이 어느 정도까지 회복될 지 궁금해.

14. 다음 중 띄어쓰기가 옳은 것은?

2015 서울시 9급

① 차라리 얼어서 죽을망정 곁불은 아니 쬐겠다.
② 마음에 걱정이 있을 지라도 내색하지 마라.
③ 그녀는 얼굴이 예쁜대신 마음씨는 고약하다.
④ 그 사람이 친구들 말을 들을 지 모르겠다.

15. 밑줄 친 부분을 잘못 고친 것은?

2015 사회복지직 9급

> 제목 : 통일 교육 자료집 배부 알림
> 호국안보의 달을 맞이하여 각 학교의 통일 교육의 수월성에 <u>기여하고져</u>, 통일 교육 관련 자료집을 <u>학교 당 1권 씩</u> 배부하오니 각 학교에서는 교육 자료로 활용하여 주시고, 교육 지원청에서는 이전 회의에서 <u>말씀드린바와</u> 같이 관내 학교로 배부하여 주시기 바랍니다.

① 기여하고져 → 기여하고저
② 학교 당 → 학교당
③ 1권 씩 → 1권씩
④ 말씀드린바 → 말씀드린 바

16. 띄어쓰기가 옳은 것은?

2014 국가직 7급

① 글쎄요, 아마 그 친구가 먼저 갔을 걸요.
② 이분이 우리 총무 팀의 팀장 겸 감사 부장이십니다.
③ 어머니는 이제야 아들을 겨우 알아 보시는 상황이 되었다.
④ 생각만 하지 말고 우리가 먼저 한 번 해 보아야 할 것이다.

17.

정답풀이 제오∨회(○) : '제(第)–'는 '그 숫자에 해당되는 차례'의 뜻을 더하는 접두사이므로 뒤의 숫자와 붙여 쓴다. 다만 '대'의 경우에는 명사이므로 띄는 것이 원칙이나, 순서를 의미하므로 뒤의 말(오)과 붙여 씀도 허용한다.

오답풀이 ① 천∨여∨명의(×) → 천여∨명의(○) : 한자로 된 수사 뒤에 붙어 그 이상이란 뜻을 나타내는 접미사이므로 앞말 '천'과 붙여야 한다.

② 십∨년만에(×) → 십∨년∨만에(○) : 시간을 의미하는 '만'은 의존 명사이므로 앞의 의존 명사 '년'과 띄어야 한다.

③ 옷은∨커녕(×) → 옷은커녕(○) : '은'과 '커녕' 모두 보조사이므로 다 붙여써야 한다.

⑤ 해결하는데(×) → 해결하는∨데(○) : '1. 곳, 처소 2. 경우, 처지 3. 일, 것'를 의미하는 경우에 '데'는 의존 명사이므로 띄어야 한다. (참고로 '것에'를 넣어서 말이 어느 정도 되면 '데'는 의존 명사이므로 띄어야 한다.)

18.

정답풀이 검토한바(○) : '–니까'를 넣어서 읽어서 말이 되면 '바'가 어미의 일부이므로 붙여 쓰면 된다. 이 문장은 '검토하니까~발견되었다'로 자연스러우므로 '–ㄴ바'는 어미이므로 붙이는 것이 옳다.

오답풀이 ① 집밖에(×) → 집∨밖에(○) : 여기에서 '밖'은 'outside'의 의미이므로 명사이다. 따라서 '집과' 띄어야 한다.
'그것 말고는'의 의미를 가지는 조사 '밖에'가 존재하기는 한다. (조사 '밖에'는 뒤에 반드시 부정을 나타내는 말이 따름.)

② 잘난체∨하는(×) → 잘난∨체하는(○) : 용언의 관형사형 '잘난' 뒤에 '체하다(의존 명사＋하다)'가 왔으므로 띄어야 한다. '잘난체하다'는 합성어가 아니기 때문에 띄어야 한다.

③ 먹을만큼만(×) → 먹을∨만큼만(○) : 용언의 관형사형 '먹을'이 뒤에 의존 명사 '만큼'을 꾸밈으로 띄어야 한다.

정답찾기 17. ④ 18. ④

17. 다음 중 띄어쓰기가 바른 것은? 2014 국회직 8급

① 그들의 결혼식에 천 여 명의 하객이 몰렸다고 한다.

② 우리가 학교를 졸업한 지 십 년만에 만났구나.

③ 그는 가난해서 옷은 커녕 끼니도 챙기기 어려웠다.

④ 내일은 제오 회 교내 백일장이 열리는 날이다.

⑤ 그 문제를 해결하는데 가장 좋은 방법이 무엇인지 생각
해 보자.

18. 띄어쓰기가 옳은 것은? 2013 지방직 7급

① 집밖에ㅇ나가서ㅇ놀지ㅇ않을래?

② 길동이는ㅇ잘난체ㅇ하는ㅇ것도ㅇ밉지가ㅇ않아.

③ 음식은ㅇ각자ㅇ먹을만큼만ㅇ접시에ㅇ담아ㅇ가세요.

④ 자료를ㅇ검토한바ㅇ몇ㅇ가지ㅇ미비한ㅇ사항이ㅇ발견
되었다.

박혜선 국어
개념도 새기는
기출 문법

09

의미론

01 Chapter 단어의 의미 관계

★출좋포 정리하기 유의 상하·반의 관계

1. 유의 관계

두 개 이상의 단어가 소리는 다르지만 의미가 비슷한 관계
문맥에 따라 교환이 불가능한 경우도 있다.

예 아름답다 – 예쁘다 – 어여쁘다
  가끔 – 더러 – 왕왕 – 간혹

2. 상하 관계

한 단어가 다른 단어를 포함하는 경우 포함하는 단어를
상의어, 포함되는 단어를 하의어로 구분한다.
상의어는 일반적, 포괄적인 의미를 갖는다. 하의어는 개
별적, 구체적, 한정적 의미를 갖는다.

예 문학〉서정 문학〉고전시〉고려 가요

3. 반의 관계

개념			의미가 서로 대립되는 단어 사이의 관계
특징			① 반의어가 되려면 하나의 요소만 차이를 보여야 한다. 　예 할머니 ↔ 청년(×) → 성별 말고도, 나이의 요소에도 차이가 있으므로 반의어로 볼 수 없다. 　　할머니 ↔ 할아버지(○) → '성별'이라는 하나의 요소에만 차이가 있으므로 반의어로 볼 수 있다. ② 맥락에 따라 반의 관계를 이루는 말이 달라질 수 있다. 　어떤 단어가 다의어일 수 있기 때문이다. 　예 그녀가 서서 집에 갔다. / 그녀가 앉아서 집에 갔다. 　　자동차가 섰다. / 자동차가 갔다. 　　체면이 섰다. / 체면이 깎였다. 　　　　　　　　날이 섰다. / 날이 무뎌졌다.
종류	모순 관계: 중간 항 無	상보 반의어	개념
			반의 관계의 두 단어를 동시에 부정할 수 없다. 　예 살다 : 죽다, 남자 : 여자. 처녀 : 총각, 기혼 : 미혼, 합격 : 불합격

종류	모순 관계: 중간 항 無	상보 반의어	개념	반의 관계의 두 단어를 동시에 부정할 수 없다. 　예 살다 : 죽다, 남자 : 여자. 처녀 : 총각, 기혼 : 미혼, 합격 : 불합격
			특성	① 절대적 개념으로 사용된다. ② 정도 부사의 수식을 받지 못한다. 　예 그는 매우 합격했다.(×) ③ 한 쪽 단어의 부정이 다른 쪽 단어의 긍정이 된다.
	반대 관계: 중간 항 有	정도 (등급) 반의어	개념	정도나 등급의 대립 관계를 나타내는 말의 관계 　예 길다 : 짧다, 기쁨 : 슬픔, 무겁다 : 가볍다, 높다 : 낮다
			특성	① 중간 항이 존재하므로 상대적 개념으로 사용된다. ② 중간 영역이 존재하기 때문에 반의 관계의 두 단어를 모두 부정할 수 있다. 　예 역공녀의 얼굴은 크지도 않고 작지도 않다. ③ 측정 형용사가 주를 이룬다.
		방향 반의어	개념	방향의 대립 관계를 나타내는 말의 관계 　예 위 : 아래, 오다 : 가다, 오르다 : 내리다, 사다 : 팔다, 입다 : 벗다, 열다 : 닫다, 　　부모 : 자식, 남편 : 아내, 스승 : 제자
			특성	한 단어의 부정이 다른 쪽 단어의 부정과 모순되지 않는다. 　예 그녀가 위에 없다. 　　그녀가 아래에 없다. 　　→ 방향 사이에는 여러 중간 항이 있기 때문에 말이 된다.

대표 亦功 기출 제9편 의미론 CH.01 단어의 의미 관계

01.

정답풀이 〈보기〉는 방향이 반대인 방향 반의어에 관한 내용이다. 이러한 방향 반의어는 중간 항이 존재한다. 그런데 '성공'과 '실패'는 중간 항이 없는 상보 반의어라고 볼 수 있으므로 방향 반의어가 아니다. 즉 이들은 어떤 방향성을 이루고 있다고 보기 어렵다.

오답풀이 나머지는 대립되는 방향으로의 움직임을 이루고 있다.
② 시상(施賞): 상장이나 상품, 상금 따위를 줌.
　수상(受賞): 상을 받음.
③ 판매(販賣): 상품 따위를 팖.
　구매(購買): 물건 따위를 사들임.
④ 공격(攻擊): 상대편을 공격함.
　방어(防禦): 상대편의 공격을 막음.

최빈출

01. 다음에 해당하는 사례로 적절하지 않은 것은?

2019 지방직 9급

> 대립쌍을 이루는 단어들이 일정한 방향성을 이루고 있다.

① 성공(成功): 실패(失敗)
② 시상(施賞): 수상(受賞)
③ 판매(販賣): 구매(購買)
④ 공격(攻擊): 방어(防禦)

02.

정답풀이 상하 관계란 한쪽이 다른 쪽을 포함하거나 포섭되는 관계이다. 그런데 '할아버지'와 '손자'는 의미상 다른 쪽을 포함하거나 포섭되는 관계가 아니라 가족 관계이다.

오답풀이 ① '근심', '시름', '걱정' 등은 '속을 태우거나 우울해함'을 의미하는 동의 관계의 단어가 맞다.
② '볼록'은 '조금 도드라지거나 쏙 내밀린 모양'을, '오목'은 '가운데가 동그스름하게 쏙 패거나 들어가 있는 모양'을 의미하므로 방향 반의 관계이다.
④ 부분 관계는 상하 관계 중 분석적 관계를 의미한다. 분석적 관계는 전체와 부분관계이므로 '코'와 '얼굴'은 부분 관계이다.

> 1) 분류적 관계
> 　예술-문학-시
>
> 2) 분석적 관계
> 　시계-시침, 분침, 초침

02. 의미 관계와 단어들의 연결이 옳지 않은 것은?

2019 서울시 7급

① 동의 관계(synonymy) - 근심: 시름
② 반의 관계(antonymy) - 볼록: 오목
③ 상하 관계(hyponymy) - 할아버지: 손자
④ 부분 관계(meronymy) - 코: 얼굴

정답찾기 1. ① 2. ③

03.

정답풀이 '크다/작다'의 경우 두 단어를 동시에 긍정하거나 (그녀의 얼굴은 크기도 하고, 작기도 하다) 부정해도(그녀의 얼굴은 크지 않기도 하고 작지 않기도 하다) 모순이 발생하지 않는다. '크다/작다'가 정도(등급) 반의어'이기 때문이다.

오답풀이 ② '출발하지 않았다'가 '도착하지 않았다'와 모순되는 점이 없이 말이 된다. 따라서 ②의 설명은 옳다. 이들을 방향의 극단을 보여주는 '방향 반의어'라고 한다.
③ '참이 아니다'는 '거짓이다'를 함의하며 '거짓이 아니다'는 '참이다'를 함의하므로, ③의 설명은 옳다. 이들을 중간 영역이 존재하지 않는 '상보 반의어'라고 한다. 예를 들어, '기혼-미혼, 추상-구상, 살다-죽다, 성공하다-실패하다, 합격하다-불합격하다' 등이 있다.
☞ '함의하다'의 의미 : '아버지는 남자다.'라는 문장에서 '아버지'는 '남자'임을 함의한다. 함의란, 'p이면 q이다'에서 보면 p가 q의 의미를 '포함'한다고 말할 수 있다. '함의하다'라는 말이 어렵다면, '포함하다'로 바꾸어 읽어도 된다.
④ '넓다'의 의미가 '좁지 않다'를 함의하므로, ④의 설명은 옳다.

04.

정답풀이 반의어가 되려면 나머지는 공통적이고, 하나의 요소만 차이를 보여야 한다. 그런데 '하늘 : 땅'은 하나의 요소만 차이를 보인다고 보기 어려운 각각의 자연일 뿐이다. ④에서 두 단어 사이에 의미의 중간 영역이 있는 것은 정도(등급) 반의어와 방향 반의어가 있는데, '하늘 : 땅'은 아예 반의어가 아니기 때문에 두 단어 사이에 의미의 중간 영역이 있어서 서로 반의 관계를 이룬다고 보기 어렵다.

오답풀이 ① '몰상식'은 명사 '상식'에 '그것이 전혀 없음'의 뜻을 더하는 접두사 '몰(沒)-'이 결합하여 '상식'의 반의어가 만들어진 것이다.
② '남자 : 여자'는 '사람'이라는 공통 요소가 있으면서도 '성별'이라는 하나의 대조적인 요소만 때문에 반의관계를 이루게 되었다.
③ '오다 : 가다'는 '이동'이라는 공통 요소가 있으면서도 '방향'이라는 하나의 대조적인 요소만 때문에 방향 반의관계를 이루게 되었다.

03. 반의 관계 어휘에 대한 설명으로 옳지 않은 것은?

2018 국가직 9급

① '크다/작다'의 경우, 두 단어를 동시에 긍정하거나 부정하면 모순이 발생한다.
② '출발/도착'의 경우, 한 단어의 부정이 다른 쪽 단어의 부정과 모순되지 않는다.
③ '참/거짓'의 경우, 한 단어의 부정은 다른 쪽 단어의 긍정을 함의한다.
④ '넓다/좁다'의 경우, 한 단어의 의미가 다른 쪽 단어의 부정을 함의한다.

04. 반의어에 대한 설명으로 옳지 않은 것은? 2018 지방직 7급

① '상식 : 몰상식'에서는 부정(否定)의 접두사가 붙어 반의어가 만들어진다.
② '남자 : 여자'는 '사람'이라는 공통 요소와 '성별'의 대조적 요소가 있어서 반의 관계를 이룬다.
③ '오다 : 가다'는 '이동'이라는 공통 요소와 '방향'의 대조적 요소가 있어서 반의 관계를 이룬다.
④ '하늘 : 땅'은 두 단어 사이에 의미의 중간 영역이 있어서 서로 반의 관계를 이룬다.

정답찾기 3. ① 4. ④

02 Chapter

동음이의어와 다의어

 정리하기 동음이의어와 다의어 구별하기

동음이의어	단어의 소리가 우연히 같을 뿐 의미의 유사성은 없는 관계를 말하며, 이러한 단어들을 '동음이의어'라고 한다. 사전에서는 동음이의어를 서로 독립된 별개의 단어로 취급한다. ① 다리 1 　「1」 사람이나 동물의 몸통 아래 붙어 있는 신체의 부분. 서고 걷고 뛰는 일 따위를 맡아 한다. 　　예 다리가 굵다. 다리를 다치다. ② 다리 2 　「1」 물을 건너거나 또는 한편의 높은 곳에서 다른 편의 높은 곳으로 건너다닐 수 있도록 만든 시설물 　　예 다리를 건너다. 다리를 세우다.
다의어	하나의 단어가 두 가지 이상의 의미를 갖는 단어들의 관계를 말하며, 이들 다의어는 단어가 가지는 의미들 사이에 유사성이 있다. '다리'는 원래 '사람이나 짐승의 몸통 아래에 붙어서 몸을 받치며 서거나 걷거나 뛰게 하는 부분'을 가리키지만, '책상 다리', '지겟다리'처럼 '물건의 하체 부분'을 가리키기도 하는데, 이러한 단어를 다의어라고 한다. 다의어의 의미들 중에는 기본적인 '중심 의미'와 확장된 '주변 의미'가 있다. 다리 1 「1」 사람이나 동물의 몸통 아래 붙어 있는 신체의 부분. 서고 걷고 뛰는 일 따위를 맡아 한다. ≒ 각 　예 다리를 다치다. 다리에 쥐가 나다. 「2」 물체의 아래쪽에 붙어서 그 물체를 받치거나 직접 땅에 닿지 아니하게 하거나 높이 있도록 버티어 놓은 부분 　예 책상 다리 「3」 오징어나 문어 따위의 동물의 머리에 여러 개 달려 있어, 헤엄을 치거나 먹이를 잡거나 촉각을 가지는 기관 　예 그는 술안주로 오징어 다리를 씹었다. 「4」 안경의 테에 붙어서 귀에 걸게 된 부분 　예 다리가 부러진 안경

01.

정답풀이 다의 관계란 하나의 단어가 하나의 중심적 의미와 그 중심적 의미에 파생된 주변적 의미를 갖는 것을 의미한다. '㉣ 그는 아무에게나 반말을 쓴다.'와 '㉻ 아르바이트를 하는 데 시간을 많이 썼다.' 모두 '쓰다3'에서 파생된 주변적 의미로 쓰인 것들이다. '쓰다3'의 중심적 의미는 '[1] 「1」 어떤 일을 하는 데에 재료나 도구, 수단을 이용하다.'이다.

이 중심적 의미에서 파생된 주변적 의미를 갖는 ㉣은 '3 「3」 【…에/에게 …을】 【…을 …으로】 어떤 말이나 언어를 사용하다.' 이다. ㉻은 '[2] 「4」 【…을 …으로】 어떤 일을 하는 데 시간이나 돈을 들이다.'이다.

오답풀이 나머지는 모두 사전에 아예 따로 등재된 동음이의어들이다.
㉠ 쓰다1 : 「1」 붓, 펜, 연필과 같이 선을 그을 수 있는 도구로 종이 따위에 획을 그어서 일정한 글자의 모양이 이루어지게 하다.
㉡ 쓰다2 : [2] 【…을】 「2」 사람이 죄나 누명 따위를 가지거나 입게 되다.
㉢ 쓰다4 : 【…에 …을】 【…을 …으로】 시체를 묻고 무덤을 만들다.
㉤ 쓰다6 : [2] 【…이】 몸이 좋지 않아서 입맛이 없다.

02.

정답풀이 '올랐다'는 '몸 따위에 살이 많아지다'를 의미한다. '올라'는 '온도가 이전 보다 많아지거나 높아지다'를 의미한다. '값이나 수치, 온도, 성적 따위가 이전보다 많아지거나 높아지다.'라는 중심적 의미에서 파생된 주변적 의미들이므로 의미적 관계성이 있는 다의 관계이다.

오답풀이 나머지는 모두 동음이의 관계이다. 단어 옆에 숫자가 다른 것은 아예 다른 단어로 등재된 동음이의어라는 뜻이다.
① 들다1 : 「2」 빛, 별, 물 따위가 안으로 들어오다.
   들다4 : 「2」 【…을 …으로】 설명하거나 증명하기 위하여 사실을 가져다 대다.
② 차다1 : 일정한 공간에 사람, 사물, 냄새 따위가 더 들어갈 수 없이 가득하게 되다.
   차다3 : 「1」 물건을 몸의 한 부분에 달아매거나 끼워서 지니다.
④ 쓰다1 : 「1」 붓, 펜, 연필과 같이 선을 그을 수 있는 도구로 종이 따위에 획을 그어서 일정한 글자의 모양이 이루어지게 하다.
   쓰다3 : 「1」 어떤 일을 하는 데에 재료나 도구, 수단을 이용하다.

03.

정답풀이 소리는 같지만, 의미는 완전히 다른 동음이의어에 대한 문제이다. 두 예문의 '다리'는 의미상 연관성이 없으므로 동음이의어이다. ②에서 첫 번째 문장의 '다리'는 '신체의 부분'인 다리(01)에서 확장된 주변 의미로, '「2」 물체의 아래쪽에 붙어서 그 물체를 받치거나 직접

땅에 닿지 아니하게 하거나 높이 있도록 버티어 놓은 부분'이라는 의미이다. 하지만 두 번째 문장의 '다리'는 다리2의 '「1」 강·개천 또는 언덕과 언덕 사이에 건너다닐 수 있도록 걸쳐 놓은 시설'이라는 의미이다. 이는 신체의 부분을 의미하는 다리(01)에서 확장된 의미가 아닌 완전히 다른 의미이다.

오답풀이 ① 첫 번째 문장의 '합성세제를 쓰다'는 쓰다3의 중심적 의미로 '「1」 어떤 일을 하는 데에 재료나 도구, 수단을 이용하다.'라는 의미이다.
두 번째 문장의 '인부를 쓰다'는 쓰다3의 주변적 의미로 '「2」 사람에게 일정한 돈을 주고 어떤 일을 하도록 부리다.'라는 의미이다. '인부를 쓰다'의 '쓰다'는 '쓰다3'의 중심 의미에서 확장되어 의미상 연관성을 갖는 다의어이다.
③ 첫 번째 문장의 방이 '밝다'는 형용사 '밝다'의 중심적 의미인 '「1」 불빛 따위가 환하다.'라는 의미이다.
두 번째 문장의 계산에 '밝다'는 형용사 '밝다'의 주변적 의미로, '「6」 (사람이 어떤 분야에) 대하여 잘 알고 있는 상태이다.'라는 의미이다. '계산에 밝다'의 '밝다'는 '밝다'의 중심 의미인 '불빛 따위가 환하다.'에서 확장되어 의미상 연관성을 갖는 다의어이다.
④ 첫 번째 문장의 '뒤로 갈수록'은 '향하고 있는 방향과 반대되는 쪽이나 곳'인 뒤1에서 확장된 주변 의미이다. '뒤1 「4」 일의 끝이나 마지막이 되는 부분'이라는 의미이다.
두 번째 문장의 '뒤를 봐주겠다'는 뒤1에서 확장된 주변 의미이다 '뒤1 「6」 어떤 일을 할 수 있게 이바지하거나 도와주는 힘'이라는 의미이다. 따라서 두 예문의 '뒤'는 뒤1의 중심적 의미인 '「1」 향하고 있는 방향과 반대되는 쪽이나 곳'에서 확장되어 의미상 연관성을 갖기 때문에 동음이의어가 아니라 '다의어'이다.

04.

정답풀이 제시된 '바람'은 소리도 같고 의미도 밀접한 연관성이 있는 다의 관계이다. 하지만 ㉠, ㉡, ㉢은 관형어의 수식을 필수적으로 받아야 하는 의존 명사이고 ㉣, ㉤은 명사인 것으로 구분할 수 있다.

오답풀이 ㉠ [2] 「의존 명사」 「2」 (('-는 바람에' 구성으로 쓰여)) 뒷말의 근거나 원인을 나타내는 말
㉡ [2] 「의존 명사」 「1」 무슨 일에 더불어 일어나는 기세
㉢ [2] 「의존 명사」 「3」 ((주로 의복을 나타내는 명사 뒤에서 '바람으로' 꼴로 쓰여)) 그 옷차림의 뜻을 나타내는 말. 주로 몸에 차려야 할 것을 차리지 않고 나서는 차림을 이를 때 쓴다.
㉣ [1] 「명사」 「4」 사회적으로 일어나는 일시적인 유행이나 분위기 또는 사상적인 경향
㉤ [1] 「명사」 「10」 ((주로 '바람같이', '바람처럼' 꼴로 쓰여)) 매우 빠름을 이르는 말

정답
찾기 1. ④ 2. ③ 3. ② 4. ①

제9편 의미론 CH.02 동음이의어와 다의어

01. 〈보기〉의 내용 중 밑줄 친 '쓰다'의 쓰임이 다의 관계를 보이는 것은?　2018 서울시 7급

─(보기)─
㉠ 연습장에 붓글씨를 <u>쓰다</u>.
㉡ 그는 억울하게 누명을 <u>썼다</u>.
㉢ 공원묘지에 묘를 <u>쓰다</u>.
㉣ 그는 아무에게나 반말을 <u>쓴다</u>.
㉤ 입맛이 <u>써서</u> 맛있는 게 없다.
㉥ 아르바이트를 하는 데 시간을 많이 <u>썼다</u>.

① ㉠ − ㉡　　　　　　② ㉡ − ㉤
③ ㉢ − ㉣　　　　　　④ ㉣ − ㉥

02. 밑줄 친 단어가 다의어 관계인 것은?　2014 사회복지직 9급

① 이 방은 볕이 잘 <u>들어</u> 늘 따뜻하다.
　형사는 목격자의 증언을 증거로 <u>들었다</u>.
② 난초의 향내가 거실에 가득 <u>차</u> 있었다.
　그는 손목에 <u>찬</u> 시계를 자꾸 들여다보았다.
③ 운동을 하지 못해서 군살이 <u>올랐다</u>.
　아이가 갑자기 열이 <u>올라</u> 해열제를 먹였다.
④ 그는 조그마한 수첩에 일기를 <u>써</u> 왔다.
　대부분의 사람이 문서 작성에 컴퓨터를 <u>쓴다</u>.

03. 밑줄 친 단어가 다음에서 설명한 동음어로 묶인 것은?　2017 국가직 7급

동음어는 의미상 서로 관련이 없거나 역사적으로 기원이 다른데 소리만 우연히 같게 된 말들의 집합이며, 국어사전에는 서로 다른 표제어로 등재된다.

① 지수는 빨래를 할 때 합성세제를 <u>쓰지</u> 않는다.
　이 일은 인부를 <u>쓰지</u> 않으면 하기 어렵다.
② 새로 구입한 의자는 <u>다리</u>가 튼튼하다.
　박물관에 가려면 한강 <u>다리</u>를 건너야 한다.
③ 이 방은 너무 <u>밝아서</u> 잠자기에 적당하지 않다.
　그는 계산에 <u>밝은</u> 사람이다.
④ 그 영화는 <u>뒤</u>로 갈수록 재미가 없었다.
　너의 일이 잘될 수 있도록 내가 <u>뒤</u>를 봐주겠다.

04. 다음 밑줄 친 ㉠~㉤을 두 부류로 나눌 때 가장 적절한 것은?　2016 국회직 9급

허기가 져 급히 먹는 ㉠ <u>바람</u>에 체했다.
약 ㉡ <u>바람</u>에 아무런 통증을 느끼지 못했다.
어머니는 버선 ㉢ <u>바람</u>으로 아들을 맞았다.
문호를 개방하면서 서구화 ㉣ <u>바람</u>이 불어닥쳤다.
출발 신호음이 떨어지자 선수들은 ㉤ <u>바람</u>같이 내달았다.

① ㉠, ㉡, ㉢ / ㉣, ㉤
② ㉠, ㉡, ㉣ / ㉢, ㉤
③ ㉡, ㉢, ㉣ / ㉠, ㉤
④ ㉡, ㉣, ㉤ / ㉠, ㉢
⑤ ㉢, ㉣, ㉤ / ㉠, ㉡

05.

정답풀이 '손'은 '손님'을 기다리므로 손[手]과 관련이 없는 동음이의어이다.

오답풀이 나머지는 손[手]에서 분화된 의미이므로 다의어이다.
② 소유 ③ 신체의 손 ④ 관계

05. 다의어와 동음이의어의 차이를 고려할 때, 밑줄 친 단어 중 그 관계가 나머지 셋과 다른 것은?
2014 경찰 2차

① 어머니는 문 밖에서 손을 기다리신다.
② 결국 모든 유산이 형의 손에 들어갔다.
③ 철수는 비누로 손을 깨끗이 씻었다.
④ 나는 이 일에서 완전히 손을 떼겠다.

06.

정답풀이 〈보기〉의 '㉠ 타다'는 '탈것이나 짐승의 등 따위에 몸을 얹다.'을 의미한다. 이와 유사한 것은 '야밤을 타서'의 '타다'이다. '어떤 조건이나 시간, 기회 등을 이용하다.'를 의미하므로 의미의 연관성이 있는 다의 관계에 있는 단어이다.

오답풀이 나머지는 모두 소리만 같고 의미상 연관성이 없는 동음이의어이다.
① 복이나 재주, 운명 따위를 선천적으로 지니다.
② 악기의 줄을 퉁기거나 건반을 눌러 소리를 내다.
③ 부끄럼이나 노여움 따위의 감정이나 간지럼 따위의 육체적 느낌을 쉽게 느끼다

06. 다음의 밑줄 친 부분이 〈보기〉의 ㉠과 가장 유사한 의미로 쓰인 것은?
2015 서울시 9급

─(보기)─
그는 집에 갈 때 자동차를 ㉠ 타지 않고 걸어서 간다.

① 그는 남들과는 다른 비범한 재능을 타고 태어났다.
② 그는 가야금을 발가락으로 탈 줄 아는 재주가 있다.
③ 그는 어릴 적부터 남들 앞에 서면 부끄럼을 잘 탔다.
④ 그는 감시가 소홀한 야밤을 타서 먼 곳으로 갔다.

정답 찾기 5. ① 6. ④

03 Chapter 단어의 문맥적 의미

 정리하기 단어의 문맥적 의미 파악하는 방법(1과 2를 모두 만족!)

1. 다른 어휘로 바꿔 보기
2. 서술어와 호응되는 문장 성분의 어휘적 성격을 보기

01.

정답풀이 다의어는 '두 가지 이상의 뜻을 가진 단어'로, 한 어휘소가 지니는 의미에서 중심이 되는 기본 의미와, 기본 의미에서 파생되어 나온 주변 의미로 구성되어 있다. 이는 소리는 같으나 뜻은 다른 단어를 가리키는 '동음이의어'와 다르다.
'입술이 바짝바짝 타다'의 '타다'는 '물기가 없어 바싹 마르다'라는 주변적 의미이고, '장작불이 활활 타고 있다'의 '타다'는 '불씨나 높은 열로 불이 붙어 번지거나 불꽃이 일어나다'라는 중심적 의미이다. 따라서 다의어 관계이다.

오답풀이 ① '강판에 갈아'의 '갈다'는 '잘게 부수기 위하여 단단한 물건에 대고 문지르거나 단단한 물건 사이에 넣어 으깨다.'라는 의미인 반면, '새것으로 갈아 끼웠다.'의 '갈다'는 '이미 있는 사물을 다른 것으로 바꾸다'라는 의미이다. 따라서 동음이의어 관계이다.
② '안개에 가려서'의 '가리어서'는 '보이거나 통하지 못하도록 막음'을 의미하는 '가리다'에 피동 접미사가 결합한 형태이고, '음식을 가리지 말고'의 '가리다'는 '음식을 골라서 먹다'라는 뜻이므로 동음이의어 관계이다.
④ '이 경기에서 지면'의 '지다'는 '내기나 시합, 싸움 따위에서 재주나 힘을 겨루어 상대에게 꺾이다'라는 의미인 반면, '모닥불이 지면'의 '지다'는 '불이 타 버려 사위어 없어지거나 빛이 희미하여지다'라는 뜻이다. 따라서 동음이의어 관계이다.

02.

정답풀이 '인내심을 기르다'의 '기르다'는 '육체나 정신을 단련하여 더 강하게 만들다'라는 의미로 사용되었다. 이와 유사한 의미로 쓰인 것은 '나는 체력을 기르기 위해'이다.

오답풀이 ① '아이를 잘 기른다'에서 '기르다'는 '아이를 보살펴 키우다'라는 의미로 사용되었다.
② '그는 취미로 화초를 기르고 있다'의 '기르다'는 '동식물을 보살펴 자라게 하다'라는 의미로 사용되었다.
③ '병을 기르면 치료하기 점점 어렵다'의 '기르다'는 '병을 제때에 치료하지 않고 증세가 나빠지도록 내버려 두다'라는 의미로 사용되었다.

정답
찾기   1. ③ 2. ④

 최빈출

01. 밑줄 친 단어가 다의어 관계로 묶인 것은? 2022 지방직 7급

① 무를 강판에 <u>갈아</u> 즙을 내었다.
  고장 난 전등을 새것으로 <u>갈아</u> 끼웠다.
② 안개에 <u>가려서</u> 앞이 잘 안 보인다.
  음식을 <u>가리지</u> 말고 골고루 먹어야 한다.
③ 긴장이 되면 입술이 바짝바짝 <u>탄다</u>.
  벽난로에서 장작불이 활활 <u>타고</u> 있다.
④ 이 경기에서 <u>지면</u> 결승 진출이 좌절된다.
  모닥불이 <u>지면</u> 한기가 느껴지기 시작한다.

02. 다음의 '기르다'와 같은 의미로 쓰인 것은? 2022 간호직 8급

> 인내심을 <u>기르다</u>.

① 그녀는 아이를 잘 <u>기른다</u>.
② 그는 취미로 화초를 <u>기르고</u> 있다.
③ 병을 <u>기르면</u> 치료하기 점점 어렵다.
④ 나는 체력을 <u>기르기</u> 위해 매일 운동한다.

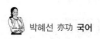

03.

정답풀이 '손해를 보다'의 '보다'는 「16」 어떤 일을 당하거나 겪거나 얻어 가지다.'를 의미한다.

오답풀이 나머지 선지의 '보다'는 '평가하다'는 의미를 가진다.

04.

정답풀이 '경찰을 풀어서'의 '풀다'는 '사람을 동원하다'를 의미하므로 ㉣의 예시로 적절하지 않다.

오답풀이 ① '나는 형이 낸 수수께끼를 풀다가 결국 포기하고 말았다.'는 문제를 해결하는 것이므로 ㉠의 예시로 적절하다.
② '선생님은 난해한 말을 알아들을 수 있게 풀어 설명하셨다.'는 '알기 쉽게 바꾸다'의 의미이므로 ㉡의 예시로 적절하다.
③ '아버지도 그만 얼굴을 푸세요.'는 '표정 따위를 부드럽게 하다'의 의미이므로 ㉢의 예시로 적절하다.

05.

정답풀이 제시문의 밑줄 친 '짚어'의 기본형 '짚다'는 「3」 여럿 중에 하나를 꼭 집어 가리키다.'를 의미한다. 지도 위의 여러 나라 중 하나를 집어 가리키는 것이므로 이와 비슷한 문맥적 의미를 고르면 된다. ④의 '짚다'도 여러 시험 문제 중에 하나를 집어 가리키는 것이다.
예 손가락으로 글자를 짚어 가며 가르치다.
　시험 문제를 짚어 주었는데도 성적이 좋지 않다.

오답풀이 ① '짚어'의 기본형 '짚다'는 「2」 손으로 이마나 머리 따위를 가볍게 눌러 대다.'를 의미한다.
예 맥을 짚다. 이마를 짚어 보니 열이 있었다.
② '짚어'의 기본형 '짚다'는 「1」 바닥이나 벽, 지팡이 따위에 몸을 의지하다.'를 의미한다.
예 지팡이를 짚은 노인. 땅을 짚고 일어나다.
　휠체어를 피하고 목발을 짚는 것만으로도 감사한 마음이 들었다.
③ '짚어'의 기본형 '짚다'는 「4」 상황을 헤아려 어떠할 것으로 짐작하다.'를 의미한다.
예 헛다리를 짚다. / 적의 허점을 짚다. / 남의 마음을 짚다.

06.

정답풀이 '추출하다'는 '전체 속에서 어떤 물건, 생각, 요소 따위를 뽑아내다.'를 의미한다. 따라서 '두 가지 이상의 것을 한데 합치다.'를 의미하는 '섞다'는 옳지 않고 '뽑아낼'이 옳다.

오답풀이 나머지는 모두 옳다.
㉠ 내포되어: 어떤 성질이나 뜻 따위가 속에 품어지다.
㉡ 수록되어: 모아져 기록되다, 책이나 잡지에 실리다.
㉣ 연결하여: 사물과 사물을 서로 잇거나 현상과 현상이 관계를 맺게 하다.

07.

정답풀이 밑줄 친 '걸다'와 ②의 '걸다'는 '앞으로의 일에 대한 희망 따위를 품거나 기대하다.'란 뜻이다. 밑줄 친 '걸다'의 목적어 '장래를'과 ②의 '걸다'의 목적어 '승부를'은 미래에 있을 희망에 대한 것이므로 '걸다'의 문맥적인 의미도 같다고 볼 수 있다.

오답풀이 밑줄 친 '걸다'처럼 모든 선택지의 '걸다'도 '【…에/에게 …을】 걸다'의 문장 구조를 가지므로 문장 구조로 추론하기에는 무리가 있다. 따라서 앞에 오는 목적어의 의미를 통해 추론해야 한다. ①, ③, ④의 목적어는 각각 '생애를', '목숨을', '직위를'로, '목숨, 명예 따위를 담보로 삼거나 희생할 각오를 하다.'란 뜻의 '걸다'와 어울린다.

정답찾기　3. ② 4. ④ 5. ④ 6. ③ 7. ②

03. 밑줄 친 '보다'의 활용형이 지닌 의미가 나머지 셋과 다른 것은?　2022 군무원 9급

① 어쩐지 그의 행동을 실수로 볼 수가 없었다.
② 손해를 보면서 물건을 팔 사람은 없다.
③ 그는 상대를 만만하게 보는 나쁜 버릇이 있다.
④ 날씨가 좋을 것으로 보고 우산을 놓고 나왔다.

04. 다음에 제시된 단어의 의미에 맞게 쓴 문장으로 적절하지 않은 것은?　2021 지방직 7급

단어	의미	문장
풀다	모르거나 복잡한 문제 따위를 알아내거나 해결하다.	㉠
	어려운 것을 알기 쉽게 바꾸다.	㉡
	긴장된 분위기나 표정 따위를 부드럽게 하다.	㉢
	금지되거나 제한된 것을 할 수 있도록 터놓다.	㉣

① ㉠: 나는 형이 낸 수수께끼를 풀다가 결국 포기하고 말았다.
② ㉡: 선생님은 난해한 말을 알아들을 수 있게 풀어 설명하셨다.
③ ㉢: 막내도 잘못을 뉘우치니, 아버지도 그만 얼굴을 푸세요.
④ ㉣: 경찰을 풀어서 행방불명자를 백방으로 찾으려 하였다.

05. 밑줄 친 부분과 같은 의미로 사용된 것은?　2018 지방직 9급

> 지도 위에 손가락을 짚어 가며 여행 계획을 설명하였다.

① 이마를 짚어 보니 열이 있었다.
② 그는 두 손으로 땅을 짚어야 했다.
③ 그들은 속을 짚어 낼 수 없는 사람들이었다.
④ 시험 문제를 짚어 주었는데도 성적이 좋지 않다.

06. ㉠~㉣과 바꿔 쓰기에 적절하지 않은 것은?　2018 교육행정직 9급

> 빅데이터는 그 규모가 매우 큰 데이터를 말하는데, 이는 단순히 데이터의 양이 매우 많다는 것뿐 아니라 데이터의 복잡성이 매우 높다는 의미도 ㉠내포되어 있다. 데이터의 복잡성이 높다는 말은 데이터의 구성 항목이 많고 그 항목들의 연결 고리가 함께 ㉡수록되어 있다는 것을 의미한다. 데이터의 복잡성이 높으면 다양한 파생 정보를 끌어낼 수 있다. 데이터로부터 정보를 ㉢추출할 때에는, 구성 항목을 독립적으로 이용하기도 하고, 두 개 이상의 항목들의 연관성을 이용하기도 한다. 일반적으로 구성 항목이 많은 데이터는 한 번에 얻기 어렵다. 이런 경우에는, 따로 수집되었지만 연결 고리가 있는 여러 종류의 데이터들을 ㉣연결하여 사용한다.
>
> 가령 한 집단의 구성원의 몸무게와 키의 데이터가 있다면, 각 항목에 대한 구성원의 평균 몸무게, 평균 키 등의 정보뿐만 아니라 몸무게와 키의 관계를 이용해 평균 비만도 같은 파생 정보도 얻을 수 있다. 이때는 반드시 몸무게와 키의 값이 동일인의 것이어야 하는 연결 고리가 있어야 한다. 여기에다 구성원들의 교통 카드 이용 데이터를 따로 얻을 수 있다면, 이것을 교통 카드의 사용자 정보를 이용해 사용자의 몸무게와 키의 데이터를 연결할 수 있다. 이렇게 연결된 데이터 세트를 통해 비만도와 대중 교통의 이용 빈도 간의 파생 정보를 추출할 수 있다. 연결할 수 있는 데이터가 많을수록 얻을 수 있는 파생 정보도 늘어난다.

① ㉠: 담겨
② ㉡: 들어
③ ㉢: 섞을
④ ㉣: 이어

07. 밑줄 친 말의 문맥적 의미와 가장 가까운 것은?　2018 국가직 7급

> 나는 우리 회사의 장래를 너에게 걸었다.

① 이 작가는 이번 작품에 생애를 걸었다.
② 우리나라는 첨단 산업에 승부를 걸었다.
③ 마지막 전투에 주저 없이 목숨을 걸었다.
④ 그는 친구를 보호하기 위해 자신의 직위를 걸었다.

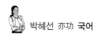

08.

정답풀이 하나의 중심적 의미에 여러 주변적 의미를 가지고 있는 다의어에 관한 문제이다. 이러한 유형은 '고치다' 앞에 나오는 단어의 성격을 보면 쉽게 풀린다. 앞말이 '시계를'이므로 밑줄 친 '고치다'는 중심적인 의미인 '고장이 나거나 못 쓰게 된 물건을 손질하여 제대로 되게 하다.'의 의미이다. 즉 '수리하다, 수선하다'의 의미로 보면 된다.
③의 '자동차를'은 '시계를'처럼 '수리하다'의 의미인 '고치다'와 함께 쓰이는 말이므로 ③의 '고치다'가 밑줄 친 말의 문맥적 의미와 같다.

오답풀이 ① 고장이 나서 못 쓰게 된 상황이 아니므로, '수리하다'란 의미보다는 '개조(改造)하다'란 의미가 맞다. '본디의 것을 손질하여 다른 것이 되게 하다.'의 의미를 지닌다.
② '이름, 제도 따위를 바꾸다.'의 의미로 목적어가 사물이 아니므로 '수리하다'가 아니라 '순화(醇化)하다'로 바꿀 수 있다.
④ '이름, 제도 따위를 바꾸다.'의 의미로 목적어가 사물이 아니므로 '수리하다'가 오지 못한다. '개정(改正)하다'로 바꿀 수 있다. '개정(改正)하다'란 '주로 문서의 내용 따위를 고쳐 바르게 하다'의 의미이다.

09.

정답풀이 밑줄 친 부분의 '배다'는 '배다1 【…에】 「4」 느낌, 생각 따위가 깊이 느껴지거나 오래 남아 있다.'를 의미한다. 이와 관련된 것은 '이 책에는 아이에 대한 부모의 고민과 애정이 배어'의 '배다'이다.

오답풀이 ① 배다1 : 「2」 버릇이 되어 익숙해지다.
② 배다3 : 「2」 생각이나 안목이 매우 좁다.
③ 배다1 : 「3」 냄새가 스며들어 오래도록 남아 있다.

10.

정답풀이 ⓒ의 '옷의 풀기가 살아 있다.'의 '살다'는 '마음이나 의식 속에 남아 있거나 생생하게 일어나다.'를 의미하지 않는다. ⓒ의 '살다'는 '본래 가지고 있던 색깔이나 특징 따위가 그대로 있거나 뚜렷이 나타나다.'를 의미한다. ⓒ의 예로는 '어렸을 때 배운 노래 한 구절이 머릿속에 아직도 살아 있다.'를 들 수 있다.

오답풀이 나머지는 모두 제시된 단어의 의미에 맞게 쓴 문장이다.

11.

정답풀이 '어림하다'와 ⓒ의 '잡다'는 유의어가 아니다.
ⓒ의 '잡다'는 '어림하다'의 의미가 아니라 '담보로 맡다'의 의미이다.
☞ 잡다1 「동사」
[2] 【…을 …으로】 「1」 담보로 맡다.
　예 토지를 담보물로 잡다.
　　술집 주인은 손님의 시계를 술값으로 잡았다.
　　은행에서는 고객의 집을 담보로 잡고 돈을 빌려주었다.
[2] 【…을 -게】 「2」 어림하거나 짐작하여 헤아리다.
　예 이 책들을 권당 5,000원으로 잡아도 100권이면 50만 원이다.
　　수험 준비 기간을 세 달로 잡은 계획은 내가 보기에는 무리이다.
　　우리는 공사 기간을 길게 잡아 손해를 많이 봤다.

오답풀이 나머지는 '잡다'의 유의어와 잘 연결되었다.
① 죽이다 ≒ 잡다1 「동사」 : [1] 【…을】 「3」 짐승을 죽이다.
　예 그는 개를 잡아 개장국을 끓였다.
　　할아버지는 돼지를 잡아 잔치를 베푸셨다.
　　오늘은 손님이라도 오는지 아침부터 김 영감은 닭을 잡고 있다.
② 쥐다 ≒ 잡다1 「동사」 : [1] 【…을】 「1」 손으로 움키고 놓지 않다.
　예 밧줄을 잡고 올라가다.
　　멱살을 잡고 싸우다.
　　어머니는 내 손을 꼭 잡으셨다.
④ 진압하다 ≒ 잡다1 「동사」 : [1] 【…을】 「18」 기세를 누그러뜨리다.
　예 치솟는 물가를 잡다.
　　산불이 난 지 10시간 만에 겨우 불길을 잡았다.
　　정부는 빨리 부동산 투기 열기를 잡아야 한다.

12.

정답풀이 발문 문장의 '터'는 '터2 「2」 ((어미 '-은', '-는', '-던' 뒤에 쓰여)) '처지'나 '형편'의 뜻을 나타내는 말이다. 하지만 '첫 출근 날이라 힘들었을 터이니'의 '터'는 '추측'을 나타내는 말이므로 다르다.

오답풀이 나머지는 마찬가지로 '처지'와 '형편'의 뜻을 지니고 있다.

정답
찾기　8. ③　9. ④　10. ③　11. ③　12. ①

08. 밑줄 친 말의 문맥적 의미가 같은 것은?   2017 국가직 9급

> 고장 난 시계를 <u>고치다</u>.

① 부엌을 입식으로 <u>고치다</u>.
② 상호를 순 우리말로 <u>고치다</u>.
③ 정비소에서 자동차를 <u>고치다</u>.
④ 국민 생활에 불편을 주는 낡은 법을 <u>고치다</u>.

09. 밑줄 친 부분의 의미와 가장 가까운 것은?   2014 지방직 9급

> 농악에는 우리 민족의 정서가 <u>배어</u> 있다.

① 욕이 입에 <u>배어</u> 큰일이다.
② 그는 속이 너무 <u>배어</u> 큰 인물은 못 된다.
③ 갓난아이 몸에는 항상 젖내가 <u>배어</u> 있다.
④ 이 책에는 아이에 대한 부모의 고민과 애정이 <u>배어</u> 있다.

10. 다음에 제시된 단어의 의미에 맞게 쓴 문장으로 적절하지 않은 것은?   2019 지방직 9급

단어	의미	문장
살다	경기나 놀이에서, 상대편에게 잡히지 않고 제 기능을 하다.	㉠
	어떤 직분이나 신분의 생활을 하다.	㉡
	마음이나 의식 속에 남아 있거나 생생하게 일어나다.	㉢
	움직이던 물체가 멈추지 않고 제 기능을 하다.	㉣

① ㉠: 장기에서 포는 죽고 차만 살아 있다.
② ㉡: 그는 벼슬을 살기 싫어 속세를 버렸다.
③ ㉢: 옷에 풀기가 아직 살아 있다.
④ ㉣: 그렇게 세게 부딪혔는데도 시계가 살아 있다.

11. '잡다'의 유의어에 해당하는 예문으로 적절하지 않은 것은?   2017 지방직 9급

유의어	예문
죽이다	㉠
쥐다	㉡
어림하다	㉢
진압하다	㉣

① ㉠: 할아버지는 돼지를 <u>잡아</u> 잔치를 베푸셨다.
② ㉡: 그들은 멱살을 <u>잡고</u> 싸우고 있다.
③ ㉢: 술집 주인은 손님의 시계를 술값으로 <u>잡았다</u>.
④ ㉣: 산불이 난 지 열 시간 만에 불길을 <u>잡았다</u>.

12. "이렇게 된 터에 더 이상 참을 수만은 없다."의 '터'와 같은 문맥적 의미로 쓰였다고 보기 가장 어려운 것은?   2017 서울시 7급

① 첫 출근 날이라 힘들었을 <u>터</u>이니 어서 쉬어.
② 자기 앞가림도 못하는 <u>터</u>에 남 걱정을 한다.
③ 이제야 후회한다고 해도 너무 늦은 <u>터</u>였다.
④ 이틀을 굶은 <u>터</u>에 찬밥 더운밥 가릴 겨를이 없다.

13.

정답풀이 (ㄱ, ㄹ)의 '길2': 「3」 어떤 일에 익숙하게 된 솜씨
- ㄱ : 농촌 생활에 익숙해진 솜씨가 있게 되었다.
- ㄹ : 서랍의 움직임이 익숙해지지 않아 열리지 않는다.
    (ㄴ, ㄷ)의 '길1': 사람이나 동물 또는 자동차 따위가 지나갈 수 있게 땅 위에 낸 일정한 너비의 공간
- ㄴ : 땅 위에 낸 길을 뚫고 고향에 돌아간다.
- ㄷ : 땅 위에 낸 길이 많이 막히다.
- ㅁ : '길이의 단위'인 단위 의존 명사 (참고로 사람의 키 정도의 길이)

14.

정답풀이 〈보기〉의 '품'은 '행동이나 말씨에서 드러나는 태도나 됨됨이'를 의미하는 의존 명사이다. ④와 의미가 같다.

오답풀이 ①과 ②는 한 단어로서 다의 관계이다.
① 품 : '두 팔을 벌려서 안을 때의 가슴'을 의미하는 명사
② 품 : '윗옷의 겨드랑이 밑의 가슴과 등을 두르는 부분의 넓이'를 의미하는 명사.
③과 ⑤는 한 단어로서 다의 관계이다.
③, ⑤ 품 : '삯을 받고 하는 일'을 의미하는 명사
☞ [관용구] 품(을) 갚다 : 남에게 받은 품을 돌려주기 위하여 상대에게 품을제공하다.
참고로 ①과 ② / ③과 ⑤은 동음이의어이다.

15.

정답풀이 여기에서 '눈'은 시력을 의미한다. 따라서 눈(시력)도 좋은데 멋으로 안경을 쓴다는 것과 의미가 가장 가깝다.

오답풀이 ①, ③ 신체 일부인 '눈'
② 사물을 보고 판단하는 힘

16.

정답풀이 '고르다3'은 형용사이므로 현재진행형으로 사용할 수 없다. '고르게 이익을 분배했다. 성적이 고르다'에서 '성적이 고른다, 성적을 고르는 중이다'로 쓸 수 없다.

오답풀이 ① 사전에 각각의 단어가 다르게 수록되어 있으므로 '말소리가 같지만 의미가 다른' 동음이의관계가 맞다.
② 모두 모음어미가 오면 'ㄹㄹ' 형으로 바뀌는 '르' 불규칙 용언이다. '고르고, 고르니, 골라, 골랐다' 로 활용된다.
③ 다의어란 하나의 단어에 여러 의미가 있는 것을 의미한다. '고르다2'와 '고르다3'은 각각 여러 의미가 있으므로 다의어이다. '고르다1'은 의미가 하나이므로 다의어가 아니다.

17.

정답풀이 '고르다 2'의 사례로는 '땅을 고르다, 붓을 고르다.'가 있다. '고르다 2'의 「2」은 '손질하다'를 의미한다. 따라서 '숨을 손질하다'를 의미하는 것이 해당된다. '고르다 3'과 헷갈릴 수 있으나 '고르다 3'은 형용사이므로 '숨을' 처럼 목적어를 가질 수 없으므로 옳지 않다.

오답풀이 ① '고르다 2'의 「1」
② '고르다 3'의 「2」
④ '고르다 1'의 「1」

13. 〈보기〉에서 밑줄 친 어휘의 의미가 유사한 것끼리 묶인 것은?

2021 국회직 8급

(보기)
ㄱ. 농촌 생활에 제법 길이 들었다.
ㄴ. 그 먼 길을 뚫고 고향으로 돌아가겠다고?
ㄷ. 길이 많이 막혀서 대중교통을 이용하는 편이 빠르다.
ㄹ. 서랍은 길이 들지 않아 잘 열리지 않았다.
ㅁ. 통나무 굵기가 한 아름이 넘고, 길이는 열 길이 넘었다.

① (ㄱ, ㄴ), (ㄷ, ㄹ, ㅁ) ② (ㄱ, ㄷ), (ㄴ, ㄹ, ㅁ)
③ (ㄱ, ㄷ), (ㄴ, ㄹ), (ㅁ) ④ (ㄱ, ㄹ), (ㄴ, ㄷ), (ㅁ)
⑤ (ㄱ, ㄹ), (ㄴ, ㅁ), (ㄷ)

14. 밑줄 친 단어와 의미가 같은 것은?

2021 국회직 8급

그 녀석은 생긴 품이 제 아버지를 닮았다.

① 허름한 옷을 입은 여인의 품에는 두어 살 가량 난 애가 안겨 있었다.
② 겨울옷은 품이 넉넉해야 다른 옷을 껴입을 수 있다.
③ 이 마을의 모든 머슴들은 품 갚기를 함으로써 일을 줄여 나가고 싶어 한다.
④ 옷 입는 품을 보면 그 사람을 알 수 있다.
⑤ 어머니는 이 집 저 집에 품을 팔아 우리 가족의 생계를 꾸려 나가셨다.

15. 밑줄 친 '눈'의 의미와 가장 가까운 것은?

2018 경찰 3차

나는 밤눈이 매우 밝은 편이다.

① 혜정이는 눈이 초롱초롱하다.
② 혜정이는 보는 눈이 정확하다.
③ 영수는 조금만 화나면 눈을 부라린다.
④ 영수는 눈도 좋은데 멋으로 안경을 쓴다.

중간빈출

※ 다음은 어떤 사전에 제시된 '고르다'의 내용이다.(16~17)

■ 고르다1 [고르다]. 골라[골라], 고르니[고르니]
「동사」【…에서 …을】 여럿 중에서 가려내거나 뽑다.

■ 고르다2 [고르다]. 골라[골라], 고르니[고르니]
「동사」【…을】
「1」 울퉁불퉁한 것을 평평하게 하거나 들쭉날쭉한 것을 가지런하게 하다.
「2」 붓이나 악기의 줄 따위가 제 기능을 발휘하도록 다듬거나 손질하다.

■ 고르다3 [고르다]. 골라[골라], 고르니[고르니]
「형용사」「1」 여럿이 다 높낮이, 크기, 양 따위의 차이가 없이 한결같다.
「2」 상태가 정상적으로 순조롭다.

16. 위 사전에 대한 설명으로 가장 옳지 않은 것은?

2021 군무원 9급

① '고르다1', '고르다2', '고르다3'은 서로 동음이의어이다.
② '고르다1', '고르다2', '고르다3'은 모두 불규칙 활용을 한다.
③ '고르다2'와 '고르다3'은 다의어이지만 '고르다 1'은 다의어가 아니다.
④ '고르다1', '고르다2', '고르다3'은 모두 현재진행형으로 사용할 수 있다.

17. 다음 밑줄 친 '고르다'가 위 사전의 '고르다 2'의 「2」에 해당하는 것은?

2021 군무원 9급

① 울퉁불퉁한 곳을 흙으로 메워 판판하게 골라 놓았다.
② 요즘처럼 고른 날씨가 이어지면 여행을 가도 좋겠어.
③ 그는 이제 가쁘게 몰아쉬던 숨을 고르고 있다.
④ 이 문장의 서술어는 저 사전에서 골라 써.

04 Chapter 의미의 변화

출좋포 정리하기

의미의 확대	개념	기존의 단어의 의미 범위가 넓어진 경우
	예시	• 겨레: 종친 → 민족 • 세수하다: 손을 씻다. → 손이나 얼굴을 씻다. • 다리: 사람, 짐승의 다리 → 사람, 짐승의 다리를 포함해서 물건을 지탱하는 하체 부분 • 목숨: 목구멍으로 드나드는 숨 → 생명 • 먹다: 음식을 씹어 삼키다. → 먹다, 마시다, 피우다 • 약주: 특정 술 → 술 전체 • 박사: 최고의 학위 → 어떤 일에 정통하거나 숙달된 사람을 비유적으로 이르는 말 • 아저씨: 숙부 → 성인 남성 • 영감: 당상관(堂上官) 이상 신분의 호칭 → 남성 노인 • 장인(匠人): 기술자 → 예술가 • 핵(核): 열매의 씨를 둘러싸고 있는 껍데기 → 중심, 요점, 알맹이
의미의 축소	개념	기존의 단어의 의미 범위가 좁아진 경우
	예시	• 계집: 일반적인 여자 전체 → 여자를 낮잡는 말 • 놈: 일반적인 사람 → 남자나 사람을 낮잡아 이르는 말 • 얼굴: 형체 → 안면부 • 미인: 남녀 모두에 쓰임 → 여성에게만 적용됨. • 학자: 학문을 하는 사람 → 학문을 깊게 연구하는 전문인 • 중생: 생물 일체 → 동물 → 인간 • 뫼(메): 밥, 진지 → 제사 때에 쓰이는 밥
의미의 이동	개념	기존의 단어의 의미 범위가 달라진 경우
	예시	• 어리다: 어리석다 → 나이가 적다 • 어엿브다: 불쌍하다 → 예쁘다 • 감투: 벼슬아치가 머리에 쓰는 모자 → 벼슬 • 주책: 일정한 생각 → 일정하게 자리 잡힌 주장이나 판단력 / 일정한 줏대가 없이 되는대로 하는 짓 • 방송(放送): 석방 → 음성이나 영상을 전파로 내보내는 일 • 내외: 안과 밖 → 부부 • 수작: 술잔을 건네다 → 서로 말을 주고받음. / 남의 말이나 행동 / 계획을 낮잡아 이르는 말

제9편 의미론 CH.04 의미의 변화

01.

정답풀이 '말미'는 "일정한 직업이나 일 따위에 매인 사람이 다른 일로 말미암아 얻는 겨를"을 의미한다. '휴가'는 "직장·학교·군대 따위에서, 일정한 기간 쉬는 일. 또는 그런 겨를"을 의미하는 유의어이다. '말미'는 '휴가'와 동의어가 아니라 유의어로 공존하며 여전히 쓰이고 있으므로 적절하지 않다.

오답풀이 ① '가을걷이'와 '추수(秋收)'는 '가을에 익은 곡식을 거두어들임'을 뜻하는 동의어로, 어느 한쪽이 소멸되지 않고 둘 다 공존하며 쓰이는 말이다.
③ '얼굴'은 '형상'을 뜻하다가 '안면'의 뜻으로 의미가 축소되었다.
④ '겨레'는 본래 '종친(宗親)'의 뜻에서 '민족(民族)'의 뜻으로 의미가 확대되었다.

02.

정답풀이 (라) '맛비'는 '장마'의 옛말이므로 '장마'는 '여름철에 여러 날을 계속해서 비가 내리는 현상이나 날씨. 또는 그 비.'라는 의미를 가진다. 하지만 '장맛비'는 '장마 때에 오는 비' 자체이므로 형태의 일부가 덧붙여진 후에도 전체 의미가 변한 예이다.

오답풀이 ① (가): '사람'을 의미하다가 '남자'를 낮잡는 말로 된 것은 범위가 축소된 것이므로 의미가 축소된 것이다.
② (나): '종친', '친척'이 '민족', '동족'을 이르는 말이 된 것은 범위가 확대된 것이므로 의미가 확대된 예이다.
③ (다): '아침'이라는 단어가 '아침'으로 형태의 일부가 생략되더라도 '아침밥'을 의미하므로 전체 의미가 변하지 않은 예로 볼 수 있다.

정답찾기 1. ② 2. ④

01. 글의 내용을 구체적으로 설명하기 위한 예로 적절하지 않은 것은? 2019 국가직 9급

> 하나의 개념에 두 개 이상의 단어가 필요한 것은 아니다. 따라서 동의어는 서로 경쟁을 통해 하나가 없어지거나 각기 다른 의미 영역을 확보하는 등의 다양한 양상을 보인다. 현실 언어에서 동의어로 공존하면서 경쟁을 계속하는 경우가 있으며, 한쪽은 살아남고 다른 쪽은 소멸하는 경우가 있다. 동의 충돌의 결과 의미 영역이 바뀌는 경우도 있다. 이는 의미 축소, 의미 확대, 의미 교체 등으로 구분된다.

① '가을걷이'와 '추수'는 공존하며 경쟁하고 있다.
② '말미'는 쓰지 않고 '휴가'라는 말을 사용하고 있다.
③ '얼굴'은 '형체'의 뜻에서 '안면'의 뜻으로 의미가 축소되었다.
④ '겨레'는 '친척'의 뜻에서 '민족'의 뜻으로 의미가 확대되었다.

02. 〈보기〉의 어휘들은 통시적으로 변화된 양상을 보여 준다. 이들에 대한 설명으로 가장 옳지 않은 것은? 2019 서울시 7급

> ─〈보기〉─
> (가) 놈: '사람 평칭' → '남자의 비칭'
> (나) 겨레: '종친, 친척' → '민족, 동족'
> (다) 아침밥 > 아침
> (라) 맛비 > 장맛비

① (가)는 시대의 변화에 따라 의미가 축소된 예이다.
② (나)는 시대의 변화에 따라 의미가 확대된 예이다.
③ (다)는 형태의 일부가 생략된 후 나머지에 전체 의미가 잔류한 예이다.
④ (라)는 형태의 일부가 덧붙여진 후에도 전체 의미가 변하지 않은 예이다.

03.

정답풀이 '전자의 경우'는 변화 전에 비해 의미가 축소되는 것이다. 나머지는 이에 해당하지만 '어리다'는 '어리석다'에서 '나이가 어리다'로 의미가 완전히 달라진 '의미 전성(＝의미 이동)'의 예시다.

오답풀이 나머지는 의미 축소의 예이다.
① 미인 : 남녀 모두에 쓰임 → 여성에게만 적용됨.
② 짐승 : 생물 전체 → 사람을 제외한 동물
④ 도련님 : 도령의 높임말로 결혼하지 않은 사람 → 시동생
⑤ 얼굴 : 형체 → 안면부

03. 밑줄 친 부분에 해당하는 용례로 가장 적절하지 않은 것은?

2012 서울시 7급

언어도 생명처럼 시간이 흐름에 따라 생멸의 과정을 겪는다. 특히 의미는 음운이나 문법구조보다 변화가 많은데 그 결과는 두 가지 측면에서 주로 논의된다. 의미 영역의 변화와 의미에 대한 평가의 변화가 그것이다. 의미 영역 변화에는 변화 전에 비해 의미가 축소되는 경우와 의미가 확대되는 경우가 있다. 전자의 경우를 의미의 특수화, 후자의 경우를 의미의 일반화라고 부르기도 한다. 그리고 어떤 단어의 의미 영역이 확대 또는 축소되는 일이 없이 그 단어의 의미가 전혀 다른 의미로 변화된 것이 있다.

① 미인   ② 짐승
③ 어리다   ④ 도련님
⑤ 얼굴

정답찾기   3. ③

MEMO

박혜선 국어
개념도 새기는
기출 문법

10

담화론

01 Chapter 발화 의도와 기능

01.

정답풀이 ⓒ의 지시 관형사 '저'는 화자와 청자 모두에게 멀리 있는 대상을 가리킬 때 쓰이므로 ②는 옳지 않다.

오답풀이 ① ㉠의 '이'는 청자보다 화자에게 가까울 때 쓰는 지시 관형사이고 ⓛ의 '그'는 화자보다 청자에게 가까울 때 쓰는 지시 관형사이므로 옳다. (참고로 '이'는 청자 '태민'이보다 화자 '이진'이에게 더 가까울 때, '저'는 화자 '태민'이보다 청자 '이진'이에게 더 가까울 때 쓰인 것이다.)

③ 이진과 태민은 '한국 대중문화를 다양한 시각에서 다룬 재미있는 책'에 대해 대화하고 있으므로 'ⓒ 저 책'과 'ⓔ 그 책'은 같은 대상임을 알 수 있다.

④ 'ⓜ 이 책' 뒤를 보면 '두 권'을 사준다고 한다. 이를 통해 이들이 관심을 가진 '작가의 문체가 독특'한 책인 'ⓛ 그 책'과 '한국 대중문화를 다양한 시각에서 다룬 재미있는 책'인 'ⓒ 저 책'이 'ⓜ 이 책'을 가리킴을 알 수 있다.

02.

정답풀이 "김포공항을 어느 쪽으로 가야 합니까?"라는 질문은 화자 자신의 의도를 직접적으로 드러내는 직접 발화이다. 또한 길을 구체적으로 물어보는 의도와 형식이 의문문으로 일치한다는 점에서도 직접 발화라고 할 수 있다.

직접 발화와 간접 발화를 구분하는 방법은 이러하다. 말의 맥락을 생각하지 않고 해당 물음에 대답했을 때 말이 되면 직접 발화이고 어색하면 간접 발화이다.

오답풀이 ① "돈 가진 것 좀 있니?"라는 말에 만약 '응/아니오'로 대답한다면 어색한 대화가 될 것이다. 화자는 청자에게 돈 가진 것이 있는지의 여부를 물어보는 것이 아니다. 화자는 청자의 돈을 빌리려는 의도를 우회적으로 말한 것이기 때문이다. 따라서 이는 간접 발화이다. 직접 발화로 고치면 "돈 좀 빌려줘"가 될 수 있다.

② "얘야, 방이 너무 더운 것 같구나."라는 말은 화자가 창문을 열고 싶다는 의도를 간접적으로 표현한 발화이다. 직접 발화로 고치면 "창문 좀 열어줘"가 될 수 있다.

④ "우리 반 학생들은 선생님의 말씀을 아주 잘 듣습니다."는 과제를 잘 수행하라는 화자의 의도를 간접적으로 표현한 발화이다. 직접 발화로 고치면 "과제를 잘 해오렴"이 될 수 있다.

03.

정답풀이 '지금 바쁜가?'는 의문문이지만 도움을 요청하는 간접 발화이다. 도와달라고 명령하는 것보다 상대방의 부담을 줄인다. 따라서 이는 '직접적'이 아니라 '간접적인' 표현이다. (참고로 뒤의 '-겠-'은 '화자가 완곡하게 말하는 태도를 나타내는 어미'로 간접 발화이다.)

04.

정답풀이 '이'는 '말하는 이에게 가까운 대상'을 '그'는 '듣는 이에게 가까운 대상'을 가리킨다. '㉠ 이'는 철호에게 가까운 책이다. 'ⓛ 그'는 영희에게 가까운 책이다. 따라서 영희에게 가까운 'ⓒ 이'는 'ⓛ 그'와 지시대상이 같다.

'ⓔ 저'는 말하는 이와 듣는 이 모두에게 먼 대상을 의미하므로 어떤 것과도 같은 것으로 묶일 수 없다.

대표 亦功 기출 제1편 담화론 CH.01 발화 의도와 기능

최빈출

01. 다음 대화의 ⊙~⑩에 대한 설명으로 적절하지 않은 것은?

2022 국가직 9급

> 이진 : 태민아, ⊙이 책 읽어 봤니?
> 태민 : 아니, ⓒ그 책은 아직 읽어 보지 못했어.
> 이진 : 그렇구나. 이 책은 작가의 문체가 독특해서 읽어 볼 만해.
> 태민 : 응, 꼭 읽어 볼게. 한 권 더 추천해 줄래?
> 이진 : 그럼 ⓒ저 책은 어때? 한국 대중문화를 다양한 시각에서 다룬 재미있는 책이야.
> 태민 : 그래, ⓔ그 책도 함께 읽어 볼게.
> 이진 : (두 책을 들고 계산대로 간다.) 읽어 보겠다고 하니, 생일 선물로 ⑩이 책 두 권 사 줄게.
> 태민 : 고마워. 잘 읽을게.

① ⊙은 청자보다 화자에게, ⓒ은 화자보다 청자에게 가까이 있는 대상을 가리킨다.
② ⓒ은 화자보다 청자에게 멀리 있는 대상을 가리킨다.
③ ⓒ과 ⓔ은 같은 대상을 가리킨다.
④ ⑩은 ⓒ과 ⓒ 모두를 가리킨다.

02. 화자의 진정한 발화 의도를 파악할 때, 밑줄 친 부분을 고려하지 않아도 되는 것은?

2018 지방직 9급

> 일상 대화에서는 직접 발화보다는 간접 발화가 더 많이 사용되지만, 그 의미는 맥락에 의해 파악될 수 있다. 화자는 상대방이 충분히 그 의미를 파악할 수 있다고 판단될 때 간접 발화를 전략적으로 사용함으로써 의사소통을 원활하게 하기도 한다.

① (친한 사이에서 돈을 빌릴 때) 돈 가진 것 좀 있니?
② (창문을 열고 싶을 때) 애야, 방이 너무 더운 것 같구나.
③ (갈림길에서 방향을 물을 때) 김포공항은 어느 쪽으로 가야 합니까?
④ (선생님이 과제를 내주고 독려할 때) 우리 반 학생들은 선생님 말씀을 아주 잘 듣습니다.

03. 밑줄 친 ⊙~ⓔ에 대한 평가로 적절하지 않은 것은?

2018 교육행정직 7급

> (구청 민원실)
>
> 공무원 1 : (민원인을 반갑게 맞이하며) ⊙어르신, 안녕하세요? 오랜만에 뵙겠습니다.
> 민원인 : 잘 지내나? 지난번엔 감사했네. 그런데 요즘 형편이 이만저만 아니어서 생활에 도움이 될 만한 일을 찾고 있네.
> 공무원 1 : 아 그러시군요. (공무원 2에게) ⓒ지금 바쁜가? 이 어르신 좀 도와 드릴 수 있겠나?
> 공무원 2 : 어르신, 여기 앉으십시오. 무슨 일이시죠?
> 민원인 : 요즘 일거리가 없어 생활이 어렵네. 해결해 보려고 찾아왔네.
> 공무원 2 : ⓒ(민원인과 눈을 맞추며) 네, 그러시군요. 마침 우리 구청에서 공공 근로를 하실 분을 찾고 있습니다.
> 민원인 : 나같이 나이 많은 사람도 할 수 있나?
> 공무원 2 : 물론이지요. 참여해 주신다면 우리 구민들에게 큰 도움이 될 거예요.
> 민원인 : 필요한 서류가 있나?
> 공무원 2 : 한 부 뽑아 드리겠습니다. ⓔ여기 서류 나오셨습니다.

① ⊙ : 상대방과 친밀한 관계를 맺으면서 대화를 시작하고 있군.
② ⓒ : 상대방의 부담을 줄이기 위해 직접적인 표현을 사용하고 있군.
③ ⓒ : 상대방의 말에 경청하는 자세를 보이며 공감하면서 듣고 있군.
④ ⓔ : 높임의 대상이 아닌 것을 불필요하게 높이고 있군.

04. ⊙~ⓔ 중 지시 대상이 같은 것끼리 묶인 것은?

2014 사회복지직 9급

> 철호 : 지난번 빌려갔던 ⊙이 책은 별로 재미가 없어. ⓒ그 책은 어때?
> 영희 : 응. ⓒ이 책은 꽤 재미있던데, 철호야 ⓔ저 책 읽어봤니?
> 철호 : 아니, 저 책은 안 봤는데.

① ⊙, ⓒ   ② ⊙, ⓔ   ③ ⓒ, ⓒ   ④ ⓒ, ⓔ

01.

정답풀이) 처음 보는 사람에 대해 예절을 잘 지키고 있다.

오답풀이) ① '계시다'는 직접 높임의 경우에만 쓰이므로 '회장님'을 간접적으로 높일 때에는 '있으시겠습니다'로 써야 한다.

② 화자 자신의 고모가 아니므로 옳지 않다. 자녀의 이름을 넣어서 '혜선이 고모'로 부르는 것이 옳다.

④ 자신의 아내를 '부인'으로 불러서는 안 된다. 남의 아내를 높여서 가리킬 때에 '부인'이라고 부를 수 있고 자신의 아내는 '아내'라고 해야 한다.

02.

정답풀이) '(귀하가) 입사 시험에 합격하신 것을 축하드립니다.'에서 주어 '귀하가'가 생략되었다. 따라서 주체 높임 선어말 어미 '-시-'가 쓰였으며 귀하의 합격은 축하의 대상이므로

오답풀이) ② → 고객님, 주문하신 물건이 나왔습니다.
: '물건'에는 간접 높임 표현을 쓰지 않기 때문에 '나왔습니다.'라고 고쳐야 한다.

③ → 어른들이 묻자 안절부절못하며 어쩔 줄 몰라 했다.
: '마음이 초조하고 불안하여 어찌할 바를 모르다'를 의미하는 것은 '안절부절못하다'이다. '안절부절하다'라는 말은 없다.

④ → 이어서 회장님의 인사 말씀이 있으시겠습니다.
: 간접 높임이 잘못 사용된 경우. '있으시겠습니다'라고 해야 한다.

03.

정답풀이) 상대방이 찾는 사람이 없는 경우 '지금 안 계십니다, 뭐라고 전해 드릴까요'처럼 응대하는 것은 옳다.

오답풀이) ① '귀하'는 '편지에서, 상대방을 높여 상대방 이름 밑에 붙여 쓰는 말' 또는 '상대자를 높여 이름 대신 부르는 말'이다. 즉 특정인을 지칭할 때 쓰이므로 '많이' 참석하라는 것은 의미적으로 호응되지 않는다. 따라서 '많이'를 삭제해야 한다.

③ 상품과 관련된 '품절, 포장, 사이즈'등은 청자의 소유물, 신체 일부, 감정 등과 무관하므로 간접 높임의 대상이 아니다. 따라서 '품절입니다'로 고쳐야 한다.

④ '나라'는 낮추면 안 되므로 '저희나라'가 아니라 '우리나라'로 고쳐야 한다.

04.

정답풀이) 국립국어원의 ≪표준언어예절≫에서는 문상에 가서 아무 말도 하지 않는 것이 가장 예의에 맞는 말이라고 한다. 하지만 꼭 인사말을 건넬 경우는 '삼가 조의를 표합니다'로 할 수 있다.

오답풀이) ① 윗사람에게는 '수고하십시오' 같은 표현을 쓰면 안 된다.

③ '품절'은 청자의 소유물, 신체 일부, 감정 등이 아니므로 간접 높임의 대상이 아니다. 따라서 '찾으시는 물건은 품절입니다.'로 고쳐야 한다.

④ '오빠, 자기, 아저씨'는 자신의 남편을 부르는 호칭어로 적절치 않다. 자신의 남편은 '여보, ○○ 씨, ○○[자녀] 아버지(아빠)' 등으로 부르고, 나이가 들어서는 '영감, ○○[손주, 외손주] 할아버지' 등으로 부를 수 있다.

05.

정답풀이) 2012년 ≪개정 표준언어예절≫에 따르면, 시어머니는 시아버지보다 친근한 대상이므로 '어머님'뿐만 아니라 '어머니'라고 해도 된다는 내용이 첨가되었다. 또한 시부모에게 남편을 지칭할 때는 '아범, 아비'로 쓰며 아이가 없는 경우에는 '그이'로 쓸 수 있다.

오답풀이) ① 이름 뒤에 직함을 넣으면 높임 표현이 되므로 자신을 소개할 때는 직함을 앞에 넣어야 한다. 또한 '자문' 안에 '의견을 구하다'라는 말이 있기 때문에 '자문을 구하다'가 아니라 '자문을 하다'로 써야 한다. 따라서 '저는 ~ 과장 전우치입니다. ~자문을 하러~'로 고쳐야 한다.

② '르게'는 화자가 어떤 행동에 대한 약속이나 의지를 나타내는 종결 어미이므로 주어가 화자인 경우가 많다. 하지만 '[당신(환자)이] 침대에 누우실게요.'는 주어가 화자가 아니라 청자이므로 '르게'가 쓰일 수 없다. 따라서 '누우십시오.'로 고쳐야 한다.

④ '나라'는 낮추면 안 되므로 '저희나라'가 아니라 '우리나라'로 고쳐야 한다.

정답찾기 1. ③ 2. ① 3. ② 4. ② 5. ③

대표 亦功 기출

제10편 담화론 CH.02 올바른 언어 예절

최빈출

01. 언어 예절로 가장 적절한 것은? 2022 지방직 9급

① 지금부터 회장님의 말씀이 계시겠습니다.
② (시누이에게) 고모, 오늘 참 예쁘게 차려 입으셨네요?
③ (처음 자신을 소개하면서) 처음 뵙겠습니다. 박혜정입니다.
④ (다른 사람에게 자기 아내를 가리키며) 이쪽은 제 부인입니다.

02. 어법상 옳은 것은? 2016 사회복지직 9급

① 입사 시험에 합격하신 것을 축하드립니다.
② 고객님, 주문하신 물건이 나오셨습니다.
③ 어른들이 묻자 안절부절하며 어쩔 줄 몰라 했다.
④ 이어서 회장님의 인사 말씀이 계시겠습니다.

03. 다음 중 올바른 우리말 표현은? 2015 지방직 9급

① (초청장 문안에서) 귀하를 이번 행사에 꼭 모시고자 하오니 많이 참석해 주시기 바랍니다.
② (전화 통화에서) 과장님은 지금 자리에 안 계십니다. 뭐라고 전해 드릴까요?
③ (직원이 고객에게) 주문하신 상품은 현재 품절이십니다.
④ (방송에 출연해서) 저희나라가 이번에 우승한 것은 국민 여러분의 뜨거운 성원 덕택입니다.

04. 어법에 맞는 표현은? 2013 지방직 7급

① (면접을 마친 후 면접관에게) 면접관님, 수고하십시오.
② (문상을 가서 상주에게) 삼가 조의를 표합니다.
③ (점원이 손님에게) 손님께서 찾으시는 물건은 품절이십니다.
④ (아내가 남편에게) 오빠, 외식하러 가요.

05. 우리말 표현으로 옳은 것은? 2013 국가직 7급

① (시청 간부가 외부 전문가에게) 저는 시청에 근무하는 전우치 과장입니다. 교수님께 하반기 경제 전망에 대해 자문을 구하고자 전화를 드렸습니다.
② (간호사가 환자에게) 환자분, 주사 맞게 침대에 누우실게요.
③ (며느리가 시어머니에게) 어머니, 아범은 아직 안 들어왔어요.
④ (한국인이 외국인에게) 저희나라 국민들은 독도 문제에 대해 매우 민감합니다.

06.

정답풀이) 장인이 사위를 부를 수 있는 호칭은 'ㅇ 서방'이 옳다. 그리고 '하게체'는 손윗사람이 아랫사람과 스스럼없는 사이일 때 쓰이므로 옳다. 또한 사위가 장인을 부르는 호칭 '아버님' 역시 옳다.

오답풀이) ② '되세요'는 '되시어요'의 준말이다. 하지만 요금은 간접 높임의 대상이 아니므로 '고객님의 요금은 매월 45,000원 됩니다.'로 고쳐야 한다.
③ 'ㄹ게'는 화자가 어떤 행동에 대한 약속이나 의지를 나타내는 종결 어미이므로 주어가 화자인 경우가 많다. 하지만 [당신(환자)이] 앉아 계실게요.'는 주어가 화자가 아니라 청자이므로 'ㄹ게'가 쓰일 수 없다. 따라서 '계십시오'로 고쳐야 한다.
④ '하시라면'은 '하시라고 하면'의 준말이다. 처음의 '하다'는 대리가 하는 것이므로 높이면 안되고 두번째의 '~라고 하면'은 부장님이 하는 것이므로 높여야 한다. 따라서 '하라고 하시면(하라시면) 해야죠'로 고쳐야 한다.
⑤ '나'보다 높은 어른께는 성씨를 높이면 안 된다. 따라서 '홍 길자 동자이십니다'로 고쳐야 한다.

07.

정답풀이) "들어가세요."라고 많이 쓰지만 이 말은 명령형이고 일부 지역에서만 쓰는 말이기 때문에 쓰지 않는 것이 좋다. 전화를 끊을 때는 '안녕히 계십시오. 고맙습니다. 이만 끊겠습니다'등의 표현을 쓰는 것이 옳다.

오답풀이) 나머지는 모두 옳다.

08.

정답풀이) 이 문제는 어르신이 보기에 혼란스러운 존대법에 대한 사례를 판단하는 문제이다. ③은 제시문의 사례로 적절하지 않다. 아버지의 친구를 부르는 말은 일반적으로 '아저씨' 정도이다. 성인이 되면 예를 갖추는 말로 '어르신', '선생님'이라고 부를 수 있다. 하지만 이것 말고도 아버지 친구의 직함을 빌려 '과장님', 'ㅇ 과장님'으로 부르거나 가리킬 수 있으므로 제시문의 사례로 적절하지 않다. (《표준언어예절》, 국립국어원, 2011) 어르신 세대가 보더라도, 친구 아들이 어른을 높이고 있기 때문이다.

오답풀이) ① 나(×) → 저(○) : 일인칭 대명사인 '나'를 윗사람에게 쓰는 것은 예의에 어긋나므로 어르신 세대가 불쾌해할 수 있다. '나'는 말하는 이가 "대등한 관계"에 있는 사람이나 "아랫사람을 상대"하여 자기를 가리키는 말이기 때문이다. '나' 대신 '저'를 써야 한다. '저'는 말하는 이가 윗사람이나 그다지 가깝지 아니한 사람을 상대하여 자기를 낮추어 가리키는 일인칭 대명사이므로 '저'를 써야 한다.

② 제가 한 말씀은요(×) → 제가 드릴 말씀은요(○) : '말씀'은 남의 말을 높여 이르는 말로도 쓰이지만 자기를 낮추는 말이기도 하다. 따라서 선생님께 '말씀'이라 하는 것은 자신을 낮추는 것이므로 예의에 어긋나지 않는다. 그러나 윗사람에게는 나를 낮추며 '말씀을 드리는 것'이므로, '내가 말씀을 하다'라고 하면 안 된다. 따라서 '내가 한 말씀'은 예의에 어긋난다. '제가 드릴 말씀은요.'라고 바꿔써야 한다.
④ 수고하세요(×) → 노고가 많으십니다(○) : '수고하세요'라는 표현은 윗사람에게 쓰면 안 되는 표현이다. 따라서 '수고하세요'를 '노고가 많으십니다, 고맙습니다, 감사합니다.' 정도로 바꿔 쓰는 것이 적절하다.(《표준화법해설》, 국립국어원, 1992)

09.

정답풀이) '(여기가) 아닌데요.'라는 말투보다는 '죄송하지만, 찾으시는 분이 안 계십니다'라고 정중하게 받는 것이 좋다. 또한 '(전화) 잘못 거셨습니다.'는 상대를 탓하는 어감이 있으므로 '전화 번호를 한 번 더 확인해주시길 바랍니다." 등이 적절하다.

오답풀이) ② 전화를 건 사람이 신분을 밝히고 다른 사람과 전화하기를 요청을 하는 경우에는 전화를 바꾸어 주는 올바른 전화 예절이다.
③ 전화를 받을 사람이 부재중일 때에는 전달할 내용을 대신 물어보는 것이 올바른 예절이다.
④ 전화를 끊을 때는 미리 알리고 인사해야 하므로 올바른 예절이다.

10.

정답풀이) 중간에서 두 사람을 서로에게 소개할 때에는 자기와 가까운 사람을 먼저 소개해야 한다. 선생님과 어머니 중에 어머니가 더 자기와 가까우므로 어머니를 먼저 소개하는 것은 옳다.

> 1) 자기와 가까운 사람을 먼저 소개해야 한다.
> 2) 손아래 사람을 손위 사람에게 먼저 소개한다.
> 3) 남성을 여성에게 소개한다.
> 이러한 상황이 섞여 있을 때는 1), 2), 3)의 순서로 적용한다.

오답풀이) ① "ㅇㅇ[본관] ㅇ씨입니다."는 남의 본관을 말할 때는 쓰는 표현이므로 옳지 않다. 따라서 "저는 ㅇㅇ[본관] ㅇ가(哥)입니다."로 말해야 한다.
② '부인'은 남의 아내를 높여 이르는 말이므로 자신의 아내를 '부인'이라고 하면 안 된다. 또한 아내인 당사자도 자신을 '누구의 부인'이라고 하면 안 된다. '집사람(안사람, 처)'라고 고쳐야 한다.
③ 텔레비전에서 사회자가 손님을 소개할 때에 가장 높임의 대상인 시청자나 방청객을 고려해야 하므로 객체 높임 어휘 '모시다'를 쓰지 않아야 한다. 따라서 "ㅇㅇㅇ 씨를 소개하겠습니다."로 고쳐야 한다.

정답
찾기   6. ①   7. ②   8. ③   9. ①   10. ④

06. 다음 중 두 사람의 대화가 표현상 어색하지 않은 것은?

2013 국회직 8급

① 장인: 김 서방, 이리 와서 이 책들을 옮겨 주게.
   사위: 네, 아버님.
② 손님: 이 휴대전화를 사고 싶습니다. 한 달 요금이 얼마인가요?
   점원: 네, 고객님은 매월 45,000원 되세요.
③ 간호사: 홍길동 님, 어느 분이세요?
   환자: 접니다.
   간호사: 이쪽에 잠깐 앉아 계실게요.
④ 부장: 자네, 이것 할 수 있겠나?
   대리: 네, 하시라면 해야죠.
⑤ 선생님: 철수야, 아버지의 이름이 무엇이지?
   학생: 네, 저의 아버지 함자는 홍자 길자 동자이십니다.

중간빈출

07. 전화를 걸 때의 표준 언어 예절에 대한 설명으로 적절하지 않은 것은?

2017 지방직 7급

① 전화를 거는 사람은 인사를 하고 자신의 신분을 밝히는 것이 바람직하다. 나이 어린 사람의 경우 어른이 전화를 받았을 때는 '안녕하십니까? 저는 ○○(친구)의 친구 ○○(이름)입니다.' 처럼 통화하고 싶은 사람과 어떤 관계인가를 밝히는 것이 예(禮)이다.
② 대화를 마치고 전화를 끊을 때 '고맙습니다.', '안녕히 계십시오.' 하고 인사하고 끊는다. '들어가세요.'라는 말도 많이 쓰이는데, 상대방을 배려하는 표현이므로 사용하는 것이 좋다. 만약 통화하고 싶은 사람이 없어 전화를 끊어야 할 때도 자신을 밝히고 끊어야 하며, 어른보다 먼저 전화를 끊는 것은 예의에 어긋난 행동이다.
③ 통화하고 싶은 사람이 없을 때 '죄송합니다만, ○○(이름)한테서 전화 왔었다고 전해 주시겠습니까?', '말씀 좀 전해 주시겠습니까?' 라는 말을 쓴다. 이 상황에서도 '전해 주시겠습니까?'를 '전해 주시면 고맙겠습니다.' 등으로 적절히 바꾸어 쓸 수 있다.
④ 전화가 잘못 걸렸을 때 '죄송합니다. 전화가 잘못 걸렸습니다.' 또는 '미안합니다. 전화가 잘못 걸렸습니다.'라고 예의를 갖추어 정중히 말하는 것이 바람직한 표현이다.

08. 다음 글을 뒷받침하는 예로 적절하지 않은 것은?

2017 지방직 7급

"요즘 젊은 것들은⋯" 하는 나무람을 들어 보지 않은 젊은이는 그리 많지 않을 것이다. 그 나무람에서 어르신 세대의 불편한 심기를 읽는 것은 어려운 일이 아니다. 말이란 시대에 따라 변하기 마련인데, 그 변화에 대한 감각이 세대에 따라 크게 다르다. 어르신 세대가 민감하게 반응하는 것 중의 하나가 젊은 세대의 존대법이다. 어르신 세대가 보기에, 젊은 세대의 존대법은 혼란스럽기 짝이 없어 불쾌하기까지 한 것이다.

① "요즘 애들은 어른을 만나서 말을 할 때도 '저'라고 하지 않고 '나'라고 하더군."
② "선생님께 질문을 하면서 '제가 한 말씀은요.'라고 하는데 아주 깜짝 놀랐어."
③ "친구 아들이 날 '과장님'이라 부르더군. 직함이 과장이라고 그렇게 부르더군."
④ "어른한테 '수고하세요.'란 말을 어떻게 할 수 있는지 도대체 알 수가 없어."

09. 전화를 사용할 때, 표준 언어 예절로 바람직하지 않은 것은?

2016 국가직 7급

① 아닌데요, 전화 잘못 거셨습니다.
② 네, 잠깐 기다려 주십시오. 바꾸어 드리겠습니다.
③ 지금 안 계십니다. 들어오시면 뭐라고 전해 드릴까요?
④ 잘 알겠습니다. 이만 끊겠습니다. 안녕히 계십시오.

10. 표준 언어 예절에 알맞은 표현은?

2014 국가직 7급

① 자기의 본관을 소개할 때 "저는 ○○[본관] ○씨입니다."라고 한다.
② 남편의 친구에게 자신을 소개할 때 "저는 ○○○ 씨의 부인입니다."라고 한다.
③ 텔레비전에서 사회자가 20대의 연예인을 소개할 때 "○○○ 씨를 모시겠습니다."라고 한다.
④ 어머니와 길을 가다 선생님을 만났을 때 "저의 어머니십니다."라고 어머니를 선생님께 먼저 소개한다.

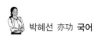

11.

정답풀이 좌하(座下) − 편지를 받을 사람이 아랫사람이 아니라 윗사람일 때 쓰인다. [＝귀하(貴下)]

오답풀이 나머지는 모두 옳다.

11. 편지 용어에 대한 설명으로 옳지 <u>않은</u> 것은? 2013 지방직 9급

① 친전(親展) : 편지를 받을 사람이 직접 펴 보라고 편지 겉봉에 적는 말

② 좌하(座下) : 편지를 받을 사람이 아랫사람일 때 붙이는 말

③ 귀중(貴中) : 편지나 물품 따위를 받을 단체나 기관의 이름 아래에 쓰는 높임말

④ 본제입납(本第入納) : 본가로 들어가는 편지라는 뜻으로, 자기 집으로 편지할 때에 편지 겉봉에 자기 이름을 쓰고 그 밑에 쓰는 말

정답찾기 11. ②

MEMO

박혜선 국어
개념도 새기는
기출 문법

11

외래어 표기법

01 Chapter

외래어 표기법 기본 원칙

★**출좋포** **정리하기** 외래어 표기의 원칙(1~5항은 꼭 외우기)

제1항 | 외래어는 국어의 현용 24자모만으로 적는다.

이 조항은 우리말에는 없는, 외국어의 소리를 나타내기 위해 맞춤법에 정한 24자모 이외의 특수한 기호나 문자를 만들어서는 안 된다는 것이다.

자음 (14개)	ㄱ, ㄴ, ㄷ, ㄹ, ㅁ, ㅂ, ㅅ, ㅇ, ㅈ, ㅊ, ㅋ, ㅌ, ㅍ, ㅎ
모음 (10개)	ㅏ, ㅑ, ㅓ, ㅕ, ㅗ, ㅛ, ㅜ, ㅠ, ㅡ, ㅣ

제2항 | 외래어의 1 음운은 원칙적으로 1 기호로 적는다.

[f]의 경우 'ㅎ'과 'ㅍ'으로 쓸 수 있지만, 1 음운은 1 기호로 적는다는 원칙에 의해 일관되게 'ㅍ'으로 적는다.

구 분	바른 표기(○)	틀린 표기(×)
family	패밀리	훼밀리
fighting	파이팅	화이팅

제3항 | 받침에는 'ㄱ, ㄴ, ㄹ, ㅁ, ㅂ, ㅅ, ㅇ'만을 쓴다.

구 분	바른 표기(○)	틀린 표기(×)
racket	라켓	라켙
diskette	디스켓	디스켙
biscuit	비스킷	비스킽
market	마켓	마켙
chocolate	초콜릿	초콜맅
workshop	워크숍	워크숖
Gallup	갤럽	갤렆

제4항 | 파열음 표기에는 된소리를 쓰지 않는 것을 원칙으로 한다.

(1) [p, t, k]나 [b, d, g] 등의 파열음은 국어에서 된소리나 된소리에 가깝게 발음하는 경향이 있으나 표기에는 된소리를 쓰지 않는다.

구 분	바른 표기(○)	틀린 표기(×)
Paris	파리	빠리
conte	콩트	꽁트

(2) 서구 외래어의 경우에는 마찰음 'ㅅ'과 파찰음 'ㅈ'을 된소리 'ㅆ, ㅉ'으로 표기하지 않는다.

구 분	바른 표기(○)	틀린 표기(×)
self service	셀프 서비스	쎌프 써비스
Mozart	모차르트	모짜르트
suntan	선탠	썬탠

| 제5항 | 이미 굳어진 외래어는 관용을 존중하되, 그 범위와 용례는 따로 정한다. |

(1) '카메라(camera), 라디오(radio)' 등 이미 굳어진 외래어는 외래어 표기법 원칙을 준수하지 않고 관용에 따른다(캐머러×, 레이디오×).

구 분	관용 존중(○)	원칙이지만 인정 안 함 (×)
camera	카메라	캐머러
radio	라디오	레이디오
mania	마니아	매니아
observer	옵서버	옵저버
九州	규슈	큐수
condenser	콘덴서	컨덴서
accent	악센트	액센트
technology	테크놀로지	테크날로지

(2) 뜻에 따라 외래어 표기 원칙을 준수하거나 관용 표기가 모두 사용되는 경우도 있다.

구 분	외래어 표기 원칙	관용 표기
cut	컷(인쇄물의 작은 사진)	커트(머리를 자름)
type	타이프(글자를 찍는 기계)	타입(유형)

01.

정답풀이) 외래어의 받침에는 'ㄷ'을 제외한 'ㄱ, ㄴ, ㄹ, ㅁ, ㅂ, ㅅ, ㅇ'만이 쓰일 수 있다.

02.

정답풀이) 외래어는 국어의 현용 28자모가 아니라 24자모만으로 적는 것이 옳다.

자음(14개)	ㄱ, ㄴ, ㄷ, ㄹ, ㅁ, ㅂ, ㅅ, ㅇ, ㅈ, ㅊ, ㅋ, ㅌ, ㅍ, ㅎ
모음(10개)	ㅏ, ㅑ, ㅓ, ㅕ, ㅗ, ㅛ, ㅜ, ㅠ, ㅡ, ㅣ

오답풀이) ② family의 'f'는 'ㅍ'으로 적어 '패밀리'라고 해야 한다. '훼밀리'라고 하면 틀리다.
③ 받침에 'ㄷ' 대신 'ㅅ'이 표기된다.
④ '취리히(쮜리히×), 코냑(꼬냑×), 파리(빠리×)'처럼 파열음 표기에는 된소리를 쓰지 않는 것을 원칙으로 한다. 다만 일본어나 중국어, 동남아권 외래어 중에는 된소리로 표기하는 예외가 많이 있으므로 따로 봐야 한다. '빵, 삐라, 껌' 등이 있다.
⑤ '파마(펌×), 라디오(레이디오×), 카메라(케머러×) 등을 예로 들 수 있다.

03.

정답풀이) 제4항 파열음 표기에는 된소리를 쓰지 않는 것을 원칙으로 하므로 '꽁트'가 아니라 '콩트'로 외래어를 표기하는 것은 옳다.

오답풀이) ① fighting : '제2항 외래어의 1음운은 원칙적으로 1기호로 적는다'에 따라 'f' 음운은 'ㅍ'과 'ㅎ' 중 'ㅍ'만 1기호로 삼기 때문에 '파이팅'으로 고쳐야 한다.
② coffee shop : '제3항 받침에는 'ㄱ, ㄴ, ㄹ, ㅁ, ㅂ, ㅅ, ㅇ'만을 쓴다.'에 따라 받침은 'ㅍ'이 아니라 'ㅂ'으로 써야 한다. 따라서 '커피숍'으로 고쳐야 한다.
③ jazz : '제4항 파열음 표기에는 된소리를 쓰지 않는 것을 원칙으로 한다.'에 따라 '째즈'가 아니라 '재즈'로 고쳐야 한다. 'ㅈ'은 파열음이 아닌 파찰음이지만 파찰음(ㅈ,ㅉ,ㅊ)과 마찰음(ㅅ,ㅆ) 모두 된소리를 쓰지 않는다.

04.

정답풀이) '꽁트, 떠블, 께임, 삐에로'로 착각할 수 있으나, 우리나라의 외래어 표기에는 원칙적으로 된소리 표기가 불가능하다. 이 때문에, '콩트, 더블, 게임, 피에로'로 표기하는 것이다. 따라서 이 단어들에 공통적으로 적용되는 것은 '파열음 표기에는 된소리를 쓰지 않는 것이 원칙이다.'는 ①이다.

오답풀이) ② 표기 받침으로는 'ㄷ'이 아니라 'ㅅ'을 쓴다.
③ 외래어의 1음운은 둘 이상의 기호가 아니라 하나의 기호로 적는다.
④ 굳어진 외래어는 관용을 존중하여 사용한다.
⑤ 외래어는 현용 24자모만 이용하여 표기한다.

05.

정답풀이) 'leadership'의 발음은 '[liːdərʃip]'이다. 이에 통하는 근거는 ㉠과 ㉡이다. ㉠에서 모음 앞의 [ʃ]는 뒤따르는 모음에 따라 적는데, '리더십'에서는 [ʃ] 뒤에 [i]가 오므로 '시'로 적는 것이다. 또한 ㉡에서 받침에는 'ㄱ, ㄴ, ㄹ, ㅁ, ㅂ, ㅅ, ㅇ'만을 적는다는 규정에 따라 받침 'p'는 'ㅂ'으로 쓰게 되어 '리더십'으로 표기한다.

오답풀이) ㉢ 관용에 따른 것이 아니라 표기 조항을 잘 지켜 적은 것이다.
㉣ '리더십'의 [l]은 어말 또는 자음 앞이 아니라 모음 [i] 앞에 오기 때문에 이 조항이 적용되는 것이 아니다. [l]이 오는 환경이 다르기 때문이다.

대표 亦功 기출 | 제11편 외래어 표기법 CH.01 외래어 표기법 기본 원칙

01. 다음에 제시된 외래어 표기법의 기본 원칙 중 적절하지 않은 것은?
2017 경찰 1차

> 외래어 표기법은 외래어를 한글로 표기하는 방법에 대한 규정으로 현행 표기법은 1986년에 고시되었다. 현재 영어, 독일어, 중국어, 일본어 등 21개 언어에 대한 표기 세칙이 마련되어 있다. 외래어 표기법의 제1장에서는 표기의 기본 원칙을 다음과 같이 밝혔다.
>
> 제1항 외래어는 국어의 현용 24자모만으로 적는다.
> 제2항 외래어의 1음운은 원칙적으로 1기호로 적는다.
> 제3항 받침에는 'ㄱ, ㄴ, ㄷ, ㄹ, ㅁ, ㅂ, ㅅ, ㅇ'만을 쓴다.
> 제4항 파열음 표기에는 된소리를 쓰지 않는 것을 원칙으로 한다.
> 제5항 이미 굳어진 외래어는 관용을 존중하되, 그 범위와 용례는 따로 정한다.

① 제1항   ② 제2항   ③ 제3항   ④ 제4항

02. 다음 중 외래어 표기법에 관한 설명으로 옳지 않은 것은?
2012 서울시 9급

① 외래어는 국어의 현용 28자모만으로 적는다.
② 외래어의 1음운은 원칙적으로 1기호로 적는다.
③ 받침에는 ㄱ, ㄴ, ㄹ, ㅁ, ㅂ, ㅅ, ㅇ만을 쓴다.
④ 파열음 표기에는 된소리를 쓰지 않는 것을 원칙으로 한다.
⑤ 이미 굳어진 외래어는 관용을 존중하되, 그 범위와 용례는 따로 정한다.

03. 〈보기〉의 외래어 표기법을 고려할 때, 다음 중 외래어 표기가 올바른 것은?
2017 경찰 1차 여경

┌─(보기)─
│ 제1항 외래어는 국어의 현용 24자모만으로 적는다.
│ 제2항 외래어의 1음운은 원칙적으로 1기호로 적는다.
│ 제3항 받침에는 'ㄱ, ㄴ, ㄹ, ㅁ, ㅂ, ㅅ, ㅇ'만을 쓴다.
│ 제4항 파열음 표기에는 된소리를 쓰지 않는 것을 원칙으로 한다.

① fighting 화이팅   ② coffee shop 커피숖
③ jazz 째즈   ④ conte 콩트

04. 다음 단어들 모두에 공통적으로 적용되는 외래어 표기의 원칙은?
2014 서울시 9급

> 콩트, 더블, 게임, 피에로

① 파열음 표기에는 된소리를 쓰지 않는 것을 원칙으로 한다.
② 외래어를 표기할 때는 받침으로 ㄱ, ㄴ, ㄷ, ㄹ, ㅁ, ㅂ, ㅅ, ㅇ 만을 쓴다.
③ 외래어의 1 음운은 원음에 가깝도록 둘 이상의 기호로 적는 것을 원칙으로 한다.
④ 이미 굳어진 외래어도 발음에 가깝도록 바꾸는 것을 원칙으로 한다.
⑤ 원음에 더욱 가깝게 적기 위해 새로 문자나 기호를 만들 수 있다.

05. 다음 외래어 표기의 근거만을 바르게 제시한 것은?
2014 지방직 7급

> 〈표기〉 leadership – 리더십
> 〈근거〉
> ㉠ 모음 앞의 [ʃ]는 뒤따르는 모음에 따라 '샤', '섀', '셔', '셰', '쇼', '슈', '시'로 적는다.
> ㉡ 받침에는 'ㄱ, ㄴ, ㄹ, ㅁ, ㅂ, ㅅ, ㅇ'만을 적는다.
> ㉢ 이미 굳어진 외래어는 관용을 존중한다.
> ㉣ [l]이 어말 또는 자음 앞에 올 때는 'ㄹ'로 적는다.

① ㉠
② ㉠, ㉡
③ ㉠, ㉡, ㉢
④ ㉠, ㉡, ㉢, ㉣

02 Chapter
외래어 표기 용례

01.

정답풀이) 발음상으로 보면 '캐머러'가 되겠지만 관용적으로 굳은 말은 따로 두고 있기 때문에 '카메라'로 쓰는 것이 옳다.

오답풀이) ① cafe → 까페 : 로마자 표기는 된소리로 표기되지 않는다 '카페'가 옳다.
③ fighting → 화이팅 : 1음운은 1기호를 써야 하므로 'f' 음운은 'ㅍ' 기호를 써야 한다. 따라서 '파이팅'이 옳다.
④ coffee shop → 커피숍 : 외래어 표기는 받침을 'ㄱ, ㄴ, ㄹ, ㅁ, ㅂ, ㅅ, ㅇ' 중 하나로 써야 한다. 따라서 '커피숍'이 옳다.

02.

정답풀이) 'lobster'는 '로브스터'가 원칙이었으나, '랍스터'도 너무 많이 쓰여 바른 외래어 표기로 인정하게 되었다. 다만, '랍스타'는 옳지 않다.

오답풀이) ② 달마시안(×) → 달마티안(○) : 'Dalmatian'은 [dælˈmeiʃn]으로 소리나지만 '달마티안'으로 표기한다.
③ 까페(×) → 카페(○) : 외래어 표기법에서 파열음 된소리 표기는 하지 않는다.
④ 메타세콰이어(×) → 메타세쿼이아(○) : 'Metasequoia'는 [mètəsikwɔ́iə]이므로 '메타세쿼이아'가 옳다.
⑤ 케잌(×) → 케이크(○) : 'cake[keik]'에서 중모음[ei]과 자음 사이의 어말과 자음 앞의 [p], [t], [k]는 '으'를 붙여 적으므로 '케이크'로 적는다.

03.

정답풀이) '윈도(window)'는 '[ou]는 '오'로 적는다'는 외래어 표기법 제8항에 따라 '윈도'로 적는다. ('윈도우'는 틀리다.) '콘셉트'는 옳다. ('컨셉트'는 틀리다.)

오답풀이) ① 악세서리, 쥬스(×) → 액세서리, 주스(○)
'ㅈ'이나 'ㅊ' 뒤에는 반모음 'ㅣ'가 함께 올 수 없으므로 '주스'로 고쳐야 한다.
③ 애드립(×) → 애드리브(○) ('로봇'은 옳다.)
④ 심포지움(×) → 심포지엄(○) ('플래시'는 옳다.)
☞ '플래쉬'는 옳지 않다. '쉬'는 외래어 표기에서는 쓰지 않는다.

04.

정답풀이) 워크샵(×) → 워크숍(○)

오답풀이) 나머지는 모두 옳다.

05.

정답풀이) ⓒ 시뮬레이션(○), ⓔ 카레(○)

오답풀이) ㉠ 카톨릭(×) → 가톨릭(○) : 굳어진 대로 '가톨릭'이라고 표기한다.
ⓒ 숏컷(×), 숏커트(×) → 쇼트커트(○) : short cut[ʃɔ́ːrtkʌt]
ⓜ 챔피온(×) → 챔피언(○) : champion[tʃǽmpiən]
ⓑ 캐리커쳐(×) → 캐리커처(○) : caricature[kǽrikətʃùər]
외래어 표기에서는 'ㅈ', 'ㅊ' 다음에 'ㅑ, ㅕ, ㅛ, ㅠ, ㅒ, ㅖ' 같은 이중 모음을 쓰지 않으므로 '*쳐'라 쓰지 않고 '처'라 표기함에 유의한다.

06.

정답풀이) ㉠ 옐로(○), 옐로우(×), ⓒ 카디건(○), 가디건(×), ⓔ 비전(○), 비젼(×)

오답풀이) ⓒ 롭스터(×) → 로브스터(○), 랍스터(○)
ⓜ 콘테이너(×) → 컨테이너(○)

con(컨 vs 콘) 구분
1) 컨 : 컨트롤, 리모컨, 에어컨, 컨설팅, 컨디션, 컨베이어(운반 장치), 컨소시엄(은행이나 기업이 공동으로 참가하여 형성하는 차관단 또는 융자단), 컨테이너(화물 운송에 쓰는, 쇠로 만든 상자 모양의 큰 용기), 컨벤션
2) 콘 : 콘택트 렌즈, 콘덴서(축전기), 콘서트, 콘셉트, 콘텐츠, 콘테스트, 콘사이스(휴대용 사전), 콘도미니엄, 콘퍼런스

com(컴 vs 콤) 구분
1) 컴 : 컴퍼스(제도용의 기구), 컴퓨터, 컴플레인
2) 콤 : 콤팩트(휴대용 화장 도구), 콤플렉스

정답 찾기 1. ② 2. ① 3. ② 4. ① 5. ② 6. ③

제11편 외래어 표기법 CH.02 외래어 표기 용례

01. 외래어 표기로 옳은 것은? 2021 의무소방원

① cafe → 까페
② camera → 카메라
③ fighting → 화이팅
④ coffee shop → 커피숖

04. 외래어 표기가 옳지 않은 것은? 2021 소방 국어

① 화요일에 <u>워크샵</u>이 있다.
② 과장님의 <u>리더십</u>이 돋보인다.
③ 그 배우는 <u>애드리브</u>를 잘한다.
④ 회의를 위해 준비한 <u>파일</u>이 사라졌다.

02. 다음에 쓰인 외래어 중 외래어 표기법에 맞게 표기된 것을 고르면? 2018 국회직 9급

① 오랜만에 우리 랍스터를 먹으러 갑시다.
② 나는 반려견으로 달마시안을 키우고 싶다.
③ 날이 너무 더우니 어디 시원한 까페에 들어갈까요?
④ 어제 친구와 남이섬에 가서 메타세콰이어 길을 걸었다.
⑤ 생일을 맞은 친구를 위해서 맛있는 케잌을 구워 봤어요.

05. 외래어 표기가 맞는 것을 〈보기〉에서 있는 대로 고른 것은? 2017 교육행정직 9급

┌ 〈보기〉
│ ㄱ. 카톨릭(Catholic)   ㄴ. 시뮬레이션(simulation)
│ ㄷ. 숏커트(short cut)   ㄹ. 카레(curry)
│ ㅁ. 챔피온(champion)   ㅂ. 캐리커쳐(caricature)

① ㄱ, ㅁ   ② ㄴ, ㄹ
③ ㄱ, ㄹ, ㅂ   ④ ㄴ, ㄷ, ㅁ

03. 다음 단어의 외래어 표기가 모두 올바른 것은? 2021 경찰 1차

① accessory : 악세사리 − juice : 쥬스
② window : 윈도 − concept : 콘셉트
③ robot : 로봇 − ad lib : 애드립
④ symposium : 심포지움 − flash : 플래시

06. 외래어 표기가 옳은 것만을 모두 고른 것은? 2017 지방직 9급

┌
│ ㄱ. yellow : 옐로   ㄴ. cardigan : 카디건
│ ㄷ. lobster : 롭스터 ㄹ. vision : 비전
│ ㅁ. container : 콘테이너

① ㄱ, ㅁ   ② ㄷ, ㄹ
③ ㄱ, ㄴ, ㄹ   ④ ㄴ, ㄷ, ㅁ

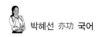

07.

정답풀이) 'symposium'은 '[simpóuziəm]'에서 [ə]이므로 '심포지움'이 아니라 '심포지엄'으로 표기하는 것이 옳다.

오답풀이) ② 바리케이트(×) → 바리케이드(○) 'barricate'라는 말은 이 세상에 없다. 대신, 'barricade[bǽrəkèid]'가 맞기 때문에 '바리케이트'가 아니라 '바리케이드'가 올바르다.

③ 컨셉트(×) → 콘셉트(○) : 'con-'으로 시작하는 말은 '콘-'이나 '컨-'으로 표기된다. 여기에서 '콘셉트(concept)'는 '콘-'으로 표기되는 단어이다.

④ 컨텐츠(×) → 콘텐츠(○) : 'con-'으로 시작하는 말은 '콘-'이나 '컨-'으로 표기된다. 여기에서 '콘텐츠(contents)'는 '콘-'으로 표기되는 단어이다.

☞ '컨-'으로 표기되는 말 : 리모컨(remote control), 에어컨(air conditioner), 컨소시엄(consortium), 컨디션(condition), 컨설팅(consulting)

08.

정답풀이) 'ㄷ. 콘셉트, ㅁ. 리모컨'로 고쳐야 한다.

오답풀이) 나머지는 옳다.

09.

정답풀이) • 옐로카드(yellow card) : 'yellow[jelou]'에서 반모음 [j]는 뒤따르는 모음과 합쳐 '예'로 적고, [ou]는 '오'로 적기 때문에 '옐로'로 표기한 것은 바르다.

• 스태프(staff) : 'staff[stæf]'에서 어말 또는 자음 앞의 [f]는 '으'를 붙여 적기 때문에 '스태프'로 표기한 것은 바르다.

• 케이크(cake) : 'cake[keik]'에서 중모음[ei]과 자음 사이의 어말과 자음 앞의 [p], [t], [k]는 '으'를 붙여 적으므로 '케이크'로 적는다.

오답풀이) ② 가디건(×) → 카디건(○) : 'cardigan'은 털로 짠 스웨터이다. 크림 전쟁 당시 이 옷을 즐겨 입은 영국의 카디건 백작 (Earl of Cardigan)의 이름에서 유래한 것이므로 이를 고려하여 '카디건'으로 적어야 한다.

③ 초콜렛(×) → 초콜릿(○) : 'chocolate의 [tʃɔ́ːkəlit]에서 콜'은 영어 발음 기호에 따르면 '컬[kəl]'로 읽어야 하지만, '초코 바', '초코 쿠키' 등과 같이 둘째 음절은 'ㅗ'로 발음하는 경향을 관습을 존중하여 '콜'로 적는다. 또 '릿'은 발음 기호에 따라 '렛'이 아니라 '릿[lit]'으로 적어야 한다.

④ 팡파레(×) → 팡파르(○) : 'Fanfare['fænfer]'는 외래어 표기법에 따라 '팡파르'로 적는다. '축하 의식이나 축제 때에 쓰는 트럼펫의 신호'를 뜻하는 프랑스어이다.

10.

정답풀이) ㉠ 커스타드 푸딩(×) → 커스터드 푸딩(○)

㉣ 소울 뮤직(×) → 솔 뮤직(○) : 'soul'은 [soul]로 소리 나고 [ou]는 'ㅗ'로 적으므로 '솔 뮤직'으로 고쳐야 한다.

오답풀이) ㉡ 'Arthur 왕'의 Arthur는 [aːrəər]로 [θ]는 'ㅅ'으로 적으므로 '아서 왕'으로 표기하는 것은 옳다.

㉢ 앞말의 받침과 뒷말의 첫소리가 같은 계열의 자음일 때는 빼는 것이 올바른 표기이다. 'ㄱ과 ㅋ', 'ㅅ과 ㅈ', 'ㅅ과 ㅌ'이 겹치는 것은 앞말의 받침을 빼는 것이 옳다. 따라서 '뱃지'가 아니라 '배지'로 표기하는 것은 옳다. '브리지(bridge), 스위치(switch)'도 같은 경우이다.

㉤ 'Sicilia'는 이탈리아의 원지음에 따라 '시칠리아'로 표기하는 것은 옳다.

11.

정답풀이) 쉬림프(×) → 슈림프(○) : 자음 앞의 [ʃ]는 '슈'로 적어야 하므로 'shrimp[ʃrɪmp]'는 '슈림프'로 표기해야 한다.

오답풀이) ① 어말의 [ʃ]는 '시'로 적어야 하므로, 'flash[flæʃ]'를 '플래시'로 표기한 것은 올바르다.

③ 'presentation[pre-]'과 같은 발음을 기준으로 하므로 '프레젠테이션'으로 표기한 것은 올바르다.

④ 외래어 표기는 해당 언어의 문자가 아닌, 발음을 기준으로 한다. 이에 따라 'Newton[nuːtən]'을 '뉴턴'으로 표기한 것은 올바르다.

12.

정답풀이) '팸플릿(pamphlet), 스케일링(scaling)'은 옳다.

오답풀이) ㄱ. 카달로그(catalog)(×) → 카탈로그(○)

ㄷ. 배드민튼(badminton)(×) → 배드민턴(○)

ㄹ. 레크레이션(recreation)(×) → 레크리에이션(○)

ㅂ. 렌트카(rent-a-car)(×) → 렌터카(○)

 정답 찾기

7. ① 8. ② 9. ① 10. ① 11. ② 12. ②

07. 밑줄 친 외래어 표기가 옳은 것은?　　2020 지방직 7급

① 그 주제로 <u>심포지엄</u>을 열었다.
② 위험물 주위에 <u>바리케이트</u>를 쳤다.
③ 이 광고에 대한 <u>컨셉트</u>를 논의했다.
④ 인터넷을 통해 많은 <u>컨텐츠</u>가 제공되었다.

08. 외래어 표기가 옳은 것만을 모두 고른 것은?

2017 국가직 7급 생활 안전 분야

> ㄱ. 커미션(commission)　　ㄴ. 콘서트(concert)
> ㄷ. 컨셉트(concept)　　ㄹ. 에어컨(air conditioner)
> ㅁ. 리모콘(remote control)

① ㄱ, ㄴ
② ㄱ, ㄴ, ㄹ
③ ㄴ, ㄷ, ㄹ
④ ㄴ, ㄷ, ㅁ

09. 외래어 표기가 모두 옳은 것은?　　2019 서울시 7급

① 옐로카드(yellow card), 스태프(staff), 케이크(cake)
② 가디건(cardigan), 뷔페(buffet), 캐러멜(caramel)
③ 냅킨(napkin), 점퍼(jumper), 초콜렛(chocolate)
④ 팡파레(fanfare), 크로켓(croquette), 마사지(massage)

10. 〈보기〉의 밑줄 친 ㉠~㉤의 외래어 표기 중 옳지 않은 것을 모두 고르면?　　2017 국회직 8급

> (보기)
> • 간식으로 ㉠ <u>커스타드 푸딩(custard pudding)</u>을 먹었다.
> • ㉡ <u>아서(Arthur)</u>왕은 고대 영국을 다스렸다고 전해지는 전설의 왕이다.
> • 그의 목깃에 달린 ㉢ <u>배지(badge)</u>는 그가 법무관이란 것을 알려 주고 있었다.
> • ㉣ <u>소울 뮤직(soul music)</u>은 노예 제도하에서 발생한 미국 흑인들의 음악이다.
> • ㉤ <u>시칠리아(Sicilia)</u> 섬은 지중해에 있는 섬 가운데 가장 크다.

① ㉠, ㉣
② ㉠, ㉤
③ ㉡, ㉤
④ ㉠, ㉡, ㉤
⑤ ㉡, ㉢, ㉣

11. 외래어 표기가 옳지 않은 것은?　　2016 국가직 9급

① flash - 플래시
② shrimp - 쉬림프
③ presentation - 프레젠테이션
④ Newton - 뉴턴

12. 외래어 표기가 맞는 것만을 〈보기〉에서 모두 고른 것은?　　2016 교육행정직 9급

> (보기)
> ㄱ. 카달로그(catalog)　　ㄴ. 팸플릿(pamphlet)
> ㄷ. 배드민튼(badminton)　　ㄹ. 레크레이션(recreation)
> ㅁ. 스케일링(scaling)　　ㅂ. 렌트카(rent-a-car)

① ㄱ, ㄹ
② ㄴ, ㅁ
③ ㄱ, ㄴ, ㄹ
④ ㄷ, ㅁ, ㅂ

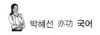

13.

정답풀이) chocolate[tʃɔ́ːkəlit]은 '초콜릿'이 맞다. shepherd[ʃépərd]는 '셰퍼드'가 맞다. [ʃépərd]에서 [ʃ]의 뒤에 오는 모음이 [é]이므로 '셰'로 적는다.

오답풀이) ① • 브러쉬(×) → 브러시(○) : 'brush[brʌʃ]'에서 어말의 [ʃ]는 '시'로 적으므로 '브러시'로 적는다.
• 케익(×) → 케이크(○) : 'cake[keik]'에서 중모음[ei]과 자음 사이의 어말과 자음 앞의 [p], [t], [k]는 '으'를 붙여 적으므로 '케이크'로 적는다.
② 카페트(×) → 카펫(○) : 'carpet[kάːrpit]'에서 짧은 모음 다음의 어말 무성 파열음([p], [t], [k])은 받침으로 적는다.
④ 슈퍼마켙(×) → 슈퍼마켓(○) : 'supermarket[súːpərmὰːrkit]'에서 [t]는 'ㅌ'으로 적기 쉬우나, 받침 소리는 'ㄱ, ㄴ, ㄹ, ㅁ, ㅂ, ㅅ, ㅇ' 중 하나로 적어야 하므로 'ㅅ'으로 적어 '슈퍼마켓'이 적절하다.

14.

정답풀이) 모두 옳은 표기이다.

오답풀이) ① 롭스터(lobster)(×) → 로브스터, 랍스터(○)
③ 스윗치(switch)(×) → 스위치(○)
인디안(Indian)(×) → 인디언(○)
④ 유니온(union)(×) → 유니언(○)
톱 크래스(top class)(×) → 톱클래스(○)

15.

정답풀이) '설루션'은 옳다. (솔루션×)

오답풀이) ① 트롯(×) → 트로트(○)
② 컨퍼런스(×) → 콘퍼런스(○)
③ 글래스(×) → 글라스(○)

> **con(컨 vs 콘) 구분**
> 1) 컨 : 컨트롤, 리모컨, 에어컨, 컨설팅, 컨디션, 컨베이어(운반 장치), 컨소시엄(은행이나 기업이 공동으로 참가하여 형성하는 차관단 또는 융자단), 컨테이너(화물 운송에 쓰는, 쇠로 만든 상자 모양의 큰 용기), 컨벤션
> 2) 콘 : 콘택트 렌즈, 콘덴서(축전기), 콘서트, 콘셉트, 콘텐츠, 콘테스트, 콘사이스(휴대용 사전), 콘도미니엄, 콘퍼런스
>
> **com(컴 vs 콤) 구분**
> 1) 컴 : 컴퍼스(제도용의 기구), 컴퓨터, 컴플레인
> 2) 콤 : 콤팩트(휴대용 화장 도구), 콤플렉스

16.

정답풀이) 모두 옳다.

오답풀이) ① 팜플렛(×) → 팸플릿(○)
② 리더쉽(×) → 리더십(○), 소세지(×) → 소시지(○)
③ 쇼파(×) → 소파(○), 씽크대(×) → 싱크대(○), 바디로션(×) → 보디로션(○), 수퍼마켓(×) → 슈퍼마켓(○), 스카웃(×) → 스카우트(○)

17.

정답풀이) 'symbol'은 [símbəl]이므로 '심벌'이 맞다. 'jacket'은 [dʒǽkit]이므로 '재킷'이 맞다.

오답풀이) ② 판넬(×) → 패널(○) : 'panel'은 [pǽnl]이므로 '패널'이 맞다.
③ 콘트롤(×) → 컨트롤(○) : 'control'은 [kəntróul]이므로 '컨트롤'이 맞다.
④ 카스테라(×) → 카스텔라(○) : 'castella'는 '카스텔라'가 맞다.

정답 찾기) 13. ③ 14. ② 15. ④ 16. ④ 17. ①

13. 외래어 표기 규정에 모두 맞는 것은?　2016 지방직 7급

① 브러쉬, 케익　　　　② 카페트, 파리

③ 초콜릿, 셰퍼드　　　④ 슈퍼마켙, 서비스

14. 다음 중 외래어 표기가 모두 옳은 것은?　2016 서울시 7급

① 롭스터(lobster), 시그널(signal), 지그재그(zigzag)

② 재즈(jazz), 마니아(mania), 브리지(bridge)

③ 보트(boat), 스윗치(switch), 인디안(Indian)

④ 유니온(union), 톱 크래스(top class), 휘슬(whistle)

15. 다음 중 밑줄 친 외래어 표기가 옳은 것은? 2021 군무원 7급

① 할머니는 매일 트롯(trot)만 듣고 계신다.

② 사실 컨퍼런스(conference)의 진수는 토론과 질의응답에 참여하는 것이다.

③ 기름기가 도는 노란 액체가 흰 글래스(glass)에 차오를 때의 투명한 소리를 상기했다.

④ 이로써 기업 고객에게 보다 최적화된 설루션(solution)을 제공할 수 있게 되었다.

16. 다음 중 외래어 표기법에 따라 바르게 표기된 것으로만 묶인 것은?　2015 서울시 9급

① 서비스 – 소시지 – 소파 – 싱크대 – 팜플렛

② 리더쉽 – 소세지 – 싱크대 – 서비스 – 스카우트

③ 쇼파 – 씽크대 – 바디로션 – 수퍼마켓 – 스카웃

④ 소파 – 소시지 – 슈퍼마켓 – 보디로션 – 팸플릿

17. 외래어 표기가 모두 맞는 것은?　2015 교육행정직 9급

① 심벌(symbol), 재킷(jacket)

② 아웃렛(outlet), 판넬(panel)

③ 콘트롤(control), 캐럴(carol)

④ 카스테라(castella), 러닝(running)

PART 11

박혜선 국어
개념도 새기는
기출 문법

12

로마자 표기법

01 Chapter 로마자 표기법 기본 원칙

1. 표기의 기본 원칙

제1항 | 국어의 로마자 표기는 국어의 표준 발음법에 따라 적는 것을 원칙으로 한다.

제2항 | 로마자 이외의 부호는 되도록 사용하지 않는다.

2. 표기 일람

제1항 | 모음은 다음 각 호와 같이 적는다.

(1) 단모음

ㅏ	ㅓ	ㅗ	ㅜ	ㅡ	ㅣ	ㅐ	ㅔ	ㅚ	ㅟ
a	eo	o	u	eu	i	ae	e	oe	wi

(2) 이중 모음

ㅑ	ㅕ	ㅛ	ㅠ	ㅒ	ㅖ	ㅘ	ㅙ	ㅝ	ㅞ	ㅢ
ya	yeo	yo	yu	yae	ye	wa	wae	wo	we	ui

① 'ㅢ'는 'ㅣ'로 소리 나더라도 'ui'로 적는다.

예 광희문 Gwanghuimun

② 장모음의 표기는 따로 하지 않는다.

제2항 | 자음은 다음 각 호와 같이 적는다.

(1) 파열음

ㄱ	ㄲ	ㅋ	ㄷ	ㄸ	ㅌ	ㅂ	ㅃ	ㅍ
g, k	kk	k	d, t	tt	t	b, p	pp	p

(2) 파찰음

ㅈ	ㅉ	ㅊ
j	jj	ch

(3) 마찰음

ㅅ	ㅆ	ㅎ
s	ss	h

(4) 비음

ㄴ	ㅁ	ㅇ
n	m	ng

(5) 유음

ㄹ
r, l

붙임1 'ㄱ, ㄷ, ㅂ'은 모음 앞에서는 'g, d, b'로, 자음 앞이나 어말에서는 'k, t, p'로 적는다.([ ] 안의 발음에 따라 표기함.)

붙임2 'ㄹ'은 모음 앞에서는 'r'로, 자음 앞이나 어말에서는 'l'로 적는다. 단, 'ㄹㄹ'은 'll'로 적는다.

구리 Guri 설악 Seorak 칠곡 Chilgok

임실 Imsil 울릉 Ulleung

대관령[대괄령] Daegwallyeong

3. 표기상의 유의점

제1항 | 음운 변화가 일어날 때에는 변화의 결과에 따라 다음 각호와 같이 적는다.

(1) 자음 사이에서 동화 작용이 일어나는 경우

백마[뱅마] Baengma　　신문로[신문노] Sinmunno

종로[종노] Jongno　　왕십리[왕심니] Wangsimni

별내[별래] Byeollae　　신라[실라] Silla

(2) 'ㄴ, ㄹ'이 덧나는 경우

학여울[항녀울] Hangnyeoul　　알약[알략] allyak

(3) 구개음화가 되는 경우

해돋이[해도지] haedoji　　같이[가치] gachi

굳히다[구치다] guchida

(4) 용언의 자음 축약

좋고[조코] joko　　놓다[노타] nota

잡혀[자펴] japyeo　　낳지[나치] nachi

다만, 체언의 자음 축약은 'ㅎ(h)'을 그대로 적는다.

묵호 Mukho　　집현전 Jiphyeonjeon

붙임 된소리되기는 표기에 반영하지 않는다.

압구정 Apgujeong　　낙동강 Nakdonggang

죽변 Jukbyeon　　합정 Hapjeong

낙성대 Nakseongdae　　울산 Ulsan

샛별 saetbyeol　　팔당 Paldang

제2항 | 발음상 혼동의 우려가 있을 때에는 음절 사이에 붙임표(-)를 쓸 수 있다.

중앙 Jung-ang   반구대 Ban-gudae
'준강'과 구별   '방우대'와 구별
세운 Se-un   해운대 Hae-undae
'슨'과 구별   '하운대'와 구별

제3항 | 고유 명사는 첫 글자를 대문자로 적는다.

부산 Busan   세종 Sejong

제4항 | 인명은 성과 이름의 순서로 띄어 쓴다. 이름은 붙여 쓰는 것을 원칙으로 하되 음절 사이에 붙임표(-)를 쓰는 것을 허용한다. [( ) 안의 표기를 허용함.]

(1) 이름에서 일어나는 음운 변화는 표기에 반영하지 않는다.

민용하 Min Yongha(Min Yong-ha)
송나리 Song Nari(Song Na-ri)

(2) 성의 표기는 따로 정한다.

한복남 Han Boknam(Han Bok-nam)
홍빛나 Hong Bitna(Hong Bit-na)

제5항 | '도, 시, 군, 구, 읍, 면, 리, 동'의 행정 구역 단위와 '가'는 각각 'do, si, gun, gu, eup, myeon, ri, dong, ga'로 적고, 그 앞에는 붙임표(-)를 넣는다. 붙임표(-) 앞뒤에서 일어나는 음운 변화는 표기에 반영하지 않는다.

의정부시 Uijeongbu-si   제주도 Jeju-do
도봉구 Dobong-gu   양주군 Yangju-gun
삼죽면 Samjuk-myeon   신창읍 Sinchang-eup
당산동 Dangsan-dong   인왕리 Inwang-ri
종로 2가 Jongno 2(i)-ga
충청북도 Chungcheongbuk-do
봉천 1동 Bongcheon 1(il)-dong
퇴계로 3가 Toegyero 3(sam)-ga

붙임 '시, 군, 읍'의 행정 구역 단위는 생략할 수 있다.

청주시 Cheongju   함평군 Hampyeong
순창읍 Sunchang

☞ 도로명 주소 등 표기에 관한 법률(2008. 2. 29.) 및 시행령(2007. 4. 5.)에 따른 새 주소 체계에서 기존 행정 구역 단위를 대체하는 '대로(大路)', '로(路)', '길'은 각각 'daero', 'ro', 'gil'로 적고, 그 앞에는 붙임표(-)를 넣는다.

예 강남대로 Gangnam-daero
세종로 Sejong-ro
개나리길 Gaenari-gil

제6항 | 자연 지물명, 문화재명, 인공 축조물명은 붙임표(-) 없이 붙여 쓴다.

남산 Namsan   속리산 Songnisan
금강 Geumgang   독도 Dokdo
경복궁 Gyeongbokgung   무량수전 Muryangsujeon
연화교 Yeonhwagyo   극락전 Geungnakjeon
안압지 Anapji   남한산성 Namhansanseong
화랑대 Hwarangdae   불국사 Bulguksa
현충사 Hyeonchungsa   독립문 Dongnimmun
오죽헌 Ojukheon   촉석루 Chokseongnu
종묘 Jongmyo   다보탑 Dabotap

붙임 로마자 표기 시 붙임표를 쓰는 경우

(1) 붙임표를 반드시 써야 하는 경우
① 행정 구역 단위('do, si, gun, gu, eup, myeon, ri, dong, ga')
② 길('daero', 'ro', 'gil')

(2) 보통은 붙임표를 안 쓰지만 쓰는 것을 허용하는 경우
① 발음상 혼동의 우려가 있을 때
② 사람의 이름 사이에

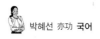

01.

정답풀이 '자연 지물명, 문화재명, 인공 축조물명은 붙임표(-)없이 붙여 쓴다.'는 로마자 표기법 제6항의 규정에서 '반구대'는 '문화재명'이므로 붙임표를 붙이지 않는 것이 원칙이다. '반구대'는 붙임표 없이 그냥 읽게 되면 [반구대]로도 읽지만, '반구대'에서 연구개음 'ㄱ'이 'ㄴ'을 연구개음 'ㅇ'으로 교체시키는 연구개음화가 반영된 [방우대]로도 읽을 수 있어 발음 혼동의 우려가 있다. '발음상 혼동의 우려가 있을 때에는 음절 사이에 붙임표(-)를 쓸 수 있다.'는 '제3장 제2항에 의해 붙임표를 붙일 수 있다.

02.

정답풀이 '도, 시, 군, 구, 읍, 면, 리, 동'의 행정 구역 단위와 '가'는 각각 'do, si, gun, gu, eup, myeon, ri, dong, ga'로 적고, 그 앞에는 붙임표(-)를 넣는다. 따라서 '종로 2가 Jongno 2(i)-ga'는 옳다.

오답풀이 ① 인명은 성과 이름의 순서로 띄어 쓴다. 따라서 'Min Yongha(원칙), Min Yong-ha(허용)'로 써야 한다.
③ 붙임표(-) 앞뒤에서 일어나는 음운 변화는 표기에 반영하지 않으므로 [삼중면]으로 표기해서는 안된다. 'Samjuk-myeon'이 옳다.
④ 이름에서 일어나는 음운 변화는 표기에 반영하지 않는다. 따라서 비음화가 적용된 결과를 표기에 반영해서는 안 된다. 단, 이름에서 음절의 끝소리 규칙까지는 적용된 채로 표기된다. 따라서 'Hong Bitna(원칙), Hong Bit-na(허용)'로 써야 한다.

03.

정답풀이 표기는 예사소리이지만 된소리로 소리 나는 된소리되기는 표기에 반영하지 않으므로 Apgujeong은 옳다.

오답풀이 ② Songni-san(✕) → Songnisan(○) : 수목, 가옥, 하천, 산(맥), 다리 같은 자연 지물명, 문화재명, 인공 축조물명은 붙임표(-) 없이 붙여 쓴다.
③ Han Bongnam(✕) → Han Boknam(○)
　예 한복남 Han Boknam (Han Bok-nam),
　　홍빛나 Hong Bitna (Hong Bit-na)
④ Jipyeonjeon(✕) → Jiphyeonjeon(○) : 체언에서 'ㄱ, ㄷ, ㅂ' 뒤에 'ㅎ(h)'이 따를 때에는 'ㅎ(h)'을 밝혀 적는다.
　예 집현전 Jiphyeonjeon, 오죽헌 Ojukheon

04.

정답풀이 이름은 붙여 쓰는 것을 원칙으로 하되 음절 사이에 붙임표(-)를 쓰는 것을 허용하므로 이 선택지는 옳지 않다. (참고로 인명은 성과 이름의 순서로 띄어 쓴다.) 그래서 '한복남'과 '홍빛나'는 각각 'Han Boknam(원칙), Han Bok-nam(허용)', Hong Bitna(원칙), Hong Bit-na(허용)'으로 쓴다.

오답풀이 나머지는 모두 옳다.

05.

정답풀이 'ㄱ'은 모음 앞에서는 'g'이므로 '곡성'의 첫소리 'ㄱ'은 'g'로 표기한다. 하지만 '곡성'의 받침 'ㄱ'은 'k'로 표기해야 하므로 '곡성'은 'Gokseong'로 표기해야 한다.

오답풀이 ① '종로'가 비음화되어 [종노]가 된 것을 그대로 반영하는 것은 발음대로 로마자를 표기하는 전사법(=전음법) 체계라고 볼 수 있다.
② 로마자 표기와 영문자 표기법은 다르다.
③ 과거에는 모음의 표기에서 반달표(˘)가 있었지만 후에 반달표(˘)를 없애게 되었고, 그에 따라 하나의 한국어 모음 발음 표기에 두 개의 로마자 글자가 필요한 경우도 생기게 되었다.
④ 원래 '도동'은 'Todong'로 발음되는 것이 맞다. 단어의 첫소리의 'ㄷ'은 무성음 't'로 소리나지만, 한국인들은 유성음과 무성음의 대립을 인식하지 않으므로 그냥 유성음 'd'를 써서 'Dodong'로 표기하는 것이다.

정답찾기　1. ②　2. ②　3. ①　4. ③　5. ⑤

제12편 로마자 표기법 CH.01 로마자 표기법 기본 원칙

01. 로마자 표기법에 관한 다음 규정이 적용된 것은?

2018 국가직 9급

> 발음상 혼동의 우려가 있을 때에는 음절 사이에 붙임 표(-)를 쓸 수 있다.

① 독도 : Dok-do
② 반구대 : Ban-gudae
③ 독립문 : Dok-rip-mun
④ 인왕리 : Inwang-ri

02. 〈보기〉의 로마자 표기법을 고려할 때, 다음 중 로마자 표기가 올바른 것은?

2017 경찰 1차 여경

─ (보기)─

제3항 고유 명사는 첫 글자를 대문자로 적는다.

제4항 인명은 성과 이름의 순서로 띄어 쓴다. 이름은 붙여 쓰는 것을 원칙으로 하되 음절 사이에 붙임표(-)를 쓰는 것을 허용한다.
　　　(1) 이름에서 일어나는 음운 변화는 표기에 반영하지 않는다.
　　　(2) 성의 표기는 따로 정한다.

제5항 '도, 시, 군, 구, 읍, 면, 리, 동'의 행정 구역 단위와 '가'는 각각 'do, si, gun, gu, eup, myeon, ri, dong, ga'로 적고, 그 앞에는 붙임표(-)를 넣는다. 붙임표(-) 앞뒤에서 일어나는 음운 변화는 표기에 반영하지 않는다.

① 민용하 MinYongHa
② 종로 2가 Jongno 2(i)-ga
③ 삼죽면 Samjung-myeon
④ 홍빛나 Hong Binna

03. 국어의 로마자 표기와 그에 대한 설명으로 가장 적절한 것은?

2018 경찰 1차

① 압구정 - Apgujeong - 된소리되기는 표기에 반영하지 않는다.
② 속리산 - Songni-san - 자연 지물명, 문화재명 등은 붙임표를 붙여 쓴다.
③ 한복남 - Han Bongnam - 인명에서 일어나는 음운 변화는 표기에 반영한다.
④ 집현전 - Jipyeonjeon - 'ㄱ, ㄷ, ㅂ, ㅈ'이 'ㅎ'과 합하여 거센소리로 나는 경우 거센소리로 적는다.

04. 국어의 로마자 표기법에 대한 설명으로 가장 적절하지 않은 것은?

2018 경찰 2차

① '청주시 Cheongju', '함평군 Hampyeong', '순창읍 Sunchang'처럼 '시, 군, 읍'의 행정 구역 단위는 생략할 수 있다.
② '묵호 Mukho', '집현전 Jiphyeonjeon'처럼 체언에서 'ㄱ, ㄷ, ㅂ' 뒤에 'ㅎ'이 따를 때에는 'ㅎ'을 밝혀 적는다.
③ '홍빛나 Hong Bitna', '한복남 Han Boknam'처럼 이름은 붙여 쓰는 것을 원칙으로 하되 음절 사이에 붙임표(-)를 쓰는 것을 허용하지 않는다.
④ '남산 Namsan', '독도 Dokdo'처럼 자연 지명물, 문화재 명, 인공 축조물명은 붙임표(-) 없이 붙여 쓴다.

05. 다음의 〈국어의 로마자 표기법〉에 대한 진술 중에서 틀린 것은?

2013 국회직 9급

① '종로'를 'Jongro'로 적지 않고 'Jongno'로 적는 것은 〈국어의 로마자 표기법〉이 발음과 로마자를 대응시키는 전사법 체계를 따르기 때문이다.
② 이 〈로마자 표기법〉은 한국어의 발음을 영어 알파벳으로 표기하는 '영문자 표기법'과 근본적으로 다르다.
③ 정보화와 기계화 시대의 흐름에 부응하기 위해 모음의 표기에서 반달표(˘)를 없앤 결과, 하나의 한국어 모음 발음 표기에 두 개의 로마자 글자가 필요한 경우도 생기게 되었다.
④ '도동'을 'Todong'처럼 표기하지 않고 'Dodong'처럼 표기한 것은 유성음과 무성음의 대립을 인식하지 않는 한국인들의 언어 감각을 고려한 조처로 볼 수 있다.
⑤ 평음 /ㄱ/과 로마자 유성자음 /g/가 대응하므로 '곡성'의 로마자 표기는 'Gogseong'처럼 된다.

02 Chapter 로마자 표기 용례

01.

정답풀이〉 ⓒ은 구개음화가 되는 경우인데, '해돋이'는 [해도지]로 발음된다. 이는 'ㅣ'나 반모음 'ㅣ'로 시작하는 형식 형태소 앞에서 'ㄷ, ㅌ'이 'ㅈ, ㅊ'으로 교체되는 구개음화가 일어난 것이므로 이것이 반영되어 'haedoji'로 적는 것은 옳다.

오답풀이〉 ① '학여울'은 '학(어근)+여울(어근)'로서 'ㄴ' 첨가가 일어난 후 'ㄴ'이 'ㄱ'을 비음으로 만들어 'ㅇ'으로 교체되는 것이므로 [학녀울]이 아니라 [항녀울]로 발음된다. 따라서 'Hangnyeoul'로 써야 한다. 그러므로 ㉠이 아니라 ⓒ으로 예시를 옮겨야 한다.
② '왕십리'는 상호 비음화에 의해 [왕심니]로 발음되므로 'Wangsimni'로 쓴다는 것은 옳다. 하지만 ⓒ이 아니라 ㉠의 예시로 옮겨야 한다.
④ '집현전'은 자음 축약(=거센소리되기)가 일어나 [지편전]으로 발음된다. 자음 축약은 용언에서는 표기에 반영되지만 체언에서는 반영되지 않으므로 반드시 'ㅎ(h)'를 적어야 한다. 따라서 'Jipyeonjeon'이 아닌 'Jiphyeonjeon'으로 적어야 한다. 그러면 ㉣의 예시로 적절해진다.
⑤ '팔당(八堂)'은 한자음 'ㄹ' 뒤의 'ㄷ, ㅅ, ㅈ'이 된소리되기가 되는 환경이므로 [팔땅]으로 발음된다. 그러나 된소리되기는 표기에 반영하지 않으므로 'Palddang'이 아닌 'Paldang'으로 고쳐야 한다. 그러면 ㉤의 예시로 적절해진다.

02.

정답풀이〉 ㄴ. 인명은 성과 이름의 순서로 띄어 써야 하는데 잘 지켰다. 또한 이름은 붙여 쓰는 것을 원칙으로 하되, 음절 사이에 붙임표(-)를 쓰는 것을 허용하므로 [Kim Boknam(원칙) / Kim Bok-nam(허용)]으로 쓰는 것이 옳다. 참고로 붙임표 바로 앞뒤에서 일어나는 음운 변화는 표기에 반영하지 않는다.
ㄹ. 모음 앞에서 'ㄱ, ㄷ, ㅂ'은 는 'g, d, b'로 쓰므로 '합덕'의 'ㄷ'은 'd'로 표기한다. 또 자음 앞이나 어말에서는 'k, t, p'로 적으므로 '합덕'의 받침 'ㅂ'과 받침 'ㄱ'은 각각 'p', 'k'로 적는다. 또한 된소리되기는 표기에 반영하지 않으므로 '합덕'은 [합떡]으로 소리 나도 'Hapdeok'로 적는 것이 옳다.

오답풀이〉 ㄱ. 체언 안에서는 자음 축약(=거센소리되기)이 일어나지 않으므로 '오죽헌'은 'Ojukeon'이 아니라 'Ojukheon'으로 적어야 한다.
ㄷ. '선릉'의 표준 발음은 [설릉]이므로 'Sunneung'가 아니라 'Seolleung'로 적어야 한다.

03.

정답풀이〉 Sokrisan(×) → Songrisan(○) : '속리산'은 고유명사이므로 대문자 'S'로 적는 것은 옳다. 하지만 비음화는 반영하여 표기해야 한다. 따라서 'Songnisan'으로 고쳐야 한다.

오답풀이〉 ① 구개음화는 표기에 반영하므로 옳다.
③ '울산 (蔚山)' 한자음 'ㄹ' 뒤 'ㄷ, ㅅ, ㅈ'은 된소리로 교체된다. 하지만 된소리되기는 표기에 반영되지 않는다.
④ 자음 축약(=거센소리되기)는 용언에서만 표기에 반영된다. '집현전'은 체언이므로 자음 축약을 반영해서는 안 된다. 'ㅎ(h)'을 꼭 적어야 한다.

정답찾기   1. ③   2. ③   3. ②

대표 亦功 기출 제12편 로마자 표기법 CH.02 로마자 표기 용례

01. 〈로마자 표기법〉의 각 조항에 들어갈 예를 바르게 짝지은 것은?

2021 국회직 8급

제3장 표기상의 유의점
제1항 음운 변화가 일어날 때는 변화의 결과에 따라 다음 각 호와 같이 적는다.
1. 자음 사이에서 동화 작용이 일어나는 경우
예 ㉠
2. 'ㄴ, ㄹ'이 덧나는 경우
예 ㉡
3. 구개음화가 되는 경우
예 ㉢
4. 'ㄱ, ㄷ, ㅂ, ㅈ'이 'ㅎ'과 합하여 거센소리가 나는 경우
다만, 체언에서 'ㄱ, ㄷ, ㅂ' 뒤에 'ㅎ'이 따를 때에는 'ㅎ'을 밝혀 적는다.
예 ㉣
[붙임] 된소리되기는 표기에 반영하지 않는다.
예 ㉤

① ㉠: '학여울'은 [항녀울]로 발음되므로 'Haknyeoul'로 쓴다.
② ㉡: '왕십리'는 [왕심니]로 발음되므로 'Wangsimni'로 쓴다.
③ ㉢: '해돋이'는 [해도지]로 발음되므로 'haedoji'로 쓴다.
④ ㉣: '집현전'은 [지편전]으로 발음되므로 'Jipyeonjeon'으로다.
⑤ ㉤: '팔당'은 [팔땅]으로 발음되므로 'Palddang'으로 쓴다.

02. 〈보기〉의 로마자 표기가 옳은 것을 모두 고르면?

2019 서울시 9급

┌─ 〈보기〉─
ㄱ. 오죽헌 Ojukeon
ㄴ. 김복남(인명) Kim Bok-nam
ㄷ. 선릉 Sunneung
ㄹ. 합덕 Hapdeok
└─

① ㄱ, ㄴ   ② ㄱ, ㄷ   ③ ㄴ, ㄹ   ④ ㄷ, ㄹ

03. 〈보기〉를 참고하여 로마자 표기법을 적용할 때 가장 옳지 않은 것은?

2021 법원직 9급

┌─ 〈보기〉─
(1) 로마자 표기법의 주요 내용
㉮ 'ㄱ, ㄷ, ㅂ'은 모음 앞에서는 'g, d, b'로, 자음 앞이나 어말에서는 'k, t, p'로 적는다.
㉯ 'ㄹ'은 모음 앞에서는 'r'로, 자음 앞이나 어말에서는 'l'로 적는다. 단, 'ㄹㄹ'은 'll'로 적는다.
예 알약[알략] allyak
㉰ 자음 동화, 구개음화, 거센소리되기는 변화가 일어난 대로 표기함.
예 왕십리 [왕심니] Wangsimni, 놓다 [노타] nota
다만, 체언에서 'ㄱ, ㄷ, ㅂ' 뒤에 'ㅎ'이 따를 때에는 'ㅎ'을 밝혀 적는다.
예 묵호 Mukho
㉱ 된소리되기는 표기에 반영하지 않는다.
㉲ 고유 명사는 첫 글자를 대문자로 적는다.

(2) 표기 일람
ㅏ ㅓ ㅗ ㅜ ㅡ ㅣ ㅐ ㅔ ㅚ ㅟ ㅑ ㅕ ㅛ ㅠ
a eo o u eu i ae e oe wi ya yeo yo yu
ㅒ ㅖ ㅘ ㅙ ㅝ ㅞ ㅢ
yae ye wa wae wo we ui
ㄱ ㄲ ㅋ ㄷ ㄸ ㅌ ㅂ ㅃ ㅍ ㅈ ㅉ ㅊ ㅅ ㅆ
g, k kk k d, t tt t b, p pp p j jj ch s ss
ㅎ ㄴ ㅁ ㅇ ㄹ
h n m ng r, l
└─

① '해돋이'는 [해도지]로 구개음화가 되므로 그 발음대로 haedoji로 적어야 해.
② '속리산'은 [송니산]으로 발음되지만 고유 명사이므로 Sokrisan으로 적어야 해.
③ '울산'은 [울싼]으로 된소리로 발음되지만 표기에는 반영하지 않고 Ulsan으로 적어야 해.
④ '집현전'은 [지편전]으로 거센소리로 발음되지만 체언이므로 'ㅂ'과 'ㅎ'을 구분하여 Jiphyeonjeon으로 적어야 해.

04.

오답풀이 ① 안압지(雁鴨池) : 어말의 'ㅂ'은 'p'로 표기해야 하므로 'Anapjji'로 고쳐야 한다.
② 신륵사(神勒寺) : 유음화와 된소리되기가 일어나므로 [실륵싸]로 표기해야 한다. 하지만 된소리되기는 로마자 표기에 반영되지 않으므로 'Silleuksa'로 고쳐야 한다.
③ 삼죽면(三竹面) : 붙임표(-) 앞뒤에서 일어나는 음운 변화는 표기에 반영하지 않으므로 [삼중면]으로 표기해서는 안된다. 'Samjuk-myeon'이 옳다.

05.

정답풀이 행정구역단위인 '리'는 'li'가 아니라 'ri'가 옳다. 따라서 'Inwang-li'가 아니라 'Inwang-ri'가 옳다.

06.

정답풀이 '학여울'은 사전에 등재된 단어는 아니지만, '학'과 '여울'이 결합하여 만들어진 합성어이다. 따라서 ㄴ 첨가의 환경에 부합한다. ㄴ 첨가란, 합성어 및 파생어에서, 앞 단어나 접두사의 끝이 자음이고 뒤 단어나 접미사의 첫음절이 '이, 야, 여, 요, 유'인 경우에는, ㄴ 음을 첨가하여 [니, 냐, 녀, 뇨, 뉴]로 발음한다는 것이다. [학여울 → (ㄴ 첨가) → 학녀울 → (비음화) → 항녀울]이 되므로 '학여울[항녀울]'은 'Hangnyeoul'라 적는다.

오답풀이 ① 유음화는 로마자 표기에 반영한다. 로마자 표기에서 'ㄹㄹ'은 'll'로 적으므로 '선릉[설릉]'은 'Seolleung'이라 적는다.
③ 로마자로 표기할 때, 된소리되기는 반영되지 않으므로 '낙동강[낙똥강]'은 'Nakdonggang'라 적는다.
④ '집현전[지편전]'을 통해 '자음 축약(거센소리되기)[ㅂ+ㅎ=ㅍ]'이 일어났음을 알 수 있다. 일반적으로 축약은 로마자 표기에 반영하지만 체언에서는 축약을 반영하지 않는다는 규정에 따라 'Jiphyeonjeon'이라 적는다.

07.

정답풀이 로마자 표기는 발음에 따라 표기되므로 '종로[종노]'는 비음화가 반영되어 'Jongno'로 표기되고 '명륜[명뉸]'도 비음화가 적용되어 'Myeongnyun'으로 표기된다. '동'은 소문자 'dong'이 옳다.

정답 찾기   4. ④   5. ①   6. ②   7. ①

04. 국어의 로마자 표기법에 맞게 표기한 것은?

2015 교육행정직 7급

① 안압지(雁鴨池)： Anabjji
② 신륵사(神勒寺)： Sinreuksa
③ 삼죽면(三竹面)： Samjung-myeon
④ 훈민정음(訓民正音)： Hunminjeongeum

06. 다음 중 제시된 단어의 표준 발음과 로마자 표기가 모두 옳은 것은?

2017 서울시 9급

① 선릉[선능] － Seonneung
② 학여울[항녀울] － Hangnyeoul
③ 낙동강[낙똥강] － Nakddonggang
④ 집현전[지편전] － Jipyeonjeon

05. 로마자 표기법이 잘못된 것은?

2013 국가직 7급

① 인왕리： Inwang-li
② 독립문： Dongnimmun
③ 같이： gachi
④ 하회탈： Hahoetal

07. "서울시 종로구 명륜동" 로마자 표기가 바른 것은?

2007 서울시 9급

① Myeongnyun-dong, Jongno-gu, Seoul, Korea
② Myeongnyun Dong, Jongno-gu, Seoul, Korea
③ Myeongryun-dong, Jongro-gu, Seoul, Korea
④ Myeongryun Dong, Jongro-gu, Seoul, Korea
⑤ Myeongryun-dong, Jongro-gu, Seoul, Korea

박혜선 국어
개념도 새기는
기출 문법

13

고전 문법

01.

정답풀이) '언행이나 태도가 의젓하고 신중하다.'을 의미하는 '점잖다'는 '젊지 아니하다'의 준말로 만들어진 말이다. 따라서 '점잖이'에 '하다'가 붙어 형성된 말이 아니다.

오답풀이) ① 한자어 '간난(艱難: 艱 어려울 간, 難 어려울 난)'에서 'ㄴ'이 탈락하여 '살림살이가 넉넉하지 못함'을 의미하는 '가난'이 만들어졌다.

② '어리다'는 '어리석다'는 뜻에서 '나이가 적다'로 의미가 이동한 말이다.

③ '수ㅎ'은 조선 시대 때 'ㅎ' 종성 체언이었다. 현재는 접두사이지만 예전의 흔적이었던 '숳'에 '돍'이 결합된 '수톩'이 현재에도 남아 '수탉'이 된 것이다.

02.

정답풀이) '어여쁘다'는 '불쌍하다'라는 뜻이었으나 지금은 '아름답다'를 의미한다.

오답풀이) ① 의미의 확대
② 의미의 축소
③, ⑤ 의미의 이동

03.

정답풀이) 15세기 국어의 모음 'ㅐ, ㅔ, ㅚ, ㅟ' 등은 현대 국어로 오면서 소릿값(음가)이 바뀌었다는 말은 옳다. 'ㅐ, ㅔ, ㅚ, ㅟ'는 15세기에는 모두 이중 모음으로 발음되었지만 현대 국어에서는 단모음으로 발음되었기 때문이다.

오답풀이) ② 15세기 국어의 주격 조사는 일반적으로 '이'가 쓰였다가 16세기 후반과 17세기에 들어서부터 주격 조사 '가'가 많이 쓰이게 되었으므로 틀린 설명이다.

③ '어리다'는 '현명하지 못하다', '어리석다'는 뜻에서 '나이가 적다'는 뜻으로 의미가 바뀐 단어이므로 틀린 설명이다.

④ 15세기 국어는 방점(사성점)으로 소리의 장단이 아니라 소리의 높낮이를 표현하였으므로 틀린 설명이다. '평성, 상성, 거성, 입성'이라는 네 가지 소리의 높낮이를 표시하였는데, 이 중에서 상성은 현대 국어의 장음으로 바뀌었다.

04.

정답풀이) 띄어쓰기는 1933년 ≪한글 맞춤법 통일안≫에서 규범화된 것이 맞다. 그 전에 띄어쓰기는 최초로 1896년 〈독립신문〉에 반영되었다.

오답풀이) ② 15,16세기 중세 국어에서는 주격 조사 '이'만 존재하였다. 그러다가 16세기 후반이 되어서야 '가'가 나타났고 17세기 이후부터는 굉장히 자주 쓰이게 되었다.

③ 'ㆍ'는 17세기 이후의 문헌에서부터 나타나기는 했기 때문에 옳지 않다. 'ㆍ(아래아)'는 근대 국어 시절부터 첫째 음절에서는 'ㅏ'로 바뀌고, 둘째 음절 이하에서는 'ㅡ'로 바뀌어 본래의 음가가 이미 18세기에 소멸되었다. 다만 1933년까지 표기 자체는 남아 있었지만, 이 표기도 1933년 〈한글 맞춤법 통일안〉에 따라 공식적으로 사라졌다.

④ 'ㅸ(순경음 비읍)'은 15세기 중반까지 사용되었다. 15세기 중반 이후에는 모음 앞에서 'ㅗ/ㅜ'로 변하거나 아예 탈락되었다.

05.

정답풀이) 주격 조사 '가'는 15세기부터가 아니라 16세기 후반부터 문헌에 나타나고 근대 국어인 17, 18세기부터 많이 쓰이기 시작하였으므로 이 선택지는 옳지 않다. 주격 조사 '가'는 중세 국어(주로 15, 16세기)에는 잘 나타나지 않았다.

오답풀이) ① '보라(매), 수라(왕에게 올리는 진지. 수라상)'는 몽고어가 맞다. 이외에도 몽고어는 몽골답게 가축을 표현하는 어휘나 유목과 관련된 어휘가 굉장히 발달해 있다. '말, 가라말(= 털빛이 온통 검은 말), 구렁말(= 털 빛깔이 밤색인 말), 매, 송골'은 몽고어에서 유입된 말이다.

② 15세기 16세기 중세 국어에서 모음조화가 가장 규칙적으로 일어난다. 하지만 근대 국어에서부터 'ㆍ'의 음가가 파괴되면서 모음조화가 파괴되기 시작하였다. 현대 국어에서는 양성 모음이 'ㅏ, ㅗ'밖에 남지 않았으며 모음조화가 파괴된 예가 많다.

④ ≪훈몽자회(訓蒙字會)≫는 조선 중종 22년(1527)에 최세진이 지은 한자 학습서로, 3,360자의 한자를 33항목으로 종류별로 모아서 한글로 음과 뜻을 달았다. 중세 국어의 어휘를 알 수 있는 귀중한 자료이다. 훈민정음을 '반절'이라 명명했으며, 한글 자모의 명칭 및 순서를 규정하였다.

정답
찾기 1. ④ 2. ④ 3. ① 4. ① 5. ③

대표 亦功 기출
제13편 고전 문법 CH.01 국어의 역사적 흐름

최빈출

01. 단어에 대한 설명으로 적절하지 않은 것은? 2022 지방직 9급

① 가난: 한자어 '간난'에서 'ㄴ'이 탈락하면서 된 말이다.

② 어리다: '어리석다'는 뜻에서 '나이가 적다'는 뜻으로 바뀐 말이다.

③ 수탉: 'ㅎ'을 종성으로 갖고 있던 '숳'에 'ㄷ・ㄹ'이 합쳐져 이루어진 말이다.

④ 점잖다: '의젓함'을 나타내는 '점잖이'에 '하다'가 붙어 형성된 말이다.

02. 국어의 어휘 의미 변화에 대한 다음의 진술 중 올바르지 못한 것은? 2014 서울시 9급

① '다리(脚)'가 사람이나 짐승의 다리만 가리켰으나 현대에는 '책상'에도 쓰인다.

② '짐승'은 '衆生'에서 온 말로 생물 전체를 가리켰으나 지금은 사람을 제외한 동물을 가리킨다.

③ '사랑하다'는 '생각하다'라는 의미가 있었으나 지금은 이 의미가 없다.

④ '어여쁘다'는 '조그맣다'라는 뜻이었으나 지금은 '아름답다'의 의미이다.

⑤ '어리다'는 '어리석다'의 뜻이었다가 지금은 '나이가 적다'의 의미로 쓰인다.

03. 국어의 역사적인 변화에 대한 설명으로 옳은 것은? 2011 지방직 9급

① 15세기 국어의 모음 'ㅐ, ㅔ, ㅚ, ㅟ' 등은 현대 국어로 오면서 소릿값(음가)이 바뀌었다.

② 15세기 국어의 주격 조사에는 '가'와 '이'가 있었지만, 점차 '이'가 더 많이 쓰이게 되었다.

③ '어리다'라는 단어의 뜻은 '나이가 적다'에서 현대 국어로 오면서 '현명하지 못하다'로 바뀌었다.

④ 15세기 국어는 방점으로 소리의 장단을 표시하였으나, 그 장단은 점차 소리의 높낮이로 바뀌었다.

04. 국어의 역사에 대한 설명으로 옳은 것은? 2017 서울시 9급

① 띄어쓰기는 1933년 <한글 맞춤법 통일안>에서 규범화되었다.

② 주격 조사 '가'는 고대 국어에서부터 등장한다.

③ 'ㆍ'는 17세기 이후의 문헌에서부터 나타나지 않는다.

④ 'ㅸ'은 15세기 중반까지 사용되다가 'ㅃ'으로 변하였다.

중간빈출

05. 우리말과 글에 대한 설명으로 옳지 않은 것은? 2016 국가직 7급

① '보라매'와 '수라'는 몽고어에서 유입된 말이다.

② 모음조화 현상은 현대 국어보다 중세 국어에서 더 뚜렷하게 나타난다.

③ 15세기부터 주격 조사 형태 '가'가 나타나서 활발하게 사용되었다.

④ 《훈몽자회(訓蒙字會)》에는 한글 자모의 명칭과 순서가 나타난다.

06.

정답풀이) 'ㅸ'이 반모음 '오/우'로 변화한 흔적은 'ㅂ' 불규칙 용언에서 확인할 수 있다. 따라서 'ㅂ' 불규칙 용언을 찾으면 된다. ② 반갑다'는 '반가워'[반갑+어], '반가우니'[반갑+(으)니], '반가운'[반갑+(으)니] 등으로 변화하는 'ㅂ' 불규칙 용언이므로 답에 해당한다. 모음 어미를 붙이거나 매개 모음이 있는 어미를 붙여 보면 'ㅂ' 불규칙 용언인지 아닌지 확인이 가능하다.

오답풀이) ① '잡다'는 '잡아서', '잡으니', '잡고'로 변화하는 'ㅂ' 불규칙 용언이다.
③ '배우다'는 '배워서', '배우니', '배우고' 등으로 변화하는 'ㅜ' 규칙 용언이다.
④ '들어오다'는 '-어라'가 '-너라'로 바뀌는 것으로 원래는 불규칙 용언이었으나 2017년 이후로 규칙 용언으로 바뀌었다.

07.

정답풀이) 중세에는 현재 시제 선어말 어미인 '-ᄂ-'와 계열관계를 이루는 과거 시제 선어말 어미가 따로 존재하지 않았다. 그러다가 근대에 들어서야 과거 시제 '-앗-/-엇-'이 확립되었다. (참고로 시상법이란 '시제와 상에 대한 규범'을 일컫는다.)

오답풀이) ① 1910년대 이후에 이광수와 김동인을 필두로 하는 근대 소설이 등장하고나서야 언문일치에 근접한 문체가 나타나기 시작으므로 옳지 않다. 언문일치의 완성은 1920~30년대가 되어서이다.
③ 17~19세기에 이미 모두 소멸된 시기였으므로 옳지 않다. ㅸ(순경음 비읍)은 15세기 중반(세조 이후)에, ㅿ(반치음)은 16세기 후반에 소멸되었다.
④ 15세기에도 판정, 설명, 의문문의 구분이 있었으므로 옳지 않다. 판정 의문문은 끝음이 '아/어'형, 설명 의문문은 끝음이 '오'형이며 의문사가 있는 것으로 구분이 잘 되었다.

08.

정답풀이) '석독(釋讀)'은 '고문자(古文字)를 고증하고 해석하다. 해석하면서 읽다.'의 뜻이 있다. 한자의 의미를 통해 뜻을 파악하는 훈독(訓讀)이라고도 한다.
대전(大田)에서 '大(대)'는 '크다'인데 이것은 옛말로 '한'이라고 썼다. 또 '田(전)'은 '밭'이므로 석독하면 '한밭'이 된다.

오답풀이) ① '서울'은 '서라벌'에서 온 말로, '한양(漢陽)'의 석독과 관계가 없다. '한양(漢陽)'을 석독(훈독)하면 '한(漢)족의 양지'이다.
② '모래내'는 한자어가 아니라 고유어로, 석독할 수 있는 대상이 아니다. 맞게 고치려면 '모래내'가 아니라 사천(沙川)을 석독해야 한다. 그러면 '沙(사)'는 '모래'로, '川(천)'은 '내'가 되어 '모래내'가 된다.
④ '개똥'을 한자로 바꾸어 개시(介屎)가 되는 것은 석독이 아니므로 틀렸다. 또한 '介'는 개의 '음'을 살린 것이고 '屎'는 '똥 시'자로서 '훈'을 살린 것이다. 따라서 '똥'은 훈독자이므로 '개똥'을 음독자로 이해해야 한다는 설명은 틀렸다.

09.

정답풀이) 황소는 순우리말로, 어원적으로 '한 쇼(= 큰 수소)'를 의미하므로 이 선택지는 옳지 않다.

오답풀이) ① 고유어의 울림 소리 뒤에 'ㅎ'을 쓰는 것을 'ㅎ' 종성 체언이라고 한다. 중세 국어에 '암, 수, 안, 머리, 살'이 그 예이며 현대 국어에도 남아 있다. (암캐, 수캐, 안팎, 머리카락, 살코기)
② 성조(방점)은 16세기 말 임진왜란 이후 소실되어 상성(점 두 개)은 음의 장단음으로 바뀌었다. 성조는 우리나라에서 방언의 음의 높낮이로 남아 있다.
③ '수라'와 '보라'는 몽골어에서 온 귀화어이므로 옳다.

06. 밑줄 친 변화의 흔적을 확인할 수 있는 것은?

2014 기상직 9급

> 중세 국어에는 현대 국어와 달리 마찰음인 'ㅸ'([ß]), 'ㅿ'([Z])와 같은 자음이 더 있었다. 이 중에서 'ㅸ'은 15세기 말에 이르러 반모음 'ㅗ/ㅜ'([W])로 바뀌었다. '더버>더워', '쉬ᄫᅳᆫ>쉬운' 등에서 그 변화의 모습을 볼 수 있다. 'ㅿ'는 15세기 말에서 16세기 초에 걸쳐 소멸하였다. 'ᄆᆞᅀᆞᆷ>마음', '처ᅀᅥᆷ>처음' 등에서 그 변화의 모습을 볼 수 있다.

① 잡다 　　　　② 반갑다

③ 배우다 　　　④ 들어오다

난이도 조절용

07. 17세기부터 19세기 말까지의 근대 국어에 대한 설명으로 가장 적절한 것은?

2017 서울시 7급

① 언문일치가 이루어졌다.

② 시상법 체계에서 과거 시제가 확립되었다.

③ 유성 마찰음 계열인 'ㅸ, ㅿ'이 실제로 존재했다.

④ 의문문은 판정 의문과 설명 의문이 구별되기 시작했다.

08. 다음 글을 가장 잘 이해한 사람은?

2016 서울시 7급

> 새말은 바로 '新村'이나 '新里', '新洞'이 될 것이다. 우리나라에는 수많은 '새말'이 있다. 특정 마을에서 분파되어 나오면 거기가 새말(새마을)이 되는 셈이다. 새말과 비슷한 또 다른 마을 이름으로 '新基', 혹은 '新基村'이 있다. '新基'라 적고 '새터'라 읽었으며, '新基村'이라 적고 '새터말'이라 읽었다는 것이다. 그 이유를 이제는 알 것이다. 서울 지하철(5~8호선) 역명은 이러한 석독(釋讀)의 정신과 관계된다. 성북구 석관동(石串洞)의 '돌고지', 은평구 신사동(新寺洞)의 '새절', 서대문구 아현동(兒峴洞)의 '애오개' 등이 유명하다.

① 성욱: '漢陽(한양)'이라 적고 '서울'로 읽었을 확률이 높겠군.

② 수연: '모래내'라는 지명이 많이 보이는데 그것을 석독하면 '사천(妙川)'이 되겠군.

③ 경아: '大田(대전)'이라 적고 '한밭'으로 읽는 것과 같은 이치인데, '한밭'이 바로 석독이군.

④ 재화: 광해군 때의 상궁 '김개시(金介屎)'가 있었는데 그 '개시'가 바로 '개똥'이야. '개동'은 음독자로 이해해야 하는군.

09. 우리말의 역사적 변천 과정에 대한 설명으로 가장 알맞지 않은 것은?

2015 경찰 2차

① 현대 국어에서 '암+개'를 '암개' 대신 '암캐'로 적는 것은 '암'의 고어(古語)가 '암ㅎ'의 형태였기 때문이다.

② 중세 국어 시기에는 성조의 차이로 단어의 의미 변별이 가능했는데 현대 국어에도 일부 방언에 그 자취가 남아 있다.

③ '수라(임금의 진지), 보라(색채어의 일종)'는 고유어가 아니라 고려 말에 들어온 몽골말이 지금까지 쓰이는 것이다.

④ '황소'는 한자어 '황(黃)'에 고유어 '소'가 결합한 합성어로 어원적으로는 '누런 소'를 의미한다.

PART 13

02 Chapter
훈민정음

훈민정음이란 백성을 가르치는 바른 소리(언문, 반절, 한글이라고도 불림.)로, 창제는 1443년, 반포는 1446년에 했다. 훈민정음은 음소 문자로서, 소리나는 대로 표기하는 것이 원칙이었으며, 띄어쓰기를 하지 않았다.

1. 초성의 제자 원리(초성 17자)

기본자	상형(象形)	발음 기관의 모양을 본뜸. 예 ㄱ, ㄴ, ㅁ, ㅅ, ㅇ
가획자	가획(加畫)	획을 더하여 소리가 더 세짐을 나타냄. 예 ㅋ, ㄷ, ㅌ, ㅂ, ㅍ, ㅈ, ㅊ
이체자	원리 없음	획을 더했으나 소리가 세지지 않는 이상한 글자 예 ㆁ, ㄹ, ㅿ

☞ 성출초려고가획(聲出稍厲故加劃): 소리나는 것이 조금 세기 때문에 획을 더한다.

☞ 훈민정음의 자음 체계표

구분	발음 기관의 모양을 본뜸	상형자	가획자	이체자
아음(牙音) : 어금닛소리	혀뿌리가 목구멍을 막는 모양	ㄱ	ㅋ	ㆁ
설음(舌音) : 혓소리	혀끝이 윗잇몸에 붙는 모양	ㄴ	ㄷ ㅌ	ㄹ
순음(脣音) : 입술소리	입 모양	ㅁ	ㅂ ㅍ	
치음(齒音) : 잇소리	이 모양	ㅅ	ㅈ ㅊ	ㅿ
후음(喉音) : 목구멍소리	목구멍 모양	ㅇ	ㆆ ㅎ	

2. 중성의 제자 원리(중성 11자)

기본자	상형(象形)	삼재(하늘 'ㆍ', 땅 'ㅡ', 인간 'ㅣ')의 모양을 본뜸. 예 ㆍ, ㅡ, ㅣ
초출자	합성(合成)	기본자에 'ㆍ'를 한 번 붙임. 예 ㅗ, ㅏ, ㅜ, ㅓ
재출자		기본자에 'ㆍ'를 두 번 붙임. 예 ㅛ, ㅑ, ㅠ, ㅕ

☞ 훈민정음의 모음
① 중세 국어의 단모음은 '기본자, 초출자'의 7자가 있었다. (ㆍ, ㅡ, ㅣ, ㅗ, ㅏ, ㅜ, ㅓ)
② 근대 국어의 단모음은 'ㆍ'가 빠지고 'ㅔ, ㅐ'가 포함되어 총 8자가 있었다. (ㅡ, ㅣ, ㅗ, ㅏ, ㅜ, ㅓ, ㅔ, ㅐ)
③ 현대 국어의 단모음은 'ㅚ, ㅟ'가 포함되어 총 10자가 되었다. (ㅣ, ㅔ, ㅐ, ㅟ, ㅚ, ㅡ, ㅓ, ㅏ, ㅜ, ㅗ)

3. 종성의 제자 원리

종성부용초성 (終聲復用初聲)	개념	종성은 초성을 다시 사용한다. 따라서 종성에 초성에 올 수 있는 자음이 모두 올 수 있다. 표의주의 표기법에 해당된다. (참고로 8종성법은 표음주의 표기에 해당된다.)
	특성	① 15세기에 쓰인 ≪용비어천가≫와 ≪월인천강지곡≫에서만 예외적으로 나타난다. ② 1933년 이후에서야 다시 쓰였다.
	예시	곶, ᄉᆞᆽ다, 닢

4. 훈민정음의 문자 소실 순서

⑴ **훈민정음의 문자 소실 순서**

ㆆ(15C 중후반) → △(16C 말) → ㆁ(16C 말, 'ㅇ'으로 표기 바뀜) → ·(1933)

⑵ **전체 문자의 소실 순서**

ㆆ → ㅸ → △ → ㆁ → ·

PART 13

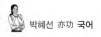 박혜선 亦功 국어

01.

정답풀이

> 나라의 말이 중국과 달라 한자와는 서로 통하지 아니하므로 이런 까닭으로 어리석은 ⊙백성이 말하고자 하는 ⓒ바가 있어도 마침내 ⓒ제(자기의) 뜻을 능히 펴지 못하는 사람이 많다. ㉑내 이를 위하여 가엾게 여겨 새로 스물여덟 글자를 만드니, 사람마다 하여금 쉽게 익혀 날로 쓰는 데 편안케 하고자 할 따름이다.

ⓒ의 '제'는 '저+ㅣ'로 형태소 분석이 된다. 여기에서 조사 'ㅣ'는 중세 국어에서는 '주격 조사 혹은 관형격 조사 혹은 부사격 조사'로도 쓰였다. 그런데 '제'는 뒤의 명사 '뜻'을 수식하고 있으므로 이때의 'ㅣ'는 관형격 조사임을 알 수 있다. 따라서 ⓒ은 관형어이다.

오답풀이 ① '⊙ 百姓이'는 '백성'과 주격 조사 '이'가 결합한 것이다. 서술어 '니르고져(말하고자)'의 주어로 호응하고 있다.
② 'ⓒ 배'는 '바'와 주격 조사 'ㅣ'가 결합한 것이다. 서술어 '이셔도(있어도)'의 주어로 호응하고 있다.
④ '㉑ 내'는 '나'와 주격 조사 'ㅣ'가 결합한 것이다. 서술어 '너겨(여겨)'의 주어로 호응하고 있다.

02.

정답풀이

> 나라의 말이 ⊙ 중국과 달라 문자(한자)와 서로 통하지 아니 하므로 이런 까닭으로 ⓒ 어리석은 백성이 말하고자 하는 바가 있어도 마침내 제(자기의) 뜻을 [능히(실어×)] 펴지 못하는 사람이 많다. 내가 이를 위하여 ⓒ 가엾게 여겨 새로 스물여덟 글자를 만드니, 모든 사람들로 하여금 쉽게 익혀 날마다 ㉑ 씀에 편케 하고자 할 따름이다.

'中듕國・귁・에달・아'에서 '달아'는 '달라'를 의미한다. '다르다'는 처소부사격 조사 '와'를 필수적으로 요구한다. '중국과 달라'로 해석되므로 '에'는 장소를 의미하는 처소 부사격 조사가 아니라 비교 부사격 조사가 쓰인 것이다.

오답풀이 ② '어리다'는 중세 국어 때에는 '어리석다'의 의미로 사용된 것이 옳다. (다만 현대 국어에는 '나이가 적다'의 의미로 사용된다.)
③ '어엿브게'는 중세 국어 때에는 '불쌍하다'의 의미로 사용된 것이 옳다. (다만 현대 국어에는 '예쁘다'의 의미로 사용된다.)
④ '쁘・메'는 '쓰+움(명사형 전성 어미)+에'로 분석할 수 있으므로 옳다.

03.

정답풀이 '내'는 세종대왕 자신이 맞다.

오답풀이 ① 두 문장으로 이루어져 있으며, 문장의 길이가 길고 구조가 복잡하다.
② '載(실을 재)'의 의미가 아니다. '시러'는 '능히(능력이 있어서 쉽게)'의 의미이다.
④ 'ᆞ'와 'ㅏ'는 발음이 엄연하게 다르며, 단어들을 구별하기 위해 사용한 것이 아니다. 'ᆞ'의 발음은 'ㅏ'와 'ㅗ'의 중간 발음으로 추정된다.

04.

정답풀이 '中國에'에서 '에'는 현대 국어에서 부사격 조사 '와/과'와 일치한다. '다르다'는 부사격 조사 '와'가 결합된 필수적 부사어를 요구하기 때문이다.
따라서 ①의 부사격 조사 '과'와 쓰임이 같다.

오답풀이 ②의 '와'는 대등한 단어와 단어를 이어 주는 접속 조사이다. 만약, '철수가 영희와 함께 올여름에 지리산에 갔다.'의 문장일 경우에 '와'는 동반의 의미를 갖는 부사격 조사이다.
③의 '에'는 원인을 뜻하는 부사격 조사이다.
④의 '에'는 '목적, 목표'를 뜻하는 부사격 조사이다.

 정답 찾기 1. ③ 2. ① 3. ③ 4. ①

대표 亦功 기출

제13편 고전 문법 CH.02 훈민정음

최빈출

01. ㉠~㉣ 중 문장 성분이 다른 하나는?   2021 지방직 7급

> 나랏 말ᄊᆞ미 中國에 달아 文字와로 서르 ᄉᆞᆷ디 아
> 니ᄒᆞᆯᄊᆡ 이런 젼ᄎᆞ로 어린 ㉠百姓이 니르고져 ᄒᆞᇙ ㉡배
> 이셔도 ᄆᆞᄎᆞᆷ내 ㉢제 ᄠᅳ들 시러 펴디 몯ᇙ 노미 하니라
> ㉣내 이를 爲ᄒᆞ야 어엿비 너겨 새로 스믈여듧 字를 ᄆᆡᆼ
> ᄀᆞ노니 사ᄅᆞᆷ마다 ᄒᆡ여 수ᄫᅵ 니겨 날로 ᄡᅮ메 便安킈
> ᄒᆞ고져 ᄒᆞᇙ ᄯᆞᄅᆞ미니라
>
> － 『훈민정음언해』 －

① ㉠   ② ㉡   ③ ㉢   ④ ㉣

02. ㉠~㉣에 대한 설명으로 옳지 않은 것은?   2021 소방 국어

> 나·랏: 말ᄊᆞ·미 ㉠中듕國·귁·에달·아 文문字·ᄍᆞ·
> ᄍᆞ·와·로서르ᄉᆞᄆᆞᆺ·디아·니ᄒᆞᆯ·ᄊᆡ·이런젼·ᄎᆞ·
> 로 ㉡어·린百·빅姓·셩·이니르·고·져·ᄒᆞᇙ·배
> 이·셔·도ᄆᆞ·ᄎᆞᆷ: 내제·ᄠᅳ·들시·러펴·디: 몯ᇙ
> 노·미하·니·라 내·이·를爲·윙·ᄒᆞ·야
> ㉢: 어엿·비너·겨·새·로·스·믈여·듧字·ᄍᆞ·를ᄆᆡᇰ·ᄀᆞ
> ·노·니: 사ᄅᆞᆷ: 마·다: ᄒᆡ·ᅇᅧ·수·ᄫᅵ니
> ·겨·날·로 ㉣·ᄡᅮ·메便뼌安한·킈ᄒᆞ·고·져ᄒᆞᇙᄯᆞ
> ·ᄅᆞ·미니·라

① ㉠ : 처소 부사격 조사를 사용하였다.
② ㉡ : '어리석다'는 의미로 사용하였다.
③ ㉢ : '불쌍하다'는 의미로 사용하였다.
④ ㉣ : 명사형 전성 어미를 사용하였다.

03. 〈보기〉는 ≪훈민정음언해≫의 한 부분이다. 이에 대한 설명으로 가장 옳은 것은?   2019 서울시 9급

> 나·랏: 말ᄊᆞ·미中듕國·귁·에달·아文문字·ᄍᆞ·
> 와·로서르ᄉᆞᄆᆞᆺ·디아·니ᄒᆞ·ᄊᆡ·이런젼·ᄎᆞ·로
> 어·린百·빅姓·셩·이니르·고·져
> ·ᄒᆞᇙ·배이·셔·도ᄆᆞ·ᄎᆞᆷ: 내제·ᄠᅳ·들시·러펴·
> 디: 몯ᇙ·노·미하·니·라 <u>내</u>·이·를爲·윙·
> ᄒᆞ·야: 어엿·비너·겨·새·로·스·믈여·듧字·
> ᄍᆞ·를ᄆᆡᇰ·ᄀᆞ노·니: 사ᄅᆞᆷ: 마·다: ᄒᆡ·ᅇᅧ: 수·ᄫᅵ
> 니·겨·날·로·ᄡᅮ·메便뼌安한·킈
> ᄒᆞ·고·져ᄒᆞᇙᄯᆞ·ᄅᆞ·미니·라

① 위의 자료는 한 문장이다.
② 밑줄 친 '시러'는 한자 '載'에 해당한다.
③ 밑줄 친 '내'는 세종대왕이 자신을 가리키는 표현이다.
④ 'ㅏ'와 'ㆍ'는 발음이 같지만 단어들을 구별하기 위해 사용했다.

04. 조사의 쓰임이 밑줄 친 부분과 같은 것은?   2005 전남 9급

> 나랏말ᄊᆞ미 中國<u>에</u> 달아 문자 와로 서르 ᄉᆞ맛디 아니
> ᄒᆞᆯᄊᆡ

① 몽고어는 우리말과 알타이어족에 속한다는 점에서 같다.
② 영희와 철수가 함께 올여름에 지리산에 갔다.
③ 바람에 가로수가 쓰러졌다.
④ 이 약은 감기에 잘 듣는다.

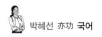

05.

정답풀이 여기서 '뿌메'는 '사용하다[用]'의 의미이다. '쓰다'는 여러 의미가 있지만, 여기에서는 훈민정음을 의사소통의 수단으로 쓰는 것이므로 '어떤 일을 하는 데에 재료나 도구, 수단을 이용하다.'의 의미로 쓰인 선택지를 찾으면 된다. 따라서 '퇴비'라는 수단으로 수확량이 늘었다는 의미를 가진 ③이 적절하다.

오답풀이 ① 쓰다(write) : 머릿속의 생각을 종이 혹은 이와 유사한 대상 따위에 글로 나타내다.
② 쓰다(care) : 어떤 일에 마음이나 관심을 기울이다.
④ 쓰다 : 시체를 묻고 무덤을 만들다.
⑤ 쓰다 : 장기나 윷놀이 따위에서 말을 규정대로 옮겨 놓다.

06.

정답풀이 나. 초성자의 기본자는 'ㄱ, ㄴ, ㅁ, ㅅ, ㅇ'이므로 'ㄷ'을 삭제해야 한다.
다. 중성자의 기본자는 조음 기관이 아니라 삼재(하늘, 땅, 인간)를 상형한 것이다. 'ㆍ'은 하늘을, 'ㅡ'는 땅을, 'ㅣ'는 인간을 상형한 기본자이다.
마. 'ㄲ', 'ㄸ', 'ㅃ'처럼 같은 글자를 나란히 쓰는 방식은 합용병서가 아니라 각자 병서이다. (합용 병서는 다른 글자를 나란히 쓰는 방식으로 'ㅳ, ㅄ, ㅼ' 등이 있다.)

오답풀이 가. 1443년에 창제했으나 신하들의 반대 때문에 1446년에 반포하였다.
라. 종성부용초성(終聲復用初聲)과 관련된 것이다.

07.

정답풀이 ㄹ은 가획자가 아닌 이체자이다. 이외에도 'ㆁ, ㅿ'가 있다.

오답풀이 ② ㄷ : 'ㄴ'의 가획자이다.
③ ㅂ : 'ㅁ'의 가획자이다.
④ ㅊ : 'ㅅ'의 가획자이다.

08.

정답풀이 훈민정음의 28자모는 초성 17자와 중성 11자를 가리킨다. 'ㅸ(순경음 비읍)'은 순우리말에만 쓰던 표기로, 28자모에는 포함되지 않는다.

오답풀이 참고로 훈민정음 28자모 체계에 'ㄲ, ㄸ, ㅃ, ㅆ, ㅉ, ㆅ' 등의 전탁음도 포함되지 않는다. 모음자의 11 중성 체계는 'ㆍ, ㅡ, ㅣ, ㅗ, ㅏ, ㅜ, ㅓ, ㅛ, ㅑ, ㅠ, ㅕ'만 들어간다.
'ㅐ, ㅔ, ㅚ, ㅟ, ㅘ, ㅝ, ㅢ' 모음자는 훈민정음 28자모 체계에 포함되지 않음에 유의하여야 한다.

09.

정답풀이 'ㄱ'에 가획하면 'ㅋ'이 되고, 'ㄴ'에 가획하면 'ㄷ'이 되므로 가획의 원리에 해당한다.

오답풀이 ① 'ㄱ'을 두 번 누르면 'ㄲ'이 되고, 'ㄷ'을 두 번 누르면 'ㄸ'이 된다. (각자 병서에 해당한다.)
③ 'ㅣ' 다음에 'ㆍ'를 누르면 'ㅏ'가 되고, 'ㆍ' 다음에 'ㅡ'를 누르면 'ㅗ'가 된다. (초출자가 만들어지는 합성의 원리에 해당한다.)
④ 'ㅏ' 다음에 'ㅣ'를 누르면 'ㅐ'가 되고, 'ㅗ' 다음에 'ㅏ'를 누르면 'ㅘ'가 된다. (이중 모음이 만들어지는 합용의 원리에 해당한다.)

정답찾기 5. ③ 6. ④ 7. ① 8. ④ 9. ②

05. '뿌메'와 의미가 같은 것은? 2016 국회직 8급

> 나·랏:말쏘·미中듕國·귁·에달·아文문字·쫑·
> 와·로서르스뭇·디아·니홀·씨·이런젼·ᄎ·로
> 어·린百·빅姓·셩·이니르·고·져·홇·배이·
> 셔·도ᄆᆞ·ᄎᆞᆷ·내제·ᄠᅳ·들시·러펴·디:몯홇·
> 노·미하·니·라·내·이·ᄅᆞᆯ爲
> ·윙·ᄒᆞ·야:어엿·비너·겨·새·로·스·믈여·
> 듧字·쫑·ᄅᆞᆯ밍·ᄀᆞ노·니:사ᄅᆞᆷ:마·다:히ᅇᅧ:
> 수·ᄫᅵ니·겨·날·로·뿌·메便뼌安한·킈ᄒᆞ·
> 고·져홇ᄯᆞᄅᆞ·미니·라

① 생각한 바를 정확하게 <u>쓰는</u> 일은 매우 어렵다.
② 나 정말 괜찮으니까 그 일에 신경 <u>쓰지</u> 마.
③ 농사에 퇴비를 <u>쓴</u> 결과 수확량이 늘어났다.
④ 바람이 잘 통하고 양지바른 곳을 묫자리로 <u>썼다.</u>
⑤ 윷놀이는 말을 잘 <u>쓰는</u> 것이 제일 중요하다.

06. 훈민정음에 대한 설명 중 틀린 것을 모두 고른 것은? 2016 경찰 1차

> 가. 1443년에 창제하고 1446년에 반포하였다.
> 나. 초성자의 기본자는 'ㄱ, ㄴ, ㄷ, ㅁ, ㅅ, ㅇ'이다.
> 다. 중성자의 기본자는 조음 기관을 상형하여 창제하
>   였다.
> 라. 종성자는 따로 창제하지 않고 초성자를 다시 사용
>   하게 하였다.
> 마. 'ㄲ', 'ㄸ', 'ㅃ'처럼 글자를 나란히 쓰는 방식을 합용
>   병서라고 한다.

① 가, 다
② 가, 나, 라
③ 나, 라
④ 나, 다, 마

07. 〈보기〉의 밑줄 친 ㉠에 해당하는 글자가 아닌 것은? 2019 서울시 9급

─ 〈보기〉─
> 한글 중 초성자는 기본자, 가획자, 이체자로 구분된
> 다. 기본자는 조음 기관의 모양을 상형한 글자이다. ㉠
> 가획자는 기본자에 획을 더한 것으로, 획을 더할 때마
> 다 그 글자가 나타내는 소리의 세기는 세어진다는 특
> 징이 있다. 이체자는 획을 더한 것은 가획자와 같지만
> 가획을 해도 소리의 세기가 세어지지 않는다는 차이가
> 있다.

① ㄹ
② ㄷ
③ ㅂ
④ ㅊ

08. 훈민정음의 28 자모(字母) 체계에 들지 않는 것은? 2017 국가직 9급

① ㆆ
② ㅿ
③ ㅠ
④ ㅸ

09. 휴대 전화의 문자 입력 방식 중, 훈민정음 창제에 나타난 '가획(加劃)의 원리'에 해당하는 것은? 2011 국가직 9급

① 'ㄱ'을 두 번 누르면 'ㄲ'이 되고, 'ㄷ'을 두 번 누르면 'ㄸ'이 된다.
② 'ㄱ' 다음에 '*'를 누르면 'ㅋ'이 되고, 'ㄴ' 다음에 '*'를 누르면 'ㄷ'이 된다.
③ 'ㅣ' 다음에 'ㆍ'를 누르면 'ㅏ'가 되고, 'ㆍ' 다음에 'ㅡ'를 누르면 'ㅗ'가 된다.
④ 'ㅏ' 다음에 'ㅣ'를 누르면 'ㅐ'가 되고, 'ㅗ' 다음에 'ㅏ'를 누르면 'ㅘ'가 된다.

10.

정답풀이 'ㅁ'과 'ㅅ'은 조음 위치와 조음 방식이 모두 다르므로 같은 성질의 소리로 묶을 수 없다. 'ㅁ'과 'ㅅ'은 조음 위치가 각각 '입술(순음), 이(치음)'이며 조음 방법은 각각 '비음, 마찰음'이기 때문이다.

오답풀이 ① 'ㅈ'과 'ㅊ'은 기본자 'ㅅ'에 가획을 한 가획자이다. 따라서 'ㅅ'과 'ㅈ, ㅊ'은 같은 칸에 배치할 수 있다.

③ 'ㄷ'과 'ㅌ'은 'ㄴ'을 가획한 가획자이다. 'ㄹ'은 기본자 'ㄴ'의 이체자이다. 이체자는 가획자와는 달리 소리의 세기가 세짐을 표시하는 글자가 아니다. 따라서 'ㄴ'은 'ㄷ, ㅌ'과 같은 칸에 배치되는 것이 맞지만, 'ㄷ, ㅌ'과 'ㄴ, ㄹ'로 각각 칸을 나눈 것을 보아 소리의 유사성을 기준으로 배치한 것임을 알 수 있다. 'ㄷ, ㅌ'은 파열음이고 'ㄴ, ㄹ'은 울림 소리이기 때문이다.

④ 'ㆁ'(옛이응)은 연구개음으로서 'ㄱ, ㅋ'과 소리나는 위치가 '연구개'로서 같은 이체자이다. 따라서 'ㆁ'(옛이응)은 'ㄱ, ㅋ' 칸에 함께 배치할 수 있다.
☞ 'ㅇ'은 목구멍에서 소리나는, 목구멍을 본뜬 후음이기 때문에 연구개음인 'ㆁ'(옛이응)과는 구별된다.)

11.

정답풀이 '기본자에 획을 더해 가는 방식'은 '병서'가 아니라 '가획'이므로 부적절하다.

오답풀이 나머지는 모두 옳다.

12.

정답풀이 ㉠은 순음 아래에 'ㅇ(후두 유성 마찰음)'을 이어서 순경음을 이어쓰는 연서법과 관련된 것이다. 이와 관련된 것은 '수ᄫᅵ'이다. ㉡은 'ᄀᆞᆲᄫᅡ쓰라'를 보면 옆으로 자음을 나란히 쓰는 병서법과 관련된 것이다. 이와 관련된 것은 'ᄢᅢ, 몯ᅘᆞᆯ, ᄡᆞᄅᆞ미니라'이다.

오답풀이 ① ㉠ '문쫑'의 '쫑'에 '성음법'을 지킨 동국정운식 한자음 표기가 드러난다. ㉡ '듕귁'에서 '중국 원음'을 지킨 동국정운식 한자음 표기가 드러난다.

③ ㉠, ㉡ 모두에 'ᄚ, ᅙ'의 합자 병서가 보인다.

④ ㉠, ㉡ 모두에 'ㅄ, ㅼ'의 합자 병서가 보인다.

13.

정답풀이 전탁자는 초성 17자에 포함되지 않는다. 전탁자가 포함된 것은 동국정운 23자모 체계로, 초성 17자와 다르다. 동국정운 23자모 체계는 훈민정음 초성 17자와 전탁 6자가 합쳐진 체계로서, 전청(예사소리), 차청(거센소리), 불청불탁(울림소리), 전탁(된소리)로 되어 있다.

14.

정답풀이 ㉡ '첫소리를 어울리게 쓸 것이면 가로로 나란히 쓰라'는 '병서법'에 대한 설명이다. 'ᄀᆞᆲᄫᅡ쓰기'는 글자를 가로로 나란히 쓴다는 뜻으로 병서법을 설명하는 것이다. 'ㄲ, ㄸ, ㅃ, ㄹㅎ, ㅄ, ㅴ' 등과 같이 쓰라는 규정인데 'ㅸ'은 병서가 아니라 연서에 대한 설명이므로 옳지 않다. 연서는 'ㅸ, ㅱ, ㅹ, ㆄ'과 같이 순음 아래에 'ㅇ'을 이어 순경음을 만드는 표기법이다.

오답풀이 ㉠ '나중 소리(종성)를 다시 첫소리로 쓰라'는 '종성부용초성'에 대한 설명이다. 종성은 초성의 글자를 다시 사용한다는 것이다. '첫'에서 종성 'ㅅ'은 초성의 글자를 다시 사용한 글자이므로 옳은 용례다.

㉢ 자음 오른쪽에 'ㅏ, ㅑ, ㅓ, ㅕ, ㅣ'를 쓰라는 '부서법'에 대한 설명이다. 이를 부서법(附書法) 중에서 '우서법'이라고 한다. 'ㄴ' 오른쪽에 모음 'ㅕ'가 잘 붙었으므로 이 용례는 옳다. 한편, 자음의 아래쪽에만 모음(ㅗ, ㅜ, ㅛ, ㅠ, ㆍ 등)을 붙이는 것을 하서법이라 한다.

㉣ '무릇 글자는 어울려야 소리가 난다'는 '성음법'에 대한 설명이다. 초성(자음)은 혼자서 소리낼 수 없으므로 초성(자음)과 중성(모음)이 합해져야 소리가 난다는 규정이다. '민'은 '초성-중성-종성'이 하나의 음절을 잘 이루고 있기 때문에 이 용례는 옳다.

 정답 찾기   10. ②   11. ③   12. ②   13. ②   14. ②

10. 발음 기관에 따라 '아음(牙音)', '설음(舌音)', '순음(脣音)', '치음(齒音)', '후음(喉音)'으로 구별하고 있는 훈민정음의 자음 체계를 참조할 때, 다음 휴대 전화의 자판에 대한 설명으로 옳지 않은 것은? 2018 지방직 9급

ㄱㅋ	ㅣㅡ	ㅏㅑ
ㄷㅌ	ㄴㄹ	ㅓㅕ
ㅁㅅ	ㅂㅍ	ㅗㅛ
ㅈㅊ	ㅇㅎ	ㅜㅠ

① 훈민정음의 자음 체계에 따른다면, 'ㅅ'은 'ㅈㅊ' 칸에 함께 배치할 수 있다.
② 'ㅁㅅ' 칸은 조음 위치와 조음 방식의 양면을 모두 고려하여 같은 성질의 소리끼리 묶은 것이다.
③ 'ㄷㅌ'과 'ㄴㄹ' 칸은 훈민정음 창제 당시 적용된 가획 등의 원리에 따른 제자 순서보다 소리의 유사성을 중시하여 배치한 것이다.
④ 훈민정음의 자음 체계에서 'ㅇ'과 'ㆁ'은 구별되었다. 훈민정음의 자음 체계에 따른다면, 이 중에서 'ㆁ'은 'ㄱㅋ' 칸에 함께 배치할 수 있다.

11. 다음은 훈민정음 창제의 원리를 설명한 것이다. 괄호 안에 들어갈 말로 부적절한 것은? 2013 지방직 7급

초성, 곧 (㉠)은 발음기관의 모양을 본떴음을 알 수 있으니, 이는 곧 (㉡)의 원리이다. 아음인 ㄱ은 혀뿌리가 목구멍을 막는 모양, 설음인 ㄴ은 혀가 윗잇몸과 닿는 모양을 본떠서 만든 것이 그것이다. 이처럼 모양을 본떠서 만든 초성은 ㄱ, ㄴ, ㅁ, ㅅ, ㅇ의 다섯 글자이다. 이 다섯을 기본자로 삼고 기본자에 획을 더해가는 방식을 취하였으니, 이는 곧 (㉢)의 원리이다. ㄱ에 획을 더하여 ㅋ을, ㄴ에 획을 더하여 ㄷ을, ㄷ에 획을 더하여 ㅌ을 만든 것이 그것이다. 한편, 'ㆁ', 'ㅿ', 'ㄹ'은 (㉣)라고 한다.

① ㉠: 자음
② ㉡: 상형
③ ㉢: 병서
④ ㉣: 이체자

12. 다음에 관한 예시로 적절한 것은? 2018 소방 상반기 복원

㉠ ㅇ를 입시울쏘리 아래 니서쓰면, 입시울 가비야ᄫᆞᆫ 소리 드외ᄂᆞ니라.
㉡ 첫소리를 어울워 뿔디면 글바쓰라.

	㉠	㉡		㉠	㉡
①	문쫑	둥귁	②	수ᄫᅵ	뼈
③	여듧	몯홇	④	뿌메	ᄯᆞ르미니라

13. 훈민정음 28자에 대한 설명으로 옳지 않은 것은? 2015 지방직 7급

① 초성의 기본자는 발음 기관을 상형한 'ㄱ, ㄴ, ㅁ, ㅅ, ㅇ'이다.
② 초성 17자에는 전탁자 'ㄲ, ㄸ, ㅃ, ㅉ, ㅆ, ㆅ'도 포함된다.
③ 중성의 기본자는 '天 地 人'을 상형한 'ㆍ, ㅡ, ㅣ'이다.
④ 중성 11자에는 재출자 'ㅑ, ㅕ, ㅛ, ㅖ'도 포함된다.

14. 《훈민정음》에서 설명한 내용과 부합하지 않는 용례는? 2011 국가직 7급

㉠ 乃냉終즁ㄱ 소리ᄂᆞᆫ 다시 첫소리를 쓰ᄂᆞ니라
㉡ 첫소리를 어울워 뿔디면 글바 쓰라
㉢ ㅣ와 ㅏ와 ㅓ와 ㅑ와 ㅕ와란 올흔녀긔브터 쓰라
㉣ 들윗 字쫑ㅣ 모로매 어우러사 소리 이ᄂᆞ니

① ㉠ 첫
② ㉡ 밧
③ ㉢ 녀
④ ㉣ 민

15.

정답풀이 '상설부상악지형(象舌附上齶之形)'은 혀가 윗잇몸에 붙은 형태를 의미하므로 이에 해당하는 것은 'ㄴ'이다.

> 상설부상악지형 (象舌: 象 본뜰 상 舌 혀 설 / 附上齶: 附 붙을 부 上 위 상 齶 잇몸 악 / 之 관형격 조사 의 形 형태 형)
> : 혀가 윗잇몸에 붙은 형태

오답풀이 모두 조음기관의 모양을 본떴다.
① ㄱ: 象舌根閉喉之形(상설근폐후지형): 혀뿌리가 목구멍을 막은 모양
③ ㅅ: 象齒形(상치형) — 이의 모양
④ ㅇ: 象喉形(상후형) — 목구멍 모양
  (나머지 ㅁ: 象口形(상구형) — 입술의 모양)

16.

정답풀이 단모음 체계가 변화한다고 해서 조음 위치가 변화한 것은 아니다. 15세기, 19세기 초, 현재 모두 첫 번째 행은 고모음, 두 번째 행은 중모음, 세 번째 행은 저모음이다. 또한 현재 모음을 기준으로 볼 때 'ㅣ, ㅟ, ㅔ, ㅚ, ㅐ'는 전설 모음이며 'ㅡ, ㅜ, ㅓ, ㅗ, ㅏ'는 후설 모음이다.

오답풀이 ② 'ㆍ(아래 아)'는 후설 저모음으로 추정되므로 적절하다.
③ 현재에 가까워질수록 단모음 개수가 점점 증가했음을 알 수 있다. 15세기 단모음은 7개였던 반면 19세기 초에는 8개, 현재에는 10개이다.
④ 'ㆍ(아래 아)'는 현대에 쓰이지 않으므로 음소 자체가 소멸한 것이다.
⑤ 중세 국어에서 이중 모음이었던 'ㅐ'가 시간이 지남에 따라 단모음화되었다.

중간빈출

15. 훈민정음 제자해에서 '象舌附上齶之形'에 해당하는 자모는?

2013 지방직 9급

① ㄱ   ② ㄴ   ③ ㅅ   ④ ㅇ

난이도 조절용

16. 〈보기〉는 국어 단모음 체계의 변화를 보여 주고 있다. 〈보기〉에 대한 설명으로 적절하지 않은 것은? 2022 국회직 8급

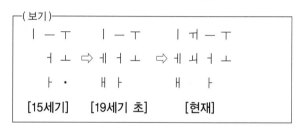

① 모음들이 연쇄적으로 조음 위치의 변화를 겪는 현상이 발견된다.
② 국어 역사에서 후설 저모음이 존재했던 것으로 추측된다.
③ 단모음의 개수는 점차 늘어난 것으로 보인다.
④ 모음 중에서 음소 자체가 소멸된 것이 있다.
⑤ 일부 이중모음의 단모음화가 발견된다.

정답 찾기 15. ② 16. ①

03 Chapter 다른 고전문헌의 이해

01.

정답풀이

> 샘이 깊은 물은 가뭄에 아니 그치므로
> 내가 이루어져 바다에 가니

'그츨씨'는 '긏(어간)+ㄹ씨(연결 어미)'로 분석이 된다. 그런데 '긏다'는 '그치다'를 의미하므로 동사이다.

오답풀이 ②, ③ '싀·미=심(명사)+이(주격조사), ·므·른=믈(명사)+은(보조사), ·ᄀᆞᄆᆞ·래=ᄀᆞᄆᆞᆯ(명사)+애(부사격조사)'로 분석할 수 있다. 여기에서 조사는 '이', '은', '애'이고 명사는 심', '믈', 'ᄀᆞᄆᆞᆯ'이다.

④ 단어의 개수는 '어절(=띄어쓰기) 수+조사의 개수'를 구하면 알 수 있다. 어절(=띄어쓰기) 수는 ': 싀·미/ 기·픈/·므·른 /·ᄀᆞᄆᆞ·래 /아·니 /그·츨·씨'로 6개이다. 조사는 '이', '은', '애'로 3개이므로 총 9개가 맞다.

02.

정답풀이 ㉣의 '알외시니'의 현대어 풀이를 보면, '알리시니'로 나온다. 현대어 '알리시니'를 형태소 분석하면, '알+리(사동 접미사)+시+니'이다. 이를 바탕으로 '알외시니'도 형태소 분석을 해보면 '알+외+시+니'로 분석할 수 있다. 따라서 사동 접미사 '-리-'와 같은 위치에 있는 '-외-' 또한 같은 사동 접미사인 것을 알 수 있다.

오답풀이 ① 'ᄉᆞᆯᄫᆞ리'를 분석하면 'ᄉᆞᆲ +(ᄋᆞ)ㄹ(관형사형 어미)+이(사람을 뜻하는 의존 명사)+∅(주격 조사)'이다. 'ᄉᆞᆲ다'는 현대어로 '아뢰다'의 의미이므로 'ᄉᆞᆯᄫᆞ리'는 현대어로 '아뢸 사람이'이다. 따라서 ㉠의 '이'는 의존 명사이므로 ①은 옳지 않다.

② '뵈아시니'의 현대어 풀이는 '재촉하시니'이다. 마찬가지로 분석해 보면 '뵈아다'는 '재촉하다'의 옛말이다. 따라서 ㉡에서 높임을 나타내는 선어말 어미는 '-아시-'가 아니라 '-시-'이므로 옳지 않다.

③ '하ᄃᆡ'의 현대어 풀이는 '많지만'이다. '하다'가 '많다'의 의미를 가지고 있으므로 '-ᄃᆡ'의 의미는 '-지만'임을 알 수 있다. '-지만'은 앞에서 서술된 사실과 반대되거나 그와 일치하지 않는 역접의 의미이기 때문에 이유를 나타내는 연결 어미로 보는 것은 적절하지 않다.

정답 찾기 1. ① 2. ④

최빈출

01. 다음 〈보기〉의 밑줄 친 부분에 대한 설명으로 적절하지 않은 것은? 2021 경찰 2차

> (보기)
> <u>: 싀·미 기·픈·므·른 ·ᄀᆞᄆᆞ·래 아·니 그·츨·씨</u>
> : 내·히 이·러 바·ᄅᆞ래 ·가ᄂᆞ·니
>
> -『용비어천가』 제2장-

① 형용사는 '그츨씨'이다.
② 조사는 '이', '은', '애'이다.
③ 명사는 '심', '믈', 'ᄀᆞᄆᆞᆯ'이다.
④ 모두 9개의 단어로 구성되어 있다.

02. 밑줄 친 부분에 대한 설명으로 적절한 것은? 2018 국가직 9급

> 말ᄊᆞᄆᆞᆯ ㉠ <u>ᄉᆞᆯᄫᆞ리</u> 하ᄃᆡ 天命을 疑心ᄒᆞ실씨 ᄭᅮ므로 ㉡ <u>뵈아시니</u>
> 놀애ᄅᆞᆯ 브르리 ㉢ <u>하ᄃᆡ</u> 天命을 모ᄅᆞ실씨 ᄭᅮ므로 ㉣ <u>알외시니</u>
> (말씀을 아뢸 사람이 많지만, 天命을 의심하시므로 꿈으로 재촉하시니
> 노래를 부를 사람이 많지만, 天命을 모르므로 꿈으로 알리시니)
>
> - ≪용비어천가≫13장 -

① ㉠에서 '-이'는 주격을 나타내는 조사로 기능한다.
② ㉡에서 '-아시-'는 높임을 나타내는 선어말 어미로 기능한다.
③ ㉢에서 '-ᄃᆡ'는 이유를 나타내는 연결 어미로 기능한다.
④ ㉣에서 '-외-'는 사동을 나타내는 접미사로 기능한다.

PART 13

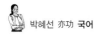

03.

정답풀이〉 '㉡ 敬天勤民ㅎ샤아'를 형태소 분석하게 되면, '敬天勤民ㅎ +샤+아+아'임을 알 수 있다.

'-아'가 조사이려면 앞에 체언이 와야 하는데, '-아' 앞은 용언 "敬天勤民ㅎ다"가 활용된 형태이므로 '아'는 어미이다. '아'는 현대 국어의 '-아야'라는 의미와 대응되므로 '-시어'에 대응되지도 않는다.

☞ '敬天勤民': 하늘을 공경하고 백성을 위하여 부지런히 일함

오답풀이〉 ① '-샤'는 '-샤-(주체 높임 선어말 어미)+-아'에서 동음이 탈락되어 '샤'로 적었지만 사실은 '샤아'이므로 오늘날의 '-시어'에 대응한다고 볼 수 있다. (참고로 높임 선어말 어미 뒤에 모음이 오는 경우엔 '-샤-'가, 자음이 오는 경우에는 '-시-'가 온다.)
③ '하'는 높여야 하는 대상에 붙는 조사였다. 따라서 오늘날의 '시여, 이시여'를 뜻하는 옛말의 호격 조사라고 볼 수 있다.
④ '-쇼셔'는 현대국어의 하십시오체에 대응하며 명령을 나타내는 종결 어미이다. 따라서 '-쇼셔'는 오늘날의 '-십시오'에 대응될 수 있다. ㉣의 '아ᄅ쇼셔'는 '아십시오'로 현대어 해석이 가능하다.

04.

정답풀이〉 '뻐'의 'ㅄ'은 어두자음군이다. 어두 자음군은 초성에 오는 자음의 무리를 의미하는데 'ㅄ'은 'ㅂ'과 'ㅅ' 모두 발음이 되므로 하나의 자음처럼 발음했다는 것은 옳지 않다.

오답풀이〉 ① ㉠: '공ᄌ+ㅣ(주격조사)'이므로 옳은 설명이다. 주격 조사 'ㅣ'는 체언의 끝음이 'ㅣ'를 제외한 모음인 경우에 결합된다.
② ㉡: '솔'은 'ㅎ'으로 끝나는 체언으로 모음 조사 '온'이 오면 '솔ᄒ(=살은)'이 되므로 옳다. (현대 국어에는 '살코기'로 흔적이 남아 있다.)
③ ㉢: '㉢ 받+줍+온'이므로 중세 국어 시기에는 객체 '父母(부모)'를 높이는 형태소로 '-줍-'이 있었다는 사례로 제시할 수 있다.

05.

정답풀이〉 '나를 따라서'가 아니라 '나에게'로 해석해야 한다.

> 자네 항상 ㉠ 나에게 말하되, '둘이 머리 희어지도록 살다가 함께 죽자' 하시더니 어찌하여 나를 두고 당신 먼저 가십니까. 나와 자식은 누구의 말을 듣고 어찌 살라고 다 던지고 자네 먼저 가십니까. 자네 나를 향하여 마음을 어찌 가져 왔고 또 나는 자네 ㉡ 향하여 마음을 어찌 가져 왔나요. 매양 자네에게 내가 말하되 함께 누워서 '여보, 남도 우리같이 서로 어여삐 여기고 사랑할까요.' '남도 우리 같은가 하여 자네에게 말했더니 어찌 그런 일들 생각지 ㉢ 아니하여 나를 버리고 먼저 가시는가요. 자네 ㉣ 여의고 아무리 내가 살 수 없으니 빨리 함께 (자네에게) 가고 싶어요 하니 나를 데려가 주세요.

06.

정답풀이〉 '믈밋', '붉기'에는 원순 모음화가 나타나지 않으나 '숫불빗'에는 원순 모음화를 반영한 표기가 보이므로 옳지 않다.

오답풀이〉 ① '-의'는 현대 국어에서는 관형격 조사로 쓰인다. 여기서 '그믐밤의'의 '-의'는 부사격 조사 '-에'로 쓰이므로 '의'가 현대 국어와 다른 용법으로 사용됨을 알 수 있다.
③ '붉기', '통낭ㅎ기'에 명사형 어미 '-기'가 사용된다.
④ 혼철(混綴)=거듭적기=중철(重綴)이란 이어적기와 끊어적기가 중복된 표기법을 의미한다. '믈밋쳘'에 혼철 표기가 드러난다. 이러한 거듭적기는 받침을 이어적은 후에 한번 더 받침을 적으면 된다. [믈미톨 → 믈밑톨 → 믈밋쳘(7종성법에 의해 받침 'ㅊ'이 'ㅅ'으로 교체된 것이다. 'ㅌ'이 'ㅊ'으로 교체된 것은 구개음화가 잘못 적용된 것이다. 현대에도 '겉을'을 [거츨]로 잘못 발음하는 것과 비슷하다.

정답 찾기

3. ② 4. ④ 5. ① 6. ②

03. ㄱ~ㄹ에 대한 설명으로 적절하지 않은 것은?

2018 국가직 7급

> 千世우희 미리 定ᄒ샨 漢水北에 ㉠ 累仁開國ᄒ샤 卜年
> 이 ᄀᆞᆺ 업스시니
> 聖神이 니ᅀᆞ샤도 ㉡ 敬天勤民ᄒ샤ᅀᅡ 더욱 구드시리이다
> ㉢ 님금하 ㉣ 아ᄅᆞ쇼셔 洛水예 山行가 이셔 하나빌 미
> 드니잇가

① ㉠에서 '-샤'는 주체 높임 선어말 어미에 연결 어미 '-
   아'가 결합된 형태로, 현대 국어의 '-시어'에 대응된다.

② ㉡에서 '-ᅀᅡ'는 선행하는 활용형과 결합하여 그 뜻을 강
   조하는 조사로, 현대 국어의 '-서'에 대응된다.

③ ㉢에서 '-하'는 높임을 받는 대상에 쓰는 호격 조사로,
   현대 국어의 '-이시여'에 대응된다.

④ ㉣에서 '-쇼셔'는 청자를 높여 주며 명령을 나타내는 종
   결 어미로, 현대 국어의 '-십시오'에 대응된다.

04. ⓐ에 들어갈 내용으로 가장 적절하지 못한 것은?

2019 법원직

> • 학습 목표: 중세 국어의 특징을 이해한다.
> • 학습 자료
>
> > ㉠ 孔子(공주)ㅣ 曾子(증ᄌ)ᄃᆞ려 닐러 ᄀᆞᆯᄋᆞ샤ᄃᆡ
> > 몸이며 얼굴이며 머리털이며 ㉡ 술흔 父母(부모)
> > 씌 ㉢ 받ᄌᆞ온 거시라 敢(감)히 헐워 샹히오디 아
> > 니 홈이 효도이 비르소미오 몸을 세워 道(도)를
> > 行(ᄒᆡᆼ)ᄒᆞ야 일홈을 後世(후세)예 베퍼 ㉣ ᄡᅥ 父
> > 母(부모)를 현뎌케 홈이 효도이 ᄆᆞᄎᆞᆷ이니라.
> > ― 《소학언해》 ―
>
> • 학습 자료의 활용 계획
>
> > ⓐ

① ㉠: 중세 국어 시기에도 주격 조사를 사용했다는 사례
   로 제시한다.

② ㉡: 중세 국어 시기에는 'ㅎ'으로 끝나는 체언을 사용
   했다는 사례로 제시한다.

③ ㉢: 중세 국어 시기에는 객체를 높이는 형태소로 '-ᄌᆞ
   -'이 있었다는 사례로 제시한다.

④ ㉣: 중세 국어 시기에 어두에 두 개 자음을 하나의 자
   음처럼 발음했다는 사례로 제시한다.

05. 〈보기〉의 밑줄 친 부분에 대한 현대어 해석으로 가장 옳지
않은 것은?

2019 서울시 7급

> ─〈 보기 〉─
> 자내 상해 ㉠ 날ᄃᆞ려 닐오ᄃᆡ 둘히 머리 셰도록 사다가
> 홈ᄢᅴ 죽쟈 ᄒᆞ시더니 엇디ᄒᆞ야 나ᄅᆞᆯ 두고 자내 몬져 가시
> ᄂᆞᆫ 날ᄒᆞ고 ᄌᆞ식ᄒᆞ며 뉘 긔걸ᄒᆞ야 엇디ᄒᆞ야 살라 ᄒᆞ야 다
> 더디고 자내 몬져 가시ᄂᆞᆫ고 자내 날 향ᄒᆡ ᄆᆞᄋᆞᄆᆞᆯ 엇디
> 가지며 나ᄂᆞᆫ 자내 ㉡ 향ᄒᆡ ᄆᆞᄋᆞᄆᆞᆯ 엇디 가지던고 믜양
> 자내ᄃᆞ려 내 닐오ᄃᆡ ᄒᆞᆫ ᄃᆡ 누어셔 이 보소 ᄂᆞᆷ도 우리ᄀᆞ티
> 서ᄅᆞ 에엿쎄 녀겨 ᄉᆞ랑ᄒᆞ리 ᄂᆞᆷ도 우리 ᄀᆞᄐᆞᆫ가 ᄒᆞ야 자
> 내ᄃᆞ려 니ᄅᆞ더니 엇디 그런 이ᄅᆞᆯ 싱각디 ㉢ 아녀 나ᄅᆞᆯ
> ᄇᆞ리고 몬져 가시ᄂᆞᆫ고 자내 ㉣ 여ᄒᆡ고 아ᄆᆞ려 내 살 셰
> 업스니 수이 자내 ᄒᆞᆫᄃᆡ 가고져 ᄒᆞ니 날 ᄃᆞ려 가소

① ㉠ 나를 따라서   ② ㉡ 향하여

③ ㉢ 아니하여   ④ ㉣ 여의고

06. 다음을 분석한 것으로 옳지 않은 것은? 2017 국가직 7급 추가

> 이랑이 소ᄅᆡᄅᆞᆯ 놉히 ᄒᆞ야 나ᄅᆞᆯ 불러 져긔 믈밋ᄎᆞᆯ 보
> 라 웨거ᄂᆞᆯ 급히 눈을 드러 보니 믈밋 홍운을 헤앗고 큰
> 실오리 ᄀᆞᆺ 흔 줄이 븕기 더욱 긔이ᄒᆞ며 긔운이 진홍 ᄀᆞᆺ
> 흔 것이 ᄎᆞᄎᆞ 나 손바닥 너븨 ᄀᆞᆺᄒᆞᆫ 것이 그믐밤의 보는
> 숫불빗 ᄀᆞᆺ더라. ᄎᆞᄎᆞ 나오더니 그 우흐로 젹은 회오리
> 밤 ᄀᆞᆺᄒᆞᆫ 것이 븕기 호박 구슬 ᄀᆞᆺ고 묽고 통낭ᄒᆞ기ᄂᆞᆫ 호
> 박도곤 더 곱더라.

① '의'가 현대 국어와 다른 용법으로 사용되기도 하였다.

② 원순 모음화를 반영한 표기가 나타나지 않는다.

③ 명사형 어미 '-기'가 사용된다.

④ 혼철 표기가 발견된다.

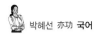

07.

정답풀이 '이시다'는 '-시-'는 주체 높임 선어말 어미가 아니다. '이시다' 자체가 '있다'를 의미하므로 '머그리'를 높인다고 볼 수 없다.

오답풀이 ① 'ㅈ걔'는 'ㅈ갸+ㅣ(주격조사)'로 형태소를 분석할 수 있다. 'ㅈ갸'는 현대 국어의 3인칭 재귀대명사 '당신'에 대응한다. 'ㅈ갸'는 높임의 재귀대명사로 3인칭 주어는 '太子'이므로 太子를 받는 높임의 대명사로 볼 수 있다.
② '좌시다'는 '잡수시다'에 대응하므로 '먹다'의 높임말이다.
③ '자시다' 역시 '자다'의 높임말이다. 주체높임 선어말어미 '-시-'가 결합된 것이다.

08.

정답풀이 중세 국어의 주격 조사는 '가'가 쓰이지 않았으며 자음 뒤에는 '이', 모음 뒤에는 'ㅣ', 'ㅣ' 모음 뒤에는 'Ø(생략)'가 쓰였다. 또한 부사격 조사는 모음조화에 따라 '애(양성 모음 뒤)''에(음성 모음 뒤), 예('ㅣ'모음 뒤)가 쓰였고 현대 국어와는 달리 '익(양성 모음 뒤), 의(음성 모음 뒤)'가 쓰였다.

오답풀이 ① '定ㅎ샨'은 "定ㅎ+샤+오+ㄴ'으로 분석되므로 여기에서 '-오-'가 쓰였다. '오'는 '샤' 앞에서 탈락된 것이다. 대상법의 용법으로 쓰였다. 이 경우 뒤에 대상(=피수식어)를 꾸미는 대상법 선어말 어미로 쓰였다. 하지만 '아ᄅ쇼셔'는 '알+(ᄋ)쇼셔'로 '-오-'가 쓰이지 않았으므로 이 선택지는 옳지 않다.
② 설명 의문문을 만드는 의문형 어미는 '오 계열'로 끝나기 때문에 '-니잇가'가 아니라 '-니잇고'가 옳다. 판정 의문문을 만드는 의문형 어미는 '아 계열'로 끝나므로 '-니잇고'가 아니라 '-니잇가'가 옳다.
③ 높임의 호격 조사는 '아'가 아니라 '하'이므로 'ㅎ' 종성 체언과는 관련이 없다.

07. 〈보기〉의 문장을 바탕으로 중세 국어의 경어법을 이해한 것으로 가장 적절하지 않은 것은?
2017 서울시 7급

─〈보기〉─

㉠ 太子ㅣ 道理 일우샤 즈걔 慈悲호라 ᄒ시ᄂ니
  《석보상절》

㉡ 그 後로 人間앳 차바ᄂ 뻐 몯 좌시며 《월인석보》

㉢ 셤 안해 자싫 제 한비 사ᄋ리로ᄃ 뷔어사 ᄌᄆ니이다
  《용비어천가》

㉣ 곳과 果實와 플와 나모와를 머그리도 이시며
  《석보상절》

① ㉠의 '즈갸'는 太子를 받는 높임의 대명사로 쓰였다.
② ㉡의 '좌시며'는 '먹다'의 높임말로 쓰인 것이다.
③ ㉢의 '자싫'은 '자다'의 높임말로 쓰인 것이다.
④ ㉣의 '이시며'는 앞에 오는 '머그리'를 높이는 말로 쓰였다.

난이도 조절용

08. 다음 자료를 토대로 중세 국어의 문법적 특징을 설명한 것으로 가장 적절한 것은?
2017 경찰 1차

[2장]
불휘 기픈 남ᄀᆫ ᄇᄅᆞ매 아니 뮐ᄊᆡ
곶 됴코 여름 하ᄂ니
시미 기픈 므른 ᄀᄆ래 아니 그츨ᄊᆡ
내히 이러 바ᄅᆞ래 가ᄂ니

[125장]
千世 우희 미리 定ᄒ샨 漢水北에
累仁開國ᄒ샤 卜年이 ᄀᆞᆺ 업스시니
聖神이 니ᅀᅡ샤도 敬天勤民ᄒ샤ᅀᅡ
더욱 구드시리이다
님금하 아ᄅᆞ쇼셔 洛水예 山行 가 이셔 하나빌 미드니잇가

① 중세 국어의 '-오/우-'는 대상법 및 인칭법 선어말 어미로서 '定ᄒ샨', '아ᄅᆞ쇼셔' 등에 쓰였으나 근대 국어 시기에 이르러 기능이 소실되고 이후 점차 소멸되었다.
② 설명 의문문을 만드는 의문형 어미 '-니잇가'와 판정 의문문을 만드는 의문형 어미 '-니잇고'가 있었고 '미드니잇가'는 상대 높임법의 ᄒ쇼셔체에 해당한다.
③ '-시/샤-'(주체 높임법), '-ᄉᆸ/ᅀᆸ/ᄌᆸ-'(객체 높임법), '-이/ 잇-'(상대 높임법) 등 높임법이 발달해 있었고 높임의 호격 조사 '아'는 'ㅎ' 종성 체언 다음에 쓰였다.
④ 주격 조사 '이'는 '이'뿐만 아니라 'ㅣ'로 나타나거나 생략되기도 하였고 부사격 조사 '애'는 '에, 예'나 '익, 의' 등 다양한 형태로 쓰였다.

09.

정답풀이 '남군'은 '낡+온'으로 분석된다. 하지만 '온'은 주격조사가 아니라 보조사 '은'이므로 이 선택지는 바르지 않다. 중세 국어에서 '나무'는 'ㄱ' 덧생김 체언이다. 모음 조사 '온'이 오는 경우에는 '낡'으로 교체되어 '남·군'이 된다.

오답풀이 ② 당시는 소리 나는 대로 적는 표음주의 표기가 주가 되었으므로 '곳'은 8종성법으로 인해 '곳'으로 표기되는 것이 옳다. 하지만 'ⓒ 곶'은 형태를 밝혀 적는 표의주의 표기법이므로 당시의 표기법에는 어긋난다.

③ '가물'의 옛 형태는 'ᄀᆞ물'이므로 바르다.

④ '내'는 'ㅎ' 종성 체언이므로 모음으로 시작하는 주격조사 'ㅣ'가 오면 '내히'로 쓰인다. 하지만 단독으로 쓰이는 경우(=조사 생략)에는 '내'로 쓰였을 것이다.

10.

정답풀이 '기픈[깊+(으)ㄴ]'으로 형태소 분석을 알 수 있다. '깊-'은 형용사 어간이며 '-(으)ㄴ'은 어미이므로 조사를 포함하고 있지 않음을 알 수 있다.

오답풀이 ② ⓛ 므른 : 믈(명사)+은(조사)

③ ⓒ ᄀᆞᄆᆞ래 : ᄀᆞᄆᆞᆯ(명사)+애 (조사)

④ ⓔ 내히 : 내ㅎ(명사)+이(조사)

11.

정답풀이 'ᄀᆞᆯ히다'는 현대 국어로 '가리다'로서, ᄀᆞᆯ히샤[ᄀᆞᆯ히+샤+아]이므로 '가리시어'로 번역할 수 있다. '일어시놀'의 기본형인 '일다'는 현대어로 '이루어지다'로서 '이루어지시거늘'로 번역할 수 있다. '태자를 하늘이 가리시어 그 형의 뜻이 이루어시거늘, 그의 손자를 내리신 것입니다.'로 번역할 수 있다.

오답풀이 '닐다'가 현대어로 '일어나다'로 해석되는 것이다.

12.

정답풀이 제시문은 〈소학언해〉의 〈입교〉편이다. '갓ᄎᆞ로'는 혼철(=거듭적기=중철)이므로 형태소 분석을 하면 '갗+ᄋᆞ로'임을 알 수 있다. '갗'은 '가죽'을 의미하므로 '가장자리로'가 아니라 '가죽으로'로 풀이해야 한다.

오답풀이 나머지는 옳다.

정답찾기 9. ① 10. ① 11. ① 12. ③

09. 다음 자료에 대한 설명으로 바르지 않은 것은?

2016 경찰 2차

> 불휘 기픈 ⊙ <u>남군</u> ᄇᄅ매 아니 뮐씨, ⓒ <u>곶 됴코</u> 여름
> 하느니.
> 시미 기픈 므른 ⓒ <u>ᄀᄆ래</u> 아니 그츨씨, ⓔ <u>내히</u> 이러
> 바ᄅ래 가느니.

① ⊙에는 주격 조사와 만나 형태가 변한 명사가 포함되어
  있다.
② ⓒ은 소리 나는 대로 적는 당시의 표기법에는 어긋
  난다.
③ ⓒ에는 현대 국어의 명사 '가물'의 옛 형태가 포함되어
  있다.
④ ⓔ에서 조사가 생략되었다면 '내'의 형태로 쓰였을 것
  이다.

10. 〈보기〉의 ⊙~ⓔ 중 조사를 포함하고 있지 않은 것은?

2022 서울시 9급 6월

> ─〈보기〉───
> 샘이 ⊙ <u>기픈</u> ⓒ <u>므른</u> ⓒ <u>ᄀᄆ래</u> 아니 그칠새 ⓔ <u>내히</u>
> 이러 바ᄅ래 가느니

① ⊙ 기픈
② ⓒ 므른
③ ⓒ ᄀᄆ래
④ ⓔ 내히

11. 다음 밑줄 친 ⊙, ⓒ을 현대어로 옳게 바꾼 것은?

2015 서울시 7급

> 太子ᄅᆯ 하ᄂᆯ히 ⊙ <u>ᄀᆯᄒᆡ샤</u> ᄆᆞᆺㄱ ᄠᅳ디 ⓒ <u>일어시ᄂᆞᆯ</u> 聖孫
> 을 내시니이다
>
> ─《용비어천가》─

	⊙	ⓒ
①	가리시어	이루어지시거늘
②	가리시어	일어나시거늘
③	말씀하시어	이르시거늘
④	말씀하시어	일어나시거늘

12. 다음 중 밑줄 친 부분의 현대어 풀이가 옳지 않은 것은?

2016 서울시 7급

> ᄌᆞ식이 能히 밥 먹거든 <u>ᄀᆞᄅ츄ᄃᆡ</u> 올ᄒᆞᆫ손으로ᄡᅥ ᄒᆞ게
> ᄒᆞ며 能히 말ᄒᆞ거든 스나ᄒᆡᄂᆞᆫ ᄲᆞᆯ리 ᄃᆡ답ᄒᆞ고 겨집은
> <u>느즈기</u> ᄃᆡ답ᄒᆞ게 ᄒᆞ며 스나ᄒᆡ ᄯᅴᄂᆞᆫ <u>갓ᄎᆞ로</u> ᄒᆞ고 겨집의
> ᄯᅴᄂᆞᆫ 실로 <u>홀디니라</u>

① ᄀᆞᄅ츄ᄃᆡ : 가르치되   ② 느즈기 : 천천히
③ 갓ᄎᆞ로 : 가장자리로   ④ 홀디니라 : 할 것이니라

PART 13

01.

정답풀이) '쟝긔판놀(=장기판을)'은 'ㄴㄴ'을 두 번 쓴 '거듭적기[(=혼철(混綴), 중철(重綴)]' 표기이다. '밍골어눌'은 '끊어 적기[(=분철(分綴)]' 표기이다.

오답풀이) ① '기픈[깊+은]'을 통해 표음주의임을 확인할 수 있다.

② '브룸매[브룸+애]'를 통해 표음주의임을 확인할 수 있다.
'브룸'=바람

④ '바룰래[바룰+애]'를 통해 표음주의임을 확인할 수 있다.
'바룰'=바다

02.

정답풀이) ㉠은 모음 'ㆍ'(아래 아) 뒤에 오므로 'ㅣ'가 맞다.
㉡은 자음 'ㅁ' 뒤에 오므로 '이'가 맞다.
㉢은 모음 'ㅗ' 뒤에 오므로 'ㅣ'가 맞다.

03.

정답풀이) ㉠ 모음조화에 따르면 '블'의 'ㅡ'는 음성모음이므로 음성모음 조사 '에'를 써서 '브레'로 표기해야 한다.

㉡ '웃닛머리'의 끝모음이 중성모음 'ㅣ'이므로 '예'가 쓰여야 한다. 따라서 '웃닛머리예'로 표기해야 한다.

㉢ 'ᄆᆞᄎᆞᆷ'의 'ㆍ'는 양성모음이므로 양성모음 조사 '애'를 써야 하므로 'ᄆᆞᄎᆞ매'로 표기해야 한다.

정답찾기   1. ③ 2. ④ 3. ②

대표 亦功 기출 | 제13편 고전 문법 CH.04 고전 문법 요소 복합

최빈출

01. ⟨보기⟩는 중세 국어의 표기법에 대한 설명이다. 이에 따른 표기로 가장 옳지 <u>않은</u> 것은?　　2018 서울시 9급

─(보기)─
　중세 국어 표기법의 일반적 원칙은 표음적 표기법으로, 이는 음운의 기본 형태를 밝혀 적지 않고 소리 나는 대로 적는 표기를 말한다. 이어적기는 이러한 원리에 따른 것이다.

① 불휘 기픈
② 브르매 아니 뮐씨
③ 쟝긔판늘 밍글어늘
④ 바르래 가느니

02. ⟨보기⟩를 참고하여 ㉠~㉢에 들어갈 격 조사로 적절한 것은?　　2016 기상직 9급

孟밍子즈(㉠) 구르샤디, 사룸(㉡) 道도(㉢) 이시매 먹기를 빈브르 ㅎ며 오술 덥게 ㅎ야 편안히 잇고, 구르치미 업스면 곧 즘승에 갓가오릴시,…

─(보기)─
중세 국어의 주격 조사는 '이'가 사용되었는데, 환경에 따라 다음과 같이 세 가지 경우로 나타난다. 자음 아래에서는 '이', 모음 아래에서는 'ㅣ', 그리고 'ㅣ'모음 아래에서는 생략되었다.

	㉠	㉡	㉢			㉠	㉡	㉢
①	이	ㅣ	생략		②	이	이	생략
③	ㅣ	ㅣ	이		④	ㅣ	이	ㅣ

03. 다음 글에 따를 때, ㉠~㉢에 들어갈 말로 옳은 것은?　　2019 국회직 8급

　일반적으로 중세 국어에서는 체언에 처소를 나타내는 부사격조사가 붙을 때 모음의 종류에 따라 그에 맞는 조사가 선택된다. 먼저 체언의 모음이 양성모음 'ㆍ, ㅗ, ㅏ' 중의 하나이면 '애'가 쓰였다.
・世尊이 象頭山애(상두산+애) 가샤 (세존이 상두산에 가시어)
　체언의 모음이 음성모음 'ㅡ, ㅜ, ㅓ' 중의 하나이면 '에'가 쓰였다.
・기픈 굴형에(굴형+에) 싸디여 (깊은 구렁에 빠져)
　그리고 체언의 모음이 중성모음 'ㅣ'나 반모임 'ㅣ'일 때는 '예'가 쓰였다.
・齒頭ㅅ소리예(소리+예) 쓰고 (치두의 소리에 쓰고)
・귀예(귀+예) 든논가 너기ᅀᆞᄫᆞ쇼셔 (귀로 듣는 것처럼 여기시옵소서.)

㉠ (블+□) 물뢰야 (불에 말리어)
㉡ (웃닛머리+□) 다ᄂᆞ니라 (윗니의 머리에 닿느니라)
㉢ (ᄆᆞᅀᆞᆷ+□) 사기며 (마음에 새기며)

	㉠	㉡	㉢
①	브래	웃닛머리에	ᄆᆞᅀᆞ매
②	브래	웃닛머리예	ᄆᆞᅀᆞ매
③	브래	웃닛머리애	ᄆᆞᅀᆞ메
④	브래	웃닛머리예	ᄆᆞᅀᆞ메
⑤	브래	웃닛머리에	ᄆᆞᅀᆞ메

04.

정답풀이〉 무정물은 나무나 돌과 같이 감정이 없는 것, 유정물은 사람이나 동물과 같이 감정이 있는 것을 뜻한다.

A : 무정물 '나라'에 관형격 조사가 결합하므로 'ㅅ'이 붙는다.

B : 유정물 '사룸'에 양성 모음이 결합한 형태이므로 모음조화에 따라 '익'가 붙는다.

C : 유정물이자 존칭의 대상 '세존' 뒤에 결합하므로 'ㅅ'이 붙는다.

　　유정물 → 유정 명사

　　무정물 → 무정 명사

06.

정답풀이〉 제시문은 판정 의문문과 설명 의문문에 대한 설명이다. 판정 의문문은 물음말(의문사) 없이 쓰이는 '아/어'형 의문문이다. 반면 설명 의문문은 물음말(의문사)이 있고 '오'형 의문문이다.

④ '쇼양강 ᄂᆞ린 믈이 어드러로 든단 말가'에서 의문사 '어드러로'가 사용되었다. 이는 설명 의문문이기 때문에 '말가'를 '말고'로 바꿔 줘야 하므로 어법상 틀리다. 참고로 중세 국어의 물음말은 '어ᄂᆞ, 엇뎨, 므슷' 등이 있다.

오답풀이〉 ① 의문사가 없고 '아'형을 사용하고 있으므로 적절하다. (판정 의문문)

② 의문사 '어듸'가 사용되었고 '오'형을 사용하고 있으므로 적절하다. (설명 의문문)

③ 주어가 2인칭인 의문문은 물음말의 존재 여부와 관계없이 '-ㄴ다', '-ㄴ다', '-ㄹㅎ다'를 사용한다. 여기에서 2인칭 주어에 '-ㄴ다'가 쓰였으므로 적절하다.

05.

정답풀이〉 ②은 답변으로 '예, 아니오'를 요구하는 판정의문문이 아니라, 의문사 '어듸(=어디)'가 쓰인 설명의문문이다. 따라서 ᄒᆞ라체 상대 높임 등급의 설명의문문 '-뇨'가 사용된 것이다.

오답풀이〉 ① ㉠은 판정의문문에 의문보조사 '가'가 결합한 형태이다.

② ㉡은 의문사 '무엇'이 쓰인 설명의문문이므로 '고'가 사용되었다.

③ ㉢은 2인칭 주어 '네'가 쓰인 의문문이므로 어미 '-ㄴ다(ᄒᆞᄂᆞᆫ다)'가 쓰였다.

04. A, B, C에 들어갈 중세국어의 형태를 가장 올바르게 짝지은 것은?

2022 법원직 9급

─ (보기) ─

현대국어 관형격조사 '의'에 해당하는 중세국어 관형격조사는 '익/의', 'ㅅ'가 있다. 선행체언이 무정물일 때는 'ㅅ'이 쓰이고, 유정물일 때는 모음조화에 따라 '익/의'가 쓰인다. 다만 유정물이라도 종교적으로 높은 대상 등 존칭의 대상일 때는 'ㅅ'가 쓰인다.

· (A) 말쓰미 中國에 달아
  (나라의 말이 중국과 달라)
· (B) 뜨들 거스디 아니ᄒ노니
  (사람의 뜻을 거스르지 않는데)
· 世尊 (C) 神力으로 두외의 ᄒ샨 사ᄅ미라
  (*세존의 신통력으로 되게 하신 사람이다.)

*세존: 석가모니의 다른 이름. 세상에서 가장 존귀한 존재라는 뜻이다.

	A	B	C
①	나라이	사ᄅ미	의
②	나라의	사ᄅ미	ㅅ
③	나랏	사ᄅ미	ㅅ
④	나랏	사ᄅ믜	ㅅ

05. 〈보기1〉을 참고하여 〈보기2〉의 ㉠~㉣에 대해 설명한 내용으로 가장 적절하지 않은 것은?

2022 법원직 9급

─ (보기 1) ─

중세국어에서 의문문은 해당 의문문이 의문사에 대한 대답을 요구하는 설명의문문인지, 가부(可否)에 대한 대답을 요구하는 판정의문문인지, 의문문의 주어가 몇 인칭인지, 상대 높임 등급이 어떠한지 등에 따라 다양한 방법으로 실현되었다.

예를 들어, 체언에 의문보조사가 붙는 경우 설명의문문이면 의문보조사 '고', 판정의문문이면 의문보조사 '가'가 결합되었다. 청자가 주어가 되는 2인칭 주어 의문문에서는 어미 '-ㄴ다'가 사용되었으며, ᄒ라체 상대 높임 등급에서 설명의문문은 '-뇨'가 사용되었다.

─ (보기 2) ─

㉠: 이 ᄯ리 너희 종가 (이 딸이 너희의 종인가?)
㉡: 언ᄂ논 藥이 므스것고 (언는 약이 무엇인가?)
㉢: 네 信ᄒᄂ다 아니 ᄒᄂ다
  (네가 믿느냐 아니 믿느냐?)
㉣: 究羅帝가 이제 어듸 잇ᄂ뇨
  (구라제가 이제 어디있느냐?)

① ㉠은 판정의문문이므로 의문보조사 '가'가 사용되었다.
② ㉡은 설명의문문이므로 의문보조사 '고'가 사용되었다.
③ ㉢의 주어는 2인칭 청자이므로 어미 '-ㄴ다'가 사용되었다.
④ ㉣은 판정의문문이므로 어미 '-뇨'가 사용되었다.

06. 다음과 관련하여 중세 국어의 어법에 맞지 않는 것은?

2015 기상직 9급

중세 국어에서 의문은 물음말의 존재 여부에 따라 '-ㄴ가', '-ㄹ가'와 같은 '아'형 어미와 '-ㄴ고', '-ㄹ고'와 같은 '오'형 어미를 구별하여 사용하였다. '아'형은 물음말이 없는 의문문에 사용되고, '오'형은 물음말이 있는 의문문에 사용되었다. 그리고 주어가 2인칭인 의문문에는 물음말의 존재와 관계없이 '-ㄴ다'가 사용되었다.

① 西京(서경)은 편안ᄒ가 몯ᄒ가
② 이도곤 ᄀ준데 또 어듸 잇닷 말고
③ 너는 천고 흥망을 아는다, 몰ᄋ는다
④ 쇼양강 ᄂ린 믈이 어드러로 든단 말가

07.

정답풀이 제시문은 체언에 붙는 '의문보조사'에 대한 설명이다. 이를 정리하면 다음과 같다.

1) 판정 의문문(의문사가 없음)인 경우에는 '가'로 끝나고, ('아'형)
2) 설명 의문문(의문사가 있음)인 경우에는 '고'로 끝난다. ('오'형)
3) 다만 'ㄹ'받침이나 'ㅣ'모음 뒤에서는 '가, 고'가 '아, 오'로 나타난다.

②는 의문사가 없는 판정 의문문이다. 따라서 '오'형이 아니라 '아'형이 와야 한다. 따라서 '그 ᄠᅳ디 ᄒᆞᆫ가지오 아니오'를 '그 ᄠᅳ디 ᄒᆞᆫ가지아 아니아'로 바꾸어야 적절해진다. 'ᄒᆞᆫ가지'와 '아니'는 모두 'ㅣ'로 끝나므로, 'ᄒᆞᆫ가지가'가 'ᄒᆞᆫ가지아'로 바뀐 것이고 '아니가'가 '아니아'로 바뀐 것이다.

오답풀이 ① 이 두 사ᄅᆞ미 眞實로 네 항것가
→ 의문사가 없으므로 '가'로 끝나는 것이 맞다.
③ 니르샤ᄃᆡ 이 엇던 光明고
→ 의문사 '엇던'이 있으므로 '고'로 끝나는 것이 맞다.
④ 法法이 므슴 얼굴오
→ 의문사 '므슴'이 있으므로 '고'로 끝나는 것이 맞다. 하지만 'ㄹ' 받침으로 끝났으므로 '오'로 끝난다.

08.

정답풀이 현대어 풀이를 보면 '꽃(이) 좋고 열매(가) 많으니'이므로 이 문장에는 목적어가 없다. '곶' '여름'은 주격 조사가 생략되었지만 서술어가 '둏다(=좋다)'와 '하다(=많다)이므로 주어이다. (격 조사를 넣어보는 것이 포인트다!) 따라서 목적격 조사 없이 단독으로 목적어가 실현됐다는 것은 옳지 않다.

오답풀이 ① ㉠ 옳은 설명이다.
③ ㉢ '고ᄌᆞ란'의 현대어 풀이는 '꽃일랑'이다. '곶+_(ᄋᆞ)란'이 연음된 것이다. 그런데 '팔다'는 목적어를 요구하는 서술어이므로 '고ᄌᆞ란'은 보조사가 붙은 목적어임을 알 수 있다.
④ ㉣ '부텻 像ᄋᆞᆯ'의 현대어 풀이는 '부처의 형상을'이다. '像' 뒤에 목적격 조사 'ᄋᆞᆯ'이 결합되어 목적어가 되었으므로 적절하다. (참고로 '부텨'에 높임의 관형격 조사 'ㅅ'을 결합하여 명사 '像(형상)'을 수식하고 있다.)

09.

정답풀이 ㉡ 성조(聲調)(음의 높낮이)가 존재했고, 성조를 방점(傍點)으로 표기했으므로 틀렸다.
㉢ 아래 아(ㆍ)의 음가가 완전히 소실된 것은 근대 국어 때이므로 틀렸다.

오답풀이 ㉠ 된소리가 등장하기 시작한 것이 맞다. 'ㅲ, ㅳ, ㅼ, ㅵ'과 같은 어두 자음군이 존재하였으며 된소리가 등장하기 시작하였다.
㉣ 중세 특유의 주체 높임법, 객체 높임법 등이 있었던 것이 맞다. 선어말 어미 '-시-'(주체 높임법), '-ᅀᆞᆸ-(객체 높임법), '-ᅌᅵ-'(상대 높임법)가 사용되었다.
㉤ 몽골어, 여진어 등 외래어가 들어오기도 하였다. 중세 국어는 '고려 시대(10세기)와 임진왜란 이전(16세기 말)까지'이므로 몽골어와 여진어가 들어오기 충분했다.

10.

정답풀이 ≪석보상절≫은 조선 세종 때 수양대군(首陽大君: 훗날 세조)이 왕명으로 석가의 일대기를 찬술한 불경 언해서로, 15세기 저서이다. 15세기에 'ㅚ'와 'ㅟ'는 단모음이 아니라 이중 모음이었다. 'ㅚ'와 'ㅟ'가 단모음이 된 시기는 1933년 이후이다.
참고로 'ㅔ, ㅐ'는 15세기에 이중 모음이었다가 근대 국어(19세기)에는 단모음으로 편입되었다.

오답풀이 ② 15세기는 합용 병서와 각자 병서가 쓰였던 시기가 맞다. '합용 병서'는 'ㄳ, ㄵ, ㅄ, ㅳ, ㅼ'처럼 서로 다른 자음을 나란히 쓰는 것이다. 또한 '각자 병서'는 'ㄲ, ㄸ' 등 서로 같은 자음을 나란히 쓰는 것을 말한다. 특히 중세 국어에서는 고유어의 초성에 합용 병서를 사용한 어두 자음군이 사용되었다. 그 예로 'ᄡᆞᆯ, ᄣᅵ' 등이 있다.
③ 중세 국어의 주격 조사로는 '이'가 일반적으로 쓰였다. 주격 조사 '가'는 중세 국어에 나타나지 않다가 근대 국어에 이르러서야 일반적으로 쓰이게 되었다.
④ 모음 조화는 중세 국어에서 잘 지켜졌다. 그러나 'ㆍ'의 음가가 근대 국어에 소실되면서 모음 조화가 파괴되기 시작했고 현대 국어에서 파괴된 예가 많이 생겼다. (깡총깡총, 오뚝이, 오순도순 등)

11.

정답풀이 '닐오리ᅌᅵ다'를 현대어로 풀이하면 '이르겠습니다'이다. 이를 형태소 분석하면 '니르-+-오-(1인칭 선어말 어미)+-리-(추측의 기능을 갖고 있는 선어말 어미)+-ᅌᅵ-(상대 높임 선어말 어미)+-다'이다. 즉, 이 문장에는 '-ᅌᅵ-'라는 상대 높임(=청자 높임) 선어말 어미가 사용된 것이다. 나머지 선택지에서는 '객체 높임 선어말 어미', 'ᄉᆞᆸ,ᄌᆞᆸ,ᅀᆞᆸ'이 사용되었으나 이 문장만 상대 높임 선어말 어미가 사용됐으므로 높임법의 유형이 다르다.

오답풀이 ① 그리ᅀᆞ와: 그리-+-ᅀᆞᆸ-+-아
현대어 풀이) 내 임을 그리워해서
② 듣ᄌᆞᄫᆞ면: 듣-+-ᄌᆞᆸ-+-(ᄋᆞ)면
현대어 풀이) 석가여래의 이름을 들으면
④ 닙ᄉᆞᄫᅡ: 닙-+-ᄉᆞᆸ-+-아
현대어 풀이) 부처의 은혜를 입어서
⑤ 묻ᄌᆞ오ᄃᆡ: 묻-+-ᄌᆞᆸ-+-오ᄃᆡ
현대어 풀이) 화상(스님)께 묻되

정답 찾기 7. ② 8. ② 9. ② 10. ① 11. ③

07. 다음 글의 설명에 어긋나는 문장은?　　　　2013 국가직 7급

> 중세 국어의 의문문은 명사에 보조사가 통합되어 이루어지기도 한다. 의문사가 없이 가부(可否)의 판단만을 묻는 판정 의문에는 '가'가 쓰이고, 의문사가 있어 상대방에게 설명을 요구하는 설명 의문에는 '고'가 쓰인다. 의문의 보조사 '가, 고'는 'ㄹ'이나 'ㅣ' 모음 뒤에서는 'ㄱ'이 'ㅇ'으로 약화되어 '아, 오'로 나타난다.

① 이 두 사ㄹ미 眞實로 네 항것가
② 그 쁘디 흔가지오 아니오
③ 니르샤디 이 엇던 光明고
④ 法法이 므슴 얼굴오

08. 〈보기 1〉을 바탕으로 〈보기 2〉의 ㉠ ~ ㉣을 이해한 것으로 가장 적절하지 않은 것은?　　　2021 법원직 9급

―（보기1）――――――――
[중세 국어 문장에서 목적어의 실현]
― 체언에 목적격 조사(을/를, 울/룰, ㄹ)가 붙어서 실현됨.
― 체언에 목적격 조사 없이 체언 단독으로 실현됨.
― 체언에 목적격 조사 없이 보조사가 붙어서 실현됨.
― 명사구나 명사절에 목적격 조사가 붙어서 실현됨.

―（보기2）――――――――
㉠ 내 太子룰 섬기ᅀᆞᆸ보디 (내가 태자를 섬기되)
㉡ 곳 됴코 여름 하느니 (꽃 좋고 열매 많으니)
㉢ 됴흔 고ᄌᆞ란 ᄑᆞ디 말오 (좋은 꽃일랑 팔지 말고)
㉣ 뎌 부텻 像을 밍ᄀᆞ라 (저 부처의 형상을 만들어)

① ㉠: 체언에 목적격 조사 '룰'이 붙어서 목적어가 실현되었군.
② ㉡: 체언에 목적격 조사 없이 단독으로 목적어가 실현되었군.
③ ㉢: 체언에 보조사 'ᄋᆞ란'이 붙어서 목적어가 실현되었군.
④ ㉣: 명사구에 목적격 조사 '을'이 붙어 목적어가 실현되었군.

09. 다음 중 중세 국어의 특징으로 옳지 않은 것을 모두 고르면?　2018 국회직 8급

> ㉠ 된소리가 등장하기 시작하였다.
> ㉡ 성조가 사라지고 방점의 기능이 소멸되었다.
> ㉢ 아래 아(ㆍ)의 음가가 완전히 소실되었다.
> ㉣ 중세 특유의 주체 높임법, 객체 높임법 등이 있었다.
> ㉤ 몽골어, 여진어 등 외래어가 들어오기도 하였다.

① ㉠, ㉢　　　　　② ㉡, ㉢
③ ㉢, ㉣　　　　　④ ㉠, ㉡, ㉢
⑤ ㉡, ㉣, ㉤

10. 다음 자료가 간행된 시기에 나타난 국어의 특징으로 가장 옳지 않은 것은?　2017 서울시 사복 9급

> 太子ㅣ 道理 일우샤 ᄌᆞ걔 慈 悲호라 ᄒᆞ시느니
> 　　　　　　― 《석보상절》 ―

① 'ㅚ'와 'ㅟ'가 단모음화된 시기이다.
② 합용 병서와 각자 병서가 쓰였던 시기이다.
③ 주격 조사 '가'가 나타나지 않았던 시기이다.
④ 모음 조화가 현대 국어보다 뚜렷하게 나타났던 시기이다.

11. 높임법의 유형이 다른 하나는?　　2013 서울시 7급

① 내 님을 그리ᅀᆞ와 우니다니
② 如來ㅅ 일후믈 듣ᄌᆞᄫᆞ면
③ 내 멀톄로 닐오리이다.
④ 부텻 은혜를 닙ᅀᆞ바
⑤ 和尙ᄭᅴ 묻ᄌᆞ오디

12.

정답풀이 주격 조사 '가'는 16세기 후반부터 나타나고 그 전까지는 주격 조사로 '이'만 사용하였다.

오답풀이 ① 'ㅸ'은 'ㆆ'과 함께 15세기 중엽에 사라졌다. 'ㅿ'은 임진 왜란 이후인 16세기 후반에 소실되므로 옳은 설명이다.
② 중세 국어는 고려(10세기)부터 조선 임진왜란(16세기 말)까지의 국어이므로 옳은 설명이다.

중세 국어 전기 (고려 918년 건국)	중세 국어 후기 (조선 1392년 건국)
고려 시대였던 10세기~14세기 중후반	14세기 후반~16세기 후반

④ 중세 국어 전기는 고려 시대로, 원나라의 간섭이 심했다. 원나라 는 몽골족이 세운 나라였기 때문에 많은 몽골어가 유입되었다.

13.

정답풀이 제시된 자료는 ≪두시언해≫이다. ≪두시언해≫는 초간본 과 중간본이 존재한다. 두 작품 사이에 약 150년이나 차이가 나기 때문에 주의하여야 한다. 초간본은 중세 국어 자료로서 15세기 말 성종 때 간행되었다. 반면 중간본은 근대 국어 자료로서 17세기 인 조 때 간행되었다. 위의 자료는 방점이 존재하지 않는 것을 볼 때 근대 국어의 ≪두시언해≫이다. 답은 ③인데. 근대 국어에 끊어적기 가 나온다고는 하더라도 이어 적기가 많았다. 따라서 이어적기 표기 에서 끊어적기 표기로 바뀌었다는 것은 옳지 않다.

오답풀이 ① 근대 국어에는 7종성법이 쓰여 종성에 'ㄱ, ㄴ, ㄹ, ㅁ, ㅂ, ㅅ, ㅇ'만 표기할 수 있었으므로 옳다.
② 'ㆍ'는 1933년까지 표기로는 나타나지만 점차 음가를 잃게 되므 로 옳다. 근대 국어 시기에는 아예 음가가 없어진다.
④ 자음 'ㅸ'은 15세기 중반부터 소멸되었고 'ㅿ'는 16세기 후반부터 자취를 감췄으므로 17세기에 표기상 나타나지 않게 되었다는 말 은 옳다.

14.

정답풀이 '디다'와 '지다' 모두 '떨어지다'의 의미를 가졌다. '디다'는 '짊어지다'의 뜻이 아니므로 ②가 답이다.
• 디다(지다): 옷 디고 새 닙 나니 綠녹陰음이 옐럿ᄂᆞᆫ딕(꽃이 지고 새 잎이 나니 녹음이 우거져 나무그늘이 깔렸는데,)
  ─ 정철, 〈사미인곡〉
• 지다(떨어지다): 淸香(청향)은 잔에 지고, 落紅(낙홍)은 옷새 진다.
  ─ 정극인, 〈상춘곡〉

12. 중세 국어에 대한 설명으로 가장 옳지 않은 것은?

2016 서울시 7급

① 'ㅿ'은 'ㅸ'보다는 오래 쓰였지만 16세기 후반에 가서는 거의 사라졌다.

② 대략 10세기부터 16세기 말까지의 국어를 말한다.

③ 중세 국어 전기에 새로운 주격 조사 '가'가 사용 폭을 넓혀 갔다.

④ 중세 국어의 전기에는 원나라의 영향으로 몽골어가 많이 유입되었다.

13. 위의 자료가 간행된 시기에 나타난 국어의 특징으로 옳지 않은 것은?

2015 경찰 3차

> 물근 ᄀᆞᄅᆞᆷ 흔 고비 ᄆᆞᄋᆞᆯ홀 아나 흐르ᄂᆞ니
> 긴 녀름江村애 일마다 幽深ᄒᆞ도다
> 절로 가며 절로 오ᄂᆞ닌 집 우흿 져비오
> 서르 親ᄒᆞ며 서르 갓갑ᄂᆞ닌 믌 가온딧 ᄀᆞᆯ며기로다
> 늘근 겨지븐 죠ᄒᆡ롤 그려 쟝긔판ᄂᆞᆯ 밍ᄀᆞᆯ어ᄂᆞᆯ
> 져믄 아ᄃᆞᄅᆞᆫ 바ᄂᆞᆯ 두드려 고기 낫골 낙술 밍ᄀᆞᄂᆞ다
> 한 病에 엇고져 ᄒᆞ논 바ᄂᆞᆫ 오직 藥物이니
> 져구맛 모미 이 밧긔 다시 므스글 求ᄒᆞ리오

① 받침으로 7개 자음만을 적었다.

② 'ㆍ'는 표기로는 나타나지만 점차 음가를 잃게 되었다.

③ 이 당시의 표기법은 이어적기 표기에서 끊어적기 표기로 바뀌었다.

④ 자음 'ㅸ', 'ㅿ' 등이 음가를 잃어 표기상 나타나지 않게 되었다.

14. 다음 중세 국어 짝의 의미 관계가 옳지 않은 것은?

2017 국회직 9급

① 됴타(좋다) – 조타(깨끗하다)

② 디다(짊어지다) – 지다(떨어지다)

③ 녀름(여름) – 여름(열매)

④ 소(늪) – 쇼(소)

⑤ 물(무리) – 믈(물)

MEMO

박혜선

주요 약력

고려대학교 국어국문학과 최우수 수석 졸업
고려대학교 국어국문학과 심화 전공
고려대학교 국어국문학과 중등학교 정교사 2 급 자격증
前) 대치, 반포 산에듀 온라인 오프라인 최연소 대표 강사
現) 박문각 공무원 국어 1 타 강사

주요 저서

2024 박문각 공무원 입문서 시작! 박혜선 국어
박혜선 국어 기본서 출좋포 문법
박혜선 국어 기본서 출좋포 문학
박혜선 국어 기본서 출좋포 어휘·한자/한손 어휘책(박혜선 국어 어플)
박혜선 국어 기본서 출좋포 독해
박혜선의 최단기간 어문 규정
박혜선 국어 문법 출.좋.포 80
박혜선의 최단기간 고전운문
박혜선의 개념도 새기는 기출 문법
박혜선의 신기록 문학 기출
박혜선의 콤팩트한 단원별 문제 풀이(문법 편)
박혜선의 콤팩트한 단원별 문제 풀이(독해 편)
박혜선의 ALL IN ONE 문법의 왕도
박혜선의 ALL IN ONE 문학의 왕도
박혜선의 ALL IN ONE 비문학 쌍끌이

박혜선
국 어
개념도 새기는
기출 문법

초판인쇄 | 2023. 9. 20. **초판발행** | 2023. 9. 25. **편저자** | 박혜선 **발행인** | 박 용 **발행처** | (주)박문각출판
등록 | 2015년 4월 29일 제2015-000104호 **주소** | 06654 서울시 서초구 효령로 283 서경 B/D 4층
팩스 | (02)584-2927 **전화** | 교재 주문·내용 문의 (02)6466-7202

저자와의
협의하에
인지생략

정가 27,000원   ISBN 979-11-6987-528-8
                 ISBN 979-11-6987-527-1(세트)

* 본 교재의 정오표는 박문각출판 홈페이지에서 확인하실 수 있습니다.